글로벌 경제와 한반도 위기

한국의 비전 및 전략

나남
nanam

임 양 택 (林陽澤)

고려대 정치외교학과 졸업
미국 조지아주립대 경제학 박사
미국 유니온대 경제학과 조교수
한양대 경제금융대학 학장
보건사회부 국민복지연금실시준비위원회 위원
국방부 국방정책자문위원회, 재정경제부 금융발전심의회 위원
현 한양대 경제학과 교수, 한국예탁결제원 상임감사
헌법기관 민주평화통일자문회의 상임위원·자문위원
아시아평화경제연구원 (Asian Peace · Economy Research Institute) 이사장
International Journal of Asian Economics 편집인

나남신서 · 1731

글로벌 경제와 한반도 위기

한국의 비전 및 전략

2013년 12월 12일 발행
2013년 12월 12일 1쇄

지은이 · 林陽澤
발행자 · 趙相浩
발행처 · (주) 나남
주소 · 413-120 경기도 파주시 회동길 193
전화 · 031) 955-4601 (代)
FAX · 031) 955-4555
등록 · 제 1-71호(1979. 5. 12)
홈페이지 · www.nanam.net
전자우편 · post@nanam.net

ISBN 978-89-300-8731-5
ISBN 978-89-300-8001-9 (세트)

책값은 뒤표지에 있습니다.

나남신서 · 1731

글로벌 경제와 한반도 위기

한국의 비전 및 전략

임양택 지음

나남
nanam

Global Economic Crisis and Insecurity on the Korean Peninsula:
Korea's Prospects and National Management Strategies

by

LIM, YANG-TAEK

nanam

머리말

세월은 쏜살같이 달려오고 사라진다. 지난여름은 유난히 무더웠다. 전력절감의 국가시책에 따라 에어컨을 틀지 못하고 선풍기 바람을 쐬면서 이 저서를 집필하느라고 마치 저자의 머리통이 비등점(沸騰點)에서 끓는 것 같았다. 그러나 벌써 초겨울에 접어들었다. 폭염도 유수(流水) 같은 세월에는 물러서지 않을 수 없다.

'참고 견딘 사람은 복되도다'("야고보서" 5장: 7~11)라는 성경 말씀처럼, 여름의 무더위를 인내하였기에, 이젠 아침저녁으로 싸늘한 바람을 느낄 수 있는가 보다. 이처럼 '혹한(酷寒)의 겨울'을 인내해야만 '생명의 봄'은 찾아올 것이라고 저자는 믿는다.

'봄'을 노래한 시인들이 많다. 예로서, 일제 강점기의 시인 김현승은 그의 〈3월의 노래〉에서 "오, 목숨이 눈 뜨는 3월이여…"라고, 청록파 시인 박목월은 그의 〈4월의 노래〉에서 "돌아온 4월은 생명의 등불을 밝혀둔다"라고 각각 읊었다. 한편, 영국 시인 엘리엇(T. S. Eliot)은 그의 〈황무지〉(*The Waste Land*)에서 4월을 '가장 잔인한 계절'이라고 노래했다. 왜냐하면 눈 덮인 대지(大地)를 뚫고 새로운 생명의 싹이 움트게 하는 것이 바로 '봄'이기 때문이라고 한다.

그러나 '경제'란 세계 경제이든 혹은 개별 국가경제이든 간에, 자연의 이치와는 달리, 인간의 '탐욕'(*greed*)에 따라 움직이는 생명체인 것 같다. 월스트리트 금융기관의 '탐욕'은 급기야 2008년 글로벌 금융위기를 일으켰으며, 이것은 다시 세계 경제를 대량실업, 계층 간 갈등, 국제수지 불균형, 환율전쟁에 의한 근린화(近隣化), 보호주의 확산 등으로 몰아넣었다. 그 결과 60억 인구의 지구촌에서는 '잔인한 계절'이 지속되고 있으며, 거의 모든 세계인들은 수년간 암울한 날을 보낼 것이다.

저자 자신도 존 스타인벡(John Steinbeck)의 〈분노의 포도〉(*The Grapes of Wrath*)와 같이 한국 사회의 피폐 현상에 심히 분노한다. 인구 10만 명당 자살하는 사람의 숫자가 2013년 31.2명으로 OECD 국가 중에서 최고 수준이다.[1] 게다가 최근 '묻지마 범죄'가 급증하고 있다. '사이코패시(*psychopathy*)적 살인'도 증가하고 있다. 대검찰청 범죄 분석에 의하면 우발적 살인을 저지른 피의자는 2000년 305명, 2005년 319명, 2010년에는 465명으로 계속 증가하고 있다.

저자는 2011년도의 저서 《쿼바디스 도미네: 성장·복지·통일을 위한 청사진》(나남)에서 한국 사회를 다음과 같이 전망했다. "아마도, 2013년 5~6월경에는 빈곤층(5백만 명), 폐업한 자영업자(415만 명), 비정규직(850만 명) 중에서 다수의 해고된 직장인, 부패냄새가 진동하는 저축은행의 피해자, 금리조작으로 백주에 갈취당한 서민, 망연자실한 축산업자 등이 '살려 달라'고 아우성치면서 세종로를 가득 메울 것이다." 다행히, 상기의 전망은 빗나갔다. 그러나 내년 5~6월경이 무척 걱정된다.

토머스 홉스(Thomas Hobbes)가 말하는 '만인 대 만인의 투쟁'에서 빚어지는 첨예한 갈등의 골이 깊어질 것이다. 조만간 혹한의 추위 속에서 삭풍이 부는 긴 겨울밤이 올 것이다. 키르케고르(Kierkegaard)가 갈파했던 인간의 '불안과 절망'은 더욱 심화될 것이며, 쇼펜하우어(Schopenhauer)가 지적했던 '투쟁·갈등·불분명한 충동'은 전율적인 사이코패스 범죄를 유발할 것이다.

여기서 유의할 것은 전술한 한국 사회의 사회갈등과 범죄 및 부패 현상은 정부의 복지급여 지출이나 사법적 응징으로서만 해결될 수 있는 문제가 아니라는 점이다. 왜냐하면 사회복지제도가 가동되고 법(法)이 엄연히 존재하는데도 사회갈등은 더욱

---

1 2006년 자살 사망자 수가 12,968명에 이르렀는데, 이는 같은 해 교통사고 사망자 수(6,327명)보다 두 배나 많다. 2006년 자살 사망자 중에서 61세 이상의 '황혼 자살' 비율이 33%이며, 여성의 자살 비율이 31.9%로 매우 높고 또한 해마다 증가하고 있다(〈중앙일보〉, 2007. 9. 10).

심화되고 범죄 및 부패는 날로 창궐하고 있기 때문이다. 따라서 상기한 사회병리현상과 집단적 및 조직적 범죄 및 부패는 우선 제도적으로 해결할 수밖에 없다.

한국 사회에서 가장 시급하게 필요한 것은 추상적 개념의 '행복'보다 실체적 개념의 '정의'(正義)이며, 정의 중에서는 '분배적 정의'보다 '사법적 정의'라고, 또한 '복지국가 건설'보다는 자유와 평등이 통합된 '질서정연한 민주주의 사회'(*a well-ordered democratic society*)[2]의 건설이 우선되어야 하고 더욱 중요하다고 저자는 믿는다.

사회·문화적 위기 상황에서, 사회지도급 지식인들은 모두 '사회통합'이 시대적 과제라고 말하면서도 그것을 위한 합리적 실천방안을 구체적으로 제시하지 못하고 자신의 이데올로기에만 매몰돼 있다. 즉, '현대판 선비'들은 보수와 진보 혹은 우파와 좌파의 편가름을 두고 이데올로기 논쟁(예로서, 신자유주의, 공동체 자유주의, 진보적 자유주의, 사회민주주의 등)을 벌이고 있다. 가히 임진왜란(1592~1598), 병자호란(1636~1637), 국권 피탈(1910. 8. 29)의 누란지위(累卵之危) 상황에서 조선조 선비들의 작태가 재현되는 듯하다. 이 결과, 그들의 본래 뜻과는 달리, 사회분열은 더욱 조장되고 있다.

저자는 한국 정치인들의 '빈 깡통' 속에 담긴 단견(短見), 일부 한국 지성인들의 속 보이는 부화뇌동(附和雷同), 빛바랜 지식 부스러기들을 모아 내뱉는 지극히 가벼운 '입놀림' 등을 개탄한다. 밀란 쿤데라(Milan Kundera)의 소설 제목 같은 '참을 수 없는 존재의 가벼움'을 느낀다. 예를 들면, 나라가 망할 줄을 뻔히 아는데도 선거에서 표를 얻으려고 마구 쏟아내는 '복지 포퓰리즘', 그것을 감당하기 위한 복지재원 마련에 필수적인 세제개혁을 졸속으로 처리하다가 불과 이틀 만에 번복하고 심지어 그 세제개혁안 자체가 '반(反)복지적'인 것조차 모르는 일부 테크노크라트와 '어공'(어쩌다 공무원이 된 사람), '복지국가'(*welfare state*)와 '복지사회'(*welfare society*)를 구별조차 못하고 국가재정의 파탄을 불러오는 얄팍한 지식수준 등을 지적할 수 있다.

상기의 현상들은 일부 정치인들이 대의(大義)보다 소아(小我)의 명리(名利)를 추구하기 때문에, 또한 일부 지식인들이 역사와 철학을 모르기 때문에 나타나는 무지

---

2 Rawls, John(1971).

(無知)의 소치이다. 이것은 안톤 슈낙(Anton Schnack)의 〈우리를 슬프게 하는 것들〉의 한국판이다. 아무쪼록, 이해인 수녀가 자신의 〈5월의 시〉에서 "구김살 없는 햇빛이 아낌없는 축복을 쏟아내는 5월"이라고 읊었듯이, 부디 이 땅에 하느님의 아낌없는 축복이 구김살 없는 햇빛으로 쏟아지기를 간구한다. 그리고 노산 이은상 선생의 말씀처럼, "무릎 꿇어 비노니 겨레의 복이 있으라!"고 기도한다.

한반도 주변 상황을 살펴보면, 2012년을 기점으로, 동북아 지역에는 기후변화와 함께 정치·군사·경제 패러다임의 변화가 닥쳐오고 있다. 기상전문가들은 북극진동(北極振動) 현상으로 인해 2012년 겨울에는 한반도를 비롯한 동북아시아 지역에 예년보다 기록적인 혹한(酷寒)이 닥칠 것으로 전망했었다.[3] 이어서 2013년 여름은 지난 40여 년 만에 가장 무더운 날씨였다. 상기한 북극진동 현상으로 인해, 향후 동북아 지역은 겨울에 혹한, 여름에는 폭염이 반복되는 기후를 보일 것 같다. 이러한 기후변화와 함께, 한반도는 '태풍의 눈'이 되어 동북아 지역의 정치·군사적 '회오리 바람'이 불어 닥칠 것 같다. 왜냐하면 '북한이 핵무기 보유국으로서 등장'한 것을 계기로 한반도를 중심으로 미국·중국의 '그레이트 게임'(*the great game*)이 시작되었기 때문이다. 북한은 공식적으로 핵무기 보유를 선언(2005. 2)하였고 2012년 4월 수정된 북한 헌법의 전문(前文)에다 '핵무기 보유국'임을 명시하였다.

한국의 민족사에서 가장 혹독했던 시련은 5개, 즉 임진왜란, 병자호란, 국권피탈, 국토분단, 한국전쟁이었다. 이러한 사건을 겪으면서, 한국은 자유민주주의와 시장경제체제를 선택했고 발전시켰다. 이제 6번째의 전환기적 위기가 닥쳐온다. 세계의 정치·군사·경제 패러다임의 변화 속에서 '한국의 선택', 즉 '비전과 전략'은 무엇인가?

이제 탈고하다보니, 지난 34년 동안(1978. 9~현재)의 세월에 대한 회한(悔恨)이 밀려온다. 후회도 많지만 감사할 일과 사람도 많다. 잠시 회고하면, 1978년 미국 유니언대(Union University) 경제학 교수로 재직하다가 아버님의 병환을 계기로

3 지구온난화로 인하여, 2012년 여름, 북극해 얼음이 대규모로 녹아 수증기로 증발하여 시베리아에 많은 눈이 내리고 이에 따라 형성된 고기압 기류는 시베리아와 북극 사이의 기압 차이를 감소시켜 중위도 사이에서 북극의 찬 공기가 남쪽으로 이동한다는 것이다.

한국으로 돌아와 1979년 가을학기 이후 한양대 경제학 교수로 재직했다. 이제 2014년 2월 28일에 정년퇴임식을 앞두고 있다. 지난 34년 동안 청년과 장년의 시기를 보내면서 겪은 크고 작은 일들이 주마등처럼 지나간다.

미국에서 유학 및 교수생활을 청산하고 1979년 귀국할 때 어렸던 두 딸(채숙·채윤)이 이미 40대 초와 30대 말의 여인이 되었고 저자는 외할아버지가 되었으니 결코 짧은 세월은 아니었다. 마치 꿈결같이 한 시대를 보낸 것 같다. 또한, 한국에서 낳은 아들(채하)이 로스쿨에 재학 중이니 아비가 뒷바라지할 일들이 아직 남아 있는 것을 보면, 정년퇴임한 명예교수로서 또 한 시대를 보내야 할 것이다.

한 인생의 '대차대조표'에는 자식이 '자산'이라고 저자 스스로 생각했으며, 후배들과 제자들에게 그렇게 일러주면서 가정의 행복과 자녀교육의 중요성을 강조했다. 특히, 아버지의 교수직을 이어받은 큰딸(采淑)과 장차 변호사가 될 아들(采河)은 밝고 당당한 인물이 되어 행복할 뿐만 아니라 국가발전에도 기여하는 일꾼이 되기를 바란다. 저자는 매일 밤늦게 도서관에서 무사히 귀가하는 아들을 보고 '나의 귀한 보석'이라고 생각하면서 잠든다. 그리고 작은딸(采潤)은 이미 두 딸의 어머니가 되었으니 부디 훌륭한 현모양처로 추앙받는 신사임당처럼 남편(文准碩)을 잘 섬기고 용주(容周)·용원(容元)을 훌륭한 가문의 자손으로 잘 키워주길 바란다. 그것은 동서고금을 막론하고 모든 아내와 어머니의 사명이고 그것이 바로 진정한 '행복의 길'이라고 아빠는 믿는다.

대학시절부터 사랑에 빠졌던 아내(權五蓮)가 건강하게 내조하고 있으니 든든하기 짝이 없다. 나중에는 우리 둘만 남을 것이다. 교수의 길을 걷다보니 아내에게 안정적인 삶은 주었지만, 자녀 교육비가 모자라 쩔쩔매는 아내의 모습을 보고 마음 한구석에서는 항상 자괴감이 들었다. 이제 저자가 아내에게 위로해 줄 수 있는 것은 오직 이 저서뿐이다. 왜냐하면 이 한 권의 저서에는 경제학자인 남편의 한평생 고뇌와 그에 따른 연구결과들이 수북이 담겨 있기 때문이다. 이 저서가 한국사회를 밝히고 민족의 새로운 역사를 펼칠 '전략서'라는 긍지감을 저자는 갖는다. 아내도 그렇게 생각해 주기를 바란다.

이 저서의 출판과 관련하여, 저자는 특히 나남출판의 조상호(趙相浩) 회장님에게 감사와 존경을 표한다. 조 회장님은 일찍이 '언론 의병장의 꿈'을 품고 1979년

5월에 나남출판을 창립하셨다. 고맙게도, 이미, 저자의 2권의 저서인 ①《한국의 비전과 국가경영전략》(2007), ②《쿼바디스 도미네: 성장·복지·통일을 위한 청사진》(2011)을 출판해 주셨다. 이 저서 《글로벌 경제와 한반도 위기: 한국의 비전 및 전략》 또한 출판해 주심으로써 이 원고가 저자의 연구실 밖으로 나와 넓은 세상에서 햇빛을 보게 하셨다. 조 회장님은 '언론 의병장 꿈'의 편린(片鱗)을 저자에게 출판의 기회로 주셨다고 마음에 새긴다. 또한 방대한 원고를 편집하는 데 있어서 고승철 주필님과 방순영 편집장님이 높은 경륜과 오랜 경험을 쏟아주셨으며, 또한 편집부 강현호 대리가 3회의 교정까지 성실히 수행해 주었다. 저자는 이분들에게 깊이 감사하며, 나남출판의 무궁한 발전을 기원한다.

또한, 저자는 이 저서의 원고를 집필하는 데 헌신적 수고를 한 한양대 조교 박경철 군과 KSD(한국예탁결제원)의 감사부 소속 임규철·김은영에게 깊이 감사한다. 박 군은 한양대 경제학 학·석사 학위를 취득한 인재로서 저자가 한양대 교수 시절 10여 년 동안 '조교'로 보좌했기 때문에 저자의 국·영문 육필을 쉽게 알아볼 수 있고 수많은 연구자료들이 어디에 있는가를 꿰뚫고 있다. 따라서 저자가 한양대 교수직을 2012년 8월부터 휴직하고 KSD 상임감사로 재임하면서 이 저서를 집필할 때 박 군은 '기동타격대' 역할을 수행했다. 아무쪼록 박 군이 성공하여 '활짝 웃는 모습'을 볼 수 있기를 스승은 갈구한다.

임 군은 아주대 수학과 학·석사 학위를 취득한 인재로서 수학적 모형으로 구성된 리스크 관리에 관한 영문서적을 번역하다가 세계 경제와 한국 경제에 관한 일반상식을 높이기 위한 목적으로 이 저서의 집필과정에 뛰어들었다. 물론 개인적으로는 많은 배움의 기회가 되었겠지만, 유독 지난여름에는 에어컨을 켜지 않은 '뜨거운 지붕' 밑에서 방대한 원고 정리를 하느라고 논산훈련소 생활보다 더 힘들었을 것이다. 임 군은 참으로 듬직하고 신뢰할 만한 청년이다. 더욱 내공을 쌓아 우리나라 자본시장과 금융산업의 발전에 기여하는 인재가 되기를 믿고 기원한다.

김 양은 KSD 상임감사의 비서이다. KSD의 조직은 6개 본부와 26개의 부서, 3개의 지방조직 및 1개의 해외지부(홍콩)로 구성되어 있다. KSD의 경영현황은 (2013년 8월 말 기준) 채권등록 잔액이 916.8조 원, 예탁자산 시가총액이 2,886.8조 원, 증권거래결제대금이 3,557.6조 원, 주주배당금 지급 총액이 13.5조 원,

펀드 수가 11,156개, 대차거래중개 규모가 143.8조 원, 외화증권 보관 잔량이 103.5억 달러 등으로 요약할 수 있다.

상기와 같이 방대한 경영진의 업무를 불과 10명의 감사부 직원과 함께 상임감사가 검토 및 결재를 하고 '교통순경' 노릇을 해야 한다. 이에 따른 수많은 문서와 국내외 이메일과 통화를 김 양이 슬기롭게 잘 정리·정돈해 주었기 때문에 상임감사인 저자는 지난 1년 동안 많은 업무를 수행할 수 있었다. 저자가 상임감사의 직무 외에 이 저서를 출판할 계획을 밝혔을 때, 김 양은 자신의 고유업무도 잘 수행하면서 기꺼이 상기 작업에 참여해 주었다. 저자는 한양대 교수 시절 수많은 국내외 여학생들도 가르쳤지만 김 양만큼 책임감이 투철하고 근면하며 총명한 사람을 보지 못했다. 게다가 심성이 좋아서 상임감사의 업무지시에 대하여 한 번도 면전에서 난처한 기색조차 보인 적이 없다. 비서가 할 일이면 궂은일이라도 타인에게 맡기지 않고 기꺼이 스스로 감당했다.

이 저서의 집필과는 직접적으로 관련은 없지만, 이 기회를 빌려 10명의 감사부 직원들에게도 감사를 표하지 않을 수 없다. 김종술(金鍾述) 감사부장을 비롯한 감사부 소속 직원인 장세윤(張世潤) 팀장, 장영철(蔣永喆) 팀장, 진교호(陳敎鎬) 팀장(이젠 증권예탁부 팀장), 김만식(金晩植) 팀장, 유병덕(劉炳德) 차장(이젠 권리관리부 차장), 윤철민(尹徹敏) 차장, 김상곤(金相坤) 차장(이젠 펀드서비스부 팀장), 최항진(崔恒賑) 차장, 서혜리(徐惠利) 양, 앞의 진교호 팀장·유병덕 차장·김상곤 팀장이 떠난 후 새로 발탁된 이종수(李鍾秀) 팀장·전상혁(全商爀) 차장·윤경한(尹景韓) 대리 모두가 "굽은 데는 펴고 막힌 데는 뚫음으로써 KSD의 정의를 구현하되 경영진의 업무를 발전적으로 사전 계도(사후 징벌이 아니라) 한다"는 상임감사의 철학과 지침을 잘 받들어 주고 있다.

직장 내에서 모두 동료이고 동창으로 얽혀 있는 상황에서 동료가 동료를 '감찰'(監察) 한다는 것은 매우 곤혹스러운 일이다. 그렇지만 내부 감사인의 역할은 매우 중요하다. 내부감사의 업무는 종전처럼 회계부정을 방지하는 데 국한되는 것이 아니라 조직의 모든 업무에 대해 재무·운영·보안 리스크를 사전에 파악하고 관리 및 계도하는 전사적 리스크 관리가 필요한 시대로 진입했다. 상기한 KSD 감사부 직원들은 모두 훌륭한 자질을 갖춘 대한민국의 인재들이며 향기로운 인품과 품성을 지니고 있다. 저자는 비록 짧은 2년 임기(2012. 8~2014. 8)이지만 감사부 동료들과 함께 일한 것을 생애의 보람으로 간직할 것이다. 저자는 인생의 선배로서, KSD 감사부 직원들이 모두 행복한 삶을 누리기를 기원한다.

유재훈(兪在勳) 사장, 권오문(權五問) 전무, 허점욱(許點旭) 상무, 최주섭(崔周燮) 본부장, 박영호(朴榮琥) 본부장, 신재봉(申宰奉) 본부장, 김석재(金錫宰) 본부장에게도 각각 존경과 감사를 표한다. 경영진의 전문지식 및 추진력과 5백여 명 직원들의 헌신적 수고 덕분으로 KSD는 명실 공히 한국 자본시장의 핵심 인프라로서 자리 잡았다.

마지막으로, 저자가 한평생 몸담았던 한양대 관련 인사들에게 감사를 드리고 싶다. 우선 한양학원 이사장이신 김종량(金鍾亮) 박사님의 만수무강을 기도한다. 실로 김 이사장님은 한양대를 글로벌 대학교로 우뚝 서게 만드신 분이다. 또한, 생애의 보람인 제자 임덕호(林德鎬) 총장이 김 이사장께서 미처 손대지 못한 내부개혁을 과감히 추진함으로써 한양대의 기초를 더욱 단단히 다져준 데 대하여 존경을 표한다. 곧 다가올 2014년 2월 28일 임 총장의 주관으로 저자의 정년퇴임식이 예정되어 있다. 제자인 김명직(金明稷) 경제금융대학 학장이 저자의 '공적조서'를 낭독할 것이다. 총장과 학장 두 분이 모두 저자가 한평생 사랑한 제자들이다. 그들이 준비한 정년퇴임식에서 은사가 학계를 떠난다. 이러한 인연은 아마도 다른 정년퇴임 교수들은 갖지 못할 기념행사라고 믿는다. 게다가 저자의 건강과 체력이 아직도 젊은이 못지않으니, 분명코 하느님의 축복이다.

1979년 가을학기 이후 34년을 재직하면서, 그동안 하늘나라로 떠나는 교수님들도 보았고 새로 영입된 교수님들도 만났다. 현재 연령 순서대로 그리운 이름들을 열거해 보면, 전영서(全永瑞), 박대근(朴大槿), 문춘걸(文春桀), 김명직(金明稷), 조인구(趙仁九), 김영산(金永山), 장형수(張亨壽), 유진(劉璡), 전영준(全瑛俊), 이영(李榮), 이항용(李恒鏞), 윤원철(尹垣喆), 박철성(朴哲成), 김건호(金健浩), 김광호(金光浩), 최자원(崔慈媛), 이준태(李準台) 교수가 경제금융대학을 지키고 있다. 저자가 학장(2001. 3~2002. 8; 2006. 8~2008. 7)을 역임하면서 "우리는 호적에 없는 형제다"라고 수없이 말했듯이, 부디 동료교수들 간에 우애를 두텁게 하고 한양대 경제금융대학을 더욱 빛내주시기를 바란다.

인생의 전환점에서, 오랫동안 정들었던 연구실을 비워주기 위하여 마치 늦가을 앞마당 낙엽을 쓰는 청소부처럼 수많은 강의 및 연구자료들을 정리했다. 차마 버리기 아깝지만 지그시 눈을 감고 버리기로 결심한 연구자료들이 노(老)교수 연구실 앞 복도에 가득 찼다. 결과적으로, 이 저서는 저자의 손에 남겨질 《마지막 잎새》(O, Henry, 1905)가 될 것이라는 예감을 느낀다.

부디, 이 저서가 1880년 청나라 황쭌셴(黃遵憲)이 김홍집(金弘集)을 통하여 고종(高宗)에게 바쳤던 《조선책략》(朝鮮策略)에 대응한 '대한민국 책략'으로 자리매김하기를 소망하면서 머리말을 마친다.

2013년 12월

임 양 택

나남신서 · 1731

글로벌 경제와 한반도 위기

한국의 비전 및 전략

차 례

Ⅲ • 주요국의 경제현황 및 전망

Ⅳ • 한국 경제의 비전과 전략

Ⅴ • '한국형 복지사회'를 위한 사회보장제도의 개혁방안

I
서언

일찍이 당(唐) · 송(宋) 시대의 8대가 중 한 사람인 한유(韓愈)는 그의 사설(師說)에서 다음과 같이 설파했다. '古之學者, 必有師, 師者所以傳道授業解惑也'〔'옛날에 배우는 사람에게는 반드시 스승이 있었는데, 스승이란 나아갈 바(道)를 전해주고 방법을 알려주고 의문을 풀어주는 존재이다'〕.[1] 상기 사설 중에서 저자는 특히 "解惑也"를 좋아한다. 즉, 스승은 '의문을 풀어주는 사람'이라는 것이다.

저자는 한평생 가슴에 품은 '한국의 당면과제와 해결방안에 관한 의문'들을 토로하고 이에 대한 저자 나름대로의 해답을 '한국의 선택'이라는 형식으로 제시하고자 한다.

저자가 말하는 '한국의 의문'이란 쉽게 말하면 '현재 한국은 대·내외적으로 어떠한 상황에 놓여 있는가? 향후 한국은 어느 길로 가야 하는가? 그 길을 어떻게 찾아가야 하는가?'이다. 요컨대, '대내외적 여건의 변화에 대응하여, 한국의 생존과 번영을 위한 전략과, 민주복지사회 및 민족통일국가의 건설을 위한 방책은 무엇인가?'이다.

1 임양택(2011a/b).

1. 한국 민족사의 개관: '한국의 선택'을 중심으로

한국의 민족 역사를 개관해 보면 크게 보면 5회의 역사적 '전환점'(*turning point*)이 있었다. ①서기 200년 전후인 고려 중기, ②1400년 전후인 고려 말~조선 초기, ③1600년 전후인 조선 중기, ④1900년 전후인 조선 말기, ⑤20세기 초·중기로 구분할 수 있다.[2]

상기한 5회의 전환기 중에서 가장 혹독했던 시련은 5개 사건, 즉 ①임진왜란 ②병자호란 ③국권 피탈 ④국토분단 ⑤한국전쟁이었다.

과거에도 그러하였듯이 현재나 미래에서도, 미·일·중·러의 세계 강대국들로 둘러싸인 한반도는 4강(强)의 '그레이트 게임'의 무대일 수밖에 없다. 21세기 상반기에 들어서는, 북한의 핵무기 보유와 함께 강성대국에의 진입,[3] 미국의 아시아 중시의 신(新)국방전략,[4] 중국의 패권 회복과 동진(東進)을 위한 나진항 중국군 주둔, 일본의 미·일 방위조약(1978. 11; 1979. 4)과 미국의 아시아 중시 신(新)국방전략에 의거한 '군사대국' 지향, 유라시아 국가인 러시아가 풍부한 에너지 자원을 미끼로, 또한 2012년 APEC(아시아·태평양경제협력체) 정상회담을 디딤돌로 삼아 아시아로 진출하기 위한 남진(南進) 등이 전개되고 있다.

중국은 한반도의 운명을 결정하는 데 있어 가장 오래된 상시변수이다. 멀리는 2,100년 전인 기원전 108년 고조선 멸망, 가까이로는 1882년 6월 임오군란[5]과 한국전쟁에도 중국은 한국의 운명을 결정했다. 최근에 국내외의 거센

---

2 상기한 5개 시대의 역사적 전환점에 관한 설명은 저자의 저서《아버지를 말한다: 비운의 정치가 임갑수 국회의원》(나남, 2013)에 상세히 서술되어 있다.

3 북한은 고(故) 김일성 주석의 탄생 100주년을 맞아 '강성대국'(强盛大國)의 대문을 여는 것을 목표로 2012년 4월 북한의 수정된 헌법 전문(前文)에 '핵무기 보유국'임을 명시하였고, 핵무기 다종화(多種化), 즉 소핵화 및 경량화에 성공했다고 밝혔다. 또한, 2013년 3월 말, 북한 당(黨)중앙위원회 전원회의에서 '경제·핵무력 병진 노선'을 발표했다.

4 오바마 대통령은 아시아 중시의 신(新)국방전략을 발표했다(2012. 1. 5). 즉, '두 개의 전쟁'(1+1) 개념을 수정해 중동에서 호무르즈 해협을 둘러싼 이란과의 전쟁과 한반도에서 북한이 도발하여 북한과의 전쟁의 동시적 수행을 포기한다는 것이다.

5 '임오군란'(壬午軍亂)이란 1882년(고종 19년) 6월 일본식 군제(軍制) 도입과 민 씨 정권

논란 속에서도 추진되는 중국의 군비증강, 동북공정(東北工程),[6] 중국 인민해방군의 압록강 도하훈련 등은 중국의 한반도 지배에 대한 우려를 증대시킨다.

일본은 16세기 임진왜란을 일으켜 조선의 삼천리강산을 유린하고 초토화했다. 청일전쟁에서는 조선을 일본의 경제 식민지로 만들었고 러일전쟁을 통하여 대한제국의 국권을 강탈했다. 그 후 일제(日帝)는 36년 동안 대한제국을 식민지로 통치하면서 한국인이 특히 과학에 눈뜨게 하지 못하도록 '암흑시대'에 몰아넣었다.

러시아는 구한말인 1896년 아관파천, 제2차 세계대전 후 국토분단, 한국전쟁 등에서 여실히 나타났듯이 한국의 근·현대사에 큰 역사적 과오를 저질렀다.

미국은 가쓰라-태프트 밀약(1905. 7)[7]에 따라 대한제국을 필리핀과 맞바꾸어 일본에 넘겨주었다. 제1차 세계대전 당시 윌슨 미국 대통령은 독일이 유럽에서 승리하여 대서양과 미국을 위협할 가능성을 제거하는 데만 몰두함으로써 일본 제국주의가 아시아에서 팽창하는 것을 방치했다. 또한 제2차 세계대전에서 루즈벨트 미국 대통령과 영국의 처칠 총리는 독일의 히틀러를 멸망시키는 데 총력을 기울임으로써 아시아에서 일본 제국주의의 팽창을 방임했다. 제2차 세계대전 직후 얄타회담(1945. 2)[8]에서 미국은 소련과 한반도를 반(半)으로 나누어 국토분단의 한 원인을 제공했다. 그리고 미국은 '애치슨 선언'(1950.

에 대한 반항으로 일어난 구식군대의 군변(軍變)이다. 이 사건은 대외적으로 청나라와 일본의 조선에 대한 권한을 확대시켜주는 국제문제로 변하였고 대내적으로는 갑신정변(甲申政變, 1884)의 계기를 마련해 주었다.

6 '동북공정'이란 중국 국경 안에서 전개된 모든 역사를 중국 역사로 만들기 위해 2002년부터 중국이 추진한 동북쪽 변경(만주) 지역의 역사와 현상에 관한 연구 프로젝트이다. 원래 이름은 '동북변강사여현상계열연구공정'(東北邊疆史與現狀系列研究工程)이며 이를 줄여 '동북공정'이라고 부른다.

7 가쓰라-태프트 밀약(*The Katsura-Taft agreement*)은 1905년 7월 맺어진 미국과 일본 간의 비밀 협약이다. 그 내용을 보면, ① 일본은 필리핀에 대하여 하등의 침략적 의도를 품지 않고, 미국의 필리핀 지배를 확인한다. ② 극동의 평화를 위해 미, 영, 일 삼국은 실질적 동맹관계를 확보한다. ③ 러일전쟁의 원인이 되었던 한국은 일본이 지배할 것을 승인한다는 등이다.

8 얄타회담은 제2차 세계대전 종반에 소련 흑해 연안의 얄타에서 미국·영국·소련의 수뇌들이 모여 독일의 패전과 그 관리에 대하여 의견을 나눈 회담이다.

1. 12)[9]으로 한국에서 발을 빼는 시늉을 하여 한국전쟁의 빌미를 제공했다.

그러나 한국전쟁 이후 반세기 동안 한국은 험난한 과정을 거치면서도 자유민주주의와 시장경제체제를 발전시켰다. 그 덕분으로, 오늘날 한국은 계층 간 갈등을 겪고 있지만 자유로운 사회와 경제적 번영을 다소 누리고 있다. 이와 대조적으로, 사회주의 중앙집권적 경제체제와 '金씨 왕조 체제'하에서 북한 주민의 비참한 처지를 생각해 보면, 또한 러시아와 중국이 각각 자유주의 시장경제체제로 전환한 것을 보면 과거 '한국의 선택'(자유민주주의와 시장경제체제)이 옳았음을 알 수 있다.

물론 1945년 8·15 해방 전후로, 정치지도자들이 당시 극심했던 좌·우익의 갈등을 극복하고 통일민족국가를 건설함으로써 남북한 분단의 비극과 한국전쟁의 참상을 자초하지 않았었다면 더욱 좋았을 것이다.

전술한 '한국의 선택'과 후술할 '일본의 선택'을 시대적으로 비교해 보면 '한국의 선택'이 얼마나 값진 것인가를 명확하게 알 수 있다.

일본은 양명학(陽明學)을 받아들여 근대화를 추진했던 반면에, 한국은 주자학(朱子學), 즉 성리학(性理學)에 몰입되어 외부세계의 변화를 읽지 못한 '죗값'으로 병인양요(1866), 신미양요(1871), 운요호 사건(1875) 등을 치르고 병자수호조약(1876)과 한미수호통상조약(1882)을 강제적으로 체결하였다.

당시 중국도 주자학의 천인상감론(天人相感論)과 재이설(災異設)에 의거하여 자연과 인간사회의 관계를 오직 기론(氣論)으로 해석할 뿐, '기계론적 자연관', 즉 '순수인식론'에 바탕을 둔 근대과학에 눈을 뜨지 못한 '죗값'으로 아편전쟁(1840~1842)을 겪었고 결국 청나라는 멸망(1912)했다.

---

9 '애치슨 선언'(1950. 1. 12)이란 당시 미국 국무장관 애치슨(Dean Gooderham Acheson)이 발표한 미국의 극동방위선을 말한다. 상술하면 제2차 세계대전 전후의 외교문제 해결의 중책을 수행한 애치슨 국무장관은 1950년 1월 12일 전(全) 미국신문기자협회에서 행한 "아시아에서의 위기"라는 연설에서 스탈린과 마오쩌둥의 영토적 야심을 저지하기 위하여 태평양에서의 미국의 방위선을 알류산열도-일본-오키나와-필리핀을 연결하는 선으로 정한다고 발언하였다. 즉, 방위선 밖의 한국과 타이완(臺灣) 등에 대한 군사적 공격에 대해서는 미군이 방어할 수 없다는 것이다. 이 발언은 바로 스탈린과 김일성의 '한국전쟁' 발발을 방조 및 유도하는 결과를 가져왔다.

일본은 청일전쟁 승리를 계기로 '아시아 속의 일본'이 되었던 반면에 조선은 '일본의 경제 식민지'가 되었다. 나아가 일본은 러일전쟁을 통해서는 '세계 속의 일본'이 되었던 반면에 대한제국은 경제적으로 뿐만 아니라 정치·외교적으로, 또한 군사적으로 일제(日帝)에게 국권을 완전히 강탈당하였다.

일본은 제1차 세계대전을 통해서는 어부지리(漁父之利)로 시베리아에 처음으로 진출할 수 있었던 반면에 당시 조선은 이를 위한 '일본의 병참기지'로 전락하였다. 나아가 일본은 제2차 세계대전을 통해서는 패전 때문에 오히려 민주화될 수 있었던 반면에 대한민국은 겨우 광복을 얻었으나 국토가 분단됐다. 일본은 1970년대 제1, 2차 석유파동을 통하여 자국의 산업구조를 조정할 수 있었으며, 1980년대 구미(歐美)의 엔고(高) 압력(특히 1985. 9. 22 플라자 합의)을 통하여 자국의 경제구조 조정을 완결할 수 있었다. 당시, 한국은 비로소 산업화에 의한 고도성장과 민주화 과정을 선택하였다.

특히 제2차 세계대전이 종료된 후 40여 년 동안, 일본은 국책 논쟁을 통하여 국가의 존립과 번영을 위해서, 어떠한 국가발전 전략을 세울 것인가, 그리고 어떻게 추진해 나갈 것인가를 고민했다. 예를 들어, 1950년대 초에는 '무역입국'을 계속해 나갈 것인가 아니면 '국내개발'을 위주로 할 것인가 하는 국책 선택에 관한 논쟁이 있었다. 1960년대 초에는 '개방 논쟁'이, 1970년대 초에는 '성장의 한계론'에 대한 논쟁이, 1980년 초에는 '일본의 국제공헌'에 대한 논쟁이 각각 일어났다.

'한국의 선택'(5·16 군사 쿠데타 이후)을 개관해 보면, 박정희 대통령의 산업화와 경제발전, 노태우 대통령의 북방정책에 의한 한·소 수교 및 한·중 수교, 김영삼 대통령의 민주화와 금융실명제, 김대중 대통령의 대(對)북한 '햇볕정책', 노무현 대통령의 '동북아 균형자'와 '평화번영정책', 이명박 대통령의 '실용(?)주의 정책'과 '비핵(非核)·개방·3000'을 각각 들 수 있다. 박근혜 대통령은 '복지국가 건설'과 '창조경제 정책'을 국정지표로 삼고 있다.

한반도는 전술한 5회의 '전환기적 위기'에 이어서 다음과 같은 '6번째 전환기적 위기' 상황에 진입하고 있다. 즉, 북한의 핵무기 문제의 해결방안을 두고 한반도에서 미·중의 '그레이트 게임'이 시작되었고, 한국 경제는 잠재성장률의 급락으로 마치 타이타닉 호처럼 가라앉고 있으며,[10] 한국 사회는 토마스 홉스가 말하는 '만인에 대한 만인의 투쟁'으로 치닫고 있다.

따라서 한국의 생존과 번영을 위한 정책과 민족의 숙원인 남북한 통일을 준비하기 위한 전략은 종전의 대증요법으로부터 환골탈태해야 할 시점에 이르렀다. 왜냐하면 세계의 정치·군사·경제 패러다임이 바뀌고 있기 때문이며, 이에 대응하여 한국의 국가경영 철학과 사회경제구조뿐만 아니라 한국인의 사유 패러다임(즉, 삶의 철학)이 바뀌어야 하기 때문이다.

저자는 경제학자이다. 따라서 경제적 측면에서의 패러다임 전환을 지적하면 다음과 같다. 종전에는 인구 증가가 거시경제이론의 기본가정이었으나 이젠 고령화·저출산으로 인하여 인구감소가 저(低)성장·저(低)투자·저(低)금리 시대를 열었으며 이것은 다시 복지재정 위기를 야기하고 있다. 이 결과, 과거에는 '유동성 함정'(*liquidity trap*)이 케인지언 거시경제이론 체계하에서 '특수한 경우'로 규정되었으나 이젠 '일반적인 경우'로 자리 잡고 있다. 또한, 종전에는 기술변화를 하나의 외생변수(*exogenous variable*)로 간주되었으나 이젠 기술변화가 산업구조·고용구조·비교우위구조를 결정하고 기업의 흥망을 결정한다. 게다가 기술이 너무나 급격하게 변하므로 기업은 과감한 투자를 장기적으로 수행할 수 없고 세계적으로는 무역전쟁이 환율전쟁과 기술전쟁으로 변화하고 있다.

상기와 같은 경제 패러다임의 변화는 신자유주의(*new liberalism*)의 마지막 숨통을 끊고 있다. 이에 대한 저자의 대안(代案)은 본문에서 제시될 것이다.

---

10 타이타닉(Titanic) 호(號)는 1912년 4월 14일 2천 2백여 명의 승선자 중 에드워드 스미스 선장을 포함한 1천 5백여 명과 함께 차가운 바다 속으로 가라앉았다. 전설 속에서만 살아 있던 타이타닉 호는 1985년 내셔널지오그래픽 해양 탐험가 밥 발라드(Robert Ballard) 박사에 의해서 최초 발견되었다. 당시 발견된 타이타닉은 심해 4,000m 아래에 선체가 두 동강 난 채로 있었고, 각 선체는 600m 떨어져 있었다.

2. 이 저서의 집필 배경

저자는 한평생 경제학 교수로 재직하면서 나름대로 연구활동을 했는데, 그중에서 '한국의 비전과 전략'을 주제로 설정한 저서(국·영·중문)로서는 하기와 같이 모두 6권을 순차적으로 출판했다.

① 《비전 없는 국민은 망한다: 21세기 통일한국을 위한 청사진》(매일경제신문사 출판부, 1995).
② 국문인 《아시아 대예측》(매일경제신문사 출판부, 1999); 中文인 《21世紀亞洲經濟的 展望与 挑戰》(北京: 中國社會科學院, 1999, 5)[11]
③ 《한국의 21세기 비전》(원제: *Korea in the 21st Century*, New York: NOVA Science Publisher, 2000).
④ 《한국의 비전과 국가경영전략》(파주: 나남, 2007).
⑤ 《쿼바디스 도미네: 성장·복지·통일을 위한 청사진》(파주: 나남, 2011).
⑥ 《한국형 복지사회를 위한 청사진》(서울: 한양대 출판부, 2011).

1) 《비전 없는 국민은 망한다: 21세기 통일한국을 위한 청사진》(1995)

1995년도 저서 《비전 없는 국민은 망한다: 21세기 통일한국을 위한 청사진》의 제목은 성경말씀을 그대로 인용한 것이다. 이 저서에서 21세기로 향진하는 한국이 해결해야 할 국가적 과제로서 다음과 같이 5가지를 지적했다.

① 21세기 한국의 발전적 미래상을 어떻게 설계해야 하는가?
② 우리 민족의 21세기 청사진을 구체화할 수 있는 경제개발 전략으로서 자원배분의 국가적 우선순위를 어떻게 결정할 것인가?

11 저자의 저서인 《아시아 대예측》은 저자가 베이징대 초청 특강에서 강의한 내용으로서 중국 정부가 중국사회과학원에 출판을 의뢰했던 것이다. 이 저서의 제목은 '아시아의 비전과 전망'에 관한 것이지만, 그 중심적 내용은 '한국의 비전과 전망'이다.

③ 상기의 경제개발 전략을 효율적으로 추진하기 위하여, 정부 · 기업 · 가계의 합리적 역할분담은 무엇이어야 하는가?
④ 상기의 개발전략, 자원배분의 우선순위, 각 경제주체(정부 · 기업 · 가계)의 역할에 대한 국민 합의를 어떻게 민주적으로 도출할 것인가?
⑤ 미국이 중심인 21세기 다원적 국제질서는 한반도에서 어떠한 양상으로 전개될 것인가? 즉, 미 · 일 · 중 · 러의 4강의 이해관계가 첨예화되어 있는 한반도에서 한 · 미 관계, 한 · 일 관계, 한 · 중 관계, 한 · 러 관계, 다른 한편으로 북 · 미 관계, 북 · 일 관계, 북 · 중 관계, 북 · 러 관계는 각각 어떻게 발전될 것인가? 이러한 다원적 세계질서의 재편성 과정에서 한국의 선택은 무엇이며, 민족의 생존과 번영을 위한 전략은 어떠한 것인가?

상기의 5가지 국가적 과제를 해결하기 위하여 저자는 세계질서의 전망, UR/WTO 국제무역질서의 대두, 뉴라운드의 태동, 한국의 자본시장 개방과 외환 · 수입 자유화, OECD 가입, 한반도 주변 강국(미 · 중 · 일 · 러)의 외교안보전략 등을 분석했다. 이러한 분석결과들을 토대로, '21세기 한국 경제의 비전'으로서 '과학기술입국'과 '통일 민족국가 건설'을 제시했다. '과학기술 입국'을 위한 전략으로서 산업 구조조정의 기본방향, 기술개발 전략, 국제산업협력 및 전략적 제휴를, '통일민족국가 건설'을 위한 전략으로서 기존 남북한 공식적 통일방안인 '3단계 통일론'과 대비되는 '제 3의 통일방안'으로서 저자의 '5단계 통합론'을 각각 제시했다.

2) 《한국의 비전과 국가경영전략》(2007)

2007년도 저서 《한국의 비전과 국가경영전략》은 2008년 하반기 글로벌 금융위기가 발발하기 전의 국내외 상황 하에서 '한국의 비전과 전략'을 서술한 것이다. 고맙게도 문화체육관광부가 '우수학술도서'로 선정(2008)해 주었다.

상기의 저서는 역사적 배경으로서 한국의 근 · 현대사와 한반도의 주변정세 및 4강의 역학관계를 분석한 후, '한국의 비전과 국가경영전략'을 3가지 차원, 즉 ① 동북아 차원 ② 남북한 차원 ③ 국내적 차원으로 나누어 서술했다. 주요 골자만 밝히면, 동북아 차원에서는 미·일·중·러의 산업기술협력 추진방안을, 남북한 차원에서는 '5단계 점진적 통합론'과 '동북아 평화조약(안)'을, 국내적 차원에서는 성장·고용·분배의 악순환을 해소하기 위한 '테크노-경제발전 전략'을 각각 제시했다. 그리고 상기의 전략을 성공적으로 추진하기 위한 정부·기업·노동의 역할분담을 서술했다.

3) 《쿼바디스 도미네: 성장 · 복지 · 통일을 위한 청사진》(2011)과 《한국형 복지사회를 위한 청사진》(2011)

2011년도 저서 《쿼바디스 도미네: 성장·복지·통일을 위한 청사진》은 한국의 3가지 국가적 목표, ① 지속적 경제성장, ② 최대다수·최대행복을 위한 복지사회, ③ 남북한 통일과 동북아 평화를 위한 구체적 정책방안들을 제시하였다. 이번에는 대한민국학술원에서 고맙게도 '우수학술도서'로 선정(2012)해 주었다.

또 하나의 2011년 저서 《한국형 복지사회를 위한 청사진》은 상기한 한국의 3가지 목표 중에서 '최대다수·최대행복을 위한 복지사회'의 개념을 정립하고 이를 구현할 수 있는 동태적 프로그래밍을 제시했다. 이 연구의 골자는 복지재정의 합리적 조달방안과 복지기금의 투자로서 지속적 경제성장에 기여할 수 있다는 것을 고도의 수학이론으로 증명한 것이다.

저자는 《쿼바디스 도미네: 성장·복지·통일을 위한 청사진》에서 전술한 3가지 국가적 목표를 도출하기 위하여 크게 3가지, 즉 ① 한반도의 주변국인 미·중·일·러의 역학관계와 남북한 관계의 최근 변화 양상을 정치·군사·경제적 측면에서 분석하였고, ② 한국 경제의 대내외적 여건 변화(특히 2008년 하반기 '글로벌 금융위기')가 반영된 '국가적 당면과제'를 대소(大小), 완급(緩急), 경중(輕重)에 입각하여 국가적 우선순위를 도출하였으며, ③ 이것을 효율적으로 해결하기 위한 '한국의 선택'을 3가지, 즉 ① 성장 ② 복지 ③ 통일의 측면에서 각각 서술하였다. 특히 한국 사회의 사회경제적 당면과제로서, 저자는 다음과 같이 10가지를 지적했다.

① 재정수지 적자 및 국가채무의 누증
② 복지제도(국민연금제도 및 건강보험제도)의 재정위기
③ 저조한 기업의 설비투자와 과도한 가계부채로 인한 내수시장의 침체
④ 대량실업과 청년실업의 폭증 및 불안정
⑤ 만성적인 대(對)일본 무역수지 적자의 급증, 대(對)중국 무역수지 흑자의 급감에 따른 경상수지의 불안정
⑥ 대기업과 중소기업의 기능적 연계 약화
⑦ 금융자산·토지·주택소유의 극심한 편중으로 인한 소득분배의 불균등 심화와 소득양극화의 악화로 인한 계층 간 갈등의 심화
⑧ 환율 및 외환시장의 불안정
⑨ 국내 금융시장의 불안정 및 금융산업의 낙후
⑩ 인플레이션

상기한 10대 사회경제적 당면과제 중에서 가장 우선적인 '대내적 국가과제'는 대량실업의 해결이라고 저자는 강조했다. 공식적으로 발표된 한국의 실업자 수는 82만 8천여 명(2013. 7. 현재)이지만 구직단념자(17만 1천여 명)를 포함한 실업자 수 1백만여 명과 취업 준비생을 포함한 실업자 수 154만여 명을 모두 합한 '체감 실업자 수'는 약 350만 명이다. 이 중에서 특히 청년(25~29세) 실업자 수가 84만 4천 명(2013. 5. 현재)이다.

한국의 청년들은 이미 오래전에 미래에 대한 희망을 잃었다. 그들은 오직 생존하기 위한 '만인 대 만인의 투쟁'에 시달린다. 마치 신자유주의 신봉자들의 '사냥총에 맞은 사슴의 눈망울'을 보는 듯하다. 우수한 대한민국의 청년들을 누가 울리고 있으며, 어떠한 제도가 그들의 꿈을 앗아갔는가? 그들의 '꿈'은 가수 인순이의 노래 〈거위의 꿈〉에만 존재하는 것 같다.

그런데도 한국 청년들은 세계 방방곡곡에서 대한민국의 국위를 떨치고 있다. 2008년 베이징올림픽에서 역대 최다 메달을 기록한 데 이어서 2012년 런던올림

픽에서는 금메달 13개, 은메달 8개, 동메달 7개로 종합순위 5위에 올라 '스포츠 강국'으로 자리매김했다. 가수 싸이의 노래와 춤이 세계를 휩쓸고 있고, 김기덕 감독의 영화는 베네치아영화제의 최고상을 수상했다. 또한, 교육성과 중에서 국제학습성취도평가(PISA)[12] 읽기 능력(2009년 기준)을 보면 OECD 국가들 중에서 한국(539점)이 단연 최고로서 OECD 평균(약 495점)보다 훨씬 앞선다. 2위는 핀란드(536점)이다.

따라서 저자는 청년실업자 84만 4천 명을 포함한 약 350만 명의 '체감 실업자'들의 생계유지를 위한 고용을 창출할 수 있는 성장 메커니즘으로서 테크노-경제발전 전략을 제시했다.[13] 모름지기, 완전고용은 복지사회에로의 진입을 위한 기본조건이다. 양호한 고용(*decent job*)은 소득을 창출하며, 이것은 다시 소비의 원천이 되어 내수기반을 형성한다.

'대외적 국가과제'와 관련하여, 저자는 미·중·일·러의 정치·군사적 동향을 동북아 차원에서 논술하고, 2008년 하반기 글로벌 금융위기에 대응한 각 국가의 경제동향을 분석했다. 특히, '아시아 고부가가치 부품·소재의 공급기지를 제안하고 이를 위한 한·미 간, 한·일 간, 한·중 간, 한·러 간 산업기술협력의 추진전략을 제시하였다.[14]

마지막으로, '민족적 국가과제'와 관련하여, 저자는 한반도의 근·현대사와 최근 정세를 미국·일본·중국·러시아·북한을 중심으로 개관하고, 북한 대량살상무기의 해결방향을 논하였으며, 한반도 평화정착을 위한 '동북아안보협력회의'(CSCNEA: Conference on Security and Cooperation in Northeast Asia)[15]와 '동북아 평화조약'(*Northeast Asian Peace Treaty*)을 제시하였다.[16] 또한, '남북한 통일 프로그램'[17]과 '남북한 5단계 통합 모형'[18]을 각각 제시했다.

---

12 '국제학습성취도평가'(PISA)란 의무교육 종료시점인 만 15세 학생의 읽기, 수학, 과학영역의 성취수준을 평가하는 표준점수 기준으로 전체 평균을 500점으로 조정한다.

13 Lim, Yang-Taek(2006).

14 Lim, Yang-Taek(2003b/c; 2004b/d/e).

15 임양택(1998a).

16 임양택(1999d; 2007a/b/c); Lim, Yang-Taek(2001a; 2002b).

17 임양택(2007e; 2009b).

특히, 실사구시(實事求是)의 측면에서 저자가 1990년 이후 약 20년 동안 주창한 장단면(長端面)의 '남북한 경제특구',[19] 동시베리아·극동지역의 에너지·자원의 공동개발, 러시아 및 남북한의 원유/가스의 파이프라인 건설, 시베리아 횡단철도(TSR)와 한반도 종단철도(TKR)의 연계 등을 제시하였다.[20]

상기의 저서에 담긴 저자의 주장은 지금도 변함이 없으며 향후에도 변함이 없을 것이다. 그러한 확신과 함께, 저자는 요즈음 언론에 '대문짝'만큼의 기사로 보도되는 '소리 없는 아우성'들을 보면 일면의 자긍심을 느낌과 동시에 조바심을 갖게 된다. 다시 말하면, 한편으로는 '성장·복지·통일'에 관한 저자의 정책대안들이 고스란히 국가적 이슈로 대두된다는 측면에서 '자긍심'을 느끼면서도, 다른 한편으로는 저자의 정책대안들이 예상치 못했던 변수들에 의하여 오류가 발생하거나 현실적 제약조건들에 의하여 좌절될까 봐 '조바심'을 갖게 된다.

다행히, 저자가 20여 년 동안 연구한 '테크노-경제발전 전략'은 박근혜 대통령의 '창조경제'와 직결되며, 또한 저자가 20여 년 동안 주장한 '남북한 경제특구', '남북한 5단계 통합론', '한반도 통일 프로그램', 1975년 '헬싱키 프로세스'를 응용한 '동북아 평화조약'은 박근혜 대통령의 '한반도 신뢰 프로세스'와 한반도 주변국과의 정상외교 행보 등으로 나타났다.

그러나 저자가 강조하는 '경제 자유화'와 박근혜 대통령이 추진하는 '경제 민주화'가 상충하는 것은 매우 안타깝게 생각한다.[21] 저자는 '경제 민주화'의 추진과정과 그 부작용 여부를 매우 주시하고 있다. 그 이유는 다음과 같다.

한국 경제의 경기불황에다가 정치권의 '대기업 때리기'가 겹치면서 기업들의 경제심리가 글로벌 금융위기 수준으로 떨어졌다. 기업과 가계 등 민간 경제주체들의 체감경기를 보여주는 경제심리지수(ESI: *Economic Sentiment Index*)가 급랭(急冷)했다.[22] 특히, 정치권 공세의 표적이 된 대기업의 경제심리가 급격

---

18 임양택(1991c; 1992a/b; 1993; 1999a/b); Lim, Yang-Taek(1997a).

19 임양택(1990; 1991b; 1995b).

20 Lim, Yang-Taek(1990; 1991).

21 임양택(2012. 9).

22 한국은행이 발표(2012. 9. 27)한 '9월 기업 경기실사지수(BSI) 및 경제심리지수(ESI)'에

하게 얼어붙었다. 따라서 '경제 민주화'가 추구하는 순기능에 비하여 기업투자의 위축, 사업장의 해외이전 가속화, 고용의 감축 등을 저자는 우려하지 않을 수 없다. 왜냐하면, 전술한 바와 같이, 한국 사회의 가장 심각한 문제점은 대량실업이며 '고용이 최상의 복지'이기 때문이다.[23]

3. 이 저서의 목적

전술한 바와 같이, 약 20년 동안 저자는 '한국의 비전과 전략'을 제시하기 위하여 한국의 대내적 문제, 대외적 문제, 민족적 문제를 이미 충분히 제기 및 분석하였다고 볼 수 있다.

그런데도 왜 2013년도 저서 《글로벌 경제와 한반도 위기: 한국의 비전 및 전략》을 다시 출판할 수밖에 없었는가? 이 질문에 대한 답변으로서, 저자는 다음과 같은 이유와 동기를 밝힌다.

1) 세계의 정치 · 군사 · 경제 패러다임의 최근 변화에 따른 '한국의 비전 및 전략'의 업데이트

2012년은 한반도 역사의 변곡점이라 할 수 있듯이, 남북한을 비롯하여 미 · 중 · 일 · 러의 최고 지도자가 모두 교체되었다. 이 해 1월 일본에서는 자민당 아베 신조(安倍晋三)가 총리로 당선되었고, 3월 러시아에서는 푸틴 대통령이 취임하였으며, 10월 중국에서는 시진핑(習近平) 국가주석이 등극하였다. 더불어 11월 미국의 대통령 선거에서 오바마가 재선되었고, 12월 9일 한국의 대통령 선거에서 박근혜 후보가 당선되었다. 한편 북한에서는 김정일 국방위원장이 2011년 12월 17일 사망함에 따라 아들 김정은 조선노동당 부위원장이 권력을

따르면 제조업의 2012년 9월 업황 BSI는 전월 대비 3포인트나 떨어진 69를 기록했다. 이는 지난 2009년 4월(67) 이래 41개월 만에 가장 낮은 수치다.

23 임양택(2011. 10. 7).

승계하고 '김정일의 유훈통치'가 시작됐다.[24] 이와 같이 2012년에 미·중·일·러·남북한의 최고지도자가 모두 거의 동시적으로 교체됨에 따라 세계(특히 동북아)의 정치·군사·경제 패러다임이 확연히 바뀌었다. 그렇기 때문에 이러한 변화를 수용한 '한국의 선택'을 연구 및 제시할 필요가 있다.

세계 정치·군사 패러다임은 제1차 미·중 전략경제대화(SAED: *Strategic And Economic Dialogue*)에서 G2 시대로 변화했으며, 오바마 대통령의 신(新)국방정책이 시사하듯이 북한의 핵무기 보유 및 위협으로 인하여 아시아 특히 동북아(한반도)에 정치·군사적 전략이 집중되고 있다. 즉, 2013년 초부터 미국과 중국 사이에 있는 '한반도에서의 그레이트 게임'이 시작되었다.[25] 그 게임의 핵심은 다음과 같다. 미국은 중국에게 '북한이 핵무기를 포기하도록 영향력 행사를 종용'하는 대신에 중국은 그 대가로 미국에게 '주한미군 철수를 거래'하는 것이다. 이 경우, 겨레의 염원이었던 남북한 통일은 어떻게 될 것인가? 상기의 그레이트 게임에 대한 한국의 대응전략은 무엇인가?

정치·군사·경제 패러다임의 변화에 맞추어, 북한의 핵무기 보유 문제를 해결하고 한반도의 평화기조를 정착시킬 수 있는 '동북아안보협력회의'(CSCNEA)와 저자의 '동북아 평화조약(안)', 한반도 유사시에 긴급히 대응할 수 있는 저자의 '한반도 통일 프로그램(안)'을 각각 업데이트할 필요가 있는 것이다.

한편, 세계 경제 패러다임은 신자유주의에서 보호주의로 변화하고, 무역전쟁은 환율전쟁과 기술전쟁으로 치닫고 있다. 이러한 상황에서, 한국에서는 국가경쟁력의 추락, 저성장 늪으로의 진입, 가계부채의 누증, 국가재정 및 금융불안의 고조 등과 함께 사회경제적 갈등이 심화되고 있다.

이에 대한 대응전략으로서 박근혜 대통령은 '창조경제'를 국정지표로 내세웠

24 물론, 김정일 국방위원장이 생존 시기였던 2010년 9월 28일, 김정은은 4년 만에 열리는 노동당 대표자 회의에서 김정일의 후계자로 공식 데뷔했었다.

25 19세기 말, 중앙아시아에서는 아프가니스탄이 인도로 진출하고자 하는 러시아와, 인도 지배권을 방어하려는 영국이, 또한 21세기에는 러시아와 미국이 천연가스 파이프라인(BTC와 BTE)을 두고 '그레이트 게임'을 각각 벌였다. 아프가니스탄에는 리튬(휴대전화, 전기자동차 배터리 주요원료), 철, 구리, 코발트 등의 지하자원이 약 1조 달러어치가 매장되어 있다고 한다.

다. 창조경제는 창조산업을, 이는 다시 창조기술과 창조금융을 각각 전제로 하는 경제발전 전략이다. 이것은 저자가 오랫동안 연구 및 발표한 테크노-경제발전 전략과 직결된다. 따라서 저자는 '창조경제'에 부합되도록 저자의 '테크노-경제발전 전략'을 더 구체화시킬 필요가 있다.[26] 다시 말하면, 한국의 산업발전 단계에 적합한 창조산업을 선정하고 이를 고용창출산업과 수출산업으로 발전시킬 수 있도록 창조기술과 창조금융을 투입 및 활성화 할 수 있는 전략을 제시할 필요가 있는 것이다.[27]

UNCTAD에 따르면, '창조경제'는 ① 소득과 일자리를 창출하고, 수출 지원을 확대하며, 사회적 포용, 문화 다양성, 인간개발을 촉진하며, ② 기술, 지식재산, 관광과 상호작용하는 경제적, 문화적, 사회적 측면을 포괄하며, ③ 지식기반의 경제활동으로서, 개발 측면과 경제 전반과 연계된다. 그리고 '창조경제'의 핵심인 '창조산업'이란 개인의 창조성과 지식자본을 바탕으로 경제적 가치를 창출하는 산업으로 정의된다.

주요국이 추진하는 창조경제 관련 정책의 배경과 목적을 개관해 보면, 기존 경제구조의 변화, 특히 탈(脫) 제조업화에 대응하여 새로운 성장동력 산업을 발굴하고 이를 통하여 고용을 창출하기 위한 것으로 요약된다. 또한, 주요국의 창조경제 추진전략 보면 교육 개신, 창업환경 개선 및 창조적 중소기업 지원, 연구·개발(R&D) 등 혁신역량 강화, 지적재산권 인식 제고 및 관련정책 개선, 신(新) 시장 개척을 위한 창조산업의 해외진출 및 글로벌화 등이다.

---

26 Lim, Yang-Taek(2006).

27 임양택(1998b).

2) 중국의 저성장 시대 진입과 미국의 양적 완화 정책 조기종료에 따른 한국의 대응전략 수립

2008년 글로벌 금융위기를 최초로, 또한 정확히 예측했던 누리엘 루비니 교수는 2013년에 세계 경제가 '퍼펙트 스톰'(*perfect storm*)을 맞을 것이라고 예언하였다.[28] 2013년에는 세계 경제의 악재(미국의 재정위기, 유럽의 채무위기, 중국의 경제성장 둔화, 일본의 대지진 타격 등)가 한꺼번에 몰아치는 최악의 상황이 전개될 것이며, 그 여파는 2008년 글로벌 금융위기보다 더 심각한 총체적 위기 상황을 초래할 것이라는 전망이다.

만약 이처럼 유럽의 재정위기가 끝내 해소되지 않고, 미국의 경기회복이 기대에 못 미치는 가운데 세계 경제의 마지막 보루인 중국마저 성장 둔화의 길로 접어든다면, 세계 경제는 'L자형' 장기 경기침체로 접어들 수밖에 없다.

이 경우, 대량실업의 만연과 시위 혹은 폭동의 빈발로 인하여, 세계 경제는 긴 겨울밤을 보낼 것으로 예상된다. 예로서, 2005년 프랑스 파리 근교를 휩쓸었던 대규모 소요사태, 2011년 영국 런던 폭동, 2012년 8월 13일 프랑스 북부 아미앵 시 폭동, 2011년 1월 튀니지 시위와 이것의 이집트·스페인 등으로의 확산, 2011년 9월 17일 시작된 미국 월스트리트 점령 시위("우리는 99%다") 등을 들 수 있다.

한국 경제는 1970년 이후 외부 충격 등으로 9차례의 경기순환을 경험했다. 이 중에서 경기침체는 6차례, 즉 ① 제 1차 석유파동 ② 제 2차 석유파동 ③ 3저(低) 현상 소멸 후 1988~1989년 상반기 중 경기둔화 ④ 1997년 말 외환위기 ⑤ 2008년 하반기부터 시작된 '글로벌 금융위기' ⑥ 2011년 8월부터 시작된 '글로벌 경제위기'를 각각 당했다.

세계 경제의 장기 경기침체 전망에 따른 한국 경제의 당면과제(저성장·저투자·저소비·저금리·고실업·고부채·고금융불안) 중에서 가장 심각한 두 가지

28 2008년 글로벌 금융위기를 최초로 정확하게 예언하여 세상을 놀라게 한 뉴욕 대의 누리엘 루비니 교수는 '닥터 둠'(Doctor Doom)이라는 별명을 얻었다.

문제는 저성장 기조의 고착화와 금융·자본시장의 불안을 들 수 있다. 따라서 상기의 두 가지 당면과제에 대한 해결방안을 제시할 필요가 있다.

저성장 기조의 고착화 현상과 이에 대한 한국 정부의 대응책을 보면 다음과 같다. 기획재정부는 2013년 6월 27일 하반기 경제정책 방향을 제시하면서 당초 2.3%로 잡았던 2013년 경제성장률을 2.7%로 올렸다. 이어 같은 해 7월 11일 한국은행이 당초 2.6%였던 2013년 경제성장률 전망치를 2.8%로 상향 조정했다.[29] 그 근거는 2013년 하반기에는 경기부양책이 본격적으로 효과를 나타내고 세계 경제가 완만한 회복세를 보이면서 경제성장률이 3%대로 올라설 것이라고 전망하기 때문이라고 한다.

기획재정부와 한국은행의 2013년 하반기 전망은 '희망사항'에 그칠 것이라고 저자는 믿는다. 그 이유는 다음과 같다. 우선, 대내적 경제현황을 보면, 한국 정부의 독려에도 불구하고 기업의 투자부진이 계속되는 가운데 가계소비도 회복될 기색이 보이지 않기 때문이다. 대외적 여건을 보면, 미국과 유럽의 경기 회복이 지연되는 가운데 중국의 경제성장 둔화가 당장 한국의 수출에 직격탄을 날릴 우려가 커지고 있기 때문이다.[30]

상기와 같은 이유로, 국제기구와 글로벌 투자은행(IB)들은 한국의 경제성장률 전망치를 줄줄이 내려 잡고 있다. 2013년 6월 말 기준으로, 글로벌 투자은행 11곳이 내놓은 2013년 한국의 경제성장률 전망 평균치는 연초의 3.0%에서 2.7%로 0.3%p 떨어졌다.[31]

그런데도 현오석(玄旿錫) 경제부총리 겸 기획재정부 장관은 재정·통화·부

---

29 한국개발연구원, 금융연구원은 2013년 한국의 연간 경제성장률을 2.6%로, 국회예산정책처는 2.8%로, 하나금융경영연구소는 2.7%로, LG경제연구원은 3.0%로 각각 예상했다.

30 세계은행은 2013년 7월초 2013년 세계 경제 성장률을 연초의 2.4%에서 2.2%로 낮췄다. IMF의 크리스틴 라가르드 총재도 "조만간 올해 세계 경제 전망을 하향 조정할 것"이라고 했다(〈중앙일보〉, 2013. 7. 17). 그 근거는 미국과 EU 등 주요국의 경기회복이 늦어지고 중국의 경제성장률이 기대에 못 미칠 것이기 때문이라고 한다.

31 국제 회계컨설팅 회사인 언스트 앤 영(EY)은 한국의 경제성장률을 3.3%에서 2.1%로, 국제신용평가사인 무디스도 3.0%에서 2.5%로 대폭 낮췄다. BNP파리바은행은 2013년 3월 2.7%였던 한국의 2013년 경제성장률 전망치를 동년 6월 말 2.1%로, UBS도 2.8%에서 2.5%로 각각 낮췄다(〈중앙일보〉, 2013. 7. 17).

동산 등 전방위적 정책조합으로 효과를 극대화하겠다는 전략을 제시했고, 실제로 추가경정예산 편성, 4·1 부동산대책, 투자활성화 대책, 일자리 로드맵 등 각종 정책을 숨 가쁘게 내놓았다.

그러나 이들 정책이 각각 따로 놀면서 정부의 경기부양책이 소비와 투자심리를 회복시키지 못하고 있다. 그 이유는 한국 경제를 어떻게 끌고 갈지에 대한 거시적 총론이 없는 가운데 각종 미시적 각론들만이 산발적으로 각개약진하고 있기 때문이다. 그러다보니 개별 정책의 효과는 거두지 못한 채 정책끼리 충돌하고 조정은 어렵게 되는 것이다.[32]

여기서 특히 유의해야 할 것은 중국의 경기둔화는 한국 경제에 초대형 악재가 될 것이라는 점이다. 이것은 미국의 출구전략보다 더 큰 문제가 될 수 있다. 2013년 3월 출범한 시진핑 정부의 출범과 동시에 중국 경제의 방향을 기존의 고속 성장이 아닌 중속(中速) 성장으로, 경제의 중심축을 수출이 아닌 내수로 각각 전환하겠다고 선언했다. 그러나 리커창(李克强) 경제팀이 내수 확충을 필사적으로 추진하고 있으나 내수가 성장엔진이 되기까지는 적어도 10년 이상 기다려야 할 것이다. 그때까지 중국 경제는 저성장 시대로 진입하면서 일본 경제의 전철을 밟을 것으로 전망된다.

또한 중국 정부는 2008년 글로벌 금융위기 후, 중국 경제에 낀 '신용거품'을 빼고, 중국 경제구조를 개혁하겠다는 것이다. 중국 기업·가계·정부 부채는 2012년 말 기준으로 국내총생산(GDP)의 2.3배 정도다. 2012년 중국 GDP가 52조 위안(약 9천 5백조 원) 정도니 중국 전체의 부채 규모는 약 120조 위안(약 2경 1,960조 원)에 달한다. 게다가 2013년 중국 전체 부채는 더욱 증가하고 있다. 중국 GDP와 맞먹는 규모의 지방정부 부채와 비(非)은행권 대출('그

---

32 상기의 정책조합은 시작부터 삐걱댔다. 2013년 4월 금리인하를 놓고 재정당국(기획재정부)과 통화당국(한국은행)이 갈등을 일으켰다. 2013년 4·1 부동산대책은 국회 논의과정에서 논란을 겪으며 때를 놓쳤다. 게다가 경제성장률 회복에 초점을 맞추는 동안 재정건전성은 악화됐다. 각종 대책에서 2조 원이 넘는 세금감면 혜택을 내놓으면서 재정건전성은 후순위로 밀렸다. 이 때문에 정부의 균형재정 달성 목표(2013)도 2017년으로 미뤄졌다. 특히, 고용률 70% 달성과 함께 제시한 중산층 70% 재건은 아직까지 손도 대지 못하는 형편이다.

림자 금융')의 부실 문제가 '화약고'로 등장했다.

중국의 저성장은 한국 입장에서는 치명타가 될 수 있다. 왜냐하면 한국은 원자재를 중국에 수출하고 중국은 이를 가공해 전 세계로 수출하기 때문이다. 중국은 한국 수출의 25%를 차지하는 최대 교역국이다. 중국 성장의 둔화(2013년 7%대로 전망)로 수출이 혹여 감소세로 돌아선다면 2013년 한국의 경제성장률은 2%대의 저성장도 달성하지 못할 수도 있다.

2012년에는 한국의 대(對)중국 수출액은 1,343억 달러로, 미국(585억 달러)과 일본(387억 달러)에 대한 한국의 수출액을 더한 것보다 많다. 1992년 한·중 수교 이후 2013년 4월까지 한국이 중국으로 수출한 금액이 1조 41억 달러에 달했다.[33] 이 금액은 한·일 수교(1965) 이후 48년간 일본에서 수입한 총액(1조 21억 달러)을 넘어선다. 한국의 대(對)중국 무역수지 흑자 누적액은 3,445억 7천만 달러에 달했다. 이를 원화(2012년 평균 환율·1달러에 1126.8원)로 환산하면 388조 원으로, 2013년 한국 정부 예산 342조 원을 넘어선다. 또한, 중국이 한국에 투자한 액수보다 한국이 중국에 투자한 액수가 12배 더 많았다. 1992년 수교 이후, 한국의 대(對)중국 투자 누적액은 565억 달러였고, 중국의 한국에 대한 누적 투자는 44억 6천만 달러였다.

한편 금융·자본시장의 불안요인을 한국의 금융·자본시장의 현황과 관련하여 살펴보면 다음과 같다. 2012년엔 세계 금융·자본시장에 '돈맥경화'가 극심했고 주식시장이 침체되었으며, 자산운용·투자자문 업계가 추위에 떨었다. 또한 회사채 시장도 얼어붙었다. 유가증권시장과 코스닥시장에서의 기업공개(IPO)는 1997~1998년 IMF 외환위기 후 최소치를 기록했다. 이 결과, 자금조달 창구 기능이 마비되었다.

2012년 자본시장은 2008년 글로벌 금융위기 이후 최악이었고 유가증권 시장의 누적 주식거래 대금은 2006년 이후 최저치를 기록했다. 그러나 2012년보다 2013년과 2014년이 더욱 불안하다. 2013년 3월 말 현재 한국의 단기부동자금은

33 1992년 한·중 수교 후 21년간 중국으로 가장 많이 수출한 품목은 반도체로 누적 수출액이 1,006억 8천만 달러였고, 중국에서 가장 많이 수입한 품목은 컴퓨터로 누적액이 470억 5천만 달러였다.

767조 8천억 원(현금 포함 814조 5천억 원)으로서 관련통계가 발표되기 시작한 2002년 1월 이후 사상 최고치다.

설상가상으로, 미국과 일본의 양적 완화정책(QE: *Quantitative Easing*)에 의한 '통화전쟁'이 '환율전쟁'으로 치닫고 있다. 특히 급격한 엔저(低) 때문에 한국 수출기업들이 직격탄을 맞아 '비명'을 지르고 있다. 원고(高) 및 엔저 이후에는 항상 한국은 경제위기를 겪었다. 즉, 1995~1997년 원화 대비 엔화 값이 떨어진(원고) 후 1997년 외환위기를 겪었고, 2004~2007년 원화 대비 엔화 값이 추락한(원고) 후 2008년도에 글로벌 금융위기를 맞았다.

2008년 글로벌 금융위기 이후 세계 각국은 양적 완화를 통한 통화증발로 세계 금융시장에서 자금 경색은 사라졌다. 선진국 금리가 큰 폭으로 하락하자 선진국의 투기자금이 신흥국 증권시장(포트폴리오 투자)으로 대폭 유입됐다. 이 결과, 신흥개도국들의 주가가 오르고 금리가 하락하면서 이들 국가들의 통화가치가 상승하였다.[34] 미국뿐만 아니라 신흥시장의 주가와 채권가격이 동반 급등했다. 다우지수가 제1차 양적 완화 때 45%, 제2차 양적 완화 때는 10.7% 각각 상승했다.

그러나 '유동성 함정'에 빠진 각국의 경기상황과 통화정책이 엇박자를 냈기 때문에 G7 중앙은행들이 2008년부터 풀어놓은 무려 11조 달러(약 1경 1천 5백조 원)가 투자할 곳을 찾지 못해 떠돌고 있다. 이 돈은 미국 내에서만 머물지 않고 고수익을 좇아 신흥국 자산시장으로 넘쳐 들어와 자산버블(거품)을 만들었다. 한국은행은 2009~2012년 주요 신흥국의 주식·채권시장에 들어온 자금이 6천억 달러에 이른다고 추정한다. 이 자금이 모두 미국의 양적 완화 자금은 아니겠지만 상당 부분이 미국 자금으로 추정된다.

최근에 미국 연방준비제도이사회(FRB: Federal Reserve Board)의 벤 버냉키

34 미국의 양적 완화 규모 축소 시 공포지수(VIX)가 상승하면 외국인의 대(對)신흥국 포트폴리오 투자가 크게 위축된다. 중·장기적으로는 미국 경제가 본격적으로 회복되면서 개도국의 경제 및 수출환경도 점차 개선될 수 있다. '공포지수'란 시카고 옵션거래소에서 거래되는 S&P 500 지수 옵션의 변동성을 나타내는 지표이다. 이 지표의 변동성이 커지면 대체로 주가지수가 하락하는 경향이 있다.

(Ben Bernanke) 전(前) 의장은 상·하 양원합동경제위원회(2013. 5. 22)와 공개시장위원회(2013. 6. 18~19) 개최 후, 동년 6월 19일 미국경기 회복세가 지속될 경우 양적 완화 규모를 2013년 하반기부터 축소하여 2014년 상반기 말경에는 양적 완화(QE) 정책을 종료할 수 있다고 언급했다. 즉, FRB는 2012년 9월 이후 제3차 양적 완화 정책(QE3)에 따라 매월 850억 달러(연간 1조 2백억 달러)의 장기국채를 매입하여 왔으나 2013년 하반기부터 이를 점차 축소한 후, 2014년 중반에는 3차 양적 완화 정책(QE3)을 종료할 수 있다는 것이다.[35]

'버냉키 쇼크'(*Bernanke shock*, 2013. 6. 19) 이후 금융시장이 불안에 빠졌다. 그 요인은 그동안 한국 시장에 투자됐던 자금이 썰물처럼 빠져나갈 것이란 우려 때문이다. 제3차 양적 완화(QE3) 규모의 축소와 같은 미국의 출구전략이 한국 경제에 미칠 영향에 대한 부정적 시각과 긍정적 시각 중에서 어느 것이 옳을 것인가 하는 선택의 문제에 직면하게 된다. 저자는 부정적 시각에 찬성한다. 그 이유는 미국의 양적 완화 축소는 이미 예견된 일이며, 그 자체의 파급효과보다는 이 여파로 중국을 비롯한 신흥국들의 경제적 상황이 한국 경제에 가장 중요한 포인트이기 때문이다.

물론 1997년 외환위기와 2008년 글로벌 금융위기 때는 한국의 국가부도 위험을 우려한 투자자들이 투자자금을 회수하면서 달러당 원화 환율이 급등(원화 가치 하락)했다. 그러나 과거와 달리 한국 경제의 체질이 강해진 것은 사실이다. 한국의 외환보유액(2013. 7 기준)은 3,297억 달러로 1997년 외환위기 당시(3백억 달러가량)나 2008년 글로벌 금융위기 때(2천 4백억 달러)보다 많다. 또한 최근 한국 경제는 2012년 2월부터 15개월 연속 경상수지 흑자를 유지했고, 흑자폭도 매달 평균 30억 달러를 넘는다.[36] 이러한 요인들이 해외에

35 상기한 버냉키 의장의 발언이 나오게 된 배경은 FRB가 양적 완화 종료 조건으로 제시했던 '실업률 6.5%와 물가상승률 2%'에 미국 경제상황이 근접해가고 있기 때문이다. 상술하면, 미국의 주택시장도 거의 정상을 회복했다. 최근 미국 경제는 일자리가 늘어나고 부동산 시장이 꿈틀대면서 회복되는 조짐을 보이고 있다. 제3차 양적 완화(QE3)를 시작하기 직전인 2012년 8월 미국의 실업률은 8.1%였는데 2013년 5월 실업률이 7.6%로 0.5%p 하락했다. 미국 FRB는 2014년이 되면 실업률이 6.5~6.8%로 떨어질 것으로 전망하고 있다.

서 밀려오는 외풍에 방파제 노릇을 톡톡히 할 것이라고 기대된다. 또한 외국인 투자자들이 국내주식을 대거 처분하는 와중에 국내채권 투자는 늘린다는 사실도 희망적이다.

그러나 현재 한국이 걱정할 것은 일시적 주가하락이나 금리상승이 아니다. 한국 정부는 달러화가 강세로, 즉 원화가 약세로 전환하면서 야기될 수 있는 외환파동을 가장 경계해야 한다. 한국의 경우, 투자잔액 대비 은행차입 및 채권자금의 변동성이 선진국은 물론 여타 신흥국의 그것보다 높기 때문에 '금융불안지수'에 의한 조기경보시스템을 구축하여 글로벌 유동성, 특히 주요국의 민간신용 창출 수준과 연계한 자본관리정책(CFMs: *Capital Flow Management Measures*)을 수행할 필요가 있다. 예를 들면 선물환포지션 한도규제, 외환건전성 부담금제도 등을 들 수 있다.

3) 새로운 국가경영 철학의 정립

박근혜 대통령은 '행복한 사회'를 국정목표로 내세우고 한국 사회의 사회경제적 갈등문제 해결을 위하여 굽은 것은 펴고 막힌 곳은 뚫는 '창조적 파괴'(*creative destruction*)를 추구 및 추진하고 있다. 그 파괴의 대상은 사회경제적 갈등구조와 부패이다.

일찍이 임마누엘 칸트(Immanuel Kant)는 정의와 행복은 병존하는 것이라 갈파했다. 따라서 저자는 박근혜 대통령의 '행복한 사회'를 존 롤스[37]의 '정의로운 사회'(*a just society*)의 측면에서 조명하고 그것을 뒷받침할 수 있는 저자의 신(新)실용주의(*neo-pragmatism*) 철학과 그 실천방법론을 제시하고자 한다.

한국은 27개 OECD 회원국 중에서 두 번째(2010년 기준으로 사회갈등지수 0.71, OECD 평균 0.44를 상회)로 사회갈등이 심한 국가이다. 특히 교육·고

---

36 1997년 IMF 외환위기 때는 1996년 1월부터 1997년 10월까지 무려 22개월 연속 경상수지 적자에 시달렸고, 2008년 글로벌 금융위기 직전에도 3개월 연속 경상수지 적자가 발생했다.

37 Rawls, John(1971).

용·의료·연금 등의 분야에서 보수와 진보의 이념 간 갈등이 팽배해 있다. 선(先)성장·후(後)분배의 계획기조하에 추진되었던 과거 경제발전 전략은 경제규모 및 경제성과의 양적 확대를 통해 절대빈곤 문제는 해결했으나, 상대적 빈곤감 및 박탈감을 증폭시킴으로써 계층 간·노사 간·지역 간 갈등을 심화 및 표출시키고 있다. 여기에 이념 간 갈등 혹은 보수 대 혁신의 갈등과 세대 간 갈등까지 겹쳐 사회경제적 갈등구조가 더욱 첨예화되고 있다.

한국 사회에서 사회적 갈등의 표출은 법과 질서의 위반으로 확산된다. 한국인이 법과 질서를 준수하는 정신이 부족한 것은 다음과 같은 조사결과에 나타나 있다. 2013년 한국의 법·질서 지수는 OECD 34개 국가 중에서 25위다. 타협의 문화가 정착할 수 있도록 사회적 신뢰를 축적해야 한다. 참고로 프랜시스 후쿠야마(Francis Fukuyama)는 사회구성원 간 신뢰인 사회적 자본을 교통, 통신 등 물적 인프라와 마찬가지로 경제발전의 수준을 결정하는 핵심 요소로 파악하였다.[38]

또한, 근대화 과정을 통해 동양의 전통적 유리관[자연의 순리에 기초를 둔 정(情)과 가족주의적 사고]이 무너지고 서양의 근대적 가치관(합리주의에 기초를 둔 이성과 개인주의적 사고)이 들어 왔지만 그 본질적 가치는 상실하고 '황금만능주의'만이 팽배하면서 윤리와 도덕의 붕괴와 가치관의 혼란 및 부재현상이 만연하고 있다.

국제투명성기구가 '청렴도 수준'을 역(逆)으로 나타내는 '부패인식지수'(CPI: *Corruption Perceptions Index*)를 보면[39] 한국은 5.6점을 받아 180개 국가 중 40위를 차지할 정도로 부패한 국가이다.[40] OECD 회원국 30개국의 평균점수인 7.1점을 받아야 해당 국가는 '청렴 선진국 클럽'에 속할 수 있다. 또한, '부패인식지수'와 '국가기관 신뢰지수'를 비교(2010년 기준)해 보면, 한국의 부패인식지수는

---

38 Fukuyama, F. (1995).

39 임양택(1999c).

40 국가투명성기구(TI: Transparency International)의 '부패인식지수'는 10점 만점으로, 점수가 높을수록 청렴도가 높음을 의미한다. 한편, 2008년도 기준으로, IMD 발표에 의하면, 2004년 한국의 부패인식지수는 4.21점으로 하위권이었다.

21위(65)이며 국가기관 신뢰지수는 32위(41)이다. 따라서 한국의 부패인식지수(65)는 OECD 평균(56)보다 높을 정도로 국가의 부패수준이 높은 반면에 한국의 국가기관 신뢰지수(41)는 OECD 평균(56)보다 훨씬 낮음을 알 수 있다.[41]

4. 분석 목표

전술한 한유(韓愈)의 사설(師說)과 관련하여, 이 저서에서 저자가 나름대로 제시하는 '한국의 선택'과 관련된 '한국의 의문'들을 구체적으로 서술하면 다음과 같다.

1) 한국의 사회경제적 문제

먼저 대내적 차원에서의 '한국의 의문'들을 서술하고자 한다. 전술한 바와 같이, 이념 간·계층 간·노사 간 갈등이 심화되는 한국 사회에서 이러한 갈등을 해결할 수 있는 경세제민(經世濟民)의 기본 원리, 즉 '통치철학'은 무엇인가?

바람직한 사회경제체제에 대한 철학의 공유(共有)가 없는 상태에서, 과연 지속적 경제성장과 형평성 있는 소득분배가 가능할 수 있을까? 진정코, 성장과 분배, 자유와 평등은 양립될 수 없는 것일까? 이 두 가지 가치를 통합 혹은 조화시킬 수 있는 정책방향(안)은 정녕 존재하지 않는 것일까?

향후 한국 경제의 정책기조는 무엇인가? 프리드리히 하이에크(Friedrich August von Hayek)의 신자유주의(*new liberalism*)인가? 혹은 케인스(John Maynard Keynes)의 정부개입주의인가? 아니면 제3의 경제운용 패러다임은 존재하는가? 만약 존재한다면, 그것은 무엇인가? 왜 한국의 사회경제구조는 '빈익빈 부익부'

41 OECD의 평균 부패인식지수와 평균 국가기관 신뢰지수가 모두 56으로 나타났다. OECD 국가들 중에서 덴마크는 가장 낮은 부패인식지수(15)를, 두 번째로 높은 국가기관 신뢰지수(75)를 각각 보이고 있다. 또한, 핀란드의 경우 부패인식지수(17)는 두 번째로 낮으나 국가기관 신뢰지수(82)는 가장 높게 나타났다.

의 '아령형'에서 두터운 중산층 중심의 '다이아몬드형'으로 변화하지 못하고 때늦은 이념 간 갈등을 겪어야 하는가? 첨예한 이데올로기 갈등을 용해하는 제 3의 사회경제철학은 없는가? 만약 있다면, 그것은 무엇인가?

한국의 소득분배 구조를 악화시킨 요인은 무엇일까? 상위 20% 계층의 소득은 하위 20% 계층의 소득보다 1990년에 3.7배였다가 2011년에는 4.8배로 확대되었다. 빈곤율(총인구에 대한 절대빈곤층 인구의 비율)은 15%로 OECD 회원국(평균 11%)에서 7위이다. 특히 노년층 빈곤층은 45.1%로 OECD 국가들에서 가장 높다. 흔히, 소득분배 구조 악화의 주요원인은 '대기업·수출주도 기업 중심의 경제성장 전략'이라고 말한다. 그렇다면, 상기의 전략과 반대인 '중소기업·내수주요기업 중심의 경제성장 전략'을 추진하면 소득분배 구조가 개선될 것인가?

소득분배 구조 악화요인을 소득 종류별로 보면, 근로소득의 분배구조보다 자산소득(금융자산 소득과 부동산자산 소득)의 분배구조가 더 심각하다. 그 요인은 과거 만성적 물가상승이 부동산 자산가치를 상승시켰기 때문이다. 토지 소유의 극심한 집중도에 따른 토지 불로소득 규모는 약 2,002조 원(1998~2007)이었는데, 이 중에서 환수된 금액은 고작 5.8%인 116조 원(취득과세+보유과세+이전과세+개별부담금)이며 나머지 1,886조 원은 개인의 토지 불로소득으로 향유되었다.

그러나 요즈음 부동산 가격 특히 주택가격이 급락하여 '하우스 푸어'('다중 채무자': 322만 명; 소득 대비 원리금 상환 비율이 40%를 초과하는 '다중 채무자': 173만 명; 이 중에서 30일 이상 연체 중인 '다중 채무자'가 23만 명)와 '깡통 아파트'(가계부채가 집값의 70%를 넘은 아파트가 34만여 가구)가 양산 및 속출하면서 저소득 계층의 삶이 황폐화되고 있다.

한국의 잠재성장률이 급격히 감소하는 상황에서 대량실업을 해소하고, 빈부 격차를 완화하며, 복지재정을 확충하기 위해 잠재성장률을 높일 수 있는 정책 방안은 무엇인가?

한국인(4,899만 5천 명, 2013. 8 현재)의 생존과 번영을 위한 신(新)성장동력 산업은 무엇인가? 박근혜 정부의 국정지표인 '창조경제'란 고용창출을 위한

'창조산업'을 전제로 한다. 그렇다면 한국의 '창조산업'은 무엇인가?

정부는 '전(全) 산업'(최근에는 방송 콘텐츠를 선정)을 표방하였다. 창조경제를 뒷받침할 수 있는 기초과학 연구능력,[42] 특히 소프트웨어 기술이 매우 낙후되어 있는 상황에서, 또한 창조금융이 극히 열악한 여건에서 전 산업의 창조산업화가 가능할까? 혹은 방송 콘텐츠 산업으로 대량실업을 해결할 수 있을까?

유럽의 대부분 국가들이 트릴레마(*trilemma*), 즉 ①국가채무 위기, ②은행위기, ③실물경제 위기를 겪지만, 유독 독일은 경상수지 흑자기조를 유지하면서 유럽 통합의 지렛대 역할을 수행(비록 억지춘향 격이더라도)하는데, 이러한 독일 제조업의 경쟁력은 어디서 연유할까?

일부 경제학자 및 경제관료들은 향후 한국 경제의 주력산업은 제조업보다는 금융·서비스산업이라고 하는데 이 주장은 옳은가? 그렇다면, '금융자본주의(*financial capitalism*)의 요람'인 영국의 금융산업이 최근에 무너지는 이유가 무엇일까? 아이슬란드는 유럽의 '금융허브'를 만든다고 요란하였는데, 왜 최근에 국가부도를 당하였는가? 심지어, 금융강국인 미국은 최근에 셰일가스(*shale gas*)의 확대생산을 계기로 뒤늦게 제조업의 부활을 꿈꾸는가?

금융·서비스(의료·법률·교육 등) 산업은 실물경제 부문의 기능 원활화를 위하여, 특히 제조업 부문의 수출경쟁력과 생산성 향상을 위하여 매우 중요하지만, 한국의 경우 금융·서비스 산업만으로 과연 신성장동력으로서 역할을 수행할 수 있을까? 금융·서비스 산업의 개방화·민영화·대형화를 통하여 과연 산업경쟁력 강화를 도모할 수 있을까?

한국의 금융기관이 금산분리 규제 완화와 대형화 전략을 통해 글로벌 투자은행으로 발전할 수 있을까? 한국의 금융기관이 해외의 유수한 투자은행들과의 경쟁에서 생존할 수 있을까? 한동안 떠들썩했던 '규모의 경제'를 추구한다는 메가뱅크가 과연 한국에서 필요할까? 혹은 가능할까? '덩치'보다는 금융거래 질서의 정상화와 금융 부문의 경쟁력 강화가 더 시급한 일이 아닐까?

한국 사회의 '부패종합판'(대주주, 경영진, 감독당국, 거액예금주, 정치인, 관

---

42 Lim, Yang-Taek(2003e).

료, 브로커 등의 집단적 공모)인 '부산저축은행 사태'가 저질러지는 사회(특히 금융권) 풍토에서 한국은 아시아의 '메가뱅크'를 만들 수 있을까? 한국은 '금융 허브'가 될 수 있을까? 과연 부산이 한국의 '금융 중심지'인가?

공식적 국가부채(2012년 말 기준)가 468조 6천억 원(GDP의 37.9%), 공기업 부채가 361조 원(GDP의 30%)인 상황에서, 더욱이 정치인들이 포퓰리즘에 의거한 복지 공약을 남발하는 선거 및 정치 풍토 속에서, 국가의 재정건전성이 유지될 수 있을까?

미국 NBER의 2012년 5월 보고서에 의하면 국가부채가 GDP의 90%를 넘긴 국가들은 모두 20년 이상 저성장을 기록했다. 저성장은 고(高)실업을 야기한다. 1982년 멕시코 금융위기와 1998년 아시아 금융위기 등이 입증하듯이 '재정 건전화'는 금융 자유화가 성공하기 위한 필수조건이다. 국가재정의 불안정 기조 하에서 금융 자유화는 금융공황을 일으킨다. 그런데도 한국은 1998년 자본 자유화를 단행한 후, 국가재정의 불안정 기조하에서 금융 자유화를 추진한다.

한국 사회의 가계부채(2012년 기준) 1,158조 8천억 원(GDP의 91%)은 이미 위험수준인 GDP의 85%를 넘어섰다. 2008년 미국의 서브프라임 모기지 사태 당시 상기 비율은 98%였다. 상기 규모에 전·월세 보증금을 합하면 가계부채 총액은 1천 6백조 원으로 추정된다. 이러한 천문학적 규모의 가계부채는 가히 한국 경제의 '시한폭탄'이다. 악성 가계부채가 몰려 있는 제2금융권의 자산규모는 438조 원(2013. 6 기준)인데, 여기서 가계부채발(發) 금융위기가 발생하면 그 파급효과는 2003년 '카드사태'와 2011년 저축은행 부실사태의 파급효과와는 비교할 수 없을 것이다. 이러한 상황에서, 진정한 가계부채의 해소방안은 무엇인가? 신자유주의의 '부채경제학'에 의거하여 부동산 투기 붐을 정책적으로 조성함으로써 부동산 자산가치를 높이면 '하우스 푸어'의 가계부채 문제를 해결할 수 있을까?

다른 한편으로, 왜 우리는 '최대다수의 최대행복'을 위한 민주복지사회를 건설하지 못하는가? 세계적인 복지제도 연구자인 에스핑-안데르센(Esping-Andersen)이 제시한 3가지 복지국가 유형, 즉 ① 보편적 복지형(네덜란드·노르웨이·덴마크·스웨덴·핀란드), ② 자유주의형(미국·스위스·오스트레일리아·

일본 · 캐나다), ③ 보수 · 조합주의형(독일 · 벨기에 · 오스트리아 · 이탈리아 · 프랑스) 중에서 한국 사회는 어떠한 복지국가 유형이 가장 적합할까?

최근에 한국 사회는 복지재원 조달문제를 차지하고 복지급여 방식에서 두 가지 유형, 즉 ① 보편적 복지제도(*universal welfare system*)와 ② 선택적 복지제도(*selective welfare system*)에 대한 찬 · 반 논의가 제기되고 있다. 상기의 두 제도 중에서 어느 것이 한국 사회에 가장 적합한 것일까?

저자는 '복지국가'(*welfare state*) 대신에 '복지사회'(*welfare society*)를, 보편적 혹은 선택적 복지제도 대신에 '포괄적 복지제도'(*comprehensive welfare system*)를 주장했다. 저자는 '복지사회'를 가난의 근본적 원인인 대량실업 문제의 해결을 국가정책의 최우선 순위에 두고 기업이 완전고용을 할 수 있도록 정부가 각종 인센티브를 제공함으로써 청 · 장년층이나 노년층이 직장을 갖고 자신의 가난을 스스로 해결할 수 있는 사회공동체로 정의한다.

'보편적 복지제도'의 도입에 대한 비판으로서 '시기상조론', '경제성장에 대한 악영향', '재정수지 악화', '국채부담의 증가와 전가' 등을 들 수 있다. 과연 상기의 비판은 옳은 것일까? 반면에, '선택적 복지제도'는 어떠한 복지수혜 계층, 어떤 종류의 급여, 얼마만큼의 급여수준을 목표로 삼는 것인가?

어떤 복지제도이든 간에, 합리적 복지재원 조달 방안이 전제되지 않은, 이른바 '복지국가'의 건설은 망국으로 가는 첩경이다. 이것은 일본, 그리스, 이탈리아 등에서 여실히 나타난 역사적 교훈임과 동시에 현안 문제이다. 한국 사회에 가장 적합한 '최적의 복지시스템'은 무엇인가?

최근에 박근혜 대통령은 세율 조정과 비과세 축소로 복지재원을 마련하고, 그래도 부족할 경우 국민의 공감을 얻어 증세(增稅)하겠다고 여야 대표와의 3자 회담에서 약속했다. 2013년 복지예산은 97조 원이다. 기획재정부는 여야의 2012년 4 · 11 총선 공약을 이행하려면 향후 5년간 268조 원이 추가로 필요하다고 밝혔다. 이러한 천문학적 복지재원을 마련하는 것이 세율 조정과 비과세 축소로 가능할까? 증세할 경우, 어느 조세가 적합할 것인가?

박근혜 대통령의 임기 동안에는 상기의 재원조달 방안이 유효하다고 가정하더라도, 2044년부터 국민연금 재정수지가 적자가 발생하기 시작하고 2060년에는 국민연금기금의 적립금이 완전 고갈될 것인데 이에 대한 대책은 무엇인가? 또한, 국민건강보험 재정은 2010년에 이미 1조 3천억 원의 적자가 발생했으며, 2030년에는 무려 66조 2천억 원의 적자를 떠안게 될 것이다. 이에 대한 대책은 무엇인가?

2) 한반도 평화와 통일의 과제

민족적 차원에서 '한국의 의문'을 집약적으로 표현하면 다음과 같다. 19세기와 마찬가지로 현대에도 한반도는 미·일·중·러 4강(强)의 첨예한 이해관계 속에 얽혀 있는데 1910년 8월 망국의 슬픈 역사를 반복하지 않기 위한 한국의 생존과 번영을 위한 전략은 무엇인가? 100여 년이 경과한 오늘날 '조선책략'이 아닌 '대한민국 책략'은 무엇인가?

19세기 후반, 한반도 주변 강대국들이 패권전쟁을 벌일 때, 당시 청(淸)의 황쭌셴(黃遵憲)은 1880년 수신사로 일본에 갔던 김홍집(金弘集)에게 자신의 저서 《조선책략》(朝鮮策略)을 선사했고 김홍집은 이를 고종에게 바쳤다. 그 주요 내용은 "방(防) 러시아·친(親) 중국(청)·결(結) 일본·연(聯) 미국"이다. 즉, 러시아의 남하를 대비하기 위해서는 중국, 조선, 일본이 수호하고 미국과 연합해야 하며 서양의 제도와 기술을 배워야 한다는 것이다.

그러나 이 책에서 '방(防) 러시아'와 '결(結) 일본'이란 방략은 결과적으로 틀렸다. 왜냐하면 조선을 침탈한 것은 러시아(황쭌셴의 주장)가 아니라 일본이었기 때문이다.[43] 지호준의 《한국책략》(법문사, 1993)은 "방(防) 러시아, 친(親) 미국·일본·유럽, 연(聯) 중국·ASEAN, 결(結) 북한"을 제시했는데, 이 중에서 '방(防) 러시아'는 '한국전략'으로서 적합하지 않다. 왜냐하면 한국의 비전 중의 하나는 동시베리아 및 극동지역의 자원개발이 매우 중요하기 때문이다.

따라서 '방(防) 러시아'가 아니라 '연(聯) 러시아'(황쭌셴, 지호준과 달리)를 통하여 에너지자원 공동개발 전략이 필요하지 않을까? 남북한 통일을 위해서라

43 임양택(2008. 10. 8).

도 러시아의 사용가치가 크지 않을까?

현재까지는, 한·미 상호방위조약(1953. 10. 1), 미·일 방위조약(1978. 11 ; 1979. 4), 미국의 "타이완관계법"(1979. 4)과 북·중 우호조약(1961. 7), 북·러 우호조약(2000. 2)이 '절묘한' 세력균형을 유지하고 있다.[44] 냉전종식 이후 한반도 주변 4대 강국 중에서 특히 미국과 중국은 제1차 미·중 전략경제대화에서, 또한 G20 정상회의(2011. 11. 11~12)에서 '동북아 안정'을 위협할 수 있는 한반도 위기상황이 발생하지 않도록 상호협력하기로 합의한 바 있다.

그러나 한반도를 '태풍의 눈'으로 하는 동북아의 '회오리바람'은 현재까지는 구조화되어 있는 남방 3각 관계(한·미·일)와 북방 3각 관계(북·중·러)의 세력균형을 균열시킬 가능성도 있으며, 그 결과 한반도는 크게 요동칠 수 있을 것으로 전망된다.

불행히도 한반도의 운명(한반도 평화의 여부와 남북한 통일 가능성 여부)은 천안함 사태에서 보았듯이, 미·중의 대(對)한반도 게임에 달려 있다. 한국의 입장에서 보면 한·미 군사적 동맹 관계와 한·중 전략적 협력 동반자 관계가 양립 및 조화될 경우, 한국 주도의 한반도 평화 및 번영은 보장될 수 있다. 이와 반대로, 상기의 두 관계가 갈등관계로 고착되는 경우, 한반도의 평화와 통일은 영원히 불가능할 것이다.[45]

전술한 시대적 상황에서, 한국은 한·미 군사동맹과 한·중 '전략적 협력 동반자 관계'의 상충 문제를 어떻게 상호보완적으로 양립시킬 것인가? 특히 중국과의 경제협력 관계를 정치·군사협력 관계로 발전시킬 수 있는 묘책이나 계기는 무엇인가? 중국과의 역사 갈등,[46] 즉 동북공정(東北工程)은 어떻게 해결할 것인가?

물론 미·중을 포함한 4국이 '한반도의 안정'을 위해 노력하는 것은 4국의 이해관계와 일치할 뿐 아니라 한국의 이익과도 부합된다. 그러나 '한반도의 안정'은 '현상유지'를 의미할 수 있는데, 북한의 핵무기 문제와 관련하여, 예컨대

---

44 임양택(2010b).

45 임양택(2010b).

46 임양택(2009c).

미국은 '주한미군을 철수'하고 중국은 '북한에 핵무기를 포기하도록 종용'하는 'G2(미·중)의 밀약' 가능성은 없는 것인가? 만약 이러한 '가상' 시나리오가 현실화되면, 남북한 통일은 영원히 실현 불가능한 것이 아닐까? 이것은 단순히 기우(杞憂)에 지나지 않을까?

과거 일본과 미국의 가쓰라-태프트 밀약을 맺었던 경우처럼, 미국과 중국은 밀약(?)을 통하여 다음과 같은 빅딜(*big deal*)을 할 수 있다. 북한 핵은 사실상 미국뿐만 아니라 중국에게도 골칫덩어리이므로, 만약 북한의 권력이양 시기 전후로 '급변 사태'가 발생한다면 중국 군대가 북한에 진입해 북한의 핵무기를 제거해 줄 터이니, 그 대가로 미국은 북한에서 중국의 배타적 영향력을 인정해 주어야 한다는 것이다.

상기의 '가설'은 실현 가능성이 높다. 왜냐하면 동북공정에서 적나라하게 드러났듯이 중국은 한반도의 변고(變故)가 발생하면, 역사주권을 내세워 자동 개입할 수 있기 때문이다. 미국의 입장에서 보면, '핵무장한 반미(反美) 북한 정권'보다 '핵 없는 친중(親中) 북한 정권'이 유리하다고 판단할 수 있기 때문이다.

일본은 대외관계조치법[47]을 제정하여 전수방위(專守防衛)에 묶여 있던 자위대의 해외파병을 추진하더니 이제는 "평화헌법"을 개정하여 일본군을 창설하려는 움직임을 구체화하고 있다. 또 일본은 미국의 지원을 등에 업고 UN 안보리 상임이사국 진출도 목전에 두었고, 이대로라면 한·미 관계보다는 미·일 관계가 더 돈독해질 것이며, 미국의 양해하에 일본의 대외영향력이 급속히 증대될 것임은 명약관화(明若觀火)한 일이다.

북한의 핵무기 문제가 끝내 평화적으로 해결되지 못하고 미국의 군사행동까지 불러오는 사태가 전개되면 한반도에 다시 일본군이 진주하는 어처구니없는 사태가 벌어지지 않을까? 왜냐하면 현재의 미·일 관계로 보아 미국이 단독작전보다는 미·일 연합작전을 수행할 가능성이 더 크기 때문이다.

---

47 유사법제(有事法制) 7개가 통과됐다. 이것은 일본이 타국으로부터 공격받을 때를 가정한 전시동원법으로 2003년 6월 참의원을 통과했다. 패전 58년 만에, 그리고 일본 정부가 '1977년 연구'라는 이름으로 검토에 착수한 이후 4반세기 만에 '전시'(戰時) 대비의 국가체제 정비를 목적으로 한 법안이 효력을 갖게 된 것이다.

물론, 오바마 행정부는 핵무기 포기에 대한 북한의 단호한 결단이 선행되지 않으면 대(對) 북한 경제제재와 압박을 계속하겠다는 입장을 견지하면서, 한편으로 북·미 대화를, 다른 한편으로는 중국의 대(對) 북한 핵무기 포기 설득을 종용하고 있다.

상기와 같은 진퇴유곡(進退維谷)에서, 만약 미국이 여러 가지 사정〔예로서 중동에서 이란과 이스라엘의 전쟁 발발, 북한의 정권 내부의 쿠데타로 인한 친미(親美) 정권의 등장 등〕을 감안하여 북한의 소망인 '인도 모형'을 어쩔 수 없이 수용한다면, 이에 대한 한국의 안보전략은 무엇인가? 이 경우, 대한민국은 과연 존립할 수 있을까?

5. 분석 방법

전술한 바와 같이, 저자는 두 개 차원, 즉 ① 대내적 차원에서 한국의 사회경제적 문제 ② 대외적 및 민족적 차원에서 한반도 평화와 통일의 과제와 관련된 '한국의 의문'들을 각각 상세히 제기했다. 구체적인 '한국의 의문'들에 대한 해답으로서 '한국의 선택', 즉 '한국의 비전과 전략'을 올바르게 제시하기 위해서는 합리적 '선택 기준', 즉 '국가경영 철학'이 필요하며, 이것은 다시 역사적 탐구에 의하여 뒷받침되어야 한다.

모름지기, 철학이 없으면 의문이 제기될 수 없으며, 의문이 없으면 해답도 있을 수 없고, 이에 따라 비전이 제시될 수 없다. 물론 미래는 불확실하다. 특히 2008년 하반기부터 시작된 글로벌 금융위기 후의 세계 경제와 한국 사회는 어둡고 불안하기 짝이 없다. 이러한 가운데, 대한민국의 생존과 번영을 위한 전략은 역사의 교훈으로부터 그 실마리를 찾을 수밖에 없기 때문이다.

세계 정치·군사·경제 패러다임이 일대 전환기에 놓인 불확실성의 시대에서 '역사와 철학'은 '전문성'(예로서 정치·군사적 혹은 경제적 분석) 못지않게 중요하다. 다시 말하면, '역사와 철학'을 도외시한 '전문성'이란 공허할 뿐만 아니라 때로는 위험하기조차 하다. 왜냐하면 '전문성'이란 주어진 상황에서 분석

대상의 변수들로부터 도출되는 것이기에 주어진 상황과 분석대상의 변수들이 조금만 바뀌어도 그 분석결과는 달라질 수밖에 없다.

그러므로 이 저서에서 저자가 제시하는 각 정책방안에는 '실증적 분석'뿐만 아니라 '역사적 배경'과 '철학적 가치'를 가미하고자 한다.

1) 역사적 접근: 100년의 세계 경제 근·현대사

이 저서의 역사적 배경과 관련하여, 저자는 지난 100년의 세계 경제 근·현대사(1914. 6. 제1차 세계대전~현재)와 70년의 한국 경제사(1945. 8. 해방~현재)를 역사적 배경으로 삼고, 에드워드 카 교수가 그의 저서《역사란 무엇인가?》에서 주장하였듯이 '역사란 과거와 현재의 대화'라는 시각에서 주어진 사회경제적 현실을 분석하고자 한다.

구체적으로, 저자는 지난 100년의 세계 경제 근·현대사를 다음과 같이 6개 시대, 즉 ① 유럽 열강의 경쟁시대, ② 미국의 강대국 부상시대, ③ 미국·유럽·일본의 공존시대, ④ 미국의 호황시대, ⑤ 미국의 1극 체제하에서 유럽·동북아의 공존시대, ⑥ 미국과 중국의 2극 체제하에서 G20 시대로 구분한다.

상기와 같은 역사적 개관을 통하여, 세계 대공황(1929~1939), 1998년 아시아 금융위기, 2008년 하반기 글로벌 금융위기, 2011년 8월 글로벌 경제위기를 각각 대비하여 분석함으로써 한국 경제의 탈(脫) 글로벌 경제위기 방안을 모색하기 위한 실마리를 찾고자 한다.

세계 경제사를 보면, 기축(基軸) 통화 국가(즉, 미국)의 정책 변경은 항상 세계 경제의 판도에 변화를 일으켰음을 알 수 있다. 그것을 입증할 수 있는 전형적 사례가 1997년~1998년 아시아 금융위기와 2013년 '버냉키 쇼크'이다.

아시아 금융위기의 배경을 보자. 1994년 미국이 인플레이션을 잡으려고 금융 긴축정책을 단행하자 동년 연말 멕시코가 금융위기를 당하였다. 당시, 미국 정부는 '강한 달러'를 내세워 세계 외환시장에서 달러화 강세를 유도했다. 1997년 1월 조지 소로스를 비롯한 국제 투기세력들은 오랫동안 노렸던 동남아시아 금융시장을 공격하기 시작했다. 그들은 태국 바트화를 투매하고 달러화를 매입함에 따라 바트화 가치는 수직 하락하였다. 그 결과, 1997년엔 태국이 외환위기에 빠지더니 그 파장이 한국·필리핀·인도네시아로 번지면서 이른바 '아시아 금융위기'를 일으켰다. 러시아까지 외채 상환을 중단했다. 1998년 말까지 아시아 경제는 경기침체에서 벗어나지 못하다가 1999년에 되어서야 비로소 금융위기가 종결됐다.

다음으로, '버냉키 쇼크'로 인한 신흥국들의 금융위기를 보자. 최근에 미국 FRB가 양적 완화 규모를 축소할 것임을 시사하는 버냉키 의장의 발언이 알려지자 미국 국채금리가 치솟았고 덩달아 일본 국채금리가 급등했다. 이 불똥이 일본 도쿄 증시에 튀어 주가폭락을 일으켰다. 한국의 주가 역시 큰 폭의 하락을 경험했다. 각국의 증시는 안정세를 되찾았지만 금융시장에서 불안감은 상존하고 있다.[48] 또한, 주요국의 통화가치가 하락(달러대비 환율 절상)함으로써 국제 금융시장의 불확실성이 높아졌다. 2013년 5월 20일~6월 25일의 기간 중, 주요국 환율 움직임을 보면, 인도(8.3% 평가절하), 말레이시아(5.6% 평가절하), 필리핀(5.2% 평가절하), 태국(3.9% 평가절하), 한국(3.9% 평가절하) 등의 통화가치가 상대적으로 크게 떨어졌다.

특히 외국인 투자가들의 대(對)개도국 증권투자자금의 회수는 동아시아 등 개도국 금융시장에서의 '쓰나미'를 의미한다. 즉, 국제유동성이 종전과는 반대로 축소되기 시작하면서 선진국의 대 개도국 증권투자자금과 상품투기자본이 해외유출되고 있다. 예로서, 과거 1차 및 2차 양적 완화 정책 이후 월평균 60억 달러가 유입되었던 신흥국의 글로벌펀드 투자자금(순유입액 기준)이 2차 양적 완화(QE2) 정책 종료 후 월평균 50억 달러 순유출로 전환했다.

이러한 상황에서, 만약 제3차 양적 완화(QE3) 정책이 조기에 종료된다면,

---

48 도이체방크(Deutsche Bank: 세계 최대의 외환거래자)는 달러화 대비 통화변동과 경제 및 금융 변수 간의 상관관계를 중심으로 다음과 같은 분석결과를 발표했다. G10의 선진국 경제에서 최근 인플레이션이 강하게 나타나고 있다. 신흥시장국가들에서는 신용부도 스왑으로 측정된 국가위험(*sovereign risk*)이 두드러지고 있다. 브라질 및 인도와 같은 대규모 경상수지 적자 국가들의 통화가치는 최근 몇 달 동안 급격히 하락하고 있다. 주요 통화들은 캐리트레이드로 측정된 단기 금리수준과 음(-)의 상관관계를 가진 것으로 분석되는 가운데, 높은 금리수준은 약화되는 통화가치를 대변하는 것으로 평가된다.

2008년 이후 장기간 지속된 국제적 금융완화 기조가 종결될 것이고, 다시 글로벌 금융경색이 전개될 것이다. 이 경우, 금융긴축 초기 국면에서 국제 금융시장의 불안정성이 커져 세계 경제에 큰 부담을 줄 것이다. 이것은 다시 한국경제에 부정적 영향을 미칠 것이라는 점은 분명하다.

'버냉키 쇼크'에 따른 제3차 양적 완화 규모의 축소와 같은 미국의 출구전략이 한국 경제에 미칠 영향에 대한 부정적 시각과 긍정적 시각 중에서 어느 것이 옳을 것인가 하는 선택의 문제에 직면했다. 저자는 부정적 시각에 찬성한다. 그 이유로 미국의 양적 완화 축소는 미국 경기회복에 따른 해외수요(특히 한국 상품의 수입)를 증가시키는 것보다는 미국의 신(新)보호주의(*new protectionism*)를 부추길 가능성이 크기 때문이다. 한국 경제에게 가장 중요한 포인트는 미국의 양적 온화 축소로 인하여 해외 투기자금이 미국으로 귀환함에 따라 중국을 비롯한 신흥국이 어떠한 영향을 받을 것인가이다.

미국의 양적 완화 출구 전략으로 인하여 신흥국에 유입되었던 자금이 유출되고 중국을 비롯한 신흥국의 수요가 급격히 위축될 경우, 중국 경제 의존도가 큰 한국의 화학 등 소재 업종의 타격이 불가피할 것이다.

2) 철학적 접근: 신실용주의

이 저서의 철학적 배경은 신실용주의이다.[49] 이 철학은 저자가 동서양 철학과 조선 후기의 실학사상을 개관 및 비교 분석한 다음, '설계'한 새로운 사유패러다임이다. 이 철학은 조선 말기의 실학사상, 임마누엘 칸트의 '규범론적 자유주의론', 존 롤스의 《정의론》에 기초를 두고 있다.

저자는 경제철학으로서 신자유주의에 대응하여 신실용주의를, 금융자본주의에 대응하여 인본자본주의(*human capitalism*)를 각각 선택하고, 자유와 평등의

---

49 저자는 '신실용주의'라는 철학을 이론적으로 정립하고 다른 철학들과의 비교연구들을 지난 5년 동안 국내외로 발표했고 독일 바덴바덴에서 개최(2008. 7. 30)된 IIAS(International Institute for Advanced Studies) 총회에서 '신실용주의'의 연구에 대한 '우수학술상'을 수상한 바 있다.

통합인 '정의로운 사회'(*a just society*)를 건설하기 위한 정책목표로서 지속적 경제성장 · 완전고용 · 형평한 소득분배 · 잔여복지(*residual welfare*)를 설정한다.

상기한 4가지 정책목표(성장, 고용, 분배, 복지)를 달성하기 위한 전략으로서 슘페테리안(*Schumpeterian*) 테크노-경제발전 전략과, 이 전략을 추진하기 위한 인프라로서 국가혁신 시스템(*national innovation system*)에 의거하여 신(新)기술→신(新)상품→신(新)산업→신(新)시장이라는 '창조적 파괴' 과정을 통하여 고용창출과 복지증진을 도모한다는 것이다.

6. 분석 구조

전술한 배경하에서, 이 저서는 8개 장으로 구성된다. 전술한 제 I 장 "서언"에 이어서, 제 II 장 "세계 경제의 근 · 현대사 100년의 개관"에서는 6개 시대, 즉 ① 유럽 열강의 경쟁시대, ② 미국의 강대국 부상시대, ③ 미국 · 유럽 · 일본의 공존시대, ④ 미국의 호황시대, ⑤ 미국의 1극 체제하에서 유럽 · 동북아의 공존시대, ⑥ 미국과 중국의 2극 체제하에서 G20 시대를 각각 다룰 것이다. 여기서 브레턴우즈 체제(1947. 3), 킹스턴 체제(1978. 4), 플라자 합의(1985. 9), 루브르 합의(1987. 2), WTO의 출범(1995), 아시아 금융위기(1997~1998), DDA 협상 추진(2002~현재), G20 정상회의(2008. 11. 15), '지역 간 무역 자유화'를 위한 자유무역협정(FTA), 글로벌 금융위기의 발생요인, 전개과정 및 파급효과, 아시아 경제권의 부상, 중국의 강대국 입지 공고화, 미국의 '신(新) 아시아 정책'(2009. 11)과 '신(新) 국방전략'(2012. 1), 미 · 중 군사적 갈등, 미국 주도의 환태평양 경제동반자(TPP)와 중국 주도의 한 · 중 · 일 자유무역협정(FTA) 등을 논할 것이다.

제 III 장 "주요국의 경제현황 및 전망"에서는 미국 경제의 경제적 위상의 추락과 양적 완화 정책과 중국 경제의 '제조강국→무역대국→금융강국'으로의 도전, '저성장 늪'으로의 진입, 사회경제적 불균형 심화, 지방정부의 부채, 경(硬)착륙 가능성에 대해 살펴볼 것이다. 더불어 일본 경제를 기술대국 · 경제대국 · 채권대국과 복지 포퓰리즘과 재정위기를 중심으로 고찰할 것이다. 또한 유로체제의 개관 및 특징, 러시아의 주요 광물 · 에너지 자원 현황과 동시베리아 · 극동시역의 개발계획(원유 · 가스 파이프라인, TSR과 TKR의 연결, 남북한에의 전력 수출), 유럽 재정위기의 구조적 요인, 유로존(*Euro zone*)의 트릴레마, 위기확산 차단을 위한 체제정비 노력을 알아볼 것이다. 그리고 한국 경제 65년의 성과로서 경제발전과 사회발전, 자본 자유화, 외환 자유화, 시장평균 환율제도의 도입, 긴급한 한국 경제의 당면과제로서 잠재성장률의 하락, 가계부채, 국가부채, 공기업 부채를 각각 다룰 것이다.

제Ⅳ장 "한국 경제의 비전과 전략"에서는 저자의 경제철학인 신실용주의의 철학적 기초와 기존 철학과의 차이점, 역사적 의의, 한국의 국가적 목표와 당면과제, 성장 · 고용 · 분배를 조화시킬 수 있는 슘페테리안 '테크노-경제발전 전략'의 기본 모형, 국가혁신 시스템, 신성장동력, 박근혜 정부의 '창조경제'를 위한 '창조기술'과 '창조금융'을 각각 다룰 것이다.

제Ⅴ장 "한국형 복지사회를 위한 사회보장제도의 개혁방안"에서는 한국 사회의 사회문화적 위기상황으로서 한국 사회의 피폐 현상, 세계 최하위의 사회안전망과 사회적 무관심을 지적하고, 인구구조의 변동(저출산 및 고령화)과 노후 생계대책(국민기초생활보장제도), 한국 사회보장의 현황 및 문제점을 국민연금, 국민건강보험, 고용보험, 영 · 유아를 위한 보육 · 양육지원의 측면에서 각각 분석할 것이다. 이어서 복지재정 운용방식의 개혁으로서 확정급여제(DBP)에서 확정기여제(DCP)로의 전환, '한국형 복지사회'를 위한 '최적 사회보장 모형', 복지재원의 합리적 조달방안으로서 토지 불로소득에 대한 '최적 사회보장세'의 부과 및 '사회보장기금'의 투자를 각각 제안할 것이다.

제Ⅵ장 "한반도 평화를 위한 '동북아안보협력회의'(CSCNEA)와 '동북아 평화조약(안)'에서는 북한의 경제 현황, 경제체제의 구조적 모순, 일련의 경제개혁 조치에 대한 평가, 핵무기 개발의 배경과 핵무기 보유국으로서의 대두, 이에 대한 미국 · 중국 · 한국의 대응, 북한 핵무기 문제의 해결을 위한 벤치마킹 모형(남아공, 리비아, 인도, 파키스탄), 가칭 '동북아안보협력회의'(CSCNEA)를 위한 '동아시아 안보공동체'의 가능성과 함께, 저자의 '동북아 평화조약'의 제안에 관하여 각각 논할 것이다.

제Ⅶ장 "남북한 5단계 통합과 한반도 통일 프로그램"은 동·서독 통일의 교훈, 헬무트 콜(Helmut Kohl) 총리의 4강(미국·소련·프랑스·영국)에 대한 설득 외교 과정, 한민족 통일의 이념과 통일정책의 기조, 새로운 '남북한 기본조약'의 필요성과 기본내용, 저자의 '남북한 5단계 통합모형', '남북한 통일 프로그램', 헬무트 콜 총리의 '독일 통일 프로그램'과의 비교, 남북한 통일비용의 추계 및 조달방안을 각각 다룰 것이다.

마지막으로 제 Ⅷ장에서는 이 저서의 메시지를 요약하고 저자의 결론을 서술할 것이다.

II

세계 경제의 근 · 현대사 100년의 개관

과거의 기록인 역사는 미래의 나침반이다. 바람직한 미래의 역사를 열기 위한 시도로서 과거의 역사적 사실을 반추해 보는 것은 의미 있는 일이다.

저자는 한양대에서 "세계 경제와 한국의 비전"을 수년간 강의하면서 세계 경제의 근·현대사 100년을 편의상 다음과 같이 6개 시대로 구분했다. 각 시대별 사건들을 현재의 시각에서 분석함으로써 유용한 역사적 교훈을 얻을 수 있을 것이다.

① 유럽 열강의 경쟁시대(제1차 세계대전~제2차 세계대전 직전)

② 미국의 강대국 부상시대(제2차 세계대전~1978년 4월 킹스턴 체제)

③ 미국·유럽·일본의 공존시대(1978년 4월 킹스턴 체제 후~1992년 일본의 자산 버블 붕괴)

④ 미국의 호황시대(1992년 일본의 '잃어버린 10년' 시작~2001년 9·11 테러 사건)

⑤ 미국의 1극 체제하에서 유럽·동북아와의 공존시대(2001년 9·11 테러 사건~2008년 하반기 글로벌 금융위기)

⑥ 미국·중국의 2극 체제하에서 아시아·태평양 시대(2009년 11월 G20 출범 이후~2050년경)

1. 유럽 열강의 경쟁시대

저자는 '유럽 열강의 경쟁시대'를 제1차 세계대전(1914. 6~1918. 11)에서 제2차 세계대전 직전(1939)의 기간으로 정의한다. 동 시대에는 유럽 내에서 '전통적 강국'인 영국 및 프랑스와 '신흥강국' 독일이 격렬히 다투다가 마침내 제1차 세계대전이 발발했다.

아시아에서는 일본이 영국과 제1차 동맹(1902)과 제2차 동맹(1905. 8)을, 미국과는 가쓰라-태프트 밀약을 각각 맺고 한반도 및 만주를 진출하기 위한 목적으로 러일전쟁(1904~1905)을 일으켰다.

유럽 열강의 경쟁시대에서 벌어졌던 가장 큰 경제학 사건은 세계대공황(1929~1939)이었다. 그 이후 80년이 경과한 2008년 9월 '글로벌 금융위기'가 세계를 강타했다. 이 두 경제위기는 모두 미국발(發)이란 공통점을 가진다.

세계대공황의 발생요인은 미국 정부가 금본위제·재정수지 균형·무역수지 균형 유지에 집착한 나머지 유효수요의 부족을 방치한 정부실패 때문이었다. 반면에 2008년 '글로벌 금융위기'의 발생요인은 금융시장의 자기조절 기능의 실패와, 금융자본의 탐욕에 대한 정부의 관리·감독기능의 실패 때문이었다.

세계대공황은 프랭클린 루즈벨트(Franklin Roosevelt) 대통령의 뉴딜 정책에 따라 막대한 재정지출에 의한 유효수요의 창출로써 극복되었던 반면에, 글로벌 금융위기는 오바마 대통령의 구제금융·재정지출·금리인하뿐만 아니라 국제공조에 의하여 극복될 것으로 기대된다.

'유럽 열강의 경쟁시대'에서 야기되었던 세계대공황의 경우, 경기가 극도로 악화되는 상황에서 통화량을 증가하고 확장적 재정정책을 써야 했음에도 불구하고, 당시 미국 정부는 '금본위제' 고수를 위해 정반대로 경기긴축정책을 실시하였고 정부의 균형재정에 집착했다. 또한, 당시 미국 정부는 무역수지 균형을 유지하고 농산물 가격 하락으로부터 농민을 보호하기 위해 외국 농산물에 대한 관세를 인상함으로써 국제적인 정책 협조의 가능성도 막아 버렸다. 이러한 정부의 정책과오는 참담했다. 실업률은 25%에 달하였고, 주가는 최고점 대비 83%나 하락하였다. 산업생산도 40%나 급감하여, 1929년 수준으로 돌아가는 데 무려 8년이나 소요되었다.

이에 대응하여, 당시 루즈벨트 행정부는 실업보험, 의료보험, 연금보험 등 사회보장정책과 농산물가격 지지정책을 도입했으며 테네시댐 건설 등 대규모 개발정책을 폈다. 이러한 구제정책·경기부양정책 외에, 루즈벨트 행정부는 독점자본의 규제, 금융업 규제 강화, 노동자 보호조치와 같은 개혁정책을 실시했다. 특히 독점자본의 규제에 의하여 분산된 주주를 대리해 경영자가 지배하는 기업지배구조가 확립되었다. 그리고 금융업종 간의 융합을 개혁하기 위해 1933년 유가증권 인수 업무는 투자은행에만 허용되었고 상업은행에 대해서는 상기 업무를 금지시키는 '글래스-스티걸 법'(*Glass-Stegal Act*)을 제정했다. 또한 노조 탄압에 의한 빈부격차도 세계대공황을 초래한 원인이었으므로 1935년에 '와그너 법'(*Wagner Act*) 제정으로 부당노동 행위를 금지하여 노동조합 활동을 보호했다.

1934년 경제학자 케인스는 루즈벨트 대통령을 만나 자신의 처방, 즉 재정적자를 무릅쓰고 재정지출을 대폭 늘려 유효수요를 창출하는 것을 제시하였으나 균형예산을 중시했던 루즈벨트 대통령은 케인스의 제안을 받아들이지 않았다. 루즈벨트는 불황이 장기화되자 마지못해 공공사업이나 농가보조금 지급 등 재정지출을 통한 경기부양에 나섰지만 끝내 균형예산에 대한 집착을 버리지 못했다. 결국 케인스의 유효수요 이론이 본격적으로 작동한 것은 제2차 세계대전(1939~1945)에 미국이 참전하여 창출된 전쟁물자 수요에 의해서였다.

2. 미국의 강대국 부상시대

저자는 '미국의 강대국 부상시대'를 제2차 세계대전 이후부터 1978년 4월 킹스턴 체제까지의 기간으로 정의한다. 동 시대에는 미(美) 달러 기준의 고정환율제도(달러/금 태환제도) 하에서 환율안정을 도모하고, 전후(戰後) 유럽 및 일본의 재건을 지원하기 위한 목적으로 1946년 6월에 국제통화기금(IMF)이, 1947년 3월에 세계은행이 각각 창설되면서 국제통화체제로서 브레턴우즈 체제

(Bretton Woods System)가 발족(1944. 7)되었다. 이어서 관세와 무역에 관한 일반협정(GATT) 체제가 출범(1947. 10)하였다.

그 후 제1차 석유파동(1973)을 겪었으며, 그 결과 선진국의 산업구조가 에너지절약형으로 재(再)편성됨에 따라 개도국은 선진국의 에너지소비형 중화학공업을 물려받았다. 다른 한편으로, 15년에 걸친 베트남 전쟁(1960~1975)이 치러졌다.

브레턴우즈 체제가 출범한 지 31년 후, 달러/금 태환제도의 폐기 및 변동환율제도를 도입한 킹스턴 체제(Kingston system)가 출범(1978. 4)함에 따라 환율의 불안정성이 확대되었고 금융위기가 자주 발생했다.

1) 브레턴우즈 체제(1947. 3)

제1차 세계대전 이전에는 파운드화가 영국 빅토리아 시대의 전성기에 기반한 금본위제도하에서 기축통화의 역할을 수행했다. 1860~1914년 기간 세계 교역의 약 60%가 파운드화로 결제되었고, 1913년 세계 외환보유고에서 파운드화의 비중은 48%에 이르렀다.

그러나 제1차 세계대전과 함께 영국 경제가 어려워지면서 1919년 영국은 파운드화의 금(金)태환을 중지했다. 미국 달러화에 대한 파운드화의 가치도 제1차 세계대전의 직전에 4.86달러였으나 세계대공황이 한창이던 1933년 4월 3달러대로 하락했다.[1] 결국 브레턴우즈 체제는 두 차례의 세계대전 속에서 세계 경제의 주도권을 장악한 미국의 실체를 인정하고 미국 달러화를 중심으로 한 금태환 제도를 채택한 것이다.

제2차 세계대전 말경인 1944년 7월, 세계 자본주의 질서를 재편하기 위해 서방 40여 개국 지도자들이 미국 뉴햄프셔 주 브레턴우즈에 모여 새로운 국제

1 제2차 세계대전 종전(終戰)을 앞두고 새로 형성할 국제금융제도를 놓고 영국의 존 메이어드 케인스는 '방코르'(*bancor*)를 결제단위로 해야 한다고 주장했다. 이는 달러가 아닌 새로운 기축통화의 도입을 의미했으나, 이미 빅토리아 시대(1837~1901)의 대영제국 전성기는 사라졌다.

통화체제로서 브레턴우즈 체제를 창설하였다. 동 체제의 핵심 내용은 두 가지로, ① 환율 안정을 도모하기 위한 미 달러기준 고정환율제도, 즉 달러-금 태환제도(미 달러를 금으로 바꿔주는 국제결제시스템)와 ② 전쟁폐허 복구 및 세계 경제 부흥 및 안정 기능을 수행하기 위한 IMF 및 세계은행의 창설 등이다.

1945년 12월 관계국의 정식조인을 거쳐, 1946년 6월 세계은행이, 1947년 3월 국제통화기금이 각각 창설됨으로써 브레턴우즈 체제가 정식으로 발족하였으며, 동 체제는 1971년 8월 리처드 닉슨 미국 대통령의 미 달러-금태환 제도를 포기하는 선언을 할 때까지 24년 동안 지속된다. 이 기간에 국제교역은 크게 성장했으며, 대규모 금융위기는 발생하지 않았다. 이 사실을 미루어 보아, 달러와 금 사이의 연결고리를 끊어버린 것이 현재 글로벌 금융위기의 근원임을 짐작할 수 있다.

금본위제 폐지(1971. 8) 이후 국제 금융시스템은 매우 불안정해졌다. 변동환율제는 가격변동으로부터 국제교역을 보호할 수 있는 상품 개발의 필요성을 높였다. 이에 따라 옵션과 신용거래, 다양한 파생상품이 생겨났다. 이것을 대부분 사람들은 금융의 기술적 진보로 여겨졌다. 금융상품 시장은 지난 30여년 동안 꾸준히 성장해 순식간에 큰돈을 벌 수 있는 기회를 제공하는 수준에까지 이르렀다.

그러나 이 기간 동안 자본주의 시스템은 약화됐다. 주식 보유자들은 연기금·투자펀드·헤지펀드 등을 통해 잘 조직되었고, 기업의 의사결정 과정이 그들의 압력에 영향을 받게 됐다. 실질임금은 오르지 않았고, 점점 더 많은 사람들이 불안정한 고용상태로 내몰렸다. 결과적으로, 소비는 위축됐으며, 고용불안정은 커졌고, 대량실업은 상존하였다.

이런 상황에서 선진국의 중·상류층은 생산적 활동을 통해 자신들의 생활수준을 향상시키는 대신에 점점 더 자본수익(*capital gain*)에 매달리게 됐다. 이것이 불평등을 확대하였고, 경제에 대한 금융의 장악력을 강화했다. 실물경제가 외부 충격에 대처하는 능력은 크게 약화됐다. 따라서 2008년 글로벌 금융위기는 신용만이 동력이 되는 경제성장의 종말을 의미한다.

실물경제와 금융 부문 간의 괴리가 점점 증대됨에 따라 자산시장에서 거품이 쉽게 일어났다. 자산가치의 거품은 실물 변수와 관계없이 금융 변수가 움직일 때 생기는 것이다. 그 결과, 1980년대 이후 세계는 무수한 자산시장의 거품과 그의 붕괴에 따른 경제 위기를 경험하였다. 예로서 1982년 칠레, 1980년대 말 북유럽 4개국, 같은 시기 미국의 저축대부조합(Savings and Loans)의 부실채권 사태, 1990년대 초 일본, 1995년 멕시코, 1997년 아시아 6개국의 금융위기, 1998년 러시아와 브라질의 금융위기, 2002년 아르헨티나와 우루과이의 금융위기 등을 들 수 있다.

2) 킹스턴 체제(1978. 4)

'달러-금 태환제도'와 '고정환율제도'에 근간을 둔 브레턴우즈 체제가 출범한 지 31년 후, 달러-금 태환제도의 폐기 및 변동환율제도를 도입한 킹스턴 체제가 출범하였다. 이 체제는 1978년 4월 발효되었다.

1976년 1월 자메이카의 수도인 킹스턴에서 IMF 잠정위원회는 다음과 같은 내용을 합의하였다.

① 각국이 환시세의 안정을 위해 협력하는 '일반적 의무'를 지며, IMF는 이 의무의 실행 여부를 감시한다.
② 각국의 현행 각종의 환협정을 존중하며, 장래에도 그 자유를 인정한다. 단, 장차 다시 고정환율제로 복귀할 가능성을 고려하여 그 절차를 미리 정해둔다.
③ 장래의 통화체제에서는 금이나 기축통화를 베이스로 하는 방법을 지양하며 '특별인출권'(SDR: *Special Drawing Rights*)과 같은 합성통화를 베이스로 한다. 이를 위해 유명무실하게 된 금의 공정가격을 우선 폐지하고 종래의 협정에서 각종 금에 관한 사항을 수정한다.

킹스턴 체제 발표 이후에 환율의 불안정성이 확대되었고 금융위기가 자주 발생하였다. 특히 1990년대 이후, 금융의 자유화 및 국제화로 인해 금융기관의 방만한 경영이 금융 부실화를 야기하여 곧바로 금융위기로 비화되는 사례가 빈발하였다. 또한 금융 국제화의 세계적 확산으로 세계 금융시장이 통합되었고 이로 인해 한 국가의 금융위기가 다른 국가로 전이되는 경향이 심화되어 왔다.

그러나 브레턴우즈 체제가 출범 이후 64년 만인, 그리고 킹스턴 체제가 발효 이후 40년 만인 2008년 10월, EU 정상회담과 ASEM 정상회의(2008. 10. 24, 베이징)에서, 또한 G20 정상회의에서 유럽은 줄기차게 브레턴우즈 체제의 전면적 개편과 IMF 및 세계은행의 지배구조와 운영방법의 개선 등을 요구하였다. 미국발 글로벌 금융위기를 극복하기 위한 새로운 국제금융체제인 '21세기판(版) 브레턴우즈 체제'의 창설을 주장했다.

IMF 등 현재의 국제금융기구는 지배구조나 운영상의 제약 등으로 국제금융기구 본래의 취지와 역할을 제대로 수행하는 데 한계가 있는 것이 사실이다. 감독 및 금융위기 예방 기능이 미약하고 대체로 금융위기 발생 이후에야 작동하며, 또한 금융위기에 대한 처방에서도 재원 제약 등으로 '최종 대부자'로서의 기능이 미약하여 금융위기 해결에 한계를 보였다. 따라서 사전 규제와 사후 감독을 적절하게 하고 금융위기에 신속하게 대응할 수 있는 새로운 국제금융기구를 설립하고 국제금융제도 전반에 걸친 개혁이 필요하다는 주장이 제기되었다.

특히 1997년 아시아 외환위기 직후, IMF 등 국제금융기구의 기능 및 역할과 관련하여 여러 가지 문제점들이 노출됨에 따라 IMF를 해체하고 이를 대체할 새로운 국제금융기구를 설립하여 국제금융체제를 근본적으로 개편해야 한다는 주장과, 기존의 국제금융기구의 기능과 역할을 보완·강화하면 된다는 주장이 양립하였다.

1999년 6월, 독일에서 열린 G7 재무장관회의에서는 새로운 국제금융체제에 대해 본격적으로 논의되었다. 동 회의에서 국제금융체제 개편과 관련된 그간의 각종 논의 결과들을 종합한 〈국제금융체제 강화에 관한 보고서〉가 채택되었다. 상기 보고서의 주요 내용은 ①IMF 등 국제금융기구의 개편, ②금융정보의 투명성 제고 및 국제기준 개발, ③선진국의 금융건전성 규제 강화, ④

신흥시장국의 금융제도 강화, ⑤금융위기 예방과 해결을 위한 민간 부문의 참여 확대, ⑥환율제도의 개선 등이다.

3) GATT 체제(1947~1994)

제2차 세계대전 이후 발족한 '관세와 무역에 관한 일반협정'(GATT)은 1947년 이후 총 8차례의 다자간 관세협상 라운드를 통해 범세계적 무역 자유화를 추진하였다. 가장 최근 완료된 다자간 협상은 세계 통상 질서에 대변혁을 초래한 우루과이 라운드(UR) 협상이었다.

UR 협상은 1993년 타결되어 1995년 세계무역기구(WTO) 체제를 발족시켰다. UR 협상으로 협의기구 성격의 GATT 체제는 강제성을 강화한 WTO 체제로 전환되었다. UR 협상으로 선진국의 평균 관세율은 6.3%에서 3.8%로, 개도국은 15.3%에서 12.3%로 각각 하락하였다.

GATT 체제는 초기의 관세 인하에서 다양한 범위로 협상의제를 확대했다. 협상의제가 5차 딜론 라운드(1960~1961)까지는 관세 인하에 국한되었으나 제7차 도쿄라운드부터 정부조달, 기술장벽 등 비(非)관세 분야도 다루었다.

제8차 UR 협상에서는 서비스, 지적재산권, 분쟁 해결 등 상품 분야 외의 분야를 다루었다.

4) 베트남 전쟁(1960~1975)

미국의 강대국 부상시대에는 15년간의 베트남 전쟁을 수행한 결과 막대한 재정지출(6천 5백억 달러)과 무역수지 적자 누증이 야기되어 미국 경제력이 쇠락하기 시작하였다. 이에 따라 당시 미국의 린든 존슨(Lyndon Johnson) 대통령이 추구하였던 미국의 '위대한 사회'가 퇴장하였다.

존슨 대통령의 '위대한 사회'를 위한 정책목표는 '가난과 인종차별을 없애는 것'이었다. 이에 따라 1965년 투표법이 제정되었고, 주택의 공급과 특히 대도시의 빈곤지역의 주택개량 및 환경개선 사업을 담당하는 '도시주택부'가 창

[표 II-1] GATT 체제하의 협상 분야

연도	협상 분야	참여국 수	장소(명칭)	주요 개념
1947	관세	23	제네바	• 최초의 다자 협상(23개국)으로 4만 5천 건의 관세양허 교환
1949	관세	13	안시	• 1949~1951년에 열린 두 차례의 다자간 협상 - 신규 가입 신청국의 가입 처리를 위한 다자간 협상의 성격 • 안시라운드에서 9개국, 토르퀘이 라운드에서 4개국 가입
1951	관세	38	토르퀘이	
1956	관세	26	제네바	• GATT 운영방식개선 및 GATT 조문 재검토를 목표로 추진 • '체약국단은 때로 관세 인하협상을 주최한다'는 계획을 처음으로 GATT 조문에 명시, GATT 제2부 일부 수정
1960 ~ 1961	관세	26	제네바 (딜론 라운드)	• EC 출범을 배경으로 무역차별 및 무역 전환효과를 상쇄하기 위해 개최 - 미국과 EC 평균 10% 관세인하
1964 ~ 1967	관세, 반덤핑	62	제네바 (케네디 라운드)	• 품목별 협상과 선형삭감방식 병행하여 진행, 선진국의 관세율을 평균적으로 35% 인하 - 반덤핑 및 관세평가에 대한 협상 도출
1973 ~ 1979	관세, 비관세, 기본협정	102	제네바 (도쿄 라운드)	• 선진국은 대부분 30% 이상으로 관세율 인하 • 정부조달, 기술장벽, 보조금 및 상계관세, 관세평가, 수입허가, 반덤핑 등 6대 분야에 대한 협정 체결 - 개도국 특별대우 제도화
1986 ~ 1994	관세, 비관세, 규범, 서비스, 지재권, 분쟁해결, 섬유, 농업, WTO 창설 등	123	제네바 (우루과이 라운드)	• WTO 설립 - 항구적이고 강력한 국제무역기구 설립 - 회원국의 국내법을 WTO 규정에 합치시키도록 규정 • 공산품 관세 인하 및 비관세 장벽 완화 - UR 협상 이전에 비해 1/3 이상 관세 인하 • 농산물 및 섬유류 무역의 GATT 편입 • 기존 GATT 규범의 강화 - 반덤핑, 보조금, 상계관세, 세이프가드 등 • 서비스 무역에 관한 기본규범 설정 및 최초의 양허교섭 완료 • 지적재산권 보호 및 투자 관련 조치에 관한 규범 마련 • 통합 분쟁해결 절차 및 규칙(DSU) 합의

립되었다. 그러나 이 정책은 여러 지원과 자원을 필요로 하는 베트남 전쟁으로 인하여 충분한 지원을 받지 못하였으며 많은 보수주의자들로부터 비판을 받았다.

한편 시장·자유민주주의와 사회주의·독재체제의 이데올로기 경쟁에서는 결국 자유진영의 승리로 종결되었다. 1989년 11월 베를린 장벽의 붕괴, 동년 12월 미·소 몰타회담(부시 대통령 대 고르바초프 서기장), 1991년 9월 소련 연방의 붕괴 등과 같은 드라마 같은 역사적 사건을 거쳐 제2차 대전 이후 45년 동안 지속되었던 냉전시대가 종식되었다.

3. 미국·유럽·일본의 공존시대

저자는 '미국·유럽·일본의 공존시대'를 1978년 4월 킹스턴 체제 이후부터 1992년 일본의 자산 버블 붕괴 시작의 기간으로 정의하였다. 동 시대에는 제2차(1979) 석유파동을 겪었으며, 1989년 11월 베를린 장벽의 붕괴, 1989년 12월 미·소 몰타회담에 이어 동·서독이 통일되었고 소련이 패망하였다.

1) 플라자 합의(1985. 9)

경제적 측면에서 '미국·유럽·일본의 공존시대'를 조명해 보면, 미국은 일본의 높은 공업생산력에 대응하기 위하여 산업구조 조정을 실시하였다. 또한, 미국은 재정수지 적자 누증뿐만 아니라 무역수지 적자 누증을 더 이상 버티지 못하고, 유럽과 함께 1985년 9월 '플라자 합의'에 의거하여 엔고(高)를 조작함으로써 일본의 수출(가격)경쟁력을 인위적으로 하락시켰다.

상술하면, 1980년대 초, 미국은 인플레이션의 억제를 목적으로 한 엄격한 금융긴축 정책을 실시하였다. 그 결과, 금리는 두 자리로 치솟았고 세계의 자금은 미국으로 집중되었다. 달러시장은 호황으로 이어져 미국의 수출 감소와 수입 증대를 상계할 수 있었다. 또한, 미국의 고금리 정책에 의한 민간투자 억제와 수요 · 공급 균형이 개선되어 인플레이션 탈출도 성공하였다. 그 후, 인플레이션이 진정됨에 따라 금융 완화가 진행되었다. 미국 금리가 하락함에 따라 미국의 달러는 다시 매력을 잃고 달러시장은 점차 불안정한 길로 들어섰다.

이와 같은 상황에서, 미국은 레이건 정부의 '쌍둥이 적자', 즉 대외적으로 무역수지 불균형과 대내적으로는 재정적자에 시달리고 있었다. 1985년 9월 22일, 미국 뉴욕에 있는 플라자 호텔에서 G5 경제선진국 재무장관과 중앙은행총재들이 모여 달러화의 가치를 내리고 엔화의 가치를 높이는 정책에 합의하였다. 이러한 환율조작에 의한 엔고(高), 즉 저(低)달러 구조는 미국의 베트남전쟁(1960~1975) 수행에 따른 6천 5백억 달러 규모의 재정지출과 만성적인 '쌍둥이 적자'(재정적자 및 무역적자)에 대응하여 미국의 수출경쟁력을 제고하기 위한 장치였다.

플라자 합의가 발표된 다음날, 실제로 달러화 대비 엔화의 환율은 1달러에 235엔에서 약 20엔이 하락하였다. 1년 후에는 달러의 가치가 거의 반이나 떨어져 120엔 대에 거래가 이루어지는 상태까지 이르렀다. 엔화는 당시 3년 동안 미 달러에 대해 무려 86% 평가절상 됐으며 일본 경제는 전대미문(前代未聞)의 거품 시기로 진입했다. 예를 들면 1989년 미쓰비시 부동산은 록펠러 센터를 2천억 엔으로 매수하였으며, 일본인들은 "도쿄의 23개구 땅값이 미국 본토를 구입하고도 남는다"고 호언장담했다.

일본 정부는 엔고에 의한 불황의 발생을 우려하여 저(低)금리 정책을 계속적으로 시행하였다. 저금리 정책은 부동산이나 주식에로의 투기를 가속화하여 거품 경제 가열을 초래하였다. 또한, 엔고에 의하여, 일본 경제의 규모는 상대적으로 급속히 확대되었다. '반액 세일'이라고까지 일컬어지는 미국 자산 사들이기, 해외여행의 붐, 임금이 싼 국가로의 공장 이전 등이 계속되었다.

뒤늦게, 미국의 '의도'를 깨달은 일본 정부는 부동산 관련 융자 총량규제법, 특별토지보유세 대상 확대, 보유세 강화, 토지거래 제한, 양도차익의 60% 징세 등을 서둘러 공표하였지만 이미 때는 늦었던 것이다. 반면에, 엔고의 반사적 이익으로 인해, 미국 제조업의 가격경쟁력은 빈사상태에서 겨우 회복되었다.

2) 루브르 합의(1987. 2)

플라자 합의 이후 2년 만인 1987년 2월, G7(미국·영국·독일·프랑스·일본·이탈리아·캐나다) 재무장관들이 모여 루브르 합의를 결의했다. 루브르 합의는, 1987년 2월, 파리의 구(舊) 루브르 왕궁에 있는 프랑스 재무성에서 열린 선진 7개국 재무장관회담(G7)에서 "이 이상의 달러가치 하락(달러당 150엔 전후)은 각국의 경제성장을 저해한다"는 점에 동의하고 ①각국 통화의 변동에 유연한 허용범위(상한과 하한)를 설정하고, ②그것을 초월했을 때는 해당 통화당국과 협의한 다음, 각국이 협력해 시장개입을 한다는 것이다.

〈워싱턴포스트〉와 의회예산국(CB) 등에 따르면 2001~2012년 동안 이라크 전쟁과 아프가니스탄 전쟁 및 기타 관련 작전에 투입된 전비(戰費)는 총 1조 4천억 달러다. 한국 돈으로 환산하면 1,540조 원에 달하는 금액이다. 그러나 동 기간 미국 연방정부가 지출한 돈은 33조 3천억 달러에 달한다. 연방정부 지출액 가운데 기껏해야 4%가 전쟁비용에 투입됐던 것이다.

따라서 미국의 '쌍둥이 적자'를 근본적으로 치유하지 않는 한, 세계의 환율 파동은 상존하는 것이며, 따라서 세계 금융시장의 불안은 항상 잠복되어 있는 것이다.

다행히, 미국 44대 대통령 오바마의 싱크탱크인 미국진보센터(CAP: Center for American Progress)는 그들의 〈피닉스 이니셔티브 보고서〉에서 러시아와의 협력하에 미국의 핵무기를 1천 개 수준으로 대폭 감축할 것을 제안했다. 이것이야말로 오바마의 변화와 개혁을 실제로 구현할 수 있는 계기와 근간이 되기를 저자는 기대해 본다.

4. 미국의 호황시대

저자는 '미국의 호황시대'를 1992년 일본의 '잃어버린 10년'의 시작에서 2001년 9 · 11 테러 사건까지의 기간으로 정의하였다. 동 시대에는 미국이 호황('강한 달러' 및 '강한 주가')을 누렸던 반면에 일본 경제는 '침몰'하였고 동아시아는 1997년 외환 및 금융위기를 겪었다. 또한 미국의 주도하에 우루과이 라운드가 타결(1994. 12)되었고 WTO가 출범(1995. 1)하였으며 세계화가 추진되었다.

유럽에서는 '마스트리히트 조약'에 의거하여 1993년 11월 EU가 창설되었다. 유럽은 정치적 · 경제적 통합을 강화하기 위해 유럽 단일화폐, 공동 외교 · 안보 정책, 공동시민권 제도를 도입하고 이민 · 난민 · 사법 분야의 협력을 증진할 것을 규정하였다. 이어서 1999년 1월 1일 유로(*Euro*) 체제, 즉 '유럽통화동맹'을 통해 유럽경제공동체를 더욱 결속시켰다.

유럽은 여기에 머물지 않고 아시아로 눈을 돌려 1996년 3월 ASEM(Asia-Europe Meeting)을 출범시켰으며 1998년 런던 ASEM 회의(EU 27개국과 아시아 16개국의 정상 참여)는 아시아 국가들의 1997년 금융위기 탈출을 돕기 위해 '아시아 유럽 신탁기금'을 발족 · 운영하였다.

상기한 1993년 11월 EU에 대응하여, 미국은 북 · 미 자유무역협정(NAFTA)을 체결하였다(1994. 1). 이어서, 미국은 1994년 12월 '미주 국가정상회의'를 개최하여 '미주 자유무역지대'(FTAA)의 창설을 시도하였다. 그러나 미국의 FTAA 시도는 중남미 국가들(예로서 베네수엘라, 아르헨티나 등)의 반미(反美) 정서로 무산되었다. 대부분의 라틴아메리카는 상기한 미국의 자유무역 정책을 '신자유주의'로 비판하고 있다.

여기서 주목할 것은 지역주의에 근간을 둔 자유무역지대(FTA)가 세계화의 보완적 기능으로서 '지역 간 다자주의에 의한 무역 자유화'를 촉진하기 위하여, 또한 미국의 국제정치적 보조기능으로서 '세계적 차원의 복합적 동맹망'을 구축하기 위하여 적극적으로 도입 및 확산되고 있다는 점이다. 이 결과, 탈(脫) 냉전 후, 세계 경제는 두 개의 축, 즉 ① 세계화와 ② 지역경제 통합을 중심으로 전개되고 있다.

지역주의와 세계화에는 상호보완적 측면과 갈등적 요인이 병존하며, 그런 가운데 지역경제 통합체들은 무역이나 직접투자의 자유화·개방화를 지향하고 있어 세계화를 촉진시키는 요인으로 작용한다. 그러나 사안에 따라서는 역외 국가에 대한 '차별대우'를 도입하는 경우가 있으며, 이 경우 지역주의가 대두되어 국제경제 질서의 불확실성이 증폭될 개연성이 내재된 것도 사실이다.

1) 세계화

'세계화'(*globalization*)는 탈(脫)근대의 특징을 함축하는 "시간과 공간의 압축"이라고, 혹은 후진국이 세계 경제에 통합됨으로써 점진적으로 선진국과 동질화되는 과정이라고 각각 정의할 수 있다. 세계화는 크게 다음과 같은 4가지 특징을 가진다.

① 주도세력: 19세기의 세계화는 영국의 패권에 의해 진행되었던 반면에 20세기 및 21세기의 세계화는 미국의 패권에 의해 주도되고 있다.

② 생산: 1960년대·1970년대·1980년대의 생산방식과는 대조적으로, 1990년대의 생산방식은 생산공정이 부품별로 분화 및 특화됨에 따라 지역(국가가 아니라)이 단위가 되는 '생산 네트워크'를 보이고 있다.

③ 무역: '관세와 무역에 관한 일반협정'(GATT), '세계무역기구'(WTO), 지역적 수준의 무역기구와 자유무역협정(FTA) 등을 통해, 무역은 다자간 및 양자 간 제도에 입각한 세계적 및 지역적 통합으로 지향되었다. 그러나 금융 분야에서의 수준은 아직 미약하다.

④ 자본이동: 국가의 자본흐름에 대한 규제철폐로 인하여 국가 간 자본이동이 훨씬 자유로워졌다. 선진국 자본의 후진국으로의 이동이 1980~1990년대에 급격히 증가하였다. 1960~1970년대에는 미국의 달러화가 기축통화로서 국제 금융시장의 안정을 가져왔지만 1980~1990년대에는 후진국의 가장 중요한 국가과제가 자본이동에 따른 환율안정화 정책이었다.

전술한 바와 같은 경제적 대변환을 일으킨 '세계화'는 다음과 같이 국제관계 질서에 큰 영향을 주었다.

① 세계화의 진전에 따른 교역의 증가는 세계 각국이 자국의 관세를 인하하고 재화와 용역에 대한 비관세 장벽을 줄여나간 결과이다. 이러한 세계교역의 증대는 세계 경제의 다극화된 중심세력들이 상호관계를 밀착시켰다.

② 세계화의 추세에 따라 국제 교역의 틀이 다음과 같이 변화되었다. 즉, 1940년대의 세계교역은 오직 미국의 리더십에 의하여 추진되었다. 이와 반면에, 1970년대와 1980년대의 세계교역은 미국과 서유럽의 헤게모니에 의하여 좌우되었다. 그러나 1990년대의 세계교역은 다극화 체제로 변모하였다.

2) 아시아 금융위기(1997~1998)

1960~1970년대에는 미국의 달러화가 기축통화로서 국제 금융시장의 안정을 가져왔다. 1980~1990년대에는 선진국 자본의 후진국으로의 이동이 급격히 증가하였다. 따라서 당시 후진국의 가장 중요한 국가과제는 자본이동에 따른 환율안정화 정책이었다.

'아시아 금융위기'(1997~1998)의 발전과정은 크게 두 가지 단계, 즉 ① 1997년 6~12월, ② 1998년 7~12월로 구분하여 개관해 봄으로써 향후 글로벌 금융위기의 재현 가능성에 대한 대안을 마련하는 데 있어서 어떤 실마리를 찾아보고자 한다.

(1) 제1단계(1997. 6~12)

1997년 7월 2일 태국은 고정환율제도 포기를 선포하고, 변동환율제를 실시함으로써 동남아시아 금융폭풍을 야기됐다. 당일, 태국 바트화 환율은 달러 대비 17% 떨어져 외환 및 기타 금융시장에 한바탕 혼란이 야기됐다. 바트화 파동의 영향 아래 필리핀 페소, 인도네시아 루피화, 말레이시아 링깃이 잇따라 국제

투기세력들의 공격대상이 됐다. 동년 8월 말레이시아는 말레이시아 링깃을 지키려던 노력을 포기하고 말았다. 견고하던 싱가포르 달러도 충격을 입었다.

1997년 10월 하순, 국제 금융투기 세력들은 국제금융의 중심지 홍콩으로 표적을 옮겨 홍콩의 페그제를 직접 겨냥했다. 타이완 당국은 신타이완달러의 환율 방어를 갑자기 포기했다. 신타이완달러는 하루 사이에 3.46% 떨어지고 홍콩달러와 홍콩 주식시장에 대한 압력을 가중시켰다. 동년 10월 23일 홍콩 항셍 지수는 1621.80포인트 떨어져 8,000포인트의 저지선을 하향 돌파했다. 국제금융투기세력들이 더욱 맹렬히 공격함으로써 항셍 지수는 10,000포인트 저항선을 다시 넘어섰다.

이어서, 1997년 11월, 한국에서도 금융폭풍이 불어 동년 11월 17일 한국의 원화의 달러 대비 환율이 크게 떨어지고 1,008:1을 기록했다. 동년 11월 21일 한국 정부는 어쩔 수 없이, IMF에 지원을 요청하여 잠시 금융위기를 통제하지만 동년 11월 13일 원화의 달러 대비 환율은 다시 1,737.60:1까지 떨어졌다. 한국의 원화 위기는 한국에 대량으로 투자한 일본 금융업종에도 충격을 주었다. 1997년 하반기 일본의 일련의 은행과 증권회사들이 잇따라 파산하였고 동남아 금융폭풍은 '아시아 금융위기'로 치달았다.

(2) 제 2단계 (1998. 7~12)

1998년 초, 인도네시아에서 금융폭풍이 다시 일어나 유사 이래 가장 심각한 경제쇠퇴에 직면했다. 당시 IMF가 인도네시아에게 내렸던 처방은 효력이 없었다. 동년 2월 11일, 인도네시아의 정부는 루피화와 미국 달러화에 대한 고정환율을 유지시키는 페그제를 실시할 것이라고 선포해 루피화를 안정시켰다. 그러나 인도네시아의 페그제 실시는 IMF와 미국 및 서유럽의 반대에 봉착하였고 인도네시아는 정치적 및 경제적 위기에 빠졌다. 동년 2월 16일 인도네시아 루피화의 미국 달러대비 환율은 10,000:1을 하향 돌파했다. 그 영향을 받아 동남아 외환시장에는 다시 요동쳤다. 싱가포르 달러, 말레이시아 링깃, 태국 바트, 필리핀 페소 등이 잇따라 추락했다. 동년 4월 8일 인도네시아와 IMF는 새로운 경제개혁 방안을 협의한 후, 동남아 외환시장이 비로소 잠시 평정을 회복했다.

1997년 폭발한 동남아 금융위기는 동남아와 밀접하게 연계된 일본 경제를 곤경에 빠뜨렸다. 엔화 환율은 1997년 6월 달러당 115엔에서 1998년 4월초 133엔으로 떨어지고 5월과 6월 사이에도 엔화 환율은 계속 떨어져, 달러당 150엔의 저항선까지 근접했다. 엔화의 큰 폭의 평가절하에 따라 국제 금융시장은 더욱 어두워지고, '아시아 금융위기'는 더욱 심각한 양상을 보였다.

1998년 8월 초, 미국 주식시장이 요동치고 엔화 환율이 계속해서 떨어지는 틈을 타서 국제 투기세력들은 홍콩에 새로운 공격을 시작했다. 홍콩 특구 정부가 반격하여 금융관리국은 외환기금을 써서 주식시장과 선물시장에 개입함으로써 국제 투기세력들이 투매하는 홍콩달러를 흡수하여 외환시장을 달러당 7.75홍콩달러 수준에서 안정시켰다. 약 1개월의 고난을 거치면서, 국제 투기세력들은 막심한 손실을 입었고 그들의 투기전략은 한계에 봉착했다.

국제 투기세력들은 러시아에서 더 큰 참패를 당했다. 러시아 중앙은행은 1998년 8월 17일 연내에 루블화의 달러화 대비 환율 변동폭을 6.0~9.5:1로 확대하였고 외채상환을 연기하였으며 국채거래를 잠시 중단하고 선포했다. 동년 9월 2일 루블화는 70% 평가절하됐다. 이러한 조치들은 러시아의 주식시장과 외환시장을 급격히 경색시켜 금융위기뿐만 아니라 경제적 및 정치적 위기를 야기했다. 그러나 상기한 러시아의 정책 대응은 러시아 주식시장에 거액을 투자한 국제 투기세력들의 기세를 크게 무너뜨렸다.

3) WTO의 출범(1995)과 DDA 협상 추진(2002~현재)

우루과이 라운드(UR) 협상의 결과로 1995년에 출범한 WTO(세계무역기구)는 영구적 조직으로서 GATT 체제에 비해 광범위하고 질적으로 강화된 다자간 체제를 지향하고 있다. 예를 들어, 비공산품의 시장접근, 보조금 정의의 명료화, 반덤핑 조치의 남용 방지 등 규범을 강화하였으며, 분쟁해결 절차와 개별 국가에 대한 제재조치도 강화하였다.

제4차 WTO 각료회의(2001년 카타르 도하)에서 2002년부터 새로운 다자간

[표 Ⅱ-2] 도하 개발 어젠다(DDA)의 추진 경과

시점	주요 내용	비 고
제3차 각료회의 (1999. 11, 시애틀)	• 뉴라운드 출범 실패	• 환경운동가, 반(反)세계화주의자의 시위로 무산
제4차 각료회의 (2001. 11, 도하)	• 뉴라운드 출범 합의 - Doha Development Agenda (DDA)로 명명 - 2005년 1월 1일까지 협상 종료	• 비(非)농산물, 농산물, 서비스 분야 무역 자유화 • 반(反)덤핑 및 보조금협정 등 기존 협정 개정
제5차 각료회의 (2003. 9, 칸쿤)	• 협상방식 합의 실패 - 싱가포르 이슈에 대한 선후진국 이견 - 농산물 분야 이견	• DDA 타결시한 자동연장
제6차 각료회의 (2005. 12, 홍콩)	• 일부 분야 합의	

자료: 황인성(2008).

무역협상인 도하 개발 어젠다(DDA: *Doha Development Agenda*), 즉 뉴라운드(*New Round*)를 추진하여 2005년 1월 1일까지 종료하기로 합의하였다. 이에 따라 DDA는 UR 협상에서 추가협상을 하기로 했던 농산물과 서비스 분야를 먼저 논의하였으며 상품 및 서비스의 시장접근, 반덤핑 및 보조금협정 등 기존 협정을 개정하였다. 그러나 DDA는 아직도 종료되지 않은 채 지연되고 있다.

4) '지역 간 무역 자유화'를 위한 자유무역협정(FTA)

(1) 아세안 자유무역협정(AFTA)

'아세안 자유무역협정'(AFTA: *ASEAN Free Trade Agreement*)은 2002년까지 대상품목들에 대한 관세를 0%에서 5% 이내로 인하할 것을 약속하였다. AFTA는 아세안(ASEAN) 국가들 사이의 교역에 큰 공헌을 했으며 1993년부터 1997년 사이에 참가국들 내부의 무역이 두 배로 증가했다.

AFTA의 한계와 무력감을 극복하기 위해 말레이시아의 마하티르(Mahathir) 총리는 한·중·일을 포함시킨 '동아시아 경제그룹'(EAEG: East Asian Economic Group)의 결성을 제안한 바 있으나 미국, 오스트레일리아, 뉴질랜드 등의 강력한 반대로 인해 무산되었다.

동아시아 경제통합에 대한 최초의 논의는 1977년 태국, 싱가포르, 인도네시아, 말레시아, 필리핀을 중심으로 한 '동아시아국가연합'(ASEAN) 국가들 사이의 선별적 무역협정을 들 수 있다. 1997년에는 ASEAN + 3(한국, 중국, 일본)가 비공식적 정상회담을 가진 이후 연례화되었으며, 실질적 정책연구를 위해 재무장관 회담이 정례화되었다. 그 후 ASEAN + 3는 금융 분야에서의 협력을 급속히 진행시켰다.

2000년 5월에는 ASEAN + 3의 재무장관 회의에서 경제협력의 강화를 위해 정상회담의 정례화를 약속하고 "치앙마이 이니셔티브"(CMI: *Chiang Mai Initiative*)라 불리는 금융 협력의 합의를 통해 '아시아 지불준비금 스왑자금'의 마련에 합의하였다. 그 일환으로 한국 정부와 일본 정부는 한국이 다시 외환위기에 처할 경우 50억 달러 규모의 일본 대장성 보유달러를 즉각 들여올 수 있는 달러지원계획에 합의했다. 달러지원은 한국은행의 외환 자금과 일본 대장성 보유 달러자금을 서로 맞바꾸는 스왑(*swap*) 방식으로 이루어졌다.

(2) 동아시아 자유무역권(EAFTA)

다른 한편으로, 동아시아의 무역 자유화를 촉진하기 위하여, 2000년 싱가포르에서의 ASEAN + 3 정상회담에서 '동아시아 자유무역권'(EAFTA) 창설 문제가 제기되었다. 2000년 일본과 싱가포르는 2001년까지 회담을 마무리 지을 일정으로 자유무역협정 체결을 결정하였다. 그 후, 2001년에는 중국과 ASEAN이 10년 내에 FTA 체결에 합의하면서, 동아시아 지역에서의 양자 간 자유무역협정 논의가 급속히 진행되기에 이르렀다. 2002년 1월에는 고이즈미(小泉純一郎) 총리가 ASEAN을 방문하였고 오스트레일리아와 뉴질랜드를 포함하는 '동아시아 확대 커뮤니티'의 창설을 제기하였다. 2002년 3월에는 한국과 일본이 정상회담에서 FTA 협상의 실현가능성 조사를 개시하는 데 합의하였다.

(3) 환태평양 자유무역지대

세계 교역체제의 변화과정에서, 미국은 WTO를 중심으로 한 세계적 차원에서의 무역 자유화가 난항을 겪는다고 인식하였다. 따라서 미국은 새로운 다음과 같은 '세계 경제전략'을 고안했다. 자유무역협정(FTA)의 추진을 통해, 한편으로는 WTO에서의 협상 진전을 자극하고, 다른 한편으로는 WTO체제의 불안정 가능성에 대비한 보호장치를 구축하려고 시도하였다. 즉, 지역 간 다자주의를 통하여 경쟁적 자유화를 추진함으로써 세계 경제의 무역 자유화 속도를 가속화시키겠다는 것이다.

그런데도 동아시아의 경제통합에 대해서는 미국은 단호한 입장을 취하고 있다. 즉, 중국이 중화경제권 형성을 통해 동아시아의 주도권을 잡고, 이어서 폐쇄적 동아시아 경제블록으로 연결되는 것을 용인하지 않겠다는 것이다. 미국이 주도하는 세계자유무역체제 아래서 번영하는 일본이 동아시아의 주도권을 잡는 것은 미국에 별 문제가 되지 않는다. 그러나 공산당이 통치하는 비(非)시장경제이며 비(非)민주국가인 중국을 중심으로 중화경제권이 형성되면 경제적으로 단순히 폐쇄적 동아시아 지역주의뿐만 아니라 동아시아에서 힘의 균형을 무너뜨림으로써 미국에 군사적 위협이 될 수 있다고 미국은 우려하는 것이다.

미국이 중화경제권의 부상과 폐쇄적 동아시아 경제블록을 막지 못한다면, 미국은 다음과 같은 막대한 대가를 치러야 한다고 버그스텐(Bergsten)은 주장하였다. "동아시아에서 미국이 빠진 폐쇄 경제블록이 형성되면 미국은 엄청난 무역전환비용을 치를 것이며 이는 미국에 매년 250억 달러의 수출감소를 가져올 것이다". 이 무역전환비용은 미국의 농업과 제조업이 주로 떠맡게 될 것이라고 분석했다. 이 같은 폐쇄적 경제통합은 미국을 점점 더 배제시키고 한국, 중국, 일본, 그리고 ASEAN 회원국 간의 무역과 투자를 활성화시킴으로써 미국의 대(對)동아시아 무역수지 적자를 더욱 심화시킬 것이라고 그는 우려했다.

미국은 APEC을 대체할 만한 획기적인 환태평양 경제통합 비전을 동아시아 국가들에게 제시하고자 조지 부시 대통령은 2006년 11월 제 14회 APEC 정상회담에서 이른바 '하노이 구상', 즉 '환태평양 자유무역지대'의 창설을 제안했다.

여기서 유의할 것은 미국과 동아시아 국가를 연결하려는 아시아·경제협력 구상의 첫 결실로서 한·미 FTA가 타결되었다는 점이다. 한·미 FTA의 정치경제적 의의를 살펴보면 다음과 같다.

① 한국과의 FTA는 중화경제권을 견제하기 위한 미국의 '자유무역지대 봉쇄 전략'의 일환으로 볼 수 있다. 미국의 입장에서 중화경제권의 확산을 막으려면 안보측면에서 미국-일본-오스트레일리아로 이어지는 삼각 군사동맹이 중국의 군사력을 견제하는 것처럼 일종의 FTA 포위전략이 필요하다. 그런데 동아시아에서 중국의 영향권 밖에 있는 국가는 일본과 한국뿐이다. 따라서 미국은 우선 한국과 FTA를 맺어 미국-일본-한국으로 이어지는 거대한 해양시장 경제권을 형성하여 대(對) 중화권 견제장치를 만들고자 하는 것이다.

② 한국 경제가 점차 중화경제권으로 편입되어가는 추세에 제동을 걸기 위한 정책구도이다. 2003년까지 미국은 한국의 가장 큰 무역상대국이었으나 2004년 이후 한국의 가장 큰 무역 상대국이 미국에서 중국으로 바뀌어 한·중 교역량(2,150억 달러)은 한·미 교역량(1,010억 달러)을 초과하였다. 게다가 거의 40%의 한국 해외투자가 중국으로 향하여 한국은 중국의 제2의 해외투자국이 되었다. 이에 미국의 한국시장에서의 점유율이 2002년 15%에서 2006년 10.4%로 계속 떨어지고 있다. 이 같은 측면에서 볼 때 미국으로선 한국과 FTA를 맺지 않으면 한국이 중화경제권으로 편입되는 것을 방치하는 셈이 된다.

③ 한·미 FTA는 미국에게 북미자유무역협정(NAFTA)의 형성 이래 '경제적으로 가장 중요한 FTA'이며 동아시아 국가들과 맺는 첫 번째 '대규모 환태평양 자유무역지대'이다. 미국은 칠레, 요르단, 오스트레일리아, 싱가포르 등과 FTA를 체결했다. 그러나 국내정치적으로 NAFTA 이후 미국 기업에 실질적 도움을 주는 주요 교역대상국과는 FTA 체결을 못했다는 비난을 받아왔다. 그런데 미국의 7번째 무역 대상국이자 6번째 농산물 수출국인 한국과의 FTA는 미국 정부의 국내정치적 입지 강화의 계기가 되었다.

5) '세계적 차원의 복합적 동맹망'으로서 자유무역협정(FTA)

미국은 2001년 9·11 테러사태 이후 세계적 차원에서의 군사동맹 재조정 작업과, 전략적 중요성을 지니는 다수 대상국들과의 FTA 체결작업을 병행하여 추진함으로써, 국제환경의 변화에 적절히 적응할 수 있는 '세계적 차원의 복합적 동맹망'을 구축하려는 것으로 보인다.

여기서 유의할 것은 2001년 9·11 이후의 미국 대외정책 변화 속에서 FTA가 미국의 중요한 대외정책 수단의 위치를 차지하게 됐다는 점이다. 즉, FTA가 경제적 목적 외에 정치·안보적 측면에서 전략적으로 활용되는 것이다.

미국의 FTA 정책은 중남미, 중동, 아프리카, 아시아 및 유럽 지역을 대상으로 동시에 전개되고 있다. 이것은 미국의 입장에서 볼 때, 대상 지역을 다변화함으로써 지역 간 무역 자유화를 도모함과 동시에 각 지역의 전략적 관점에서의 특성을 동시에 충족시킬 수 있는 FTA 정책을 다음과 같이 추진하는 것으로 해석된다.

- 미국은 중남미 지역에서 칠레, 페루, 콜롬비아와 FTA를 체결하고 이어서 중미(中美) 6개국과 '중미 자유무역협정'(CAFTA: *Central American Free Trade Agreement*)을 2004년 1월 체결하였는데, 이는 궁극적으로 북미와 남미를 망라해 '미주 자유무역지대'(FTAA)를 추진하려는 미국의 전략과 연결되어 있다.
- 미국은 중동 지역에서 이스라엘, 요르단, 모로코, 바레인, 오만 등과 FTA를 체결하고, 이어서 아랍에미리트공화국(UAE) 및 이집트와 FTA 체결을 추진 중이다. 이것은, 2001년 9·11 이후, 미국이 구상하는 새로운 중동 질서를 구체화시키기 위한 일환으로 '중동 자유무역지대'(MEFTA: *Middle East Free Trade Area*)를 창설하고자 하는 노력을 반영한다.
- 아시아 지역의 경우, 미국은 싱가포르·오스트레일리아·한국과의 FTA를 체결한 이후 현재 ASEAN 및 태국과 협상을 추진하고 있다. 미국은

FTA의 경제적 이점 외에도 대(對)중국 견제 및 동아시아 단위의 지역협력 움직임에 대한 자국의 영향력 강화 노력의 차원에서 이들 국가들과의 FTA 기회를 활용할 것으로 추측된다.

- 유럽지역의 경우, 미국은 비(非) EU 국가인 스위스와의 FTA 협상을 고려중이다.
- 중앙아시아 지역의 경우, 미국은 대(對)테러 전쟁에서의 협력강화와 석유자원 확보를 감안하여 2004년 6월 FTA 전(前) 단계로 간주될 수 있는 '무역투자기본협정'(TIFA: *Trade and Investment Framework Agreement*)을 체결한 바 있다.

5. 미국의 1극 체제하에서 유럽·동북아의 공존시대

저자는 '미국의 1극 체제하에서 유럽·동북아와의 공존시대'를 2001년 9·11 테러 사건 이후부터 2008년 하반기 글로벌 금융위기까지의 기간으로 정의한다.

슈퍼파워인 미국은 '미국적 가치'의 확산을 중시하면서 세계 각국에 시장개방과 글로벌 스탠더드의 수용을 요구했다. 그러나 미국 국가정보위원회(NIC)의 〈2025년 세계 예측〉에 따르면 미국의 지배력은 '상당히 축소될 것'이며 미국의 우위가 지속돼온 핵심영역 중 하나인 군사력도 미래에는 중요성이 줄어들 것이다. 이는 미국의 쇠퇴라기보다 '미국 외 다른 국가들의 부상'에 관한 문제다.

한편, 경제적 측면에서 보면, 2008년 9월 서브프라임 모기지 사태가 발생하여 미국뿐만 아니라 전 세계가 '글로벌 금융위기'와 그것의 여파로서 '글로벌 실물위기'(경기침체와 대량실업 등)를 겪고 있다.

1) 미국의 정치 · 군사적 딜레마

우선, 정치군사적 측면에서 보면, 미국은 2001년 9 · 11 테러 이후 자국 주도로 핵 · 미사일 등 대량살상무기의 비(非)확산(*non-proliferation*) 및 대(對)확산(*counter-proliferation*) 대책인 '대량살상무기 확산방지 구상'(PSI: *mass destruction Proliferation Security Initiative*)의 강화와 '자유무역협정'의 광역화를 추진함으로써 새로운 세계 정치 · 경제 패러다임을 구축하고 있다.

이에 대응하여, 반(反)세계화와 반미(反美)주의가 확산되다가 급기야 9 · 11 테러(2001), 이라크 전쟁(2003. 3. 20), 북한의 1993년 '노동 1호' 발사(제1차 북핵 위기), 1998년 '대포동 1호' 발사(제2차 북핵 위기), 2006년 '대포동 2호' 발사 및 제1차 핵실험(제3차 북핵 위기)이 발발했다. 그 이후 2009년 '광명성 2호' 발사 및 제2차 핵실험(제4차 북핵 위기), 2012년 '은하 3호 로켓' 및 장거리 미사일 '광명성 3호' 발사와 2013년 제3차 핵실험(2013. 2. 12, 제5차 북핵 위기) 등의 사건이 발생했다.

또한, 미국은 비록 '인권보호'("UN헌장" 1조 3항 55조)와 '자위권 발동'("UN헌장" 제7조)에 의거한 것이지만, UN 안보리의 승인이 없는 상태에서 미국은 코소보 군사개입(1998), 아프가니스탄 공격(2001), 이라크 침공(2003)을 감행하였다. 그 결과, 중동 및 중앙아시아 지역에서 반미 정서가 확산되어 왔으며, 현재 미국은 정치 · 군사적 딜레마에 빠져 있다.

그런데도 중앙아시아 지역에서의 에너지 · 자원(원유와 천연가스)과 두 개의 가스 파이프라인(BTC, BTE)을 두고, 19세기 말 제정 러시아와 대영제국이 '그레이트 게임'을 벌였던 것처럼, 21세기에서는 그루지야 사태(2008. 8)를 계기로 하여 미국은 러시아와 '신(新) 그레이트 게임'을 벌이고 있다.

1980년 1월, 당시 지미 카터 미국 대통령이 연두 교서에서 "걸프만의 석유는 미국의 핵심적 국익이며 이를 저해하는 세력에 대해서는 군사력을 포함한 모든 수단을 강구할 수 있다"고 선언했다. 그리고 2001년 5월 조지 부시 대통령은 '국가에너지정책'(NEP)에서 "… 미국의 궁극적 목적은 중동, 카스피해, 서아프리카, 남미 등의 석유생산국들로 하여금 생산량과 유가에 관한 주도권을 갖지 못하게 한 상태에서 지속적으로 석유를 공급받는 것이다"라고 명시한 데서도 미국의 에너지·군사 정책을 재확인할 수 있다.

중앙아시아 지역에서 미국과 '신(新) 그레이트 게임'을 벌이는 러시아의 블라디미르 푸틴 대통령(당시)은 "국력은 핵무기가 아니라 에너지로부터 나온다"고 일갈했듯이, 러시아는 2007년 기준으로 세계 1위의 매장량과 생산량을 기록한 천연가스, 세계 7위의 매장량과 세계 2위의 생산량을 기록한 원유, 세계 2위의 매장량과 세계 6위의 생산량을 기록한 석탄 등을 갖고 유라시아 지역과 중앙아시아 지역에서 옛 소련의 영화(榮華)를 회복하려고 시도하고 있다.

미국의 앞마당인 중남미에서는 2006년 베네수엘라의 자원국유화로부터 불붙은 '자원민족주의'와 '에너지 동맹'(예로서 2000년 카라카스 에너지 협정, 2005년 카리브 동맹, 2007년 남미 가스 파이프라인 프로젝트 등)과 더불어 반미정서가 확산되고 있다. 이러한 분위기 속에서, 미주개발은행(IDB) 및 미주국가기구(OAS)를 통하여, 중남미는 이웃 미국의 '유혹'을 뿌리치고 오히려 아시아의 신흥강대국인 중국과 자원개발협력을 추진하고 있다. 예로서 베네수엘라, 브라질, 페루, 에콰도르, 콜롬비아 등에서 중국의 국영석유기업(CNPC) 및 컨소시엄(Andes Petroleum) 등이 활동하고 있다.

중남미에서는 신자유주의적 모델인 워싱턴 컨센서스와 중국식 발전모델인 베이징 컨센서스가 충돌하고 있다. 심지어 반미(反美)의 핵심국가인 베네수엘라는, 과거 쿠바 사태(1962. 10)를 연상케 하듯이, 핵무기가 실린 러시아의 전략폭격기(Tu-160, 일명 '블랙잭')를 불러들였다(2008. 9. 10).

(1) 아프가니스탄 전쟁

미국이 2001년 9·11 테러의 주범으로 지목되었던 알카에다의 오사마 빈 라덴을 체포하기 위해 아프가니스탄 전쟁이 시작되었고, 그동안 미국과 북대서양조약기구(NATO)의 연합군과 아프가니스탄 군 6천 6백여 명, 탈레반과 알카에다의 무장세력 2만 2천 명 이상이 각각 사망했다. 민간인 희생자도 1만 2천 명에 달했다.

한편, 아프가니스탄은 북쪽으로는 중앙아시아의 구(舊) 소련 국가들과 중국,

[그림 Ⅱ-1] 아프가니스탄 내 탈레반 장악지역

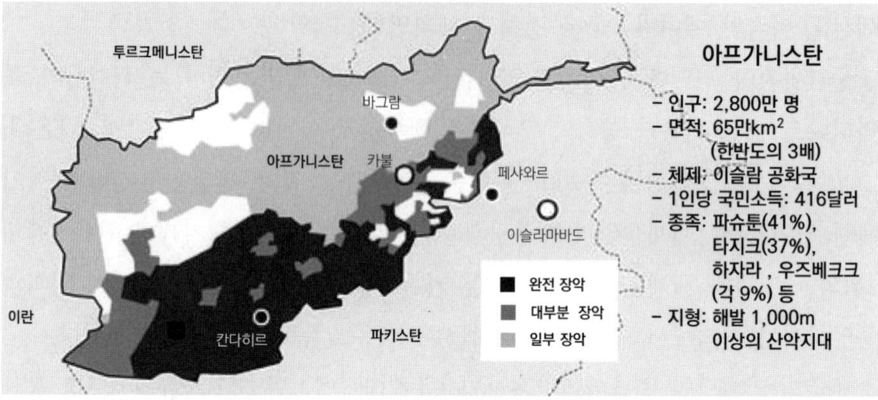

자료: 중앙일보(2009. 11. 13).

서쪽으로는 이란, 남서쪽으로 아라비아반도, 남동쪽으로 파키스탄과 인도에 접한 요충지다.[2] 미국이 석유수출국기구(OPEC)의 영향력에서 벗어나기 위해서는 카스피 해의 석유가 필요하다. 그런데, 이란과 카스피 해의 석유를 원한다면, 반드시 아프가니스탄을 통과해야만 한다.

아프가니스탄을 둘러싸고 각국의 '신(新) 그레이트 게임'이 시작됐다. 과거 '그레이트 게임'이란 영국과 러시아가 19세기 초부터 한 세기에 걸쳐 아프가니스탄을 비롯한 중앙아시아를 놓고 벌인 막전·막후의 충돌을 일컫는다.

19세기 영국과 러시아 두 제국이 '그레이트 게임'을 벌였을 때의 '판돈'은 인도·면화·영토였다. 그러나 '신 그레이트 게임'의 전리품은 막대한 에너지 및 천연자원과 이를 수송할 통로다.[3]

미국 국방부가 최근 작성한 아프가니스탄 광물 자원 보고서에는 "아프가니

2 아프가니스탄은 동(東)과 서(西)가 만나는 길목이고, 중앙아시아·남아시아·중동의 접점이다. 아프가니스탄을 장악하면 이란·이라크에서 인도·파키스탄까지 장악할 수 있다. 따라서 19세기 아프가니스탄은 남진(南進) 정책을 추구하는 러시아 제국과 이를 막으려는 영국령 인도 제국이 벌인 '그레이트 게임'의 승부처였다.

3 아프가니스탄을 둘러싼 열강들의 쟁탈전을 다룬 책 《신 그레이트 게임》의 저자 루츠 클레브먼(Lutz Kleveman)은 카스피 해 연안 국가 중 카자흐스탄과 아제르바이잔에 묻혀 있는 원유량만 사우디아라비아의 4배인 1조 배럴에 달하는 것으로 추산했다(〈중앙일보〉, 2009. 11. 13).

스탄은 리튬의 사우디(최대 매장 국가)였다. 세계적 광업 중심지가 될 것이다"라고 서술되어 있다.[4] 리튬은 휴대전화와 전기자동차 배터리의 주원료로 그 수요가 폭증하고 있지만 볼리비아 등 극소수 국가에만 매장돼 있는 희귀 자원이다. 리튬 외에 철·구리·코발트·금 등 다양한 광물이 엄청난 규모로 아프가니스탄에 매장돼 있다.[5] 이 광물자원들의 가치를 금액으로 환산하면 거의 1조 달러(약 1,224조 원)에 이르는 것으로 추산됐다.[6]

그러나 아프가니스탄은 '제국의 무덤'으로 불린다. 아프가니스탄에서 전쟁을 벌였던 영국과 러시아는 막대한 희생을 치르고 철수해야만 했다. 영국은 러시아의 남진을 막기 위해 1839년 아프가니스탄을 식민지로 삼았다. 그러나 토착세력의 필사적 저항으로 영국은 1919년 물러서야 했다. 그 이후 영국은 두 차례 더 아프가니스탄과의 전쟁을 벌였지만 모두 패배했다. 다음으로, 소련이 아프가니스탄의 내분을 틈타 공산정권 수립을 위해 1979년 아프가니스탄을 침공했다. 이슬람 무장세력과 10년간 전쟁을 벌였지만 1만 5천 명의 희생자만 낸 채 역시 철수했다. 당시 미국은 소련의 침공에 맞선 탈레반 등의 무장세력을 지원했다.

미국은 2001년 '9·11 테러'를 계기로 탈레반 정권을 몰아내고 친미 정권을 세웠으나 소기의 성과를 얻지 못하고 전쟁의 수렁에서 벗어나지 못하고 있다. 미하일 고르바초프 전(前) 소련 대통령은 "미국은 아프간 추가 파병 대신 철수 방안을 모색해야 한다"며 "소련의 경험으로 볼 때 아프간 주민들의 고통을 끝내려면 추가 파병이 아닌 대화와 화해에 중점을 둬야 한다"고 충고했다.[7]

---

4 미국 지질학자들과 국방부 조사팀은 지난 2004년부터 항공기와 지하 광물 3차원 입체 판독기를 동원해 아프가니스탄 전역에 매장된 광물 자원을 조사했다. 그 결과는 조사에 참여한 학자들도 깜짝 놀랄 정도였다. 상기의 조사보고서는 최근 로버트 게이츠 미국 국방장관과 하미드 카르자이 아프가니스탄 대통령에게 제출했다(〈중앙일보〉, 2009. 11 .13).

5 아프가니스탄에 매장된 주요 광물은 리튬 외에 철(추정가치 4,209억 달러)·구리(2,740억 달러)·나이오븀(초전도체의 소재로 사용되는 희귀 금속, 812억 달러)·코발트(508억 달러)·금(250억 달러) 등이다. 리튬 매장량은 아프가니스탄 중서부 가즈니주의 소금 호수 한 곳이 볼리비아 전체(세계 리튬의 약 50% 매장)와 맞먹는 규모라고 한다(〈중앙일보〉, 2009. 11. 13).

6 1조 달러는 아프가니스탄 연간 GDP(120억 달러)의 약 83배에 달하는 금액이다.

(2) 이라크 전쟁

미국이 이라크 전쟁을 개시하기 6개월 전인 2002년 9월, 백악관 경제담당 보좌관 래리 린지는 전쟁 비용이 2천억 달러(약 203조 원)에 이를 것이라고 추정했다. 그러나 당시 국방장관 도널드 럼스펠드는 '헛소리'라며 린지 보좌관을 백악관에서 내몰았다. 자신이 추산한 비용은 5~6백억 달러에 불과했기 때문이다.

미국 의회 예산사무국(CBO)이 추산한 이라크 전쟁 수행비용은 미국 정부의 재정지출 규모만을 기초로 최소 4,130억 달러(2007. 9 기준)에 이른다.

노벨경제학상 수상자인 조셉 스티글리츠(Joseph Stiglitz) 교수가 최근 저서 《3조 달러의 전쟁》에서 밝힌 전쟁비용은 월 120억 달러, 총 비용은 최소 3조 달러(약 3,030조 원)에 달한다. 이것은 이라크 전쟁 상이군인 6만 명에 대한 치료 및 보상금액(3,710~6,300억 달러), 생산성 감소 등 간접적 사회비용(2,950~4,150억 달러), 유가 상승분 등 거시경제에 미친 비용(1,870억~1조9천억 달러)까지 계산한 결과다.

이라크에서 조기 철군이 이뤄지지 않을 경우 전쟁 비용은 눈덩이처럼 불어날 전망이다. 이자 비용만 2017년까지 2천 9백억 달러가 들어간다. 미국 상·하원 합동경제위원회의 추산에 따르면 이라크 전쟁으로 인해 한 가정(4인 가족 기준)이 부담해야 하는 경제적 부담은 현재의 1만 6천 9백 달러에서 2017년엔 3만 7천 달러로 증가한다. 〈파이낸셜 타임스〉는 "이라크 전쟁은 제2차 세계대전을 제외하고 미국 역사상 가장 많은 돈을 쏟아부은 전쟁으로 기록될 것"이라고 밝혔다.

이라크 전쟁은 금전적 비용뿐 아니라 막대한 인명을 대가로 치른 전쟁이기도 하다. 지난 5년간(2002~2007) 사망한 이라크 민간인은 최소 5만 명에서 최대 1백만 명까지 이를 것으로 추정된다. 이라크 측이 병원·시체공시소 기록만 집계한 수치가 9만 명을 웃돈다. 미군 주도 연합군의 공습, 이라크 내 반란 세력의 공격으로 목숨을 잃은 이들 외에 질병·범죄로 인한 사망자까지 따진다면 사망자 숫자는 크게 늘어날 수밖에 없다. 미국·영국 등 연합군 전

7 중앙일보(2009. 11. 13).

사자도 4,291명(2007년 기준)에 달한다.

(3) 이란과의 갈등

이란을 견제함으로써 이스라엘의 생존을 보장하는 것에 초점을 맞추는 미국의 중동정책은 이란으로서는 도저히 참을 수가 없는 것이다. 반면에 미국은 이란이 이스라엘을 겨냥한 핵무기를 개발하는 것을 방관할 수가 없다.

최근에 이란은 핵 프로그램 추진에 따른 국제사회 고립을 벗어나기 위한 전략적 의도에서 브라질을 이용했다. 브라질은 이란과의 통상 확대를 통한 국익 차원에서 이란과 서방의 중재자임을 자처했다. 테헤란을 방문한 룰라 다 실바 브라질 대통령이 터키와 더불어 이란을 설득하여, 농축우라늄 국외반출 합의안 도출에 성공하였다.

2010년 5월 17일 이란은 브라질·터키의 중재로 자국 보유 농축우라늄을 터키로 반출하고, 그 대신 의료용 원자로 가동에 필요한 우라늄을 돌려받기로 하는 '스왑 안'에 합의했다. 그러나 미국과 서방은 "UN의 제재를 피하기 위한 속임수"라며 냉소적 반응을 보였다. 2010년 5월 3일 뉴욕 UN본부에서 개막된 핵무기비확산조약(NPT) 8차 평가회의에서도 미국과 서방측은 "이란의 핵 프로그램이 핵무기 제조를 목표로 하고 있다"며 "UN 안보리에서 추가 경제제재 방안을 논의 중"이라고 압박했다.[8] 이에 대하여, 이란은 "핵 프로그램이 원자력의 평화적 이용을 위한 것"이라고 맞서며 정면충돌을 했었다.

다행히, 이란과 UN 안보리 5개 상임이사국 및 독일(P5+1)이 지난 10년간 공전했던 이란 핵 협상이 다음과 같이 2013년 11월 24일 타결되었다.

첫째 이란의 우라늄 농축을 5% 이내를 제한한다. 이것은 핵무기 제조 가능성을 막기 위한 것이다.

---

8 UN 제재안은 ① 탱크·전투기·전함 등 8가지 군수물자의 대이란 판매금지, ② 이란의 핵 프로그램 관련 화물 적재가 의심되는 선박에 대한 국제적 조사체제 마련 등이 포함됐다.

둘째 이란이 보유한 20% 농축 우라늄을 중화, 군사적 용도로 사용할 수 없다.

셋째 이란은 반대급부로 경제제재 완화 등의 보상을 받는다. 이란 정부는 42억 달러의 해외 동결자산을 회수할 수 있게 됐고, 수출제재도 완화된다. 이에 따라 향후 6개월 간 60~70억 달러 상당의 경제효과를 거둘 것으로 추산된다.

브루킹스연구소의 전쟁게임 시뮬레이션[9]

이스라엘은 지난 1981년 오시라크에 있는 이라크의 원자로를 파괴했고, 지난 2007년에는 북한이 시리아에 건설한 원자로를 제거했다. 2008년 이스라엘은 이란의 핵시설을 공격하기 위해 부시 행정부에 비밀스럽게 재가를 요청했다가 거부당했지만, 이 사실 자체만으로 이스라엘의 공격 시나리오는 현실성을 부여받고 있다.

미국 정부는 이스라엘의 공격이 초래할 상황을 '전쟁 게임' 시뮬레이션으로 만들어 놓고 대비하고 있다. 미국 정부의 시뮬레이션은 비밀로 분류되어 있다. 그러나 미국의 싱크탱크인 브루킹스 연구소에서 중동정책을 연구하는 사반센터는 2009년 12월 독자적인 전쟁게임 시뮬레이션을 만들어냈다. 〈뉴욕타임스〉는 2010년 2월 28일 워싱턴 고위 당국자들 사이에서 돌아다니는 이 시뮬레이션의 결과를 소개했다.

전쟁은 이스라엘의 기습 공격으로 시작된다. 이스라엘은 미국에 사전에 통고하지 않은 채 이란의 6개 핵시설에 대한 공격을 감행한다. 미국과 이스라엘의 관계는 급속히 악화된다. 미국은 이스라엘을 비난하면서도 이번 기회를 통해 이란 정부를 약화시킬 수 있을 것으로 기대한다. 양국에 자제를 요청하면서 미국은 이란의 보복공격에 대한 사전 경고의 의미로 이지스함에 패트리어트 미사일 방어 부대를 증강한다. 상기의 경고에도 불구하고

9 "이스라엘, 이란 폭격→8일 전쟁→이란 패배"(〈조선일보〉, 2010. 3. 30)

[그림 II-2] 이스라엘의 이란 공격 시뮬레이션

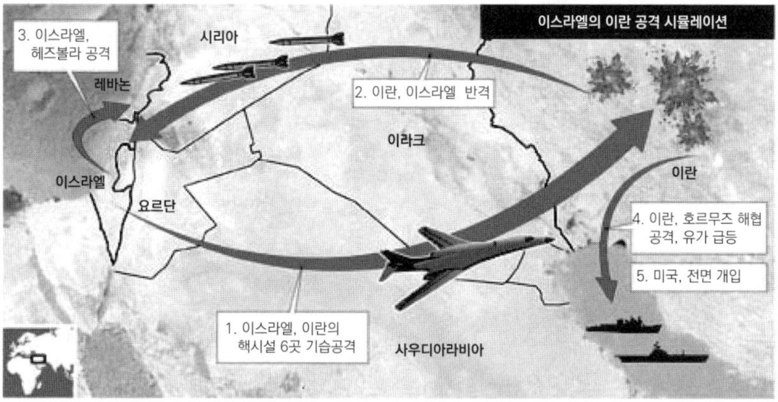

자료: 조선일보(2010. 3. 30).

이란은 이스라엘의 디모나 핵무기복합단지 등을 타깃 삼아 미사일 보복 공격에 나서지만 큰 타격을 주지는 못한다. 이슬람 무장단체인 헤즈볼라와 하마스도 이스라엘에 대한 공격을 개시한다. 그러나 미국은 이스라엘을 견제하지도 못하고 그렇다고 이란에 대해 적극적 대응도 삼간다. 사우디아라비아가 이스라엘과 공모했다고 믿는 이란은 사우디 원유수출 가공센터가 있는 압콰이크를 미사일로 공격한다. 또 이란은 유럽 국가에 대한 테러공격을 감행해 이들이 이스라엘 및 미국에 등을 돌리도록 유도한다. 그러나 미국과의 전면 전쟁을 피하기 위해 미국에 대한 공격은 삼간다.

이스라엘 정부는 선제공격으로 이란의 핵 프로그램을 충분히 뒤로 돌려놓았다고 판단하고, 이란의 공격에 별다른 대응을 하지 않는다. 어느 날 헤즈볼라는 이스라엘 북쪽에 100기의 로켓을 퍼붓는다. 이스라엘 경제는 사실상 기능이 정지된다. 이스라엘은 미국의 개입을 촉구한다. 이스라엘은 마침내 미국의 재가를 얻어 헤즈볼라에 대한 보복공격에 나서 48시간 동안 레바논을 공습하고, 대규모 공중 및 지상전을 시작한다. 그러자 이란은 마침내 오일 카드를 꺼내 든다. 사우디의 다란 원유산업센터를 재래식 미사일로 공격하고, 호르무즈 해협에 기뢰를 설치한다. 파나마 선적의 미국 유조선 한척이 파괴되고 미군 소해정이 심각한 타격을 입는다. 석유 가격이 치솟는다. 결국 미국은 걸프지역의 군사력을 대폭 강화한다. 전쟁 게임은 이스라엘이 기습한 지 8일 만에 끝난다. 미국은 호르무즈 해협 주변에 있는 이란의 공중 지상 해상 목표물을 모두 제거하는 쪽으로 기울고, 이란은 큰 타격을 입는 패배에 직면한다. 그러나 미국 내에서는 이란의 핵 개발 능력을 불과 몇 년 뒤로 후퇴시키기 위해 너무 큰 대가를 치렀다는 비판이 제기된다.

2) 글로벌 금융위기

2008년 하반기 '글로벌 금융위기'를 촉발·확산시켰던 서브프라임 모기지 사태의 '표면적 요인'은, 물론, 금융기관의 관리·감독기능이 부족하였고 비효율적이었기 때문이었다. 그러나 이 글로벌 금융위기의 '근본적 원인'은 '미국의 만성적 무역수지 적자와 재정적자'이며, 이것은 다시 신자유주의에 바탕을 둔 '금융자본주의'의 '부채경제학 이론'이다.

따라서 미국은 미국의 금융 부문과 실물 부문(제조업 부문)의 균형 속에서 만성적인 미국의 무역수지 적자구조를 근본적으로 치유해야 할 것이다. 이와 동시에, 금융 자본주의(대형화, 겸업화, 디지털화)와 신자유주의(규제완화, 작은 정부, 감세, 민영화, 개방화 등)에 대한 본질적 회의와 반성이 점증하고 있다.

(1) 개 관

최근의 글로벌 금융위기는 2007년부터 시발되었다고 볼 수 있다. 당시 부동산 거품이 붕괴되고 서브프라임 모기지 대출연체가 급팽창하였다. 2008년 9월 15일 리먼브라더스의 파산을 계기로 '글로벌 금융위기'가 전면적으로 폭발하고 세계적 차원으로 확산되었다. 설상가상으로, 2010년 5월 그리스에서 재정위기가 발발하였고 이것은 다시 남유럽의 국가부채 위기로 확산되었다.

세계 각국은 지난 3년 동안 '비정상적이고 급박한' 상황에서 '할 수 있는 모든 수단과 방법을 동원하여' 사용할 수 있는 모든 위기 수습책을 줄줄이 꺼내 들어 세계 경제의 추락을 막아왔다.[10] 예로서 재정지출, 제로금리, 세 차례의 통화

10 Wessel, D. (2009).

량의 양적 완화, 수조 달러의 구제금융, 은행 유동성 공급 등을 들 수 있다.[11] 그러나 2008년 글로벌 금융위기는 수습된 것이 아니라 정부와 중앙은행의 경기부양 정책으로 일시적으로 잠복된 것이었다.

상기의 정책효과로 인하여 약 1년 동안(2009년 2분기~2010년 1분기) 경기가 회복되는 조짐을 보였다. 경기회복의 낙관론이 팽배한 가운데, 심지어 '출구전략'을 운운하면서 조기 세계경기의 회복을 기대했다. 그러나 세계 경제는 2011년에 들어 성장활력이 뚜렷하게 저하되고 있다. 그 요인은 2011년 상반기 중 중동사태와 일본 대지진 등 외부적 충격이 세계적으로 비용인상 인플레이션 압력을 높이고 생산차질을 가져왔다.

결국, 2011년 8월부터 '글로벌 경제위기'가 재발했다. 동년 9월 17일 수십 명에서 시작된 '월스트리트를 점령하라'(*Occupy Wall Street*) 운동이 시간이 경

[그림 II-3] 글로벌 경제위기 5년과 주요 역사적 사건(2007~2011)

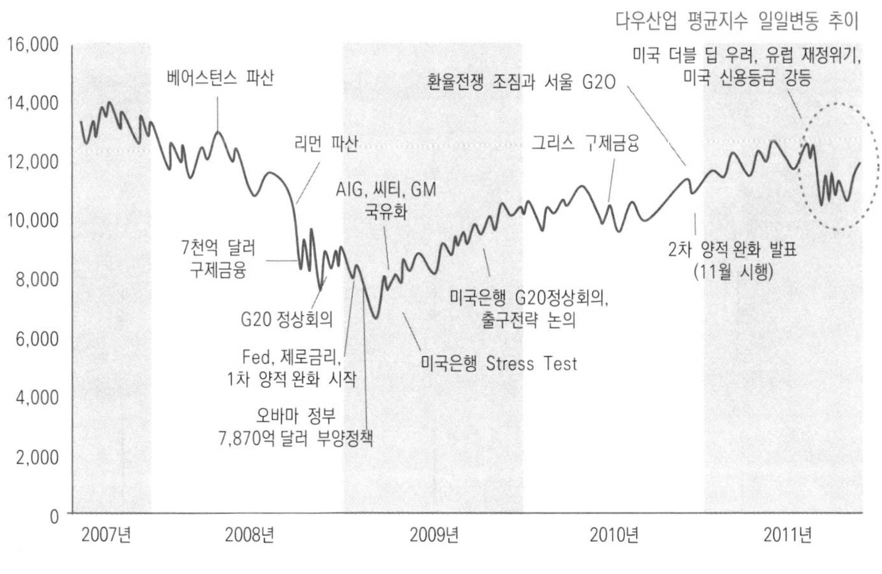

자료: 김병권(2011).

11 누리엘 루비니 교수는 "마치 마법사가 요술 모자에서 계속 새로운 토끼를 꺼내듯이 정책결정자들이 경기를 회복시키기 위한 새로운 수단들을 끝없이 동원했다"고 표현했다.

과하면서 수백 수천 명, 수만 명으로 불어났고 순식간에 월스트리트를 넘어 미국 전역, 그리고 세계로 퍼져나갔다. “우리는 99%다”(*We are the 99%*)는 이제 글로벌 경제위기 시대의 아이콘이 됐으며 신자유주의에 대한 저항의 공통언어가 됐다.

2011년 8월부터 시작된 ‘글로벌 경제위기’의 경우는 2008년 하반기 ‘글로벌 금융위기’와는 달리, 경기침체를 막기 위한 국제 공조가 훨씬 더 어려워지고 있다. 왜냐하면 선진국 전체가 경기침체로 빠져들었고 막대한 현금을 보유하는 중국과 BRICs 국가들도 글로벌 경기침체 여파에 대응해야 하는 자국의 당면과제(특히 부와 소득분배의 불균등 심화)가 산적해 있기 때문이다. 더욱이 각 국가들이 자국의 경제를 보호하기 위한 보호무역주의가 대두하고 있으며, 급기야 환율전쟁이 전개되고 있다. 유로 통화권에서는 만성적 경상수지 적자 국가들인 남유럽과, 경상수지 흑자 국가들(독일·네덜란드·핀란드·오스트리아 등) 사이에 이해관계가 충돌하고 있다.

[그림 II-4] 서브프라임 모기지 금융위기의 전망

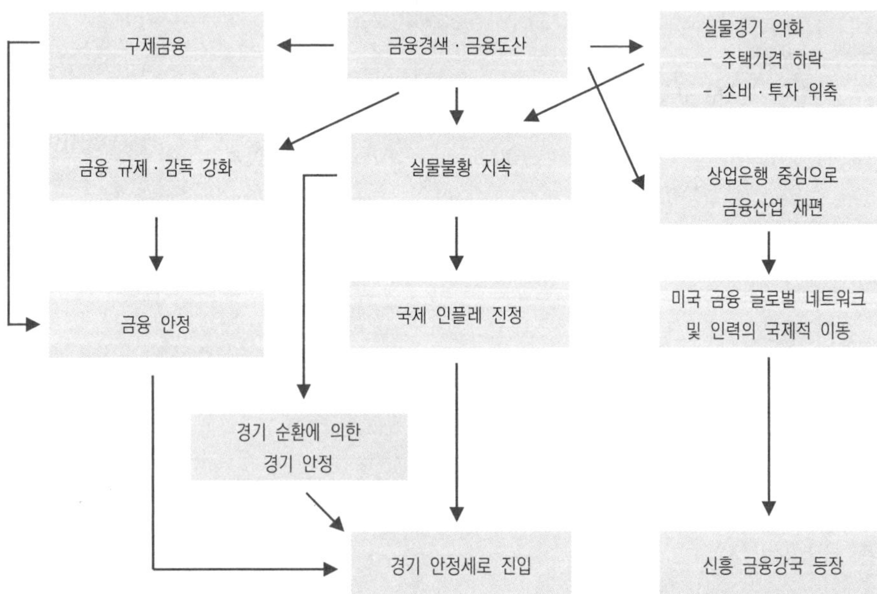

자료: 중앙일보(2008. 10. 1).

(2) 발생요인

① 미국의 만성적 무역수지 적자와 글로벌 불균형

제2차 세계대전 후 1970년대 중반까지 미국은 경쟁력 있는 제조업을 기반으로 하여 꾸준한 경상수지 흑자를 보여주었다. 그러나 1980년대 이후, 미국은 철저히 금융산업에 의존하여 성장했다. 미국 기업의 순이익 가운데 1/3 가량이 금융산업에서 창출되었다. 최근 파산위기에 직면한 투자은행들이 하나같이 50대 글로벌 기업 안에 속하는 굴지의 기업들이다. 제조업이 뒷받침되지 않는 금융산업에만 의존한 미국 경제는 사상누각(沙上樓閣)임을 입증한다.

그 결과, 1970년대 말에 이르러 미국의 무역수지는 적자로 돌아섰다. 시간이 경과하면서 미국의 무역수지 적자규모는 점차 확대되었다. 2000년대에 들어서 이러한 불균형 현상은 더욱 심화되었으며, 2007년의 경우 미국의 경상수지 적자 규모는 무려 7,390억 달러로 전 세계 경상수지 적자의 절반(50%)에 육박하는 수준에 이르렀다. 1970년대 세계 최대의 채권국이었던 미국이 현재에는 최대의 채무국으로 전락하였고, 순채무 규모가 약 3조 달러에 이른다.

1980년대에 이르러 현대 자본주의는 국제경제의 불균형이라는 중대한 문제에 빠져들기 시작하였다. 즉, 미국은 세계 상품시장의 주요 소비자로서 매년 거대한 경상수지 적자를 기록하고, 미국을 상대로 흑자를 내는 국가들이 미국에서 부족한 돈을 빌려주는 불균형 구조가 장기적으로 고착화된 것이다.

왜 미국의 만성적 무역수지 적자가 미국발 '글로벌 금융위기'를 야기했는가? 그 논리는 다음과 같다. 미국의 만성적 무역수지 적자와 2008년 하반기 글로벌 금융위기는 복잡하게 설계된 각종 파생금융 상품을 중심으로 발전한 금융자본주의를 통해서 연결된다.

상술하면, 미국의 무역수지 적자는 무역수지 흑자국의 달러 유입이 된다. 따라서 인위적 환율개입이 없다면 미국 달러의 상대적 공급이 늘어나면서 달러의 통화가치는 떨어지고 무역수지 흑자 국가의 통화가치는 올라간다. 이러한 환율변동은 무역수지 적자 국가의 상품가격 하락과 무역수지 흑자국의 상품가격 상승을 통해 무역수지 불균형을 해소하는 자율조정 역할을 하게 된다.

그러나 무역수지 흑자 국가들 중에서 수출에 의존하여 성장을 추구하는 국가들은 자국의 가격경쟁력을 유지하기 위해 통화가치가 상승하는 것을 원하지 않는다.

1990년대 후반 외환위기를 경험하였던 아시아 지역의 국가들은 무역수지 적자는 곧 외환위기로 이어질 수 있다는 뼈저린 교훈을 얻었다. 따라서 지속적인 무역수지 흑자를 통하여 가능한 한, 많은 외환을 확보하고자 하였다. 결과적으로, 무역수지 흑자 국가의 정부들은 자국 통화가치의 상승을 방어하기 위해 수출을 통해 유입되는 달러를 사들이게 된다.

무역수지 흑자 국가의 정부들은 확보한 미국 달러를 단순히 쌓아두는 것보다는 안정적으로 운용하여 이자를 벌어들이는 것이 상대적으로 유리하였다. 가장 안전한 자산으로 인식되는 미국 국채에 대한 투자는 상당히 합리적인 의사결정이었고, 미국 국채와 비슷할 정도로 안전한 자산이라 평가되던 주택저당증권(MBS: *Mortgage-Backed Securities*)[12]과 같은 구조화된 채권(*Structured Credit Products*)과 같은 구조화 채권도 무역수지 흑자국의 달러자산 운용대상에 포함되었다.

서브프라임 모기지 대출이 최초로 유동화될 때 바로 거주용 주택저당증권(RMBS)으로 유동화되는 것이다. 그 결과, 외국산 상품 및 서비스에 대한 과다 지출로 야기된 미국의 무역수지 적자액이 다시 미국으로 '귀환'한 해외달러가 미국의 국채 혹은 주택저당증권(MBS)과 같은 구조화된 채권에의 해외간접투자의 형태로서 유입되어 미국의 과다 유동성을 야기·팽창시켰다.[13]

이것은 다시 미국의 금리가 장기간 낮은 수준에 머무를 수 있는 바탕이 되었다. 아시아 국가들에서 지속적으로 유입되는 달러자금으로 인해 투자가들은

---

12 MBS란 서브프라임 모기지 대출과 같이 주택담보 대출을 담보로 하여 발행되는 채권이다. 개인 주거용 대출채권인 경우 거주용 주택저당증권(RMBS: *Residential MBS*)이고 상업 부동산용 대출채권인 경우에는 상업용 주택저당증권(CMBS: *Commercial MBS*)라고 부른다.

13 해외 달러가 미국으로 '귀환'하는 예로서, 최근에 중국 정부가 미국이 당면한 신용경색 등 금융위기를 해결하는 데 도움을 주기 위해 2천억 달러(약 260조 원) 규모의 미국 국채를 매입한 사실을 들 수 있다(〈조선일보〉, 2008. 10. 6).

[그림 II-5] 서브프라임 모기지 금융위기의 발생 구조

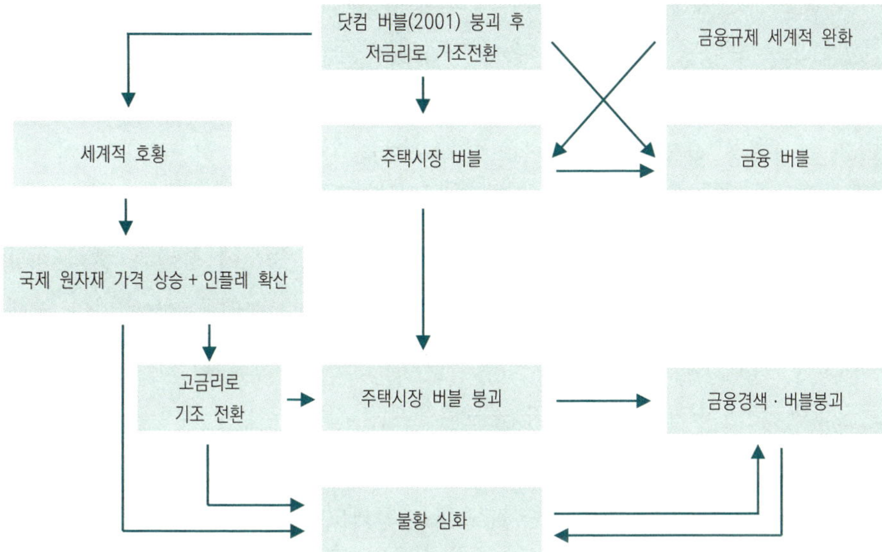

자료: 중앙일보(2008. 10. 1).

자본의 조달 금리 상승에 대한 부담 없이 단기로 자금을 차입하여 수익률이 높은 장기위험 자산에 투자하고, 부동산 시장이 매력적인 장기투자 대상으로 부상하였다. 구조화 채권을 이용한 금융기법은 부동산 시장으로의 자금유입을 가속화시켰고, 결국 부동산 자산가격의 급격한 상승을 야기하였다.

그 덕분에, 미국의 소비자들은 비록 소득은 증가하지 않았더라도 이와 같은 주택가격의 상승에 따른 자본이득을 통하여 소비를 늘릴 여력을 가졌다. 소비의 증가를 통해 미국의 경제는 성장하였고, 신흥경제국은 미국에 대한 무역수지 흑자를 유지할 수 있었는데, 이것이 2000년대 이후 국제 경제의 불균형 상황 속에서 세계 경제가 5%에 이르는 고(高)성장을 할 수 있도록 만드는 선순환 구조가 되었다.

미국의 경우 2000년 이후 자산의 증가가 대부분 부동산이나 금융자산의 가격 상승을 통해서 이루어졌다. 부채와 자산에 의존한 경제체제에서는 신용이 실물 경제의 성장에 비해 빠른 속도로 늘어나는 특성이 있고, 신용확대는 자산가격을 부풀려 거품을 만들어냈다. 불행히도, 이러한 거품은 영원히 지속될 수 없다.

따라서 2008년 하반기 서브프라임 위기로 시작된 글로벌 금융위기는 세계 경제의 불균형이 시장에 의해 강제적으로 조정되는 과정의 일부로 해석될 수 있다.

미국으로 유입된 해외달러는 다시 미국의 부동산 투자에 집중적으로 투입되었고, 주택시장의 버블이 크게 일어났다. 여기에 고도의 금융공학 기술을 활용한 파생금융 상품들이 해외달러가 미국으로 '귀환'하는 현상을 가속화시켰다. 또한, 저금리 구조하에서 방만한 대출(모기지 증권 발행이 2000년 대비 2003년 4.4배, 2007년 3.1배 증가)이 이루어졌으며, 동시에 증권화 및 신용파생금융 상품의 발달로 레버리지(*leverage*)가 크게 상승하였다. 이에 따라 거래 상대방의 위험이 크게 증가하였다.

전술한 '미국의 무역수지 적자→무역수지 흑자국의 미국 국채 혹은 채권에의 해외 간접투자→미국의 과다 유동성' 구조하에서, 빌 클린턴 민주당 정부가 1995년 시장원리에 역행하는 과도한 지원제도인 '공동체 재투자법'을 도입하였다. 이 제도는 저소득층 주택 소유를 늘리기 위해 금융회사에 주택대출 심사를 완화하도록 하고, 저소득층 주택대출 실적을 금융회사의 평가 기준으로 삼도록 하였는데, 이것이 바로 미국의 주택버블을 촉발하였다.

따라서 담보 여력이 없고 신용상태가 좋지 않은 수많은 사람들에게 대출을 해 주었을 뿐만 아니라 대출을 해줄 돈이 부족하다보니 담보로 잡았던 부동산의 채권을 다시 모아서 이것으로 또 다른 담보를 제공하고 채권을 발행하여 이 채권을 투자자에게 판매하여 부동산 대출 자금을 다시 확보하였다. 이 자금은 또다시 신용이 좋지 않은 수많은 사람의 부동산 담보 대출로 활용되었다.

이와 같은 MBO, CDO 등의 '자산 담보부 채권'은 미국을 비롯한 세계의 금융기관에 소개되고 팔렸다. 물론, 이러한 채권들 역시 신용등급을 분류하여 투자 등급을 지정하고 이것을 프레디 맥(Freddie Mac)이나 페니 메이(Fannie Mae)와 같은 채권 보증 회사의 보증을 받고 투자하였다.

그러나 부동산 시장의 붕괴로 인하여 담보로 잡았던 부동산 가격이 폭락하면서 부실화되었고 투자했던 채권들은 거의 휴지조각이 되었다. 이 담보로 돈을 빌렸던 사람들이 상환불가 상태가 되고 대출업체가 부실화되어 파산하고 채권을 담보로 또 돈을 빌려줬던 투자은행들이 부실화되어 파산했다. 또한 이

채권에 투자했던 수많은 금융기업들이 결손처리하거나 부실화되었고, 채권보증회사 역시 부실화되었다. 결국, 정부가 공적자금을 투입하였다.

미국의 투자은행이 개발하고 시장에 내놓았던 수많은 파생상품들은 아무런 규제 없이 검증되지도 않은 상태에서 일반 투자자들을 현혹시켰다. 월스트리트로 대표되는 미국의 금융시장에서 전 세계의 자본을 상대로 '사기도박'을 한 것이나 다름없었다. 그 위험성을 이미 알면서도 제대로 알리거나 통제하려는 생각 없이 엄청난 자금을 끌어모았고 그것으로 자신들의 배를 불리는 데 이용했다.

여기에 전 세계의 모든 금융기관들도 동참하여 들러리 역할을 하였고 엄청난 자금을 투자하였다. 이들은 미국 정부나 월스트리트의 발표를 맹신하고 제때에 적절한 조치를 취하지 못한 채 넋 놓고 당하였던 것이다. 그로 인한 부실은 투자자들의 외면을 받게 된 것이고 금융에 대한 신뢰를 잃은 고객들 역시 자금을 금융기관에 맡기는 것조차 두려워하고 있다. 투자자들은 자금회수를 시작하였고, 이로 인해 자본이 빠져나간 수많은 국가들이 휘청거리기 시작하였다. 이제는 세계가 하나의 경제권으로 묶여 있기 때문에 월스트리트를 덮친 2008년 하반기 글로벌 금융위기는 '쓰나미'가 되어 세계 경제를 강타했던 것이다.

이러한 가운데, 국제 원자재 가격(특히 석유가격)이 상승하고 인플레이션이 확산됨에 따라 미국의 저금리 정책이 고금리 정책으로 전환하였다. 이것이 주택시장의 버블을 붕괴시켰던 것이다. 이 과정에서 부동산의 자산가치가 거품과 함께 폭락함에 따라 이를 담보로 대출해 준 금융회사들이 파산하였다.

② 미국의 금융 시스템과 소득분배구조의 악화

2008년 글로벌 금융위기의 근본적 요인은 신자유주의가 풍미했던 지난 30년 동안 통제되지 않은 금융시스템의 위험성, 단기수익 추구방식의 주주자본주의 기업경영의 문제점, 극심한 소득 및 부(富)의 불평등, 사회 양극화의 심화라는 것이다.

상기의 배경하에서, 미국발 금융위기는 저금리 기조하에서 끊임없는 신용창출(증권화)과정을 통해 양산된 과잉 유동성이 투기자금화되어 자산가격의 버블화를 초래한 것과, 금융감독 기능이 이 과정을 관리하는 데 실패한 것을 지

[표 II-3] 2008년 하반기 글로벌 금융위기의 원인

근본 원인	내 용
장기간 지속된 저금리 정책	• 2000년대 초 중반 각국의 저금리 정책기조가 장기간 지속되면서 과잉 유동성 양산 • 안정적 저금리 기조가 유지됨에 따라 투자자들의 위험회피 성향이 약화
파생상품화 및 글로벌화의 급속한 진전과 금융감독의 실패	• 금융규제 완화로 위험추정이 곤란한 신종 파생금융 상품이 등장 • 각국 자본시장의 개방화(글로벌화) 진전으로 투자지역과대상이 다변화 • 파생상품화와 글로벌화의 과정을 감독기능이 관리하는 데 실패
월스트리트 금융기관의 탐욕	• 과도한 레버리지를 활용한 '고위험 · 고수익' 사업모델에 의존 • 월스트리트 보수구조가 성과 상여금 비중이 지나치게 높아 임 · 직원들이 단기실적에만 집착*

* 투자가 실패하더라도 임금이 삭감되지 않으며, 해고 시 막대한 해직수당을 수령할 수 있기 때문이다.
자료: 유정석(2008).

적할 수 있다.

모기지 대출기관이 유동화를 통해 신용위험을 투자자에게 전가시킬 수 있기 때문에 신용평가회사는 대출신청자의 신용을 엄격하게 심사할 유인이 크게 약화될 수밖에 없다. 이에 따라, 저신용 · 저소득층에 대한 가계 모기지 대출이 증가하였고, 이를 유동화한 '주택저당증권'(MBS) 발행이 확대되었다. 결과적으로, 구조화 채권인 '부채담보부증권'(CDO: *Collateralized Debt Obligation*)과 '신용파산스왑'(CDS: *Credit Default Swap*)이 결합해 '합성담보부채권'(*Synthetic CDO*)과 같은 새로운 형태의 파생금융 상품이 창출 및 확산되었다.

1930년대 대공황 이후, 대규모 금융사고가 발생할 때마다 필요에 따라 관련 감독기구 또는 기능을 신설함으로써 금융감독업무가 중복되어 비효율성이 증가하였다. 예로서, 미국 연방준비제도이사회(FRB)와 미국 재무부 산하 통화감독청(OCC: Office of the Comptroller of Currency)이 은행감독업무를 중복 수행하고 있었다. 이와 같이 분할된 금융감독체제 하에서는 감독업무 중복 및 사각지대가 존재하여 금융혼란이 더욱 가중되었다. 또한, 헤지펀드 및 모기지 회사 등을 규율하는 감독기관은 미비하였다.

신자유주의의 금융혁신은 누적되는 부(富)의 불평등과 그로 인한 소비 감축을 간과한 채, 임시방편적 금융공급 시스템으로 일관했다. 소득이 늘지 않는

99%에게 차입에 의한 추가 수요여력을 확대해줌으로써 소득 110%의 소비를 가능하게 해주었으며, 그렇게 소비가 늘어나는 한, 소득분배의 문제는 은폐될 수 있었다. 그러나 더 이상의 차입능력이 불가능해지고 거품이 꺼지면서 차입에 의한 소비충족 시스템은 붕괴했다. 이젠, 비록 금융공급시스템이 복구되었더라도 추가 차입에 의하여 소비가 충족되는 것이 아니라 오히려 차입 상환을 해야 하는 시기가 도래한 것이다.

3) 경기회복 지연의 요인

2008년 하반기 '글로벌 금융위기' 이후, 선진국의 가계부채 조정은 어느 정도 이루어졌으나 국가경제 전체의 총 부채의 조정은 이루어지지 않았다. 글로벌 경제위기 극복을 위한 금융 구조조정 및 경기부양 과정에서 정부부채는 가계부채가 줄어든 이상으로 더욱 빠르게 증가하고 있다. 따라서 선진국 정부는 자국의 재정 건전화를 도모하기 위해 재정지출과 국가부채를 축소하고 있다. 그 결과, 선진국의 수요가 위축되는 것이다.

2011년 8월부터 '글로벌 경제위기'는 재연되었으나 위기의 진단과 해법, 대처 방식은 재연되지 않았고 3년 전인 2008년 하반기의 '글로벌 금융위기' 상황과는 전혀 다른 양상으로 흘러가고 있다. 지금까지 사용했던 일련의 경기부양 정책들조차 '임시 처방'이었음이 판명되면서 근원적 진단이 필요하게 됐다.

2011년 8월 글로벌 경제위기가 재발한 요인은 무엇일까? 그 이유는 다음과 같다. 당초 미국 정부는 경제위기로 인해 파괴된 민간경제 부문을 복구하기 위해 막대한 구제금융으로 은행의 부실과 기업의 부실을 감소시켰다. 이와 동시에, 민간 소비를 촉진하기 위해 조세 감면과 일자리 창출 지원을 했다. 미국 정부는 유동성 부족을 해소하기 위해 '제로금리'와 '양적 완화'를 수년간 지속하고 있다.

그러나 기대했던 바와는 달리, 민간경제 부문(소비와 투자)의 경기회복은 일어나지 않았다. 왜냐하면 최근 경기 반등추세가 계속 이어지기 위해서는 소비 증가가 고용과 투자 확대로 이어지면서 소득이 늘어나는 선순환이 나타나야 하는데 그렇지 않기 때문이다. 그 결과, 실질소득이 늘지 않는 상황에서 소비가 증가하면서 미국의 저축률은 3.5%까지 하락했다.

한걸음 더 나아가, 상기한 선순환(소비 증가→고용 및 투자 확대→소득 증가)이 일어나지 않은 이유는 다음과 같이 두 가지를 들 수 있다.

첫째 은행은 정부의 구제금융 덕분으로 구제되었고 유동성을 확보했으며 자본을 확충하여 수익성을 회복하는 데 성공했지만 기업과 가계에게 자금을 활발하게 공급하지 않았다. 왜냐하면 은행은 차입자(기업과 가계)들의 위험도가 여전히 큰 것으로 판단하고 대출을 꺼렸기 때문이다. 그 결과, 넘쳐나는 자금은 은행과 중앙은행 사이를 환류하거나 혹은 아시아의 신흥시장으로 유입되었다.

둘째 기업은 최근에는 약 2조 달러 이상의 현금을 기업 내부에 쌓으면서도 미래 수요가 불확실하여 투자 확대에 나서지 않고 있다. 그 결과, 신규 고용이 창출되지 않고 있다.

최근 미국 월스트리트에서는 '잃어버린 10년'이란 말이 심심찮게 나오고 있다. 이 말은 1990년대 일본의 주식·부동산 가격 폭락으로 시작된 복합 불황을 뜻한다. 과연 미국도 상기한 일본의 전철을 밟기 시작한 것인가?

다음과 같은 점에서, 일본의 1990년대 복합 불황의 전철을 밟고 있다. 즉, 미국은 2008년 과잉유동성 공급에 의한 자산가격의 거품이 꺼지는 와중에서 촉발되었다는 점과, 경기후퇴를 막기 위해 '제로금리'로 대규모 유동성을 공급하는 정책을 쓰고 있다. 일본은 제로금리 정책에 힘입어 1990년대 초반 성장률이 3.15%까지 회복됐으나 다시 0%대로 가라앉고 물가도 디플레이션 기조를 현재까지 20년 동안 벗어나지 못하고 있다.

그러나, 일본과 정반대로, 미국은 세계 각국에서 제품을 수입해 국내 소비를 충당하는 국가다. 미국 경제에서 수출이 차지하는 비중이 7% 수준으로 아주 낮다. 수출품목도 무기·항공기·소프트웨어 등 가격탄력성이 낮은 품목이 대부분이어서 미국 달러화 가치에 큰 영향을 받지 않는다. 따라서 달러화가 강세일수록 미국의 국익에 보탬이 된다.

그러므로 가계부채와 국가채무를 획기적으로 감축시킬 대책을 찾아야 한다. 단순한 금융규제를 넘어 과도한 금융적 수익에 대한 상당한 통제를 하여 금융으로의 부의 이동을 차단해야 한다. 또한 정부가 조세제도 개혁을 통해 소득과 자산 분배의 불평등을 현저히 완화해야 한다.

조셉 스티글리츠 교수는 단순히 부동산 거품 제거와 구제금융만으로 경제가 살 수 없다고 주장한다. 2008년 하반기 글로벌 금융위기 이전에도 하위 80% 계층은 매년 소득의 110%(즉, 10% 이상 차입)을 소비하면서 과잉 생산체제의 수요를 충당했는데, 더 이상 차입하지 못한다면, 향후 소득의 100%를 소비한다고 하더라도 소비수요는 금융위기 이전으로 회복할 수 없고, 따라서 기업은 생산과 투자를 줄일 수밖에 없다고 주장했다.[14]

누리엘 루비니 교수는 소득과 부의 극심한 불평등이 경기회복의 발목을 잡고 있다고 주장하고[15] 일시적 경기부양, 금리인하와 유동성 공급, 구제금융과 자본 확충만으로는 미국의 경제침체도 유럽의 국가부채 위기도 해결할 수 없으며 닥쳐올 불황을 피하는 것은 '불가능한 임무'(*mission impossible*)라는 표현을 써서 매우 어려움을 강조하였다.[16]

미국의 경우 현재 은행과 기업에는 막대한 이윤이 쌓여 있으며 고소득층은 부의 축적을 계속하고 있지만 절대 다수인 일반 시민들의 소득이 늘지 않고 있기 때문에 소비가 일어나지 않고 있다.

신자유주의가 풍미했던 지난 30년 동안 노동자에게서 자본가(기업)에게로, 근로소득에서 기업이윤으로, 빈곤층에서 부유층에게로, 99%의 절대다수 국민으로부터 1%의 기업과 부유층에게로 각각 소득과 자산이 계속 이전함에 따라 고착된 부와 소득 분배의 불평등 구조가 미국 시민의 소비수요와 기업의 생산적 투자를 제한하고 경제성장을 저해하고 있다.

칼 마르크스(Karl Marx)는 부와 소득분배의 불평등이 과소소비와 과잉생산

14 Stiglitz, Joseph(2011).

15 Roubini, Nouriel(2011b).

16 Roubini, Nouriel(2011a).

을 야기하고 자본주의를 자기파괴적(*self-destructive*) 상황으로 몰고 갈 것이라고 예언했다.

현재 '부익부 빈익빈'을 악화시키는 주범은 금융이다. 따라서 더 이상 사적 은행의 수익 보전보다는 가계부채와 국가채무를 획기적으로 감축시킬 대책을 찾아야 한다. 단순한 금융규제를 넘어 과도한 금융적 수익에 대한 상당한 통제를 하여 금융으로의 부의 이동을 차단해야 한다. 또한 정부가 조세제도 개혁을 통해 소득과 자산 분배의 불평등을 현저하게 완화해야 한다.

2011년 1월 튀니지에서 촉발된 시위가 이집트·스페인 등으로 확산되면서, 경제위기뿐만 아니라 시위도 글로벌화되고 있다. 뉴욕의 월스트리트를 중심으로 미국 전역에서도 2011년 9월 17일 "우리는 99%다"라고 부르짖는 시위가 벌어졌다. 월스트리트 점령 시위의 공통주제인 "우리는 99%다"는 미국 인구의 1%가 미국 전체 부의 90% 이상을 차지하는 등 점점 커져가는 미국 사회 내의 불평등에 대한 저항을 표출하는 글이었다.

미국의 사회경제적 시스템이 뭔가 잘못됐다는 반(反) 월스트리트 시위대의 주장은 다음과 같은 현실로 뒷받침된다. 미국에서는 최근 수년간 압류된 주택이 7백만 채를 넘지만 빈 집과 노숙자들이 넘쳐난다. 세계적으로 일하고 싶은 사람들과 가동되지 않는 기계들이 넘쳐나고, 텅텅 비어 있는 빌딩도 많다.

시위대는 시장경제가 제대로 작동하는 민주주의를 요구하고 있다. 시장경제와 민주주의는 서로 연관돼 있다. 아무런 규제를 받지 않는 시장은 경제적·정치적 위기를 초래한다. 적절한 정부 규제의 틀 안에서, 시장은 제대로 기능할 수 있다. 그 틀은 1%의 이익이 아닌, 99%의 일반대중의 이익을 보호하는 자유민주주의 경제체제에서만 존립할 수 있다.

1%에 해당되는 이들이 부유한 대가를 받는 것은 그들이 사회에 더 많은 공헌을 했기 때문이 아니라 성공한 지대(地代) 추구자(*rent-seekers*)이기 때문이다. 부유한 지대 추구자들은 재산을 동원해 자신들의 부와 영향력을 지키고, 이를 더 많이 창출하기 위한 법을 만든다. 물론 1%에 해당되는 부유층의 일부는 사회에 막대한 기여를 한 것은 사실이다.

그러나 워런 버핏 같은 억만장자가 자신의 비서보다 더 적게 세금을 내는 조세제도, 전 세계 경제를 망가뜨린 투기적 자본가들이 임금 노동자들보다 적은 세율을 적용받는 조세제도는 부와 소득의 불평등을 더욱 심화시켰다.

한편, 제프리 삭스(Jeffrey Sachs) 컬럼비아대 교수는 서울대 강연(2010. 10. 8)에서 "현재 미국 경제의 위기는 일반적인 경기순환 차원을 벗어난 것으로 보이며, 장기적이고 근원적인 뿌리가 있다"고 진단하고 지난 30년간 미국 정부가 취한 감세 정책과 규제 완화, 통화팽창 정책 등을 강도 높게 비판하며 단기적 처방 대신 근원적인 정책 전환이 필요하다고 주장했다. 또한 "중국과 인도·브라질 등 신흥국들이 무서운 속도로 경제발전을 하며 선진국과 기술격차를 줄이고 있다"며 국제 경제질서의 재편을 미국과 유럽의 경제위기를 야기한 첫째 원인으로 꼽았다. 또 비싼 선거비용 때문에 정치인들이 기업과 부자들에게 포섭되면서 소득세 감면과 사회보장 축소, 금융규제 완화와 같이 잘못된 정책을 남발했고, 그 결과 소득격차가 극심하게 벌어졌다고 지적했다.

이어서 미국이 1980년대 이후 추진한 부자 감세의 허구성을 비판했다. 예로서, 로널드 레이건 대통령이 부자들에게 소득세를 감면해 주면서 감세로 경제가 성장할 것이므로 재정적자가 발생하지 않을 것이라고 단언했다. 그러나 이것은 동화 속에서나 가능한 얘기에 불과하다는 것이다. 그 결과, 미국에서 지난 30년간 세금 납부에 관한 사회적 윤리의식이 사라졌다고 지적했다. 그는 "미국은 부유층 세금을 올리고 교육과 공공 인프라, 지속 가능한 에너지 및 기술 개발 등에 더 많은 정부투자를 해야 한다"고 강조했다.[17]

다른 한편으로, 프린스턴대의 폴 크루그먼(Paul Krugman) 교수는 미국 경제 회복 기대감을 높여주는 희망적 신호로서 다음과 같이 두 가지를 지적했다. 우선, 그간 계속된 가계 디레버리징(부채 축소)으로 수입 대비 가계부채 규모가 상당 폭 줄어들었다는 점이다. 다른 하나는 주택시장 회복이다. 2008년 글로벌 금융위기에 단초를 제공했던 주택시장이 바닥을 찍고 회복세에 접어들었다는 점에서 미국 경제에 상당한 모멘텀으로 작용할 수 있다는 판단이다. 벤 버냉키 FRB 전 의장이 2012년 9월 발표한 3차 양적 완화(QE3) 조치의 최대

17 조선일보(2010. 11. 6).

수혜 부문도 주택시장으로 봤다.

결론적으로, 폴 크루그먼 교수는 "QE3가 미국 경기회복을 가져오고 실업률을 떨어뜨리는 '요술 방망이' 같은 작용을 당장 하기는 힘들지만 주택경기 회복에 뚜렷한 효과를 발휘할 것"이라고 내다봤다. 2012년 9월 미국 실업률이 44개월 만에 8%대 아래로 떨어진 것도 긍정적 신호로 해석했다.

4) 전망

최근 글로벌 금융위기는 발생배경, 파급경로 및 확산범위의 측면에서 보면 세계대공황과 유사한 패턴을 보이고 있다. 최근 글로벌 금융위기는 2000년 IT버블 붕괴 이후 10여 년간 지속된 통화확대 및 저금리 정책기조 하에서 신용에 기반하여 형성된 자산버블이 뇌관으로 작용하였다. 그 파급경로도 주식시장을 넘어 실물경제로 급격히 전이되고 있으며, 금융개방에 따라 글로벌 연계성으로 인해 글로벌 확산이 진행중이다.

최근 글로벌 경제위기가 장기화될 경우, 세계대공황 시기와 유사한 패러다임 변화를 겪게 될 것으로 전망된다.

① 큰 정부로의 회귀이다. 최근 반(反) 월스트리트 시위 등의 사회적 갈등은 1980년대 이후 한 시대를 풍미했던 신자유주의가 퇴조하고 친(親) 서민정책(복지지출 확대, 부자세 도입)의 도입이 촉진되며 대기업 규제가 강화되고 있다.

② 신(新) 보호주의의 확산이다. 글로벌 무역수지 불균형은 해당 국가의 정치적 이해와 맞물려서 다시 신보호주의 확산(무역 및 환율 분쟁의 상시화, 폐쇄적 경제 블록화, 자원무기화 심화)을 자극하고 있다.

③ 세계 경제질서의 다극화이다. 중국 등 신흥국의 급부상에 따라 미국의 경제패권 약화 및 금융질서 재편이 가속화되고 있다. 이와 동시에, 미·중의 기축통화 전쟁이 심화되고 있다.

전술한 바와 같이, 누리엘 루비니 교수는 최근에 2013년에는 세계 경제가 '퍼펙트 스톰'(*perfect storm*)을 맞을 것이라고 예언하였다. 즉, 세계 경제의 악재(미국의 재정위기, 유럽의 채무위기, 중국의 경제성장 둔화, 일본의 대지진 타격 등)가 한꺼번에 몰아치는 최악의 상황이 전개될 것이며, 그 여파는 2008년 글로벌 금융위기보다 더 심각한 총체적 위기 상황을 초래할 것이라고 한다.[18] 그 근거로서 다음과 같이 지적했다([그림 II-6] 참조). 미국 경제는 1990년 이후 20년간 장기 침체에 빠져 있는 일본 경제처럼 'L자형' 침체를 겪을 수 있다고 한다.[19] 영국 경제는 2012년 3분기 연속 마이너스 성장을 기록할 정도로 제2차 세계대전 후 최악의 '더블 딥'(*double dip*)에 빠져 있다.[20]

80여 년 전인 1929년 미국발 세계대공황은 독일경제의 붕괴 및 아돌프 히틀러의 등장, 제2차 세계대전의 발발, 일본 군국주의의 한반도 및 만주침략과 진주만 공격, 남미에서의 파시스트 운동, 유럽에서의 사회주의 인민전선의 급부상 등을 야기했다는 점에 유의할 필요가 있다.

미국 브루킹스연구소와 영국 〈파이낸셜타임스〉는 세계 경제의 회생이 '와해 직전' 상태에 직면해 있다고 밝혔다(2012. 10. 8). 미국 연방준비제도이사회(FRB), 유럽중앙은행(ECB), 일본은행, 뱅크오브잉글랜드(BOE) 등 주요 중앙은행들의 추가적 경기부양 조치에도 불구하고 타이거(TIGER) 지수가 주저앉은 것으로 나타났다.[21] 즉, 이것은 주요 선진국 및 개도국들의 거의 모든 경제지표가 하향 곡선을 그리고 있다는 것을 의미한다.

브루킹스연구소의 에스와르 프라사드(Eswar Prasad) 교수는 〈파이낸셜타임스〉와의 인터뷰에서 "세계 경제 회생이 와해 직전 상황"이라면서 "정책마찰과 결정부족 그리고 공공재정과 성장의 걸림돌이 되는 구조적 문제를 해결하지 못하는 정부의 무능력 때문"이라고 비판했다. 또한 "이 때문에 세계 경제가 머

18 Roubini, Nouriel(2012).

19 S&P(2012. 7. 26).

20 파이낸셜타임스(2012. 7. 26).

21 타이거 지수는 주요 20개국(G20) 주요 경제지표들을 종합평가해 산정하는 것으로 세계 경제 추이를 볼 수 있는 지표다.

지않아 (또다시) 의식을 잃을지 모른다"고 경고했다. 브루킹스연구소는 지난 2012년 4월에도 타이거지수 약화를 발표하면서 "세계 경제에 연명장치가 필요하다"고 우려를 나타냈었다.[22]

[그림 II-6] 누리엘 루비니 교수의 세계 경제 전개 시나리오

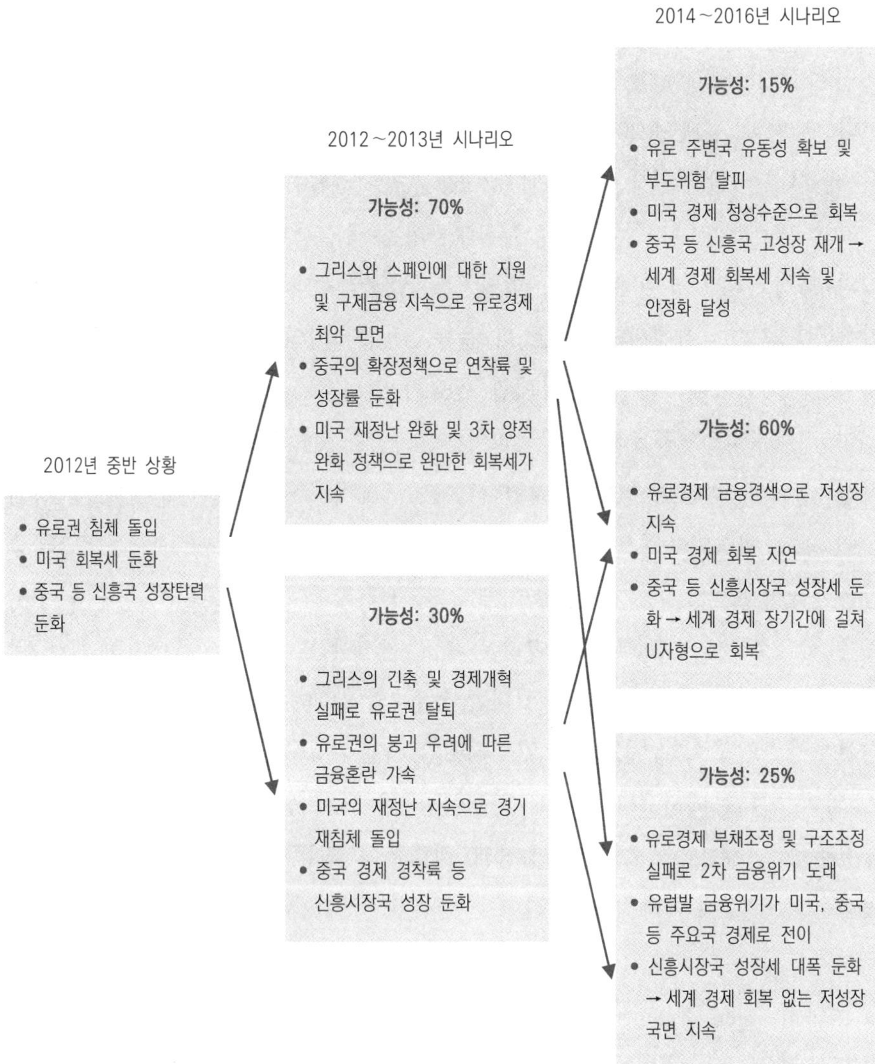

자료: Roubini, Nouriel(2012); 윤우진(2012).

22 파이낸셜타임스(2012. 10. 8).

설상가상으로, 국제정세를 정치군사적 측면에서 살펴보면, 이란의 핵무장으로 인한 중동 정세의 불안, 북한의 핵무기 문제로 인한 한반도 정세의 불안, 동북아지역의 영토분쟁, 아프가니스탄에의 북부 동맹군의 증파, 남미에서의 자원민족주의의 풍미, 워싱턴 컨센서스와 베이징 컨센서스의 충돌 등으로 지뢰밭을 거닐고 있는 듯하다.

6. 미국과 중국의 2극 체제하에서 G20 시대

저자는 '미국과 중국의 2극 체제하에서 G20 시대'를 2009년 11월 G20 출범 이후 2050년경의 시대로 정의하였다. 이 시대의 주요 특징은 단연코 중국이 강대국으로 등극한 것이다.

하버드대의 니얼 퍼거슨(Niall Ferguson) 교수는 역사학자의 시각에서 경제위기를 예측하였으며, '차이메리카'(*Chimerica*)라는 용어로 미국과 중국의 새로운 공생관계를 설명했다.

1) 팍스 아메리카나의 퇴조

사실 2007년 말부터 미국 내에서 미국의 쇠퇴와 다극체제가 본격적으로 논의되기 시작했다.[23] 우선, 미국이 유일의 초강대국으로서의 지위를 상실할 것이라고 주장한 연구의 예로서 리처드 하스,[24] 미국 국가정보위원회[25]를 들 수 있다.

반면에 미국의 유일 초강대국 지위, 즉 일극체제가 종말을 고(告)하고 있다는 주장은 지나친 과장이라고 스테판 브룩스와 윌리엄 홀포이스(Stephen G. Brooks & William Wohlfoith)는 주장한다. 상술하면, 미국의 우월성은 경제력, 과학기술력, 군사력, 정치와 문화적 영향력 등을 포함하며 최근의 글로벌

---

23 Layne, Christopher(2009).

24 Haass, Richard N.(2008).

25 National Intelligence Council(2008).

금융위기는 금융과 자동차 등 미국 경제력의 한 부분을 약화시켰을 뿐이라고 강조한다. 따라서 글로벌 금융위기가 미국의 패권적 지위에 끼친 충격은 제한적이고 미국의 초강대국으로서의 지위는 흔들리지 않을 것이라고 전망한다. 만약 미국이 신에너지와 환경보호 분야 등에서 새로운 성장동력을 찾는다면 최대 경제국으로서의 지위는 한동안 계속될 것이라고 주장한다.

그러나 2008년 글로벌 금융위기는 이라크 전쟁(2003)으로 인해 이미 추락한 미국의 국제적 지위에 심각한 타격을 가했던 것은 사실이다. 이젠 미국은 다른 강대국들의 동의를 얻지 않고서는 단독으로 국제질서를 주도하기 어렵다.[26] 예를 들어, 하스, 미국 국가정보위원회는 미국이 유일의 초강대국으로서의 지위를 상실할 것이라고 주장한다.[27]

가브리엘 콜코(Gabriel Kolko)는 그의 저서《위기에 처한 세계: 미국 세기의 종언》에서 '팍스 아메리카나'(*Pax Americana*)의 몰락요인을 미국 정부의 '규제철폐'와 '세계화'라고 지적하면서 20년간 계속돼온 방종의 결과라고 비판했다. 그리고 미국 쇠락의 요인으로서 제2차 세계대전 이후 가장 비싼 전쟁인 이라크 전쟁, 이란과의 대치, 새로운 정체성을 찾아가는 유럽, 자기기만과 정치적 편의성으로 자초한 정보의 한계 등을 지적했다. 그는 제국의 필수요소인 군사력과 경제력을 중심으로 한 미국이 더 이상 초월적 힘을 발휘하는 패권국이 아니라고 단언했다. 그 이유로 중앙은행이 통제할 수 없는 금융시스템, 미국의 불안정한 대외정책, 특히 중동정책의 한계를 지적했다. 또한 이념의 시대가 막을 내린 것도 미국의 혼란을 유발했다고 주장했다. 즉, '공산주의'란 적(敵)이 소멸됨에 따라 정치·군사적 동맹이 시들해졌고, '테러리즘'에 맞서고자 했지만 오히려 적의 힘을 강화시키는 역효과만 낳았다는 것이다.

미국은 비록 '인권보호'("UN헌장" 1조 3항 55조)와 '자위권 발동'("UN헌장" 제7조)에 의거한 것이지만, UN 안보리의 승인이 없는 상태에서 코소보 군사개입(1998), 아프가니스탄 공격(2001), 이라크 침공(2003)을 감행하였다. 그 결

---

26 2007년 말부터 미국 내에서 미국의 쇠퇴와 다극체제가 본격적으로 논의되기 시작했다는 지적에 관해서는 Layne, Christopher(2009)를 참조.

27 Haass, Richard N.(2008); National Intelligence Council(2008).

과, 중동 및 중앙아시아 지역에서 반미 정서가 확산되었으며, 현재 미국은 정치·군사적 딜레마에 빠져 있다.

〈파 이스턴 이코노믹 리뷰〉에 실린 한 기사(2008. 11. 6)는 "월스트리트의 균열이 전 지구적 지각변동을 가져왔으며, 미국의 힘은 쇠퇴하기 시작했다"고 선언했다. 드미트리 메드베데프 러시아 대통령은 "금융위기는 미국의 글로벌 리더십이 그 끝에 다다랐다는 신호"라고 했고, 우고 차베스 베네수엘라 대통령은 "지금 시대에는 뉴욕보다 베이징이 훨씬 더 중요하다"고 단언했다.[28]

브룩스(Brooks)와 울포이(Wohlfoith)는 미국의 우월성은 경제력, 과학기술력, 군사력, 정치와 문화적 영향력 등을 포함하는데 2008년 글로벌 금융위기는 금융과 자동차 등 미국 경제력의 한 부분을 약화시켰을 뿐이라고 지적한다. 따라서 2008년 글로벌 금융위기가 미국의 패권적 지위에 끼친 충격은 제한적이고 미국의 초강대국으로서의 지위는 흔들리지 않을 것이라고 진단한다. 그리고 미국의 군사비는 전 세계 군사비의 거의 절반에 이르며 어떤 신흥 강대국도 단기간에 이를 초월하기 어려울 것이다. 미국이 신에너지(예로서 셰일가스)와 환경보호 분야 등에서 새로운 성장동력을 찾을 경우 최대 경제국으로서의 지위는 한동안 계속될 것이라고 주장한다. 즉, 미국의 유일 초강대국 지위, 즉 단극체제가 종말을 고하고 있다는 주장은 지나친 과장이라는 것이다.[29]

제프리 삭스 교수는 "2050년쯤 중국 경제규모가 미국을 넘어서면서 세계의 경제 중심은 아시아로 이동하고, 미국의 우월성은 사라질 것이다"라고 했으며, 누리엘 루비니 교수는 "과거가 미국의 시대였다면 이제 아시아의 시대가 도래할 것이다"라고 예측했다. 사카키바라 에이스케(榊原英資) 와세다대 교수는 "응용기술이 뛰어난 아시아가 세계 경제성장의 엔진이 될 것이다"라고 했으며, 중화권의 경제분석가 앤디셰(謝國忠)는 "글로벌 금융위기 이후 뉴욕 중심의 경제축이 아시아로 빠르게 이동하면서 아시아의 4~5개 도시가 새 중심축이 되려고 각축하고 있다"고 예언했다.

---

28 조지프 나이(Joseph, S. Nye) 하버드대 케네디스쿨 교수의 칼럼, "오바마 그리고 미국의 힘"(〈조선일보〉, 2008. 11. 7).

29 Brooks, Stephen G., & William Wohlfoith(2009).

조지프 나이(Joseph S. Nye Jr) 하버드대 교수는 미국의 인구가 세계에서 세 번째로 많은 나라인데 앞으로 50년이 지나도 여전히 중국과 인도 다음으로 세계 3위를 유지할 것이며 앞으로 거의 모든 선진국이 인력부족 현상을 겪을 것이며 인구노령화라는 부담을 짊어지겠지만 미국은 이민 덕분에 그러한 부담이 희석될 것이라고 주장했다.[30]

도이치은행은 〈21세기는 여전히 미국의 세기〉란 최근 보고서에서 "2020년 중국은 65세 이상 인구가 4억 명에 이르는 노인 국가가 될 것"이라며 "반면 미국은 세계 각국에서 젊은 인력을 받아들여 끊임없는 기술 혁신과 생산성 향상을 이룰 가능성이 높다"고 밝혔다.

2005년 이민자들은 미국 기술창업의 4분의 1을 차지했는데 이는 그전 10년간의 기술창업 전체와 맞먹는다. 이민자나 그 자녀가 창업한 회사는 2010년 경제잡지 〈포춘〉(*Fortune*) 선정 500대 기업의 40% 정도를 차지했다. 21세기 초 실리콘 밸리의 기술 비즈니스 운영자의 4분의 1이 중국·인도 출신 엔지니어였으며 이들은 178억 달러의 매출을 올렸다.[31] 지난 10년간 중국의 노동인구 증가율은 1.18%밖에 안 된다. 그러나 같은 기간 대학(전문대 포함) 졸업 학력자의 인구 증가율은 연평균 10.1%나 된다. 인구증가는 둔화됐지만 우수한 인력자본은 오히려 크게 늘었다.

이와 비슷한 맥락에서, 리콴유(李光耀) 전(前) 싱가포르 총리는 중국이 21세기 주도 국가로서 미국을 넘어서지 못할 것이라고 주장했다. 그 이유는 미국은 외부 세계에서 가장 똑똑한 최고의 인재를 끌어들여 창의력이 높고 다양한 문화를 만들기 때문이라고 한다. 중국은 엄청난 인구 덕분에 국내에서 인력을 충원할 수 있겠지만, 이러한 중국 중심적 문화는 미국에 비하여 창의력이 떨어진다는 것이다. 오바마가 집권 2기에서 이민개혁법안 제정에 성공한다면 미국의 국력을 유지하겠다는 자신의 약속을 지킬 수 있게 될 것이다.

30 중앙일보(2012. 12. 24).

31 중앙일보(2012. 12. 24).

2) G20 정상회의(2008. 11. 15)

G20 정상회의(2008. 11. 15, 워싱턴)에서는 기존 국제금융체제의 전면적 개편, 즉 '신(新) 브레턴우즈 체제'의 창설의 필요성 여부에 관해 심도 있게 논의됐다.

G20 정상회의의 공동선언을 요약하면, 국제 금융시장의 안정화와 실물경제의 활성화를 위한 각국의 통화·재정정책, 국제 금융시장의 개혁을 위한 신용평가회사에 대한 관리·감독 강화, 국제통화기금(IMF)과 세계은행의 지배구조 개선, 금융안정포럼에 신흥개도국의 포함 등이다.

제2차 세계대전 이후, 미국의 지원세력인 서유럽이 새로운 국제금융체제로서 신 브레턴우즈 체제의 필요성을 강조하면서 미국의 세계금융 지배구조에 도전하고 있다. 최근의 미국발 금융위기를 계기로 국제통화기금과 세계은행 등의 지배구조와 운영방법의 개선을 EU 정상회담(2008. 10. 16), ASEM 정상회의(2008. 10. 24), G20 정상회의(2008. 11. 15)에서 줄기차게 요구하고 새로운 국제금융체제로서 신 브레턴우즈 체제의 필요성을 강조하면서 미국의 세계금융 지배구조에 도전하고 있다.

3) 미국의 '신(新) 아시아 정책'과 '신(新) 국방전략'

(1) 신(新) 아시아 정책(2009. 11. 14)

미국은 경기침체의 새로운 돌파구로서 과거 20년 동안 중점을 두었던 외교의 주안점을 중동에서 아시아로 전환하고 있다. 지금껏 중국의 앞마당으로 여겨지던 동남아시아 시장을 미국의 대안적 미래 시장으로 간주하고 동남아 시장을 선점하겠다는 것이다.

HSBC은행은 2050년 세계에서 가장 큰 경제규모를 자랑하는 30개 국가 중 19개국은 현재 '이머징 마켓'이라고 부르는 국가들이 될 것이며, 중국·인도 등을 필두로 9개 아시아 국가가 여기에 포함될 것으로 전망하고 있다. 2050년에는 여가와 미래를 위해 투자할 충분한 재력을 가진 아시아 중산층은 2억 가구 이상이 될 것으로 예상된다.

OECD는 세계 중산층 소비규모가 2009년 21조 3천억 달러에서 2030년에는 55조 7천억 달러에 이를 것이며, 이 중 아시아·태평양 지역이 차지하는 비중은 2009년 23%에서 2030년에는 59%로 크게 증가할 것으로 전망하고 있다.

오바마 대통령은 2009년 11월 14일 일본 도쿄의 산토리홀에서 그의 '신(新) 아시아 정책'을 밝혔다. 오바마는 이날 연설 앞부분부터 자신과 아시아의 연관성을 강조했다. 그는 "미국 최초의 태평양 지역(하와이) 출신 대통령으로서, 이 중요한 지역에서 (미국의) 지도력을 강화하겠다"고 했다. 미국을 '아시아·태평양 국가'로 소개하면서, 매우 빠르게 성장하는 아시아·태평양 지역과 미국의 미래는 불가분의 관계라고 강조했다. 즉, '미국과 아시아는 하나'라는 것이다.

오바마 대통령은 "아시아·태평양 국가로서 미국은 이 지역의 미래상을 정립하는 논의에 전적으로 참여할 것"이라고 선언했다. 특히 ASEAN과 한·중·일 및 인도·오스트레일리아·뉴질랜드 등 16개국이 참여하는 동아시아정상회의(EAS)와 협력 관계를 기대한다고 밝혀 동아시아정상회의를 통한 동아시아 공동체 논의 참여가 미국의 입장임을 드러냈다. 그러나 미국의 소비와 아시아의 수출로 세계 경제의 성장을 주도하는 데는 한계가 있다며 글로벌 균형성장을 강조했다.

구체적으로, 미국의 리더십을 새롭게 하고 상호이해와 존경에 기반을 둔 동참의 새 시대를 추구하기 위해서, 미국은 일본과 한국 같은 전통 우방은 물론이고, 새롭게 대국으로 부상한 중국을 봉쇄가 아니라 동참의 대상으로 품을 것이며, 인도네시아나 말레이시아 같은 신흥국들을 중시하겠다는 것이다. 그리고 APEC이나 ASEAN 같은 다자기구에도 과거와 달리 좀더 적극적인 관심을 보일 것을 약속하였다. 그리고 관심 분야도 경제, 환경, 군사, 인간존엄의 다양한 무대로 넓혀갈 것을 강조하였다.

가장 중요한 중국과의 관계에 대하여, 오바마 대통령은 "미국은 중국을 봉쇄하지 않을 것이며 상호 관심사에 대해 실용적 협력을 추구할 것"이라고 선언했다. 21세기의 문제는 어느 국가도 홀로 대처할 수 없고, 미국과 중국이 서로 협력해 대처할 때 더 좋은 결과를 얻을 수 있다는 것이다. 중국을 파트너로 인정하고, 글로벌 이슈에 대해 서로 협력하는 실용적 동반자 관계를 추구하겠다는 구상이다. 그러면서도 그는 "중국과의 대화에서 미국이 소중하게 여기는 근본가치를 분명히 표현하기를 주저하지 않을 것"이라며 자유·인권 등의 문제에 대해서는 확실히 선을 그었다. 오바마 대통령은 "중국의 부상을 환영한다"면서도 "모든 나라는 개인의 인권과 종교적 자유를 존중해야 한다"며 중국 인권 문제를 우회적으로 지적했다.

(2) 신(新) 국방전략 (2012. 1. 5)

미국 국방비가 삭감되는 와중에도 군사력 감축은 아시아가 아닌 유럽에서 진행될 것이라는 점을 미국 정부는 자국의 태평양사령부에 분명히 알렸다. 미국 기업들은 성장의 기반을 주로 아시아에서 찾고 있다.

오바마 대통령은 아시아 순방에 나서기 전, 한·미 자유무역협정(FTA)을 비준하였고, '환태평양 경제동반자'(TPP)를 진전시켰으며, 오스트레일리아에 2천 5백 명의 해병대를 파견키로 합의했다. 이어서, 그는 2011년 11월 하와이, 호주, 인도네시아 방문을 통해 미국이 아시아를 중시하고 리더십을 지속적으로 유지할 것이라는 강력한 의지를 나타내면서 향후 미국은 대외 및 안보 전략에서 이라크와 아프가니스탄에서 발을 빼면서 '아시아의 중심축'이 되겠다고 선언했다.[32]

2012년 1월 5일, 버락 오바마 대통령은 신 국방전략을 발표했다. 육군 규모를 57만 명에서 49만 명으로 감축하고, 20만 2천 명인 해병대 규모도 1만 5천~2만 명 정도 감축함으로써 향후 10년간 방위비를 4천억~1조 달러 줄이며 지난 22년간 유지한 '두 개의 전쟁'(1+1) 개념을 포기하고, 해외주둔 미군전략의 우선순위를 유럽·중동에서 아시아·태평양 지역으로 옮기겠다는 것이다.

상기의 새로운 국방전략 보고서는 중국에 대해 "중국이 아시아·태평양 지역의 강자로 등장한 것은 잠재적으로 장기간 다양한 방식으로 미국의 안보와 경제를 위협할 것"이라고 전망했으며 또한 이란과 중국은 '잠재적 위협'으로 명시했고 북한의 핵 개발 위협도 부각했다.

---

32 중앙일보(2011. 12. 3).

오바마 행정부의 국방전략 변화는 이미 예견된 일이다. 그 근거는 다음과 같다. 무려 4조 달러를 쏟아부으며 10년을 끌어온 아프가니스탄과 이라크 전쟁이 마무리 단계에 접어들었다. 이라크에서는 2011년 말 사실상 철군이 완료됐고, 아프간에서도 2014년까지 철군할 계획이다. 두 개의 전쟁과 글로벌 경제위기의 여파로 미국은 심각한 재정수지 적자 상태에 봉착해 있다. 따라서 대규모 재정지출 감축이 불가피한 상황에서 국방전략의 변화를 통하여 국방비를 절감할 수밖에 없었다.

미국은 지난 10년간 4조 달러 이상을 쏟아부은 이라크·아프간 전쟁을 마무리한 후, 앞으로 더 이상 이 같은 대규모·장기간 지상군 전략을 수행하지 않고, 이로써 절약한 재원을 아시아·태평양으로 돌린다는 방침도 밝혔다. 이것은 이라크·아프가니스탄 전 같은 대규모 지상군 전략은 축소하고 중국이라는 새로운 위협에 대비해 해외 주둔 미군의 초점을 아시아·태평양으로 이동하겠다는 의지를 나타내는 것이다.

미국의 신 국방전략에 의거하여, 한반도 전면전 등 전시상황에 대비한 현행 작전계획 5027 등이 대폭 수정될 수밖에 없다. 왜냐하면 '두 개의 전쟁'(1+1) 개념의 포기는 중동과 한반도에서 동시에 두 개의 전쟁을 수행할 수 없다는 의미이기 때문이다. 가령 호르무즈 해협의 긴장이 이란과의 전면전으로 확대되고, 북한의 도발로 한반도에서 전면전이 발생할 경우 미국은 어느 한쪽을 택할 수밖에 없다. 즉, 미국의 지상군 감축은 한반도 유사시에 미군 증원 병력의 감축으로 이어질 가능성도 배제할 수 없기 때문이다.

미국은 국방전략 변화에도 불구하고 대(對)한국 방위공약과 대(對)북한 대비 태세에는 영향이 없다고 말하고 있다. 한국 국방부도 상기와 같은 입장을 확인하고 있다. 상기 보고서는 "미국은 핵무기 프로그램을 적극적으로 추구하는 북한의 도발을 억제·방어하기 위해 동맹국 및 기타 지역국과 효과적으로 협조해 한반도 평화를 유지할 것"이라고 했다. 이를 위해 주한 미군 등 아시아 주둔군 감축은 없을 것임을 분명히 했다. 한국 국방부 고위 관계자는 "미국 측이 새 국방 전략 발표 이전에 우리 측에 주한 미군에는 전혀 변화가 없을 것임을 공식 통보했다"고 말했다.

[그림 II-7] 전 세계 미군 주둔 현황

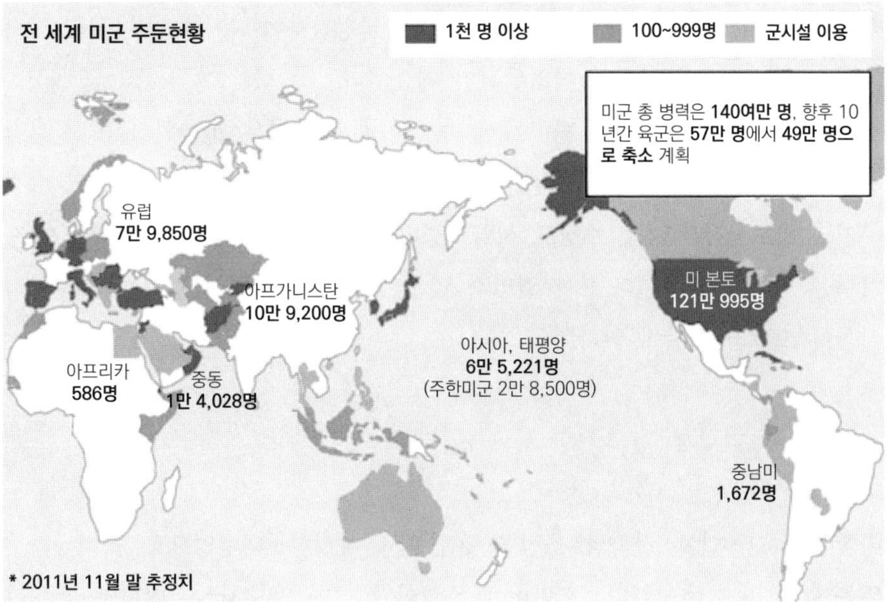

자료: 조선일보(2012. 1. 7).

그러나 한국 국민은 불안하다. 구체적으로, 미국이 국방비를 줄이고 병력을 줄여도 주한미군이 현재 수준인 2만 8천 5백 명 선을 유지할 수 있을지, 주한미군의 전략적 유연성 확대가 실질적 병력 감축으로 이어지는 것은 아닌지, 이미 40%에 달하는 주한미군 주둔비용 분담 비율이 더 높아지는 것은 아닌지 등을 한국인들은 우려한다.

미국의 새 국방전략 보고서인 〈글로벌 리더십의 지속: 21세기 국방의 우선순위〉는 "미군은 더 이상 대규모, 장기간 안정화 작전 수행에 발목이 잡혀 있지 않을 것"이라고 했다. 이것은 미군이 향후 주요 전쟁에서 우방국을 지원할 때 대규모 지상군을 투입하는 대신에 해군과 공군 위주의 원거리 정밀타격 지원에 집중하면서 미군의 인명 피해를 최소화하겠다는 의미로 해석된다.

이러면 당장 미군 69만 명 증원 계획을 담은 〈한반도 유사시 작전계획 5027〉부터 차질을 빚을 수밖에 없다. 왜냐하면 미군 69만 명이 상기의 작전계획에서 필요한 근거는 북한이 전면전을 도발하면 이를 저지한 뒤 청천강 인근까지 북진해 북한 정권을 무너뜨리는 데 필요하기 때문이다. 그리고 미군 69만 명의 증원

계획은 현재 미군의 총병력(140여만 명) 수준 등을 감안할 때 오래전부터 비현실적이라는 평가를 받아왔는데, 이번 새로운 국방전략에 의거한 미 육군의 감축 계획으로 더욱더 실현되기 어려워졌기 때문이다.

상기한 미국 국방전략의 변화가 불과 4년 후로 다가온 2015년 12월 전시작전통제권 전환과 맞물리면서 북한의 핵무기 위협에 대응할 수 있는 정밀 타격 무기와 정보·감시 체계 보강도 시급해졌다. 현재 한국군은 전략 정보의 95% 가량을 미군에 의존한다.[33] 정밀타격 및 정보·감시 체계 증강에는 천문학적 예산이 소요될 수밖에 없다.

4) 미·중 군사적 갈등[34]

미국은 외교·안보 전략의 초점을 유럽에서 아시아·태평양으로 옮기겠다는 뜻을 여러 차례 천명했다. 오바마 대통령이 2011년 말 '미국은 태평양 국가'라고 선언했고, 2012년 1월 발표한 신 국방전략에서도 기존의 중동·유럽 우선에서 아시아 우선 정책으로 전환하겠다고 했다. 이 전략은 다분히 '중국에 대한 견제'가 담겨 있는 것은 사실이다.

미국과 중국은 전면적으로 경쟁하기보다 변화와 협력을 동시에 추구하는 양동작전을 취하고 있다. 중국은 미국과 IMF가 국제금융질서의 안정을 촉진시키는 핵심적 역할을 수행하는 것을 지지하는 데 합의하면서 기존의 질서를 유지하는 데 동의했다. 이와 동시에, 중국은 2009년 7월 IMF가 발행한 '특별인출권' 채권 5백억 달러를 매입하는 등 IMF의 자본확충 노력에도 협력했다. 그 배경은 중국이 추구하는 국제금융기구의 개혁은 현실적으로 미국의 동의 없이 추진할 수 없기 때문이다. 현실적으로 IMF의 개혁을 실현하기 위해서는 85%의 동의를 획득해야 하는데, 이는 17%의 지분을 행사하는 미국의 도움 없이는 불가능한 것이었다.

---

33 조선일보(2012. 1. 7).

34 김재철(2010)을 저자가 수정 및 재구성하였다.

2010년 1월 6일 미국 국방부는 록히드 마틴 사(社)가 타이완에 PAC-3 방공 미사일 시스템을 판매하는 것을 승인했다. 이 조치는 조지 부시 행정부가 취임 초기인 2001년에 타이완에 180억 달러에 이르는 무기를 판매하기로 결심했고 이 가운데 1백억 달러 정도를 재임 중에 실행에 옮겼으며 나머지는 이월시켰던 것이다. 그런데 미국 정부는 타이완에의 무기 판매를 승인하면서도 타이완이 요구한 F-16 전투기나 잠수함은 무기판매 대상에 포함시키지 않음으로써 중국과의 협력관계를 해치지 않기 위한 조치도 취했다.

이에 대응하여, 미국이 타이완에 무기를 판매하거나 달라이 라마를 면담하는 등과 같이, 중국이 핵심적 이익으로 간주하는 문제에서는, 중국은 미국에 대한 비판을 단호하게 제기하고 미국과의 군사교류를 중단하는 방식으로 비교적 조용하고 실용적으로 대응했다.[35] 그렇게 함으로써, 글로벌 금융위기 이후 중국은 미국의 대(對)타이완 무기판매가 초래할 부정적 결과를 미국 스스로 느끼도록 압력을 가했다.[36]

나아가 중국은 미국이 타이완에 대한 무기판매를 강행하자 무기판매에 참여한 미국 회사에 대해 제재하겠다는 계획을 공식적으로 발표했다. 이는 미국의 전유물이던 제재조치를 중국이 거론한 것으로 글로벌 금융위기 이후 중국이 미국에 대해 공세적 정책을 취하기 시작했음을 의미한다.

그러나 중국은 미국과의 군사교류를 중단시켰는데도 미국 군함의 홍콩 기항을 허용했다. 이러한 중국의 2010년 대(對)미국 대응조치는 미국이 타이완에 대한 무기판매를 강행한 데 대한 반발로 미국 항모의 기항을 허용하지 않았던 2008년 중국의 대응조치와 다른 것이었다.

중국은 미국의 국채를 매각하는 것과 같은 극단적 조치를 취하지 않았다. 중국 군부를 중심으로 미국의 국채를 매각하고 국방비를 증대해야 한다는 주장이 제기되었지만 이러한 주장은 현실화되지 않았다. 이외에도 중국은 2010년 3월에 위안화 문제를 논의하기 위해 상무부 차관을 미국에 파견했고, 또한

35 Zhong, Wu(2008).

36 Daity, China(2010).

후진타오(胡錦濤) 총서기(당시)가 2010년 4월 1일 워싱턴에서 거행된 핵 정상회의에 참석하는 등 악화일로에 있던 양국관계를 전환시키려고 시도했다.

5) 아시아 경제권의 부상

21세기에 들어서서, 아시아·태평양 지역은 세계에서 가장 빠른 발전속도로, 또한 가장 큰 변화의 폭으로 각각 부상하고 있다. 아·태지역 중에서 아시아는 38억 인구(세계 인구의 52%), 세계 GDP의 21%, 세계 교역의 26%를 각각 차지함으로써 북미 자유무역협정(NAFTA), EU와 함께 세계 3대 경제권이다.

아시아 지역 중에서 특히 동북아시아(특히, 중국·일본·한국)는 세계 경제의 중심지로 부상하고 있다. 2012년 기준으로, 한·중·일 3국의 인구는 15억 명에 이른다. 그리고 한·중·일의 GDP를 비교해 보면, 한국은 1조 1,635억 달러, 중국은 7조 9,917억 달러, 일본은 5조 9,809억 달러의 GDP를 각각 기록했다. 이들 3국의 GDP 총합은 세계 전체 GDP의 21%를, 동아시아 GDP의 75%를 각각 차지한다. 이러한 3국의 경제규모는 북미자유무역협정(NAFTA)·EU에 이어 세계 세 번째로 큰 경제규모이다.

한·중·일 3국과 인도·인도네시아 등 아시아 5개 국가가 G20에 포함돼 있다. 'ASEAN(동남아국가연합)+3(한·중·일)'는 세계 인구의 35%, GDP와 교역의 20%를 차지하고 있다. 한·중·일과 ASEAN 10개국 등 동아시아권의 2009년 GDP가 12조 670억 달러로 세계 GDP의 21.1%를 차지할 것으로 전망됐다.[37] 동아시아 경제권이 세계 경제에서 차지하는 비중이 20%를 넘어선 것은 1980년 IMF의 통계작성 이후 처음이다. 2010년에는 동아시아 경제권 규모가 12조 8천 9백억 달러로 커져 유로존 경제규모(12조 7천억 달러)를 넘어설 것으로 전망된다.

동아시아 지역 중에서 ASEAN은 무려 5억 5천만 명에 달하는 시장규모를 가졌다. IMF에 따르면 ASEAN의 주요 6개국 GDP 합계는 2008년 1조 4천 5백억

37 니혼게이자이(2009. 11. 4).

달러로 인도보다도 20% 이상 더 많다. ASEAN은 탄탄한 내수시장을 가졌으며 급속한 경제성장을 보이고 구매력을 가진 중산층만 2억 명에 달하여 브라질·러시아·인도의 브릭스(BRICs: Brazil, Russia, India, China)에 이은 제2 신흥시장으로 간주된다.

2010년 동아시아 경제권의 성장속도(성장률 6.8%)가 유로존 성장속도(성장률 3.5%)의 두 배에 달했다. 2014년이 되면 동아시아의 경제 규모가 17조 3천 4백억 달러로 증대되어 세계 최대 경제대국인 미국(예상치: 17조 4천 2백억 달러)의 그것과 비슷해질 것으로 IMF는 전망된다.

동아시아 경제권의 영향력이 급증하는 요인은 2008년 하반기 이후 글로벌 금융위기 속에서 미국과 유럽 경제권이 고전하는 동안 중국을 중심으로 아시아 국가들이 빠른 경제 회복세를 보이고 있기 때문이다.

전술한 바와 같이, 2008년 하반기부터 시작된 글로벌 금융위기 후, 세계의 경제중심축이 세계 최대의 인구와 시장을 가진 동아시아로 빠르게 이동되고 있다. 동아시아 경제는 무역과 투자에서 서로 연계되어 있고, 시간이 흐름에 따라 그 연계성이 더욱 높아지고 있다. 국제무역 패턴을 설명하는 모형 중 하나인 교역중력모형(*trade gravity model*)이 시사하는 바와 같이,[38] 인근 국가 간 경제적 긴밀도가 높아지는 것은 세계적 현상이겠지만, 동아시아는 제도적 통합이 미비함에도 불구하고 시장메커니즘에 의한 경제적 의존성이 높아지고 있다.

또한 세계 산업의 패권이 서구에서 아시아 기업으로 이동하고 있다.[39] 산업혁명 후 2백 년 이상 세계시장을 지배한 유럽과 미국 등 서구 기업들이 패퇴하고 있다. 과거 아시아 기업들은 저임금을 바탕으로 서구 기업들의 단순 생산기지 역할을 했지만 이제는 대규모 시장을 배경으로 글로벌 비즈니스를 선도하고 있다.

---

38 Evenett, R. C., & W. Keller(2002); Krugman, P. (1991).

39 소프트웨어와 인터넷 기반 비즈니스 분야에서는 미국 기업이 여전히 막강하다. 아시아 기업은 하드웨어에는 강하지만 소프트 파워에서는 약하다. 2009년 〈포춘〉의 '글로벌 500대 기업'에 속한 중국 기업은 37개였지만 '글로벌 500대 브랜드'에는 18개뿐이었다(〈조선일보〉, 2010. 1. 5).

예를 들어, 세계 자동차산업의 지형도는 최근 2~3년 사이 완전히 바뀌었다. 2005년까지 자동차 생산 1위국은 미국이었으나 이제는 중국이다. 2009년 세계 자동차 생산량 6천 4백만 대 가운데 절반은 한·중·일 3개국이 만들었다. 명실상부하게 아시아가 글로벌 자동차산업의 중심지인 것이다.

1931년부터 2007년까지 77년 동안 세계 자동차 판매 1위를 유지했던 GM은 2009년 6월 1일 파산보호를 신청했다. 일본의 도요타자동차는 GM으로부터 세계 1위 자리를 쟁취했다. 역사의 포드는 2009년 3분기(1~9월)까지 338만 대를 판매, 43년 역사의 현대·기아차(342만 대)에 4위 자리를 내주고 5위로 밀렸다.

철강산업에서도 아시아 기업이 유럽 기업을 제압하였다. 국제철강협회에 따르면 조강(쇳물) 생산량 기준으로 2000년 '글로벌 톱10' 철강사에는 유럽 기업이 6개, 아시아 기업 4개였다. 하지만 2008년에는 '글로벌 톱10' 리스트는 아르셀로미탈(룩셈부르크)과 US스틸(미국) 두 개 회사를 제외한 8개가 모두 아시아 기업으로 바뀌었다.

신(新)재생에너지와 IT 등 미래 성장동력 산업에서도 아시아 기업들이 약진하고 있다. 예로서 중국의 태양광 패널업체인 선테크 파워는 2001년 창업했지만 불과 8년 만인 2008년 세계 생산량의 9.5%에 해당하는 530㎿ 규모의 태양전지를 생산하며 세계 2위로 올라섰다. 1위인 독일 큐셀과는 점유율 격차가 1%p에 불과하다. 인도 신재생에너지 기업인 수즈론에너지도 독일의 주드윈드, 벨기에의 한센트랜스미션, 독일 리파워시스템 등 풍력발전 관련 기업을 인수하거나 R&D 부문을 사들여 단숨에 선진 기업을 따라잡았다.

IT 분야에서도 아시아 기업은 공세적이고 서구 기업은 수비에 급급하다. TV와 반도체·디스플레이·휴대폰에서는 삼성·LG·소니·파나소닉 등 한·일 기업이 세계시장을 압도하고 있다. 특히 휴대폰 분야에서 핀란드의 노키아조차 점유율이 속락해 1위 수성(守成)이 위태롭다.

6) 중국의 강대국 입지 공고화

덩샤오핑(鄧小平)의 1978년 개혁·개방 정책 이후, 중국은 약 30년 동안 연평균 10%대의 고도성장을 지속함으로써 경제강국(2012년 기준으로 GDP 규모 세계 2위; 교역규모 세계 3위; 2013년 8월 말 기준으로 외환보유고 세계 1위 등) 및 군사대국으로 급부상했고, 동북아 패권의 탈환을 위해 총력을 기울이고 있다.

중국은 2001년 세계무역기구(WTO)에 가입하였고, 이젠 경제적으로나 군사적으로 강대국의 반열에 섰으며, 베이징올림픽을 계기로 '세계 속의 중국'을 홍보하였다. 그리고 중국은 지난 베이징 올림픽(2008. 8)을 기존의 인구대국 및 군사대국과 같은 '하드파워 대국'에서 문화대국을 포함한 '소프트파워 대국'으로 도약할 수 있는 계기로 삼고 있다.[40]

한편, 중국의 해외전략을 살펴보면 2008년 중국과학원은 《중국현대화보고》(中國現代化報告)를 통해 '평화의 비둘기 전략'(和平鳩戰略)을 제안하였다. 이 전략은 그 하위체계로서 아시아를 대상으로 하는 '작은 평화의 비둘기 전략'(小和平鳩戰略)을 포함한다. 이 전략에 따르면, 중국은 2050년까지 중간 수준의 선진국, 2100년까지 명실상부한 선진국을 지향하고 있다. 이를 위해 중국은 UN을 앞장세우고, '아시아국가연합'을 몸통으로 하며, 좌우 날개에 '아시아·태평양 경제협력기구'와 '아시아·유럽 경제협력조직', 그리고 꼬리부분에 남미, 대양주, 아프리카를 포진시키고 있다. 이러한 중국의 구상이 진정한 '조화세계'(和諧世界)를 이루려는 것인지, 아니면 중화(中華)제국의 부활을 통한 세계패권을 추구하려는 것인지는 두고 보아야 할 것이다.

'평화의 비둘기 전략'에 의거하여, 중국은 2005년부터 미국과 경제전략 대화, 안보고위급 대화를 정례적으로 개최하고 있다. 2007년 12월부터 일본과도

---

40 지금까지 아시아에서 올림픽이 개최된 것은 1964년 도쿄올림픽, 1988년 서울올림픽, 2008년 베이징올림픽의 세 번뿐이다. 일본은 도쿄올림픽 개최를 계기로 세계 2위의 경제대국으로서 명실상부한 아시아 대표국가의 자리를 확보하였다. 한국은 서울올림픽을 계기로 선진국 진입의 발판을 마련하였다. 중국도 베이징올림픽의 성공적 개최를 통해 지역강국을 넘어 명실상부한 세계대국(*global power*)으로 부상하였다.

경제전략 대화를 가졌고, 2008년 5월 7일 후진타오 국가주석이 방일하여, 중·일 간에 '전략적 호혜관계'를 선언했으며, 2008년 6월 오랫동안 끌어 왔던 동(東)중국해 가스전 개발도 국제공동개발로 낙착되었다. 2008년 8월 한국과도 '전략적 협력 동반자 관계'를 선언하였다.

(1) 중국의 개혁 · 개방

2008년 12월 18일은 중국 공산당(제11기 중앙위원회 제3차 전체회의)이 '개혁·개방'을 선언(1978. 12. 18)한 지 30주년이 된 역사적인 날이었다. 중국 공산당 산하 중앙당교(中央黨校)가 발행하는 주간 〈학습시보〉 최근 호는 "개혁·개방은 '어쩔 수 없이 선택한 역사적 필연'이었으며, 여기엔 크게 3가지의 역사적 배경이 작용했다"고 주장했다.

① 가장 직접적인 배경은 문화대혁명(1966~1976)의 좌경적 오류에 대한 반작용이다. 문화대혁명의 10년간 중국은 약 5천억 위안(약 1백조 원)의 GDP 손실을 본 것으로 추산됐다. 이는 중국 건국 이후 30년간 투자한 기초 인프라 건설비의 80%에 이르는 막대한 금액이다.

② 중국의 경제와 과학기술이 크게 낙후됐다는 자각이었다. 건국 초기에 세계 40위권이었던 1인당 GDP 역시 175위까지 떨어졌다. 특히 당시 중국의 무역액이 1950년대 중국 산둥(山東) 성의 경제규모와 비슷했던 한국의 무역규모에도 뒤처졌다는 사실은 중국 지도부를 분발케 했다.

③ 중국 공산당이 지금 개혁을 하지 않으면 중국의 사회주의는 멸망할 것이라는 위기의식이었다.

그러나 마오쩌둥(毛澤東)이 제기한 정책은 굳건히 옹호해야 하고 그의 지시는 시종일관 따라야 한다'는 이른바 '량거판스'(兩個凡是)의 사회 기류가 여전히 위세를 떨치고 있던 당시, 덩샤오핑은 진리를 검증하는 유일한 기준은 마오쩌둥의 지시 여부가 아니라 실천이 돼야 한다고 사상의 해방을 역설했다. 예젠잉(葉劍英), 이셴녠(李先念), 천윈(陳雲) 등이 덩샤오핑의 사상해방을 지지하면서 중국의 개혁·개방은 점차 세력을 얻기 시작했다.

1978년 11월 10일부터 12월 15일까지 격렬한 토론을 거듭한 중국 공산당의 중앙공작회의에서는 당(黨)의 업무 중점을 계급투쟁보다 경제건설에 두며 진리의 표준은 실천이라는 개혁·개방의 핵심 내용이 채택됐다. 그 이후, 중국의 개혁·개방 30년을 정리하면 〔표 Ⅱ-4〕와 같다.

중국의 대내적 개혁은 인민공사를 가족경영책임제로 전환했다. 이 개혁의 파고는 이내 도시로 밀려들었고 노동·생산·생활의 공동체였던 도시의 단위 체제를 해체했다. 노동시장은 유연화되었고, 상당수 국유기업은 주식회사로 전환되었으며, 농민들에게는 토지 사용권과 양도권이 허용됐다. 또한, 이러한 변화는 대중의 의식구조를 근본적으로 개혁했다.

그러나 1980년대 개혁·개방 당시, 중국 경제에는 자본과 기술, 시장이 절대적으로 부족하였다. 대약진운동(1958~1960)과 문화대혁명(1966~1976)으로

[표 Ⅱ-4] 중국의 개혁·개방 30년

- 1978. 12: 공산당 제11기 중앙위원회 제3차 전체회의 개혁·개방 선언
- 1980. 8: 선전(深川, Shenzhen)과 주하이(珠海)를 경제특구로 지정
- 1984. 4: 상하이 등 동남부 14개 연안도시 개방
- 1989. 6: 톈안먼(天安門) 사태로 자오쯔양(趙紫陽) 총서기 실각, 장쩌민(江澤民) 당 총서기로 취임
- 1992. 1~2: 덩샤오핑의 남순강화(南巡講話)
- 1992. 10: 공산당 제14차 전국대표대회, 사회주의 시장경제 공식화
- 1997. 2: 덩샤오핑의 사망
- 2001. 12: 세계무역기구(WTO) 가입
- 2002. 11: 공산당 제16차 전국대표대회, 3개 대표론 당장(黨章) 삽입, 후진타오 당 총서기 취임
- 2004. 3: 사유재산권 보호조항을 헌법에 삽입
- 2005. 6: 상하이 푸둥(浦東)신구를 종합개혁시험구로 지정
- 2007. 3: 제10기 전국인민대표대회 제5차 전체회의에서 물권법(物權法) 통과, 사유재산과 국유재산을 똑같이 보호
- 2008. 8: 베이징올림픽 개최

자료: 동아일보(2008. 12. 16).

당시 중국 경제는 붕괴 일보직전이었다. 따라서 당시 중국이 채택할 수 있었던 전략은 외자기업에 의존한 수출주도형 불균형 성장전략밖에 없었다. 1980년대부터 본격적으로 추진되었던 '점(點) → 선(線) → 면(面)'[41]의 외자유치 정책은 1990년대 미국 클린턴 정부의 대(對)중국 우호전략과 서로 맞물리면서 크게 성공을 거두었다.

중국의 세계무역기구(WTO) 가입(2001. 11)은 중국을 세계 경제의 궤도에 올려놓았던 역사적 사건이었으며 중국 경제의 고도성장에 결정적 역할을 하였다. 중국은 저렴한 생산비를 바탕으로 '세계의 공장' 역할을 담당하면서 미국계 다국적 기업이 주도하는 국제분업 구조에 적극 참여하였다.

2002년 말 등장한 후진타오(胡錦濤)-원자바오(溫家寶) 체제는 2002년 11월, 제16기 전국인민대표 대회에서 제기된 '과학발전관'을 통해 '전면적 소강(小康)사회'와 '사회주의 화해(和諧)사회' 건설이라는 경제발전 전략 방침을 수립하였다. 이에 근거하여 2006년 3월에는 '11·5 규획'안을 통해 경제성장의 방식에서 기존의 '선부론'(先富論)으로 대표되는 고도성장 위주에서 '공동부유'(共同富裕) 추구의 안정적 성장으로의 전환을 강조하였다.[42]

중국 경제발전에 유리한 조건과 불리한 요소 등을 종합적으로 분석해 보면, 중국 경제는 향후 수년 동안은 여전히 빠른 성장을 보일 것으로 예상된다. 2012년경, 중국 GDP 규모는 7조 9,917억 달러를 기록했다.

아시아의 대(對)중국 교역이 급증함에 따라 위안화가 달러를 대신해 아시아 중심통화로 통용될 여지가 크다.[43] 2008년 중국의 대(對)아시아 교역규모는 1

41 점은 선전을 비롯한 5개의 경제특구, 선은 북쪽의 다롄(大連)에서부터 남쪽의 베이하이(北海)까지 연안 12개 도시의 14개 경제기술개발구를 의미하며, 면은 주장(珠江) 삼각주, 창장(長江) 삼각주를 비롯 랴오둥(遼東)반도, 쟈오둥(膠東)반도 등 경제개방구를 의미한다.

42 2006년 3월 제10기 전인대(全人大)에서 통과된 "국민경제와 사회발전 제11차 5개년 규획요강"(國民經濟和社會友展第十一次午年規劃要綱)은 2006~2010년까지의 중국 경제·사회정책 운영의 청사진으로서, 중국 경제의 국제경쟁력 강화는 물론 빈부격차 해소와 사회안정화 및 환경친화적이고 지속가능한 발전을 동시에 추구하고 있다.

43 일본은 1999년 대장성에 엔화국제화촉진연구그룹을 구성해 엔화의 국제화 추진을 연구했다. 상세한 내용은 박번순(2009)을 참조.

조 125억 달러로 미국의 5,539억 달러의 두 배에 근접하였다. 2000년의 경우 중국의 대(對)아시아 교역은 2,407억 달러였던 반면, 미국의 그것은 3,044억 달러였다. 만약 중국과 나머지 아시아 국가들이 협력하여 위안화를 결제통화로 사용한다면 아시아 국가들은 달러 보유의 필요성이 그만큼 줄어들 것이다.

(2) 위안화의 국제화 전략

중국은 제2차 G20 정상회의(2009. 4. 2)를 앞둔 2009년 3월 말에 국제금융기구의 개혁과 함께 국제통화 체제의 개혁을 적극적으로 주장했다. 특히 중국의 중앙은행인 인민은행 총재 저우샤오촨(周小川)은 특정 국가의 통제를 받는 화폐가 기축통화가 될 경우 근원적 결함을 가질 수밖에 없기 때문에 '특별인출권'(SDR: *Special Drawing Rights*)을 국제기축통화로 만들어야 한다고 주장했다. 이와 같이 중국은 미(美) 달러화의 기축통화로서의 지위는 미국이 초강대국의 지위를 유지하는 기초이고 미국이 군사, 과학기술, 금융 역량에서 절대적 우위를 유지하는 토대가 된다고 인식하는 것이다.

이에 대응하여, 오바마 대통령은 초국적 국제통화를 창출하자는 제안을 공개적으로 반박했다. 즉, 중국이 미(美) 달러화의 지위를 약화시키는 것은 미국의 지배력을 완화시킨다는 의도로 간주된다.

상기한 미국의 반발에 직면하여, 중국은 미국과 정면으로 대항하려 들지 않았다. 즉, 후진타오(胡錦濤) 주석(당시)은 2009년 6월 브릭스(BRICs) 정상회의에서 국제금융기구 개혁을 추진하기 위해 협력을 강화할 필요성을 제기하면서도 새로운 기축통화 창설 문제를 제기하지 않았고, 그 결과, 상기 정상회의 공동선언문 또한 미(美) 달러화를 보완할 새로운 기축통화를 개발할 필요성을 언급하지 않았다. 나아가, G8 정상회의(2009. 7. 8~10)를 앞둔 7월 초 중국 외교부 부부장 허야페이(何亞非)가 기축통화로서의 미(美) 달러를 대체할 새로운 초주권적 국제통화의 창출은 중국 정부의 입장이 아니라 학자들 사이의 논의에 불과하다고 밝힘으로써 한걸음 더 물러났다. 또한 그는 중국은 G8 정상회의에서 새로운 기축통화 문제가 제기되면 논의할 것이지만 자발적으로 제기하지는 않겠다는 의도를 밝혔다.

그 이후, 중국은 장기적으로 위안화의 자유태환과 국제화→아시아 지역 중심통화→기축통화 순으로 위안화의 기축통화 전략을 추진하는 것으로 전략을 수정했다. 우선, 위안화 결제는 교역규모가 많고 경제적 통합이 심화된 홍콩과 타이완을 중심으로 추진하고 점진적으로 동아시아 전체로 확대되고 있다. 홍콩과는 실질적으로 경제통합이 이루어지고 있으며, 타이완 국민당 정부와의 관계도 급속히 개선되고 있다. 다음으로, 한국과 일본과의 교역에서도 위안화 결제 확대를 추구할 것으로 전망된다.[44] 만약 동아시아 전체 국가가 중국과 통화동맹을 창설하면, 후생은 5.77% 증가하지만 일본과 창설하면 3.67% 증가에 그치는 것으로 분석되었다.[45]

또한, 중국은 동아시아 지역을 대상으로 공적개발원조(ODA)에서 위안화 차관을 확대하며 통화스왑도 확대할 것으로 전망된다. 타이완, 홍콩, 동남아의 아시아 역내 내수기업들은 위안화 거래로 인하여 거래비용이 줄어들어 교역이 증가하고 경쟁력이 제고될 것으로 전망된다. 대(對)중국 교역투자의 증가 및 위안화 차관의 증가로 동남아도 급속히 중화경제권에 편입될 것이다. 또한, 교역투자에서 대(對)중국 의존도가 높은 한국 기업들도 조만간에 위안화 결제 문제에 직면하게 될 것으로 전망된다.

결국, 세계적으로 보면, 달러화, 유로화, 위안화의 위상 강화를 위한 경쟁이 가속화될 것으로 전망된다. 이와 동시에, IMF의 역할에 대응하여 동아시아에서 '아시아통화기금'(AMF: Asian Monetary Fund)의 출범과 환율안정을 위한 '아시아통화단위'(ACU: *Asian Currency Unit*)에 관한 논의가 활발히 전개될 것으로 예상된다.

---

44 일본은 아시아 외환위기 이후인 1999년 대장성에 엔화국제화촉진연구그룹을 구성해 '엔화의 국제화' 추진을 연구했다. 이를 위해 경제 및 금융 회복, 개방 지속, 엔화 사용을 촉진하는 환경 조성 등에 나섰다. 특히 일본 기업의 무역 및 투자에서 엔화 사용을 강조했으며 일본의 경제적 영향력이 큰 아시아 지역을 중심으로 엔화의 국제화를 추진하기로 했다. 그러나 10여 년이 지난 현재 세계의 준비자산으로서 엔화의 비중은 더욱 감소하는 등 '엔화의 국제화'는 성공하지 못했다.

45 Shirono, Kazuko(2009).

(3) 동아시아 통화단위(EACU)의 도입

아시아 지역이 특정 통화(위안화 혹은 엔화) 중심의 통화체제를 갖추기에는 아직 무리가 있으므로, 그 대안으로서 'ASEAN+3(한·중·일)' 중심의 아시아 통화로서 이른바 아시아통화단위(ACU)를 도입할 수 있을 것이다.[46]

그러나 ASEAN+3의 13개국이 새로운 통화체제를 도입하기 위해서는 상호이해가 충돌할 가능성이 높다. 이 가능성은 치앙마이 이니셔티브(CMI: *Chiang Mai Initiative*)와 같은 역내협력 논의를 고려해 보면, 각국의 상이한 이해와 협력에 대한 정치적 의지의 차이 및 경제 수준이나 규모 등의 차이가 심하여 협력을 위한 합의를 도출하기가 어려웠다는 경험으로써 입증될 수 있다. 따라서 좀 더 소수의 국가들이 아시아 지역통화권 형성을 주도하는 것이 현실적 대안이다. 즉, 한·중·일 통화협력을 추진하는 것이다. 이들 3국은 이미 7백억 달러 규모의 통화스왑을 체결하여 거시경제적 협력을 시작했다.

대외경제정책연구원[47]은 한·중·일 통화협력을 위해 '동아시아 통화단위'(EACU: *East Asian Currency Unit*)를 도입할 것을 제안했다.

첫째 기축통화를 미국 달러화에서 '특별인출권'(SDR)으로 대체하는 것이다. 즉, 1970년대 말에 거론되었던 대체계정을 사용할 것을 제안하고 있다. 대체계정 사용과 관련된 가장 큰 애로점은 계정 이용에 따른 비용을 어떻게 분담할 것인가에 대한 합의를 얻기 어렵다는 것이다. 또한 특별인출권이 거래되는 민간시장이 없어 결제통화 및 투자통화로서 사용되기 어렵다. 더 큰 문제는 IMF가 세계 중앙은행으로서 역할을 해야 하지만 그 가능성이 거의 없다는 점이다.

46 임양택(2010a).

47 대외경제정책연구원은 현행 국제통화체제의 문제점과 논의사항을 점검하고, 달러화의 약세와 미국 경제의 상대적 위상 약화가 지속되는 상황에서 현실적인 국제통화체제의 변화 가능성에 대한 논의를 정리하였다. 또한 유로화와 위안화 등 주요 잠재적 대체통화의 국제통화 가능성과 지역통화체제의 대두 가능성을 분석하였다.

둘째 미 달러화 · 유로화 · 위안화가 서로 경쟁하는 삼극체제(*tripolar system*)를 출범시키는 것이다. 그러한 국제통화 체제의 변화과정에서, 달러화 중심의 국제통화제도가 당분간 지속되거나 달러화와 유로화가 경쟁하는 양극체제(*bipolar system*)가 될 것으로 예상된다. 달러화 중심 체제가 지속될 것으로 예상되는 이유는 달러화가 기축통화이기 때문이다. 미국은 여전히 가장 큰 규모의 GDP, 금융자산, 유동성이 높은 직접금융시장 등을 가지고 있고, 가장 막강한 군사력과 힘을 보유하고 있다. 또한, 유로화가 경쟁통화가 될 수 있는 이유는 유로 지역의 수출 규모가 가장 크고, 상대적으로 잘 발달된 간접금융, 자본시장 및 금융기관의 국제화, 유리한 무역형태(후진국으로 수출 및 차별화된 공산품 수출의 높은 비중)를 가지고 있기 때문이다.

셋째 위안화가 제3의 국제통화로 등장할 가능성은 아직 희박하다.[48] 위안화의 강점은 중국의 급격히 증가하는 경제 및 수출 규모, 최대의 외환보유액, 순 채권국, 낮은 재정적자와 정부부채 규모, 안정된 위안화 가치와 상승 추세를 들 수 있다. 그러나 중국 정부의 철저한 자본통제와 금융규제, 금융시스템의 비효율성, 미성숙한 금융경제 부문, 외환 및 민간채권시장의 소규모, 국제화의 저(低)수금 등을 고려해 보면 위안화가 아직은 국제통화로 활용되기에는 미흡하다.

'동아시아 통화단위'를 중심으로 환율 안정을 위한 협력을 하는 경우 상대적으로 변동성을 줄일 수 있을 뿐 아니라 달러화에 대한 의존도도 축소할 수 있다. 따라서 미 달러 중심의 통화체제가 불안해지더라도 아시아 국가들은 '동아시아 통화단위'를 매개로 하여 거시경제적 안정을 도모할 수 있으며 역내거래의 지속성을 보장할 수 있다. 또한 3국 간 환율 조정을 위한 환율메커니즘을 도입하는 것도 가능하다. 완전한 통화통합이 아니더라도 통화통합이 제공할

---

48 상기와 동일한 이유로 파운드화와 엔화도 국제통화가 될 가능성이 낮다고 판단되는데, 그 이유는 다음과 같다. 영국은 순채무국이면서 파운드화 가치가 하락하고 있으며 일본은 금융 부문이 국제화되지 못하고 자본통제가 심하기 때문이다.

수 있는 이점의 상당 부분을 향유할 수 있을 것이다.

따라서 한·중·일 통화협력을 추진하고 '동아시아 통화단위'를 도입하는 것이 가장 빠른 기간에 '동아시아통화권'을 구성하고 그 효과를 볼 수 있는 계기가 될 것이다. '동아시아 통화단위'의 구성은 치앙마이 이니셔티브 다자화협정(CMIM)에서 3국의 비중만큼 한·중·일이 1:2:2의 가중치를 가지도록 하는 것이 바람직하다. 한·중·일 간 공동통화 단위인 '동아시아 통화단위'를 일단 가상적으로 도입하여 그 환율을 지속적으로 고시할 필요가 있다. 그리고 이 환율을 활용하여 역내 거시경제적 협력을 추진하고, 환율협력이나 안정화 정책을 수행하는 것이 바람직할 것이다.

(4) 중국의 장기 전망

세계적 투자은행인 골드만삭스는 다음과 같이 전망했다. 2015년 중국의 GDP 규모를 5조 5,390억 달러(1인당 GDP는 3,975 달러)로 전망했다. 이 규모는 미국의 15조 8,380억 달러(세계 1위)와 일본의 5조 8,530억 달러(세계 2위)에 이은 세계 3위이다. 골드만삭스는 "중국이 내수주도형 경제로 전환해 2027년에는 GDP 규모가 21조 달러로 커져 미국을 제치고 세계최대 경제대국이 될 것"이라고 진망했다. 그리고 중국의 1인당 GDP가 2030년에 1만 달러를 돌파하고, 이어서 2040년에는 중국 경제의 규모가 미국 경제를 추월할 것으로, 2050년경에는 선진국 수준인 3만 달러를 돌파할 것으로 각각 전망했다. 그 결과, 중국의 국력은 2030년에 일본을 넘어서 세계 2위로 올라서고 2060년이 되면 중국의 GDP가 EU도 따라잡을 것이다.[49]

중국이 21세기 중반경 세계최대의 경제대국으로 성장할 것이라는 가능성을 뒷받침하는 근거로서 임금이 저렴하고 질도 낮지 않은 풍부한 노동력, 13억 인구의 거대한 잠재적 시장, 상대적으로 발달된 공업체계와 산업체계를 들 수 있다. 또한, 군사력도 경제력을 바탕으로 크게 증대될 것이며 10년 내에 동북아에서 러시아의 군사력에 버금가는 군사력 비중을 갖게 될 것이다. 중국의

49 니혼게이자이(2009. 11. 4).

2009년 국방예산은 4,806억 달러로 전년보다 14.9% 증가했다. 중국은 2008년에도 국방 예산을 17.9% 증액하는 등 지난 1999년 이후 최근 20년 동안 매년 평균 16.2%씩 국방예산을 증가시켜 왔다.

중국은 WTO와 APEC에 적극적으로 참여함과 동시에 ASEAN을 비롯한 많은 지역(혹은 개별국가)과의 FTA 체결을 중시함으로써, 기존의 정치·안보 이익을 중시하는 방향으로 전환하고 있다.

7) 환태평양 경제동반자(TPP)와 한·중·일 자유무역협정(FTA)

해양세력인 미국과 대륙세력인 중국의 세계 헤게모니 쟁탈전은 전술한 군사적 갈등뿐만 아니라 경제분야에서도 나타난다. 아시아·태평양 경제권의 장악을 위한 미국 주도의 '환태평양 경제동반자'(TPP)와 중국 주도의 '한·중·일 자유무역협정'(FTA)이 신경전을 벌이는 것이다.

(1) 미국 주도의 환태평양 경제동반자(TPP)

오바마 대통령은 태평양 순방의 첫 기착지인 제17차 APEC 정상회의에서 미국이 수출을 배가하여 국내 일자리를 창출할 핵심 수단으로 TPP를 강조하였다. 이를 확장하여 종국적으로는 아시아-태평양 FTA(FTAAP)를 완성하겠다는 의사를 밝혔다.

TPP는 싱가포르, 브루나이, 뉴질랜드, 칠레 등 소국 간 FTA에 오스트레일리아와 미국이 뛰어든 후 페루, 베트남, 말레이시아를 끌어들여 덩치를 키우는 다자무역협정이다. TPP는 미국의 이익이 강하게 담긴 만큼 아시아·태평양 지역의 높은 수준의 개방을 지향한다. 상품무역 전 분야의 개방을 견지하고 있어 농수산물 시장도 예외가 될 수 없다. 또한 한·미 FTA처럼 사회제도와 규제시스템의 포괄적 개혁도 담고 있다.

TPP는 기존의 군사동맹 네트워크로 팽창하는 중국의 군사력을 억지하는 한편, 세계 경제의 견인차 역할을 하는 동아시아 경제가 중국 중심으로 통합되는 추세를 견제하기 위해 태평양의 남쪽 주위를 엮고 동북아의 일본으로까지

FTA 네트워크를 확장하여 중국의 경제적 영향력 확산을 저지한다는 전략을 내포한다.

오바마 대통령은 제 17차 APEC 정상회의에서 일본과 캐나다, 멕시코를 TPP 교섭상대로 끌어들여 덩치를 키웠고, 환율 문제와 중국의 시장개방을 겨냥하며 규제개혁을 강조했다. 오스트레일리아 방문에서는 호주를 지구적 동맹국으로 치켜세우면서 동(東)중국해 해상로를 지키기 위해 호주 다윈에 2천 5백 명 병력 규모의 미 해병대 기지를 설치하는 결정을 이끌어냈다. 이어서, 인도네시아 발리의 동아시아정상회의(EAS)에서 오바마 대통령은 남(南)중국해 영유권 문제를 정식으로 거론하여 급속히 해군력을 확장하는 중국에 견제구를 날렸다.[50]

한편, 2011년 11월 12일, 노다 요시히코(野田佳彦) 일본 총리가 미국 주도의 TPP에 참여하겠다고 선언했다. 그는 과거 메이지유신(1868)이 제 1의 개국, 1945년 패전 후 경제재건이 제 2의 개국이라면, 이번 TPP는 제 3의 개국에 해당한다고 역사적 의의를 부여하였다. TPP에의 일본 가입은 고령화에 따른 생산성의 저하와 산업공동화, 엔고로 고전하는 일본 경제에 대한 일종의 충격요법이라고 주장했다.

최근 일본 경제사회총합연구소는 일본이 미국을 포함한 환태평양 10개국과 TPP를 체결할 경우 자국의 GDP가 약 0.48~0.65% 늘어날 것으로 전망했다. 이를 금액으로 환산하면 약 2조 7천억 엔(약 39조 1천억 원)의 생산증가효과가 나온다는 추산이다.[51] 물론, 일본 농민들이 TPP에 강력히 저항하고 있고, TPP보다는 미·일 FTA를 추진하자는 대안론, 일본의 최대 무역상대국인 중국을 견제하는 FTA 네트워크는 국익에 위배된다는 유보론 등 다양한 비판이 제기되었다.

---

50 이에 대응하여, 중국의 후진타오 국가주석은 상기한 APEC 정상회의 연설에서 글로벌 경제위기를 국제사회와 협력해서 풀어갈 것이며 특히 화평과 공동번영의 조화세계 건설을 위해 노력하고 있다고 밝혔다.

51 조선일보(2011. 11. 14).

(2) 중국 주도의 한·중·일 자유무역협정(FTA)

상기한 미국의 TPP 전략에 대응하여, 중국은 '한·중 FTA' 추진을 통해 '한·중 경제동맹'을 맺어 '한·미 FTA'와 '미·일 간 TPP' 협상을 상쇄하는 전략을 추진하고 있다. 이로써, 해양세력(미국)과 대륙세력(중국)의 마찰음이 당장 한국에게 다각적으로 부정적 영향을 미칠 수도 있다.

중국은 아시아 국가들만의, 그리고 아시아의 형편에 맞는 FTA 네트워크를 띄우고 있다. 예를 들어, 2011년 11월 19일, 한·중·일 정상회의에서, 중국은 3국 FTA 산·관·학 공동연구를 연내 종료하고 조기에 교섭을 개시할 수 있도록 합의를 종용하였다. 또한, ASEAN 국가들과의 협조하에 '광역 동아시아 FTA'를 주창하며 반격에 나섰다. 이어서, 2011년 11월 22일, 중국 원자바오 총리가 '한·중·일 FTA'를 제안했다. 한·중의 양자 간 FTA를 강조하던 중국으로선 이례적이다. 2011년 내로 타당성 공동연구를 마치고, 2012년부터 협상을 시작하면서 최대한 빨리 FTA를 체결하자고 제안했다.

중국이 '한·중·일 FTA'를 제안한 배경은 당연히 미국 주도의 TPP를 의식하기 때문이다. 즉, 미국이 중국을 견제하기 위해 대(對)아시아 영향력을 강화하고 있고, 그 수단 중 하나가 TPP라고 중국은 인식하는 것이다.

게다가 일본의 TPP 참여 선언은 중국으로 하여금 더욱더 조바심을 일으켰을 것으로 짐작된다. 이에 따라 중국은 한국에게 한·중·일 FTA의 조속한 교섭을 재촉할 뿐만 아니라 나아가 한·중 FTA 교섭을 강력히 촉구하고 있다. 일본도 한·일 FTA 협상재개를 요청할 것이다.[52] 심지어, 미국은 2010년 APEC에서 한·미 FTA의 후속으로서 TPP에 한국이 참여할 것을 권유한 바 있다.

한국이 일본을 견제하기 위해 TPP에 참여할 것이란 전망이 있지만, TPP에 참여해도 얻을 건 별로 없다.[53] 왜냐하면 한국은 TPP에 참여한 10개국 중 일본

---

52 일본은 수년째 한국에 '한·일 FTA' 협상을 시작하자고 제안했지만, 한국은 응하지 않고 있다. 그 이유는 한국은 2010년 일본으로부터 333억 달러 경상수지 적자를 봤고 매년 최대치를 경신하고 있으며 일본과 무역장벽이 없어지면 부품, 완성품 등 분야를 가리지 않고 큰 피해를 볼 것이라고 전망되기 때문이다.

53 그러나 미국과 FTA 협상을 맺은 캐나다와 멕시코가 TPP 참여를 검토하는 이유는 다자협상에서 얻는 실익은 적을지라도 공동망의 일원이 되는 것은 가치 있는 일이라고 생각하기

을 제외한 9개국과 이미 FTA 협상을 맺었거나 현재 추진중인데, 한국이 TPP에 참여해도 기존 FTA 협정은 유효하기 때문이다.

한편, 한・중・일의 산업연관 효과를 분석해 보면,[54] 일본은 중국으로부터 1990년대에는 섬유제품을 비롯한 비교적 부가가치가 낮은 산업들을 수입하였지만 2000년대에 들어서는 전기・전자기계, 정밀기계 등 고부가가치 첨단 제품들을 수입하고 있다. 또한, 일본은 2000년대에 한국으로부터 고부가가치 첨단 제품들을 수입하고 있다. 이것은 일본의 중국 및 한국에 대한 수입의존도가 고부가가치 첨단 제품들(전기, 전자기계, 정밀기계 등)을 중심으로 높아지고 있음을 의미한다. 한・중・일 산업별 무역연관 효과와 생산파급 효과를 분석해 보면,[55] 다음과 같다.

첫째 한・중・일 3국의 상대국에 대한 무역연관 효과는 증가하나, 자국 내 총산출에 비하여 기대수준에 미치고 못하고 있다. 한・중・일 3국의 총 GDP 규모가 10조 달러를 상회하고 5천억 달러에 달하는 교역 규모에도 불구하고 상대국에 대한 무역연관 효과가 작다는 것은, 3국 모두 국내 생산유발효과에 더 큰 비중을 둔 교역을 전개함을 의미한다.

둘째 한・중・일 3국은 상호 무역관계를 통해 자국의 생산 및 경제 규모를 확대하고, 동시에 상대국의 생산을 유발하는 산업연관 구조를 보이고 있다. 한・중・일 3국 가운데 한국의 무역연관 효과가 가장 크게 나타나 3국 간 경제통합에 따른 생산파급 효과는 중국이나 일본에 비하여 클 것으로 예상된다. 그리고 3국 간 생산연관 구조하에서는 중국과의 무역을 통한 국내 생산파급 효과보다 일본과의 무역을 통한 국내 생산파급 효과가 더 크기 때문에, 중국 혹은 일본과의 FTA를 체결할 때, '한・중 FTA'보다 '한・일 FTA'에 우선순위를 두어야 할 것이다

때문이다.

54 이홍배(2008).

55 이홍배(2009).

셋째 한·중·일 3국은 모두 동일하게 전기전자, 금속 및 일반기계, 화학 및 섬유제품에서 가장 큰 무역연관 효과를 보인다. 이러한 연관관계는 3국 간 무역이 산업 간 무역에서 산업 내 무역으로, 수직적 분업구조에서 수평적 분업구조로 각각 전환되고 있음을 나타낸다. 또한, 상기한 산업 분야의 경우, 한국에 대한 중국의 무역연관 효과가 높아지는 추세인 반면에, 일본에 대한 중국의 무역연관 효과에는 큰 변화가 없는 것으로 나타났다. 이것은 2000년대에 들어 한·중간 무역을 통한 상호 의존관계가 심화되고 있음을 알 수 있다.

다른 한편으로, 한·중·일 3국의 대외 교역량의 절반(50%) 이상이 3국 사이의 역내 교역이다. 한·중·일 3국의 역내 교역비중이 1995년 18.7%에서 2008년에는 약 22%로 증가하였다. 한국의 제1위 교역상대국은 중국이며,[56] 다음 순서가 미국과 일본 순이다. 일본도 제1의 교역상대국이 중국이며,[57] 그 다음 순서가 미국, 한국이다. 중국의 제1의 교역상대국은 미국이며, 그다음의 순서가 일본, 한국이다. 만약 한·중·일 3국이 '동북아 경제공동체'(NEAEC)를 실현할 수 있다면, 경제통합의 이익은 거의 3국에게 귀속될 뿐만 아니라 '동북아 경제공동체'는 세계 경제의 판도를 바꿀 수 있을 것이다.

한편, 1993년에 큰 파문을 던졌던 새뮤얼 헌팅턴(Samuel Huntington)의 저서 《문명의 충돌》에서는 서구인은 지금 세계가 정치적 체제와 경제적 이해의 대립에서 점차 문명 및 문화의 동질성으로 옮겨간다는 것을 충분히 인식하고 있다. 그러나 그러한 동질화 현상 속에서 서로 다른 문명과 문화가 충돌할 것이며, 결국 서구와 비(非)서구의 대립양상을 띨 것이라고 지적했다. 그는 서

56 한국의 대(對)중국 무역집적도(1980~2004)는 1980년 0.08에서 2004년 3.66으로 한·중간 쌍무적 교역관계에서 획기적으로 증가하였다. 이것은 곧 중국이 한국의 최대 수출시장이 되었다는 것을 의미한다. 예를 들어, 2006년에는 한국의 대 중국 수입액이 대 일본 수입액을 초과한 사실에서 한국의 대 중국시장 급격한 편향도를 볼 수 있다.

57 일본의 대 중국 무역집적도는 한국의 그것에 비하여 매우 안정된 모습을 보이나 1990년대 중반부터 높아지는 추세를 보이고 있다.

구와 대립하는 비서구의 세계가 '유교문화권과 이슬람문화권의 결탁(커넥션)'을 통해 구축되고 가시화될 것이라고 예측했다.

21세기에 이데올로기의 냉전시대는 끝났으나 여전히 민족국가 간 혹은 지역 간의 이기(利己)로 인하여 갈등과 충돌이 지속되고 있다. 이러한 상황에서, 동아시아 지역 내에 속하는 한·중·일이 과거 역사에만 집착해 감정적인 자존심 대결만 계속한다면 지구촌에서 낙후한 지역으로 전락할 수도 있다. 이와 반대로, 한·중·일 3국이 각국의 재능과 능력을 결합하여 서로 협력한다면 지구촌의 지도자가 될 수 있을 것이다.

한·중·일 3국은 과거 역사에서처럼 중국 중심 혹은 일본중심의 동아시아 질서를 만드는 것이 아니라 각기 독립적이면서도 상호의존적 관계를 갖는 신(新)동아시아 질서를 수립해야 한다. 서로 상대방 나라를 선의의 경쟁자이자 동반자로 인식하고 신뢰하며 존중해야 하는 것이다. 현재 한·중·일 3국이 가진 타국에 대한 잘못된 고정관념을 비록 고통스럽더라도 포기하고 공통된 문화유산을 최대한 활용하여 서로를 포용할 수 있는 가치관, 예로서 '동(東)아시아 공동체'(EAC)를 확립하여야 한다.

한·중·일의 공생과 화합의 정신은 구체적으로 '동북아 경제공동체'의 형성으로, 다시 이것은 3국의 산업기술 협력을 바탕을 한 '한·중·일 FTA'라는 경제공동체로 각각 구현되어야 할 것이다.

III 주요국의 경제현황 및 전망

이 장에서 저자는 미국·중국·일본·유럽·한국의 경제 현황과 전망을 순서대로 각각 서술하고자 한다. 한국 경제의 경우, 지난 65년의 경제발전 및 사회발전의 성과를 개관한 후, 한국 경제의 현황을 잠재성장률의 하락과 가계·국가·공기업 부채를 중점적으로 분석하고자 한다. 왜냐하면 저성장 기조와 부채 문제는 세계 경제가 공통으로 안고 있는 당면과제이기 때문이다.

1. 미국 경제

미국은 제 2차 세계대전 이후 2008년 하반기 '글로벌 금융위기'까지 약 70년 동안 세계를 제패했다. 그러나 2001년 9월 11일 테러사건을 기점으로 '팍스 아메리카나'를 유지하기 위하여, 대량살상무기 확산방지 구상(PSI)의 강화와 자유무역협정(FTA)의 광역화를 추진했다.

오바마 미국 대통령은 '쌍둥이 적자'(무역적자 및 재정적자)의 누증과 아프가니스탄·이라크 전쟁에서의 군사적 딜레마를 탈피하기 위하여, 지난 22년 동안 유지한 '두 개의 전쟁'(1+1) 개념(중동과 한반도에서 두 개의 전쟁을 동시에 수행하는)을 포기하였다. 그리고 해외주둔 미군전략의 우선순위를 유럽 및 중동에서 아시아·태평양 지역으로 옮기는 새로운 국방전략인 '글로벌 리더십의 지속: 21세기 국방의 우선순위'를 발표했다.

한편, 경제적 측면에서 보면 미국은 2011년에 국가신용등급을 강등당했고 3회의 양적 완화를 통해 무려 3조 달러(약 3,450조 원, 한국의 연간 GDP의 약 3배 수준)를 쏟아부었지만 2011년 8월부터 시작된 '글로벌 경제위기'의 늪에서 아직 벗어나지 못하고 있다.

오바마 대통령은 이러한 경제난국을 타개하기 위해 "미국은 태평양 국가"라고 선언하고 '신(新) 아시아 정책', '환태평양 경제동반자', 아시아 중시의 '신(新) 국방전략'으로 미국 경제력의 회복을 위해 안간힘을 쓰고 있다.

그럼에도 불구하고 가브리엘 콜코, 제프리 삭스, 누리엘 루비니, 앤디셰(謝國忠), 후안강(胡鞍鋼) 등은 '팍스 아메리카나'의 종언(終焉)을 예언하였다.

1) 경제적 위상의 추락

미국은 2008년 글로벌 금융위기에 대처하느라 대증요법에 매달렸다. 즉, 기준금리를 낮추고 막대한 재정지출을 감행했다. 다행히 대공황은 피했지만 그 후유증은 매우 심각하다. 2009년 회계연도에 1조 달러가 넘어섰던 미국의 재정적자는 2011 회계연도에는 1조 5천억 달러(미국 GDP의 11% 수준)에 이르렀다.[1] 미국의 재정적자가 불어나면서 이를 메우기 위한 국채 발행도 늘었다. 미국의 국채 발행 잔액은 2008년 말 10조 247억 달러였지만, 2011년 2월 현재 14조 252억 달러로 40% 급증했다.[2]

또한, 초(超)저금리와 통화량의 양적 완화는 달러화의 약세를 야기했고, 이

---

1 2003~2008년 회계연도(미국은 매년 10월에 시작)만 해도 GDP의 1~4% 수준이었던 미국의 재정적자가 2009년 10%, 2010년 8.9%로 치솟았다. 미국의 GDP 대비 재정적자 비율(2010년 8.9%)은 국가부도 위기를 맞은 그리스(8.3%), 포르투갈(7.3%)보다 높다. 재정적자 규모는 2008년 4,586억 달러에서 2009년 1조 4,127억 달러로 3배 이상 불어났고, 2011년 1조 4천 3백억~1조 6천 5백억 달러의 적자가 예상된다.

2 미국 국채 발행의 급증과정에서, 중국은 3조 달러에 달하는 외환보유액을 가지고 1조 1,541억 달러어치의 미국 국채를 매입하면서 미국 경제를 위협할 수 있다.

것은 다시 글로벌 인플레이션을 유발하였고, 넘치는 달러화는 이머징마켓으로 몰려가 거품이 부풀었다. 그러나 최근에는 시퀘스터(*sequester*: 재정지출 자동감축) 발동으로 2013 회계연도에는 미(美) 연방정부의 누적 재정적자는 최근 5년 만에 최저수준인 7,590억 달러로 크게 감소했다.

잠시 회고해 보면, 제1차 세계대전과 제2차의 세계대전을 거친 후, 미국은 세계 경제에 기축통화(*key currency*), 가장 깊고 유동성이 큰 자본시장, AAA 등급의 무(無)위험 신용을 각각 제공했다. 실로, 미국은 '최후의 대부자'(*lender of last resort*)임과 동시에 '최후의 소비자'이기도 했다.

그러나 2008년 글로벌 금융위기와 2011년 8월 글로벌 경제위기를 거치면서 기축통화라는 달러화의 위상이 흔들리고 있다. 또한 최근에는 최고수준인 AAA 신용등급의 무위험 신용 제공자로서의 미국의 지위도 흔들리고 있다.

상술하면, 2011년 4월 18일, 세계 신용 신용평가 회사인 스탠더드 앤드 푸어스(S&P)가 미국의 국가신용등급 전망을 '안정적'(*stable*)에서 '부정적'(*negative*)으로 강등했다.[3] 즉, 이러한 S&P의 조치는 최고등급인 AAA 신용등급은 당분간 유지하되, 향후 6개월~2년 내에 재정위기 수습방안을 내놓지 못하면 신용등급이 AA+로 강등당할 수 있음을 경고하는 것이다.

상기의 경고는 비록 신용등급 전망에 관한 것이지만 미국 신용등급의 상등이란 상처를 입은 것은 1941년 S&P가 국가신용등급을 매기기 시작한 이후 처음이다. 만약 현재 AAA인 미국의 신용등급이 추락하면 이자율이 상승하고 미국 국채도 시장에서 제대로 소화되기 어렵게 된다. 이 경우, 미국은 물론 세계 경제가 치명타를 입을 수 있다.

한편, 영국은 2008년 글로벌 금융위기 후, AAA 신용등급 국가 중에서 S&P

---

3 상기의 S&P 조치는 2011년 초부터 예견됐다. 2010년 말 오바마 대통령이 조지 W. 부시 정부 시절 만든 부자감세 법안을 연장하라는 공화당 요구를 수용한 게 결정적 단초였다. 당시 S&P는 물론 무디스도 미국 국가신용등급 전망을 강등할 수 있다고 수차례 경고했다. 그러나 오바마 정부와 정치권이 재정적자를 줄이기 위해 머리를 맞대기는커녕 세금을 깎아주는 조치부터 연장하자 오바마의 경제 리더십에 대한 의문이 제기되었다. 그리고 이날, 구두로 경고해도 소용이 없자 S&P가 먼저 행동으로 옮긴 것이다.

의 경고장을 받은 최초의 국가이다. 재정적자가 계속 불어나자 2009년 5월 S&P는 영국의 신용등급 전망을 '부정적'으로 강등했다. 이에 대응하여, 데이비드 카메론 영국 총리는 부랴부랴 재정적자 감축 대책을 마련해 야당의 동의를 극적으로 이끌어냈다. 공무원 50만 명 감축과 대대적인 복지비 삭감이 뒤따랐다. S&P는 이를 높이 평가해 5개월 만인 2009년 10월 영국의 신용등급 전망을 원상회복시켰다.

그러나 오바마는 늑장을 부렸다. 당장 발등에 떨어진 글로벌 금융위기 수습에 급급해 재정적자 감축은 뒷전으로 미뤘다. 오바마는 오히려 건강보험 개혁과 월스트리트 손보기에 전력투구했다. 그동안 재정적자는 눈덩이처럼 불었다. 당장 14조 3천억 달러까지 늘어난 국가부채는 법정 한도 14조 2,940억 달러(약 1경 5,580조 원)를 넘어섰다. 만약 2011년 7월 8일 이전에 의회가 한도를 증액해주지 않았다면 미국 국채는 기술적으로 부도상태가 될 수밖에 없었다. 이것은 2008년 9월 15일 리먼브라더스 파산보다 국제 금융시장에 더 큰 파장을 불러올 가능성이 높았다.

미국은 그동안 '기축통화국'의 지위를 한껏 누렸다. 막대한 부채에도 불구하고 미국의 국채는 가장 안전한 자산으로 여겨졌다. 그래서 언제든지 모든 금리로 달러 표시 국채를 발행해 재정적자를 메울 수 있었다. 이러한 타성 때문에 미국 정부는 S&P의 경고를 과소평가했다. 오스탄 굴스비 백악관 경제자문위원장은 "S&P는 정치적 판단을 했으며 백악관은 이런 결정에 동의하지 않는다"고 비난했다. 제이 카니 백악관 대변인도 "클린턴 대통령이 의회와 재정적자 타협안을 타결시켰듯이 오바마 대통령도 합의를 이끌어낼 것"이라고 밝혔다.[4]

미국의 신용등급은 2008~2009년 글로벌 금융위기 때도 흔들리지 않았다. 미국 국채만은 안전할 것이라고 인식한 세계 투자자들이 미국 국채를 매입했기 때문이다. 그러나 이젠, 전술한 S&P의 경고대로 미국의 신용등급이 실제로 AAA에서 AA+로 하락한다면[5] '기축통화국'이라는 특혜를 유지하기 어려울

---

4 1996년 클린턴 정부 때, 로버트 루빈 재무장관이 신용평가사의 등급하향 경고를 공화당 압박카드로 역이용해 등급강등 위기를 벗어난 적이 있다.

5 S&P가 미국의 신용등급 전망을 '안정적'에서 '부정적'으로 바꾼다는 의미는 앞으로 2년

것이다.

미국은 자국의 국채는 항상 잘 팔릴 것이라는 환상에 빠져서도 안 된다. 이미 중국을 비롯한 아시아의 중앙은행들은 보유중인 미국 국채와 달러화에 불안감을 느끼고 있다. 미국의 신용등급이 하락하면, 중국은 언제든지 미국 국채(1조 1,542억 달러어치)와 달러화를 팔아 치울 수 있다. 아시아 중앙은행들이 자선단체가 아니기 때문에 이런 손절매(損切賣)의 가능성은 상존한다.

오바마의 경제 리더십은 2010년 11월 중간선거에서 첫 위기를 맞았다. '작은 정부'를 내세운 강경보수파 '티파티'(Tea Party)가 돌풍을 일으켜 공화당은 하원을 장악하였다. 하원에 교두보를 마련한 공화당은 사사건건 오바마의 발목을 잡았다.

오바마와 공화당을 이끄는 존 베이너 하원의장은 서로 한 발짝도 물러서지 않았다. 물론 베이너 하원의장은 향후 앞으로 10년 동안 재정적자를 4조 달러 규모로 줄이는 데 합의했다. 그러나 어느 부문에서 재정지출을 줄이느냐를 놓고 미국의 여야는 맞서고 있다. 왜냐하면 2012년 대통령선거를 의식하였기 때문이다. 베이너 하원의장은 오바마의 표밭인 서민 예산을 깎으라고 요구하였다. 즉, 노인·저소득층 의료보험과 사회보장비 지출을 오바마 손으로 과감히 삭감하라는 것이다. 이에 맞서 오바마는 부자증세 카드로 베이너 하원의장을 압박하였다. 결국, 미국은 민주당·공화당 합동 재정개혁위원회에서 예산지출 감축과 세제개혁을 통해 GDP 대비 재정적자 비율을 2010년 8.9%에서 2020년 1.2%로 줄이겠다고 밝혔다.

S&P는 불건전한 미국 경제체질에 경종(警鐘)을 울린 셈이다. 재정건전성을 도모하려면 예산지출 삭감이란 고통을 이겨내야 한다. 왜냐하면 증세는 아직 경기회복이 불투명한 상황에서 엄두를 내기 어렵기 때문이다. 그 대신에 유일한 해결책은 재정지출 삭감인데, 이것은 정치적 진통을 수반하였다. 미국 공화당은 재정건전성을 위해 과감한 복지재정 지출 삭감을 요구하는 반면에 민주당은

이내에 신용등급이 최고수준인 현재의 AAA에서 한 단계 아래인 AA+로 하락할 가능성이 3분의 1을 넘는다는 의미다. 반면에 S&P는 2010년 12월 중국의 신용등급을 A+에서 AA-로 한 단계 올렸다. 그러나 중국의 신용등급은 아직 미국의 신용등급보다 3단계 낮다.

지나친 복지재정 지출 삭감은 서민들의 어려움을 가중시킨다며 반대하고 있다.

2) 양적 완화 정책

2000년대 초반 디플레이션 염려가 높았을 때 앨런 그린스펀의 대응이 통화량 공급에 의한 부동산 가격 부양이었는데, 2008년 하반기 글로벌 금융위기의 후유증으로 세계대공황의 두려움이 엄습하자 벤 버냉키가 들고 나온 카드 또한 양적 완화라는 이름의 새로운 통화 공급이었다.

미국 연방준비제도이사회(FRB)의 연방공개시장위원회(FOMC)는 2012년 9월 13일과 14일에 단기채권을 매각하면서 기존 양적 완화 조치에 추가하여 매월 4백억 달러의 모기지 증권인 주택담보채권(MBS)을 매입하겠다고 밝혔다. 2014년까지 현행 초(超)저금리 수준을 유지할 것을 천명하면서 장기채권의 보유 비중을 지속적으로 늘리는 양적 완화 조치를 발표한 것이다.

상기의 제3차 양적 완화 조치는 글로벌 금융위기 발생 이후 미국은 자국의 정책 이자율이 실질적 제로(0) 상태에 놓이자 '비(非)전통적 통화정책'[6]을 통해 추가적 통화완화 정책을 시행하고 있음을 의미한다.

비전통적 통화정책은 상기의 양적 완화를 비롯해 단기금리에 대한 정책공약, 즉 오퍼레이션 트위스트 등의 정책도 포함한다. 오퍼레이션 트위스트는 중앙은행이 보유하는 금융자산의 총액은 유지하면서, 단기채권 매각과 장기채권 매입을 통해 장기금리 하락을 도모하는 정책이다.[7]

---

6 여기서 '비전통적 통화정책'이라고 칭하는 이유는 다음과 같다. 미국은 2008년 12월 이후 0~0.25%의 정책금리 수준을 유지하는데, 이는 실질적인 제로금리 상태라고 할 수 있다. 정책이자율이 제로금리인 상태에서는 전통적 통화정책 수단인 금리조정을 통한 통화완화가 불가능하기 때문에, 금리조정 이외의 비전통적 정책을 통한 통화완화가 요구된다. 비전통적 통화정책의 직접적 목표는 단기금리가 하한선(*zero lower bound*)에 처한 상황에서 추가적으로 장기금리를 낮추어 경기부양 효과를 모색하는 것이다. 특히 경제가 디플레이션에 직면하였을 경우 이를 막는 수단으로 비전통적 통화정책이 사용되었다.

7 '오퍼레이션 트위스트'(*operation twist*)는 1961년 미국 케네디 정부 시기에도 시행된 바 있으며 글로벌 금융위기가 지속되는 가운데 2011년부터 FRB도 이 정책을 시행하고 있다.

최근의 경기부양 정책이 전통적 금리를 통한 통화정책이 아니고 양적 팽창의 형태를 취하는 것은 이미 금리를 조정하기 위해 쓸 수 있는 수단은 다 썼음을 의미한다. 미국과 EU의 기준금리는 0% 수준이므로 금리를 더 이상 낮출 수 있는 여지가 없다. 이 경우, 자본비용 감소를 통해 한계기업을 도와주는 것은 불가능하게 된다.

비전통적 통화정책은 장기금리를 낮추고 금융시장의 안정을 가져왔다는 점에서[8] 긍정적 평가를 받지만 실물시장에 미친 파급효과에 대해서는 논란이 있다. 다수의 실증분석 연구에서 글로벌 금융위기 중 FRB의 국채매입 프로그램이 장기국채 금리하락에 도움이 되었다는 결론이 도출되었다.

그러나 상기한 통화완화 정책이 실물경제에 얼마나 도움이 되었는지에 대해서는 논란이 계속된다. 왜냐하면 적극적인 양적 완화 정책에도 불구하고 미국의 고용시장과 주택시장의 회복이 더디기 때문이다.

미국의 현재 실업률은 8.1%에 달하고 실업자는 1천 2백만 명에 이른다. 미국의 자연실업률(물가상승 압력이 없는 실업률)은 5.5~6%이고, 자연실업률에서의 평균 실업자 수는 5백~8백만 명 수준이다. 현재 미국 실업자의 증가와 실업률의 상승으로 비(非)농업 단위노동 비용은 상당히 낮은 수준이다.

물론, 제3차 양적 완화(QE3)에 의해 이루어진 이번 연방공개시장위원회의 모기지 증권인 주택담보채권(MBS) 매입 조치는 단기 효과보다는 중·장기 효과를 기대하는 조치이다. 이전까지의 양적 완화가 경기 및 시장 안정을 위한 거시적 금융지원 조치였다면 이번 조치는 장기채권 금리 하락과 함께 주택시장 부양을 노린 미시적 금융지원 조치라고 말할 수 있다.

벤 버냉키 FRB 의장의 제3차 양적 완화(QE) 발표 이후, 증시가 후끈 달아올랐으나 금세 식어 버렸다. 왜냐하면 중앙은행이 유동성을 풀면 경기전망이 호전되면서 인플레이션 위험과 달러값 약세에 대비해 원자재 및 원유가격과 금값이

---

8 D'Amico, Stefania & Thomas B. King(2010); Gagnon, Joseph, Matthew Raskin, Julie Remache & Brian Sack(2010); Wright, Jonathan H. (2012); Hamilton, James D., & Jing Wu(2012) 등은 실증분석을 통해 글로벌 금융위기 중 미국의 비전통적 통화정책이 장기금리 하락을 가져왔다는 결론을 제시했다.

덩달아 상승하기 마련인데, 이러한 기대와는 정반대의 결과가 나타났기 때문이다. 따라서 FRB의 양적 완화 정책의 기대효과는 물거품이 되었고 오히려 인플레이션을 비롯한 부작용을 걱정하게 되었다. 그 근거는 다음과 같이 3가지를 들 수 있다.

첫째 미국 모기지 금리 하락으로 인한 주택경기 부양효과가 크지 않다. 또한 비록 그 효과가 크다고 하더라도, 미국 주택구매 수요증대가 가져올 긍정적 영향보다 중국 경제의 경착륙 우려가 현실화되었을 때 글로벌 경기에 미치는 영향이 더 크다.

둘째 과거 1, 2차 양적 완화는 급락하는 미국 증시를 반전시키기 위한 조치였지만 제3차 양적 완화는 미국 증시가 글로벌 금융위기 후 최고치를 경신하는 상승 국면에서 이뤄졌다. 그 결과, 제3차 양적 완화에 대한 기대감이 증시에 이미 반영됐다고 말할 수 있다.

셋째 초저금리 상황에서는 헬리콥터로 돈을 뿌려도 실질경제 성장에 도움이 안 된다.

중앙은행이 돈을 푸는 만큼 은행이 가계와 기업에 대한 대출을 늘리고, 가계와 기업이 그 돈으로 소비와 투자를 늘려야 경기가 살아날 수 있다. 그러나 2008년 글로벌 금융위기 이후 가계는 빚 갚기에 바빠 빚을 더 낼 형편이 아니고, 기업은 경기전망이 불확실해 투자결정을 뒤로 미루고 있으며, 은행도 위험한 대출을 할 엄두를 내지 못하고 있다. 은행의 대출 증가세는 2008년 리먼 사태 이전에 비해 크게 위축되었으며, 이와 같이 통화가 시장에 돌지 않음에 따라, 통화수요가 제한적이기 때문에 일반은행은 보유자산(현금)의 상당부분을 중앙은행에 다시 예치하고 있다. 그 결과, 주요국의 중앙은행들이 돈을 쏟아부었지만 큰 효과를 기대하기 어렵다.

다행히, 미국에서 셰일가스[9] 발(發) 에너지혁명이 일어나고 있다. 이 결과,

---

9 셰일가스(*shale gas*)란 진흙 퇴적암층(셰일)에 붙어 있는 천연가스나 원유를 말한다. 그

미국 내 천연가스 가격은 15달러에서 2달러대로 급락했다. 제조업체의 원가절감 효과가 지대하다. 국제에너지기구(IEA)는 〈새로운 정책 시나리오〉라는 보고서에서 다음과 같이 전망했다. 2017년에는 미국의 석유 생산량이 하루 1,110만 배럴을 기록하여 현재 최대의 원유 생산국인 사우디의 하루 1,060만 배럴 생산량을 능가할 것이고, 2020년에는 세계 최대 산유국인 사우디아라비아를 제칠 것이라고 한다.

미국은 OPEC 국가들로부터의 원유수입을 점차 감소시키고 있으며, 2035년까지 에너지 자급자족이 가능할 것으로 전망된다. 그 결과, 미국의 에너지 수입 비중은 2010년 22%에서 2035년 13%로 급감할 것으로 예상되며, 그간 미국에서 수입했던 중동 오일 90% 이상이 2035년까지 아시아 시장으로 유입될 것으로 전망된다. 이라크는 2030년경 러시아에 이어 세계 2위의 원유 수출국으로 부상할 것이며, 아시아 시장의 핵심 원유 공급국이 될 것으로 전망된다.

만약 전체 매장량이 천연가스와 맞먹는 셰일가스가 본격적으로 개발되면 세계 에너지 지형이 변화할 것으로 전망된다. 아비에제르 터커 텍사스대 에너지 연구소장은 〈워싱턴 타임스〉에 기고한 글에서 "셰일가스를 두고 새로운 냉전이 벌어질 것"이라고 전망했다. 즉, 과거 미국과 러시아가 자본주의와 공산주의를 앞세워 주변국을 자기편으로 끌어들이려 했다면, 이제는 셰일가스와 천연가스를 놓고 양측이 진영(陣營) 싸움을 하리라는 것이다.

그동안 러시아와 중동국가들이 주도권을 쥐고 있던 화석에너지 자원시장에 천연가스 수입국이었던 미국이 뛰어들면서 에너지자원 헤게모니를 잡기 위한 신(新)냉전이 시작될 것이다. 그동안 석유를 앞세워 중동지역이 누려온 위상도 축소될 것이며 미국의 대(對)중동 전략도 장기적으로 변화할 것으로 전망된다.

동안 경제성이 떨어져서 개발이 미뤄졌으나 최근 물을 강력한 압력으로 분사시켜 퇴적암층에서 가스만 분리시키는 기술이 개발되면서 차세대 에너지원으로 각광받게 되었다. 예로서, 로스차일드 가문 계열의 한 금융회사가 록펠러 금융서비스 지분 37%를 인수하기도 했다. 유럽과 미국을 대표하는 두 회사가 새로운 천연자원을 통제하기 위해 손을 잡은 것은 의미심장하다. 록펠러 가문이 세운 스탠더드 석유는 세계최대 석유회사인 엑손모빌의 전신이다.

장기적으로 셰일가스가 석유와 천연가스의 경쟁력을 떨어뜨려 중동국가들을 약화시킬 수 있다. 현재 미국과 유럽의 대(對)이란 경제제재로 인해 이란의 석유·천연가스의 수출이 중단되어 있다. 그러나 셰일가스 개발이 본격화되면 이란에 대한 경제제재가 풀리더라도 주요 수출국인 유럽에서 판로를 찾기 힘들게 될 것이다.

2. 중국 경제

중국은 1840년 아편전쟁 후 '민족독립, 국가강성, 현대화'를 국가목표로 정하였다. 이후 마오쩌둥이 1949년 '중화인민공화국'을 건설하고, 대약진운동, 문화대혁명을 단행했고, 덩샤오핑이 1978년 개혁·개방을 추진했으며, 장쩌민이 지속적 고도성장 정책을 지향했다. 후진타오는 '전면적 소강(小康)사회' 및 '사회주의(社會主義), 조화사회(和諧社會)'의 건설을 추진하였고, 국가강성(중국을 세계 2위로 위상 제고)을 목표로 삼았으며, 시진핑은 현대화(중국을 세계 1위로 위상 제고)를 위해 노력하고 있다.

중국은 2001년 11월 WTO에 가입하여 세계 경제에 편입한 후, 불과 7년 만인 2008년 8월 베이징 올림픽을 계기로 '세계 속의 중국'을 과시했다. 중국은 경제대국(2012년 기준으로 GDP 규모 세계 4위, 교역규모 세계 3위, 외환보유고 세계 1위)으로 자리 잡았으며, 나아가 정치·군사대국으로 발돋움하여 남(南)중국해의 영유권을 탈환하겠다고 포효하고 있다.

그러나 중국 경제 역시 3대 딜레마(투자·재정·인플레이션) 속에 빠져 있으며, 내수와 수출 간, 투자와 소비 간, 도시와 농촌 간의 불균형이 각각 심화되고 있다. 또한, 농민공 2억 2천 6백만 명이 중국 대륙에 떠돌고 있다. 그런데도 중국 지도부(특히 리커창 총리와 저우샤오촨 인민은행장)는 '경제 살리기'보다 '반(反)부패 운동'과 '신용거품 제거'를 위한 경제구조 개혁에 더 힘을 쏟고 있다.

1) 개관

1978년 개혁·개방 이후, 중국을 중심으로 형성된 '중화경제권'은 줄곧 세간의 주목을 받았다.[10] 2003년 중국과 홍콩 및 마카오 간의 '포괄적 경제동반자 협정'(CEPA)과 2010년 중국과 타이완 간의 '양안 경제협력 기본협정'(ECPA)이 체결되면서 '중화경제권'이 제도적 차원에서 구체화됐다.

현재 중화경제권을 통해 중국은 홍콩, 마카오, 타이완 경제를 이끄는 중심이 되었고 이제 그 영향력을 동남아와 세계로 확장하는 추세다. 이미 홍콩 및 마카오와는 '포괄적 경제동반자 협정' 체결을, 타이완과는 '양안 경제협력 기본협정'을 각각 체결함으로써 중화경제권의 경제통합을 가속화하고 있다. 또한, 중국은 또한 동남아 미개척 국가를 대상으로 메콩 강 유역 개발계획을 발표하고 대대적인 인프라 투자에 나서고 있다. 또한 베트남, 태국, 말레이시아, 싱가포르를 잇는 아세아 횡단철도를 이용해 광시 북부만 개발에도 매진하고 있다. 다시 말해, 중국을 중심으로 진행되는 이러한 프로젝트는 중국과 화인(華人) 경제권 간의 연계를 강화해 중화경제권의 기반을 공고히 하고 그 역할을 더욱 부각시킬 것으로 전망된다.

중국을 중심으로 한 중화경제권의 부상은 동남아 지역경제의 통합에도 크게 기여할 것으로 기대된다. 미국, 유럽, 일본 등 주요 선진국 경제가 침체되어 글로벌 경제위기 우려가 높아지는 상황에서 중화경제권이 세계 경제의 새로운 활력소가 되어 또 다른 경제발전 공간을 제공할 수도 있을 것이다.

동남아 화교까지 포함된 중화경제권의 경제규모는 정확한 집계를 내기 어렵다. 2012년 현재 중국, 홍콩, 마카오, 타이완 등 4개 지역만 보더라도 전체 면적은 963.7만 ㎢(세계의 7.2%), 인구는 13억 8천만 명(세계의 20%), GDP 규모는 약 8조 7천억 달러(세계 GDP의 12%)에 달한다. 이 중에서 중국의 GDP는 7조 9,917억 달러이다.

---

10 '중화경제권'의 개념은 베이징대 마룽(馬戎) 교수가 주장하는 '대중화경제권'과 같은 의미다. 즉, 중화경제권은 중국, 홍콩, 마카오, 타이완 외에 싱가포르, 태국, 말레이시아, 인도네시아 등 동남아 화교경제를 모두 포함한다.

후안강(胡鞍鋼) 중국 칭화대(清華大) 공공관리학원 교수[11]는 2012년 출간된 그의 저서 《2020년 중국》을 통해 "중국이 고도성장을 지속해 2020년에는 미국을 제치고 세계최대 경제대국이 될 것"이라고 전망했다. 그리고 후진타오의 역사적 임무는 중국을 '세계 2위 국가'에 올려놓는 것이었으며, 이제 시진핑 공산당 총서기의 역사적 임무는 중국을 '세계 제1위 경제대국'으로 올려놓는 것이라고 주장했다.

후안강 교수는 중국 경제가 장기적으로 고도성장을 유지할 수 있을 것으로 전망했으며 그 근거로서 중국의 5가지 성장동력(즉, 도시화·신흥공업화·정보화 및 지식화·기초설비 현대화·국제화)을 지적했다. 2012년처럼 해외수요, 즉 국제화의 수요가 감소하면 다른 4개의 발전기(성장동력)가 강하게 움직여 중국 경제의 발전을 이끌어낼 수 있다는 것이다. 세계 어느 국가도 상기한 5개의 발전기를 보유한 국가는 없다고 한다.

'1단계 샤오캉'(小康) 중 일부 지역 편차는 있지만 기본적 욕구를 해결하는 것은 2000년을 기점으로 달성됐다. 전체 중국인민이 먹고살 만한 '전면적 샤오캉'(1인당 소득 5천 달러 안팎) 단계는 2020년까지 이뤄질 예정이다. 현재 중국 가정의 '싼다젠'(三大件: 3대 재산)은 아파트와 자가용, 컴퓨터다. 중국 건국 초기인 1950년대 싼다젠은 손목시계와 자전거, 녹음기였으며, 개혁·개방 초기인 1980년대의 싼다젠은 냉장고, 컬러TV, 비디오카메라였고, 1990년대의 싼다젠은 휴대전화, 에어컨, 음향기기였다.

---

11 후안강 교수는 중국 정부의 '경제정책 브레인'으로, 20여 년 동안 정부의 각종 정책 입안에 중요한 역할을 했다. 30대부터 두각을 나타내 중국 경제학계에서는 '앙팡테리블'(무서운 아이)로 불렸고, 1985년부터 사회과학원의 국정연구소조에 참여했다. 2000년부터는 칭화대 국정연구센터 주임을 맡아 국정연구 분야에서 40여 권의 책을 출판하는 등 독보적 업적을 쌓았다. 그의 국정보고는 중국의 최고지도자들이 필독하고 정책에 반영하기로 유명하다. 그가 1993년 왕샤오광(王紹光) 홍콩중문대 교수와 함께 쓴 《중국 국가능력 보고》는 중국 세제개혁의 교과서 역할을 했다. 1998년에 나온 《중국의 실업문제와 취업전략》도 당시 주룽지(朱鎔基) 총리가 적극 정책에 반영해 한때 주 총리의 '꾀주머니'로 불리기도 했다. 2011년 말에는 《제2대 민족정책, 민족융합과 번영의 촉진》이라는 책에서 중화민족의 일체화를 주장했다. 최근 시진핑 총서기가 말하는 '중화민족의 위대한 부흥'은 바로 이 책에서 등장하는 문구다(〈한국경제〉, 2013. 1. 2).

한편, 중국 중앙당교가 발행하는 〈학습시보〉(學習時報)의 부편집장 덩위원(鄧聿文)은 후진타오 정부 10년의 문제점을 시진핑 국가주석이 해결해야 할 10대 난제라는 이름으로 에둘러 표현했다. 즉, 후진타오이 집권한 10년간 중국 사회는 모순이 심화됐고, 경제는 독점이 판을 쳤으며, 개혁은 진전이 없었다는 것이다. 시진핑 국가주석의 10대 난제는 다음과 같다.

① 소비주도형 경제구조가 아쉽다.
② 중산층 양성이 절실하다.
③ 농민의 거주이전 자유를 제한하는 호구(戶口) 제도 개혁이 필요하다.
④ 한자녀 정책과 고령화 등 인구문제가 심각하다.
⑤ 교육과 과학연구의 질이 낮다.
⑥ 환경오염이 큰 문제다.
⑦ 에너지 공급체계가 불안하다.
⑧ 사회도덕이 붕괴됐다.
⑨ 외교 시야가 좁다.
⑩ 정치개혁과 민주화가 지지부진하다.

아편전쟁 패배 이래 중국의 목표는 크게 3가지, 즉 ① 민족독립, ② 국가강성, ③ 현대화였다. 민족독립은 1949년 중화인민공화국 건설로 달성됐고, 국가강성은 후진타오 집권 기간 중국이 세계 2위의 경제체로 발돋움하며 어느 정도는 이뤄졌다. 이제 남은 건 현대화다.

후진타오는 전형적인 기술관료다. 마오쩌둥의 건국, 덩샤오핑의 개혁·개방, 장쩌민의 성장 일변도에 이어 그는 성장의 그늘을 살피는 조화사회 건설에 무게를 뒀다. 중국에 '강산은 시대마다 인물을 낳는다'(江山代有人才出)는 말이 있다. 이젠 시진핑이 역사의 무대에 올랐다. 시진핑이 완수해야 할 역사적 과제는 후진타오가 완성하지 못한 '중국의 현대화'다.

2) 제조강국 → 무역대국 → 금융강국으로 도전

중국의 최종목표는 '경제강국'을 실현하는 것이다. 이를 위해, 중국 정부는 '제조강국', '무역대국', '금융강국'을 추구할 것으로 전망된다. 특히 위안화의 국제화 전략을 실시하여 홍콩과 상하이 두 지역을 국제 금융시장으로 육성할 것이며 세계적인 금융기관을 배출하기 위한 노력을 경주할 것이다.

중국의 자본주의 발전모델은 수출주도 및 국가주도로 요약될 수 있다. 수출주도 성장모델은 '아시아의 4마리 용' 신화에 이어 중국의 성공까지 이끌며 후발국 경제발전 모형이 되었다. 중국의 '국가자본주의'(*state capitalism*)은 현재 경제위기에 직면한 서구의 신자유주의와 대비되며 2008년 하반기 글로벌 금융위기 이후 오히려 주목받게 되었다.

그러나 2008년 글로벌 금융위기는 중국이 아무리 강력한 국가자본주의 체제를 유지하더라도 세계자본주의의 국제분업구조에 편입될수록 세계소비시장 침체의 충격을 통제할 수 없다는 사실을 확인시켜 주었다. 즉, 중국 내에서 생산과 소비 간의 균형성장의 중요성을 일깨워 준 것이다.

이와 같은 경제발전 패러다임의 변화는 중국의 금융시스템에서 상당한 변화를 야기할 가능성이 높다. 중국의 금융은 철저히 실물경제에 종속된 경제단위로서 기능하고 있다. 실물이 금융을 선도하는 개도국일수록 금융발전은 금융의 산업적 유통구조에 의해 결정된다. 따라서 경제발전 패러다임의 변화 가능성은 곧 중국 금융시스템의 변화 가능성을 의미한다.

중국의 은행 중심의 금융발전은 국가주도와 수출주도의 산물이다. 금융자산 기준으로 은행이 99%, 증권이 0.3%, 보험이 0.6%를 각각 차지하고 있다. 이와 같이 중국의 금융산업은 매우 심각한 불균형 상태에 놓여 있다. 은행의 예금잔액은 GDP의 1.2배 수준인 반면에 주식 시가총액은 GDP의 0.7배 수준, 채권 발행잔액은 GDP의 0.2배 수준이다. 은행 중에서도 은행시장의 53%를 차지하는 3대 국유상업은행의 자기자본은 2007년 기준 1.6조 위안으로 증권회사 전체를 합친 3천억 위안과는 비교가 되지 않을 정도로 큰 규모이다.

한편, 중국의 금융시장 규모는 2010년 말 기준 명목 GDP 대비 금융자산 비중을 비교해 보면 285%로 미국 165%와 일본 211%에 비해 크게 앞서지만 자본시장 규모를 대표하는 시가총액은 일본의 그것보다 작다.

현재 중국의 금융산업은 은행, 증권, 보험을 동일 법인격에서 겸영하는 것을 원천적으로 금지할 뿐만 아니라 동일인 지배 계열회사를 통해 겸영하는 것조차 원칙적으로는 허용되지 않는다. 한국의 금융지주회사법 같은 법령이 존재하지 않을 뿐만 아니라 개별 금융법에서 겸영과 겸업을 원칙적으로 불허한다. 즉, 철저하게 전업주의를 고수하는 것이다.

따라서 은행이 CIB(*Commercial & Investment Banking*)를 통해 금융혁신과 자본시장 발전을 리드할 가능성이 높다. 물론, CIB 주도의 자본시장 발전이 바람직한가에 대해서는 세계적으로 논란이 많다. 2008년 글로벌 금융위기 이전만 해도 벤치마크처럼 인식되던 CIB모델이 글로벌 금융위기 이후 재평가 과정에 있고, 미국은 CIB에 대한 상당한 업무영역 제한을 볼커 룰(*Volcker rule*)[12]이란 이름으로 추진 중에 있다. 중국도 이점을 잘 아는 듯하다. 2008년 글로벌 금융위기 이후 중국 정부는 금융지주회사의 부채비율을 60% 미만으로 규제하고, 이중 레버리지(*double leverage*) 규제를 강화하였다.

3) '저성장 늪'으로의 진입

중국공산당 기관지 〈인민일보〉는 중국 경제가 투자, 재정, 인플레이션 등 3대 분야에서 딜레마에 빠져 있어 향후 지속적인 성장을 낙관하기 어렵다고 지적했다. 상기한 중국 경제의 3대 딜레마(투자·재정· 인플레이션)에 관해 〈인민일보〉가 내세운 근거를 살펴보면 다음과 같다.

첫째 투자 분야에서 딜레마가 발생하고 있다. 상술하면, 정부주도 인프라스트럭처 건설과 부동산 투자가 확대되는 반면에 제조업 투자는 감소하

12 미국 금융기관의 위험투자를 제한하고, 대형화를 억제하기 위하여 만든 금융기관 규제 방안 중 하나이다.

고 있다. 민간투자가 아직 정부로부터 바통을 이어받지 못한 가운데 제조업의 장기적 이익률이 2012년 12월 17.2%에서 2013년 1~4월 11.4%로 떨어지면서 투자 신뢰도에 악영향을 끼치고 있다.

둘째 재정 분야에서 딜레마가 발생하고 있다. 상술하면, 정부의 재정지출은 증가하는 반면에 지방정부의 재정수입은 대폭 감소하고 있다. 내수 확대를 추진할 수 있는 최대 잠재력인 도시화 촉진을 위해서는 인프라스트럭처와 도시개발 및 민생 분야에서 대규모 투자가 필요하다. 그러나 부동산 시장 규제로 인한 토지매각 수입 감소와 자산축소가 지방정부와 융자기업의 채무상환 압력을 가중시키고 있다.

셋째 인플레이션 딜레마가 발생하고 있다. 안정적 경제성장을 촉진하면서 동시에 인플레이션 상승 압력은 통제해야 한다. 그 요인은 최근 과도하게 늘어난 통화가 물가와 집값 상승을 유발하는 등 구조적 모순을 초래했기 때문이다. 게다가 돈을 풀어 경기를 살리는 방법은 그 효력이 예전 같지 않을 뿐만 아니라 '그림자 금융'(*shadow banking*)과 지방 금융기관의 리스크를 가중시킬 수 있다. 특히, 그동안 정부가 실행한 대규모 프로젝트로 인해 업계의 생산능력 과잉 문제가 발생해 기업들이 대출이자 부담에 시달리고 있다.

경기둔화에도 불구하고 중국 정부는 대규모 부양책(예로서 2008년 4조 위안의 재정 투입)을 도입하기보다는 구조조정을 통한 경제체질 개선에 주력해야 한다고 주장했다. 그 근거는 다음과 같다. 광의의 통화가 증가했는데도 투자와 소비가 증가하지 않는 이유가 통화정책이 경제성장에 미치는 영향이 과거처럼 강하지 않기 때문이다. 따라서 개혁(특히 재정과 세제, 금융 부문의 개혁)과 창의를 통해 미시적 경제 주체가 새로운 시장과 생산방식, 상품 등을 찾아낼 수 있도록 환경을 조성하는 것이 관건이라는 것이다.

2013년 3월 출범한 시진핑 정부는 출범과 동시에 중국 경제의 방향을 기존의 고속 성장이 아닌 중속 성장으로, 경제의 중심축을 수출이 아닌 내수로 각각 전환하겠다고 선언했다. 즉, 2008년 글로벌 금융위기 후, 중국 경제에 낀

'신용거품'을 빼고, 중국 경제구조를 개혁하겠다는 것이다

'신용거품'이 제거되면 경제성장률은 뚝 떨어질 수밖에 없다. 그 논거는 다음과 같다. 기업과 지방정부의 투자확대가 바로 중국 경제성장의 엔진이었다. 인민은행 등이 돈줄을 죄자 기업과 지방정부는 '그림자 금융' 시스템에서 돈을 조달했다. 기업 및 지방정부의 투자자금 중 대부분은 부채이다. 중국의 부채 증가율은 경제성장률보다 높다. 중국은 빚에 의존해 커온 경제다. 과잉 중복투자가 공급과잉을 낳고 있다. 그 결과 순이익이 빠르게 줄고 있다. 이자를 감당하기 어려운 기업과 지방정부가 늘고 있다.

게다가 신용경색 우려가 증폭되고 있다. 최근 단기자금 금리가 급등하고 있다. 2013년 6월 20일, 7일물 레포금리(은행 간 금리)가 10.8%로 마감됐지만 장중 한때 28%까지 치솟았을 정도였다. 10.8%만 해도 2006년 이후 평균치인 2.7%의 5배에 가까운 고금리다. 중앙은행의 긴급자금 지원설, '중국발 금융위기'의 임박설까지 돌고 있다.

그러나 전술한 바와 같이 중국 지도부는 경제체질 강화를 위한 '경제 살리기'보다 '반부패 운동'에 더 힘을 쏟고 있다. 예로서 연간 80억 위안(1조 5천억원)에 달하는 중국 공무원의 판공비를 규제함에 따라 연간 14% 대였던 소비성장률이 12% 대로 떨어질 것이라고 한다.[13]

우리는 다음과 같은 의문을 가질 수 있다. 한국은 1990년대 기업들의 빚이 너무 많아 1997년 외환위기를 맞았다. 이자를 못 내 파산하는 기업이 속출했다. 그 파장이 은행권을 엄습했다. 중국도 한국처럼 금융위기를 겪을 것인가?

베이징대 광화관리학원(光華管理學院)의 마이클 페티스(Michael Pettis) 교수는 "결코 아니다. 한국이나 미국이 겪었던 형태의 위기가 중국에선 일어나지 않을 것으로 본다"라고 단언했다.[14] 왜냐하면 중국 정부가 기업이나 지방정부의 금융부실이 은행을 뒤흔들도록 방치하지 않을 것이기 때문이다. 그 대신에, 페티스 교수는 "중국은 일본 유형의 '잃어버린 10년이나 20년'을 위기를 겪

13 조선일보(2013. 6. 24).

14 중앙일보(2013. 6. 27).

을 것"이라고 전망했다. 왜냐하면 중국 경제는 구조조정이 제대로 이뤄질 수 없는 구조이기 때문이다.

물론 리커창 경제팀이 내수 확충을 필사적으로 추진하고 있으나 내수가 성장엔진이 되기까지는 적어도 10년 이상 걸린다. 그때까지 중국 경제는 저성장 시대로 진입하면서 일본 경제의 전철을 밟을 것으로 전망된다.

서언에서 이미 언급한 바와 같이, 한국 경제의 입장에서 보면 중국의 경기 둔화가 미국의 출구전략보다 더 악재이며, 이것은 한국 경제에게 치명타가 될 수 있다.[15] 왜냐하면, 한국은 수출 원자재를 중국에 수출하고 중국은 이를 가공해 전 세계로 수출하기 때문이다. 중국은 한국 수출의 25%를 차지하는 최대 교역국이다. 중국의 성장 둔화로 수출이 감소세로 돌아선다면 2013년 한국의 경제성장률은 2%대의 저성장도 달성하지 못할 수도 있다.

중국의 경기동향에 대한 한국 경제의 의존도를 구체적으로 살펴보면 다음과 같다. 1992년 한·중 수교 이후 2013년 4월까지 한국이 중국으로 수출한 금액이 1조 41억 달러에 달했다.[16] 이 금액은 한·일 수교(1965) 이후 48년간 일본에서 수입한 총액(1조 21억 달러)을 넘어서는 수치다. 한국의 대(對)중국 무역수지 흑자 누적액(1992. 8~2013. 4)은 3,445억 7천만 달러에 달했다. 이를 원화(2012년 평균환율, 1달러에 1126.8원)로 환산하면 388조 원으로, 2013년 한국 정부 예산 342조 원을 넘어선다.[17]

---

15 예로서, 기계 장비 업체인 두산인프라코어는 2013년 1분기에 건설 중장비 부문에서 1백억 원에 가까운 적자를 기록했다.

16 한·중 수교 후 21년간 중국으로 가장 많이 수출한 품목은 반도체로 누적 수출액이 1,006억 8천만 달러였고, 중국에서 가장 많이 수입한 품목은 컴퓨터로 누적액이 470억 5천만 달러였다.

17 중국이 한국에 투자한 것 액수보다 한국이 중국에 투자한 액수가 12배 더 많았다. 1992년 수교 이후, 한국의 대(對)중국 투자 누적액은 565억 달러였고, 중국의 한국에 대한 누적 투자(1992~2012)는 44억 6천만 달러였다. 관광수지에서도 한국이 적자를 봤다. 지난 21년간(1992~2012) 중국을 방문한 한국인은 3,986만 명인데 비하여 한국을 방문한 중국 관광객 1,617만 명보다 2.5배 많았다. 한국의 누적 관광수지 적자는(1992~2012) 110억 달러에 달했다.

4) 사회경제적 불균형 심화

지난 30년 동안 거침없이 달려온 중국의 개혁·개방은 고도성장을 이루었지만, 이로 인한 불균형 발전의 문제도 심각하다. 죽도록 일해도 가난으로부터 벗어나지 못하는 빈곤집단, 갈수록 늘어나는 실업, 황금만능주의가 야기한 도덕적 해이와 부패가 확산 및 심화되고 있다. 이러한 사회경제적 문제들은 중앙정부가 중국인들에게 사회주의적 호소를 하거나 복고적 애국주의를 표방하더라도 해결할 수 없게 됐다.

중국의 대표적 사회문제는 양로·의료·실업·산재보험 등 사회안전망 구축이다. 현재 대도시의 사회안전망은 어느 정도 갖춰진 편이다.[18] 그러나 농촌은 상황이 크게 다르다. 양로보험 가입자는 5,171만 명으로 전체 농촌 인구 7억 2,750만 명의 7%에 불과하다. 의료보험 가입자 역시 3,131만 명(농민의 4.3%)에 불과하다. 따라서 병에 걸린 농민이 아파도 병원에 가지 않고 참다가 병을 키우고 있다.

국민 전체의 14.7~16.7%가 신설된 연금 및 의료보험제도의 혜택을 받고 있으나 아직도 중국의 사회보장제도에는 해결할 문제가 많다. 예로서 사회보장제도의 공평한 적용과 사회보장제도로 인한 국가재성부담 등을 들 수 있다.

이와 같은 중국의 사회문제들이 야기된 원인은 다음과 같이 두 가지, 즉 ① 거시경제적 불균형과 ② 도농 간 지역발전의 불균형이다.

첫째 거시경제적 측면에서 내수와 수출 간, 투자와 소비 간 불균형이 갈수록 심화되고 있다. 중국은 의료, 보건, 교육 등 사회보장제도가 미비해 노후 등 장래를 걱정하는 중국인이 많은 탓에 저축률이 40% 이상이 될 정도로 높아 국내 소비가 저조하여 내수가 상대적으로 부진하다.

따라서 높은 경제성장을 견인한 것은 투자와 수출이었다. 그리고 고

18 2007년 말 현재 도시의 양로 및 의료보험 가입자는 각각 2억 137만 명과 2억 2,311만 명으로 2007년 말 전체 도시근로자 2억 9,350만 명의 70%에 이르고 있다.

속성장의 주역은 외자기업이었다. 수출이 전체 GDP의 34%를 차지하여 국제 평균치를 10%p 이상을 웃도는 반면에, 내수 비중은 53%에 불과하여 미국, 유럽 등 주요 선진국과의 심각한 통상마찰로 인하여 수출주도형 성장전략 추진에 부담으로 작용하고 있다.

따라서 중국이 달성해야 할 구조조정의 방향은 다음의 3가지, 즉 ① 집약적 경제성장, ② 내수 견인형 경제성장, ③ 산업구조의 고도화로 요약할 수 있다.

- 자본 및 노동력 투입 증가를 통한 외연적〔外延的, 즉 조방형(粗放型)〕 성장에서 생산성(효율) 향상을 통한 집약적 성장으로의 전환이다. 이를 위해서는 자주적 기술개발〔이른바 자주창신(自主創新)〕이 중요하다.
- 기존의 투자 및 수출 견인형 성장에서 투자 및 국내소비 견인형 성장, 즉 내수견인형 성장으로의 전환이다. 이 과정에서 도시화의 진전이 중요하다.
- 산업구조를 고도화하는 것이다. 즉, 노동집약적 제조업 및 자원다소비형 중공업 중심에서 기술집약적 제조업과 서비스업 중심으로의 전환이다. 특히, 에너지 등 자원 효율성 개선 등이 중요하다. 중국은 세계 평균 에너지 소비량의 3배를 소비한다.[19] 예를 들어 석유의 경우, 중국은 현재 세계 2위의 석유 소비국인데 자체 생산으로 충당할 수 없는 1억 3천만 톤의 석유수요로 인해 중국의 석유 수입의존도는 지난 몇 년간 43%로 증가하였다. 이러한 수입의존도는 2020년 즈음에는 연간 3억 톤의 석유수입으로 55.8~62.15%까지 증가할 것으로 전망된다.

둘째 도시와 농촌의 지역발전 불균형 문제가 심각하다. 개혁개방 이후, 도시와 농촌 주민의 수입과 생활수준이 모두 종전보다 나아졌으나 도농

19 2007년 중국의 GDP는 세계의 6%에 불과했으나 세계 에너지 소비량의 16.8%를 사용했다.

간 소득격차는 오히려 증가하는 추세이다.[20] 도시지역의 지니계수는 0.42로 국제적 안정수치로 간주되는 0.4를 초과하였다. 전체 인구의 20%에 달하는 빈곤층은 소득과 소비의 4.7%만을 점유하는 반면에, 전체 인구의 20%인 부유층은 50%의 소득과 소비를 점유하고 있다.[21] 게다가 도시지역에서는 매년 8백만 명의 새로운 노동력이 쏟아지는데 여기에 매년 농촌지역에서 유입된 약 1천만 명이 가세함에 따라 중국의 도시실업률은 높은 수준이다.

중국 개혁·개방의 상징적 집단이자 중국 특유의 계층은 '농민공'(農民工)이다.[22] 현재 중국 전역의 농민공은 도시 농민공 1억 2천 6백만 명과 향진(鄕鎭)기업 농민공 1억 명을 포함해 2억 2천 6백만 명으로 추산된다. 이들이 도시로 나온 이유는 농촌에 잉여 노동력이 넘쳐나기 때문이다. 최근 세계적인 경제위기로 중국의 노동집약적 기업들이 잇따라 도산하면서 사회 최하계층인 농민공의 실직이 늘고 있다.[23]

농민공의 대량귀향은 농민수입의 감소와 직결된다. 농민수입의 49%는 외부 노무활동에서 벌어들인 것이다. 특히 최근 농민수입 증가분의 70%는 농민공의 월급이다. 농민공의 귀향은 여전히 1억 5천만 명의 잠재 실업자를 가진 중국 농촌에 추가적 부담이 된다.

셋째 도농 간 소득격차 외에 지역 간 소득격차가 극심하다. 동부·중부·서부의 지역경제 역시 모두 크게 발전하였으나 이들 지역들의 경제발전

---

20 예로서 2007년 농촌 주민의 순수입은 4,140위안(약 80만 원)으로 도시 주민의 가처분 소득 13,786위안(약 267만 원)의 30%에 그쳤다. 후자가 전자에 비하여 1989년 2.3배에서 2005년에는 3.2배로 증가하였다.

21 중국의 경제잡지 〈차이징〉(財經)이 최근 보도한 자료에 따르면, 2007년 중국의 상위 10%가 벌어들인 소득은 하위 10%가 벌어들인 소득의 무려 55배였다. 이것은 중국 정부의 공식통계인 21배를 훨씬 상회한다.

22 '농민공'이란 도시에서 일하는 농민 출신 노무자를 말하는 것으로 1984년 '사회과학원'의 장위린(張雨林) 당시 교수가 사용한 후 일반화됐다.

23 예로서 2008년에 들어 실직해 고향으로 돌아간 농민공은 약 1천 1백만 명으로서 전체 도시 농민공의 8.7%에 이른다.

조건들이 다르기 때문에 경제발전 속도에서 차이가 발생하였고 이로 인하여 지역 간 경제발전 격차도 점점 커지고 있다.[24]

동부 연안과 중·서부 내륙의 경제발전 여건을 비교해 보면, 동부 10개 성(省)의 면적이 전(全)국토 면적에서 차지하는 비율이 9.5%이고 인구는 총인구의 35.4%이지만, 동 지역의 생산총액이 GDP에서 차지하는 비율은 55.6%에 달한다. 서부 12개 성의 면적이 전 국토의 71.5%에 이르고 인구는 27.6%에 이르지만 서부 지역 생산총액이 중국전체 GDP에서 차지하는 비율은 16.9%에 불과하다. 2001~2006년 동안 중국에 대한 외국인직접투자(FDI) 총액 중에서, 동부지역이 차지하는 비율은 전체의 86% 이상인 반면에 서부지역의 비율은 약 3%이다. 중국 전체 수출입에서 동부지역 10개 성이 차지하는 비율은 88%이고, 중·서부 지역과 동북 지역의 동 비율은 12%이다. 동부 연안 지역과 중·서부 내륙지역 간 소득격차 문제가 이제는 경제적 차원을 벗어나 민족 간 갈등으로까지 비화되고 있다.[25]

5) '그림자 금융'으로 인한 중국 경제의 경(硬)착륙 가능성

2008년 글로벌 금융위기가 발생하자 경제성장률을 유지하기 위해 대출을 늘린 결과, 중국의 기업·가계·지방정부 부채는 눈덩이처럼 불어났다. 중국의 GDP 대비 부채비율은 2008년 153%에서 2012년 중반 183%로 늘어났다. 눈덩이처럼 불어난 돈은 부동산 등에 흘러가 거품을 만들고 물가를 자극했다.

중국의 기업·가계·지방정부 부채는 2012년 말 기준으로 GDP의 2.3배 정도다. 2012년 중국 GDP가 52조 위안(약 9천 5백조 원) 정도니 전체 부채 규

24 예로서 2007년 간쑤(甘肅) 성의 주민 1인당 GDP은 6,835위안으로 상하이(上海)의 65,347위안의 10.5%에 불과했다.

25 동부지역 상하이 시(1인당 생산총가치가 가장 높은 도시) 주민 한 사람의 생산총액은 구이저우 성(貴州省, 1인당 생산총가치가 가장 낮은 도시) 주민 한 사람의 생산총액보다 1990년 7.4배에서 2005년에는 9.9배로 확대되었다.

모는 120조 위안(약 2경 1,960조 원) 정도 된다. 2013년 중국 전체 부채는 GDP의 2.4배까지 늘어날 것으로 전망된다.

IMF 부총재인 데이비드 립턴이 2013년 6월 초 베이징에서 긴급 기자회견을 열고 "중국의 신용거품이 위험수준에 이르렀다"고 경고했다.[26] 주범은 중국판 '그림자 금융'이다. 그 중심에 투신사 67개가 자리 잡고 있다. 이 금융회사들은 부유층으로부터 유치한 돈과 시중은행이나 단기자금 시장에서 빌린 돈을 갖고 머니게임을 벌이고 있다.

중국 대륙의 '그림자 금융'은 중국 정부가 2008년 하반기 글로벌 위기에 대응하기 위해 돈을 퍼붓던 2009년부터 급증했다. 2012년엔 전체 부채의 20% 남짓(약 24조 위안)까지 불어났다. 미국 금융을 뒤흔든 비우량 주택담보대출(서브프라임 모기지)이 전체 부채에서 차지하는 비중보다 크다. 만약 중국이 금융위기를 겪는다면 그것은 '그림자 금융' 때문일 것이다.

중국 금융당국은 '그림자 금융' 규모를 정확하게 밝히지 않고 있지만, 중국 광파증권은 최소 31조 5천억 위안으로 추정해 금융가를 깜짝 놀라게 했다. 이것이 사실이라면, '그림자 금융' 규모가 은행대출 규모 대비 50%에 달하는 셈이다.

2012년 말 기준으로, 중국의 지방정부 부채(12조 8천 5백억 위안)와 그림자 금융 규모(31조 5천억 원 위안)를 합하면 44조 3천 5백억 위안에 날한다. 이는 2012년 중국 GDP 51조 9,322억 위안에 육박하는 규모다. 2013년 3월 말 현재, 중국 광의통화(M2) 잔액이 103조 6천 1백억 위안인 점을 감안하면 지방정부 부채와 '그림자 금융'을 포함한 중국 내 전체 신용의 GDP 대비 비율은 200%에 달한다. 이 비율은 미국 73.2%와 유로 102.5%에 비해 훨씬 높다. 피치(Fitch)에 따르면 '그림자 금융'을 포함한 중국의 총 신용대출은 2012년 말 GDP 대비 198%에 달한다.[27]

서방의 '그림자 금융'은 시중 은행권 밖의 금융시장(즉, 투자은행·보험사·헤지펀드 등)으로 이뤄지며 그것의 주요 수단은 파생상품인 반면에 중국의 '그림

26 중앙일보(2013. 6. 22).

27 한국경제(2013. 4. 11).

자 금융'은 은행 시스템 내 금융시장에서 이뤄진다. 즉, 중국의 '그림자 금융'은 수출기업, 시중은행, 인민은행, 콜시장 등과 연결되어 시중은행이 개입한 머니게임인 것이다. '신용거품'의 근본적 요인은 서방의 경우 자유방임이지만 중국의 경우 정부규제이다. 인민은행과 감독 당국이 은행 대출 등을 통제하자 '규제 밖 금융시장', 즉 '그림자 금융'이 커진 것이다.

중국의 '그림자 금융'의 구조와 메커니즘을 자세히 살펴보면 다음과 같다. 중국의 많은 수출 기업들이 신용장을 위조하는 방식으로 홍콩에서 달러자금을 빌린다. 예를 들어, 중국의 제 2금융권 금융회사들은 10억 달러어치 상품 수출을 중개하면서 수출액을 50억 달러로 허위 신고한 뒤 차액 40억 달러에 해당하는 핫머니를 들여와 투기성 자금으로 활용한다. 장부상 수출대금이지만 사실은 연 2% 정도 이자인 값싼 달러자금 차입이다. 수출기업들은 달러를 시중은행을 통해 인민은행에 팔고 위안화를 받아 콜시장에 내놓는다. 그 대가로 연 4%를 웃도는 이자를 받는다. 그 결과, 중국의 외환보유액은 늘어남과 동시에 인민은행이 관리할 수 없는 돈, 즉 '그림자 금융'이 시중에 풀린다.

저우샤오촨 인민은행 행장은 2013년 6월 7일부터 수출기업 달러 환전을 제한함으로써 인민은행에서 시중은행으로 가는 돈줄을 차단했다. 그 바람에 홍콩을 경유한 수출 증가율이 2013년 4월 19%에서 동년 5월 1~3% 수준으로 낮아졌다. 그 결과, 중국의 신용경색이 야기됐다. 즉, 수출기업이 콜시장에 내놓을 수 있는 위안화 자금이 고갈된 것이다. '돈 가뭄'에 은행들과 기업들이 아우성쳤다. 은행들이 서로 돈을 빌리는 하루짜리 초단기 금리는 장중 13.85%를 기록했다. 2013년 5월까지 3~4%대였던 금리가 두 자리 숫자로 뛴 것이다. 중국 10대 은행 중 대형은행인 광다은행(光大銀行)과 싱예은행(興業銀行)이 결제불능 상태에 빠졌다는 루머가 돌면서 중국은행들의 위기감은 더욱 증폭됐다. 은행 간 금리만 보면 2008년 금융위기 수준이다.

그러나 리커창 총리는 2013년 6월 19일 국무원 성명에서 "시중은행은 현재 자금을 제대로 활용해야 한다"며 "금융 위험을 줄이기 위해 더 노력하겠다"고 밝혔다. 즉, '신용거품'을 제거하기 위해 '차이나 크런치'(*China crunch*)가 빨리 끝나지 않을 것임을 분명히 한 것이다.

리커창과 저우샤오촨의 '신용거품' 제거 조치는 투신사 등에 뭉칫돈을 빌려주는 군소 은행들을 징벌하기 위한 조치이다. 과연, 리커창과 저우샤오촨이 성공할까? 참고로, 폴 볼커 전 FRB 의장은 1980년대 초반에 기준금리를 급격히 올리고 시중자금을 빨아들였다. 인플레이션을 잡기 위한 충격요법은 성공했다. 1970년대 후반에 시작돼 맹위를 떨친 인플레이션이 제거됐다. 그러나 그 대가는 매우 컸다. 즉, 1980년대 초 더블 딥(즉, 경기회복 후 재침체)이 일어난 것이다.

저자가 가장 우려하는 것은 세계 경제의 성장동력인 중국에서 신용위기가 발생하면 이는 곧바로 '중국 발 글로벌 금융위기'로 발전될 가능성이 높다는 점이다. 후안강 교수는 "중국 경제의 최대 리스크는 지방정부 지도자들의 과욕으로 인한 경기과열과 이로 인한 지방정부의 부채"라고 지적했다. 그 논거는 중국 경제의 침체가 채무불이행을 촉발하고 금융시스템을 흔드는 결과를 가져올 수 있다는 것이다. 그 결과, 중국 경제가 부정적 신용등급을 받을 수 있다.

지방정부의 부채문제는 단기적으로 중국의 경기회복에 걸림돌로 작용할 소지가 있으며 중·장기적으로도 지방정부 부채가 누적된다면 중국 금융시장의 시스템 리스크로 전이될 가능성도 완전히 배제할 수 없다. 이와 같이 중국 지방정부의 부채 문제는 2009년부터 부각되이 시간이 길수록 이 문세에 대한 우려가 확산되고 있다. 지방정부의 부채규모는 2010년 말 10.7조 위안(GDP 대비 27%), 2012년 말 기준으로 GDP의 25%인 12조 8천 5백억 위안에 달한다.[28]

중국의 지방정부의 부채 규모가 급증하는 요인은 지방정부의 재정수입을 초과하는 지방정부의 재정지출이 지속되기 때문이다. 특히, 2008년 하반기 글로벌 금융위기 이후, 중국 지방정부는 중앙정부의 대규모 유동성 공급조치로 지방의 경제성장을 제고하기 위한 투자 프로젝트용 자금을 손쉽게 조달할 수 있는 여건이었고 부동산가격 급등으로 토지양도를 담보로 은행대출도 대폭 늘릴 수 있었다.

중국 국가발전개혁위원회는 2012년 9월 5~6일에 전국 25개 도시철도 및 지

---

28 한국경제(2013. 4. 11).

하철 건설 프로젝트에 8,427억 위안 규모의 투자를 승인한 데 이어 13개 도로 건설, 10개 인프라 정비, 7개 항만공항 프로젝트 등 2,250억 위안 규모의 투자를 추가 승인한 바 있다. 지방정부 또한 7월 이후로 10개 성(省)과 시(市)에서 총 12.5조 위안 규모의 투자계획을 발표한 바 있다.

그러나 중앙은행의 자금 공급을 통한 시중 유동성 개선, 선별적 경기부양(중소기업 지원책) 등은 중국 경기 하강을 방어해 주는 역할을 할 것으로 기대된다. 더욱이 인민은행의 지급준비율 인하 가능성도 여전히 열려 있다. 물론, 중국 정부가 통화긴축 완화에 대해서는 여전히 신중함을 유지하고 있지만 앞서 언급한 중앙은행의 자금 공급을 통한 시중 유동성 개선과 선별적 경기부양(중소기업 발전을 위한 150억 위안 규모의 지원방안) 등도 중국 경기 하강을 방어해 주는 역할을 할 것으로 예측된다.

중국의 신용위기 발생 가능성을 감안하여, 피치(Fitch)는 중국의 위안화 장기채권의 신용등급을 'AA-'에서 'A+'로 내리고 전망은 '안정적'으로 평가했다. 다만 중국의 국가신용등급인 외화표시 채권 신용등급은 2012년 말 기준으로 3조 3,870억 달러에 이르는 외환보유액을 감안해 종전대로 'A+'를 유지했다. 피치는 신용등급 강등의 이유에 대해 "중국 경제의 근본적 문제점과 함께 급격히 늘고 있는 은행대출을 고려했다"고 설명했다.[29]

6) 중국 경제의 트릴레마

중국 외환당국이 가장 우려하는 리스크는 자금의 유출에 따라 위안화가 평가절하되고, 환차손 및 추가적 평가절하 기대가 확대되면서 다시 국내자금의 해외유출이 가속화되는 악순환이다. 이 경우, 부동산 및 주식 등 자산시장의 붕괴가 현실화되면서 중국 경제의 경(硬)착륙이 도래할 수 있다.

중국 외환당국은 위안화가 평가절하 압력을 강하게 받을 때마다, 평가절상 압력을 행사함으로써 평가절하 폭을 축소하고자 노력했다. 2011년 9월 이후,

29 한국경제(2013. 4. 11).

글로벌 금융시장 불안 확대와 함께 중국 경제의 경착륙 우려가 불거지면서 위안화의 평가절하 양상이 나타나자, 중국 정부는 기준환율이 시장환율보다 낮은 수준으로 고시함으로써, 위안화의 인위적 평가절상을 도모했다.

그러나 위안화의 평가절상 기대가 약화됨에 따라 위안화 수요가 약화되고, 따라서 중국 정부가 원대하게 추진 중인 '위안화의 국제화' 속도는 감속하고 있다. 특히, 홍콩에서 발행되는 위안화 표시채권(딤섬 본드)의 인기가 시들해지고 홍콩의 위안화 예금잔액 증가율도 급격히 낮아졌다. 이와 같은 위안화 수요 약화는 '위완화 국제화'에는 부정적 요인이며, 아시아 경제 블록화를 추진하기 위한 위안화의 무역결제통화화도 자칫 정체국면을 맞을 수 있다.

중국은 상기한 환율관리 정책(시장환율에 대한 고시환율의 조정) 덕분에 환율의 안정성을 확보할 수 있었으나 그 대가로 불가피하게 자본의 자유로운 이동을 제한해야 하는 딜레마에 직면했다. 즉, 이른바 '트릴레마'(*trilemma*)에 따르면 개방경제에서는 한 국가가 3가지, 즉 ① 자본의 자유로운 이동, ② 환율의 안정성, ③ 통화정책의 자율성을 동시에 달성할 수 없다는 것이다.

그동안 중국의 경우 자본 자유화의 진전이 저조했던 이유는 ① 환율의 신축성 미흡, ② 과도한 금융 규제, ③ 전반적 사회제도의 미성숙 등으로 인하여 자본 자유회의 비용(예: 경제위기)이 그곳의 편익(예: 경제성장)보다 클 것이라고 중국 정부가 추정하기 때문이다.

'자본 자유화'는 국제수지표상 금융 및 자본계정에 해당하는 국경 간 거래에 대한 제한을 없애는 것을 의미하므로 금융개방을 포함하는 개념이다.

중국은 1993년부터 경상거래의 개방을 추진하였고 1996년 12월부터 경상거래의 대부분 자유화했지만 반면에 대외 자본거래는 상당부분 제한하고 있다. 이와 같이, 중국이 자본 자유화를 통한 위안화의 통용 확대 등의 편익을 잘 알고 있음에도 불구하고 자본 자유화를 서두르지 않는 이유는 그에 따른 금융불안과 금융위기의 촉발 가능성을 우려하기 때문이다.

중국은 2000년까지 자본거래를 자유화하겠다는 계획을 발표하였으나 1998년 아시아 외환위기를 계기로 2020년 이후에나 자본 자유화가 가능하다고 입장을 전환했다. 그 배경은 자본 자유화로 인해 투기성 단기자금의 유출입이 늘어나 경기변동이 단기화되고 경제위기가 발생하는 등의 부작용[30]을 우려하기 때문이다.

전술한 바와 같이, 중국은 자본거래의 개방을 늦추면서 과도한 금융규제를 지속했으나 내부적으로는 '그림자 금융'의 만연, 직접금융시장의 발달 저해, 은행업의 발전가능성 제약 등의 여러 부작용이 누적되어 왔다. 이러한 점에서 중국은 IMF(2005)[31]가 "규제를 통한 보호"라는 관점에서 벗어나 환율제도 등을 개혁하고 금융규제를 완화해야 한다고 주장하는 점에 유의하여 3화(化), 즉 ① 금리자유화, ② 환율 자유화, ③ 위안화의 국제화를 연계하여 추진할 필요가 있다.

또한, 자본 자유화가 기업 및 공공의 지배구조 개선, 부패 방지, 공시의 투명성 제고 등을 촉진하여 민간기업의 자금조달비용을 낮추고 사회제도를 선진화시키는 데도 기여할 수 있다는 점을 고려하여 자본 자유화와 금융규제 완화를 병행 추진할 필요가 있다.

다행히, 중국은 자본거래의 개방화가 매우 낮으나 속도를 내고 있으며, 은행 부문에 비해 자본시장의 규모도 주요 선진국의 그것에 비해 작다. 중국은 2008년 기준, 11개의 자본항목 중 모든 항목에서 통제하고 있어 자본 개방도는 매우 낮게 나타나고 있다.

그러나 중국 기업의 위안화 해외직접투자가 허용(2011. 1)되었고 동년 10월 외국인의 위안화 직접투자 역시 허용되면서 자본시장의 개방이 앞으로 가속화될 것으로 예상된다. 중국 정부는 2020년까지 상하이를 국제금융센터로 건립할 계획이어서 자본거래의 실질적 개방도 이 기간 안에 진행될 것으로 전망된다.

---

30 Aghon & Banerjee(2005)는 금융이 발달하지 않은 개발도상국에서 자본유출입의 방향이 급격히 변화할 경우 빈번한 경기변동이 초래될 수 있음을 지적했다.

31 IMF(2005).

3. 일본 경제

일본은 1997년 '아시아 금융위기'와 2008년 하반기 '글로벌 금융위기'를 기술강국 및 저축강국의 저력으로 버티어냈고 세계에 독점적 자본재를 수출하면서 경상수지 흑자국·경제대국·채권대국이 되었다. 나아가 일본은 2011년 8월 이후의 글로벌 경제위기를 극복하기 위해 미국·유럽과 더불어 양적 완화 정책을 펴면서 엔고(円高)를 엔저(円低)로 전환하여 자국의 제조업 경쟁력을 드높이고 있다.

일본은 미국의 '환태평양 경제동반자 협정' 참여를 선언(노다 요시히코 총리, 2011. 11. 12)하고 미·일 방위조약(1978. 11; 1979. 4)을 지렛대로 삼아 아시아에서 미국과 함께 패권을 노리고 있으며, 최근 미국의 아시아 중시 신 국방전략(2012. 1. 5)에 의거하여 '군사대국'으로까지 발돋움하고 있다.

이미 일본 참의원이 헌법 개정을 위한 국민투표법을 통과(2007. 5. 14)시켰듯이, 향후 일본은 현행 "평화헌법"의 제9조 2항〔전력 불(不)보유와 교전권 부인〕을 개정함으로써 '싸울 수 있는 군대'를 가진 '보통국가'가 되기를 소망하고 있다.

1) 기술대국 · 경제대국 · 채권대국

제2차 세계대전 후 일본 국민은 무차별 공습으로 폐허화된 상태에서 미군의 원조 없이는 굶어 죽을 수밖에 없는 처지에 놓였다. 당시 일본인은 매일 미국으로부터 1백만 달러 상당의 식량원조로 겨우 연명할 수 있었다.

그로부터 50년 후, 일본은 전 세계의 0.3%의 국토 면적, 2.3%에 불과한 인구로, 전 세계의 GDP의 16%를 달성하며 명실공히 미국 다음의 경제대국이자 기술대국으로 성장하였다. 그 결과, 제2차 세계대전의 패전국이었던 일본은 제조업 기술로 세계를 제패했고, 현재 세계 최대의 채권국이자 경상수지 흑자국으로 부상하였으며, 해외자산도 6천억 달러를 기록하고 있다. 이것은 제2차 세계대전의 승전국 미국이 세계 최대의 채무국이자 경상수지 적자국이

[표 Ⅲ-1] 일본 자본재의 세계시장 점유율

항 목	점유율	항 목	점유율
자동차 밸브스프링 선재	90%	Steper	100%
자동차 타이어의 코드 선재	70%	반도체 케이싱	90%
액정패널	95%	전자시계의 무브먼트	100%
NC장치	100%	수정공진자 Timmer	100%
세라믹콘덴서	100%	전화기의 마이크로폰	80%

자료: 박승덕(1998).

되었으며 해외부채는 6천억 달러에 이르는 것과 대조적이다.

일본 경제의 확고한 기반은 제조업이다. 이른바 트리플 펀치(*triple punch*), 즉 ① 1995년 엔고, ② 1995년 초 고베지진, ③ 미·일 자동차 전쟁 속에서도 일본이 견디어낼 수 있었던 이유는 기술강국에 바탕을 둔 자본재 수출국으로서의 지위가 확고하기 때문이다. 일본의 자본재(기계류 부품 및 소재)는 이미 가격, 공급할 수 있는 수량, 품질, 납기 등에서 다른 어떤 국가의 자본재보다도 월등한 비교우위를 가진다.

일본 자본재의 공급현황을 몇 가지만 예로 들어보면 그 이유를 확연하게 알 수 있다. 일본은 자동차 엔진의 밸브스프링 제조에 쓰이는 선재(線材)는 세계시장의 90%, 자동차 타이어의 코드 선재(*cord* 線材)의 70%, 액정패널(LCD)의 95%, 공작기계의 자동화에 쓰이는 NC장치의 100%, 반도체 케이싱의 90%, 전자시계 무브먼트의 100%, 수정 공진자의 100%, 전화기 마이크로폰의 80% 등을 전 세계에 독점 공급하고 있다.

일본의 수출내용을 살펴보면 자본재(즉, 기계류의 부품 및 소재)와 생산기계의 수출이 전체 수출의 70%를 넘는다. 일본 기업은 이와 같은 자본재 수출을 통해 자신들이 상대방 국가의 경제성장을 돕는다고 큰소리를 친다. 즉, 일본의 자본재 수출은 마치 중동의 원유 수출과 같다는 것이다. 일본이 자본재를 수출해 주지 않으면 상대방 국가의 공장이 문을 닫게 된다는 사실을 깨달아야 한다는 것이다.

1995년 초 일본 고베에서 대지진이 일어나 일거에 고베의 공장들이 파괴되었을 때, 일본사람보다 더 놀랐던 사람들은 세계에 흩어져 있던 첨단 제조업체 관계자들이었다. 왜냐하면 일본으로부터의 자본재의 공급이 중단되면 그들의 공장 문을 닫을 수밖에 없었기 때문이다.

예를 들어, 비행기 조정석의 계기판이나 노트북 컴퓨터에 쓰이는 액정패널은 일본이 독점 공급하고 있었다. 부품 공급이 중단되면 세계의 항공기 업체가 문을 닫을 수밖에 없었던 것이다. 액정패널의 발명은 미국이 했지만 미국제품은 가격이 턱없이 비쌀 뿐만 아니라 품질이 떨어져 아예 사용할 수 없기 때문에 생산이 중단된 지 오래되었다.

아이폰과 같은 세계적 히트상품은 없지만, 일본 기업들은 그 부품을 생산하고 있다. '아이폰 4'의 부품 제조국별 부가가치 비율을 평가한 결과 일본이 34%로 세계 1위를 차지했다.

'수출 대국' 일본이 엔고와 2011년 3월 원전사고로 인해 31년 만인 2011년 무역수지 적자(2조 4,927억 엔)를 기록했다.[32] 2012년에도 엔고와 원전가동 중단 사태로 인해 무역수지 적자를 보였다. 그러나 해외투자 수익금 등을 포함한 경상수지는 2011년 10조 엔의 흑자를 기록했다.

일본 경제에서 수출이 차지하는 비중이 16%에 불과하고 장기간 디플레이션으로 인한 임금 하락 등을 감안하면 엔고가 오히려 해외 기업들을 싼 가격에 인수하여 일본의 국제경쟁력을 높일 기회다. 즉, '엔고=제조업 몰락론'은 엄살이라는 것이다.

일본은 희한하게도 글로벌 위기가 발생할 때마다 어김없이 엔화 가치가 치솟는다. 신용평가회사들이 국가부채가 GDP의 200%가 넘는 선진국 최악의 재정적자국이라는 이유로 일본의 신용등급을 낮췄지만, 지금 일본이 미국이나 영국보다 더 경제위기 상황이라고 말할 수는 없다.

글로벌 경제위기가 발생하면, 엔화가 안전자산으로 급부상하며 엔화 가치가

32 현재 54기의 원전 중 5기만 가동 중이다. 5기도 2012년 4월 말까지 정기점검 등을 위해 가동을 중단했는데, 2011년 3월 원전사고로 반발 여론이 많아 재가동이 불투명하다. 특히 엔고와 전력불안으로 기업들의 해외이전도 급증세여서 무역수지 적자가 장기화될 수 있다고 전망된다.

치솟는 역설이 되풀이되는 이유는 뭘까? 그것은 일본인의 '저축의 힘'이다. 일본은 가계금융자산이 약 1천 4백조 엔이며 국내 자금이 일본 국채의 95%를 소유하고 있다. 외국자본이 국채를 팔면 요동치는 부채대국인 미국과는 정반대로, 일본은 유동성 부족의 외국에 돈을 빌려주는 채권대국이다. 물론, 고령자 증가로 인해 평균 저축률이 급락했다고 하지만, 30~40대의 저축률은 오히려 상승추세이다. 1년에 한 번씩 총리가 바뀔 정도로 무능한 정치 상황 속에서도 일본이 글로벌 경제위기에 강한 이유는 1970~1980년대에 축적한 엄청난 기술과 저축이 뒷받침하고 있기 때문이다.

2) 복지 포퓰리즘과 재정위기

2009년 8월 일본 총선은 반세기 만의 정권교체 열기로 후끈 달아올랐다. 일본 민주당은 과거 50여 년 동안 여당이었던 자민당으로부터 정권을 빼앗기 위해 장밋빛 복지를 공약을 전면에 내걸었다. 예를 들어, 중학생까지 모든 어린이에게 1인당 매월 2만 6천 엔의 수당 지급, 출산 격려금을 42만 엔에서 55만 엔으로 인상, 공립고등학교의 전면 무상화, 사립고교생에게 연간 12만 엔 지급, 저소득 가구 고교생에게 연간 24만 엔 지급 등이다. 또한, 월 7만 엔의 최저보장연금 신설, 유가(油價)에 대한 잠정세율 폐지, 연금수급자의 세금 부담 경감, 구직자 생활비 지원, 최저임금 인상, 2012년부터 고속도로 통행료 전면 철폐 등이 공약됐다.

지난 20년 동안 장기불황에 쪼들렸던 일본 국민은 장밋빛 선거공약에 열광했다. 그러나 복지공약을 실행하기 위해선 무려 16조 8천억 엔(약 227조 원)이라는 돈이 필요했다. 이는 2009년 총 예산의 8%, GDP의 3.4%에 해당하는 규모였다. 일본의 언론과 민간연구소가 재원에 대해 꾸준히 의문을 제기했지만, 정권 쟁취를 코앞에 두었던 일본 민주당은 '돈 계산'보다 '표 계산'에 혈안이 되어 있었다.

그러나 일본 민주당은 집권 후 아동수당 인상과 고속도로 무료화·고교 무상화 등의 선심형 복지정책들을 추진하면서 심각한 재정적자에 봉착했다. 공공사업 축소와 예산낭비 척결, 공평과세, 공무원 인건비 절감 등을 통해 복지재원 16조 8천억 엔(약 227조 원)을 마련하겠다고 큰소리쳤지만 그것은 불가능했다. 게다가 중소기업 지원을 위해 법인세율 인하를 공약한 데다 경기침체가 계속돼 세수(稅收)는 더욱 감소했다. 이 결과, 국가채무는 급증했다. 겐바 고이치로(玄葉光一郎) 국가전략상은 민주당 의원총회에서 "집권 1년차엔 3조 3천억 엔을, 2년차엔 6천억 엔을 각각 마련하는 데 그쳤다. 선거공약을 총 점검해야 한다"고 고백했다.

일본 민주당 정권이 선택할 수 있는 것은 두 가지이다. 즉, 세율을 한껏 올리느냐 혹은 복지공약을 대폭 축소하느냐이다. 그러나 일본 국민은 복지부담의 증가뿐만 아니라 복지혜택의 축소도 모두 반대한다. 일본 민주당의 간 나오토(菅直人) 총리는 사회보장 개혁과 세제개혁(소비세 인상 등)을 추진하였다. 즉, 아동수당 인상과 고교 무상화 등 각종 복지예산을 늘리되 세금을 올리고 공적연금 지급액을 줄이겠다는 것이다. 그러나 이 개혁에 대한 시민의 반응은 부정적이다. 그 결과, 일본 민주당은 집권 초기에는 70%에 달했던 지지율이 30%대로 추락했고, 2010년 7월 참의원 선거에서는 참패할 수밖에 없었다.

일본 민주당은 당초 아동수당 지급을 공약으로 내걸면서 전액 국비로 충당하겠다고 약속했지만, 예산 부족으로 인해 지빙자치단세가 그 일부를 부담했다. 그러나 최근에 40여 개의 지방자치단체들은 일본 민주당 정권의 복지정책에 반기를 들고 아동수당을 일부 부담하던 것을 거부하기로 했다.

일본 정부의 부채 규모는 유로존 주요국에 비해 심각한 수준인데 사회보장지출 규모는 상대적으로 낮다. 그러나 높은 정부부채 부담을 가진 일본이 인구 고령화로 인해 사회보장지출 규모도 확대되고 있음을 감안하면 일본의 재정경직성은 높아질 것이며 그 결과 재정건전성은 더욱 악화될 가능성이 높다. 왜냐하면 인구 고령화가 진행되면서 생산가능인구가 감소하면 소득세 증가에는 한계가 있기 때문이다. 게다가 소득세와 법인세는 경기변동의 영향을 받는데, 글로벌 경기침체 국면에 머물러 있음에 따라 세(稅)수입의 증가세는 제한적일 것이기 때문이다.

4. 러시아 경제

러시아 정부는 2020년 장기 경제개발 전략을 마련하여 2020년까지 러시아를 세계 5위의 경제대국으로 만든다는 목표하에 자원개발과 생산인프라를 확충하고 있다. 이 전략의 중점과제는 시베리아 극동지역 개발, 생산인프라 확충, 자원개발이다. 구체적으로 러시아 극동바이칼 동부지역에 2020년까지 30개에 달하는 대규모 산업시설을 건설한다는 계획을 수립했다.

과거 푸틴 정부(2000. 1~2008. 5)는 동시베리아 및 극동지역에 대한 국가발전계획을 재검토하여 2002년 말에는 2010년을 목표 연도로 설정한 새로운 '동시베리아 및 극동지역 발전프로그램'을 발표한 바 있다.

러시아는 동시베리아·극동지역의 에너지·자원 개발과 동북아 국가들로의 공급망 창설, 시베리아 횡단철도(TSR: *Trans Siberian Railway*)와 한반도 종단철도(TKR: *Trans Korea Railway*)의 연결을 통한 유럽과 동북아 간의 국제운송망 구축을 동북아 국가들과의 경제협력 및 통합의 가장 중요한 수단으로 간주하고 있다. 이로써, 러시아는 유럽과 아시아 대륙을 잇는 유라시아 철도(TAR: *Trans-Asian Railway*)의 연결을 통해 아시아의 물류허브로 부상할 준비를 하는 것이다.

러시아의 대(對)동북아 에너지 전략은 러시아의 동부 지역에서 대규모의 에너지 자원을 개발하여 에너지 산업 및 관련산업을 활성화함과 동시에 안정적인 지역 에너지 공급망을 확보하고, 아시아 태평양 지역 국가들의 에너지자원 시장에 진출한다는 것이다. 석유·가스 공급을 서쪽 유럽에는 감축하는 대신에 동쪽 동북아로는 증폭한다는 이른바 '에너지 서감동증(西減東增)' 전략을 펼치고자 하는 것이다.

상기한 러시아의 아·태지역 진출 전략은 다음과 같은 인식과 논리에 바탕을 두고 있다. 즉, 소련이 붕괴(1991. 12. 25)한 후, 군사력이 현저히 약화되고 지정학적 위상이 축소된 상황에서, 러시아는 군사력만으로는 더 이상 자국의 국력을 세계로 투사할 수 없으며, 이제 경제력이 인근 CIS 국가들뿐만 아니라 지역 국가들에 대한 통제의 지렛대 역할을 해야 한다는 것이다.

[표 Ⅲ-2] 러시아의 주요 광물자원 매장량 및 생산량

종류	확인된 가채* 매장량(2007년 말 기준)			생산량(2007년, 추정치)		
	매장량	세계 비중	세계 순위	생산량	세계 비중	세계 순위
천연가스	44.65조 ㎥	25.2%	1위	6,074억 ㎥	20.6%	1위
원유	794억 배럴	6.4%	7위	998만 배럴/일	12.6%	2위
석탄	1,570억 톤	18.5%	2위	148.2백만 TOE**	4.7%	6위
철광석	250억 톤	16.7%	2위	72백만 톤(조강)	5.4%	4위
구리	2천 만 톤	4.1%	9위	73만 톤	4.7%	7위
바나듐	5백만 톤	38.5%	1위	1만 6천 톤	27.3%	3위
마그네슘	6.5억 톤	29.5%	1위	35만 톤	7.6%	3위
붕소	4천만 톤	23.5%	2위	40만 톤	9.3%	4위
산화칼륨	15억 톤	21.7%	2위	630만 톤	19.1%	2위
백금그룹	6천 2백만 톤	8.7%	2위	122 톤	26.4%	2위
안티몬	35만 톤	16.7%	3위	4천 톤	3.0%	4위
니켈	660만 톤	9.9%	3위	32.2만 톤	19.4%	1위
텅스텐	25만 톤	8.6%	3위	4천 4백 톤	4.9%	2위
레늄	310만 톤	12.4%	3위	1.4 톤	2.8%	6위
금	3천 톤	7.1%	4위	160 톤	6.4%	6위
다이아몬드	4천만 캐럿	6.9%	5위	1,005만 캐럿	20.0%	3위
코발트	25만 톤	3.6%	5위	5천 톤	8.0%	5위
몰리브덴	24만 톤	2.8%	5위	3천 1백 톤	1.7%	7위
주석	30만 톤	4.9%	7위	4천 톤	1.3%	6위
카드뮴	1만 2천 톤	2.4%	9위	1,210 톤	6.1%	7위
알루미늄	-	-	-	420만 톤	11.1%	2위
유황	-	-	-	7백만 톤	10.6%	4위

* 가채연수(R/P 비율), 즉 확인 매장량/연간 생산량은 향후 얼마나 오랫동안 자원을 채굴할 수 있는가를 보여주는 지표이다.

** TOE(*Tonnage of Oil Equivalent*, 석유환산톤)는 석유 1톤을 연소할 때 발생하는 에너지를 일컫는다.

자료: BP(2008); BP(2008. 1); 이재영 · 이순철 · 황지영 · 이종문(2008. 12).

[그림 Ⅲ-1] 동시베리아 · 극동지역 현황

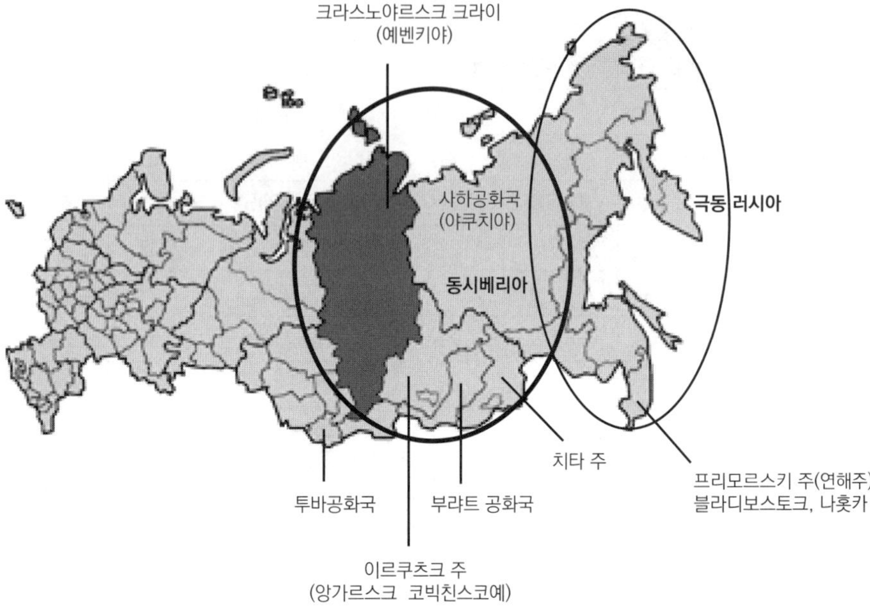

1) 러시아의 주요 광물 · 에너지 자원

시베리아 지역은 지구상 모든 광물자원을 포함한 에너지자원(석유, 천연가스, 석탄, 수력, 풍력, 지열, 조력, 원자력 등)의 보고지역이다. 또한 북극양에는 미개발된 화석연료(특히, 세계 석유와 가스매장량의 4분의 1)와 다이아몬드와 금(金)을 포함한 희귀금속은 인류의 마지막 보물이다. 러시아의 우라늄 매장량도 세계 7위로서 세계의 7% 정도를 생산하며, 핵농축 능력으로는 세계 전체의 약 절반을 차지한다. 그리고 러시아에는 철광석(250억 톤, 세계 2위) 외에도 니켈, 금, 구리, 코발트 등 광물자원, 임산 및 수산자원도 풍부하다.

수자원 보고지역인 시베리아 지역에는 1만 개 이상의 하천이 존재하며, 4,000㎞가 넘는 하천으로 예니세이, 레나, 오브, 아무르, 이리티쉬 강, 인디키르가 강 등이 있다. 뿐만 아니라 5만 개의 호수, 특히 바이칼 호수는 인류에게 60년간 식수를 공급할 수 있으며, 세계 지표면 담수자원의 5분 1을 가지고 있다. 또한 시베리아 남부지역에서의 만년설과 지하수 그리고 툰드라 영구동토 지대에 있는 빙하의 경제적 가치는 엄청나다고 추정된다. 시베리아 지역의 수많은 하천을 통한 수력발전 잠재력도 세계 수력잠재력의 20% 이상을 차지하고 있다.

시베리아 지역의 삼림은 세계 삼림의 5분의 1 이상을 차지하며 지구촌에 산소를 공급하고 있다. 동해, 오호츠크 해, 베링 해 그리고 북극양은 한류성 어류의 세계 최대의 어장으로 수산자원 보고지역이다. 그리고 시베리아 남부지역은 목축업을 포함한 거대한 농업자원의 보고지역이다.

2) 러시아의 동시베리아 · 극동지역의 개발계획

러시아의 석유·가스 수입과 러시아 경제는 밀접한 관계가 있다. 에너지 산업이 러시아 경제에서 수행하는 역할을 보면, 러시아는 총 수출의 60%, 재정수입의 40%, GDP의 20%를 에너지(석유, 가스) 산업에 의존한다.

따라서 러시아는 동시베리아와 사할린에 매장된 원유와 천연가스를 개발하여 이를 동북아 국가들에 공급하고, 장기적으로는 발전소와 송전선을 건설하여 러시아 극동지역을 포함하는 동북아 지역 전체에 '에너지 통합시스템'을 건설하려는 구상을 가진다. 이 지역을 위한 개발 대상지는 동시베리아 앙가르스크 유전과 이르쿠츠크 근방의 코빅친스코예 가스전, 사할린 유선 및 가스전 등이다.

(1) 원유 파이프라인

러시아 정부는 2010년까지 기존 구간의 정비와 함께 9,000㎞의 새로운 원유 파이프라인을 건설하는 계획을 세웠다. 왜냐하면 러시아의 원유 파이프라인 체계는 직경 약 86㎝의 파이프가 46,800㎞(29,000마일) 길이로 연결되어 있는데 이 가운데 약 70%의 구간이 20년 이상의 낡은 것으로 보수나 교체가 필요하기 때문이다.

러시아는 지난 10년 동안 중국 측과 앙가르스크 유전에서 중국을 걸쳐 수송을 담당할 원유 파이프라인 부설에 대해 협의한 결과 바이칼 남쪽을 우회하여 중국의 다칭(大廳)으로 연결되는 노선이 가장 유력시되었다. 그러나 최근 러시아 정부는 일본이 선호하는 나홋카 노선을 간선(幹線)으로 하고 다칭 노선을 지선(支線)으로 하거나, 혹은 나홋카 단일 노선으로 수송로를 변경할 가능성도 있음을 시사했다.

그에 따라, 러시아의 앙가르스크 유전 개발 및 원유 파이프라인 노선을 둘러싸고 중국과 일본이 치열한 경합을 벌였다. 결과적으로 러시아의 동시베리아-태평양 송유관의 노선은 중국이 원하는 쪽으로 결정됐다.[33] 여러 번 변경되었다가 결국 확정된 이 송유관은 러시아 이르쿠츠 주의 타이세트부터 아무르 주 스코보로디노까지 1단계(2,757㎞) 건설사업이 완료된 후 제2단계 사업(2,100㎞)에 들어가 있다.

동시베리아-태평양 송유관은 스코보로디노부터 태평양 연안의 코즈미노 만까지 연결되는 것으로 총 길이는 4,857㎞이며, 총 공사비는 120억 달러가 소요될 것으로 추정된다.[34] 1단계 구간은 완공됐으며, 2단계 구간은 2014년에 끝날 것으로 예정되어 있다. 동시베리아-태평양 석유 파이프라인(ESPO)의 1단계 구간을 통해 하루에 원유 30만 배럴이 중국으로 공급될 것으로 예상된다.

(2) 가스 파이프라인

2008년 9월 한·러 정상회담에서, 북한 영토를 경유하는 '아시아 가스관' 건설 계획에 대하여 양국이 합의하였다. 이명박 대통령(당시)은 러시아 천연가스를 직접 공급받겠다는 욕심에, 외교상 결례를 범하면서, 드미트리 메드베데프 러시아 대통령(당시)과의 정상회담(2008. 9. 29) 장소에 직접 지도를 들고 가서 메드베데프 대통령에게 러시아 천연가스가 '아시아 가스관'을 통해 한반도로

33 일본은 1~2단계 없이 태평양 연안 나홋카 항으로 직접 이어지는 송유관의 건설을 위해 70억 달러를 투자하겠다며 높은 관심을 보였었다(RIA Novosti, 2006. 3. 11). 일본의 러시아 대사 니미(Jun Nimi)는 상기의 송유관을 통해 연간 5천 만 톤의 원유(일본 전체 원유 수입의 20%)를 공급받을 것을 희망했다.

34 송유관의 길이는 초기에는 4,200㎞이었지만 여러 번의 구간 변경으로 송유관의 총 길이는 4,857㎞로 확장됐다. 이 송유관은 초기에는 바이칼 호의 남부지역으로 통과하는 계획을 세웠지만 환경훼손 등의 이유로 바이칼 호 북부지역으로 통과하는 노선으로 변경됐다. 송유관 노선의 확장 등의 요인으로 투자비용이 증가하여 트랜스네프트(Transneft) 사는 1단계 건설에 이미 60억 달러(1천 6백억 루블)를 투자한 것으로 알려지고 있다.

전달되는 과정을 30분에 걸쳐 상세히 설명하면서 러시아 가스 공급 계약에 정성을 기울였다. 여기서 이 대통령은 '러시아 가스관'이 북한의 철로를 따라 이어지면 비용이 상당히 절약된다고도 설명했다.

그 당시, 한국 측은 '아시아 가스관'이 지닌 여러 장점을 강조하면서 한국이 러시아 가스를 파이프라인을 통해 수입하는 것이 액화상태로 처리해 LNG선을 통해서 수입하는 것보다 비용이 절감된다고 주장했다. 그리고 한국 측은 '아시아 가스관'이 건설될 경우 북한이 통행료를 통해 얻게 될 경제적 이득이 금강산과 개성공단 사업으로부터 얻는 경제적 이익보다 훨씬 클 것이라고 주장하였다.[35]

그러나 러시아와 우크라이나의 가스분쟁(2009. 1. 1~18)은 '아시아 가스관'의 상기한 장점(수송비 절감 효과)을 무의미하게 만들었다. 만약 북한 영토를 경유하는 '아시아 가스관'이 건설된다면 러시아-우크라이나-유럽을 잇는 가스관(가칭 '유럽 가스관')과 같이 '중개자'를 포함한 가스무역 구도가 성립될 것이다.

따라서 '유럽 가스관'이나 '아시아 가스관'이나 모두 비슷한 구도를 띠게 된다. '유럽 가스관'의 경우 러시아가 공급자 역할을, 우크라이나가 중개자 역할을, 유럽이 소비자 역할을 각각 담당한다. 이와 대칭적으로, '아시아 가스관'의 경우에는 러시아가 공급자의 역할을, 북한이 중개자의 역할을, 한국이 소비자의 역할을 각각 담당하게 된다. 또한, '유럽 가스관'의 경우, 중개자인 우크라이나와 불편한 관계인 국가는 공급자인 러시아인 반면에 '아시아 가스관'의 경우 중개자인 북한과 비우호적 관계인 국가는 소비자인 한국이다. 만약 '아시아 가스관'에서 어떤 분쟁이 발생한다면, 한국은 북한에게 어떤 면에서 핵무기보다 더 유용한 '에너지 무기'를 제공하는 셈이 될 것이다.

35 조선일보(2009. 1. 12).

(3) 시베리아 횡단철도와 한반도 종단철도의 연결 사업

시베리아 횡단철도(TSR)와 한반도 종단철도(TKR)의 연결사업은 2001년 및 2006년 11월 개최된 'UN 아·태 경제사회이사회'(UN ESCAP) 교통장관 회의에서 아시아횡단 철도망 연결 프로젝트의 일환으로 합의되었다. 이어서, 2008년 9월 한·러 정상회담에서도 양국은 TSR과 TKR의 연결 사업을 위해 협력하기로 합의했다.[36] 나아가 러시아는 TSR 및 TKR뿐만 아니라 중국 횡단철도(TCR), 만주 횡단철도(TMR), 몽골 횡단철도(TMGR)와의 연결 계획도 세우고 있다.

한국 측의 입장에서 보면, 최근까지 극동항구에서 TSR에 실리는 통과화물 중에서 최소한 70~80%가 한국발(發) 화물이거나 중국에서 사업활동을 하는 한국의 투자기업들의 화물이다. 따라서 한국은 TSR와 연결되는 극동지역의 항만들(나홋카, 보스토치니, 블라디보스토크 등)의 개·보수 및 확장사업에 참여함으로써 TSR 이용에 관한 협상에서 유리한 조건을 확보할 수 있을 것이다. 즉, 항만개발에 투자하는 대가로 한국은, 예를 들어, 해당 항구의 하역, 창고시설의 우선적 사용에 관한 권리뿐만 아니라, 이에 연계된 TSR 노선의 운임 인하를 요구할 수 있을 것이다.

(4) 러시아의 대(對)남북한 전력 수출

북한 전력부는 일찍이 2000년도에 러시아에게 전력 공급을 요구하였다.[37] 이 요구를 들어주기 위해서는 러시아가 500V의 전력 공급을 위한 송전소를 건설해야 했다. 그러나 북한은 이러한 건설비용은커녕 전력요금조차 지불할 경제적 능력이 없다.

다른 한편으로, 2008년 한·러 정상회담에서 블라디보스토크에서 서울까지의 송전소(750V, 전력량은 최저 3GW) 건설을 합의했다고 한다.[38] 러시아는 상

---

36 TSR-TKR 연결 사업 진행에 대해서는 2004년 모스크바 한·러 정상회담에서 양국이 의견 일치를 봄으로써 철도연결을 위한 실무적 협의를 강화하기로 했다.

37 이 사실은 저자가 최근(2009. 2. 25~28)에 러시아를 방문하여 Mr. Alexandr Ognev (Deputy Director of Energy Systems)로부터 전해들은 바이다.

38 한국 측에서는 '한국전력공사'와 '한국에너지연구소'가 러시아를 방문하여 이 문제를 토의한

[그림 Ⅲ-2] 러시아의 대 남북한 전력공급 프로젝트

1. Construction of AC Transmission Line 500kV Vladivostok-Chonjin
   - 380㎞ (250㎞ through Russia, 130㎞ - DPRK)
   - Capital costs: $ 200 mln
   - Time-frame: 3~4 years
2. Construction of DC Transmission Line ± 500~600kV Vladivostok-Seoul
   - 1,280㎞ (250㎞ through Russia, 1,030㎞ - DPRK)
   - Capital costs: $ 1.3 bln
   - Time-frame: 5~6 years

기의 합의를 실천하기 위하여 블라디보스토크에서 변전소(1GW)를 건설함으로써 남한으로의 송전 준비를 완료하였다고 한다. 또한, 이 송전을 위해 러시아는 향후 야쿠치야에서 발전소(5~8GW)와 연해주에서 원자력·화력발전소(4~8GW)를 건설하고 기존 화력발전소를 개선할 것이라고 한다.

만약 블라디보스토크에서 출발하는 러시아의 송전이 북한 영토를 경유한다면, 북한은 러시아로부터 송전료를 받는 대신에 전력을 무료로 공급받는 것에 동의하였다고 한다. 이것은 남한의 전력을 보충할 수 있는 기회도 될 수 있지만 북한의 전력난을 해소하는 데 크게 기여할 수 있을 것이다.[39]

바 있다.

39 참고로, 러·중 전력 협력을 보면, '중국발전공사'가 러시아 발전공사에 투자하기로 합의하였고 이에 따라 2008년부터 잠시 중단되었던 전력공급이 2009년 2/4분기부터 재개될 것으로 전망된다.

(5) 남북한의 극동 · 시베리아 개발 참여

남북한과 러시아의 3자 경제협력 방안은 기본적으로 러시아의 풍부한 천연자원과 생산 잠재력, 북한의 풍부하고 값싼 노동력, 한국의 선진기술, 현대적 관리경험 및 자본조달 가능성을 결합하여 상호 간의 협력을 최적화할 수 있기 때문에 당사국 모두에게 적지 않은 경제적 효과를 보장해 줄 것이다. 남북한과 러시아의 3자 간 경제협력 방안은 다음과 같다.

① 과거 첨예한 이념적 대립으로 인해 불과 최근까지만 하더라도 크게 주목받지 못했던 TSR과 TKR의 연결을 통한 국제 컨테이너 운송협력 분야를 들 수 있다. 이 협력의 성공은 장차 남북한과 러시아의 3자 간 경제협력을 위한 견인차 역할을 할 수 있을 것이다.

② 이르쿠츠크와 사할린의 석유 · 가스전 개발과 이를 중국과 한반도로 공급하는 수송관을 건설하는 프로젝트가 남북한과 러시아의 전략적 상호협력 방향이 될 수 있을 것이다. 이 분야에서의 협력은 지나치게 중동에 치중되어 있는 한국의 에너지 공급선을 다변화시키면서 향후 에너지 안보를 보장하는 데 크게 기여할 수 있을 것이다.

③ 러시아 극동 연해지방의 광활한 농지에 남한의 농업설비와 기술 및 비료, 북한의 저렴한 노동력을 결합하여 농업개발에 공동으로 참여할 수 있다. 특히, 하바롭스크 주에서 남북한이 농업개발을 추진함으로써 북한의 식량난을 근원적으로 해결할 수 있는 기반을 조성할 수 있을 것이다. 또한, 향후 조성하려는 나홋카 한 · 러 공단에 북한의 노동력을 다각도로 활용하는 방안도 유익한 3자 간 협력사업이 될 수 있을 것이다. 만약 농업분야에서 3자 간의 협력이 순조롭게 진행된다면, 향후 남한은 해외에 안정적 식량기지를 건설하고, 북한은 식량을 확보하며, 러시아는 극동 및 시베리아지역의 개발을 가속화할 수 있는 계기를 마련할 수 있을 것이다.

④ 자금부족, 설비의 노후화, 인프라 부족 및 자본주의적 경영방식 부족 등의 문제점을 안고 있는 러시아의 수산업계와 한 · 일 어업협정 이후 남아

도는 어선의 활용도를 높일 필요가 있는 한국의 사정과 또 최근 발생한 쿠릴열도에서의 한국 '꽁치 조업' 문제를 고려할 때 어업분야에서의 공동협력도 유망한 협력 분야가 될 것이다. 즉, 합작사업에 기초하여 한국의 잉여어선을 러시아 극동지역의 수역에 투입하고 북한의 잉여노동력을 이용하여 공동 어업활동을 전개하는 방안을 고려할 수 있을 것이다. 따라서 북한은 남북한 및 러시아의 3자 간 경제협력을 통해 경제발전에 필요한 에너지, 원료 및 식량 보장문제를 해결을 위한 지원을 받을 수 있다는 점을 직시하고 정치적 요인보다는 경제적 실익을 강조하는 실용적 자세를 취해야 할 것이다.

5. 유럽 경제

유럽은 17세기 과학기술혁명과 19세기 산업혁명으로 배양된 과학기술력을 바탕으로 세계를 지배하다가 제 2차 세계대전 이후 미국의 국력에 밀리기 시작했다. '유럽의 르네상스'를 꿈꾸는 유럽의 27개국을 회원국으로 EU이 출범했고 이 중에서 17개국이 유로 통화동맹에 가입했다.

유로체제의 목표는 유럽의 꿈인 '하나의 시장, 하나의 통화'라는 구호 아래, 정치적으로 '유럽 연방주의'에 따라 유럽 내 전쟁을 방지하고, 경제적으로는 상품, 자본, 노동의 자유로운 이동을 통해 유로 회원국가들 사이의 경제력 격차를 줄이고 유럽 경제를 부 흥시키는 것이다.

'유럽 연방주의'를 위해 가장 최근에 체결된 조약은 '리스본 조약'이다. EU 27개 회원국 정상들이 2007년 10월 18일~19일에 포르투갈의 수도 리스본에서 열린 EU 정상회담에서 합의하였고, 동년 12월 13일에 조약에 공식 서명하였으며, 2009년 12월 1일 발효되었다. 동 조약은 EU 의회 의장직과 외교안보정책 고위 대표직을 신설하는 내용 등을 담고 있다.

그러나 현재 유럽은 트릴레마, 즉 ① 국가채무 위기, ② 은행 위기, ③ 실물경제 위기의 악순환 고리에서 좌충우돌하면서 '재정통합 없는 통화동맹'의 수

렁에 빠져들었다. 이 늪에서 탈출하기 위해, 유럽은 신(新) 재정협약(2013년부터 연간 재정적자를 GDP의 0.5% 이내로 한정)을 체결하였고 2012년 10월 유럽안정화기구(ESM)를 설립하여 2013년 말까지 6천여 개 은행의 감독전환을 유럽중앙은행(ECB)으로 통합했다.

[그림 Ⅲ-3] EU(27개국)와 유로존(17개국) 국가

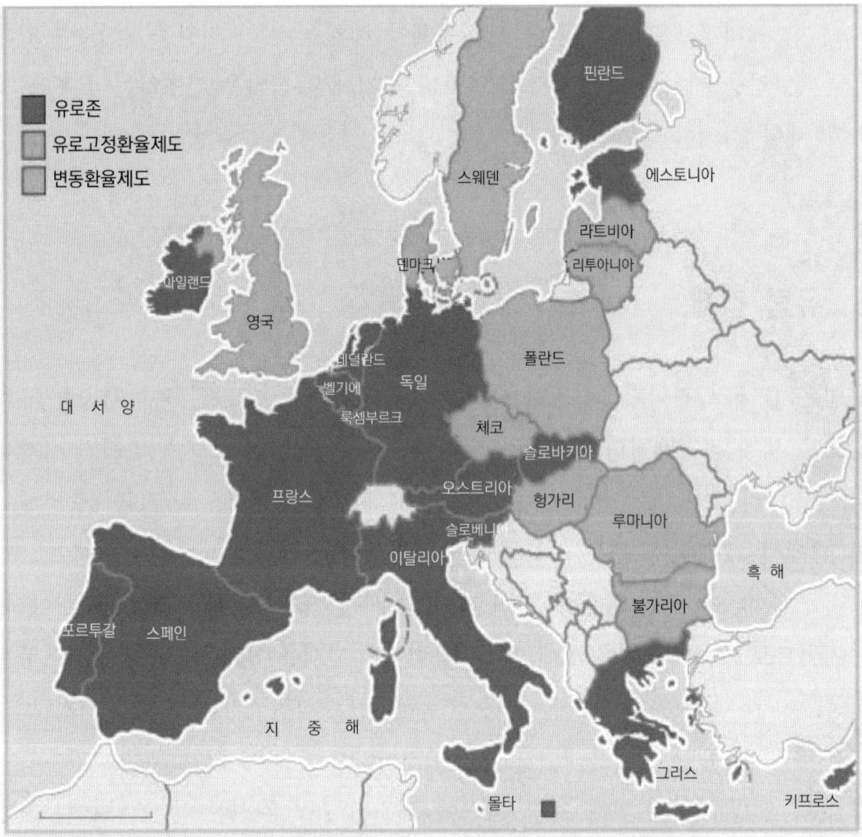

주: 2013년 7월 1일 크로아티아가 EU에 가입하여 현재 EU 가입국가는 총 28개국이며, 2014년 1월 1일 라트비아의 가입으로 유로존 가입국가는 총 18개국이 될 예정이다.

1) 유로존의 트릴레마

미국은 금융자본주의를 통해 30년 동안 자본주의의 활로를 찾았듯이, 유럽은 유로 통화동맹을 통하여 미국과 경쟁할 수 있는 활로를 찾았다. 그러나 미국식 금융자본주의가 규제 없는 자유시장과 시장의 자기조절 메커니즘의 실패로 인하여 붕괴되었듯이, 상품·자본·노동의 자유로운 이동을 보장하고 유로라는 하나의 통화로 경제권을 묶으려던 '유럽식 자유시장'의 실험도 실패하였다.

유로존의 경제위기는 3가지 위기, 즉 ① 국가채무 위기, ② 은행 위기, ③ 실물경제 위기로 나타나고 있다. 상기한 3가지 위기들은 악순환 고리를 형성하고 있다. 이를 선순환 구조로 전환하지 않는 한, 유로존의 경제제기는 지속적으로 반복할 것이다.

여기서 '국가채무 위기'란 재정적자 확대와 정부부채 증가로 인하여 국가 신용등급이 하향 조정되고 국가부도 위험이 증가하는 상황을 말한다. '은행 위기'란 은행부실 확대로 거래상대방 위험(*counter-party risk*)이 증가하여 은행 간 자금거래가 위축되고 예금인출도 급증하는 상황을 말한다.[40] '실물경제 위기'란 긴축 및 신용경색으로 경제침체가 심화되고 고용이 악화됨으로써 세수가 감소하여 채무상환 능력이 약화되는 상황을 말한다.

유로존은 금융이나 재정의 실질적 통합 없이 단지 단일통화(유로)만을 매개로 한 불완전한 통합으로 출발하였기 때문에 태생부터 이미 파국을 잉태하고 있었다. 정치경제학적 측면에서 보면, 국가 간에 완전한 경제통합을 이루려면 대외적으로 국가주권을 포기하거나 대내적으로 정치적 민주주의를 희생해야 한다.[41] 이것은 이른바 '3자 선택의 모순'으로 설명할 수 있다. 즉, 경제통합, 국가주권, 민주정치가 동시에 존재할 수 없고 셋 중에서 둘만 선택할 수 있다는 것이다.

유로경제가 미국과 같은 완전한 정치통합으로 발전하기 위해서는 개별국가의

---

40 스페인에서는 2012년 상반기에만 2,198억 유로(GDP의 20%)의 자금이 인출되는 등 뱅크런이 지속됐다.

41 이에 관한 상세한 논의는 Rodrik, Dani(2000)를 참조.

주권을 포기하고 연방정부와 같은 중앙통제적 권력을 가진 주체가 필요하다. 그러나 정치통합은 단기간에 실현하기 어렵기 때문에 현 상황에서 유로권 경제는 개별국가의 주권을 희생하지 않고 경제통합을 유지해야 한다. 그러나 이 경우 경제정책을 국민의 의사에 따라 민주적으로 선택할 수 없는 딜레마(경제통합, 국가주권, 민주정치를 동시적으로 모두 만족시킬 수 없는 모순)에 빠지게 된다.

유로존의 '트릴레마'는 유로존의 재정위기 해결을 지지부진하게 만들고 있다. 즉, 주요 플레이어들 간의 다차원적인 '치킨게임'(*game of chicken*)[42]의 양상으로 치달은 것이다. 치킨게임의 중요한 축은 중심국가와 주변국가 간의 경제적 이해관계 대립, 유럽중앙은행(ECB)과 각국 정부 간의 정책목표 차이에 따른 갈등, 그리고 각국 정부 또는 유럽중앙은행과 시장투자자들 간의 신뢰성 상실 등이다.

이와 같이 유로권 국가 정부와 유로경제를 관리하는 기관들은 각자 포기할

[그림 Ⅲ-4] 3가지 위기의 복합현상을 보이는 유로존 위기

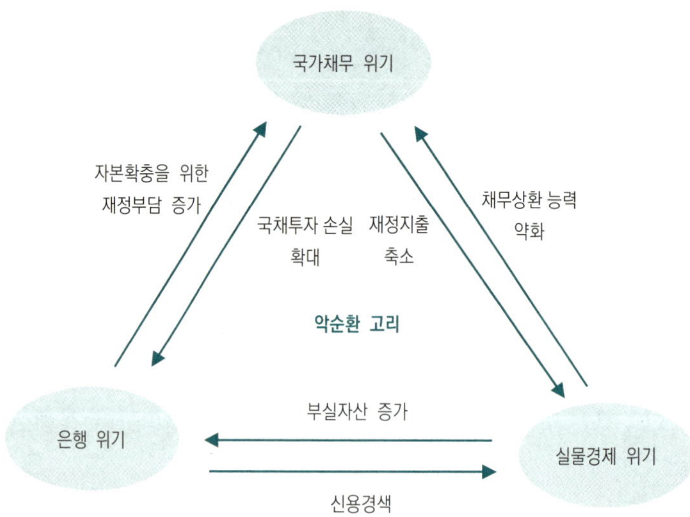

자료: 김득갑(2012).

42 어느 한쪽이 양보하지 않을 경우 양쪽 모두가 파국으로 치닫는 극단적인 게임을 말한다.

[표 Ⅲ-3] 주요국의 위험요소와 입장

	위험 요소	입장
그리스	국가부도 직면, 연립정부 불안정, 유로권 탈퇴 임박	유로권 공멸 방지를 위한 대규모 지원
스페인	은행권 취약(부동산 버블 대출), 지방정부 파산, 긴축계획 이행 부실	구속력 약한 구제금융 및 지원
이탈리아	정부부채 과다, 방만한 재정운영	그리스, 스페인 지원에 편승
영국, 프랑스	자국은행의 채권 부실화(프랑스), 유로권 붕괴에 따른 경기침체 장기화	위기 전파 방지 및 파급효과 최소화
유럽중앙은행	최후 대부자로서의 역할 한계, 방만한 구제금융에 대한 독일의 견제	유로권 사수, 중심국과 주변국의 이해관계 조화
독일	역내 주도국으로서의 재정 부담 및 국내 정치적 반발, 유로권 붕괴에 따른 피해 및 책임	피지원국의 강력한 긴축 및 구조조정

자료: BBC, 로이터, 〈블룸버그〉, 〈파이낸셜 타임스〉 등의 기사를 종합; 윤우진(2012).

수 없는 정치적·경제적 입장을 지켜야 하기 때문에 서로 쉽게 양보할 수 없는 딜레마에 빠져 있다(〔표 Ⅲ-2〕 참조).

그러므로 '유로존의 경제위기'를 극복할 수 있는 방안은 재정위기의 문제를 신자유주의적 금융(타국 은행에 의한 국채 매입)으로 해결하려고 노력할 것이 아니라 다음과 같은 조치가 필요하다. 즉, 재정통합을 위해 EU 헌법에 해당하는 '리스본 조약'(2009. 12. 1 발효)을 개정해야 하지만, 그것을 실행하기 전에 다음과 같은 긴급조치부터 취해야 한다. 일단 유럽중앙은행이 최종 대부자로서 발권력을 동원하여 부실채권을 사들이고 그다음에는 유로화의 통화공급 확대를 통하여 유로화 가치의 평가절하를 단행해야 할 것이다. 이와 동시에 재정적자를 감수하고라도 교육과 의료, 그리고 약한 유럽 국가의 인프라 건설에 투자해야 한다.

그 이후, 유럽중앙은행(ECB)의 권한 강화나 EU의 재정통합, 그리고 구조개혁이 필요할 것이다. 궁극적인 유럽 통합을 달성하기 위해서는 현재의 통화통합뿐만 아니라 재정통합과 정치통합이 필요하다. 통화통합은 각 국가의 금융주권을 통합하는 것인 반면에, 재정통합은 조세주권의 통합이고, 정치통합은 선거주권의 통합이다. 통화와 재정의 통합을 위해서는 개별국가보다 더 큰 힘을 가진 유럽 연방정부가 필요하다.

만약 유로존 차원의 재정통합이 불가능하다면, 통화주권을 다시 각 회원국에게 돌려주고 개별 회원국 차원에서 환율정책, 통화와 금리정책, 재정정책을 사용해서 재정위기를 탈출하도록 할 수밖에 없다. 유로존 차원의 국가 개입을 위해서는 현재 유럽중앙은행 외에 준비된 것이 없고 합의를 이루기도 매우 어렵다. 유럽 시민의식도 부재한다.

2) 유럽 재정위기의 구조적 요인

유로 단일통화 지역은 컬럼비아대 로버트 먼델 교수의 '최적통화 지역이론'[43]에 기초한다. '최적통화 지역'의 개념은 각국 화폐의 환율이 일정한 범위 내에서 변동하는 것을 인정하는 느슨한 형태와, 자국 화폐를 포기하고 단일 통화(유로)를 도입하는 강력한 형태로 구분할 수가 있다.

로버트 먼델(Robert Mundell) 교수에 따르면, 단일통화 지역이 성공적으로 운영되기 위해서는 각국의 경상수지 불균형에 대한 자동조절 메커니즘이 제대로 작동되어야 한다. 여기서 자동조절 메커니즘의 핵심은 실질환율을 통한 경상수지 불균형 조정능력이다. 즉, 경상수지 흑자국의 물가가 오르면서 해당국의 실질환율이 낮아지는 반면에 경상수지 적자국의 물가는 내려가면서 해당국의 실질환율은 높아져 역내 경상수지 흑자국과 경상수지 적자국의 경상수지 불균형이 조정되는 것이다. 여기서 유의할 것은 다음과 같이 두 가지이다.

첫째 먼델 교수의 이 이론은 재정적자에 대한 자동조절 메커니즘은 포함하고 있지 않으며, 재정건전성이 훼손된 국가는 단일통화 지역에서 탈퇴하는 것을 조건으로 한다는 점이다.

둘째 유럽은 각국 통화를 유로(*Euro*)로 통합했지만 재정은 통합하지 않았다는 점이다.

43 Mundell, R. (1961).

2011년 12월 5일 독일과 프랑스는 EU 회원국 회의에서 85%의 찬성을 얻으며 재정적자 기준을 충족시키지 못하는 회원국에 대해 제재가 가능하도록 'EU 안정·성장 협약'의 절차를 개정하였다. 2011년 12월 9일, 유럽 정상회의는 EU가 당장 필요한 것은 '재정동맹'인데도 엉뚱하게 재정긴축을 강화하자는 '재정안정 동맹' 결의했다. 즉, 현재까지는 EU 회원국의 재정적자의 상한선을 GDP 대비 3% 이내로, 정부부채 비율의 상한선을 GDP 대비 60% 이내로 각각 설정하고 있다.

그러나 2011년 12월 9일 재정위기의 벼랑 끝에 몰렸던 유럽 정상회의가 실질적 재정통합을 당장 시행하기 어렵기 때문에 '재정통합'에 가까운 '신(新) 재정협약 협력'을 영국을 제외하고 대체로 합의했다. 그러나 그 협약내용은 상기의 규칙, 즉 재정적자를 안 내도록 하는 규칙을 지키지 않으면 제제를 가한다는 것뿐이다. 즉, 2013년부터 시행되는 '신 재정협약'은 헌법에 경기변동 요인을 제거한 구조적 재정적자가 GDP의 0.5% 이내가 되도록 제한하고 이를 위반할 경우 자동조정 메커니즘의 가동을 명시하자는 것이다. 그러나 2011년 기준으로 이 기준을 초과하는 국가는 유로존 17개국 중 14개국에 달하고, 오차규모도 큰 상황이어서 수년 이내 이의 달성은 어려울 것으로 전망된다.

유로존이 필요한 것은 새정적자와 국가채무의 한도를 지키지 못하는 회원국을 '제재하는 수단'이 아니라, 실질적으로 재정이나 자금을 '지원하는 수단'이다. 즉, '제제협약'이 아닌 '지원협약'이 필요한 것이다. 이 결과, 유럽 정상회의의 '신 재정협약'은 당면한 유럽의 재정위기를 해결할 수 없었다.

조셉 스티글리츠 교수는 "유럽이 그리스와 같이 심각한 경제난에 빠진 국가들에게도 필요한 도움을 주지 않고 재정긴축 정책만 편다면 유로존은 해체될 것이 거의 확실하다"고 비관적으로 전망했다.[44] 또한, EU 집행위원회, 유럽중앙은행(ECB) 또는 유럽사법재판소(ECJ)에 개별 회원국 예산편성 개입과 위반국에 대한 실질적 처벌 권한을 부여해야 함에도 불구하고 일부 회원국들이 이에 대해 반대입장을 표명하였다. 따라서 상기 규칙을 위반해도 제재할 수

44 Stiglitz, Joseph(2011. 10); BBC interview.

없다. 사실, 지금까지 모두 60차례에 걸쳐 위반사례가 있었으나 실질적으로 제재를 받은 EU 회원국은 전무하다. 독일은 이러한 허점이 유로존에 대한 신뢰 상실을 가져왔다고 불만스럽게 지적하였다.

사실, 독일은 그동안 유로존의 통화동맹으로 수출시장을 확대하고 마르크화에 비해 약세인 유로화를 사용함으로써 수출경쟁력을 증진하면서 최대 수혜를 누렸다. 따라서 독일은 남유럽의 재정위기 해결을 위해 당연히 책임 있는 자세를 보여야 하지만 1990년 동·서독 통일 후 10년간 막대한 돈을 투입한 경험을 재현할 생각이 전혀 없어 보이며 남유럽 국가들의 방탕을 비난할 뿐, 유럽공동체의 의무를 외면하고 있다고 비판을 받는다.

일반적으로 통화통합은 경상수지의 관점에서 보면 통합 이전에 자국 화폐가치가 상대적으로 높은 국가에게 유리하다. 왜냐하면 단일통화를 통해 가격경쟁력을 강화할 수 있기 때문이다. 반면에, 재정통합은 재정적자 국가에게 더 유리하다. 왜냐하면 재정통합은 재정수지가 상대적으로 건전하거나 흑자인 국가로부터 그렇지 못한 국가로의 재정의 재분배를 가져오기 때문이다. 이와 같은 통합에 따른 편익의 비대칭성으로 인하여, 독일 등 경상수지 흑자국은 재정통합을 서두르고 싶지 않은 반면에, 그리스 및 이탈리아 등 재정위기를 겪는 국가들은 신속하고 충분한 재정통합을 원하고 있다.

그러나 재정통합은 유럽 중심국 국민들의 반대가 많고 정부 간 이견도 크기 때문에 제대로 진척을 보이지 못하고 있다. 신 재정협약은 각국의 재정 건전화를 주요목표로 삼고 있다. 상술하면, 실질적 의미의 재정통합은 제한적이나마 세입과 세출 기능을 갖는 단일 재무기구가 설립되고 유로존 차원의 정책 공조 및 정부부채 연대보증, 재정이전 등이 시행되는 것을 의미한다. 그러나 공동채무 부담, 국가 간 재정이전 등에 재정 우량국 국민들이 얼마나 동의할 수 있을지 의문이다. 또한 국가 간 세입·세출 정책 공조 강화 및 재정주권의 부분적 이양 등도 달성하기 어렵다.

현재 유럽에서 진행되는 경제위기 상황은 남유럽 국가의 방만한 재정지출에서 비롯된 '재정위기'라고 불리지만 근본적 측면에서 보면 환율의 자동조절 메커니즘이 작동할 수 없는 유로체제의 구조적 위기라고 말할 수 있는데, 그 이유는 다음과 같다.

첫째 유로존의 남유럽 국가들이 단일통화인 유로화를 공동으로 사용함으로써 환율이나 금리를 통제할 수 있는 권리를 포기했기 때문이다. 그 결과, 남유럽 국가들의 대부분은 경상수지 적자 국가들로서 대외채무가 팽창했지만 환율정책이나 통화정책 등을 사용하여 무역수지 및 자본수지의 불균형을 개선할 수 없기 때문이다. 나아가, 이 국가들은 통화동맹에 참여함으로써 자국의 통화주권을 포기한 결과, 유로존의 국가들은 금융시장에 위기상황이 발생해도 자국의 통화를 발행할 수 없다. 따라서 이들 국가들은 자국 국채시장의 자금조달 경로가 붕괴된 상황에 직면했다.

이탈리아나 스페인은 유로표시 국채를 발행하지만, 국채금리를 조절하기 위한 자국의 통화정책을 사용할 수 없다. 따라서 경상수지가 적자인 남유럽 국가들은 유로 표시의 국채를 발행함으로써 경상수지 흑자 국가들로부터 자본을 수입할 수밖에 없다. 남유럽 국가들과는 대조적으로, 독일, 오스트리아, 네덜란드 등의 경상수지 흑자는 더욱 늘어났다. 독일의 경우 1990년 동·서독 통일 이후 경상수지 적자를 기록했으나, 유로화를 채택한 이후 2002년부터 경상수지 흑자를 내기 시작하여 현재 GDP의 5%가 넘는 막대한 경상수지 흑자를 기록하고 있다.

일반적으로, 경상수지 적자국의 명목환율을 평가절하 하는 반면에 경상수지 흑자국은 명목환율을 평가절상 함으로써 경상수지 불균형을 시정할 수 있다. 그러나 EU 회원국들은 '유로'라는 단일통화를 채택하고 있어 명목환율의 조정은 불가능하다. 그 결과, 명목환율의 자동조정 메커니즘이 무용(無用)하게 됨에 따라 경상수지 적자는 지속적으로 확대되었다. 특히, 재정통합이 이루어지지 않은 상황에서, 재정지원 메커니즘은 아예 존재하지 않으며, 그 결과 재정위기에 직면한 유럽 국가들은 개별적으로 국채시장에서 유로 표시의 채권을 발행하여 자체 자금을 조달할 수밖에 없다.[45] 그렇다면 '유로차원의 국가개입 = 재정통합'은 실현될 수 있는가? 거의 불가능에 가깝다고 저자는 생각한다. 왜냐하면 이웃국가 시민들의 고통경감을 위해 자국 시민의 세금을 기꺼이 더 납부할 수 있다는 '연대의식'('유럽시민 의식')이 없고서는 진정한 '조세통합 = 재정통합'은 불가능하기 때문이다.

그런데 유럽시민(*European citizenship*)의식이 존재하는가? 그것은 현실적으로 존재하지 않는다. 예로서 유로 단일통화 덕분으로 막대한 경상수지 흑자를 실현한 독일이 유럽의 고통분담에 합류해야 함에도 불구하고 유럽중앙은행으로 하여금 남유럽의 국채를 매입하는 것도, 심지어 유로 채권을 발행하는 것도 반대하고 있다.

둘째 유로체제의 구조적 요인 중 또 하나는 유로 국채시장의 붕괴를 촉발시킨 근본적 원인이 바로 유로체제 내부의 국가들 사이에 구조적으로 확대되는 경상수지 불균형이라는 것이다.

유럽과 달리 미국·일본·영국의 경우 중앙은행이 통화량의 양적 완화 정책을 통해 장기국채 매입을 함으로써 정부가 부담해야 할 국채 이자비용을 낮게 유지할 수 있도록 도와준다. 그러나 유럽중앙은행은 '구제금융 금지조항'(리스본 조약 125조)에 따라 EU 회원국들의 국채를 원칙적으로 매입할 수 없다. 더구나 인플레이션을 걱정하는 독일이 EU 회원국의 국채 매입을 거부는 상황이다. 따라서 유럽 국채시장에서 개별 국가는 회사채나 지방채를 발행하는 기업이나 주(州)정부와 크게 다를 바 없이 시장논리에 따라 국채이자를 부담해야 한다.

원칙적으로는 통화동맹이라면 '최후의 대부자'로서 유럽중앙은행이 EU 회원국들의 국채를 매입할 수 있다. 미국 FRB가 그렇게 하고 있다. 물론, 이것은 독일이 '남유럽 국채 매입으로 인한 통화 완화 부담

45 미국의 연방정부는 GDP의 20%에 달하는 예산을 통해 재정위기에 직면한 주(州) 정부에 자금을 이전할 수 있다. 그러나 유럽의회의 예산은 GDP의 1%에 불과하다. 또한, 미국에서 주 정부의 재정위기는 연방정부와 공동으로 책임지는 반면에 유럽에서는 각 국가의 재정위기는 해당 국가가 단독으로 떠안게 된다.

= 인플레 부담'을 나눠야 한다는 뜻이고, 유로 채권 발행으로 인한 독일의 추가 금리 부담을 나눠야 한다는 것을 의미한다. 이것은 현재 재정위기에 비하면 아주 작은 고통분담이라고 할 수 있는데, 이것도 못하는 상황에서 조세와 재정을 함께 나누는 수준의 고통분담을 모든 EU 회원국들이 기꺼이 할 수 있다고 기대할 수는 없는 것이다.

셋째 유럽의 재정위기는 해당 국가의 국제경쟁력 저하로부터 발생하였다고 볼 수 있다. 유로화 통합 이후, 남유럽 국가들은 독일이나 네덜란드 등과 같은 유럽 국가들에 비해 상대적으로 임금이나 물가상승률이 높아져 '고임금-고물가'의 어려움에 직면했다. 이는 곧 가격경쟁력의 상실로 이어졌고, 이 국가들의 유로지역 내 무역수지는 만성적 적자를 기록했다. 그리고 이 무역수지 적자는 결국에는 외국으로부터 빌려온 돈으로 메꿀 수밖에 없었다. 또한, 이들 남유럽 국가들은 통화동맹에 의하여 단일화폐인 유로화로 통합되었기 때문에 평가절하라는 정책을 구사할 수 없었고, 오직 재정정책, 즉 재정적자만이 유일한 대응수단이었다.

이탈리아는 2011년 중 1인당 GDP가 3만 6천 달러를 상회하고 명목 GDP 기준으로는 유로지역에서 3위 국가이지만 경제구조가 취약한 편이다. 유로화 출범 이후 환율조절 기능이 상실됨에 따라 이탈리아의 높은 물가 상승 및 단위 노동비용 증가가 대외경쟁력 약화 및 수출부진을 초래했다.

산업구조를 보면, 최근 10년간 제조업 및 도소매·음식·숙박업의 비중이 하락하는 반면에 부동산 및 공공 부문의 비중이 크게 상승함에 따라 수출을 통한 성장동력이 약화되고 있다. 주력 업종인 섬유·가구산업 및 관광산업이 경기에 민감한 특성을 가져 2008년 글로벌 금융위기 이후 선진국의 성장세 둔화에 크게 영향을 받고 있으며 기업도 가족형 중소기업 위주로 구성되어 있어 부가가치 창출에 한계를 보이고 있다. 반면에, 독일은 유로화 출범 이후 꾸준한 성장을 지속하고 있다. 독일은 제조업을 중심으로 산업기반이 견고하다.

폴 크루그먼 교수는 "사실 유로존 문제는 재정위기가 아니라 국제수지 위기"

라며 “스페인 등 어려움에 처한 유로존 국가들이 산업경쟁력을 끌어올릴 수 있는 개혁을 통해서만 위기를 극복할 수 있다”고 분석했다. 나아가 크루그먼 교수는 “경쟁력 제고를 위해 지금 당장 필요한 것은 대규모 내적 평가절하”라며 “스페인 등 위기국들이 과거 호황기 때 과도하게 올려놓은 명목임금과 고비용 구조를 유로존 핵심국가인 독일과 경쟁할 수 있는 수준으로 대폭 삭감해야 한다”고 주장했다.

3) 위기확산 차단을 위한 체제정비

유로존은 방화벽 확충, 은행동맹, 재정통합 등을 추진하고 있다. 우선, 유럽중앙은행(ECB)과 유럽안정화기구(ESM)를 중심으로 방화벽을 확충하는 작업이 진전을 보이고 있다. 유럽중앙은행은 새로운 국채매입 프로그램(OMTs: *Outright Monetary Transactions*)에 따라 무제한 국채매입에 나서고 있다. 2012년 10월 8일 출범한 유럽안정화기구도 은행 직접지원, 국채매입 등을 수행한다.

EU는 은행동맹의 1차 과제로 은행감독 권한의 통합을 추진한다. 2013년 말까지 6천여 개 은행의 감독권한을 유럽중앙은행으로 통합한다는 계획인데, EU

[그림 Ⅲ-5] 위기확산 차단을 위한 체제정비 추진 현황

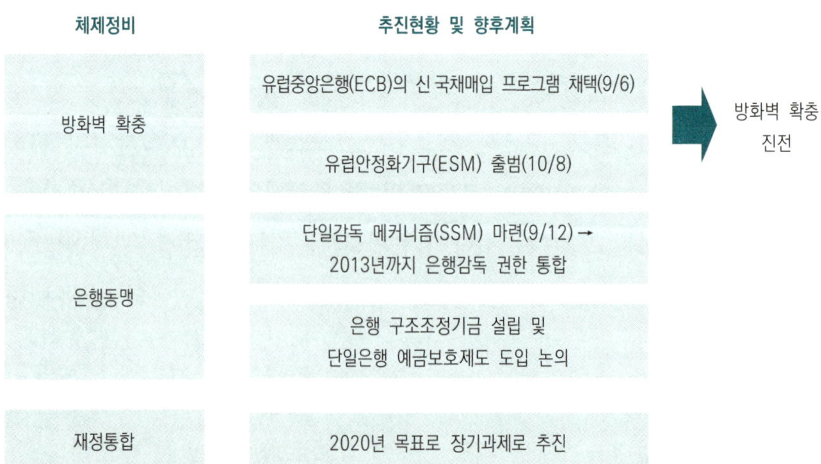

자료: 김득갑(2012).

회원국 간 견해 차이로 이 계획이 지연될 가능성이 높다.

재정통합은 위기 해소를 위한 가장 확실한 해법이지만, 리스본 조약과 EU 회원국의 헌법을 개정해야 하므로 단기간 내에 실현하기는 어렵다.[46] 그런데도 EU는 재정·금융위기를 극복하기 위해 유동성 자금의 확충, 재정건전성의 강화, 국가경쟁력의 강화 등을 위한 조치들을 취하고 있다.

첫째 금융시장에서의 자금유동성 확보를 위한 지원 조치들을 시행하고 있다. 그리스에 대한 구제금융 지급 직후, 유로권 국가들은 금융위기의 확대를 방지하기 위해 유럽금융 안정기금을 임시적으로 설립하였다가 2010년 12월에 유럽안정기구를 도입하여 동일한 기능을 영속적으로 제도화하였다.

둘째 EU는 유럽 재정위기의 근원적 원인으로 해당 나라들의 국가경쟁력의 하락임을 인식하고 역내 무역수지 불균형을 완화하기 위한 조치들을 2011년 3월의 '유로협약'(*Euro Pact*)[47]을 통해서 도입하였다. 이 협약과 더불어, 2011년 10월에는 '거시불균형 조정규약'을 새로이 제정하였다. 특히 '유로협약'은 '경쟁력 협약'(*Competitiveness Pact*)이라고도 불리며, 주로 남유럽 국가들의 경쟁력을 높이는 데 초점을 두고 있다. 이 협약은 특히 임금연동제의 폐지나 연금 수령 연령의 연장 등을 포함한 일련의 경제개혁 조치를 담고 있다.

셋째 EU는 상기와 같은 자금의 유동성을 강화하기 위한 조치들과 더불어, 재정건전성을 근본적으로 강화하기 위한 조치들을 병행했다. 기존의 마스트리히트 기준을 '성장 및 안정 규약'의 개정을 통해 재정운용의 감시를 강화시켰다. 또한, 각 회원국 사이의 재정정책들을 조정하고 조율하며 통합시키는 조치로서 각 회원국들의 재정정책을 상호평가하는

---

46 김득갑(2012).

47 유로지역 내 경제력 격차가 EMU 체제의 안정을 위협할 가능성이 있어 유로지역 회원국들은 사전적 정책조율 및 경쟁력 강화를 위해 2011년 3월 EU 정상회의에서 '유로 플러스 협약'을 체결하였다.

제도(*European Semester*)가 최근에 도입되었다. 즉, 각 회원국은 자국의 의회에 예산안을 제출하기 전, 유럽이사회와 각료이사회에 예산을 제출하고 심의를 받는 제도이다. 특히 재정건전성의 강화를 위한 2011년 12월 '신재정협약'이 실시되었다.

4) 프랑수아 올랑드 대통령의 '보다 적극적인 국가의 역할'

2012년 5월 6일 프랑수아 올랑드는 사회당 후보로서 '변화, 그것은 바로 지금'(*Le Changement, c'est maintenant*)이라는 슬로건으로 프랑스 대통령으로 당선되었다. 그의 승리로, 프랑스의 진보진영은 17년 만에 정권을 교체해냈다. 그것은 신자유주의의 정책을 강행했던 대중운동연합의 니콜라스 사르코지에 대해 거둔 승리였다.

올랑드 대통령은 평등에 기반을 둔 정의(正義)를 추구하는 60개의 대통령 선거공약을 제시했다. 특히 현재의 유럽 재정위기를 부자 증세와 적극적 재정·금융정책을 통한 '국가의 보다 적극적인 역할'을 통해 극복할 수 있다는 비전을 보여주었다. 이것은 기존의 EU의 대응방식인 '긴축재정을 통한 재정건전성의 확보'와는 매우 대조적이다.

올랑드 대통령은 EU 차원에서도 조세·재정정책의 개혁을 추진하고자 한다. 그는 재정적자를 없애기 위해 긴축재정만을 강조한 유로존(유로화 사용 17개국)의 '신재정협약'으로는 경제성장을 이룰 수 없다고 판단한다. 따라서 신재정협약의 큰 틀은 유지하면서도 경제성장을 가능하게 하는 정책을 포함시켜야 한다고 주장했다. 이러한 공약들은 기존의 "긴축재정을 통한 재정건전성 확보" 기조를 뛰어넘어 "재정규모 확대를 통한 재정건전성 확보"라는 새로운 패러다임을 추진하겠다는 의지의 표현이다. 특히, 그는 경제성장을 강조하는데, 이를 단순히 시장에 맡기는 것이 아니라 정부와 EU의 적극적인 조세, 재정, 금융 정책을 통해서 달성하고자 하는 입장을 줄곧 표명했다. 즉, 새로운 형태의 '케인스주의'를 주장하는 것이다.

올랑드는 금융수단을 통한 고용증대 방안들을 제시하였다. 프랑스 내 직접

투자를 한 기업, 특히 수출위주의 기업에 금융 지원, 공적 지원금 제공, 세금 감면 등의 각종 혜택을 제공한다. 특히, 지방세의 경우 기업의 투자액에 비례하여 혜택을 제공함으로써 기업의 투자를 더욱 자극할 수 있다. 투자 확보를 위한 '당근'만이 아니라 기존의 투자가 철회되지 않도록 '채찍'도 가하겠다는 것이다. 즉, 프랑스에 직접 투자한 기업이 철수할 경우, 기존에 부여해 주었던 다양한 혜택들을 반환하도록 하는 강제규정을 설치하겠다고 하였다. 기업이 자신의 이익을 재투자한 경우와 주주들에게 배당금으로 제공한 경우를 분리하여 재투자의 경우에는 부가적 혜택을 주고 배당금의 경우에는 과세를 더욱 강화하는 것도 투자를 '공공성'의 이름으로 강화하려는 조치이다.

올랑드는 종래 중소기업, 친환경기업, 신기술기업 등을 위한 투자은행을 공공투자은행으로 만들겠다고 하였다. 이제까지는 정부가 공적 재정을 민간투자에 투하하는 것에 대해서만 고려했을 뿐, 민간의 자금을 공공투자기관에 예치하여 정부의 관리하에 양극화 속에서 곤란을 겪는 소규모 기업들에 투자하는 정책방안이 제시되지 않았다.

올랑드는 은행의 기능을 생산에 투자하는 기능(투자기능)과 이익을 주주에게 배당하는 기능(상업기능)으로 분리하고 상업기능보다 투자기능을 더 강조하고 있다. 특히, 은행의 공공성은 바로 투자기능에 해당하는 것이며, 이 기능을 강화하는 방안으로 그는 공공투자은행을 설립하겠다고 하였다. 이 새로운 은행은 중소기업을 위한 투자에 집중하고, 친환경 산업과 에너지 산업에 치중한다. 그리고 이 공공투자은행의 기금 중 일부는 사회적 경제 부문과 친환경 부문에 사용된다.

공공투자은행과 더불어 투자를 공적으로 활성화하는 방안으로 산업투자예금 상품을 제시하였다. 이 예금을 통해 마련된 돈은 중소기업과 신기술을 확보한 신생기업에만 투자할 수 있고, 해당 예금의 안전과 수익성을 일정 정도 정부가 보장해 준다.

상기한 투자의 공공성 확보는 한편으로는 행정의 효율성을 필요로 하는데, 올랑드는 투자영역에서 지방 분권화를 추구하겠다고 한다. 즉, 자금확보에 어려움을 겪는 중소기업, 신생기업, 신기술기업들은 지역(*region*) 수준에서 단일

한 창구(공공투자은행과 산업저축예금을 주축으로)를 통해 자금을 확보할 수 있도록 제도를 수정할 것이라고 하였다.

올랑드는 그의 대통령 선거공약에서 금융자본을 통제할 수 있는 정책도구로서 금융거래세, 일명 토빈세(*Tobin Tax*)를 제시했다.[48] 이 세금은 장기 자본투자나 상품 및 서비스 교역을 방해하지 않는 수준에서 모든 외환거래에 세금을 부과하는 것이다. 2008~2009년의 글로벌 금융위기는 금융거래세, 즉 토빈세가 유럽에서 새로이 주목받게 만들었는데, 특히 프랑스가 주도적으로 도입을 주장하고 있다. 우파의 니콜라스 사르코지도 대내외적으로 이 제도의 도입을 주장하여 2012년 2월에 의회에서 입법화했다.

올랑드는 금융거래세를 프랑스 차원에서 뿐만 아니라 EU 차원에서도 도입하겠다고 약속했다. 2012년 6월에는 올랑드가 OECD 차원에서 이 제도의 도입을 역설했다. 실제로 독일과의 협상과정에서 메르켈 총리의 동의를 얻어 2013년부터 EU 차원에서 원하는 회원국에 한해 금융거래세가 시행되고 있다. 현재 EU 차원에서 논의되는 것은 유로존의 재정 및 금융위기 극복을 위한 재원 마련을 위해서이지만 한 회원국 차원에서도 재정위기 극복을 위한 좋은 도구가 될 수 있다.

올랑드는 금융기관의 기능을 상업기능과 투자기능으로 나누고 전자에는 강한 규제를 하고 후자의 경우는 적극적 지원을 할 것이라 하였다. 부자증세와 금융거래세 강화만큼이나 흥미로운 것은 자본소득세와 근로소득세의 형평성을 제고하겠다는 공약이다. 자본소득에 부과하던 기존의 조세는 세율이 상대적으로 낮기에 형평성을 위해 세율을 근로소득세와 비슷한 수준으로 높이겠다고 약속했다. 그는 금융자본을 자신의 주된 적(敵)으로 설정하였고, 이에 대항하기 위한 다양한 정책도구들을 제시하였다. 금융의 건전성을 확보하기 위해, 그는 모든 금융거래에 금융거래세를 부과하고, 스톡옵션을 금지하고(단, 신생기업의 경우는 예외), 조세피난에 대한 감시를 강화하겠다고 하였다.

48 토빈 교수에 따르면, 금융거래세는 거래비용을 높여 변동이 심한 금융시장을 안정시키고 국가의 통화정책에 대한 자율성을 향상시키는 효과가 있다.

6. 한국 경제

후술할 제 Ⅳ장 '한국 경제의 비전과 전략'에서 한국 경제의 당면과제와 해결방안을 상세히 논할 것이므로, 이 장에서는 한국 경제의 65년 성과를 두 가지, 즉 ① 경제발전과 ② 사회발전의 측면에서 개관하고 소규모 개방경제(*small-open economy*)로서 자본 자유화 · 외환 자유화 · 시장평균환율제도의 도입과정을 논술할 것이다. 그리고 다른 국가경제들과의 평행선상에서 한국 경제의 주요현황으로서 잠재성장률 하락, 가계 · 국가 · 공기업 부채의 상황을 분석하고자 한다.

1) 한국 경제 65년의 성과

(1) 경제발전

한국 경제 65년의 성과를 개관해 보면,[49] 1948년 정부수립 직후 한국의 1인당 소득이 1953년에 67달러로서 최빈국 상태였으나 65년이 지난 2012년 현재 23,679달러로서 353배가 증가하였으며, 한국의 경상 GDP는 1953년 13억 달러에서 2012년 1조 1,635억 달러로 무려 895배나 확대되었다. 이로써, 한국은 세계 15위의 경제대국으로 발전하였다. 따라서 세계은행 등은 지난 65년간 한국 경제가 이룬 성과를 "고도성장을 구가한 아시아 국가 중에서도 경제기적을 이룩한 대표적 사례"로 평가한다.[50]

① 빠른 경제 성장으로 1990년대 중반까지도 개발도상국들 중에서도 선두의 위치에 섰다.

② 세계 주요 무역국이 되었다. 무역규모 면에서 세계 여러 나라들과 어깨를 나란히 하였으며, 1996년에는 OECD에 29번째 회원국으로 가입하였다.

③ 한국의 빠른 경제성장은 '한강의 기적'이라고 불리며, 한때는 타이완, 싱가포르, 홍콩과 더불어 '아시아의 네 마리 용'으로 불리기도 하였다.

49 Lim, Yang-Taek(2000a) ; 삼성경제연구소(2008).

50 World Bank(1993).

④ 1990년대 중반 들어 지나친 외화 사용 등의 경제운영의 오류로 인하여 1997년 12월에는 국제통화기금(IMF)의 구제금융을 받았다. 이로 인해 한국 경제는 매우 어려운 처지에 놓였다.[51]

1948년 정부수립 2년 만에 '한국전쟁'이라는 큰 위기를 맞으며 경제기반이 초토화되었다. 150만 명의 민간인이 사망하였으며 산업시설의 40~50%가 멸실되었다. 1960년대의 '절대빈곤', 1970~1980년대의 '제 1, 2차 오일쇼크', 1980년대 후반 이후 민주화 속에서 거세진 노사분규, 1997년 말의 외환위기를 각각 경험하였다. 1960년의 경우 한국 경제의 1인당 국민소득은 79달러로 절대빈곤 상태였다. 당시의 1인당 국민소득 79달러를 현재가치로 환산하면 553달러로서 하루를 1.5달러로 생활해야 하는 수준이었다.

한국은 냉전체제하에서 미국이 제공하였던 안보, 자본 및 시장의 기회를 경제발전의 자산으로 적극 활용하였다. 특히 경제개발 초기단계부터 미국이 제공한 '안보우산'은 한반도에 50여 년 이상 평화상태를 유지하였다. 이것은 지속적 경제성장의 바탕이 되었다. 이와 동시에, 북한, 일본 및 중국 등 주변국가와의 끊임없는 경쟁은 긴장을 풀 수가 없었고 내부 응집력을 높이는 자극제로 작용한 것도 사실이다. 따라서 '북한과의 체제경쟁'과 '모방과 학습을 통한 일본 따라잡기', 2000년대 이후에는 급부상한 '중국 경제에 대한 경계' 등이 한국 경제의 고도성장 배경이라고 말할 수 있다.

로스토는 경제성장 단계를 전통적 사회 → 과도적 사회 → 도약단계 → 성숙단계 → 고도 대중소비단계의 5단계로 구분하였다. 이 중 도약단계로 진입한 사회는 후퇴하지 않고 지속성장이 가능하기 때문에 경제성장 단계 중 도약단계가 가장 중요하다고 강조하였다.[52]

크루거 전 IMF 수석부총재는 "한국 경제는 시장유인(*market incentive*)에 기반한 수출촉진 체제를 지향함으로써 정부개입에도 불구하고 위대한 성취를 실현했

---

51 Lim, Yang-Taek(2000b).

52 Rowstow, W. W.(1960).

다"고 말했다.[53]

1970년대 초반 정부는 철강, 비철금속, 화학, 기계, 조선, 전자 등 6개 중화학공업 부문을 중점 육성하기로 정책방향을 설정하였다. 그 배경은 세계적 불황 속에서 노동집약적 경공업 제품에 대한 선진국의 수입규제 조치가 강화되고, 후발 개발도상국의 추격도 가속화되었기 때문이다. 또한, 북한의 무력도발 위협과 주한미군의 철수 가능성 등으로 인해 중화학공업에 대한 집중 투자를 위해 국내외 자원 동원, 전략 부문별 산업기지 건설, 사회간접자본(SOC) 확충 등을 본격적으로 추진하였다.

한국 기업은 1970년대 중화학공업 부문에의 과감한 투자에 힘입어 1980년대 중·후반에 도래한 3저(低)(저금리·저유가·저환율) 호기를 최대한 활용하였다. 1970년대 후반 이후 일본의 반도체 업체들이 DRAM 등에 집중 투자하여 급성장함에 따라, 국내 반도체 산업도 한 단계 도약이 필요하다고 인식하였다. 1983년 DRAM 반도체 분야에 진출한 후 1998년 이후에는 선발국인 일본을 추월하는 등 'DRAM 분야 세계 1위'로 등극하였다. 1988~1997년간 삼성전자의 연평균 DRAM 투자액은 약 4억 달러로 일본 반도체 상위 4대 업체(도시바, NEC, 히타치, 후지쓰) 평균의 2.8배를 기록하였다.[54] 또한, 1986년 국산 전전자(全電子) 교환기(TDX: *Time Division eXchange*)[55]의 개통은 정보통신산업 발전의 기반으로 작용하였다.

DRAM의 성공은 1990년대 TFT-LCD 진출로, TDX의 성공은 CDMA 방식 휴대전화(1996), DMB 방송(2005), 휴대인터넷 서비스(2006) 등의 세계 최초 상용화로 연결되면서 명실공히 'IT 강국'으로 도약하는 데 크게 기여하였다.[56] TFT-LCD의 경우 삼성전자와 LG디스플레이의 세계시장 점유율은 각각

53 Krueger, A. O. (1995).

54 신장섭·장성원(2006).

55 전화 교환기는 수동식 → 기계식 → 반(半)전자식(제어부분은 전자식, 선로교환 부분은 기계식) → 전(全) 전자식(제어부분 및 선로교환 부분 모두 전자식) 교환기로 발전했다.

56 CDMA(*Code Division Multiple Access*)는 확산대역기술을 사용한 '부호분할 다중접속방식'이다.

23%, 21%로 세계 1, 2위(2007년 출하액 기준)를 기록하였다.[57]

(2) 사회발전

다른 한편으로, 1980년대 후반 이후 '민주화', '자율화'의 시대적 흐름에 부응하여 정부주도에서 민간주도 경제체제로 이행하였다. 1980년대 후반 들어 고도성장에 대한 피로감 해소 및 사회통합 차원에서 의료보험이 모든 국민을 대상으로 확대되었고, 국민연금과 고용보험도 점진적으로 도입되었다. 특히 1997년 외환위기를 계기로 사회보험의 적용대상이 소규모 사업장 근로자와 자영업자까지 급격히 확대되고, 빈곤층에 대한 복지제도가 강화되었다.

① 국민연금제도

국민연금제도는 1973년에 '국민복지연금법'이 제정되었으나 그 시행이 보류되다가 15년 후인 1988년에 10인 이상의 사업장부터 실시되었다.[58] 그 후 1992년에 5인 이상 사업장 근로자까지 가입대상이 확대되었고 1995년에 농어민에게 적용되었으나 도시지역 주민 약 1천만 명은 1999년부터 가입함으로써 시행 후 10년 만에 전 국민을 대상으로 확대되었다.[59]

그러나 고령화에 대한 설계가 부족한 상태에서 출발했고, 그 대응도 늦어 현재 복지제도의 지속가능성에 대한 우려가 높다. 즉, 1998년과 2007년의 두 차례 개혁으로 국민연금 급여를 임금의 70%에서 40%로 낮추었으나 2060년에 국민연금 기금이 고갈될 우려가 있다.[60] 본격적인 고령화 시대에 대비한 국민연금 기금운용기구의 전문화,[61] 사회보험 징수기구의 통합 등 사회보험제도의 효율성 제고가 시급하다.

---

57 전자부품연구원(2008).

58 저자는 당시 '국민복지연금실시준비위원'(1984. 9 ~ 1986. 8)으로 참여한 바 있다

59 국민연금 대상의 전 국민 확대는 이 제도의 확대시기가 IMF 경제위기 직후였기 때문에 많은 애로를 겪었다. 예를 들어, 지역 가입자의 약 50%가 납부예외자로 신고되고 약 9%는 미(未)신고자였다.

60 김상호(2007).

61 보건복지부(2008).

[표 Ⅲ-4] 주요 복지제도의 도입 및 확대

구 분	도 입	확 대
국민연금	1988년: 10인 이상 사업장	1999년: 모든 국민 대상
건강보험	1977년: 500인 이상 사업장	1989년: 모든 국민 대상
고용보험	1995년: 30인 이상 사업장	1998년: 1인 이상 사업장
산재보험	1964년: 500인 이상 사업장	2000년: 1인 이상 사업장
공공부조	1961년: 생활보호제도 1978년: 의료보호제도 (※ 근로능력자 제외)	2000년: 국민기초생활보장제도, 의료급여제도 (※ 근로능력자 포함)

자료: 임양택(2011a).

② 고용보험제도

고용보험제도는 1995년 7월에 처음 도입되었다. 이 제도는 한국이 가장 늦게 도입한 사회보험제도였으나 IMF 외환위기를 겪으면서 가장 단기간 내에 확충된 사회보험제도가 되었다. 즉, 고용보험사업 중 실업급여는 1995년에 30인 이상 사업장부터 지급되기 시작하여 1998년에 10인 이상으로 확대되었고, 고용인 안정사업 및 직업능력 개발사업은 1995년 70인 이상 사업장부터 시작했다.

그 이후 1998년 2월에 5인 이상 사업장으로 확대하고 다시 1998년 10월에 1인 이상 사업장은 물론 임시직 및 시간제 근로자에게까지 확대 실시되어 사회안전망으로서의 막중한 역할을 수행하였다. 즉, 급격히 증가된 실업자에게 실업수당을 지급하는 외에도 당장 취업이 어려운 계층의 취업능력을 높여 주기 위한 각종 직업훈련프로그램이 고용보험사업으로 추진되었을 뿐만 아니라 구조조정으로 휴업중인 기업의 근로자에게는 휴업수당을 지급하여 구조조정의 충격을 완화하는 데 기여하였다.

③ 의료보험제도

정부는 의료보험제도를 전국 단위로 통합하기 위해 1999년 12월 국민건강보호법을 개정하였으며, 관리운영조직은 2000년 7월에 통합하고 보험재정은 단계별로 통합하여 2001년 1월에 직장가입자와 공무원, 교원 의료보험을 통합하고 2002년 1월에 직장보험과 지역보험을 통합하였다.[62]

한국의 의료보험제도는 다른 사회보험제도보다 일찍이 도입된 제도로서 1977년에 500인 이상 직장근로자로부터 시행하여 1989년에 도시지역에 실시함으로써 전 국민 의료보험 시대를 열었다. 그러나 의료보험의 관리시스템은 3원화되어 공무원 및 교직원 의료보험과 직장의료보험, 지역의료보험이 각각 운영되어 왔다. 보험료의 부담방식에서도 전 국민의 52%를 대상으로 하는 지역의료보험은 보험료를 가입자가 부담하는 형식인 반면 직장근로자의 경우는 사용자가 50%를 지원하는 형태로 운영되었다.

정부가 의료보험체계를 조합주의에서 통합주의로 개선하려는 취지는 비용부담은 능력에 비례하게 하고, 질병치료는 공평하게 하자는 것이다. 즉, 부자가 가난한 사람을 돕고, 건강한 사람이 병든 사람을 돕도록 하는 의료보험의 기본 취지를 살리려면 각 조합별 독립채산제 방식보다는 전 국민 통합관리 방식이 바람직하다는 것이었다.

④ 산재보험제도

산재보험은 공업화가 진전되면서 산업재해를 당하는 근로자가 급격하게 증다함에 따라 산업재해를 당한 근로자를 보호호가 위해 1964년에 도입된 한국 최초의 사회보험제도이다.

산재보험은 산재근로자와 그 가족의 생활을 보장하기 위하여 국가가 책임을 지는 의무보험으로 원래는 사용자의 근로기준법상 재해보상 책임을 보장하기 위하여 국가가 사업주로부터 소정의 보험료를 징수하여 그 재원으로 사업주를 대신하여 산재근로자에게 보상을 하는 제도이다.

산재보험제도가 처음 시행된 1964년에는 상시 근로자 500인 이상을 고용하는 대규모의 광업 및 제조업 부문에만 적용하고 근로기준법에 규정된 재해보상을 행하였으나, 그 후 산재보험 적용범위가 점차 확대되어 2000년 7월 1일부터는 근로자 1인 이상을 고용하는 사업장의 근로자에게까지 적용이 확대되었고 2005년 1월 1일부터는 고용보험 및 산업재해보상보험의 보험료를 통합징

---

62 임양택(1985).

수하기 위한 "고용보험 및 산업재해보상보험의 보험료 징수 등에 관한 법률"이 제정되어 시행되고 있다.

(3) 자본 자유화

① 배 경

한국은 수입 자유화→자본 자유화→전면적 개방 순으로 글로벌 개방체제에 편입하였다. 1980년대 들어 경기부진을 겪던 미국 등 선진국들이 자국시장 보호와 함께 한국을 비롯한 개도국들의 수입개방을 강력히 요구하였다.

세계 교역량 증가율이 1950~1973년의 기간에는 연평균 8.6%에 달하였으나 1973~1989년에는 4.3%로 둔화되었다. 1980년대 후반 한국의 대(對)미국 무역수지 흑자 확대로 인해 미국의 시장개방 압력이 강화되자 농산물 등을 포함해 개방범위가 확대되었다. 미국은 1988년과 1989년, 2년 연속 한국을 '환율조작 국가'로 지정하였고 1989년 개도국에 부여했던 일반특혜관세 대상에서 한국을 제외하는 한편, 한국에 대한 슈퍼 301조 우선협상 대상국 지정을 검토하였다.[63] 따라서 종전까지 자유화 대상에서 제외되었던 농산품에 대한 수입 자유화를 1989년 이후 점진적으로 추진하였다. 수량규제 완화와 함께 관세율도 지속적으로 인하해 단순 평균관세율이 1988년 18.1%에서 1994년 7.9%로 하락하였다.

1984년 외자도입법 개정 이후 부분적으로 추진되던 외환 및 자본 자유화 정책이 OECD 가입을 위해 1993년부터 본격 추진되었다 1995~1999년 3단계에 걸쳐 자본 자유화가 추진되었다. 외환위기를 계기로 전방위적 개방을 통해 글로벌 개방체제로 편입되었다. 1998년 IMF 체제 이후 모든 경제분야에 걸쳐 개방이 신속하게 추진되고, 시장개방 및 자본 자유화가 선진국 수준으로 단행되었다.

그러나 자유화와 개방에 대한 준비 부족으로 인해, 1997년 외환위기가 발생

63 이에 한국은 농산물시장 개방, 외국인투자 규제완화, 보험시장 개방 등으로 우선협상 대상국 지정을 모면하였다. 전영재(2005) 참고.

했다. 자본시장 개방을 급격히 추진하는 과정에서 대외 불균형이 해소되지 못하여 단기외채가 누증했다. 금융회사가 해외 단기자금을 조달해 장기자금으로 운용했으나 금융감독 기관이 이를 간과하여 외화유동성 위기를 자초하였다.

1997년 외환위기를 극복한 후, 한국은 신성장동력 산업 육성을 위한 금융중개기능의 원활한 수행과 취약한 금융산업의 경쟁력 강화를 위한 노력을 전개하였다. 예로서, 2003년 동북아를 중심으로 한 특화 금융허브를 목표로 '동북아 금융허브 추진전략' 로드맵을 수립하였다. 자본시장의 발전을 도모하고, 금융산업을 신성장 동력으로 육성하고, 2007년 7월 "자본시장 통합법"을 제정했다. 이것은 금융투자업에 대한 겸영 허용 등을 통해 대형 투자은행의 성장률 유도하고, 포괄주의를 적용하여 다양한 금융상품 개발능력을 강화하기 위한 것이다.

그러나 아직도 시장중심의 금융시스템이 정착되지 못한 실정이다. 자본시장 발달의 핵심인 투자은행, 헤지펀드 등 주요 플레이어가 아직 도입되지 않았거나 활동이 부진하다. 글로벌 투자은행과 경쟁할 만한 한국의 투자은행은 없다. 또한, 금융산업으로의 진입과 상품개발 등 금융관련 규제가 여전히 산재되어 있다.

② 기대효과[64]

우선, 자본시장의 개방에서 기대할 수 있는 긍정적 효과는 다음과 같다

- 첫째 금융자본거래에서 시장가격기능을 제고시켜 희소한 자원배분의 효율성을 도모할 수 있다. 자본의 수요자와 공급자가 개방된 자본시장에서 거래하게 됨으로써 수요자와 공급자 모두가 이익을 볼 수 있다는 것이다.
- 둘째 금융거래 영역이 넓어지고 그 규모가 커짐에 따라 새로운 금융기법의 창출과 확산이 촉진되고 정보이용의 효율화 등으로 금융기관 경영의 효율화를 도모할 수 있다.

64 Lim, Yang-Taek (2004c).

자본시장 개방의 부정적 기대효과는 다음과 같다.[65] 즉, 대내적 금융 자유화를 충분히 추진하지 못한 상태에서 추진했던 국내 자본시장의 개방은 급격한 해외자본의 유·출입으로 IMF 외환위기를 야기했다. 특히 몇몇 국가들은 자본시장 개방 이후 급격한 자본유입으로 실질환율의 절상과 이에 따른 경상수지 적자의 확대가 야기되었다. 이러한 현상은 해당 국가의 실물경제에 대한 비관적 전망을 유도함으로써 결과적으로 급격한 자본유출을 초래하여 심각한 외환위기를 발생시켰다.

자본 자유화는 정부의 통화 및 환율정책에 큰 부담을 준다. 자본의 국제적 유·출입 확대는 환율의 불안정을 야기한다. 예를 들어, 자본 자유화는 환율의 급변(*volatility*), 오버슈팅(*overshooting*), 균형수준으로부터의 장기이탈 현상(*misalignment*)을 유도할 수 있다.[66]

자본시장의 개방화가 환율에 미치는 효과 못지않게 중시해야 할 문제는 정부의 통화관리에 대한 영향이다. 자본 자유화가 진행됨에 따라 일반적으로 먼저 자본유입의 확대과정이 전개된다. 자본 유입에 대하여 당국은 환율의 조정에 다 맡길 수 없으며 이에 따라 외환시장에 개입하고 이러한 개입은 바로 통화량의 증가를 초래한다. 통화량의 증가는 해당국의 통화정책에 큰 부담이 된다. 왜냐하면 자본 자유화를 시도하는 국가들은 대개 통화 공급과잉(*monetary hangover*) 문제와 낙후된 채권시장을 가졌기 때문이다.

한국의 경우에도 자본유입의 확대를 통한 원화의 강세(평가절상)을 막기 위해서는 정부당국은 외환시장에 개입하지 않을 수 없다. 왜냐하면 수출주도형 한국 경제는 원화의 약세(평가절하)가 수출을 상대적으로 촉진하기 때문이다. 그러나 정부의 외환시장 개입은 추가적인 화폐공급 확대를 초래한다. 그렇지만, 이미 한국 경제는 과잉통화의 상태에 놓여 있기 때문에 정부당국은 불태화 정책(*sterilization policy*)을 시행하여 추가적 통화공급에 따른 통화환수를 시도하게 된다. 그러나 채권시장 미비로 채권수요가 제한되어 있는 여건하에서

65 McKinnon, R. I. (1982); Edwards, S. (1984); Dornbusch, R. (1976); Lal, D. (1986).
66 김인준(1997).

통화환수용 채권의 공급물량의 추가는 국내금리 인상을 야기한다. 국내금리의 상승은 또 다른 외국자본의 유입을 촉진시켜 이는 다시 금리의 상승으로 연결되는 악순환을 유발한다.

물론, 한국은 자본 자유화의 긍정적 효과를 적극 추구해야 하겠지만 그것이 야기하는 부정적 효과를 철저히 경계해야 할 것이다.

(4) 외환 자유화

국제 간 자본이동 자유화 과정과 함께 병행해서 외환 자유화도 지속적으로 추진되었다. 1994년 6월, 거주자의 외국환 매각과 예치의무를 철폐한 데 이어 1995년 6월에는 거주자의 외국환 매각과 예치의무를 철폐하였으며 외환보유에 대한 등록의무를 폐지하였다. 이와 같이 외환집중의무제를 완화함으로써 기업 및 개인이 정당하게 취득한 외화를 자유롭게 보유하는 것에 대한 규제를 줄여 나갔다.

외국환은행이 외국금융기관과 환거래계약을 체결할 경우, 종전의 사전인가제를 사후보고제로 대체하는 한편 포지션 관리를 건전성 위주로 전환하였고 그 한도도 확대하는 등 외국환은행의 업무자율화 폭을 확대하였다.

경상 외환거래에서는 1995년 이후 일반 국민의 편익증진을 위하여 5천 달러 이하의 소액 경상지급은 실수요증명 제출 없이도 가능케 하였고, 해외여행 경비 지급한도를 확대하였으며, 기업의 해외사무소 경비지급 한도와 사후관리 등을 폐지하였다.

수출대금 영수거래 자유화, 사후관리 면제대상 수출입대금 결제범위 확대, 수출선수금·착수금 등의 금리조건 폐지 등 대금결제 방법을 자유화하는 한편 연(延)지급 수입기간의 연장 및 수출선수금 영수한도 확대 등 무역신용에 대한 규제를 단계적으로 완화하였다. 그 결과, 경상 외환거래에 대한 자율화 폭이 크게 확대되었다.

전술한 바와 같은 국제적 자본이동에 대한 자유화(자본 자유화)와 시장외환에 대한 규제완화(외환 자유화)로 인하여 외국자금의 유·출입이 점차 확대되었다. 특히 한국 주식시장에 대한 외국인 증권투자자금의 유입이 크게 늘어났다. 또한, 외국인의 채권투자도 점차 늘어났다.

(5) 시장평균환율제도의 도입[67]

외환시장의 가격조정 기능을 제고하기 위해 시장평균환율제도가 도입(1990. 3. 2)되었다. 이에 따라 환율변동 폭을 점진적으로 확대함으로써 현재 외국환은행이 자율적으로 변경·적용할 수 있는 환율변동 폭을 기준환율의 상하 0.4% 이내에서 2.25% 이내로까지 확대하였다.

한국은 1945년 8월 해방 이후 1980년 초의 '복수통화 바스켓제도'를 채택하기 전까지 사실상 '고정환율제도'를 운영했다. 물론, 1960년대 중반(더 구체적으로는 1964. 5)에 단일변동환율제도를 채택하여 시행하였지만, 명칭과는 달리, 사실상 고정환율 방식을 취하였다.

이렇게 장기간에 걸쳐 환율을 고정 내지 사후적으로 조정하는 방식은 한국경제로 하여금 대외환경에 능동적으로 적응할 수 없도록 하였다. 이에 따라 1980년 3월 정부당국은 '복수통화 바스켓제도'를 도입하였다. 이 제도하에서 환율은 IMF가 주요국 통화에 가중치를 부과하여 구성한 교역량을 가중치로 한 독자바스켓에 의거하여 산출한 환율에 내외 금리차, 국제수지 전망 등의 요인에 근거한 이른바 알파(α)를 반영시켜 결정되었다.

그러나 복수통화 바스켓제도하에서 환율은 국제 금융시장에서의 주요 통화시세에 연결되어 한국 국내의 외환수급 사정을 제대로 반영하지 못하는 문제가 나타났다. 또한 정부당국은 이 제도하에서 실세 반영장치인 α를 미(微)조정하였고, 이러한 정부당국의 환율조정은 미국 등과 같은 교역 상대국으로부터 의도적 환율조작이라는 비난을 유발하였다. 이에 따라 1990년 3월 2일에

---

67 IMF에서 발간하는 *IFS*(*International Financial Statistics*)에 의하면 1996년 6월 말 현재 181개 가입국은 다음과 같은 환율제도를 운용하는 것으로 나타났다. ① 특정 통화나 특별인출권 또는 바스켓에 고정된 환율제도를 지닌 국가는 87개국인데, 그중에 미국 달러화에 고정한 국가는 26개국이다. ② 일정 범위 내에서 변동을 허용하는 국가는 14개국인데, 그중에 EMS에 가입한 국가는 독일, 프랑스, 포르투갈, 스페인 등 10개국이다. ③ 변동환율제도를 채택한 국가는 102개국인데, 이 그룹에는 관리변동환율제 국가(한국을 포함한 45개국), 자유변동환율제 국가(미국, 일본 등 55개국) 등이 속해 있다.

현행 '시장평균환율제도'를 채택했다.

시장평균환율제도는 비록 종전의 복수통화 바스켓제도에서와 같이 정부가 일일이 개입하여 환율을 결정하지는 않지만 정부가 일정 범위 내에서 변동폭을 조정할 수 있기 때문에 완전한 자유변동 환율제도는 아니고 하나의 과도기적 과제라 할 수 있다.

상술하면, 시장평균환율제도하의 환율은 일정 범위 내에서 외환시장(은행 간 시장)의 수요와 공급에 의하여 결정된다. 이 제도는 환율이 시장원리에 의하여 결정된다는 점에서 이전의 복수통화 바스켓제도와 다르며 일일변동 범위의 제약을 둔다는 점에서 순수한 자유변동 환율제와 차이가 있다. 따라서 IMF 분류상으로는 한국의 시장평균 환율제도는 '관리변동환율제도'이다.

관리변동환율제도하에서 환율이 결정되는 메커니즘을 좀더 구체적으로 살펴보면 다음과 같다. 현재 원/달러 기준환율은 전일 장내 익일결제현물환 은행 간 매매율을 거래량으로 가중 평균하여 산출하며, 은행 간 매매율은 외환의 수요와 공급에 따라 변동하되 기준환율의 일정범위[68](현재 ±2.25%) 내로 제한하고 있다.

한편 재정(*arbitrage*) 환율은 타이완, 오스트레일리아 등 대부분의 국가가 사용하는 방법과 같이 국제외환 시장에서의 미국 달러화와 해당 통화 간(*cross-rate*) 환율을 달러화의 기준환율로 재정하여 산출하고 있다. 다만, 전일자 환율과 당일 오전 환율의 차이에 따른 환차익을 노리는 재정거래의 소지를 없애기 위해 5개 통화(독일 마르크, 영국 파운드, 스위스 프랑, 오스트레일리아달러, 일본 엔화)의 환율은 동경시장의 시세를 반영한다.

68 복수통화 바스켓제도에서 은행 간 거래환율은 은행 간 시장의 역할이 크지 않으므로 외국환은행 간에 상호합의하여 아무런 제한 없이 자율적으로 정하도록 완전 자유화되어 있었다. 그러나 현행 시장평균환율제도하에서는 은행 간 원/달러 거래환율이 곧바로 다음날의 환율을 결정하므로 환율의 급격한 변동을 방지하기 위하여 은행 간 환율의 일일변동 범위를 제한할 필요가 있다.

2) 한국 경제의 주요 문제점

제 I 장에서 저자는 한국 경제의 당면과제로서 10가지를 지적했다.

① 재정수지 적자 및 국가채무의 누증
② 복지제도(국민연금제도 및 건강보험제도)의 재정위기
③ 저조한 기업의 설비투자와 과도한 가계부채로 인한 내수시장의 침체
④ 대량실업과 청년실업의 폭증 및 불안정
⑤ 만성적인 대(對)일본 무역수지 적자의 급증, 대(對)중국 무역수지 흑자의 급감에 따른 경상수지의 불안정
⑥ 대기업과 중소기업의 기능적 연계 약화
⑦ 금융자산 · 토지 · 주택소유의 극심한 편중으로 인한 소득분배의 불균등 심화와 소득양극화의 악화로 인한 계층 간 갈등의 심화
⑧ 환율 및 외환시장의 불안정
⑨ 국내 금융시장의 불안정 및 금융산업의 낙후
⑩ 인플레이션

상기의 10가지 당면과제와 함께 한국 경제의 잠재성장률의 하락과 가계 · 국가 · 공기업 부채는 실로 심각한 당면과제이다. 후술할 제 Ⅳ장 '한국 경제의 비전과 전략'에서는 상기의 해결방안을 상세히 논하기로 하고 이 장에서는 그 현황을 분석하고자 한다.

(1) 잠재성장률의 하락

한국 경제는 유례없는 저성장 시대로 진입하고 있다. 한국 경제의 해외의존도(82%)가 매우 높기 때문에 한국의 경제성장률은 세계 경제성장률에 의하여 크게 영향을 받는다. IMF(2013. 7. 9)에 의하면 2013년 세계 경제성장률은 3.3%에서 3.1%로, 2014년은 4.0%에서 3.8%로 각각 0.2% 하향조정했다.

대외의존도가 높은 한국 경제는 세계 경제침체의 직격탄을 맞고 있다. 외환

위기를 겪던 1998년 경제성장률은 -5.7%였으나 1999년에는 기저 효과와 수출 증가에 힘입어 10.7% 성장으로 급반등했다.[69] 글로벌 경제위기를 겪던 2009년 2분기의 경제성장률은 -2.1%, 3분기 1.0%였으나 동년 4분기에는 바로 6.3%의 경제성장률로 '점프'했다. 그 결과, 2009년 경제성장률은 0.3%였으나 2010년 6.3%로 큰 회복세를 보였다. 반면에, 글로벌 경제위기를 겪던 2012년 3분기 경제성장률이 전년 동기 대비 1.6%에 그쳤다. 분기 경제성장률이 2% 이하로 추락한 것은 역사상 4차례, 즉 1980년 1~4분기(석유파동), 1998년 1~4분기(외환위기), 2003년 2분기(카드사태), 2008년 4분기~2009년 3분기(글로벌 금융위기)였다.[70]

과거 세 차례의 저성장은 오일쇼크나 외환위기, 글로벌 금융위기 등 일시적인 외부충격에 의한 것이었기 때문에 한국의 경제성장률은 경제위기 이후 오히려 강한 회복 탄력성을 보였음을 알 수 있다.

그러나 최근에는 글로벌 저성장 기조 속에 소비와 투자까지 위축되면서 장기침체로 이어지고 있다. 불행히도, 저성장을 초래한 대내외 경제 여건이 개선될 기미가 보이지 않는다. 경제성장률 추락의 가장 큰 요인이 특히 기업의 설비투자 감소라는 점은 당장 경기가 하강하는 것은 물론이고 향후 경제성장 기반마저 붕괴될 것이라는 심각한 우려를 낳고 있다.

구미(歐美) 선진국은 1970년대 오일쇼크 이후 경제성장률의 급락을 경험했다. 또한, 일본은 1990년대 버블 붕괴와 함께 급격한 경제성장률의 둔화를 경험했다. 구미 선진국과 일본의 공통점은 출산율 하락과 청년실업의 확산이었다. 이로 인해 미래의 성장동력인 인적자본 축적이 감소됨에 따라 저성장의 늪에 빠진 것이다.

OECD의 〈경제전망〉 보고서는 한국의 잠재성장률은 2031~2060년에 0.55%까지 떨어질 것이라고 밝혔다.[71] 상기 한국의 잠재성장률 전망치(0.55%)

---

69 이와 더불어, 경상수지는 1997년 81억 8천만 달러 적자에서 1998년 사상 최대 흑자인 426억 4천만 달러를 기록했다(〈문화일보〉, 2012. 10. 26).

70 한국은행 발표자료(2012. 10. 26).

71 문화일보(2013. 6. 3).

는 OECD 34개 회원국 평균 잠재성장률인 1.58%와 비교하면 3분의 1 수준에 불과하며, 세계 평균 잠재성장률 2.22%에 크게 못 미친다. 상기 전망치는 한국 경제가 2031년 이후부터는 사실상 경제성장을 멈추고 제로성장에서 제자리걸음을 할 것임을 경고한다.

한국의 잠재성장률을 하락시키는 요인은 무엇인가? 그 요인은 다음과 같이 3가지로 ① 노동공급 둔화, ② 투자부진, ③ 생산성 증가 지체를 들 수 있다.

첫째 출산율이 감소함에 따라 생산가능인구[72] 증가율이 둔화되고 있다. 1970년대 3.1%였던 생산가능인구의 증가율이 2011년 1.0%까지 떨어졌다.[73] 출산율은 미래 인적자원을 가늠할 수 있는 주요 지표다. 여성이 평생 낳을 수 있는 아이 수를 의미하는 '합계출산율'은 1960년 6.0명이었지만, 2011년엔 1.24명으로 OECD 회원국 중 가장 낮아졌다. 그 결과, 출산율 저하로 일할 사람들이 줄면 한국 경제의 잠재성장률은 2030년대에 1.7%로 떨어질 것으로 예상된다.

국회예산정책처는 〈고령화가 근속 및 연공임금체계에 미치는 영향과 시사점〉이라는 보고서(2012. 9. 27)를 통해 "2010년 기준 한국 근로자의 평균 근속기간은 5년으로 OECD 소속국 가운데 가장 낮았고 주요국의 절반수준에 그쳤다"고 밝혔다. 프랑스(11.7년), 독일(11.2년), 네덜란드(10.6년)의 평균 근속기간은 모두 10년이 넘었다.

근로자들의 평균 근속연수의 변동추이를 국제 비교해 보면, 한국은

72 '생산가능인구'(*labor force population*)란 일을 하고 돈을 버는 등 경제활동이 가능하다고 간주되는 15~64세 인구를 말한다. '생산가능인구' 중에서 실제 일을 하고 있거나 구직활동을 하는 인구를 '경제활동인구'(*economically active population*)라고 한다. 통계청 자료에 따르면 2012년 한국의 전체 인구 중에서 생산가능인구(15~64세)는 72.8%이고, 고령인구(65세 이상)는 11.1%, 유소년 인구(0~15세)는 16.1%의 비중을 각각 차지한다. 2050년에는 생산가능인구(15~64세)가 52.7%로 감소하고, 고령인구(65세 이상)는 37.4%, 유소년 인구(0~15세)는 9.9%를 차지할 것으로 전망된다.

73 1990년대 후반 이후 여가 선호현상이 강해지고 주 40시간 근무제가 시행되면서 근로시간 자체도 줄었다. 월평균 근로시간이 1995년 207시간에서 2011년 176시간까지 감소했다(〈조선경제〉, 2012. 8. 20).

2008년과 2010년 사이 4.9년→5.0년으로 거의 변화가 없다. 반면에 같은 기간 영국은 8.3년→8.7년, 독일은 10.8년→11.2년 등으로 평균 근속연수가 더욱 늘어나는 흐름을 보였다.[74] 또한, 근로자 가운데 1년 미만 초단기 근속자의 비중을 국제적으로 비교해 보면, 한국은 37.1%로 일본(7.3%)의 5배였고 덴마크(20.3%), 미국(19%) 등보다 크게 높았다. 이와 반면에 10년 이상 장기 근속자 비중은 17.4%로 이탈리아(45%), 일본(44.5%), 프랑스(44.1%), 독일(42.7%)보다 크게 낮았다.

한국 근로자들의 평균 근속기간이 짧은 이유는 비정규직 근로자 고용이 급증하는 것과 관련이 깊다. 통계청에 따르면 2012년 3월 기준으로 비정규직 근로자는 581만 명으로 1년 전보다 4만 명 증가했다. 주로 2년 단위로 근로계약을 맺는 비정규직들은 한 직장에서 오래 근무하기 어렵다. 2011년 기준으로 비정규직 근로자들의 현 직장 평균 근속기간은 27개월로, 정규직의 3분의 1 수준에 불과했다.

여기서 유의할 것은 비정규직 근로자 고용이 급증하게 된 배경에는 잘못된 정부정책이 요인이 되었다는 점이다. 2007년 정부는 2년 이상 근무한 비정규직을 정규직이나 무기계약직으로 전환하는 것을 핵심으로 하는 "비정규직법"을 도입했다. 그러나 법 시행 이후 비정규직의 정규직 전환율은 20.0%(2007)에서 16.4%(2011)로 오히려 떨어졌다. 왜냐하면 기업들이 2년 단위로 비정규직을 해고하고 새로 뽑거나, 법 적용을 받지 않는 사내 하도급 고용을 늘리는 식으로 인사정책을 바꿨기 때문이다.

둘째 한국의 잠재성장률을 하락시키는 또 하나의 요인은 1997년 외환위기 이후 기업의 안전선호 경향이 강해지면서 투자성향도 '안전모드'로 바뀌었기 때문이다. 1970년대 18.3%였던 설비투자의 증가율이 2011년에는 3.7%에 불과했다. 경기회복을 위해서는 생산과 고용의 증가가,

---

74 조선일보(2012. 9. 28).

다시 이를 위해선 기업투자 활성화가 각각 필요하다. 그러나 2012년 대통령 선거 이후 '경제 민주화' 바람을 통해 반(反)시장 및 반(反)기업 정서가 만연해 있고, 대기업에 대한 규제정책으로 인하여 대기업의 투자의욕이 크게 위축되어 있다. 투자가 증가해야 고용 및 생산이 증가하며, 이것이 내수 촉진을 통한 경기회복 선순환의 핵심이다. 그러나 현재 대기업들은 새 정부가 추진할 대기업 규제 강도를 짐작하지 못해 투자를 망설이고 있다. 따라서 대기업들의 투자를 옥죄는 각종 규제를 줄이지 않고서는 한국 경제가 성장하기 어렵다. 기업의 투자의욕 고취, '기업가 정신'(*entrepreneurship*)의 회복을 위해서는 다양한 정부의 지원이 필요하다.

셋째 한국의 잠재성장률을 하락시킨 요인들 중의 또 다른 하나는 한국 산업의 중추인 제조업 생산성의 증가율이 둔화되었고 진입규제로 인하여 서비스업 생산성이 매우 낮기 때문이다.

따라서 한국은 저출산·고령화 등으로 인해 중·장기 경제성장률이 구조적으로 감소할 가능성에 대비해 기업환경의 개선, 서비스산업의 선진화 등과 함께 출산율을 높이고 청년·여성·노인 등 취약계층 일자리를 늘리기 위한 정책을 펴야 한다. 국회예산정책처는 한국의 잠재성장률을 높이기 위해 다음과 같이 3가지 정책방향을 제시했다.

첫째 세제개혁이나 세원발굴을 통해 기업과 가계의 세금부담을 줄여 경제 효율성을 높이는 것이다.

둘째 생산인구의 감소를 완충하기 위해 출산·양육 복지지출을 늘려 여성의 경제활동 참가율을 높여야 하는 것이다.

셋째 정보기술(IT) 수출 중심의 불균형 산업구조에서 벗어나 내수와 관련된 제조업·서비스업에서 새로운 성장동력을 찾아야 한다.

(2) 가계부채

저자가 한국 경제에 관하여 가장 우려하는 것은 악성 가계부채이다. 이것은 언제 터질지 모르는 시한폭탄이다. 이미 한국은 2011년 저축은행 부실사태를 겪었다. 심지어, 외국의 언론이나 투자가들도 한국 경제가 안고 있는 주요 리스크로 가계부채[상거래 신용, 기타 금융부채 등과 같은 비(非)이자부 부채는 제외]를 지목한다.

2008년 글로벌 금융위기 이후, 한국에서는 ① 가계부채의 절대 규모가 지속적으로 증가했고, ② 한국 고유의 가계부채 구조 취약성이 위험에 노출되고 있으며, ③ 가계부채의 고(高)이자부담을 안고 있는 저소득층의 부동산 자산 담보형 생활비 대출이 폭증하여 위험수위에 접근하고 있다. 국내 가계부채 문제가 더욱 심화될 경우, 대외충격에 의한 감내 능력이 약해져 국가경제의 위기로까지 번질 수 있다. 그러므로 가계부채 안정화를 위해 정부 및 금융기관 등에서 종합적 정책을 마련해야 할 것이다.

한국의 가계부채 문제는 미국의 그것보다 더욱 심각하다. 그 이유는 다음과 같다. 미국을 포함한 대부분 국가에서는 '부채를 통한 소비 확대'라는 자본주의적 생활 패러다임의 붕괴 사태였던 2008년 글로벌 금융위기 이후, 가계부채의 축소가 진행되는 중이다. 특히, 미국의 경우, 정부가 가계와 은행의 부채를 흡수 및 축소해주고 있다. 그러나 한국 가계부채의 문제점은 한마디로 '양적 증가와 질적 악화'이다.

미국 가정들은 2008년 글로벌 금융위기 이후, 가계부채를 줄이고 저축을 늘려 한국보다 저축률이 앞서간다. 한국인의 저축성향은 1998년 외환위기 이전까지만 해도 세계 최고 수준을 보였다. 그러나 한국도 2008년 글로벌 금융위기 여파로 2009년 가계저축률이 4.1%로 잠깐 올라갔지만 불과 1년 만에 다시 3% 수준으로 떨어졌다. 이는 2010년 OECD 평균 7.4%의 절반 수준이다.

한국 가계부채의 구조적 취약점은 만기가 10년 미만인 주택담보 대출 비중이 절반을 넘고 대출기간이 지나치게 짧으며 원금상환 방식도 만기 일시상환 비중이 37.3%로서 매우 높다는 점이다.[75]

소득감소로 인한 채무상환 능력이 상대적으로 낮은 저소득층이나 자영업자의 경우 가계재무의 부실화 위험이 매우 높다. 특히 자영업자의 부채규모가 임금근로자의 그것보다 두 배 가까이 이르고 자영업자 수 및 대출 연체율도 훨씬 높다. 게다가 경기침체와 금리상승으로 가계부실 위험이 더욱 커졌다. 은행 신용대출 금리의 상승에 따른 가계의 이자부담만 연간 3조 원 이상 늘었다. 가계부채 중에서 시장금리에 영향을 받지 않는 고정금리보다는 변동금리형 부채가 91%로 압도적으로 많아 금리인상 충격에 매우 취약하다. 주택관련 대출에서 변동금리가 차지하는 비중이 2009년 기준으로 미국 10%, 프랑스 13%, 영국 62% 등에 비해 매우 높은 수준이다.[76]

북유럽 3개국이 1990년을 전후로 '가계대출 급증→부동산 거품 붕괴→가계대출 부실화→산업은행의 부실화→금융위기의 과정'을 겪은 바 있듯이, 한국도 '가계대출 급증→부동산 가격 상승→집값 하락'까지는 비슷한 경로를 걷고 있다.

북유럽 3개국(스웨덴 · 노르웨이 · 핀란드)이 1990년대 금융위기를 당한 배경은 다음과 같다. 1980년대 중반 금융시장 자율화를 추진했다. 대출한도 제한을 철폐하였고(1984년 노르웨이), 은행이 고객에게 대출 원리금을 분할 상환할 것을 요구하지 않아도 무방하도록 조치했다(1987년 핀란드). 이러한 규제 완화가 실시된 후, 북유럽 3개국의 은행들은 가계대출을 공격적으로 늘렸다. 스웨덴은 1985년 4,639억 크로네이던 가계대출이 4년 만인 1989년 갑절(8,129억 크로네)로 늘어났다. 핀란드도 같은 기간 가계대출이 187억 마르크에서 365억 마르크로 급증했다. 이에 따라, 북유럽 3개국에선 집값의 100%를 은행에서 빌려 집을 살 수 있게 되면서 가계부채에서 주택담보대출이 절대적 비중을 차지하게 됐다. 결국, 은행대출이 집값을 밀어올려 거품을 만드는 현상이 나타났다.

---

75 2010년 주택담보 대출을 기준으로 했을 때, 일시상환 비중은 미국의 경우 9.7%, EU의 경우 7.5% 등 대체로 10%에 불과하다. 이에 비하여, 한국의 만기 일시상환 비중 37.3%는 매우 높은 것이다.

76 한국에서는 변동금리 대출에서 금리 변동을 적용하는 주기도 3개월로 매우 짧다. 대출자 입장에서는 그만큼 이자 변동성이 심하다는 얘기다. 일본이 6개월 이상이고 미국도 1년이라는 점을 고려하여 금리 변동 주기를 확대할 필요가 있다.

그러나 1989년 이후 경기 과열을 우려한 북유럽 3개국의 정부가 통화정책을 긴축으로 선회하고, 대외적으로 동구(東歐)의 경제체제가 무너져 수출이 둔화되자 이들 3국의 경기가 급속도로 하강했다. 그 결과, 집값이 속절없이 떨어지면서 가계마다 담보가치(집값) 대비 대출액이 120~150%로 치솟았다. 빚 감당을 못해 쓰러지는 가계가 속출했고, 연쇄적으로 은행들이 부실화됐다. 결국, 북유럽 3개국은 1991~1992년부터 공적자금을 투입해 은행을 국유화하는 지경에 이르렀다.

북유럽 3개국의 금융위기는 그 단초가 가계부채였다는 점에서 한국 금융권이 안고 있는 숙제와 구조가 비슷하다. 당시 북유럽에서 저축은행들이 먼저 도산하다가 상업은행의 부실로 옮아갔다는 점은 2011년 저축은행 부실사태를 겪은 한국에 시사하는 바가 크다.

① 현황

한국의 가계부채는 2003년 559조 3천억 원이었으나 2012년 1,158조 8천억 원으로 늘면서 GDP 대비 가계부채 비율도 동 기간(2003~2012) 73%에서 91%로 높아졌다.[77] 가계부채는 GDP 대비 85%가 넘었을 때, 위험 수준으로 평가된다. 따라서 한국의 가계부채에 이미 비상등이 켜진 셈이다. 2008년 글로벌 금융위기를 촉발시킨 서브프라임 모기지 사태 당시 미국의 GDP 대비 가계부채 비율은 98%였다.

키움증권은 2012년 10월 22일 "가계부채 통계에 잡히지 않는 전·월세 보증금 등을 합하면 한국의 가계부채 총액은 1천 6백조 원에 달하는 것으로 추정된다"고 주장했다. 그 이유는 전·월세 보증금이란 이자가 없을 뿐이지 계약기간이 지나면 집주인이 세입자에게 돌려줘야 할 빚이기 때문에 이를 당연히 가계부채에 포함시켜야 한다는 것이다. 전세 보증금 등은 계약기간 만료 후 일시에 상환

77 한국은행 자금순환표의 개인 부문 금융부채는 가계와 개인사업자의 부채와 가계에 봉사하는 비영리단체의 부채를 모두 포함한다. 또한, 가계부채를 판단하는 다른 지표로서 통계청이 발표하는 가계신용(금융기관의 가계대출+판매신용)이 있는데, 이는 2011년 3분기에 892조 원으로 집계되면서 1년 전에 비해 73조 원이 늘어났다.

해야 하기 때문에 주택담보대출보다 위험이 더 크다. 이를 감안하면 '가처분 소득 대비 가계부채 비율'은 150%에서 230%까지 올라간다.

KB금융경영연구소는 부채가 집값의 70%를 넘는 아파트가 전국에 34만여 가구라고 추산했다. 통상 집값의 70%인 경매가로는 대출금과 전세금을 갚지 못하는 집을 '깡통주택'이라고 부른다. 대출금을 갚지 못해 주택이 경매로 넘어가면 그 부담이 세입자에게 전가될 수 있다. '깡통 아파트'[78]가 계속 늘어난다면 세입자가 전세금의 상당액을 돌려받지 못하는 사례가 늘어날 수 있다.

한국 사회에서 가장 걱정스러운 채무자는 20~30대 가구이다. 가구주가 30세 미만인 가구의 평균부채는 1,268만 원으로 1년 전보다 35.4%나 늘었다. 이어 30대 15.8%, 40대 15%, 50대 10.9%, 60대 이상 6.2%로 젊은 층일수록 부채 증가율이 높았다. 30대 가구는 총자산 대비 총부채 비율이 22.2%, 저축액 대비 금융부채 비율이 89.9%로 연령대별로 가장 높았다.

20~30대 가구의 빚이 크게 늘어난 이유는 전·월셋값을 비롯해 물가는 뛰는데 소득은 제자리걸음이기 때문이다. 일자리가 한 해 30만~40만 개 늘어난다지만 비정규직과 생계형 창업 같은 질 나쁜 일자리가 대부분이어서 생계비를 감당하기도 어렵다. 그러다보니 30세 미만 가구의 경우 담보대출에서 생활비 마련의 비중이 2012년 2.4%에서 2013년 16.8%로 늘었다. 30대 가구는 집을 사기 위해 빚을 내는 경우가 많았다.

주택담보대출에도 생계형 대출이 숨어 있다. 한국은행에 따르면 상반기 신규 주택담보대출 중 거의 절반인 48.4%가 주택 구입과 다른 목적으로 돈을 빌린 것이다. 여기에 생계를 위해 자영업을 시작한 사람이 집 담보로 사업자금을 빌린 부분도 포함됐을 것이다.

한국 가계부채의 문제는 그 천문학적 규모도 심각하지만 그보다 더 우려되

---

78 '깡통 아파트'란 집을 팔아도 담보 대출이나 전세금을 다 갚지 못하는 아파트를 뜻한다. 구체적으로, 집값이 급격히 하락함에 따라 과거 주택담보인정비율(LTV) 50~60%로 대출을 받은 금액이 현재 시세의 70~80%까지 뛰어오른 아파트도 '잠재적 깡통 아파트'로 분류된다. 왜냐하면 경매를 통해 매각이 진행되면 대출·전세금이 경매가보다 더 커질 수 있기 때문이다.

는 것은 가계부채의 질적 내용이다. 지금까지는 대부분 부동산을 구입하고 사업자금을 마련하느라 빚이 늘었지만, 최근에는 생활비 마련과 기존 빚을 갚기 위한 추가 대출이 늘어나는 추세다. 이것은 경기 악화의 충격이 저소득층 가구를 덮치고 있음을 의미한다. 향후 경기가 더 나빠지면 대출금을 갚기 위한 대출이 더 늘어날 것이다.

여기서 특히 유의할 것은 '전세 푸어'로 인한 신용대란의 가능성이다. 금융감독원은 2013년 6월 말 기준으로 국내 은행의 은행권 전세자금 대출 잔액이 2013년 상반기 잔액 기준 25조 원(70만 건)을 넘어섰다고 밝혔다.[79] 이것은 2012년보다 20% 이상 증가한 것이다. 만약 은행권 전세자금 대출과 제2금융권의 그것을 합치면 전세자금 대출 잔액의 규모는 더 늘어날 것이다.

최근에 주택 매매가는 하락하고 전셋값은 치솟아 경매에 넘어가도 보증금을 찾지 못하는 이른바 '깡통전세'가 늘면서 자칫 전셋값을 감당하지 못하는 서민들의 '신용대란'이 우려되고 있다. 다시 말하면, 주택 감정가격이 감소함에 따라 최근 전세가율(매매가 대비 전셋값 비율)은 경락률(감정가 대비 낙찰가율)에 근접하고 있다. 만약 전세가율이 경락률을 초과하여 집이 경매에 넘어가면 전세대금을 돌려받지 못할 수 있다. 서울에서는 이미 전세가율이 경락률을 초과하는 이른바 '깡통 아파트'가 속속 생겨나고 있다. 이에 따라 금융회사에 제때 빚을 갚지 못하는 '전세푸어'가 속출하고 있다.

전세자금 대출 증가는 부동산 시장 동향과 연관이 깊다. 최근 몇 년간 집값이 오를 것이라고 확신하지 못하는 세입자들은 전셋값이 집값에 육박하더라도 아예 집을 살 생각을 하지 않는 경향이 뚜렷해지고 있다. 이 때문에 집값 하락에도 불구하고 전셋값은 주택의 형태나 지역을 불문하고 전국적으로 끝없는 오름세를 보인다.

잠시 회고해 보면, 노무현 정부는 집값을 내리기 위해 종합부동산세를 도입하는 등 온갖 수단을 총동원하였으나 집값은 올랐던 반면에 이명박 정부는 반대로 집값을 올리기 위해 노력하였지만 집값은 지속적으로 내렸다. 이어서,

---

79 국민일보(2013. 8. 9).

박근혜 정부는 전·월세시장의 안정을 위해 2013년 8·28 전·월세시장 안정화 대책 등을 발표했지만 전세가격과 공급물량의 측면에서 전세대란이 거론될 정도로 문제가 심각하다. 그 이유는 정부의 주택정책이 '전세수요'를 '매매수요'로 전환하였기 때문이다. 즉, 정부가 다주택자 양도세 중과 폐지 및 취득세 차등부과 폐지 등의 세제혜택과 저리융자 등으로 전세입자로 하여금 빚을 내서라도 주택을 구입하도록 유도함으로써 집값을 올려 주택시장을 정상화시키겠다는 것이었다. 그러나 이 정책은 주택이 투자가치를 가질 때 유효한 것이다. 저금리 추세와 더불어 주택가격이 지속적으로 하락함에 따라 전세시장 수요는 증가하는 반면에 공급은 월세 전환 등으로 감소되었으니 전세가격이 오르는 것은 당연한 현상이다.

따라서 정부는 무엇보다 소유 위주의 주택정책에서 벗어나 무주택 서민을 위한 전세 위주의 주택정책으로 방향을 전환해야 한다. 그렇게 함으로써, 주택정책이 건설·부동산·금융산업의 활성화 차원에서 벗어나 국민의 주거생활의 안정과 질적 향상이라는 본래의 목표에 부합해야 할 것이다.

② 상환능력

한국은행의 〈가계소득 현황 및 시사점〉에 의하면, 가계소득이 국민총소득에서 차지하는 비중은 1995년 70.6%에서 2011년 61.6%로 줄었다.[80] 이와 대조적으로, OECD 평균은 동 기간 73.1%에서 69.0%로 4.1%p 하락하는 데 그쳤다. 독일(4.2%p), 미국(2.9%p) 등도 한국(9.0%p)보다 상기 비중의 감소폭이 작았다.

가처분소득 대비 가계부채 비율이 꾸준히 증가하여 2012년 기준으로 138%를 기록하였다는 것은 가계부채를 갚을 수 있는 능력이 점차 감소하고 있음을 의미한다. 가계부채가 증가함에 따라 가구의 원리금 상환 및 이자부담이 가중되고 있으며, 이로 인해 가구의 재무건전성이 취약해지고 있다. 2012년 전국 2인 이상 가구의 월평균 기준 이자상환비율[81]은 2.88%로 1997년 외환위기 직

80 한국경제(2013. 1. 15).

후인 1999년에 3.38%를 기록한 이래 가장 높은 수준이다.

이자상환비율이 높아짐에 따라 원리금 상환 부담으로 인해 가계소비가 감소하고 저축률이 하락하고 있다.[82] 높은 이자부담으로 인해 부채를 상환하지 못해 개인회생이나 파산을 신청하는 경우가 늘어나고 있다. 즉, 개인회생 신청건수가 2010년, 46,972건→2011년, 65,171건→2012년, 90,368건으로 급증하고 있다.

가계부채가 늘어나면서 가계저축률이 급속도록 하락하고 있다.[83] 2010년 한국의 가계저축률은 OECD 평균의 5분의 2 수준인 2.8%로 OECD 회원국 중에서 가장 낮았다. 1990년 이후, 한국의 가계저축률 하락 속도는 OECD 국가 중에서 가장 빠른 수준이다. 게다가 국내 가계저축률은 저금리의 장기화와 고령화의 빠른 진행으로 인해 더욱 둔화될 것으로 예상된다. 가계저축률 하락은 가계의 소비여력 및 기업의 투자감소를 야기한다. 가계저축률이 1%p 하락하면 총 고정투자율은 0.36%p 하락하고 경제성장률이 0.15%p 둔화되며 GDP 대비 민간소비 비중도 0.25%p 감소한다. 그 결과, 고용은 더욱더 감소할 것이다.

(3) 국가부채

한 국가의 '재정건전성'을 판단하는 기준으로서 주로 두 가지 지표, 즉 ① 재정수지와 ② GNP 대비 국가채무의 비율이 활용된다. 재정수지가 유량(*flow*) 측면의 재정건전성을 측정하는 지표인 반면에 국가채무는 저량(*stock*) 측면의 재정건전성을 측정하는 지표이다. 일반적으로, GDP 대비 국가채무의 비율이 재정건전성 지표로 활용된다.[84]

---

81 이자상환비율은 가처분소득에서 이자비용이 차지하는 비율로 이자부담 정도를 파악하는 수치이다.

82 2011년 국내 가계저축률은 3.1%로 전년 대비 1.2%p 감소하였으며, OECD 주요국의 평균 가계저축률인 5.3%에 못 미치고 있다.

83 이와 대조적으로, 기업의 저축률은 계속 상승하고 있다. 그 요인은 2008년 글로벌 금융위기 이후 미래 위험에 대비하기 위한 목적으로 오히려 저축을 더 쌓고 투자를 기피하기 때문이다.

기획재정부는 재정의 투명성을 높이기 위해 2012년 12월 24일 최신 국제기준에 맞춘(현금주의 회계→발생주의 회계) 재정통계를 발표했다. 새로운 국제기준인 '발생주의'는 현금이 실제로 거래되기 전이라도 거래가 발생하면 이를 장부에 반영한다.[85] 또한 정부 조직·기금 외 비영리 공공기관의 부채(48조 원)도 반영된다. 즉, 아직 갚지 않은 부채도 앞으로 얼마를 갚아야 할지를 사전에 계산해 현재 부채에 반영한다.

따라서 '발생주의 회계방식'으로 계산한 2012년 국가부채는 902조 4천억 원으로 1년 만에 128조 9천억 원 불어났으며, 한국의 GDP 대비 정부부채 규모는 34%에서 37.9%로 높아졌다.[86] 그 주요요인은 공무원연금 62조 원, 군인연금 33조 원 등 총 95조 원의 충당부채가 새로 반영됐다는 점이다.[87] 왜냐하면 공무원과 군인 등에게 정부가 언젠가 연금으로 지급해야 하기 때문이다.

국가부채를 국제적으로 비교해 보면, GDP의 100%가 넘는 '열등생'에는 일본, 그리스, 이탈리아, 아일랜드, 미국이 포함된다. 재정상태가 건전한 국가로는 러시아, 오스트레일리아, 한국 등이 꼽힌다. 2011년 기준 일본의 국가부채는 GDP의 229%인 반면 러시아의 국가부채는 GDP의 9% 수준이다.[88]

---

84 조성원(2009).

85 '현금주의 회계'가 현금이 실제로 거래된 시점을 반영한다면, '발생주의 회계'는 거래가 발생한 시점을 기준으로 한다. 즉, 현금이 실제로 오고 가지 않았어도 수익이 실현되거나 비용이 발생했을 때 회계에 반영된다. 예로서 '현금주의 회계'에서 외상 거래는 현금으로 갚기 전까지 잡히지 않지만, '발생주의 회계'에선 외상 거래 시점부터 바로 반영된다. OECD 34개 회원국 중에서 '발생주의 회계'를 사용하는 나라는 미국·영국을 비롯한 15개국이다.

86 정부 발표(2013. 4. 9)에 따르면, '현금주의 회계기준'으로 2012년 결산을 통한 중앙 및 지방정부의 국가채무가 443조 8천억 원으로 GDP의 34.9%, 1인당 약 890만 원에 이른다. 이것은 2011년도에 비해 약 23조 원이 늘어난 것이다.

87 연금충당 부채는 엄밀한 의미에서 국가부채와는 거리가 멀다는 지적도 있다. 왜냐하면 여러 가정에 따라 현재 가치를 계산한 것에 불과하기 때문이다. 정부가 연금충당 부채를 모두 갚아야 하는 것도 아니다. 왜냐하면 연금에서 우선 지급한 뒤 모자라는 만큼만 정부가 메꾸기 때문이다. 2012년 정부가 부담한 공무원연금 부족분만 1조 7천억 원에 달한다.

88 상기의 통계는 영국 경제주간지 〈이코노미스트〉가 집계한 것이다. 이 발표에 의하면,

'2012 회계연도 국가 재무제표'상에서 국가부채 902조 4천억 원, 28개 공기업의 부채 352조 2,813억 원, 지방정부의 부채 18조 7천억 원을 모두 합한 '총 국가부채' 규모는 1,273조 4천억 원으로, 사상 처음으로 2012년 국내총생산(GDP: 1,272조 5천억 원)을 추월했다. 그 요인은 저금리와 기대수명 증가로 정부가 지급보증해야 하는 연금충당 부채(436조 9천억 원)와 공기업 부채(352조 2,813억 원)가 1년 만에 1백조 원 가까이 늘어났기 때문이다.[89]

국가부채가 GDP의 37.9% 수준이라는 자체가 위험신호다. 국제신용평가회사들은 국가부채 비율이 30%대 후반을 넘으면 국가신용등급에 영향을 줄 수 있는 신호로 해석한다. 발생주의 회계기준으로 집계하더라도 한국의 GDP 대비 국가부채 규모(37.9%)는 OECD 평균(102.9%)보다 훨씬 낮다. 이것은 한국의 재정상태는 아직 상대적으로 건실하다는 것을 의미한다. 그러나 인구의 급속한 고령화로 재정지출은 늘어나고 세입은 정체됨에 따라 동 비율의 증가 속도가 매우 빠르다는 점에 유의할 필요가 있다.

국제신용평가회사 스탠더드앤드푸어스(S&P)는 〈세계적인 고령화 2013: 새로운 도전〉에서, 한국의 GDP 대비 국가부채 비율이 2040년 136%로 올라가고, 2050년에는 313%까지 치솟을 것으로 전망했다. 그 요인은 고령화와 저출산으로 사회보장 지출이 급증하면서 2050년 노령인구 부양비율이 61%(14~64세 노동가능인구 100명이 65세 이상 노령인구 61명을 먹여 살려야 한다는 뜻)로 높아질 것이기 때문이다. 그 결과, 한국은 고령화와 저출산으로 '부채공화국'이 될 것이다.

국가부채에 대한 고령화 및 저출산의 효과를 구체적으로 살펴보자. 통계청의 장래 인구추계에 의하면, 한국인의 기대수명이 길어지고, 이로 인해 연금

2012년 12월 12일 현재 세계 국가부채 추정 총액은 49조 달러(약 5경 2천조 원)이다. 10년 전인 2003년(약 24조 달러)에 비해 두 배 이상 늘었다. 그 요인은 2008년 글로벌 금융위기로 세계 경제가 급격히 나빠지자 각국이 적극적 재정지출로 경기부양에 나섰기 때문이다. 구체적으로 2003년부터 2007년(30조 달러)까지 늘어난 각국 국가부채 총액은 약 6조 달러였지만 2008년 이후 5년간 증가액은 19조 달러에 달한다(〈한국경제〉, 2012. 12. 13).

89 한국경제(2013. 4. 10).

수령액도 당초 추정치보다 늘어나게 된다. 이에 따라 늘어난 국가부채 증가분은 33조 9천억 원에 달한다.

한국조세연구원의 추계에 따르면 추가적 복지 프로그램이 없이 고령화만으로 2050년에는 국가부채가 GDP의 128%가 될 것이다. 또한, 세계적으로 낮은 출산율이 지속돼 2016년 이후 생산가능인구(15~64세 인구)가 줄어들고 2026년에는 65세 이상 인구 비중이 전체 인구의 20%를 넘어설 것이며 2030년 이후에는 총 인구가 줄어들 것으로 전망된다. 이것은 세계에서 가장 빠른 고령화 추세로 다시 각종 연금과 의료비 지출 등을 급속히 증가시킬 것이다. 이미, 공무원·군인연금은 적자상태이고 국민연금도 2060년에는 고갈될 것으로 전망된다. 게다가 기획재정부는 2013년 3월 29일 2013년 경제성장률 전망치를 3%에서 2.3%로 낮추고 2013년 세수가 12조 원 부족할 것이므로 추가경정예산을 추진하겠다고 한다. 이것은 박근혜 정부 5년 동안 각종 공약을 지키기 위해 필요한 135조 원 외에 또 다른 재정적자와 국가부채 증가요인이 생긴다는 것을 의미한다.

일본 정치권은 위기에 빠진 뒤에야 다시 신발끈을 동여매는 바람에 엄청난 사회적 비용을 치렀다. 한국 정치권도 대중의 인기에 영합하는 포퓰리즘을 자제하고 재정구조를 개혁하는 데 앞장서 주어야 한다. 그것이 역사적 죄를 짓지 않으며 한국 사회를 지속 가능하게 만드는 유일한 길이다. 현재 세대가 쓴 약을 마시지 않으면 미래세대가 빚더미에 짓눌리게 된다.

아베노믹스(*Abenomics*)의 선봉장이 된 구로다 하루히코(黑田東彦) 일본은행 총재는 2013년 3월 28일 일본 참의원(상원)에서 '고백'에 가까운 보고를 했다.

> 일본의 국가부채는 매우 높은 수준이며, 이 상태는 비정상적이고 지속가능할 수 없다.[90]

일본 국가부채는 총 1천조 8.6억 엔(2013년 6월 말 기준)이다. GDP 대비 230%로 OECD 회원국 최고 수준이다. 그 요인은 1970년대 다나카 가쿠에이

---

90 한국경제(2013. 4. 2).

(田中角榮) 전 총리의 '국토 균형발전'부터 시작된 대대적 토건사업과 고령자 연금지급 부담 등으로 적자재정을 거듭했기 때문이다. 상기한 구로다 하루히코 총재의 발언은 일본판 대중영합 정치인 '사무라이 포퓰리즘'에 대한 경고인 것이다.

국가부채 감축을 위한 각국의 노력은 크게 두 가지, 즉 ① 증세와 ② 긴축으로 나뉜다. 우선 증세를 선택한 국가는 일본과 스페인이다. 일본은 현재 5%인 소비세를 2015년까지 두 배로 올리기로 했으며 스페인은 매출세를 현재 18%에서 21%까지 올리고 3천 2백 달러 이상의 복권 당첨금엔 20%의 세금을 물리기로 했다. 이와 반면에 긴축을 선택한 그리스는 향후 2년간 135억 유로의 재정지출을 줄이기로 했다.

참고로 EU는 회원국들의 재정적자 및 국가채무에 대한 한도를 각각 GDP 대비 3%와 60%로 정해 놓고 있다.[91]

한국도 매년 GDP 대비 재정적자나 국가채무의 비율이 일정 수준을 넘지 못하도록 엄격한 재정준칙을 제도화할 필요가 있다. 그것의 필요성은 다음과 같다. 국회 예산정책처의 재정전망 보고서(2009. 9)에 의하면 2060년 국가채무가 GDP의 218%인 2경 원에 달해 일본(현재 GDP의 230%)의 전철을 밟게 될 것이라고 한다.

따라서 상기의 보고서는 더 늦기 전에 덜 쓰고 더 거두는 쪽으로 재정구조를 개혁해야 하며, 이를 위해서는 다시 강도 높은 세제 및 연금제도의 개혁을 추진해야 한다고 주장했다. 세제 분야에선 현행 14.4%에 달하는 국세 감면율을 한 자릿수인 9% 대로 낮추고, 2018년까지 현행 10%인 부가가치세율을 12%로 높여야 한다는 것이다. 연금제도의 분야에선 국민연금 보험료율을 현

---

91 이러한 국가채무에 대해 명시적 관리목표 수준은 마스트리히트 조약이 합의된 1991년 12월 당시의 EU를 주도한 회원국들의 GDP 대비 재정적자 수준에 근거를 둔다. 1991년 말 EU 회원국들의 평균 재정적자 규모는 GDP 대비 4.9%였으며, EU를 주도한 프랑스, 독일, 영국 등은 GDP 대비 3% 내외수준의 재정적자를 유지하고 있었다. EU는 재정 건전화를 통해 회원국들의 재정적자 규모를 감축시키기 위해 평균 수준보다는 낮고 주도국들의 재정적자 수준인 3%를 상한선으로 정하고, 그에 상응하는 국가채무 비율 60%를 재정 건전화 권고기준으로 설정하였다.

재 9%에서 2025년까지 12.9%로 올리고, 수급개시 연령도 65세에서 67세로 높이자는 것이다.

여기서 문제는 상기의 정책처방을 한국 사회가 과연 받아들일 수 있느냐는 점이다. 이는 국민의 합의와 국가적 결단 없이는 불가능한 일이다. 향후 재정위기의 도래와 관련하여, 한국은 유럽과 일본의 실패를 철저히 학습해야 할 것이다.

일본은 1990년에 GDP 대비 국가부채의 비율이 67%였으나 2011년에는 230%가 되었다. 1990년 65세 이상 인구 비중이 12%였는데 2010년 한국의 65세 이상 인구 비중은 11%로 당시 일본과 비슷하다. 일본은 1990년 이후 저성장을 벗어나지 못하고 국가부채도 급속히 늘어났는데 한국도 이를 타산지석(他山之石)으로 삼아야 할 것이다.

(4) 공기업 부채

5천만 한국인이 국가부채(2012년 회계연도 발생주의 기준으로 902조 4천억 원)와 별도로 1인당 650만 원의 28개 공기업 부채(352조 2,813억 원)까지 짊어지고 있다. 이것은 한국 GDP의 30% 수준에 해당하는 규모다. 이 가운데 70% 이상이 금융부채여서 이들 공기업이 2011년 한 해 지불한 금융이자만 12조 1천억 원에 이를 것으로 추산됐다. 특히 한국토지주택공사·한국전력공사·한국가스공사 등 7대 대형 공기업 부채가 총 312조 6천억 원으로 전체 공기업 부채의 86.6%를 차지한다. 이들 7대 공기업 부채비율은 2003년 68%에서 2012년 말엔 198.4%까지 치솟았다. 이 중 일부는 영업이익으로 이자를 지급할 수 없을 정도이다.

공기업 부채는 결국 정부가 보전해야 하므로 국민의 세금 부담이 가중된다. 세금의 증가는 가계의 가처분 소득을 감소시켜 소비 위축을 초래하므로 경기침체를 더 심화시킬 수 있다. 공기업 부채가 증가하면 대외 신인도에 악영향을 준다. 2012년 4월 초 국제신용평가사인 무디스는 한국의 국가신용등급 전망을 '안정적'에서 '긍정적'으로 올리면서 단서(공기업 부채)를 달았다. 즉, 앞으로는 아예 국가신용등급과 공기업 신용등급을 따로 평가하겠다는 것이다.

또한 S&P는 2012년 9월 한국의 신용등급을 'A'에서 'A+'로 상향 조정했는데, 그 이유 중 하나는 국가부채 규모가 작다는 것이었다.

공기업의 부채 현황을 자세히 살펴보면, 2012년 말 기준으로, 8대 공기업〔자산 5조 원 이상이면서 계열사를 거느리는 한국전력·토지주택·도로·가스·수자원·철도(코레일)·인천공항·부산항만공사〕의 부채는 총 324조 원에 달했다. 1년 전보다 33조 원이나 늘어나 GDP(1,272조 원)의 25%를 웃돌았다.[92] 이들 8대 공기업의 빚을 모두 포함한 28개 공기업 전채의 부채 352조3,813억 원은 2013년 정부 예산 342조 원보다 많다.

또한 8대 공기업 부채규모(324조 원)는 삼성·현대차·SK·LG·롯데 등 민간 5대 그룹의 부채총액(303조 원)보다 21조 원이나 더 많다. 2012년 정부가 거둬들인 국세수입(203조 원)에 비해선 121조 원이나 초과한다. 따라서 정부가 국민들이 낸 세금을 한 푼도 다른 데 쓰지 않고 모아서 해당 공기업의 빚을 갚더라도 1년 8개월이나 소요된다는 것을 의미한다.

노무현 정부(2003년 1분기 말~2008년 1분기 말) 당시 공기업 부채 증가율은 49.8%로 민간기업 부채 증가율(42.2%)과 큰 차이가 없었다. 그러나 이명박 정부 출범 직후인 2008년 1분기 말 195조 8,955억 원이었던 공기업 부채 잔액은 2012년 3분기 말에 396조 708억 원으로 무려 102.2%나 급증했다. 이것은 동 기간 민간기업의 부채 증가율 31.7%의 3배 이상으로 높다. 이런 이유는 4대강과 보금자리주택 등 각종 국책사업에 필요한 자금조달 창구로 공기업을 이용했기 때문이다.

2007년 말 1조 5,756억 원이었던 한국수자원공사의 부채는 2011년 말 12조 5,809억 원으로 급증했다. 한국토지주택공사(LH)의 부채는 2007년 말에 66조 9,088억 원(토지공사+주택공사)이었으나 2011년 말에는 130조 5,712억 원까지 늘어났다. 한국전력공사(2007년 말 21조 6,119억 원→2011년 말 82조 6,639억 원)와 한국가스공사(8조 7,436억 원→7조 9,666억 원)의 부채는 정부의 공

92 이것은 공정거래위원회가 2013년 4월 1일 발표한 '상호출자제한 기업집단'의 재무현황 중 공기업 부문을 〈중앙일보〉가 별도로 분석한 결과다.

[그림 Ⅲ-6] 8대 공기업 부채총액

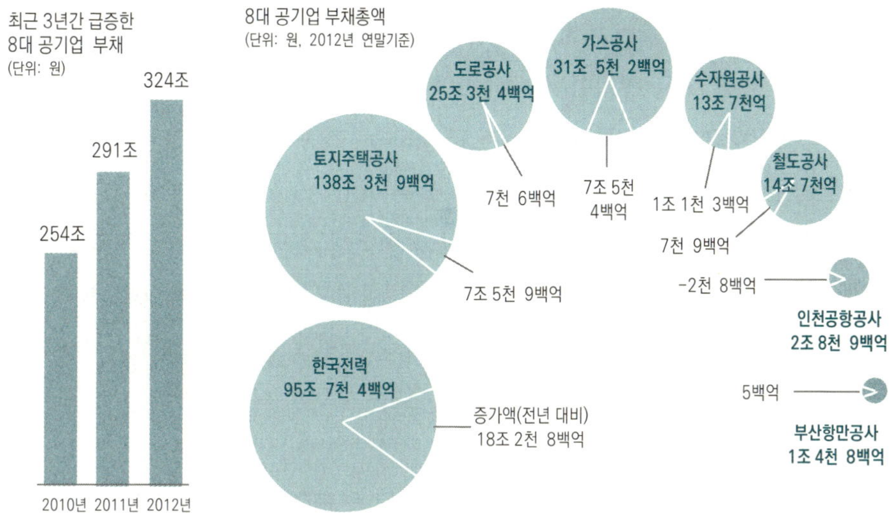

자료: 공정거래위원회

공요금 인하 조치에 따른 적자 누적으로 급증했다.

한국수자원공사(K-water)는 5년 전 '4대강 살리기 사업'에 뛰어들기 전까진 건실한 재무상태를 자랑하는 우량 공기업이었다. 2007년 말엔 주주(정부)의 몫인 자본(9조 8천 7백억 원)으로 빚(1조 5천 8백억 원)을 다 갚고도 8조 원 넘게 남았다. 그러나 '4대강 살리기 사업'이 본격화하면서 상황이 급변했다. 이명박 정부는 한강·금강·영산강·낙동강을 정비하는 사업에 22조 원을 쏟아부었다. 이 22조 원 중에서 8조 원은 정부금고에서 직접 돈을 꺼내 쓰지 않는 대신 한국수자원공사에 부담시켰다. 이것은 4대강 사업으로 국가부채가 빠르게 늘어난다는 사회적 비판을 의식한 조치였다. 상기한 정부시책으로 인하여 갑자기 큰돈이 나올 데가 없어 고민하던 한국수자원공사는 결국 빚을 얻어 4대강 사업에 충당했다. 그 결과, 2012년 말 한국수자원공사의 빚(13조 7천억 원)은 자본(11조 2천 4백억 원)보다 2조 4천 6백억 원이나 많아졌다.[93]

93 8대 공기업 중에서 자본이 부채보다 많아 부채비율이 100% 미만인 곳은 3개 공기업, 즉

2009년 10월 한국토지공사와 한국주택공사의 합병으로 출범한 한국토지주택공사는 138조 3천 9백억 원이란 막대한 빚에 시달리고 있다. 연 3%의 이자율로 따져도 연간 이자가 4조 원이 넘는다. 부채비율은 467%에 달한다. 이것은 정부 돈으로 세운 공기업이 아니라면 도저히 버티기 어려운 상황이다. 왜냐하면 정부가 신도시·혁신도시·보금자리 등 각종 개발사업을 벌일 때마다 한국토지주택공사를 동원해 빚을 얻어 땅을 매입하도록 했기 때문이다. 한국토지주택공사는 세종시 남쪽에 정부청사를 이전해 신도시(행정중심복합도시)를 건설하는 사업에도 동원됐다. 지금까지 행정복합도시에 들어간 10조 원의 사업비 중 한국토지주택공사가 떠맡은 금액은 7조 원에 달한다. 정부가 세운 투자계획(총 22조 5천억 원)에 따르면 한국토지주택공사는 세종시에 추가로 7조 원을 더 쏟아부어야 한다.

한국전력공사(95조 7천 4백억 원)·한국가스공사(31조 5천 2백억 원)·한국도로공사(25조 3천 4백억 원)도 수십조 원의 빚에 시달리고 있다. 심지어 코레일은 자본(5조 5천억 원)보다 빚(14조 7천억 원)이 9조 2천억 원이나 더 많다. 코레일은 이제 더 이상 채권시장에서 돈을 끌어오기가 어려운 상황이다. 왜냐하면 철도공사법에 의해 자본의 두 배를 넘는 회사채를 찍을 수 없기 때문이다. 게다가 코레일은 2012년 2조 8,640억 원의 적자를 냈다.[94] 2005년 철도청에서 공기업으로 전환한 이후 가장 나쁜 실적이다.

예금보험공사의 부채가 13조 3천억 원이나 늘어난 이유는 부실 저축은행 지원을 위해 차입을 늘렸기 때문이다. 부채가 10조 4천억 원 늘어난 한국전력공사나 5조 7천억 원 늘어난 한국가스공사는 정부가 물가 안정을 위해 공공요금 인상을 억누른 데다 국내 송·배전망 투자나 해외자원 개발 같은 중·장기 투자가 많았기 때문이다. 특히 한국전력공사는 국제유가 상승에도 불구하고 전기요금을 낮게 유지하다보니 3조 3천억 원의 당기순손실을 기록했고, 이게 부채 증가로 이어졌다. 보금자리사업과 세종시 건설에 동원됐던 한국토지주택공

한국도로공사(97%)·인천공항(57%)·부산항만공사(41%) 뿐이다.

94 한국전력공사의 적자 규모(2조 1,310억 원)는 2조 원대에 달했다. 반면에 한국토지주택공사(1조 2,170억 원)·한국가스공사(5천억 원)는 2012년 결산에서 흑자를 기록했다.

사(부채 9조 원 증가), 4대강 사업의 동반자였던 한국수자원공사(4조 5천억 원 증가), 학자금 대출에 나섰던 한국장학재단(2조 9천억 원 증가)은 정부의 손발 노릇을 하다 부채가 늘었다.

따라서 공기업 부채를 정부 부채에 포함해 투명하게 관리하고, 부실 공기업을 단계적으로 민영화해야 할 것이다. 왜냐하면 공기업 부채는 결국 공공요금 인상과 국민들의 조세 부담 증가로 이어질 수밖에 없기 때문이다.

현대경제연구원은 2013년 2월 27일 지방 공기업 379개(출자비율 50% 이상, 2011년 기준)를 조사한 〈지방 공기업의 현황과 과제〉란 보고서를 통해 "전체 지방 공기업의 재무 상태를 분석한 결과 81개가 부실화 가능성이 큰 것으로 나타났다"면서 "지방 공기업 부채를 정확하게 파악하고 관리해 중앙정부의 재정건전성 악화로 이어지는 것을 막아야 한다"고 지적했다.

상기 보고서에 따르면 2011년 말 기준으로 지방 공기업의 부채는 68조 원이다. 부채비율 200% 이상인 지방 공기업은 69개로 2008년 73개로 최고치를 기록한 이후 줄었다. 그러나 영업이익으로 이자비용을 내지 못하는 지방 공기업의 수는 2007년 118개에서 2011년 142개로 늘었다. 이러한 지방 공기업들은 전체 공기업의 38%다. 2003년부터 2011년까지 지방 공기업 누적 순손실 금액은 2조 8천 5백억 원에 이르렀다.

부채가 많은 지방 공기업은 도시개발공사와 지역개발기금인 것으로 나타났다. 이들의 총 부채가 지방 공기업 부채의 78%를 차지하고 있다. 도시개발공사의 부채는 2003년부터 연평균 39%씩 증가하고 있어 위험성이 높다. 손실은 주로 지하철공사와 하수도 관련 공기업에서 발생했다. 2003년부터 2011년까지 지하철공사의 손실 누적액은 7조 원, 하수도 관련 공기업은 3조 원이었다. 지하철공사 7개 모두, 상수도 관련 공기업 50개, 하수도 관련 공기업 68개가 2009년부터 2011년까지 적자를 냈다. 그러나 이들 기업은 지자체가 지원하고 있어 부채비율은 낮은 편이었다. 지역별로는 서울, 경기, 인천 순으로 공기업 부채가 많았고 수익성은 강원도 공기업이 가장 낮았다.

가계부채는 전반적 경기가 좋아져야 해결의 실마리를 찾을 수 있지만 정부부채는 구조조정 및 체질개선을 통해 수월하게 줄일 수 있다. 공기업 부채는 방만한 경영의 문제도 있겠지만 정부가 재정으로 부담해야 할 비용을 공기업에 떠넘기는 경우도 많다. 따라서 공기업 부채도 국가부채로 보고 정부가 총괄적으로 관리할 필요가 있다. 물론, 2013년 7월 8일 '공공기관 합리화 정책 방향'을 발표하면서 공공기관의 빠른 부채(負債) 증가를 지적했다.

공기업의 지속적인 부채 증가는 사실 예견된 일이다. 한국의 대표적인 공기업들은 대규모 사회간접자본(SOC) 사업을 영위하는 기업들이다. 이들의 주사업은 공공 부문인데, 공익성을 추구하되 이들도 기업인만큼 마진과 물가 등을 고려한 합리적 수준에서의 요금인상은 불가피하다. 그러나 대부분의 공공요금은 물가인상을 초래한다거나 정치권의 포퓰리즘 정책 등을 이유로 수년째 인상을 거의 못하는 실정이다. 이러한 공기업의 수익성 저하에 따라 재무 상태가 많이 나빠지고 이것을 부채로 메우다보니 재무구조 부실화로 이어지는 것이다. 그렇다면 공기업 부채의 해법은 무엇인가?

첫째 공기업의 예산 및 인력을 대폭 줄이는 등의 강도 높은 구조조정을 통하여 공기업 자체의 경영 효율성을 높여야 한다.

둘째 경쟁력을 갖추고 있고 시장경제에서도 존립할 수 있는 공기업은 과감히 민영화를 추진해야 한다.

셋째 정치권은 포퓰리즘을 지양해야 한다. 국민도 이런 공약을 내세우는 정당의 손을 들어주지 말아야 한다. SOC 투자와 복지정책에 공기업을 지속적으로 동원한다면 부채는 계속 늘 수밖에 없다.

3) 한국 정부의 대응에 관한 논평

1997년 외환위기를 혹독하게 치른 지 10여 년 만인 2008년 글로벌 금융위기를 당하였다. 한국은 이 금융위기를 가장 빠르게 극복한 성공사례로 회자되기도 했다. 그러나 그것은 막대한 국가재정으로 급한 불을 끈 것에 불과했다. 이러한 점을 지적한 장경덕 논설위원의 칼럼 "리먼 이후"[95]을 '소중한 글'로 간직하다가 아래에 요약한다.

2008년 9월 15일 뉴욕 시간 새벽 2시, 158년 역사를 지닌 글로벌 투자은행 리먼브라더스가 법원에 파산보호를 신청했다. 리먼은 6,130억 달러의 빚에 짓눌렸다. 패닉은 한국에도 쓰나미처럼 덮쳐왔다. 2007년 말 사상 최고로 치솟았던 코스피는 1년 새 57%나 추락했다. 주식시가총액 1천 1백조 원 중 6백조 원이 날아갔다. 달러가 마른 은행은 11년 전 환란의 악몽을 떠올렸다.

그 후 4년이 지났다. 글로벌 금융위기는 벌써 추억이 된 듯하다. 달러 부자인 미국, 중국, 일본의 배려로 아슬아슬하게 부도위기를 넘겼다는 무용담도 여기저기서 나온다. 절묘한 재정·통화정책으로 세계에서 가장 빨리 위기에서 벗어났다는 자랑도 심심찮게 들린다. 하지만 과연 그럴 만한가.

한국 경제는 외환위기를 겪고 난 후 강해졌다. 너나 할 것 없이 처절하게 구조조정의 고통을 견딘 덕분이었다. 글로벌 금융위기 이후에는 사정이 달랐다. 한국은 뼈를 깎는 고통을 겪지 않고 재빨리 최악의 위기에서 벗어났다. 위기가 터지자 4개월 새 기준금리를 3.25%p나 내리고 28조 원대의 사상 최대 추경을 퍼부은 것도 주효했다. 하지만 이는 어디까지나 응급처방일 뿐이었다. 한국 경제는 고통스러운 수술을 피할 수 있었지만 역설적이게도 그 때문에 서서히 쇠잔해가고 있다.

글로벌 금융위기로 원화 가치가 급락하자 수출에 날개를 달았던 대기업은 현금을 쌓아두고 있다. 이제 설비투자는 성장에 보탬이 되지 않고 성장을 갉아먹고 있다. 건설 부문 좀비기업들은 좀처럼 사라지지 않고 있다. 가계빚은 리먼 사태 이후 250조 원이나 늘어 1천 1백조 원을 넘어섰다. 기업은 새로운 성장엔진을 찾지 못하고, 소비자는 암울한 미래에 겁을 먹고 있고, 투자자는 여전히 안전자산에만 숨으려 하고 있다. 리먼 사태 후 4년이 지난 지금 한국 경제는 야성적 충동을 잃어버렸다.

리먼 사태는 한국 경제의 체질을 바꿀 참으로 좋은 기회였다. 하지만 우리는 위기를 피하느라 기회도 날려버린 것은 아닌가.

전술한 논평과 같이, 저자는 이명박 정부의 단견적 정책과 국가 경영철학의 부재(不在)로 인한 '역사적 비용'이 그대로 박근혜 정부에게 가중되어 현재 '덩굴'에서 벗어나지 못하고 있음을 개탄한다.

95 매일경제(2012. 9. 13)

IV

한국 경제의 비전과 전략

최근에 각 국가 지역마다 자체 비전을 제시하고 있다. EU는 '세계 최고의 지식기반경제 구축'을, 일본은 'New Era of Dynamism'을, 중국은 '전면적 샤오캉(小康) 사회의 건설'을, 인도는 '혁신이 넘치는 국가'를 각각 발표하였다.[1]

저자는 1997년 아시아의 금융위기가 닥치기 2년 전에 성경(聖經)의 말씀을 인용하여 《비전 없는 국민은 망한다: 21세기 통일한국을 위한 청사진》(1995)를 출판하였다.[2] 그 이후 10여 년이 경과한 2007년(즉, 2008년 글로벌 금융위기가 본격적으로 시작되기 바로 1년 전)에 《한국의 비전과 국가경영전략》(2007)과 《쿼바디스 도미네: 성장·복지·통일을 위한 청사진》(2011)을 순차적으로 제시하였다.

이제, 2008년 하반기 이후 시작되었던 미국발(發) 글로벌 금융위기에 이어서 2011년 8월부터 시작된 글로벌 경제위기로 인하여 세계의 정치·군사 및 경제 패러다임이 변화하고 있는데, 이를 반영하기 위하여 저자는 다시 '한국의 비전과 전략'을 업데이트 하고자 한다.

1 임양택(2007e).
2 임양택(1995c).

1. 저자의 기본시각

한 시대의 경제현상은 다양한 요인에 의하여 발생되고 복합적 양상을 띤다. 어떤 사물(예로서 상자)을 위에서 보면 평면도가, 앞에서 보면 입면도가, 옆에서 보면 측면도가 각각 나타나듯이 사물을 바라보는 시각에 따라 물체의 모양은 달라지게 마련이다. 이와 같이, 어떤 경제문제를 해결하기 위한 정책 방안은 경제현상을 바라보는 시각(즉, 학파)에 따라 달라질 수 있으며, 심지어 상반될 수도 있다. 따라서 '한국 경제의 비전과 전략'을 서술하기 전, 우선 저자가 경제현상(특히 성장과 분배)을 바라보는 기본시각을 밝히는 것이 당연한 순서라고 생각한다.

〔그림 Ⅳ-1〕에 요약되어 있듯이, 저자의 경제철학은 다음과 같다. 최근 글

[그림 Ⅳ-1] 저자의 경제철학 구조

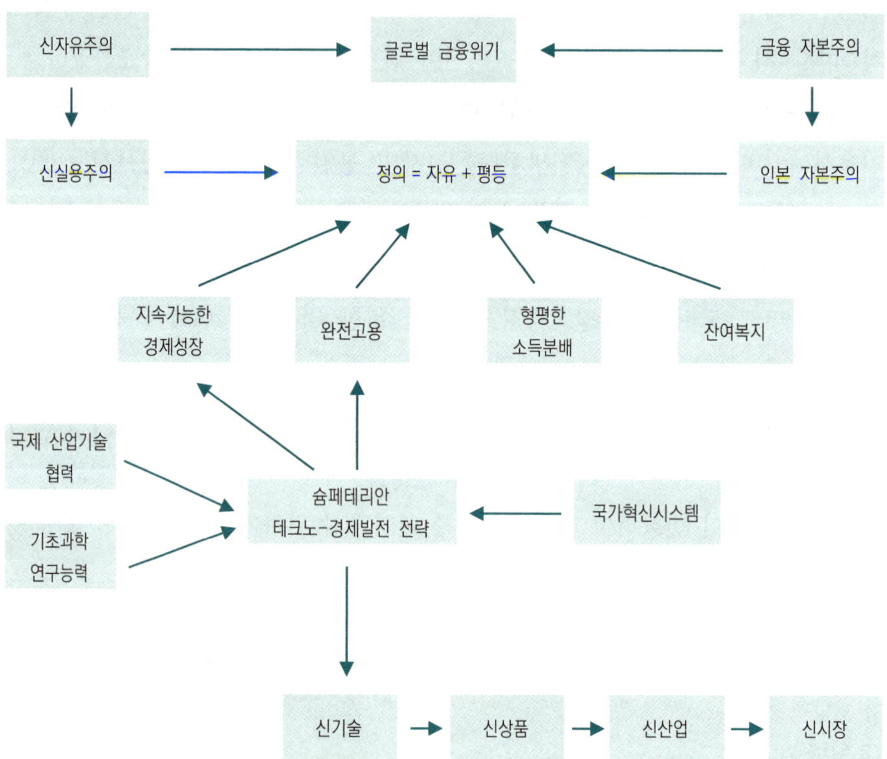

로벌 금융위기를 야기한 경제사상적 배경은 신자유주의와 금융자본주의이다. 전자는 저자의 신실용주의에 의하여, 후자는 저자의 인본자본주의에 의하여 각각 대체된다.

최근 글로벌 금융위기 후, 아시아에선 더 이상 서구 모델을 본받아야 할 이유가 없다는 목소리가 커지고 있다. 싱가포르 리콴유 공공정책대학원의 키쇼르 마부바니 학장은 "이번 위기로 자본주의에 대한 아시아식 접근의 정당성이 입증될 것"이라고 했다. 일본에서 신자유주의를 신봉했던 대표적인 학자인 나카타니 이와오(中谷巖)는 "미국식 글로벌 자본주의 대신 일본인의 기질에 맞고 일본에 어울리는 경제체제를 구축해야 한다"고 주장했다.

1) 신자유주의와의 차이점

여기서 저자는 이 저서의 골간이 되는 신실용주의와 그 실천방법론으로서 테크노-경제발전 전략이 지금까지 풍미된 신자유주의와 신고전학파(*Neoclassic*) 경제이론(케인지언 및 통화론자)과 어떻게 상이한가를 명시해 두고자 한다.

미국은 금융자본주의를 통해 지난 30년 동안 자본주의의 활로를 찾았던 반면에 유럽은 유럽지역 경제동맹과 화폐통합(유로 통화체제 창설)에 의해 미국과 경쟁할 수 있는 활로를 찾았다. 그러나 규제 없는 자유시장의 자기조절 메커니즘은 미국식 금융자본주의의 구조적 모순이 노출됨에 따라 붕괴되었다. 또한, 상품·자본·노동의 자유로운 이동과 유로(*Euro*)라는 통화동맹의 '유럽식 자유시장'의 실험도 '재정통합 없는 통화동맹'의 구조적 모순으로 실패하였다.

전술한 바와 같이, 프랑스의 경우 신자유주의의 정책을 강행했던 사르코지와는 정반대로 사회당 후보 프랑수아 올랑드는 평등에 기반을 둔 정의(正義)를 추구하는 60개의 대통령선거 공약을 제시했다. 특히 현재의 유럽 재정위기를 부자(富者) 증세와 적극적 재정·금융정책을 통한 '국가의 보다 적극적인 역할'을 통해 극복할 수 있다는 비전을 보여주었다. 이것은 기존의 EU의 대응방식인 '긴축재정을 통한 재정건전성의 확보'와는 매우 대조적이다.

미국의 재정과 부채의 장기 추이를 보면, 신자유주의의 모순을 여실히 확인할 수 있다. 즉, 적극적인 재정정책('큰 정부')을 사용했던 1950년대와 1960년대에 재정수지가 오히려 균형에 접근하였고 국가채무도 감소했던 반면에 1980년대 이후 신자유주의의 노선에 따라 소극적인 재정정책('작은 정부')을 사용했던 지난 30년 동안 오히려 재정수지 적자가 빈발하였고 국가채무도 증가했다는 점이다.

자본주의 황금기라 불리는 1950년대와 1960년대에 재정수지 균형을 도모할 수 있었던 요인은 적절한 재정정책을 통해 안정적인 성장과 고용을 도모했고 임금 및 소득의 상승이 조세 수입을 증가시켰으며, 또한 높은 법인세율과 소득세율은 조세 수입을 증가시켰기 때문이다. 이로써, 재정지출 여력은 크게 확충되었다. 그러나 1980년대 이후 신자유주의가 도입되면서 적극적인 감세정책(특히 법인세율과 소득세율의 인하)이 도입되었고 감세가 하나의 추세로 자리잡아 재정수지 적자가 만성화되었으며 국가채무가 누증되었던 것이다.

신자유주의가 내포하는 또 하나의 모순을 지적하면 다음과 같다. 1980년대 초 이후, 정부는 경제에 대한 개입을 최소화해야 한다는 신자유주의가 풍미했다. 시장은 자율적 조정능력이 있기 때문에 경제현상을 시장에 맡겨두라는 것이었다. 그러나 2008년 하반기 세계 자본주의의 중심인 미국에서 일어난 '글로벌 금융위기'는 신자유주의를 겉으로 내세우면서 시장무대의 장막 뒤에서 벌어지는 느슨한 도덕적 해이와 사악한 금융범죄행위들이 얼마나 반(反)시장적이었는지를 적나라하게 드러내 주었다.

경제정책 결정자들은 자유시장 논리를 금융영역에도 적용하면서 파생상품에 대한 규제감독을 소홀히 했다. 그 사이에 금융투자가들은 도덕적 해이에 함몰됐고, 민간 감독기구인 신용평가회사마저도 평가대상 회사와의 담합구조 속에서 '트리플 A'를 마구 남발했다. 경제주체 간의 담합과 도덕적 해이가 바로 2008년 하반기 글로벌 금융위기 발생요인의 핵심이었던 것이다.

2008년 하반기 '글로벌 금융위기'는 정부가 경제시스템의 작동과 관련해서 제대로 역할을 하지 못했기 때문에 발생한 것이다. 정부의 역할이란 경제주체 간에 벌어지는 경제 게임이 시장에서 공정하게 진행될 수 있도록 제도적 장치를 만들어 작동시키면서 '게임의 규칙'(*rule of game*)을 집행하는 엄정한 심판자 역할인 것이다.

한국 사회에서 최근 풍미하는 '친(親) 기업' 혹은 '반(反) 기업'의 논쟁들은 경제철학의 빈곤과 경제이론의 무지(無知)를 드러내주는 언어들이다. 문제의 핵심은 '친'(親) 시장이냐 혹은 '반'(反) 시장이냐가 아니라, 기업과 가계의 경제행위에 대해 얼마나 '공정한가' 혹은 '불공정한가'다.

경제학설사적으로 말하면, 고전적 자유주의 혹은 신자유주의의 '눈에 보이지 않는 손'(*invisible hand*), 즉 시장의 원리가 제대로 작동하려면 뮐러-아르마크(Müller-Armack)의 '질서자유주의'(*ordo-liberalism*)가 필요하다. 그것은 존 롤스가 갈파한 '질서정연한 민주사회'(*a well-ordered democratic society*)이며 '정의로운 경제체제'(*a just economic system*)이다.[3]

2) 신고전학파 경제이론과의 차이점

신고전학파 경제이론에 대한 저자의 입장은 다음과 같다. 존 메이너드 케인스의 주장[4]은 자본주의 경제시스템의 경기적 순환 메커니즘이 불안정하며, 그것의 불안정성은 바로 자본주의적 제도적 조건에 내재되어 있다는 것이다. 따라서 경기순환의 안정성을 회복하기 위해서는 적절한 정책수단과 제도개혁이 필요하며, 그것의 하나가 '합리적 재정정책과 합리적 금융제도의 결합'이며, 이로써 완전고용과 소득분배의 공정성을 추구할 수 있다는 것이다.

그러나 케인스의 '합리적 재정정책'은 미국의 과도한 군비확장으로써 왜곡 및 악용당하였다. 예를 들어, 미국의 베트남 전쟁, 코소보 전쟁, 아프가니스탄 침공, 이라크 공격 등으로 미국의 군비지출은 천문학적 숫자이다. 이라크 전쟁 비용은 월 120억 달러로서, 총 3조 달러(약 3,030조 원)이다.

이러한 군사비 지출을 도외시하고 어떻게 미국의 재정적자와 무역적자를 신고전학파 경제이론으로써 설명할 수 있으랴! 이러한 구조적 문제는 소외시한

3 Rawls, John(1971).

4 Keynes, John Maynard(1936).

채, 케인지언(*Keynesian*)의 '합리적 재정정책'을 매도할 수 있는가? 시장의 자동조절기능이 제대로 작동하지 않는다고 시장경제체제를 매도할 수 있는가?

여기서 유의할 것은, 특히 한국 경제가 수입 자유화와 자본·외환 자유화를 통하여 완전 개방되어 있는 상황에서, 통화정책의 유효성은 극히 제한되어 있다는 점이다. 자본시장 개방(국내 주식 및 채권 시장의 해외 개방)으로 인하여, 외국자본의 국내유입→원/달러 환율의 급격한 상승, 원화의 평가절상(원화 강세) →한국 제품의 가격 경쟁력 하락의 악순환 구조가 고착화되어 있다.

따라서 한국 정부는 불태화(不胎化) 정책(*sterilization policy*), 즉 통화환수용 채권 발행으로 추가 통화공급을 환수하려고 하지만 채권시장의 미(未)발달로 인하여 채권수요가 제한되어 있다. 이 결과, 정부는 통화 환수용 채권(통화 안정 증권, 외국환 평행기금 채권, 환매체 매도 등)을 다시 은행이나 제2금융권의 단자회사 혹은 증권회사에 할당하고 있다. 그러나 이것은 채권가격을 하락시키고 국내 금리를 인상시킴으로써 또 다른 외국자본의 유입을 촉발시키는 악순환이 더욱 증폭 및 심화되고 있다. 이러한 악순환 구조를 선순환 구조로 전환시킬 방안은 무엇인가? 그 방안은 신고전학파 경제이론 체계에는 존재하지 않는다.

저자는 케인스가 추구하였던 경기부양 및 고용창출은 정부의 단기적 재정정책 및 통화정책이 아니라 산업기술정책, 즉 슘페테리안의 '테크노-경제발전 전략'으로써 가능하다는 점을 강조한다.[5] 즉, 지속적 성장 잠재력의 확충은 정부의 단기적 재정·금융정책이 아니라, '기업하기 좋은 환경'을 만들어 기업의 장기투자를 유도할 수 있는 장기적 산업·기술정책에 의해 가능한 것이다.

다시 말하면, 성장·고용·분배의 선순환구조를 정착시키기 위하여, 저조한 경제성장을 총요소생산성(*total factor productivity*)의 향상에 의한 고용창출형 경제성장으로써, 실업증대는 인적자본 확충에 의한 고용창출로써, 소득분배의 불균등은 고용증대에 의한 사전적 소득분배구조 개선으로써, 소득 양극화는 중산층의 확대로써 각각 실현될 수 있다.

---

5 Lim, Yang-Taek(1996a; 2000b; 2006).

물론, 저자의 '테크노-경제발전 전략'은 케인지언의 재정·금융정책과 보완되어야 한다. 상기 정책은 기업의 투자를 유인할 수 있는 공공투자와 금융지원과 관련된다. 공공투자는 사회구성원의 기본 욕구(사회간접자본, 대중주택, 대중교통, 공교육, 의료, 노후생활 보장 등)을 최소한 보장할 수 있어야 할 것이다. 그리고 금융지원은 신(新)기술이 신(新)상품에 구현되어 신(新)산업으로 발전하는 데 있어서 필요한 '창조금융'이 되어야 할 것이다.

한편, 성장과 분배의 갈등관계는 경제이론의 본질적 과제로서 '경제학의 아버지'로 일컫는 아담 스미스(Adam Smith)의 《국부론》(國富論)에서부터 비롯되지만, 그것을 '경제이론의 위기' 문제로 부각시킨 것은 조안 로빈슨(Joan Robinson) 여사이다.

인류 역사상 경제사상에 크나큰 업적을 남긴 여류 경제학자인 로빈슨 교수는 1971년 12월, 미국경제학회 연례총회 강연에서 '경제이론의 제 2위기'를 발표하였다.[6] 과거 '경제이론의 제 1위기'에서는 고용증대가 요구되었던 반면에, '제 2위기'에서는 자원분배의 효율성보다는 소득분배의 공정성과 대중빈곤의 해소가 더 긴급한 사회적 문제라고 로빈슨 교수는 호소하였다.

그리고 그녀는 신고전파의 경제학자들이 자유방임주의(*laissez faire*)를 옹호하고 존 메이나드 케인스의 《고용, 이자, 화폐에 관한 일반이론》[7]의 본질을 간과한 채, 시장의 기능이 자원배분의 효율성뿐만 아니라 소득분배의 공정성도 보증한다고 주장했으며, 따라서 '경제이론의 제 2위기'는 무엇보다도 '경제사상의 위기'임과 동시에 '경제학자의 위기'라고 개탄했다.

성장과 분배의 관계를 보면 다음과 같다. 선(先)성장·후(後)분배 전략은 사이먼 쿠즈네츠(Simon Kuznets)[8]의 'U자 곡선'과 같이 경제성장이 크게 진전되면 소득분배는 자동적으로 해결된다는 논리이다. 그 근거로서 자본주의하에서 경제성장을 이루기 위해서는 개인의 창조적 능력의 발휘가 필요한데 소득분배를 강조하다보면 성취동기가 저하되어 경제발전 역량이 저해된다는 것이

---

6 Robinson, Joan(1971).

7 Keynes, John Maynard(1936).

8 Kuznets, S.(1955).

며, 지속적 경제성장은 소득을 고소득층에서 저소득층으로 확산시켜 소득분배구조의 악화문제를 해소할 수 있다는 것이다.

다른 한편으로, 선(先)분배·후(後)성장 전략은 공정한 소득분배가 경제성장의 원동력이라는 것이다. 즉, 노동자들이 정당한 보상을 받지 못할 때 노동생산성은 하락하고 소득분배구조가 악화되면 정치적 불안이 야기되어 경제성장의 원동력이 상실된다는 것이다. 이에 대한 반론은 다음과 같다. 즉, 경제성장을 위해서는 지속적 투자가 이루어져야 하는데, 분배적 정의를 강조하면 기업가의 투자의욕이 저하된다는 것이다.

그러나 저자는 성장과 분배는 선·후(先·後)로 나눌 수 있는 성격의 문제가 아니라고 주창한다. 선(先)성장·후(後)분배 혹은 선(先)분배·후(後)성장의 논란은 근본적으로 잘못된 것이다. 니콜라스 칼도[9] 등의 소득분배이론에서 보는 바와 같이, 성장과 분배는 자원배분 과정에서 한계생산물, 저축성향, 인구(노동)성장률, 기술변화에 의해 매 시각 동시적으로 결정되는 동태적 현상이다.[10] 그리고 상기의 변수들이 외생적으로 주어졌을 때 평균소비성향이 높은 저소득층보다 평균저축성향이 높은 고소득층에게 더 많은 소득이 배분되면 사회 전체적으로 더 많은 저축과 투자가 발생하고 이것은 더 높은 경제성장률을 창출한다는 것이다. 따라서 성장과 분배의 선(善)순환은 투자에 의하여 결정되는 것이다.

여기서 저자가 강조하고자 하는 것은 성장과 분배(혹은 자유와 평등)의 갈등은, 복지국가로써 미봉책으로 해결하고자 하는 것이 아니라, 완전고용으로써 근원적으로 해결해야 한다는 점이다. 어떤 소득재분배 정책이 아무리 합리적인 것이라도 빈곤의 근본적 퇴치방안은 될 수 없다. 그것은 단지 빈곤의 고통을 잠시 경감시켜주는 효과를 산출할 뿐이다.

진정코, 소득재분배 정책이 소기의 성과를 거두기 위해서는 교육이나 훈련 등을 통해 자신의 인적자본을 높임으로써 자력으로 빈곤에서 탈피할 수 있도

9 Kaldor, Nicholas(1955; 1957; 1961; 1962).

10 Lim, Yang-Taek(1978).

록 도와주어야 한다. 그것은 개인에게는 일자리를 갖도록 하는 것이며 사회 전체로 보면 고용증대인 것이다. 즉, 지속적 성장과 형평한 소득분배의 연결 고리는 바로 양호한 고용(*decent job*)의 증대이다.[11]

사후적 소득재분배 정책은 복지극대화를 위한 사회적 정의의 입장에서 '시장 소득' 분배 상태를 사회적으로 바람직한 '가처분소득' 분배 상태로 유도하고자 하는 정부의 시장개입이다. 사후적 소득재분배 정책이 옳고 그름에 관한 판단은 당대의 가치관을 반영할 뿐만 아니라 정치게임의 소산이다. 그러나 사전적 소득분배 상태의 개선을 위한 정부의 과도한 사후적 소득재분배 정책은 시장경제 제도를 붕괴시킬 수 있다. 시장경제 제도의 붕괴는 중산층의 붕괴, 즉 소득 양극화로 나타날 수 있으며, 중산층의 붕괴는 바로 민주주의의 붕괴로 이어질 수 있다.

마이클 노박[12]은 다음과 같이 주장했다. 시장, 사유권, 이윤으로 이루어진 자본주의 경제제도는 어떠한 다른 제도(사회주의 경제제도 혹은 사회민주주의 제도)보다도 절대다수의 빈곤계층이 궁핍으로부터 벗어나는데, 또한 그들이 중산층이나 그 이상으로 상위소득계층으로 이동하는 데 더 큰 도움을 주었다는 것이다. 이것의 증거로써, 사회주의 경제제도나 사회민주주의 제도하의 빈곤층들이 자본주의 국기로 이주한 사실을 들 수 있나. 자본주의는 민주주의가 현실적으로 성공하는 데 하나의 필요조건이다. 민주주의는 성장하는 경제(즉, 사회적 신분상승이 일어나고, 기회가 확대되고, 개인적 성취감을 추구하는)의 힘에 의해 유지 및 발전된다.

로버트 배로[13]에 의하면, 경제성장과 민주주의는 역(逆)U자 관계를 갖는 것으로 추정되었다. 즉, 횡축의 민주주의(즉, 투표권 보장)가 어느 정도 진전될 때까지는 종축의 경제성장률도 함께 증가하다가 일정한 수준의 민주화 단계를 넘어서면 오히려 경제성장률이 둔화된다는 것이다. 민주주의가 진전됨에 따라 토지개혁 및 사회보장제도 시행 등과 같은 소득재분배는 사회불안 및 범죄의

---

11 임양택(2011. 10 . 7).

12 Novak, Michael(1994a/b).

13 Barro, Robert J. (1997a/b).

증가를 감소시킴으로써 경제성장에 기여할 수 있는 반면에 지나친 소득재분배 정책은 근로의욕과 투자의욕을 저상(沮喪)시킴으로써 경제성장을 저해할 수 있다는 것이다.[14]

최근 한국에서 이슈로 부상하는 소득 양극화 해소를 위해서는 무엇보다도 경제성장을 통한 고용 창출이 중요하다. 경제성장을 위해서는 획기적인 규제 완화를 통한 기업투자 활성화와 지식기반형 고부가가치 서비스업 육성, 첨단기술 강소(强小)중소기업 육성, 성장촉진형 적극적 노동시장정책, 보육 보건 등 성장기여형 공공사회서비스 중심의 복지정책 등과 같이 성장과 분배가 선순환을 이룰 수 있는 정책들이 중요하다.

일찍이 공자(孔子)는 국가 경영의 핵심이 부(富)의 균등한 분배에 있음을 갈파했고, 맹자(孟子)는 '무항산 무항심'(無恒産 無恒心)이라고 하여 인간의 고상함도 먹는 문제를 해결할 수 있는 직업을 갖는 것에 기인한다고 말했다. 빌 클린턴 전(前) 미국 대통령의 말을 빌려 표현하자면 "이 바보야! 문제는 일자리야, 일자리"이다.

조선의 개혁군주 정조(正祖)는 "왕이 백성의 가난을 직접 구제하기는 어렵다. 그러나 왕은 부자를 키울 수 있다. 부자는 사람을 널리 쓰고, 이를 통해 가난을 구제해야 한다"고 말했다. 즉, 가난 구제에 직접 나서는 것은 절대군주에게조차 어려운 일이므로 우선 부자를 키우고, 그 다음 부자들이 일자리를 만들어 가난을 구제하는 간접적 방법론을 제시했던 것이다. 물론, 정조의 개혁 사상은 현대사회의 입장에서 보면 너무나 안일하고 단순한 것이지만 그것이 추구하는 가치관은 새삼 반추해 볼 필요가 있다.

---

14 경제성장은 비생산적인 정부지출 증가, 공적 채무 증대, 인플레이션율 상승, 정부의 노동시장 개입(임금 및 고용 보장, 단체교섭 보장 등)에 대해 負(−)의 관계를 갖는 반면, 법질서의 정비, 교육 및 보건의료 혜택의 수준, 대외개방도에 대해 正(+)의 관계를 각각 갖는 것으로 추정되었다.

2. 신실용주의의 철학적 기초

플라톤은 "철학자가 통치자가 되거나 혹은 통치자가 철학자가 되지 않으면 정치상황은 더 개선되지 않는다"고 갈파하였다. 이것은 경제성장율, 1인당 국민소득수준, 수출량 등과 같은 양적 지표보다도 더욱 중요한 것이 바로 국가통치자의 철학이라는 것을 강조한 것이다.

저자는 시장 기능과 정부 역할을, 자원배분의 효율성과 소득분배의 공정성을, 성장과 분배를 동시적으로 만족시킬 수 있는 새로운 경제사상으로서 '신실용주의'를 수년 동안 국내외에 제안했다.[15] 저자는 신실용주의를 국가통치의 도덕성과 절차적 민주주의를 바탕으로 '최대다수의 최대행복'을 위한 인간의 기본 욕구(직장, 주택, 교통, 교육, 의료, 연금 등)가 충족됨으로써 인간의 존엄성·자율성·창의성을 존중하는 인본주의적 사회공동체를 지향하는 사유 패러다임(인식론적 원리와 존재론적 원리)으로 정의한다.

신실용주의의 목적은 '인간 중심 사상', 즉 인본주의(人本主義, 즉 人乃天)이며 그것의 궁극적 목적은 '최대다수의 최대행복을 위한 민주사회', 즉 인간의 존엄성·자율성·창의성이 존중되는 사회공동체를 건설하는 것이다. 신실용주의 철학이 추구하는 '최대다수의 최대행복을 위한 민주사회'란 인간의 존엄성을 유지할 수 있는 기본 욕구(즉, 직장, 주택, 교통, 교육, 의료, 연금)이 최소한 충족될 수 있는 '더불어 사는 사회'를 의미한다.

저자의 신실용주의는 존 롤스가 그의 《정의론》[16]에서 주창했던 '질서정연한 민주주의 사회'를 구현할 수 있다. 이 사회에서는 자유(*freedom*)와 평등(*equality*)은 정의(正義)로 통합된다.

신실용주의는 크게 3가지 사상, 즉 ① 공리주의, ② 대의민주주의와 근대 자유주의 사상, ③ 복지국가 이념과 맥락을 같이 한다. 이 3가지 사상과 관련된 철학적 배경은 다음과 같다.

---

15 임양택(2008).

16 Rawls, John(1971).

① 존 로크의 《시민정부론》과 장 자크 루소의 《사회계약론》
② 프랑스혁명(1789)의 3대 정신(즉, 자유·평등·박애)
③ 존 스튜어트 밀의 《공리주의》
④ 임마누엘 칸트의 '의무론적 규범론'에 기초를 둔 존 롤스의 《정의론》, 즉 '최소 수혜자의 최대이익'
⑤ 아더 피구의 《복지경제학》
⑥ 보 로스타인의 《복지국가의 도덕적 및 정치적 논리》
⑦ 조셉 슘페터의 '창조적 파괴'[17] 등이다.

전술한 바와 같이, 성장과 고용은 슘페테리안 테크노-경제발전 전략[18]에 의해 기술→신상품→신산업→신시장의 동태적 과정에 의하여 창출된다. 이를 위한 기본적 요건은 기초과학연구능력(BSRC)인데, 이것을 배양하기 위한 국가혁신 시스템이 필요하다. 그리고 기초과학연구능력뿐만 아니라 실용화 능력의 부족을 국제산업기술협력을 통하여 소화·흡수·계량·토착화시켜야 한다.

신실용주의는 찰스 다윈의 진화론과 적자생존(適者生存)의 신자유주의에 근거를 두었던 찰스 퍼스의 실용주의(*pragmatism*) 및 존 듀이의 도구주의와 다르다. 덩샤오핑의 '흑묘백묘'(黑猫白猫) 및 '남파북파'(南坡北坡)의 실리주의(*practicalism*)와도 다르다는 점이다. 신실용주의는 존 스튜어트 밀의 '최대다수의 최대행복'이라는 목표로 지향하되 그 성과 혹은 결과(성과 중심주의적인 미국 실용주의와 목표 중심주의적인 덩샤오핑의 실리주의)보다는 '최대다수 최대행복'의 추구과정 및 절차상의 민주주의를 더욱 중요시한다.

신실용주의는 미국의 실용주의와는 달리, 진리(眞理)와 실리(實利)를 등가적(等價的)으로 간주하지 않는다. 신실용주의는 찰스 다윈의 진화론에 근거를 둔 적자생존의 신자유주의와 다르다. 왜냐하면 '최대다수의 최대행복을 위한 민주주의 사회'를 건설하기 위해서는 소득 양극화를 나타내는 '아령형' 사회구

17 Schumpeter, Joseph A.(1933).
18 Lim, Yang-Taek(2006).

조를 '다이아몬드형' 사회구조로 변환함으로써 칼 마르크스의 '인간의 비(非)인간화'를 방지해야 하기 때문이다.

아무리 원바오(溫飽: 등 따뜻하고 배부름)와 샤오캉(小康: 중산층이 잘 사는 사회)이 중요하더라도 국가 정체성을 위하여 '黑과 白' 그리고 '南과 北'은 분명코 다를 뿐만 아니라 분명하게 선택해야 한다는 것이다. 한국의 경우 국가 정체성은 정치적으로는 '자유민주주의'이며 경제적으로는 '개방적 시장경제체제'이다. 그러나 신실용주의는 '국가이성'보다 '도덕성'과 '사회정의'에 높은 가치를 부여한다. 이러한 측면에서, 신실용주의는 니콜 마키아벨리의 《군주론》과 대조가 된다.

신실용주의의 철학적 기초에서 특히 유의해야 할 것은 다음과 같다. 신실용주의는 다른 철학과는 달리 주어진 철학적 가치를, 즉 '최대다수 최대행복을 위한 자유민주주의 사회'와 '정의로운 경제체제'를 박애주의적(*philanthropic*) 규범이나 도덕에 맡기지 않고 이 철학적 가치를 성장・안정・분배(복지)로 전환시켜 그것의 실천방법론으로서 과학과 경제를 접목시킨 테크노-경제발전 전략을 제시한다는 점이다. 이로써, 미시경제적 일반균형(가계의 소비와 기업의 생산의 최적자원배분)과 소득분배의 형평성, 즉 사회정의를 통합시킴으로써 '최대다수 최대행복'이 주관적 심리 상태에 존재하는 것이 아니라 사회경제적 메커니즘의 실체로서 정착시킬 수 있다는 것이다.

[그림 Ⅳ-2] 신실용주의의 철학적 기초

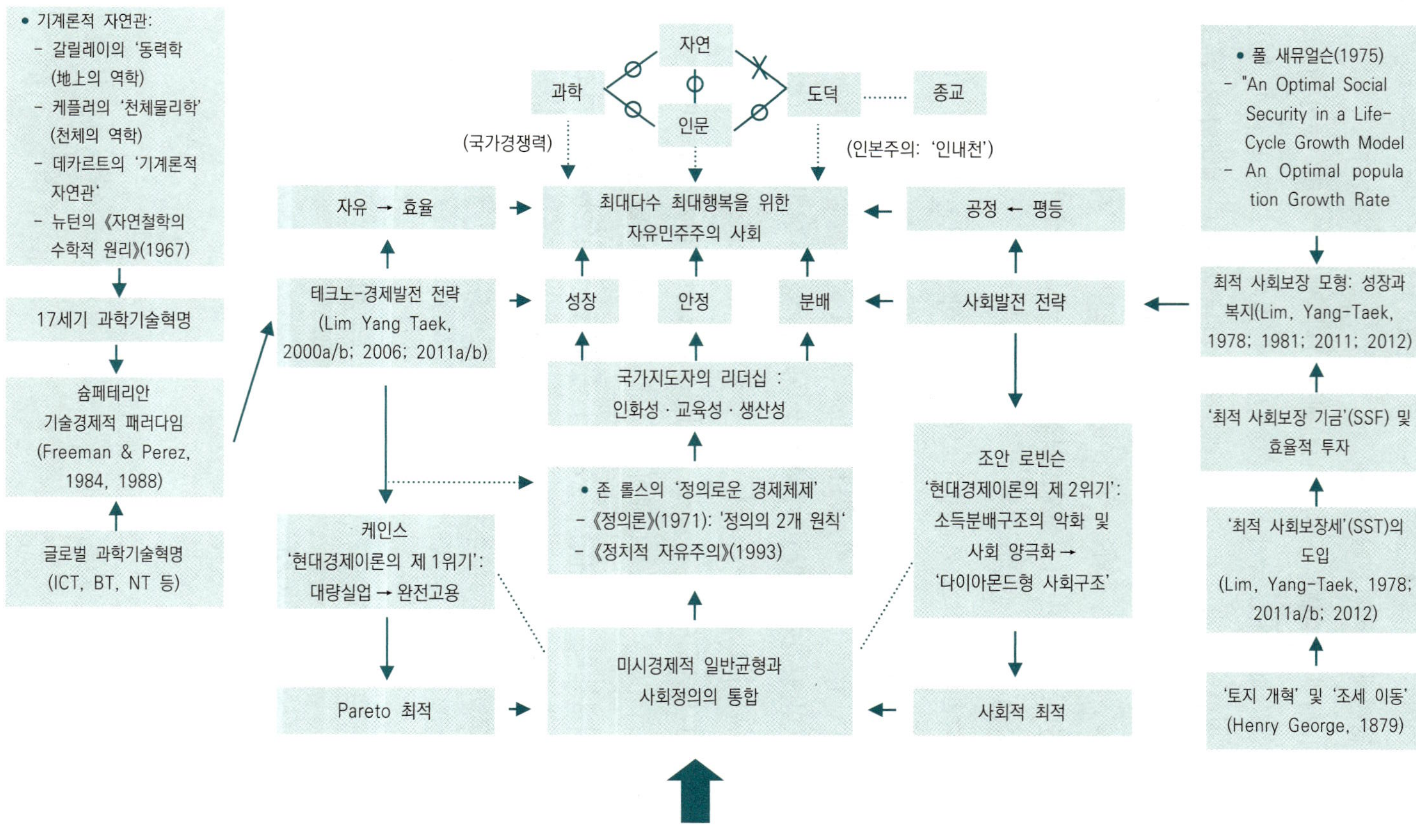

사상 및 이론적 배경

1. 주자학(朱子學)의 인의예지(仁義禮智)의 도덕적 규범론, 맹자(孟子)의 민본주의(民本主義), 양명학(陽明學)의 심즉리(心卽理) 윤리론, 고증학(考證學)의 경세치용(經世致用) 즉, 민생론(民生論), 손문(孫文)의 민생(民生)
2. 반계 유형원(柳馨遠)의 양민론(良民論), 성호 이익(李瀷)의 민본주의(民本主義), 다산 정약용(丁若鏞)의 위민(爲民)·애민(愛民)
3. 플라톤(Platon)의 《법률》(*Nomoi*)에서의 '정의로운 국가'
4. 존 로크(John Locke)의 《시민정부론》(*Two Treaties of Civil Government*, 1690)
5. 장-자크 루소(Jean-Jacques Rousseau)의 《사회계약론》(1762)
6. 임마누엘 칸트(Immanuel Kant)의 《순수이성 비판》(1781), 《실천이성 비판》(1788), 《판단력 비판》(1790)의 '원리론적 최소주의'(1785, 1797)
7. 존 스튜어트 밀(John Stuart Mill)의 《자유론》(*On Liberty*, 1859) 및 《공리주의》(*Utilitarianism*, 1861)
8. 존 롤즈(John Rawls)의 《정의론》(*A Theory of Justice*, 1971) 및 《정치적 자유주의》(*Political Liberilism*, 1993)의 '최소주의적 규범론'
9. 어스 피구(Arthur Cecil. Pigou)의 《복지경제학》(*Welfare Economics*, 1920)
10. 보 로스테인(Bo Rothtein)의 《보편적 복지국가의 도덕적 및 정치적 논리》(*Just Institutions Matter: The Moral and Political Logic of the Universal Welfare State*, 1998)
11. 슘페터(Joseph Alois Schumpeter)의 《자본주의·사회주의·민주주의》(*Capitalism, Socialism and Democracy*, 1941)
12. 프리만 및 페레즈(Freeman & Perez)의 '기술경제적 패러다임'
13. 레온 왈라스(Leon Walras)의 일반균형이론(*General Equilibrium Theory*)
14. 조안 로빈슨(Joan Robinson)의 '경제이론의 제2위기'(*The 2nd Crisis of Economic Theory*, 1971)
15. 폴 새뮤얼슨(P. A. Samuelson, 1975)의 "라이프 사이클 성장 모형하의 최적 사회보장"(*Optimal Social Security in a Life-Cycle Growth Model*) 및 "최적 인구 성장률"(Optimal Population Growth Rate)
16. 임양택(2008); Lim, Yang-Taek(1978; 2010; 2011b)

1) 민주주의

신실용주의의 궁극적 목적인 '최대다수의 최대행복'은 밀의 《공리주의》에 근간을 둔다. 그는 사회 목적을 개인의 도덕적 자아를 발달시키고 '최대다수의 최대행복'을 창출하는 것이라고 갈파하였다.

신실용주의가 말하는 '민주주의 사회'는 시민의 자유와 인간의 존엄성에 바탕을 둔 '대의민주주의'(*representative democracy*)를 의미한다. 즉, 신실용주의는 존 로크와 장-자크 루소의 '대의민주주의'라는 근대 자유주의 사상[19]을 받아들이되, 인간의 존엄성과 자율성뿐만 아니라 그러한 민주주의 사회의 동태적 발전을 위한 인간의 창의성을 강조한다.

그러나 신실용주의는 밀의 공리주의, 즉 '최대다수의 최대행복'을 목표로 하지만 그 성과 혹은 결과보다는 그것의 추구과정 및 절차상의 자유 민주주의를 더욱 중요시한다. 이 점 때문에, 신실용주의는 단순히 '최대다수의 최대행복'이 아니라 '최대다수의 최대행복을 위한 민주사회', 즉 '복지사회'(*welfare society*)를 추구하는 것이다.

신실용주의는 마키아벨리즘이 아니다. 비록 결과가 다소 미흡하더라도 행위의 절차와 추진 과정이 민주적으로 국민 합의에 기반을 두고 있다면 대다수의 사회구성원들은 행복할 것이다. 또한, 미처 도달하지 못한 목표는 다음의 정치세력에 의하여 추구될 수 있을 것이다. 왜냐하면 찰스 퍼스는 어떤 신념이 '참'이라는 것은 '종국적으로' 그 신념에 대한 동의(同意)가 늘고 이의(異意)가 줄어드는 것을 의미한다고 주장하였듯이, 사회전체의 목표는 주어진 사회의 여건 및 사회구성원들의 의식수준과 괴리가 존재할 수 있기 때문이다.

존 롤스가 강조하는 것은 이러한 민주주의 원리에 기반하는 '질서정연한 민주주의 사회'는 공동체(*community*)나 결사체(*association*)와 구분되어야 한다는 점이다. 민주주의적 정치사회는 자기완결적 체계이며 또한 어떠한 구체적인

19 존 로크는 《시민정부론》에서, 장 자크 루소는 《사회계약론》에서 각각 '근대 자유주의 사상'을 주창하였다.

[그림 Ⅳ-3] 존 롤스의 《정의론》 구조

임마누엘 칸트의
인간관 및 '의무론적 규범론'
(*categorical imperative*) 및
'자연상태'

→

존 롤스의
'윤리관' · '정치적 인간관' ·
'원초적 상태'(*original position*) ⊃ '무지의 베일'
(*veil of ignorance*)

←

존 로크의 《시민정부론》과
장-자크 루소의 《사회계약론》

↓

1. 《공정으로서의 정의》(*Justice as Fairness*, 1958)
   (정의를 사회제도의 '제1덕목'으로 규정)
2. 《정의론》(*A Theory of Justice*, 1971)
3. 《정치적 자유주의》(*Political Liberalism*, 1993)

↓

1. 정의의 두 원칙

1) 제1원칙(모든 사람에게 평등한 기본적 자유의 원칙): 헌법에 의해 보장
   '기본적 자유'(사회의 기본적 가치 및 사회의 기본구조)은 정치적 자유(투표권과 공직에 대한 피선거권 등), 언론과 집회의 자유, 양심 · 사상 · 인신의 자유, 사유재산을 보유할 수 있는 자유, 법으로 규정한 정당한 이유가 없는 한 체포나 구금을 거부할 수 있는 자유이다.
2) 제2원칙(차등의 원칙): 입법을 통해 논의
   '차등의 원칙'(*the difference principle*)은 본래적 행운 혹은 사회적 행운에 의해 획득된 개인의 재능 혹은 능력은 사회의 공동자산이며, 부(富)나 소득의 차이는 자연스러운 결과일 뿐만 아니라 오히려 바람직하다는 것을 인정하되, 그것을 '최소 수혜자(시장에서 낙오된)의 최대 이익'(*maximin*)을 도모하는 데 사용함으로써 사회공동체의 협동과 통합을 확립하자는 것이다.

2. 정의론

1) 제1원칙('모든 사람에게 평등한 기본적 자유의 원칙') > 제2원칙('차등의 원칙')
2) 제2원칙('차등의 원칙')에서 '기회균등의 원칙' > '수혜의 원칙'
   '최소 극대화'(*maximin*), 즉 '최소 수혜자의 최대 이익': 가장 가난한 사람들의 복지를 극대화. 이것은 복지국가의 기본원리임.
   - 상기의 원리는 분배적 정의(*distribution jutice*)의 문제를 역차별(*reverse discrimination*) 방식으로 조정함으로써 '기회의 형식적 평등'을 '결과의 실질적 평등'으로 전환하는 것을 의미함.
   - 롤지언(*Rawlsian*)의 '최소 수혜자의 최대행복'(복지주의적 사회계약)는 공리주의(*utilitarianism*) 원리의 정의, 즉 '최대다수 · 최대행복'(복지의 평균수준 극대화)와 상이함.

↓

자유와 평등의 조화 및 자유주의 경제체제에 대한 복지주의의 접합

↓

'질서정연한 민주주의 사회'(*a well-ordered democratic society*)

궁극적 목적이나 목표를 가지지 않는다는 측면에서 결사체와 구분된다. 나아가 '질서정연한 민주주의 사회'는 '포괄적인 종교적·철학적·도덕적 신념체계'에 의해 지배되는 공동체와는 달리 사회전체적 통합에의 열망에 의해 지배되지 않는다.[20]

2) 자유와 평등

신실용주의는 자유(自由)뿐만 아니라 평등(平等)과 형평(衡平)을 추구한다. 자유(정치적 자유)·평등(기회 균등)·형평(경제적 정의)은 정치·경제·사회발전으로 구체화되며, 이들의 상충관계는 '성장·안정·분배'의 동시적 추구로서 조화를 이룰 수 있다.

자유의 측면에서 보면, 신실용주의는 '개인의 자유'(정치적 자유)뿐만 아니라 '경제적 자유'도 중요시한다.[21] 신실용주의의 자유 개념은 '정치적 자유'뿐만 아니라 '경제적 자유'도 포함한다. '경제적 자유'는 자원배분의 효율성(*efficiency*)을 야기시킬 뿐만 아니라 사회정의에 의한 소득분배의 형평성(*equity*)을 추구한다. 따라서 신실용주의는 미국 연방헌법의 정치사상인 '자유주의'와 '공화주의'(*republicanism*)를 모두 함유한다.

평등의 측면에서 보면, 신실용주의는 기회평등을 포함할 뿐만 아니라 존 롤스의 《정의론》에 의거한 '정의(正義)의 두 원칙', 즉 ① 헌법에 의해 보장되는 '정의의 제1원칙'(모든 사람에게 평등한 기본적 자유의 원칙), ② 입법에 의해 보장되는 '정의의 제2원칙'(차등의 원칙)을 추구한다.

상기의 가치들을 추구 및 실현하기 위하여, 신실용주의는 보 로스타인의 주장을 수용한다. 그는 국민이 정치·경제·사회 구조 속에서 자율적인 개인으로 활동하려면 '숙고와 선택'(*well-considered choice*)을 가능하게 하는 '기본적 능력'을 갖추어야 하는데, 국가는 바로 그러한 능력을 갖출 수 있는 권리를 부

20 이 점에서 마이클 샌델이 그의 저서 《자유주의와 정의의 한계》에서 존 롤스의 《정의론》을 비판하면서 주장한 그의 '공동체 정의' 자체가 오히려 한계를 갖는다는 것을 알 수 있다.

21 '경제 자유화'와 '경제 민주화'는 상호대칭적 개념이다.

여해야 한다고 주장한다.[22]

여기서 유의할 것은 존 롤스가 어떠한 경제적 이익을 획득하기 위해서라도 자유를 제한해서는 안 된다고 강조하였지만 '정의의 제 1원칙'(모든 사람에게 평등한 기본적 자유의 원칙)이 적용되기 위해서는 사람들의 '기본적 욕구'(*basic needs*)가 충족될 수 있을 정도의 경제발전이 선행되어야 한다는 단서를 붙이고 있다는 점이다. 왜냐하면 경제력이 빈약하여 '기본적 욕구'의 충족조차 어려운 사회에서 '자유'의 권리를 누린다는 것은 사실상 불가능할 경우가 많기 때문이다. 저(低)개발 사회에서는 최대한 많은 사람들이 "자유를 즐길 수 있을 정도로 문명의 수준을 끌어올려야 하는데, 이를 위해서 필요한 경우에서는 '평등한 기본적 자유'의 부정이 정당화될 수 있다"는 것이다.

3) 실천윤리

신실용주의에서 도덕은 전통적 동양철학이 말하는 천륜(天倫)이 아니라 사회 공동체의 인륜(人倫)을 의미하며 바람직한 사회적 인간상(人間像)을 정립한다. 이와 대조적으로, 주자학과 양명학은 '도덕적 원리 = 우주의 본질 = 인간의 본성'의 일치를 주장하면서 인의예지신(仁義禮智信)을 도덕 기준으로 삼았다.

신실용주의의 도덕관은 프랭클린 북맨[23]의 사상과 맥락을 같이 한다. 그에 의하면 세계평화는 무기(武器)가 아닌 '도덕 재무장'(MRA: *Moral ReArmament*)에 의해서만 실현될 수 있다는 것이다. 여기서는 '노블리스 오블리주'(*noblesse*

---

22 보 로스타인의 이론은 스웨덴의 보편주의적 복지국가모형의 도덕적 기초가 되었다.

23 미국 펜실베이니아 주에서 태어난 프랭클린 북맨은 1908년 한 고아원의 목사로 재직하던 중 자신이 변함으로써 다른 사람을 변하게 할 수 있다는 체험을 하였다. 그 후 영국으로 건너가 옥스퍼드대의 교목으로 있으면서 인간성이 변하지 않는 한 세계평화는 불가능하다는 것을 확신하고 세계평화를 종이 위에 계획할 수는 있지만 그 실천은 사람에 의해 실행되어야 하므로 개인의 변화를 토대로 정치, 경제, 국가, 세계를 변화 및 개선시켜야 한다고 주창하였다. 제 2차 세계대전의 암운(暗雲)이 유럽을 감쌀 무렵, 북맨은 세계평화는 전쟁무기가 아닌 '도덕 재무장'에 의해서만 실현되리라 믿고, 1938년 6월 4일 런던에서 '도덕 재무장' 운동을 공식적으로 발족시켰다.

oblige), 즉 사회지도층의 솔선수범이 더욱 중요하다.

또한, 신실용주의는 고대 동양의 실천철학인 격물(格物) → 치지(致知) → 성의(誠意) → 정심(正心) → 수신(修身) → 제가(齊家) → 치국(治國) → 평천하(平天下)와 관련된 주자학의 인의예지신의 도덕적 규범론, 맹자(孟子)의 민본주의(民本主義), 양명학의 심즉리(心卽理) 윤리론, 고증학(考證學)의 경세치용(經世致用), 즉 민생론(民生論), 쑨원(孫文)의 민생(民生), 반계 유형원(柳馨遠, 1622~1673)의 양민론(良民論), 성호 이익(李瀷, 1681~1763)의 민본주의, 다산 정약용(丁若鏞, 1762~1836)의 위민(爲民)·애민(愛民)과 맥을 같이 한다.

성호 이익은 경제개혁으로서 조세제도 및 전제(田制)제도를 개혁하여 균전제(均田制)와 균세(均稅)를 실시할 것을, 정치개혁으로서 과거제도, 노비제도, 문벌제도 등을 개혁할 것을 각각 주장하였다.

정약용은 그의 '원목'(原牧: 통치론)에서 반(反) '왕권신수설'을 역설하고 '아래에서 위'로의 민주주의 제도를 확립할 것을, 그의 '탕론'(蕩論: 중국 봉건사회의 역성혁명론)에서 민권사상을 역설하고 전제(田制) 개혁으로서 여전제(閭田制), 즉 토지공유와 농자수전(農者受田)을 원칙으로 한 집단농자제(集團農者制)를 실시할 것을 주장하였다.

신실용주의는 20세기 초 쑨원의 삼민주의〔三民主義: 민족주의(民族主義), 민권주의(民權主義), 민생주의(民生主義)〕와 맥락을 같이 한다. '민족주의'는 국가의 자유를 추구하는 것이며, '민권주의'는 국민의 정치적 지위의 평등을 추구하는 것이며, '민생주의'는 전(全) 국민의 행복을 도모하는 것이다.

쑨원은 민생문제를 해결하는 방법으로, 두 가지, 즉 ① 지권(地權)의 평등과 ② 자본의 절제를 제시하였다. 우선, '지권의 평등'은 정부가 토지의 시가에 따라 세금을 거두고, 시가에 따라 매수함으로써 이루어진다. 이때 시가는 주인이 책정하고, 책정된 시가보다 상승한 만큼의 가치를 완전 공유로 한다. 주인이 시가를 낮게 정하면 매입을 하고, 높게 정하면 세금을 징수하므로 시가는 적정선으로 정해진다. 다음으로, '자본의 절제'는 소득세의 징수로 이루어진다. 그러나 쑨원은 가난한 중국의 경우 '자본의 절제' 만으로는 부족하기 때문에 우선 국가를 부유하게 하는 것이 중요하다고 주장했다.

신실용주의는 목표보다 과정을 중요시하므로 국가지도자의 리더십(인화성·교육성·생산성)을 강조한다. '인화성'이란 분파와 파쟁을 화목으로 유도하는 것이다. '교육성'이란 새로운 행동규범 및 실천의지를 보여주는 것이다. '생산성'이란 성원들에게 비전을 제시하고, 그들로 하여금 목적의식, 도전의식, 성취욕을 갖도록 하는 것이다.

상기한 3가지 덕목 중에서 '인화성'이 가장 중요하다. 왜냐하면 토머스 홉스가 말하는 '만인 대 만인의 투쟁'에서 빚어지는 첨예한 갈등의 골이 깊어지는 현대사회에서 인화(人和)는 동서고금을 막론하고 가장 중요한 리더십이기 때문이다. 그것은 바로 '섬기는 리더십'(*servant leadership*)을 말한다. 중국의 양명학은 인(仁)이 '참된 지식', 즉 양지(良知)를 이룰 수 있다고 주장하였다.

신실용주의는 양명학의 지행합일(知行合一)과 조선 후기의 정약용의 지·행(知·行)의 상호작용, 즉 케네스 애로[24]의 학습효과에 기초를 두며, 이의 집단적 효과를 창출하기 위한 교육의 역할을 강조한다는 점이다. 신실용주의는 주자학(朱子學)이 격물궁리(格物窮理)를, 또한 양명학이 사상마련(事上磨鍊)을 강조하듯이 '참된 지식', 즉 양지(良知)를 일깨우고 확대하기 위하여 교육의 역할을 중요시한다는 것이다.[25]

존 듀이와 도산(島山) 안창호(安昌浩) 선생의 주장대로 계몽을 통하여 사회변화를 야기시킬 수 있다는 사회계몽사상과 직결된다.[26] 민족의 스승인 도산 선생은 무실역행(務實力行)을 가르쳤는데 이 사상은 6가지, 즉 ① 변화하는 힘에 대한 자각의 논리, ② 자아에 대한 부단한 혁신의 논리, ③ 민족과 국가에 대한 헌신의 논리, ④ 이웃에 대한 신뢰와 사랑의 논리, ⑤ 실천을 통한 전파의 논리, ⑥ 공·사적 직무에 대한 책임의 논리에 근간을 둔다.

---

24 Arrow, K. J. (1962).

25 Lim, Yang-Taek (2011a).

26 임양택 (2007d).

4) 실천방법

신실용주의를 구현하기 위한 실천방법은, 전술한 바와 같이, 테크노-경제발전 전략을 통하여 지속적 성장·완전고용 및 물가안정·형평한 소득분배를 추구하는 것이다.

르네 데카르트의 '기계론적 자연관'이 '순수인식론'(도덕적 실천과 무관하게 지식 자체의 문제를 다루고자 하는 사유 패러다임)에 바탕을 두고, 과학(산업)기술을 중요시하였듯이, 신실용주의의 실천방법은 테크노-경제발전 전략에 의한 국가경쟁력의 제고이다.

시장경제체제에서 국가경쟁력의 핵심은 기업경쟁력이며, 기업경쟁력은 자원경쟁력→개발 및 제조경쟁력→품질경쟁력→시장경쟁력→고객성과로써 창출된다. 이것은 다시 가격경쟁력(임금, 금리, 환율, 유가, 물류비용 등)의 제고 및 비(非)가격경쟁력(품질, 운송, 디자인, 애프터서비스 등)의 제고→국제경쟁력(가격경쟁력 및 비가격경쟁력)의 강화→국제수지 흑자→성장·고용·분배의 공존 및 조화를 통하여 '최대다수의 최대행복'을 창출할 것이다. 상기한 복지극대화 모형은 과학기술입국(科學技術立國)이라는 실천방법을 전제로 한다. 이 모형에서 기술혁신은 과학기술과 경제 및 기업의 연결고리다.

5) 기존 철학과의 차이점

전술한 〔그림 Ⅳ-2〕에 요약되어 있는 신실용주의의 철학적 기초와 대비하기 위하여, 동서양의 사유 패러다임은 〔그림 Ⅳ-5〕에, 조선 후기의 실학사상은 〔그림 Ⅳ-6〕에 각각 요약되어 있다.

상기의 3개 그림에서 여실히 나타나 있듯이, 신실용주의는 사변적(思辨的)인 관념론(*idealism*)이 아니라, 전술한 테크노-경제발전 전략에 의하여 성장·안정·분배를 추구하는 실천윤리 및 실천방법임과 동시에 '최대다수의 최대행복'을 위한 국가경영전략이다.

동서양의 철학을 막론하고 철학은 크게 두 가지 갈래, 즉 ① 유물론(*material-*

[그림 Ⅳ-4] 과학기술 입국의 기본방향

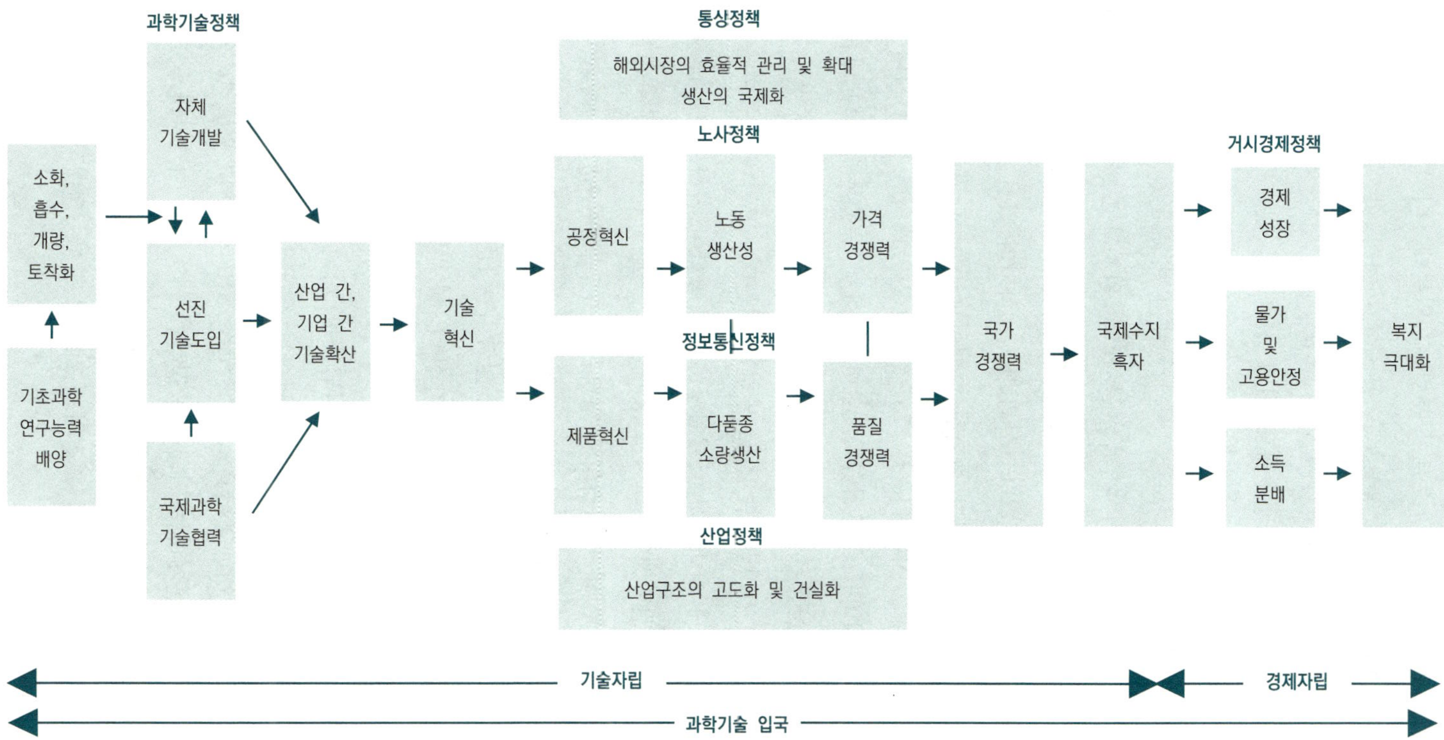

자료: 임양택(2007e; 2011a); Lim, Yang-Taek(1996; 2000b; 2006).

ism) 과 ② 관념론(*idealism*) 으로 구분할 수 있는데, 이 두 사유 패러다임을 비교해 보면 다음과 같다. 유물론은 물질이 인간의 의식으로부터 독립하여 그 자체로 존재한다고 주장하는 반면에 관념론에 의하면 물질은 그 자체로 존재할 수 없으며 존재하는 경우에도 어떤 정신적인 것으로부터 파생된 2차적인 존재라고 주장한다.

서양의 철학은 데모크리토스의 유물론에서 비롯되었다. 그에 의하면, 세계의 근원은 더 이상 쪼개질 수 없는 물질적인 원자라고 한다. 그리고 인간의 영혼이나 정신은 물질과 마찬가지로 질적으로 동일한 원자로 만들어졌으며 영혼의 원자가 물질의 그것보다 더 섬세하다는 차이가 있을 뿐이라고 주장하였다. 그리고 정신이 물질의 가장 고귀한 형태이므로 가장 귀중하다고 말하였다.

유물론은 그리스 시대(기원전 776~기원전 219) 에서나 로마 시대(기원전 218~484) 에서도 철학을 주도하였다. 로마시대에서 유물론 철학의 대표자는 에피쿠로스였다. 유물론은 정신이 물질에서 파생되어 나왔다고 주장할 뿐, 물질적인 쾌락이 최고 가치라고는 결코 말하지 않는다. 그러나 유물론은 종교가 중심이 되었던 중세 시대에서는 억압당하였고 철학이 신학의 하녀로 추락하면서 암흑의 시기로 진입했다. 그러나 중세 유물론은 부활하였다.

송나라의 주자학과 명나라의 양명학은 모두 관념론이었다. 주자학은 이(理)가 우주만물의 원리이며 기(氣)는 현존하는 사물의 생성과 변화와 관련된다고 각각 주장하였다. 반면에 양명학은 심즉리(心卽理) 에 따라 이(理)는 사물에 있는 것이 아니라 오직 자기 자신의 마음속에 있다고 주장하였다.

관념론(觀念論) 은 크게 두 가지, 즉 ① 주관적 관념론과 ② 객관적 관념론으로 구분할 수 있다. 우선, 주관적 관념론은 "나의 의식 밖에서는 아무 것도 존재하지 않으며 세계는 나의 의식에 의해서 결정된다"고 주장한다. 여기에 영국의 경험론, 실증주의, 실존주의, 실용주의 등이 속한다. 반면에, 객관적 관념론은 객관적으로 존재하는 절대적인 정신을 가정하고 그로부터 물질이 생성되었고 인간이 출생했다고 주장한다. 여기에 정신적인 이데아(*idea*) 를 가정하는 플라톤, 정신적인 신(神) 을 가정하는 기독교 철학, 절대정신을 가정하는 헤겔 등이 속한다.

[그림 Ⅳ-5] 동서양 철학의 비교

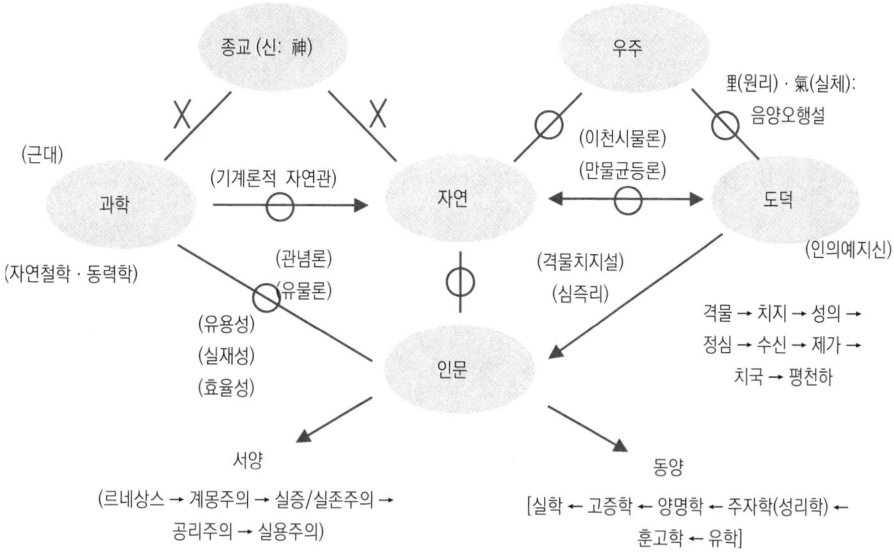

서양철학

1. 르네상스
   - 신(新)플라톤주의: '태양중심설' • 기계론적 자연관: 아르키메데스의 기계론적 우주관, 데카르트의 기계론적 자연철학, 갈릴레이의 천문학 및 동력학, 뉴턴의 *Principle*(1697)

2. 경험론
   - 데이비드 흄

3. 합리론
   - 스피노자 • 라이프니츠

4. 계몽주의
   - 베이컨 • 로크 • 루소

5. 실증주의
   - 화이트헤드의 사변적 철학 • 베르그송의 '직관에 의한 진리(자아, 세계, 생명) 탐구 • 듀이

6. 실존주의
   - 후설 • 하이데거 • 야스퍼스 • 사르트르

7. 독일의 관념론
   - 칸트: 《순수이성 비판》, 《실천이성 비판》, 《판단력 비판》 • 헤겔: 변증법적 과정

동양철학

1. 유학(儒學)

2. 훈고학(訓詁學)

3. 주자학(朱子學, 성리학)의 도덕적 규범론: 인의예지신(仁義禮智信)

4. 양명학(陽明學)의 심즉리(心卽理) 윤리론

5. 고증학(考證學)의 경세치용(經世致用), 민생론(民生論)

6. 실학(實學)
   - 반계 유형원(柳馨遠)의 양민론(良民論) • 성호 이익(李瀷)의 민본주의(民本主義)
   - 다산 정약용(丁若鏞)의 위민(爲民), 애민(愛民)

7. 실용주의(實用主義)
   - 덩샤오핑의 '흑묘백묘'(黑猫白猫) 및 '선부론'(先富論)(1978. 12)
   - 시진핑의 '공부론'(共富論)(2011. 9)

8. 공리주의
   - 제러미 벤담: 《효용원리》, '최대다수 최대행복'
   - 존 스튜어트 밀: 《공리주의》(*Utilitarianism*, 1861)

9 실용주의
   - 퍼스, 제임스, 듀이: 도구주의: '정신은 환경에 적응하기 위한 도구'

자료: 임양택(2008).

[그림 Ⅳ-6] 조선 후기의 실학사상

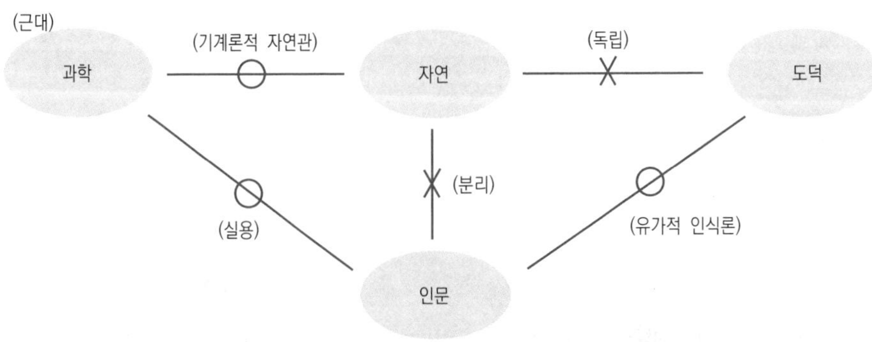

자료: 임양택(2008).

(1) 서양의 철학과 미국의 실용주의

중세 봉건사회로부터 근세 시민사회로 넘어가는 과정에서 시민혁명이 일어났고 그 가운데 가장 중요한 것이 1789년 프랑스혁명이었다. 프랑스혁명을 이념적으로 지탱해 주었던 철학이 프랑스의 계몽주의 철학이었다. 이 철학의 핵심은 유물론이었다.

여기서 유의할 것은 서양은 객관적인 경험 및 실험적 추론으로써 획득한 과학적 지식과 정보를 인간 생활의 효용(*utility*)을 위하여 적극적으로 활용하였다는 점이다. 그 결과, 근대과학은 서양인의 삶의 질을 혁명적으로 고양시킬 수 있었다. 예를 들어, 서양의 실용주의는 중국이 발명한 인류의 3대 발명품인 인쇄술·화약·나침반을 전수받아 유럽사회의 현실 속에서 꽃을 피웠다.[27]

인쇄술은 학문을 널리 전파하였으며, 교회 상류층의 지식 독점을 줄였고, 그리스와 로마의 문학·철학을 복원했다. 중국에서 발명되었던 서기 270년경의 나침반은 유럽의 15세기 대항해 시대를 열어주는 열쇠가 되었다.[28] 미(美)대륙으로부터 담배와 매독 같은 해로운 것도 수입되었지만 고구마, 옥수수의 반입은 식량문제를 해결하는 데 많은 도움을 주었다.

서기 950년경의 화약과 1200년경의 화포는 유럽에서 화포→장궁→대포→소총의 시대를 거치면서 중세 봉건제도를 무너뜨리고 중앙집권적 국왕의 시대를 열어주었다. 그 이후, 유황·목탄·초석을 혼합하여 만드는 흑색화약 제조법을 중국에서 배운 유럽인은 14세기부터 공성포, 철포 등을 제조하여 무서운 무력을 보유하였다. 이로써, 서양은 동방의 제국들을 무력으로서 굴복시킬 수 있는 힘을 가졌다. 이 결과, 서구문명의 상대적 우월시대가 전개되었다.

① 근대 서양의 자연철학

역사적 기원을 찾아 거슬러 올라가면, 서양이 과학에 눈을 뜨기 시작한 것은 16세기와 17세기 근대과학의 시대가 개막된 이후이다. 르네 데카르트의 '기계

---

27 1221년 칭기즈칸의 서역원정을 통하여, 인쇄술·화약·나침반은 유럽으로 전수되었다.

28 1488년 디아즈가 희망봉을 발견한 10년 후, 바스코 다 가마는 인도까지 왔고, 1492년 콜럼버스는 미(美)대륙 중부의 도미니카 섬에 상륙했다.

론적 자연관'은 자연을 신(神) 혹은 종교와 도덕으로부터 분리시켜 인간으로 하여금 자연이나 사물 혹은 지식을 직접적으로 탐구할 수 있도록 만들었다.

근대과학[29]은 자연을 신(神)과 종교로부터 분리시켜 자연을 수학적이고 필연적인 인과법칙으로 설명하는 '기계론적 자연관', 즉 '순수인식론'(도덕적 실천과 무관하게 지식 자체의 문제만을 다루고자 하는 사유 패러다임)을 분만시켰다.

근대과학은 크게 3가지, 즉 ① 자연철학, ② 경험론, ③ 동력학으로 구성되었다. 이를 구체적으로 살펴보면, 플라톤 및 피타고라스의 '자연철학',[30] 아리스토텔레스의 '경험주의'와 '실험철학', 코페르니쿠스의 '태양중심설', 케플러의 '천체물리학', 갈릴레이의 '지상역학', 즉 운동법칙, 데카르트의 '기계론적 자연관', 라이프니츠의 수학, 뉴턴의 '만유인력법칙'의 '동력학'에 의하여 뒷받침되었다.

플라톤과 피타고라스로 대변되는 '수학적 인과법칙', 아리스토텔레스로 대변되는 '경험주의와 실험철학', 원자론자들로 대변되는 '기계론적 자연철학'은 고대와 중세를 통해 각각 따로 전래되어 오다가 상기의 사유 패러다임들이 종합됨으로써 17세기 과학기술혁명이 태동하였다. 특히 뉴턴은 그동안 분리되었던 천체 물리학과 지상역학(동력학)을 하나의 '자연철학'으로 통일시켰다.

'기계론적 자연관'에 바탕을 둔 '순수인식론'(도덕적 실천과 무관하게 지식 자체의 문제를 다루고자 하는 사유 패러다임)은 근대 자연과학 철학을 분만하였다. 이 철학은 르네상스→계몽주의→실증주의·실존주의→공리주의→실용주의)의 과정을 겪으면서 진화·발전되어 왔다.[31]

---

29 근대과학은 크게 근대 두 가지, 즉 ① 천문학과 ② 근대 의학으로 구성된다. 우선, 근대 천문학은 코페르니쿠스(Copernicus)의 《천구의 회전에 대하여》가 출판되어 지동설(地動說)에 기초를 둔다. 다음으로, 근대 의학은 베살리우스(Vesalius)의 《인체의 구조에 대하여》에 기초를 두고 하비에 의해 얻어진 피의 순환이론을 통해 자리 잡힌 생리학에 의하여 더욱 발전되었다.

30 플라톤 및 피타고라스의 '자연철학'은 우주가 수학적 질서의 원리에 따라 이루어졌다고 믿고 자연을 기하학적으로 관찰하는 철학사조이다.

31 강대석(1991); 박영식(2000); 옥정무 외(1986); Gay, P. (1996).

가. 데카르트의 기계론적 자연관

데카르트는 자연철학의 형성에 집중하여 모든 운동의 변화는 하나의 물질 입자와 다른 입자의 충돌(직접적 접촉)에 의해서 발생한다고 주장하고 신비적이라고 간주될 수 있는 운동의 변화를 모두 의식적으로 배제하였다.

데카르트의 '기계론적 자연관', 즉 '순수인식론'은 자연을 거대한 기계로 간주하고 자연현상의 메커니즘을 설명하는 사상체계이다. 즉, 자연은 수학적이고 필연적인 인과법칙에 따라 움직일 뿐, 종교적인 의미를 갖지 않는다는 것이다.

데카르트는 로저 베이컨이 주장하였던 감각과 개연성이 아니라 절대적 확실성 원리를 자연과학의 기초로 삼았다. 데카르트의 형이상학은 다음과 같은 3가지 원리, 즉 ① 회의주의(*skepticism*), ② 수리주의(*mathematicism*), ③ 주관주의(*subjectivism*)로 구성되었다.

① 회의주의: 의심할 여지가 없는지에 대한 시험을 거치지 않은 모든 생각을 배제하기 위해 완벽하고 체계적인 회의 절차를 채택한다.[32]

② 수리주의: 명석판명하지 않고 모순이 없지 않은 어떤 관념도 확실한 것으로 받아들이지 않는다.

③ 주관주의: 모든 인식을 자기의식의 확실성이라는 기반 위에 세우고, 따라서 "나는 생각한다. 그러므로 나는 존재한다"(*Cogito, ergo sum*)가 의심하여 흔들 수 없는 유일한 본유의 관념이 된다.

나. 뉴턴의 자연철학

1687년 뉴턴의 만유인력설이 발표됨으로써, 2천여 년 동안 유럽사회에서 신봉되어 왔던 아리스토텔레스의 '경험주의적 자연관'을 무너뜨렸다. 뉴턴의 '기계

---

32 데카르트는 자아(自我)를 의심할 수 없다는 사실로부터 완전한 신이 존재한다고 연역했다. 그리고 완전한 존재는 틀리거나 속일 수 없다는 사실에서 신이 인간의 마음속에 불어넣은 물질세계에 대한 관념들도 틀림없이 '참'이라고 추론했다. 이와 같이 자연세계에 관해 확실한 인식을 얻을 수 있다는 점은 신의 완전성과 신의 선물인 명석판명한 관념을 보증할 수 있다는 것이다.

론적 자연관'은 서양세계에 과학적 사고의 골격을 제공하였으며 18세기 계몽사상에 크게 영향을 끼쳤다.

뉴턴은 물리학의 목적은 운동의 현상을 정량적으로 정확히 기술하는 것이라고 주장하였다. 그는 갈릴레이로 대표되는 '동력학'(지상의 역학)과 데카르트로 대표되는 '기계론적 자연철학'을 결합하여 17세기 과학기술혁명(의 차원으로 끌어올렸다.

② 미국의 실용주의

가. 개념 및 배경

영문사전을 보면, '실용'(實用)은 '실제적 사용'(*practical use*) 혹은 '효용'(*utility*)으로, '실용적'(*practical*)은 '유용한'(*useful*)으로, 실용주의(*pragmatism*)은 '행동'과 '사건' 등을 뜻하는 그리스어(語) 'πραγμα'(*pragma*)를 따서 '프래그머티즘'(*pragmatism*)으로, 실용주의의 학문인 '실학'(實學)은 '실천과학'(*practical science*)으로, 이를 신봉하는 학파인 실학파는 '현실적'(*realistic*) 혹은 '실증적'(*positive*) 학파로 각각 표기되어 있다.

실용주의(*pragmatism*)는 진리(眞理)와 실리(實利)를 등가적(等價的)으로 보려고 하는 철학사상이다. 이 철학의 어원(語原)은 그리스어 praxis(실천, 행위, 행동)이듯이, 관념이나 지식의 본질 기능을 구체적인 생활사실과 직접적으로 관련지어 이론과 실천을 불가분의 관계로 강조하여 인간의 인식작용을 실제적 활동으로 환원함으로써 인식의 가치가 그 실체적 효과에 의해서 결정된다는 것이다.

실용주의가 대두될 수밖에 없었던 시대적 상황은 다음과 같다. 산업혁명은 인류의 삶의 질을 높였지만 이와 동시에 사회분열을 야기시켰다. 예로서 1848년 파리·독일·빈에서 일어난 혁명은 계급의 분화를 상징했으며 유럽인의 의식 속에 '부르주아'와 '프롤레타리아'라는 개념을 심었다.

제1·2차 산업혁명의 부작용으로 사회주의가 창궐하자 이에 대응하여 제레미 벤담의 '최대행복의 원리'와 '양적 쾌락주의', 존 스튜어트 밀의 '질적 쾌락주의' 및 공리주의, 즉 '최대다수의 최대행복'을 표방하는 사회윤리학이 등장하

였다.[33]

특히 존 스튜어트 밀의 공리주의는 실용주의의 사상적 기초가 되었으며, 그것은 다시 미국에서 꽃을 피웠고, 그 덕분으로 미국은 세계 최대 강국으로서 '팍스 아메리카나' 시대를 열었다.

나. 미국 실용주의의 발전과정

미국에서는 관념론에 대한 강력한 반발이 일어나 찰스 퍼스와 윌리엄 제임스의 주도로 실증주의 운동이 시작되었다. 퍼스는 철저한 논리학자였으며, 모든 연구의 기능은 의심을 뿌리 뽑는 것이고 한 개념의 의미는 그것이 지닌다고 말할 수 있는 실천적 귀결이라고 생각했다. 제임스는《믿으려는 의지》와 그 밖의 저서에서 퍼스의 '실용주의적 의미론'을 '실용주의적 진리론'으로 변형했다.

다. 듀이의 도구주의

존 듀이는 관념론적인 접근을 비판하고, 전통적인 철학 세계를 부정하고, 궁극적인 실체를 인정하지 않는다. 하나의 목적은 달성된 후에 또 다른 목적을 찾아서 추구하는 과정을 거친다. 결국 진리란 상황적인 적합성(또는 적절성)에 의하여 증명된다고 주장한다. 그 적합성은 그 시대의 대다수의 사람에게 최대로 옳다고 생각되는 것이 진리이다. 그러므로 '실용성'이란 단어보다도 '적합성' 또는 '적절성'이란 단어가 실용주의의 진리를 더 잘 설명하여 준다. 존 듀이는 관념의 의미는 그것이 초래하는 결과에 있다고 하는 퍼스나 제임스의 주장을 더욱 발전시켜 관념은 명확하지 않은 상황에서 명확한 상황을 결과로서 낳게 하기 위한 실험적인 가설(假說)이라고 생각하였다. 따라서 관념은 상황을 바꾸기 위한 도구로 취급되었다.

---

33 존 스튜어트 밀의 공리주의(功利主義)는 제레미 벤담이 설명했던 '최대행복의 원리'를 명백하게 받아들이되 벤담의 '양적 쾌락주의'에 대응하여 '질적 쾌락주의'를 주장하였다. 밀에 의하면, 벤담의 유물론적 기계론은 인간의 감정인 쾌락과 고통을 단순히 양적 대소(大小)로 환산하여 행복의 가치를 측정함으로써 인간의 존엄성과 개인의 자율성을 도외시한 과오를 저질렀다고 비판한다. 따라서 밀은 공리주의에 결여된 도덕성을 부여함으로써 이 철학을 더욱 발전시켰다.

존 듀이는 자신의 이론을 실험적 과학에 적용되는 방법으로 이해했고, 어떤 진술이 '참'이라는 판정을 받으려면 경험적으로나 실험적으로 확증되었을 때라고 하였다. 또한 그는 사회적 문제에 관해서 도구주의는 열광주의나 신비주의에 대항해서 싸울 수 있는 훌륭한 무기라고 보았다.

존 듀이의 사상과 함께, 20세기 전반의 또 다른 사변 철학자로 앙리 베르그송과 알프레드 화이트헤드를 들 수 있다. 베르그송과 듀이는 다윈주의의 영향을 받았다. 존 듀이와 마찬가지로 상기의 두 사람 모두 정신은 인간이 환경에 적응하는 도구로서 진화되었고, 따라서 인간의 정신기능은 주로 행동의 공리적 요인이라고 주장했다.

베르그송과 화이트헤드는 제각기 현실은 강처럼 흐르는 것이며 궁극적 실재(實在)는 유동·역동적이라고 주장했다. 철학관으로 볼 때, 베르그송[34]은 직관적이었고, 화이트헤드[35]는 사변적이었으며, 듀이는 실용주의적이었다.

미국의 실용주의는 신실용주의와 다르다. 전자는 절차와 과정보다는 결과적인 '성과 중심주의'를 추구하였다.[36] 그러나 후자는 이러한 미국 실용주의의 논리적 한계를 '인본주의'로 고양시킨 것이다.

(2) 고대 동아시아의 철학: 유교

한국, 중국, 일본을 중심으로 하는 동아시아 지역은 역사적으로 중국 문화를 중심으로 하는 공동문화권으로서 한자, 유교, 율령, 중국의 과학기술(음양학, 천문학, 의학)을 포괄하고 있다. 이러한 문화적 요소를 모두 포함하는 문화권

34 앙리 베르그송에 따르면 형이상학의 모든 기본 진리는 철학적 직관에 의해 파악된다. 이러한 직관을 통해 사람들은 자신의 깊은 자아를 인식할 뿐만 아니라 세계의 신비한 창조 요인인 생명의 정신도 인식한다는 것이다.

35 알프레드 화이트헤드는 그의 저서 《과학과 근대세계》, 《과정과 실재》, 《관념의 모험》에 따르면 철학이란 1차적으로 형이상학이며 우리 경험의 모든 요소를 해석할 수 있도록 일반 관념들의 정합적·논리적·필연적 체계를 설계하는 시도라고 주장했다. 따라서 그의 철학은 아주 폭넓고 일반적인 이해력을 바탕으로 세계를 조망하려는 시도였다.

36 Menand, Louis(1997); Nye, David E.(1991); Rorty, Richard(1982); Solberg, Winton U.(1983).

이 동아시아 세계에 형성된 것은 7~8세기 수·당 시대부터이며, 그 이후 19세기 청의 세력이 멸망할 때까지 존속되었다.

특히 동북아 지역에 전파된 유교는 종교적 기능으로서가 아니라 치자(治者)의 통치이념으로서, 선비의 수행철학으로서, 또는 일반 백성의 생활규범으로서 군주와 일반 백성의 일상생활에 적극적으로 개입하는 현실적 문화체계였다. 그 결과, 동북아 전통사회의 정치, 사회 및 경제질서는 주로 유가사상(儒家思想)에 의해 영향을 받았다.

① 유가의 경제사상

유교의 기본사상은 공자의 인(仁) 사상이다. 여기에 맹자의 의(義), 순자(荀子)의 예(禮)가 추가되면서 고전적 유교가 발전했다. '인'은 남을 사랑하고 덕(德)을 행하는 것을 의미하며, 효(孝)와 제(悌)는 가족주의를 형성했으며, 충(忠)을 통해 국가와 사회공동체의 결속을 도모했다.

또한 유가(儒家)에서는 '인'의 또 다른 실천 규범으로 수기안인(修己安人)[37]과 극기복례(克己復禮)[38]를 강조한다. 이러한 인의 실천규범을 통해 욕망의 절제를 가르쳐 왔고, 《중용》(中庸)에서는 성경(誠敬)사상을 통해 도덕과 근면 그리고 면학의 길을 제시했다.

이러한 유가사상의 공통적 특징은 자신이 욕망을 극복하고 남을 먼저 위하는 도덕적 사고를 강조한다는 점이다. 이러한 이타적 사상을 통해 개인이익보다는 사회전체의 안정을 우선시하는 공동체 사상이 형성되어 왔다. 개인의 경제행위와 관련하여, 개인적인 이(利)를 보면 사회적 의로움(義)을 우선적으로 생각하라는 견리사의(見利思義)[39] 정신을 강조했다. 이러한 윤리정신이 동아시아 국가들이 공동체 사상에 입각하여 경제적으로 발전해 올 수 있었던 경제윤리의 근저를 형성했다. 이러한 모든 사상이 배움과 수양을 통해 달성될 수 있다고 하여, 유가는 교육과 지식을 중요시하였다.

37 《논어》, "안연"(顔淵) 편.
38 《논어》, "안연"(顔淵) 편.
39 《논어》, "안연"(顔淵) 편.

주자학 이후의 신(新)유교와 달리, 고전적 유가에서는 배움과 수양을 통한 도덕실천의 전제조건으로 민생의 안정을 주장하였다. 공자와 맹자는 식생(植生)이 안정되어야 도덕수행이 가능하다고 주장하여 식(食), 생재(生財), 항산(恒産), 균등분배를 보장하는데 치세(治世)의 목적을 삼도록 하였다.

《논어》 및 《맹자》의 경제관을 중심으로 볼 때 유가의 경제사상은 크게 3가지, 즉 ① 도덕정치의 이념 속에서 내재된 윤리적 경제관, ② 백성 중심의 민본주의 경제관, ③ 타인과 더불어 살아가는 공생(共生)주의 경제관으로 설명할 수 있다.

가. 윤리적 경제철학: 견리사의, 절지이예, 덕치주의

경세제민(經世濟民)의 치세철학으로 표현되는 유가의 경제사상은 인(仁)에 기초를 둔 도덕정치의 실현에 그 목적이 있다. 경제활동과 관련된 정책사상에서도 도덕적 요소인 '덕'을 근본으로 삼고 경제적 요소인 재(財)를 부수적 요소(德本材末)[40]로 간주하고 있다.

그러나 이러한 덕치사상은 덕(德)과 재(財) 사이의 역할을 구분할 뿐, 덕(德)만 중시하고 재(財)는 무시할 수 있다는 뜻은 아니다. 공자나 맹자의 삶을 위한 경제적 조건은 덕치(德治)의 선결조건으로 중시된다. 공자는 덕(德)을 베풀어 백성을 모이게 하되 모이게 한 다음, 그들의 생활이 안정되도록 하고(즉, 恒産이 우선), 그 후 그들을 가르쳐야 한다고 하였다(교육중시).[41]

유가에서 강조하는 윤리(禮)와 교육(學)조차도 경제적 조건(食)이 이루어진 다음의 일임을 일깨우고 있다. 맹자도 일반 백성은 생업(恒産)이 없으면 도덕적 평상심(恒心)도 없어진다고 하여 경제적 삶을 우선시하고 있다.[42] 다만 유

---

40 《대학》 10장 9절, "… 德者本也 財者末也 …"(덕이 근본이고 재물은 그 결과물이다).

41 《논어》 "자로"(子路) 편.

42 《맹자》 "등문공상"(滕文公上) 제3장, "民之爲道也 有恒産者 有恒心, 無恒産者 無恒心, 苟無恒心, 放辟邪侈, 無不爲已"〔… 항산(恒産)을 가진 자는 항심(恒心)을 가질 수 있으나, 항산(恒産)이 없는 자는 항심(恒心)도 유지할 수 없다. 만약 항심(恒心)이 없으면 방벽사치하지 않을 수 없으니 …〕, "及陷乎罪, 然後從而形之, 是罔民也, 罔民而可爲也 …"〔항산(恒産)을 보장하지 않고 죄를 짓게 한 다음, 형(刑)으로 다스리면 백성에

가에서는 삶을 위한 경제적 행위는 의(義)와 예(禮)에 어긋나지 않게 행할 것을 요구한다. 공자는 부(富)의 추구는 모든 사람이 원하는 당연한 일이지만 다만 의롭게 추구해야 된다고 하여 이(利)를 구하되 의를 헤치지 않을 것을 가르치고 있다. 즉, 경제적 이익(利)을 도모하되 정의롭게(義) 도모하라는 견리사의(見利思義)이다. 이 가르침은 《논어》와 《대학》(大學)의 여러 편에서 기술되고 있다.[43]

순자(荀子)는 부족한 물(物)로 끝없는 욕(欲)을 채우고자 하면 분란이 일어나므로 물과 욕을 조화시킬 수 있게끔 인간의 욕(欲)을 절제해야 하며, 이러한 절제행위를 예(禮)라고 하였다. 절지이예(節之以禮), 즉 "예로써 절제된 생활을 한다"는 것이다. 상기한 유가의 경제사상은 절지이예의 윤리적 경제관으로 설명될 수 있으며, 이것은 다시 덕치주의(德治主義)의 치세철학 속에 용해된 것이다.

전술한 유가의 윤리적 경제관은 군주나 관리가 백성에게 요구하는 경제윤리가 아니라 치자(治者) 스스로 솔선하는 수행 철학이며, 자기의 욕망을 스스로 극복하고 남을 위하는 베풂의 철학이다.

맹자는 "합당한 녹봉은 사양할 바가 아니나 남음이 있으면 스스로 생각해서 가난한 사람에게 나누어 주라"(祿不當辭 有餘 自可推之 以周貧乏)고 하였다.

공자는 "인(仁)을 실천하는 것은 자신에 달린 것이지 다른 사람에게 달린 것이 아니다"(克己復禮爲仁 一日克己復禮 天下歸仁焉 爲仁由己 而由人乎哉?)[44]고 하여 모든 덕행의 시작이 자기 자신에게서 비롯됨을 일깨워주고 있다.

그물 치는 것과 같다…]

43 《논어》, "이인"(里仁) 편, "富與貴 是人之所欲也 不以期道得之不處也 …" 憲問編, "見利思義…"(이를 보거든 의를 생각하라); 《대학》, 10장 20절, "國不以利爲利, 以義爲利也"[나라는 이를 이롭다고 여기지 않고, 의를 이롭다고 여긴다]; 十章 九節, "… 貨悖而入者 亦悖而出"(도리에 어긋나게 들어 온 재물은 역시 도리에 어긋나게 나간다)

44 《논어》, "안연"(顔淵) 편.

나. 민본주의 경제철학: 수기이안백성

고대 중국의 유교에서 민본주의는 통치의 근본을 민(民)에 둔다는 것이다. 우선, 공자의 경제사상은 근본적으로 위민사상(爲民思想)에 입각한 민본주의 통치철학이다. 공자는 자기수양을 통해 백성을 편안하게 하는 수기이안백성(修己以安百姓)[45]을 도덕정치의 출발로 삼았다.

공자는 수기안인(修己安人) 정신을 실현하기 위해 "백성을 다스릴 때에는 윗사람이 먼저 예(禮)와 의(義)와 신(信)을 귀하게 여기고 이를 통해 백성들이 스스로 따르고 진실하게 행동하게끔 해야 한다"고 하여 백성들에게 신의를 주는 정치를 강조하였다.[46] 그리고 백성을 부릴 때에도 권력과 무력이 아니라 "먼저 백성들의 신뢰를 얻은 후에 부릴 것이며[47] 부역이나 노역을 위해 동원해야 할 때도 국민에 대한 믿음과 사랑을 가지고 때를 가려서 동원할 것"을 강조한다.[48]

공자의 위민사상(爲民思想)은 맹자에 이르러 민본주의 정치이념으로 발전하였다. 즉, 단순히 백성을 위하는 차원이 아니라, 백성과 함께 즐기고 생활하는 동민동락(興民同樂), 여민해락(興民偕樂) 차원의 경세철학으로 발전하게 된다.[49]

맹자는 국가의 3대 요소인 백성(民), 사직(社稷), 임금(君) 가운데, "民爲貴 社稷次之, 君爲輕…"〔즉, 백성을 가장 귀하게 여기고 사직(社稷)은 그 다음으로 중요하며 군주(君主)는 오히려 가볍게 여긴다고 하여 '백성 제일의 정치사상'을 표방하고 있다〕[50]라고 하는데 이것은 민(民)이 통치의 근본이며, 따라서 민심

45 《논어》, "헌문"(憲問) 편, 45장, "… 修己以敬 …, … 修己以安百姓 …"

46 《논어》, "자로"(子路) 편, 4장, 子曰 "… 上好禮 則民莫敢不敬 上好義 則民莫敢不服, 則民信 則民莫敢不用情 …"; 《대학》, 10장, "上好仁以愛其下면 則下好義以忠其上 … 府庫之財 無悖出之患也"(위에서 인을 좋아하며 아랫사람을 사랑하면, 아랫사람도 의를 좋아하고 윗사람하고 충성하니 … 국고의 재물이 어긋나게 새나가는 폐단은 없을 것이다)

47 《논어》, "자로"(子路) 편, 10장, 子夏曰 "… 君子信以後勞其民, 未信則以爲厲其也 …"

48 《논어》, "학이"(學而) 편, "… 道千乘之國, 敬事以信, 節用以愛人, 使民以時 …"

49 《맹자》, "양혜왕장구"(梁惠王章句) 상(上), 2장, "… 興民同樂, 興民偕樂 …"

50 《맹자》, "진심장구"(盡心章句) 하(下), 14장.

을 얻음으로써 통치자가 될 수 있다는 것을 의미한다.

여기서 유의할 것은 맹자의 민본주의에 의하면 민(民)은 어디까지나 통치의 객체이지 주체가 아니며, 또한 통치 참여자가 아니라 통치자의 인정 여하에 따라서 귀복(歸服)을 신택할 뿐이다. 민본주의는 민생의 안정 또는 민(民)의 복리에 근거를 두고 있다. 따라서 유교의 민본주의는 서양의 민주주의와 다르다. 본래 민주주의(*democracy*)란 용어는 희랍어의 demos(인민·민중)와 kratia(권력·지배)의 합성어로 데모크라티아(*demokratia*), 즉 '민중의 지배'를 의미하였다. 근대에 들어와 미국의 독립혁명과 프랑스혁명을 거치면서 민중이 권력을 탈취하여 신분제를 타파하는 정치운동, 그리고 이러한 정치운동을 뒷받침하는 사상 내지는 이데올로기의 의미가 '데모크라시'(*democracy*)라는 용어 속에 포함되게 했다. 또한, 근대의 민주주의는 원리적으로는 지역적인 주권국가를 단위로 하여 국민을 정치의 주체로 하는 국민 주권이론과 국민의 참정권을 기조로 하고 있다.

민심을 얻기 위한 방법으로서, 맹자는 통치자가 '인정'(仁政)을 베풀어야 한다고 했다. 인정이란 반드시 토지의 경계를 바로잡는 것으로부터 시작된다고 한다. 따라서 맹자는 정전법(井田法)의 시행을 주장하였다.[51]

정전법은 900묘의 농지를 정자형으로 9등분하여 중잉의 100묘를 공전(公田)으로 하고 나머지 800묘를 100묘씩 사전으로서 8호에 나누어 준다. 8호의 농가는 공동으로 공전을 경작하여 여기에서 나온 수확물을 조세로서 바치고 사전의 수확은 모두 각 호의 것으로 하는 제도이다. 정전법에서 볼 수 있는 바와 같이, 맹자의 인정론(仁政論)은 민생의 경제적 안정에서 출발하고 있다.

백성을 대하는 치자(治者)의 자세에 대해서도 맹자는 "현명한 임금은 공손, 검소해야 하고 아랫사람을 예로서 대하며, 백성에게 세금을 거둘 때에도 일정한 제한을 두어야 한다"[52]고 하여 정치적으로든 혹은 경제적으로든 백성을 귀하게 여기는 자세가 필요함을 역설하고 있다. 맹자는 도덕적 평상심(平常心)

---

51 《맹자》, "등문공"(滕文公) 상(上) 3장, "方里而井, 井九百畝, 其中爲公田, 八家皆私百畝, 同養公田"

52 《맹자》, "등문공"(滕文公) 상(上), "是故 賢君必恭儉禮下 取於民有制"

을 가진 사회건설을 희망했으나 이는 가족의 생존과 부양을 일정하게 유지시켜주는 생업이 보장될 때 가능하며, 그렇지 않으면 백성은 도덕심을 잃고 타락하게 된다는 "무항산 무항심(無恒産 無恒心) 론"을 주장하였다.[53] 이러한 맹자의 사상은 유교사상이 자본주의 경제발전에 장애요인이 되는 것이 아니라 최저생활보장에 의한 경제안정, 교육에 의한 생산성 향상, 당시 소득원천인 토지의 균등분배를 강조한 경제사상이라고 말할 수 있다. 상술하면 다음과 같다.

- 맹자는 "민의 생산·수입이 안정되면, 다음으로 학교를 설립하여 도덕교육을 시행하여야 한다. … 학교는 모두 인륜(人倫)을 가르치는 것이다"라고 논하고 있다. 맹자에게 통치의 궁극적인 목표는 '인륜'을 정치사회에 구현하기 위한 도덕정치였으며, 이를 구현하기 위한 방책으로서 경제정책(민생의 안정)이 필요하다는 것이다.
- 맹자는 민(民)의 양생(養生), 즉 교육의 중요성을 강조하였다. 왕도(王道)란 우선 상사예절과 백성이 살아갈 수 있는 경제적 기반을 마련해 주는 것에서 출발하며, 그 이후에 교육을 시켜 예(禮)를 알게 해야 한다는 것이다.[54]
- 맹자는 "위로 부모를 봉양하고 아래로 처자식을 부양할 수 있는 것이 양생의 기본인데 흉년에 죽음에서 벗어나지 못하면 예의가 무슨 소용이겠는가?"하여 경제안정을 제일 중시하였다.[55] 또한 "곡식이 물과 불처럼 흔하면 백성 중에서 불인(不仁)한 자가 어디 있겠는가?"하여 경제적 안정이 인(仁)을 실천하는 전제조건임을 강조하고 있다.[56]

---

53 《맹자》, "양혜왕장구"(梁惠王章句) 상(上) 7장, "… 若民則 無恒産 因無恒心 苟無恒心 放僻邪侈 無不爲已 …"〔"등문공"(滕文公) 상(上) 3장 참조〕

54 《맹자》, "양혜왕장구"(梁惠王章句) 상(上), 3장, "… 養生喪死 無感 王道之始也 …"

55 《맹자》, "양혜왕장구"(梁惠王章句) 상(上) 7장, "… 明君 制民之産 必使仰足以事父母 俯民以畜妻子 樂歲飽食 凶年免於死亡 …"

56 《맹자》, "진심장구"(盡心章句) 상(上), "… 菽粟如水火 而民焉有不仁者乎"

다. 공생주의 경체철학: 정전제(토지 균등배분)

유가의 정치이념은 개인의 안녕보다 사회공동체의 안녕과 발전을 우선적으로 도모하는 집단주의 및 공생주의에 목적을 두고 있다. 이를 위해 부유층과 지배계층이 우선 절검을 실천하며 가난한 계층을 지원하고 국가적으로는 분배제도를 균등함으로써 모든 백성이 더불어 잘살 수 있도록 하자는 것이다.

《논어》의 "학이편"에는 절약하여 쓰고 남는 것은 남을 위해 베푸는 공생(共生)의 미덕으로서 '절용이애인'(節用以愛人)을 기술한다. 그 외에도 《논어》에 나타난 인(仁)의 실천방법은 남을 먼저 배려하고 남과 더불어 살아가는 공생의 미덕을 강조하는 것이다.

유가사상은 이타심에 기초하는 반면에 서구 자본주의 사상은 이기심에 기초하고 있다. 여기서 유의할 것은 유가의 공생주의(共生主義)는 모든 경제체제가 지향하는 공동의 선(善)인 사회후생의 극대화란 측면에 보면 매우 유효한 사상이라는 점이다. 사실, 유가의 토지의 균등분배사상은 공자와 맹자뿐만 아니라 조선의 실학파에 이르기까지 유가의 전(全) 세대에 걸쳐 강조해 온 사상이다.

유가의 토지 균등분배 사상은 《논어》에 잘 기술되고 있다. 즉, "… 국가를 다스리는 사람은 적은 것을 걱정하지 말고 분배가 고르지 못한 것을 걱정하며, 가난한 것을 걱정하지 말고 평안하지 못한 것을 걱정하라. 대개 분배가 균등하면 가난이 없고 서로 화합하면 적은 것이 문제되지 않는다"[57]고 하여 균등분배가 나라를 다스리고 평안을 유지하는 데 요체임을 강조한다.

맹자는 "… 경계(經界)가 바르지 않으면 경전(耕田)이 고르지 않고 경전이 고르지 못하면 곡록(穀祿)이 고르지 못하므로 정치는 반드시 경계를 정하는 것부터 시작해야 한다"[58]고 하여 균등분배가 치세(治世)의 근본임을 말한다. 맹자는 균등분배를 위한 제도로서 경자유전(耕者有田) 원칙에 입각한 정전제를

57 《논어》, "이씨"(李氏) 편, "… 有國 有家者 不患寡 而患不均 不患貧而患不安 蓋均無貧, 和無寡 安無傾"

58 《맹자》, "등문공"(滕文公) 상(上), "… 夫仁正 必自經界始 經界不正 井地不均 穀祿不平 …"

주장했다. 이것은 생산물(소득)의 균등분배가 아니라 생산수단(토지)의 균등분배라는 점에서 유의할 필요가 있다. 이러한 맹자의 토지 균등분배 사상은 "무항산 무항심"론과 함께 민본주의의 실천을 나타내는 경제사상이라고 말할 수 있다.

② 유가사상의 현대적 해석

공자와 맹자 중심의 유가사상은 일반 백성의 평안을 왕도정치의 기본 목표로 삼는 민본주의 경제사상이다. 이 유가사상이 현대 자본주의 경제체제에 주는 시사점을 도출해 보고자 한다.

유가사상은 군주의 수기안인(修己安人) 사상을 통해 국민의 경제적 삶을 보장하자는 사상이다. 이를 위해 군주는 스스로 근검절약을 실천하고 백성들의 경제안정, 즉 민생안정을 위해 적절한 정책을 수행해야 한다. 군주는 백성을 부릴 때에도 백성들의 입장과 때를 맞추어 부리며, 부역과 세금은 적을수록 좋다는 유가사상의 현대적 의미는 국가와 시장 간의 기능적 조화를 요구하는 사상으로 해석할 수 있다. 다만 시장에 대한 정부의 개입은 윤리적이고 국민을 위한 민본주의 목적에 충실해야 한다는 것이다.

위정자의 수기안인(修己安人) 사상과 근검절약을 통해 백성의 굶주림을 해결하고자 하는 유가의 대동사상(大同思想)에서, 그리고 절대적 빈곤보다 불평등 분배를 불안의 원인으로 파악하고자 한 유가의 정책사상은 경제 민주화를 필요로 하는 현대사회에 많은 시사점을 줄 수 있다.

고전적 유교에서 추구하는 위민사상의 궁극적 이상은 정치적으로든 경제적으로든 실질적인 평등주의를 추구하는 것이다. 맹자는 "모든 사람이 요순이 될 수 있고, 거리의 모든 사람이 성인이다"[59]는 평등의식을 표방함으로써 신분과 계층에 의한 사람의 차별을 경계하고자 하였다. 여기에 다시 생산수단인 토지의 균등분배와 지배계층의 근검절약을 통한 일반 백성의 구제를 정책이념으로 제시함으로써 정치적 민주주의와 경제적 민주주의를 함께 추구하고자 하였다.

59 《맹자》, "고자"(告子) 하(下), "人皆可以堯舜, 滿街皆是聖人"

법치(法治)보다 덕치(德治)에 더 치중하고 법치를 하더라도 덕(德)과 예(禮)의 기초 위에서 행해진다면 사회안정을 도모할 수 있다. 왜냐하면 도덕이 바로 서면 법질서 유지를 위한 사회적 비용이 줄어들고 공공조직이 효율성은 높아지기 때문이다.

다음으로, 유가사상은 비록 그 형태나 강도 면에서는 차이가 있을지라도 동아시아 국가(특히 한·중·일 동북아 국가)들에게 공통으로 영향을 미쳐 온 지역적 전통의 사상체계이다. 특히, 서구의 개인주의에 대비되는 가족중심의 공동체 사상, 서구의 법치주의에 대비되는 덕치주의, 서구의 물질주의에 대비되는 인간 중심의 인(仁)사상은 동아시아 지역의 공유된 전통문화이다. 유교문화적 가치체계는 지역공동체의 결성 요인으로 강조하는 지역정체성으로서 간주될 수 있을 것이다. 또한 유가사상은 천인합일(天人合一)의 자연주의 사상이고 인본주의 사상이다.[60] 인간에 의한 자연의 정복이 아니라 자연과의 조화를 통해 인간의 삶을 추구하는 사상이다.

현대적 시각에서 보면, 이윤창출만 있고 인간이 배제된 시장제도가 아니라 사람이 중심이 되고 시장이 사람에 의해 조절되는 인간중심의 경제흐름을 만들자는 것이 유가사상의 교훈이다. 과소비를 통한 욕망의 분출이 아니라 욕망억제를 통해 생산과 소비가 자연의 순환에 조응하도록 가르친다. 시배계층의 절제를 통해 백성을 구제하는 공존의 철학을 실천하고자 하며 균등분배를 치세철학으로 삼고 있다. 따라서 유가사상은 승자독식의 경쟁원리를 약자와 공생하는 공존의 질서로 유도하는 경제사상이라고 말할 수 있다.

---

60 공자는 세상만사의 배후에는 그것을 주재하는 '절대적 존재'가 있는바 이것은 천(天)이라 하였다. 공자는 세수 50에 그 천명(天命)을 알았다고 했으며(知天命), 인간의 사명을 다한 다음에는 천명을 기다리라고 했다(盡人事待天命). 또한 공자는 배움과 치세(治世)의 출발을 수기(修己)에 두었으나 그 목적은 사람을 위하는 것(安人, 愛人)이라고 했다. 이러한 의미에서 공자의 사상은 천인합일(天人合一) 사상이고 인본주의(人本主義) 사상이라 할 수 있다.

(3) 덩샤오핑의 실리주의

덩샤오핑은 16살 때인 1920년에 프랑스 파리로 떠나 그곳에서 왕뤄페이(王若飛), 자오스옌(趙世炎), 천옌녠(陳延年)이 창립한 중국사회주의 청년단에 가입하여 공산주의 운동을 하였고, 이곳에서 저우언라이(周恩來)와 인연을 맺었다.

마오쩌둥(毛澤東)은 제 2차 5개년 계획이 시작되는 1958년부터 공업의 비약적 성장을 추진하는 삼면홍기(三面紅旗) 운동, 즉 ① 대약진운동, ② 경제적인 사회주의 건설을 위한 총노선, ③ 농촌의 '인민공사화'라는 급진적인 사회주의 개혁을 추진하였다. 그러나 이 운동은 농민들의 절대적인 반대에 부딪혔다. 따라서 농업생산성은 급격히 저하되고 중국은 심각한 식량난에 빠져들었다.

1961년 1월에 열린 당 8기 중앙위원회 8차 전체회의에서 마오쩌둥은 권좌에서 물러났고 2인자였던 류사오치(劉少奇)와 덩샤오핑이 권력의 주도권을 장악하였다. 한편, 마오쩌둥은 류사오치와 덩샤오핑의 당권파가 추진하는 '조정정책'은 봉건주의의 복고, 자본주의의 부활, 제국주의의 침탈, 수정주의의 재생을 의미한다고 간주하였다. 그러나 화궈펑(華國鋒)의 '범시론'(凡是論)은 덩샤오핑의 실사구시(實事求是) 노선에 패배하고 말았다. 결국, 파란만장의 혁명기를 보냈던 덩샤오핑은 중국 공산당의 치열한 권력투쟁에서 세 번이나 숙청당하였으나 결국 최후의 승리를 거머쥐었다.[61]

중국 제 11기 중앙위원회 3차 전체회의(1978. 12. 18~22)에서 덩샤오핑의 실리주의가 채택되었다. 이로써, 그의 '사상해방'과 '실사구시'는 지난 10년간(1968~1978) 문화혁명을 종식시키고 중국 인민을 이념의 질곡으로부터 해방시켰다. 나아가 그의 개혁·개방은 중국의 고도성장을 구가하였고 경제대국의 기틀을 마련하였으며, 2001년 WTO에 가입함으로써 명실공히 세계무대에 강대국으로서 지위를 확고히 하였다.

---

61 그러나 덩샤오핑 자신의 평생 숙원이라고 말하였던 두 가지 중 '개혁·개방'은 이루었지만 '홍콩 반환'은 끝내 보지 못하였다. 그는 홍콩이 반환되는 1997년 7월 1일을 불과 5개월여 앞둔 1997년 2월 19일에 93살의 나이로 세상을 떠났다. 그의 죽음은 중국 혁명사의 1세대와 2세대가 끝나고 개혁·개방의 물결과 함께 등장한 제 3세대에게 역사의 선택이 넘어가는 것을 의미하였다.

덩샤오핑의 사상[62]은 3가지, 즉 ①'종합국력의 증강', ②'생산력의 발전', ③'인민생활의 향상' 중에서 어느 하나에 유리하다면 자본주의적 요소도 과감히 도입할 수 있다는 중국 고유의 사회주의 건설을 위한 정신적 토대이자 실천강령이었다. 덩샤오핑의 개혁노선은 자본주의·사회주의를 따지지 말고 인민을 잘살게 해주라는 1992년 1월 18~2월 21일 '남순강화'(南巡講話)에서 절정을 이루었다.

덩샤오핑은 정치체제와 경제체제를 분리하였다. 정치체제는 공산주의를 유지하되 경제적인 측면에서는 실용주의 노선을 걸으며 자본주의를 받아들이면서 개인의 이윤을 보장하고 외국기업의 투자를 유치하는 것이었다. 덩샤오핑은 한편으로는 "사회주의 노선, 공산당 지배, 마르크스·레닌주의·마오쩌둥 사상, 무산계급독재"('4항 기본원칙')의 견지를 강조함으로써 정치적 개혁은 "개혁·개방의 효율적 추진과 사회주의 제도의 우월성 발휘"라는 단서를 붙였다.[63]

덩샤오핑의 실리주의는 일단 성공하였다. 그러나 현대 중국은 빈부격차, 부패, 지역불균형, 소수민족, 분리독립국 등의 많은 문제를 안고 있다. 과연 중국의 실리주의가 이러한 문제들까지도 과연 해결할 수 있을 것인지를 현재로서는 알 수 없다. 왜냐하면 덩샤오핑 리더십은 생산력의 발전이 정치적 안정을 가져올 것이라던 그의 예상과는 반대로 생산력의 발전이 오히려 시민운동을 조장하여 정치적인 불안정이 조성된 딜레마에 빠졌기 때문이다. 경제적 논리로 정치적 문제를 극복하려던 덩샤오핑의 중국식 사회주의가 정치개혁과 경제개혁의 불균형으로 말미암아 '1986년 지식인의 민주화 요구 시위'와 '1989년 톈안먼(天安門) 사태'로 좌절을 맞았다.

톈안먼 사태로 그의 정치적 거취가 불안해 보였으나 위기를 수습하고, 중국 정계의 최고 실권자로서 개혁과 개방정책을 추진하던 덩샤오핑은 1997년 2월 19일 사망했다. 아직까지 중국은 발전에 따른 빈부격차, 부패, 지역불균형,

---

62 김하룡(1987); 김영문(1991); 오병국(1993); 김영문·서보근(1994); 김태형(1997).
63 이철승(2001).

소수민족 문제, 분리독립주의 등 많은 문제를 안고 있으나 덩샤오핑의 등장과 함께 중국은 실용주의 노선을 걷게 된 이후 현재 가장 무서운 속도로 발전하는 나라인 것만은 사실이다.

향후, 중국 인민의 민주화 욕구가 분출되어 중국 정치체제의 개혁이 추진되는 경우, 덩샤오핑의 실리주의는 저자의 신실용주의로 변환되지 않을 수 없을 것이라고 전망한다.

(4) 조선 후기의 실학사상

실학사상(實學思想)은 조선 후기, 즉 임진왜란을 전후로 싹이 터 영·정조 시대에 전성을 이루었던 학술사상을 말한다. 고려 말에서 조선 초에 수입되어 조선건국의 지도이념으로 채택되어 그동안의 학술사상을 지배하여 오던 성리학(性理學)은 철학적이며 논리적인 학문으로 흐른 데 반하여 실학사상은 실증적이고 경험적인 측면을 중시하며 당면한 현실을 구체적으로 개선하고 실제적인 생활에 도움을 주는 이용후생(利用厚生)의 색체가 두드러지게 나타난 학문이다. 이는 또 중국을 통하여 유입된 서학(西學)과 청조의 고증학(考證學)의 영향을 받아 실사구시(實事求是)의 학풍으로 확대되어 갔다.

다시 말하면 성리학은 이기(理氣)나 성정(性情) 등을 주제로 유학사상을 철학적으로 전개시킨 이론적 유학의 성격인 반면에 실학은 현실의 입장에서 실리(實理)를 가져올 수 있는 경세치용지학(經世致用之學)을 위주로 하여 서양의 과학과 조선의 역사·지리·언어학까지도 연구한 실사구시지학(實事求是之學)인 것이다.

조선 후기(18~19세기)의 실학자들은 임진왜란 및 병자호란을 겪으면서 사회적 모순들이 노정됨에 따라 성리학의 한계성을 깨달았다. 실학파는 정신문화와 물질문화를 균형 있게 발전시켜 부국강병과 민생안정을 달성함으로써, 대내적으로 분열된 사회를 다시 통합하고, 대외적으로 급변하는 국제 정세에 대처할 수 있도록 국가 역량을 강화하자고 주장하였다.

조선 후기 실학사상을 주장한 선현들은 조선의 방이지(方以智, 1611~1671), 왕부지(王夫之, 1619~1692), 박세당(朴世堂, 1629~1703), 안원(安元,

1635~1704), 이익,[64] 홍대용(洪大容, 1731~1783),[65] 박지원(朴趾源, 1737~1805),[66] 박제가(朴齊家, 1750~1805),[67] 김정희(金正喜, 1786~1856), 정약용(丁若鏞, 1762~1836),[68] 최한기(崔漢綺, 1803~1877) 등이다.[69]

18세기 후반 홍대용, 박지원, 박제가 등 북학파 학자들에 의해서 제기된 북학론(北學論)은 문호개방론〔청(淸)의 문물, 즉 서양의 문물을 배우자는 주장〕이었다.[70] 이어서, 북학론은 이규경(李圭景, 1788~?)이나 최한기의 문호개방론을 수정하여 개화파의 개화사상(중국 중심의 세계관인 중화주의 타파와 서양의

---

64 이익은 이기심성론(理氣心性論)에 관한 글을 적지 않게 남기긴 했지만, 사단칠정론(四端七情論)이 원래 긴요하게 필요한 것이 아니며 이(理)에 통달해 보았자 현실적으로 별 쓸모가 없다는 비판적 태도를 보였다. 이익은 농가에서 토지를 지급하고 이것을 매매하지 못하게 하자는 한정론(限田論)을 주장하였다.

65 홍대용 역시 지금 세상(現世)에 살면서 옛날의 도(道)로 돌아갈 수 없는데, 그 이유는 옛날의 도(道)를 갈고 닦아도 몸과 마음, 집안과 나라에 아무런 관계가 없기 때문이라고 하였다. 홍대용은 기술을 중시하였으며 신분철폐와 지구 자전설을 주장하였다.

66 박지원은 수레와 배를 이용한 상품 유통을 상소하였고, 《양반전》(兩班傳)을 통해 양반사회를 비판하였다.

67 박제가는 《북학의》(北學議)를 저술하고 청(淸)과의 통상을 강화할 것과 소비 권장을 주장하였다.

68 정약용은 성리학(性理學)의 이기론(理氣論)이 이렇게 될 수도 있고 저렇게 될 수도 있는 것이어서 평생 동안 다투어도 결론이 나지 않는 문제이며, 따라서 그다지 중요한 것이 아니라는 견해를 보였다. 정약용은 농지의 공동 소유와 공동 경작 및 수확물의 공동분배(閭田論 및 井田論)를 주장하였다. 그의 《목민심서》(牧民心書)에서 농업을 중시하고 토지제도를 개혁해야 한다고 주장하였다.

69 조선 후기 실학자들이 저술한 실용주의 관련 저서를 예를 들면 다음과 같다. 유형원(柳馨遠)의 《반계수록》(磻溪隨錄), 이익의 《성호사설》(星湖僿說), 정약용의 《목민심서》(牧民心書), 《경세유표》(經世遺表), 《흠흠신서》(欽欽新書), 《마과회통》(麻科會通), 안정복(安鼎福)의 《동사강목》(東史綱目), 유득공(柳得恭)의 《발해고》(渤海考), 박세당의 《색경》(穡經), 서유구(徐有榘)의 《임원경제십륙지》(林園經濟十六志), 신경준(申景濬)의 《훈민정음운해》(訓民正音韻解), 홍대용의 《담헌서》(湛軒書), 이덕무(李德懋)의 《청장관전서》(靑莊館全書), 박지원의 《연암집》(燕巖集) 등이다.

70 조선 후기 실학자들(이익, 홍대용, 박지원, 박제가, 정약용, 최한기 등)은 군사력과 경제력은 물론이고 문화적 수준에서조차도 청(靑)의 실체를 인정해야 했을 뿐만 아니라 서양의 과학기술 수준에 감탄해야 했으며, 주자학적 지반 위에서 새로운 문화(청 및 서양의 문화)의 충격을 흡수하려고 시도했다.

과학기술의 학습)으로 이어졌다. 이는 곧 주자학의 두 기둥인 심성수양의 공부(心學)와 이에 기초한 의리와 실천(道學)에 대한 심각한 도전이었다.

실학파의 주장을 내용과 시대를 아울러 고려하여 다음과 같이 크게 3가지 학파로 구분할 수 있다.[71]

① 이익을 대종(大宗)으로 하는 경세치용파(經世致用派): 토지제도 및 행정기구 기타 제도상의 개혁에 치중하는 학파
② 박지원을 중심으로 하는 이용후생파(利用厚生派): 상공업의 유통 및 생산 기구 일반 기술면의 혁신을 지표로 하는 학파
③ 김정희를 중심으로 하는 실사구시파(實事求是派): 경서(經書) 및 금석(金石)·전고(典故)의 고증(考證)을 위주로 하는 학파

정조는 규장각(奎章閣)이라는 학문연구소에 실학자들을 많이 등용하였다. 이에 따라 많은 유용한 서적들이 편찬되었으며, 영조 시대의 이익에 이어서 정약용과 같은 위대한 실학자들이 배출되었다. 이익과 정약용은 경제개혁인 균전제(均田制)와 균세(均稅), 여전제(閭田制), 즉 토지 공유와 농자수전(農者受田)을 원칙으로 한 '집단농자제'(集團農者制), 정치개혁(과거제도, 노비제도, 문벌제도 등의 개혁)을 주장하였으나 당시 성리학(즉, 주자학)을 신봉하고 있었던 양반 지배계층의 반대와 탄압으로 무산되었다.

여기서 유의할 것은 조선 후기의 실학파는 자연을 이(理)와 도덕(道德)으로부터 해방시킴으로써 자연학과 도덕학을 분리시켰으나 마음속으로는 유가적 인식론에 사로잡혀 있었다는 점이다. 그러나 신실용주의는 이러한 실학사상의 사변적(思辨的) 패러다임(觀念論, *idealism*)을 실천적 및 실용적 패러다임(唯物論, *materialism*)으로 전환한 것이다.

또한, 조선 후기의 실학사상은 4가지, 즉 ①실용성, ②실증성, ③민족성, ④민중성으로 특정 지어진다. 그러나 신실용주의의 특징은 실학사상의 두 가

71 정약용은 이들 3개 유파의 학문을 집대성하였다.

지 특징(즉, 실용성과 실증성)은 당연히 받아들이되 현대사회의 시대적 상황을 반영하여 실학사상의 '민족성'은 글로벌라이제이션으로, 실학사상의 '민중성'은 '최대다수의 최대행복'으로 각각 대체된다.

우리 민족은 도덕적 차원에서는 유가적 인식론에 사로잡혀 있으면서도 이성적 차원에서 과학기술적 사고와 기예(技藝)가 있었다는 것을 알 수 있다. 그러나 세종대왕 시대(1418~1450)를 제외하면 조선 500년 역사에서 과학기술의 발전은 거의 전무하며 오로지 성리학만 크게 발전하고 있었다.

특히, 선조 시대(1567~1608)와 광해군 시대(1608~1623)에서는 성리학의 신봉자들이었던 사림이 북인(서경덕 · 조식), 서인(이이 · 이익), 남인(이황)으로 분파되어 반목하다가 인조반정(仁祖反正, 1623)을 일으켰으며, 임진왜란과 병자호란을 겪었으며, 특히 병자호란 당시 淸나라 태종으로부터 삼전도(三田渡)의 굴욕(1637)을 당하였다.

① 시대적 배경

실학사상이 일어나게 된 배경은 조선 중기 이후 사화(士禍) 및 당쟁(黨爭)과 임진왜란, 병자호란 등 외적의 침입으로 정치기강이 문란하였고 경제와 사회적 혼란이 야기된 것에 대한 반성으로부터 비롯된 것이다. 또한, 성리학이 유학의 본래 정신과는 다르게 공리공담(空理空談)으로 흘러 절박한 현실에 도움이 되지 못한 데 대한 불만의 표출이었다. 그리고 청조의 고증학과 서학의 수입 등으로 영향이 컸었다.

실학사상은 추상적인 이론보다는 구체적인 현실의 문제에 관심을 가지고 당시의 생활방식과 사회구조를 개혁하고자 하였다. 조선 후기 사상사에서 주자학과 실학의 관계를 살펴보면 다음과 같다. 첫째, 실학 제1기인(18세기 전반까지) 유형원(柳馨遠), 이익, 안정복(安鼎福)에서는 주자학적 문제와 실학적 관심이 모순 없이 추구되었던 시기이다. 둘째, 제2기(18세기 후반)의 홍대용(洪大容), 박지원(朴趾源), 박제가(朴齊家)에 와서는 주자학적 학풍을 비판하고 거부하였다. 셋째, 제3기(19세기 전반)의 정약용, 김정희, 최한기에 이르러서는 주자학의 이론체계를 벗어난 독자적인 철학적 체계를 제시한다.

가. 사회적 배경

조선조 후기사회는 임진왜란과 병자호란 등 거듭된 변방 민족의 침입과 이로 인한 전국토의 황폐화는 정치·사회·경제 등 전반에 걸쳐 급격한 변동이 일어나고 있던 시대였다. 이러한 사회체제의 변동은 대체로 다음과 같이 두 가지의 형태로 나누어 볼 수가 있다.

첫째 대다수의 백성들의 최저생활 유지가 어려워졌다는 것이다. 특히 농민들이 생존 자체에 대한 위협을 부단히 받아야 했다는 사실은 이들이 사회체제에 대하여 무관심하게 하거나 반감을 불러일으킬 소지를 마련해 주었고 이러한 무관심과 반감은 곧 기존 정치 지도층에 대한 저항의식을 높여주었으며 결국 기존 질서에서의 이탈(은둔)이나 또는 변혁(반항)의 계기가 되었다. 1559년의 임꺽정을 중심으로 한 농민 저항운동이 그 대표적인 예이다.

둘째 지도층의 백성들에 대한 지도력이 미약하였다는 것이다. 전후 계속되는 정치적 불안정 속에서 지도층이 이미 실질적으로나 명분상으로나 지도력의 발휘에 한계를 드러내고 있었다. 거기다 국가의 재정은 바닥이 난 채로 백성들에게 뚜렷한 대책을 제시하지 못하고 각종의 혁명 저항세력에 대하여 영향력을 발휘할 수가 없었다. 16세기 말(선조·광해군) 일부 동인(東人) 중에서 성리학을 비판하면서 정신문화와 물질문화의 균형적 발전, 부국강병과 민생 안정을 위한 문화·정치를 혁신하려는 움직임(정여립·정인홍)이 대두하였다. 그러나 그들은 예언 사상을 신봉(도교·비결·《정감록》 등)하였다. 이러한 움직임은 학문적 체계를 세우기도 전에 성리학자들의 반발로 좌절되었다.

새로운 문화운동이 학술·종교·철학·문학·예술 등 모든 문화 분야에서 발생하였는데, 그중에서도 학술 분야에서 나타난 새로운 학풍이 실학이다. 실학(實學)이란 '실사구시'(實事求是)의 약칭으로 사실(*fact*)에 토대를 두고 진리를 탐구한다는 뜻이다. 자유로운 비판 정신을 바탕으로 당시 양반 중심의 사회를 비판하면서 백성들이 잘살고 나라가 튼튼해지는 실용적인 학문을 연구하며, 그 성과를 실생활에 활용하여야 한다는 학문을 말한다. 실학이 조선 후기에 등장하게 된 시대적 배경을 보면 다음과 같다.

① 당시 조선 사회를 이룬 성리학이 백성의 현실 생활과 너무 거리가 멀어 제 구실을 할 수 없다는 비판을 받았다.
② 서양의 과학기술과 문명을 받아들여 백성의 생활을 실질적으로 도울 수 있는 학문을 해야 한다고 주장하는 이들이 많아졌다.
③ 농촌에서는 농업기술의 발달로 부농(富農)이 생기고 가난한 농민들은 농촌을 떠나고, 도시에서는 대상인(大商人)이 등장하여 상공업을 지배하고 부(富)를 축적하고 영세 상인은 몰락하고, 물가가 크게 오르는 등 사회적 모순이 나타났다.

나. 사상적 배경

실학파(實學派)는 기존의 정치 이념인 주자학에 대하여 도전과 조화를 꾀하였다. 그러나 실학사상의 발생 초기에는 그 뿌리를 도학(道學) 속에 두고 있었다. 조선사회의 모든 유학자는 주자학의 철학체계에 훈련되었다. 따라서 실학파의 인물들은 도학을 부정하면서 출발한 것이 아니라 도학의 정통성을 인정하는 바탕에서 도학파(道學派)와는 다른 학문적 관심을 가지거나, 나아가서 도학을 긍정하면서도 도학파의 태도에 현실적 한계가 있음을 자각하는 데에서 실학적 문제의식을 제기하였다.

실학파는 의리 중심의 도학파의 규범적 성격으로부터 벗어나서 현실의 문제에 관심을 고취시켜 제도의 정비를 통하여 이념을 실현시키려는 방법론적 입장을 제시하였던 것이다. 나아가서 성리학의 논리적 형식에 의존하기보다는 경험적이고 실용적인 합리성을 중시하여 점차 실학파의 철학적 기반이 도학파의 성리학적 체계, 즉 이기심성론(理氣心性論)으로부터 이탈되는 과정을 밟았다.

또한, 지식과 행동의 거리에서 오는 주자학의 모순을 극복하려는 양명학의 지행합일론(知行合一論)은 실학파의 실천정신을 고취시켰다. 그리고 청조(淸

祖)의 고증학이 조선 후기 실학파에 영향을 끼쳤다. 고증학의 객관적 내지 실증적 연구 태도는 실학파에서 경전에 대한 성리학적 해석을 벗어난 새로운 이해의 길을 열어주었다. 고증학적 방법은 실학파에 있어서 조선의 역사와 지리나 문헌에 보다 객관적으로 접근을 하려는 관심을 자극하였고, 따라서 국학연구에 기여하였다. 이와 같이, 실학파의 철학적 입장은 형이상학적 전제의 연역이 아니라 현실 인식과 실용적 요구에 따라 끊임없이 반성하고 실험하여 경험적이고 구체적인 현실을 파악하려는 것이었다.

한편, 17세기 초부터 중국을 통해 서양의 과학기술과 천주교 신앙에 대한 지식이 연속적으로 수입되었고 이에 대해 가장 민감한 반응을 보인 사상적 유파가 실학파였다. 도학파가 정통주의적 입장에 사로잡혀 실질적인 사상이나 문화 형태에 대해 극히 보수적이고 배타적인 태도를 견지하는 데 비하여 실학파는 새로운 질서와 가능성을 탐색하여 서학에 대해 적극적인 수용 자세를 보여주었다.

성리학적 세계관이나 자연관 내지 인간관이나 윤리관에 대하여 서학(西學)이 근본적인 이질성을 제기하고 있을 때, 실학파는 이 양자의 조정을 중요과제로 삼았다. 서학에 대한 실학파의 자세는 초기에 제한된 지식의 수용으로부터 점차 서학의 근본입장에 대한 인식과 수용에로 급속한 진전을 보였다. 여기서 실학파는 자신의 철학적 근거를 재정립하고 나아가 전통기반과 현실에 대한 비판적 평가를 통해 새로운 입장을 드러낼 수 있었던 것이다.

② 실학사상의 특징

조선 후기의 실학파는 서양의 '기계론적 자연관', 즉 '순수인식론'과 같이 자연을 이(理)와 도덕(道德)으로부터 해방시켰으며 자연과 인간을 분리하였다. 이것은 고대 중국의 격물치지설로, 즉 도덕주의적 자연관과 대조가 된다.

서양의 자연철학은 자연을 신(神)과 종교(宗敎)로부터 분리시켰던 반면에 고대 중국의 격물치지설은 자연과 도덕을 일치시켰다. 이 결과, 조선의 실학사상에서는 자연학이 도덕학으로부터 독립할 수 있었다. 자연이 더 이상 도덕적 본질을 구현하는 존재가 아니며, 자연에 대한 탐구 역시 자연에서 인간의 원리를 확인하는 과정이 아니라 자연 자체의 원리를 찾아내는 과정이라고 주장하였다. 이것은 서양의 '기계론적 자연관', 즉 '순수인식론'을 의미한다.

조선 후기의 실학파는 주자학 및 양명학의 리일분수설(理一分殊說)과 격물치지설(格物致知說), 이기심성론(理氣心性論)의 도덕주의, 음양오행설(陰陽五行說)의 자연관, 중화주의적 세계관을 배격하였다. 또한, 실학은 만물균등론(萬物均等論)과 이천시물론(以天視物論)에 바탕을 두고, 인간과 자연을 구분하여 사물의 이(理)를 도덕주의적 자연관의 시각에서가 아니라 '기계론적 자연관'의 시각에서 직접적인 관찰을 통하여 파악할 것을 주장하였다.

따라서 조선 후기의 실학파는 서학에 대하여 높은 관심을 보였고 또한 서양의 천문학(지구구형설과 지구자전설)을 수용하였다. 다음으로 실학의 특징을 다음과 같이 요약할 수 있다.[72]

① 실용적이다. 즉, 현실 생활에 쓰임새가 있는 지식을 추구한다는 것이다. 따라서 실학파는 시대의 모순을 극복하기 위한 제도개혁을 주장하기도 하고, 서양과 청나라의 선진 기술·문화를 도입하고 상공업을 진흥시켜 부국강병을 이룰 것을 주장하였다.

② 실증적이다. '실사구시'라는 원어에서 드러나듯이, 실학파는 증거에 입각한 학문 연구를 중시하였다. 즉, 학문 연구에는 확실한 사실과 증거가 가장 중요하다고 믿었다.

③ 민족적이다. 실학파의 성리학에 대한 반발은 중국 중심의 세계관에 대한 반발을 의미하며, 이것은 다시 우리나라의 역사와 언어, 국토에 대한 관심으로 이어졌다. 따라서 실학파들에 의한 국학 연구가 활발해졌다.

④ 민중적이다. 실학파는 지배층의 압박과 수탈에 시달리는 피지배층을 대변하고 그들의 생활조건을 개선하기 위한 노력을 기울였다.

72 김태형(1997).

실학은 실증적이고 실용적이며 과학적이고 근대지향적 성격을 가졌음에도 불구하고, 정권에서 소외된 농촌 선비와 재야 학자들(남인·소론·노론의 서자)에 의해서 주도되었다. 이 결과, 실학은 불행히도 국가 정책에 반영되지 못하였다.

당시, 서양의 근대과학을 받아들인다는 것은 유교(주자학)의 '도덕주의적 자연관'에서 벗어난다는 것을 뜻한다. 또한, 이것은 도리(道理)와 물리(物理)를 분리하는 것이라고, 또한 주자학의 리일분수설(理一分殊設)을 부정하는 것이라고 각각 말할 수 있다. 이것은 자연을 보편적인 도덕원리의 차원에서 보지 않는다는 것을, 동시에 만물을 종(種)에 따라 서로 다른 본성을 지닌 존재로 본다는 것을, 즉 만물균등론(萬物均等論)을 부정한다는 것을 각각 의미한다.

서양의 '순수인식론'과는 달리, 동양의 '유가적 인식론'에서는 지식에 관한 논의들이 지식 자체가 아니라 도덕적 실천과 밀접하게 연관되어 있었다. 유학(儒學)에서 '참된 지식'이란 순수 지식이 아니라 도덕적인 실천적 지식이었다. 그 결과 도덕적인 실천과 무관한 지식 자체의 문제를 다루는 '기계론적 자연관', 즉 '순수인식론'은 동양에서 학문으로 정착될 수 없었으며, 따라서 근대과학으로 발전할 수 없었던 것이다.

이 결과, 중국의 한대(漢代: 기원전 202~기원후 220)는 중국 과학사의 황금기를 누렸는데도, 당시의 세계관은 자연과 인간사회의 천인상감론(天人相感論) 및 재이설(災異說)에 의거하여 자연과 인간사회의 관계를 단지 기론(氣論)으로 설명하였다. 결국, 중국은 인류 3대 발명품인 나침반·화약·인쇄술을 발명하였음에도 불구하고, 일찍이 '기계론적 자연관', 즉 '순수인식론'에 바탕을 둔 근대과학에 눈을 뜨지 못한 '젖값'으로 아편전쟁(1840~1842)을 겪었고 청나라는 결국 멸망(1912)하였다.

여기서 유의할 것으로 조선 후기에 '기계론적 자연관'이 등장했다는 것은 도덕학 내지 종교학에서 자연학으로의 전환이라는 근대의 세계사적 흐름에 편승하기 시작했다는 것을 뜻한다. 조선 후기의 실학파들은 머리에서만 자연학과 도덕학이 분리되었을 뿐, 마음은 유가적 인식론(儒家的 認識論)에 사로잡혀 있었다. 물론, 조선 후기(18세기 후반)의 북학파에 의하여 서양의 근대 자연철학과 과학기술을 배우자는 자각이 일어났다. 그러나 우리가 특기해야 할 것은 그보다 무려 3백 년 전인 15세기(특히 세종대왕 시대, 1418~1450)에 이미 조선시대의 과학문명이 찬연히 빛나고 있었다는 점이다.

만약 양명학이 조선 중종 16년(1521)에 전래되었지만 당시 이황(李滉)을 비롯한 조선 성리학자들이 양명학을 불교의 선학(禪學)과 동일한 것으로 오판하여 크게 비판하여 침몰시키지 않았더라면 일본의 메이지유신과 같이 양명학의 개혁사상이 꽃을 피울 수 있었을 것이다. 이러한 점에서 조선 후기의 양명학의 도태와 북학파의 좌절은 민족사적 비극이 아닐 수 없다.

물론, 개화사상은 1876년 병자수호조약에 의한 개항을 전후하여 서구의 문물을 자주적 입장에서 받아들여 근대국가로의 전환을 시도하였다. 개화사상은 실학사상과 내면적으로 연결되고 있었다. 그 증거로서 초기 개화파의 인물들이 실학의 인맥과 밀접하게 연계되어 있을 뿐만 아니라 1880년대의 개화사상에는 실학파들이 주장하였던 ① 실사구시, ② 부국강병, ③ 이용후생, ④ 통상개국, ⑤ 제도개혁의 성격들이 개화사상에 연장되었다는 점을 들 수 있다.

따라서 실학사상이 임진왜란과 병자호란 이후에 피폐한 경제상황을 타개하기 위하여 정통 주자학을 사상적으로 극복한 개물사상(個物思想)이라면 개화사상(開化思想)은 이러한 실학의 전통을 이어받아 서구의 근대문물을 수용하여 근대사회로의 전환을 시도한 계몽사상(啓蒙思想)이라고 할 수 있다.

개화파는 개혁정치의 구현방법에 대해 의견의 대립이 생겨 급진개혁파와 점진적 개화를 주장하는 온건개화파로 나뉜다. 전자는 일본의 메이지유신과 같은 체제개혁의 방법을 따르려고 하였던 김옥균, 박영효, 홍영식 등의 젊은 세력이다. 후자는 청국의 변법자강(變法自疆)과 같은 부분적 개혁 방식을 따르려고 하였던 김윤식, 김홍집, 어윤중 등의 집권세력이었다. 온건개화파의 주장을 채서주의(採西主義) 또는 동도서기론(東道西器論)이라고도 한다.

여기서 제기될 수 있는 의문은 실용주의가 미국에서 크게 발전하여 청교도 정신과 함께 모든 국민의 사상적 지주로 자리 잡았으나 조선 후기의 실학사상이 조선에서 정착되지 못하였던 이유가 무엇일까다. 그 이유는 당시 성리학을 신봉하였던 지배층인 양반계급이 실학사상을 반대하였으며, 따라서 실학사상이 서민층에까지 확산되지 못했기 때문이다.

이 결과, 조선은 병인양요(1866), 신미양요(1871), 운요호 사건(1875. 9. 19)을 당하였고 병자수호조약(1876)과 한미수호통상조약(1882)을 강제적으로 체결했다. 이어서 대내적으로 갑신정변(1884. 12. 4)과 동학혁명(1894. 1~1895. 3), 대외적으로는 청일전쟁(1894. 8~1895. 3)과 러일전쟁(1904. 2~1905. 9)을 각각 치렀다. 결국 1910년 8월 한·일 합병조약으로 조선은 국권을 상실했다.

그리고 일본 제국주의의 식민지로서 대한제국은 일본 제국주의 36년 동안, 과학문명에 눈을 뜨지 못한 채, 실로 암흑기를 보내야만 했었다. 1945년 일본 제국주의로부터 해방은 되었지만, 1965년 한·일 국교정상화 이후 현재까지 일본에 대한 기술낙후 및 기술의존으로 인하여 부품·소재에서 일본에 대한 수입종속하에서 만성적인 무역수지 적자를 보이고 있다.

③ 실학파의 개혁사상

정약용은 5백여 권의 책을 서술했는데 그중 3분의 1이 행정 문제를 다루었다.[73] 《목민심서》(牧民心書)[74]는 근본적으로 목민 평등사상, 즉 목자(牧子)와 민(民)이 대등하다는 사상에 기초를 두고 봉공(奉公)과 애민(愛民)을 강조하였으며,[75] 목자의 민(民)에 대한 사랑을 목민혜(牧民惠)로서 정의하였다. 목자

---

73 정약용은 철학·지리·역사·법률·정치·문학·군사 등 광범한 영역에 걸쳐 5백여 권에 달하는 방대한 책을 썼다. 그의 저술은 《여유당전서》(與猶堂全書)에 수록되어 있다. 주요한 철학 저서로는 《대학강의》(大學講義), 《중용강의보》(中庸講義補), 《맹자요의》(孟子要義), 《논어고금주》(論語古今註), 《주역사전》(周易四箋), 《역학서언》(易學緖言) 등이다. 정약용이 남긴 문집 《여유당전서》에는 2천여 편의 시가가 들어 있다. 또한 정치·경제에 대한 개혁구상을 밝힌 이른바 이서일표(二書一表: 《목민심서》(牧民心書), 《흠흠신서》(欽欽新書), 《경세유표》(經世遺表)가 있다.

74 《목민심서》는 12강 6목으로 이루어져 있다. 부임육조, 율기육조, 봉공육조, 애민육조, 이전육조, 호전육조, 예전육조, 병전육조, 형전육조, 공정육조, 진황육조, 해관육조인 12강으로 나누어져 있다.

75 이것은 목민(牧民)의 개효순실(開曉諄悉: 밝게 알려줌이 두루 자세함)로부터 비롯된 것으로서 공자·맹자시대에 이르러 구체화되었던 것을 정약용이가 목자(牧子)라는 개념으로 확충하여 발전시켰다. 그는 목자를 민(民)이 선출한 존재로 이해하여 민(民)의 존재를

는 수기(手技)하여야만 봉공(奉公)할 수 있을 것이고, 수기에는 청렴이 근간이 된다고 주장하였다. 애민(愛民)은 목자가 솔선수범하는 교화(敎化)로 이루어진다.

정약용은 당시의 제도였던 6조〔이조(吏曹)·호조(戶曹)·예조(禮曹)·병조(兵曹)·형조(刑曹)·공조(工曹)〕의 모든 기틀은 위민적 운용으로 이루어져야 하며 목자는 부단히 제도의 모순을 개선하고 현실을 개혁해야 한다고 주장하였다. 목자는 이러한 경륜(經綸) 의식을 기초로 하여 백성을 돌봄으로써 백성들로부터 존경받는 치자(治者)가 되도록 해야 한다고 주장하였다. 이러한 정약용의 목민 정신은 시대와 상황은 다르더라도 통치자의 윤리, 즉 '섬기는 리더십'을 나타낸다.

전술한 《목민심서》와 관련하여, 정약용은 주로 다음과 같은 정치개혁과 경제개혁 그리고 국방개혁에 관한 사상을 피력하였다.

① 정약용은 고대 사회를 이상화함으로써 군주제를 반대하고 민주정치를 주장하였다. 그는 이상적인 고대 사회가 왕도(王道)와 예치(禮治)의 사회를 거쳐 패도(覇道)와 법제(法制)의 사회로 변한다는 역사관을 가졌다. 그리고 이상적인 정치체제가 무너지자 원래 백성을 위해 만들어졌던 국가와 법이 통치자가 백성을 수탈하는 도구가 되었다는 사회관을 가졌다. 그의 민주 및 민권적 정치개혁 사상은 2편, 즉 '원목'(原牧: 통치론)과 '탕론'(蕩論: 역성혁명론)에 집중적으로 서술되었다.

'원목'에서 정약용은 관권신성(官權神聖)이니 관주민노(官主民奴)니 하는 봉건적 사상과 전제(專制) 제도를 부정하였다. 이는 이전 실학자들에게는 없었던 독창적 견해로서 훗날 조선의 정치사상이 발전하는 데 큰 영향을 미쳤다. 정약용은 백성이 생활하면서 필요하여 스스로 선택하고 약속해서 통치자가 나왔다는 설명을 근거로 '왕권신수설'에 반대하는 한편, 민주제도의 원칙을 확인하였다. 그는 사회의 법도 백성의 자유 의지와

새롭게 정치적 주체로 부각시켰다는 점에서 맹자의 '왕도사상'을 근대적으로 발전시켰다.

직접적인 이익을 바탕으로 밑에서 위로 제정되는 것이라고 생각하였다.

정약용은 '탕론'에서 중국 봉건사회의 역성혁명을 예로 들며 민권사상의 정당성을 논증하였다. 그가 보기에는 도덕규범은 정치와 국가제도에 따라 변하는 것이지 고정불변한 것이 아니며, 따라서 군주제를 민(民) 협의회로 대체하자고 각각 주장하였다.

② 정약용은 지주가 토지세를 부담하고, 군포법(軍布法)이나 환곡제(還穀制)를 폐지하며 공전(公田)과 균세(均稅)를 실시하자고 주장하였다. 그러나 그것만으로써 백성의 빈곤을 해결할 수도 없다는 점을 깨닫고 이전의 전제(田制) 개혁론을 계승하여 여전제(閭田制), 즉 토지 공유와 '농자수전'(農者受田)을 원칙으로 한 '집단농자제'(集團農者制)의 실시를 주장하였다. 정약용의 여전제는 왕권 국가의 소유제를 바탕으로 하여 그것을 개량한 것이다. 그러나 그것은 토지를 요구한 모든 농민들의 소망을 잘 반영한 것이었다.

③ 정약용은 '군포제'(軍布制)를 개혁함으로써 백성을 중간 수탈자에게서 벗어나게 하여 병역부담의 폐해를 시정하고, 또 환자법(還子法)도 개혁하여 국가의 전시 식량축적을 도모하고자 하였다. 백성 스스로가 생명과 재산을 수호할 것이라는 '자기보위'(民堡謂) 사상을 제기하였다. 또 그것을 상술한 '여전제' 실시와 결합시켜 '병민일치'(兵民一致)와 '병농일치'(兵農一致)를 실현하는 것이 효과적인 방도라고 보았다. 그리고 군사장비의 낙후성을 극복하기 위해 무기를 만드는 상공인의 대한 대우 개선과 '이용감'(利用監)을 통하여 새로운 무기를 외국에서 수입하여 국내에서 제조하자고 주장하였다.

④ 실용주의적 과학의 응용

정약용이 《기예론》(技藝論)을 쓴 것은 1799년으로 추산되는데, 이것은 일본의 실학자인 후쿠자와 유기치(福澤諭吉)가 그의 저서 《서양사정》(西洋事情)에서 일본은 서양의 물리화학을 배워야 하겠다고 주장한 것보다 무려 67년 앞선다. 정약용은 《기예론》에서 농업기술과 공업기술을 일괄하여 논술하였다.

정약용은 “천(天)의 시(時)가 있고, 지(地)에 기(氣)가 있고, 재(材)에 미(美)가 있고, 공(工)에 교(巧)가 있어 이것을 합치면 양(良)이 된다는 것이 고공기(考工記)의 요체다”라 주장하였다. 그의 과학사상은 수원성〔당시 華城(화성)〕의 축성에 구체적으로 나타났는데, 그 배경은 다음과 같다.

임진왜란을 겪고 난 조선은 왜적의 침입에 무력하게 무너진 조선의 방어체제에 대한 반성을 하였다. 그 가운데서 특히 성곽의 방어 능력을 향상시켜야 할 필요성을 절감했다. 임진왜란 중에 재상을 맡아 백성들의 처절한 고통을 체험한 유성룡(柳成龍, 1542~1607)은 임진왜란이 끝난 후 《징비록》(懲毖錄)이란 책을 서술하여 전란 중에 느꼈던 개선점을 적었는데 그 가운데 많은 것이 성곽에 관한 것이었다.

중국과 일본 성제의 장점을 연구하여 조선의 성(城)을 보다 견고히 할 것을 제안한 사람으로는 조중봉, 강항, 유형원 등을 들 수 있다. 강항은 오랫동안 일본에 체류한 경험을 살려서 일분의 성제가 전투 시 효과적임을 강조하였으며, 조선 후기 실학의 선구자의 한 사람인 반계 유형원(柳馨遠)은 그의 저서 《반계수록》(磻溪隨錄)에서 바람직한 성의 형태를 다음과 같이 제안하였다. 성은 주민이 거주하기에 충분히 커야 하며 전쟁이 나면 살던 곳을 떠나서 주변의 산성으로 떠나서 피난하던 종래의 방법을 버리고 평시의 거수하는 읍성에서 방어를 할 것을, 그러기 위해서는 읍성의 포루 등을 많이 설치하여 방어력을 높일 것 등이 그것이다. 그는 특히 성내에 사람들이 많이 거주하도록 하고 상공업을 장려하면 시장이 번성하고 주민이 부유해져서 성은 자연히 견실해진다고 생각하여 상공업의 활성화를 주장하였다.

이와 같은 시대적 요구에 따라 17세기 후반에는 남한산성을 개축하였고, 장화의 성곽을 보수하면서 이전에 없었던 ‘돈대’를 설치하였다. ‘돈대’란 일종의 망루인데 강화에는 섬 주위 51개소에 돈대를 새로 설치하였다. 조선 후기의 이러한 일련의 성곽 보완 노력은 나중에 수원성을 축조할 때 많은 영향을 주었다. 이어서, 18세기경 몇몇 지방에 방어시설을 갖춘 읍성들이 생겨났다. 예를 들어 전주성은 1734년(영조 1년)에 개축되면서 치성, 옹성, 포루를 설치하였고 황주성, 청주성 등도 18세기에 개축하면서 옹성과 치성 등이 설치되었다.[76]

정약용은 정조의 특명을 받아 수원성을 설계하였다. 그는 윤경(尹絅, 1567~1664)의 《보약》(堡約)과 유성룡의 《성설》(城設)에서 좋은 제도만을 취하여 초루(樓), 적대(敵臺), 현안(懸眼), 오성지(五星地) 등의 여러 법도를 나누어 정리하였고, 《기중가도설》(起重架圖設)을 지어 활차(滑車)와 고륜(鼓輪)등 거중기(擧重機)를 정조(正祖)에게 바쳤다.

수원성의 축성 계획[77]은 조선 후기에 대두된 성곽의 방어 능력 향상을 위한 노력과 실학파 학자들의 실용성을 추구한 학문적 관심과 이 모든 생각들을 집대성할 수 있었던 조선 후기의 대학자 정약용이 참여함으로써 비로소 이루어질 수 있었다.

6) 신실용주의의 역사적 의의

역사는 과거의 기록이므로 '만약'이 있을 수 없다. 그러나 과거의 역사는 미래의 나침반이라고 말할 수 있기 때문에 바람직한 미래의 역사를 열기 위한 시도로서 조선 후기의 실학사상이 실패하였던 역사적 사실을 반추해 보지 않을 수 없다.

17세기 후반 이후에 성리학을 국가이념으로 신봉하였던 조선은 임진왜란과 병자호란을 거치면서 여러 가지 사회적 모순들과 함께 성리학의 한계성이 노출됨에 따라 전통적 사유 패러다임(즉, 성리학)에 대하여 반성했고 새로운 사상이 모색되었다. 이러한 시대적 배경하에서 실학사상은 정신문화와 물질문화

---

76 치성이란 성벽의 일부를 돌출 시켜서 성벽에 접근하는 적을 측면에서 격퇴시킬 수 있도록 한 것이며, 옹성은 성문 앞에 둥글게 또는 네모지게 한 겹 더 성벽을 쌓아서 성문을 이중으로 지킬 수 있도록 한 시설을 말한다.

77 수원성의 축성배경과 축성계획은 다음과 같이 요약할 수 있다.
- 축성 기간: 조선 정조(正祖) 18~20년(1794. 3. 29~1796. 10. 10, 양력 기준)
- 성곽 규모: 성 길이 5,520m, 성내 면적: 1.3㎢
- 시설물: 장안문, 팔달문, 화서문, 창룡문 외 37개소(축성 당시 48개소)
- 시설물 복원: 1975~1978년(장안문 등 30개소)
- 보수: 1975~1978년(팔달문 등 11개소)
- 성곽 복원: 1975~1978년(5,520m 중 5,099m)

를 균형 있게 발전시켜 부국강병(富國强兵)과 민생안정(民生安定)을 달성함으로써, 대내적으로는 분열된 사회를 다시 통합하고, 대외적으로 급변하는 국제정세에 대처할 수 있도록 국가 역량(현대 용어로 말하면 국가경쟁력)을 강화하기 위한 노력의 일환으로 대두되었다.

양명학이 조선에 전개된 시기는 중종 16년(1521)이다. 이 시기 유럽에서는 근대과학이 시작되었다. 구체적으로 1543년은 근대과학이 시작된 해라고 말할 수 있다. 그 이유는 1543년에 동시적으로 두 저서, 즉 ① 근대의학의 기초를 만들었던 베살리우스의 《인체의 구조에 대하여》, ② 근대 천문학의 길을 열었던 코페르니쿠스의 《천구의 회전에 대하여》가 출판되었기 때문이다.

당시 유럽에서는 나침반의 덕분으로 대(大)항해시대가 열려 바스코 다 가마가 1497년 인도에 도착하였고, 활판인쇄술이 발명되어 마르틴 루터가 1517년 종교개혁을 부르짖었으며, 코페르니쿠스가 1543년 《천구의 회전에 관하여》에서 '태양중심설'을 주장했다. 이것을 케플러가 1597년 그의 《우주의 신비》에서 증명했다. 이것은 다시 뉴턴의 기계론적 자연철학(*mechanical natural law*)으로 집대성되어 서양세계에 과학적 사고의 골격을 제공했다.

여기서 유의할 것은 다음과 같다. 한국의 실학사상은 프랑스혁명(1789)의 전후로, 또한 존 롤스의 《정의론》보다 무려 2백 년 전에 사회정의(社會正義)의 실천방안을 제시했다는 점이다. 한국의 실학사상이 빛을 보지 못한 이유는 당시 지배계급의 사유 패러다임이 성리학이었기 때문이다. 조선의 성리학은 오늘날 금융자본주의 시대에서 신자유주의에 비유될 수 있다.

당시(조선 후기) 노비들이 갈구한 것은 과연 봉건사회의 전복이었을까? 아니면 자유였을까? 혹은 평등이었을까? 저자는 자유와 평등이 통합된 정의(正義)와 복지(福祉)였다고 강조한다. 마치 프랑스혁명이 '정의로운 사회'로서 프랑스 영광을 위하여 자유·평등·박애를 외쳤듯이!

따라서 조선 후기 양명학의 도태와 실학파의 좌절은 민족사적 비극의 근원이었다는 것을 알 수 있다. 그로부터 약 5백 년이 경과한 현재, 한국은 보수(우파)와 진보(좌파)라는 이념적 갈등을 표출하고 있다. 이 논쟁은 지극히 국가 에너지의 소모전일 뿐이다. 왜냐하면 보수와 진보는 단지 역사발전의 속도에 관한 정치권력의 쟁탈전일 뿐이기 때문이다. 즉, 다람쥐 쳇바퀴 도는 듯한 게임일 뿐이다. 우리에게 필요한 것은 글로벌 경제위기하에서 새로운 사유 패러다임, 즉 신실용주의를 찾아 그것을 착실히, 일관성 있게 추진하는 것이다.

우리는 신실용주의로써 1910년 망국의 한(恨)을 곱씹고, 1997년 IMF 경제위기 극복의 경험을 살려 최근의 글로벌 금융위기를 타개함으로써 '세계일류국가'를 건설해야 할 것이다. 신실용주의의 궁극적 목표는 과거 조선 후기의 실학파(방이지, 왕부지, 박세당, 안원, 이익, 홍대용, 박지원, 박제가, 김정희, 정약용, 최한기 등)가 주창하였듯이 단순한 문호개방론과 개화사상을 넘어 한국을 "세계일류국가"로 만드는 것이다. '세계일류국가'란 "대내적으로는 사회 구성원의 삶의 질이 높고, 대외적으로는 높은 국가경쟁력으로서 인류사회의 보편적 가치(존엄성·자율성·창의성)를 추구하는 나라"로 정의된다.

3. 국가목표와 당면과제

1) 국가목표

- 우선, 한국의 대내적인 국가목표는 '인본주의(人本主義) 사회'와 '질서정연한 민주주의 사회'를 각각 건설하는 것이다. 그리고 민족적 차원에서는 통일민족국가를 건설하는 것이다. 한편, 대외적인 국가목표는 동시베리아 및 극동 러시아 지역의 자원 공동개발과 동아시아 경제공동체(EAC)의 주도적 역할을 담당하는 것이다.[78]

  상기한 대내적 국가목표는 두 가지의 축인 ①경제발전과 ②사회발전으로 뒷받침된다. 경제발전의 핵심적 목표는 국가경쟁력의 제고인 반면 사회발전의 그것은 사회보장제도의 확충 및 건실한 복지재정의 운영이다. 경제발전과 사회발전은 한국의 고질적인 4가지 갈등구조, 즉 ①이

78 임양택(2007e).

념 간 갈등 ② 계층 간 갈등, ③ 노사 간 갈등, ④ 지역 간(특히 수도권과 非수도권) 갈등을 해결하기 위함이다.

- '더불어 사는 인본주의 사회'란 '최대다수 최대행복'의 사회를 의미한다. 그리고 '질서정연한 민주주의 사회'란 자유(시민의 기본적 자유, 즉 '자유권적 기본권')와 평등(기회균등, 즉 '생활권적 기본권')이 조화되고 자유주의 경제체제와 복지주의가 통합됨으로써 지속적 경제성장과 형평한 소득분배가 동시적으로 이루어지는 사회를 의미한다.

이러한 사회를 구현하기 위해서는 성장 · 분배 · 안정이 동시적으로 추구되어야 하며, 이것은 '고용창출형 성장전략'에 의하여 실현될 수 있다. 이 성장전략을 추진하기 위해서는 '대기업-완제품-마케팅-수출'과 '중견(소)기업-중간재(부품 · 소재)-내수'의 상생적 산업연관 관계를 맺게 함으로써 수출 증대 → 투자 · 고용 증대 → 생산 증가 및 소득 증대 → 내수(소비) 증가 → 지속적 성장 및 형평한 분배를 추구하는 것이다.

상기의 경제발전 전략을 수행하기 위해서는 대내적으로 대기업과 중견(소)기업의 상생적 산업연관 관계, 제조업과 서비스산업의 상호보완적 산업연관 관계, 실물 부문과 금융 부문의 순기능적 연계를 각각 정착시킴으로써, 대외적으로는 한 · 미 간, 한 · 일 간, 한 · 중 산, 한 · 러 간 전략적 제휴를 각각 추진하여 한국을 '아시아의 부품 · 소재 생산공급기지'로 만들어야 한다.

대기업과 중견(소)기업의 상생적 산업연관 관계는 대기업과 중견(소)기업 간의 기술계열화를 통하여 산업조직 효율화를 도모해야 한다. 사용자와 근로자의 공동운명체적 유대와 번영을 위하여 '산업민주주의'(*industrial democracy*)가 정착되어야 한다.

- 성장 · 분배 · 안정의 동시적 추구를 위한 사전조건인 국제수지 흑자 기반을 구축하기 위해서는 대내적으로는 국가경쟁력 제고, 대외적으로는 해외시장의 효율적 관리가 각각 필요하다. 다음으로, 해외시장을 효율적으로 관리함으로써 통상마찰 가능성을 사전에 해소하고, 이를 위해서는 현재의 가격탄력적인 통상마찰형 수출구조를 소득탄력적인 세계수요 창출

형 수출구조로 전환시켜야 한다.

국가경쟁력 제고를 위해서는 산업구조 고도화 및 건실화와 산업조직 효율화가 필요하다. 이를 위해서는 현재의 노동 및 자본집약적 산업을 고부가가치를 창출하는 지식 및 기술집약적 산업으로 전환함과 동시에 부품·소재 산업을 육성함으로써 해외 부품·소재에 대한 수입의존도를 감소시켜 외화가득율과 부가가치율을 제고시키는 것이다. 이와 동시에 현재의 에너지 다소비형 산업구조를 에너지절약형 산업구조로 전환해야 한다.

- 국가경쟁력은 크게 가격경쟁력과 품질경쟁력으로 나눌 수 있는데, 전자를 위해서는 임금·물가의 안정이, 후자를 위해서는 기술혁신이 각각 필요하다. 국가경쟁력의 핵심은 기업경쟁력이며, 기업경쟁력은 자원경쟁력→개발 및 제조경쟁력→품질경쟁력→시장경쟁력→고객성과로 연결된다.

기술혁신은 크게 두 가지, 즉 신공정(*new process*) 기술혁신과 신상품(*new product*) 기술혁신으로 나눌 수 있다. 전자는 생산성 향상(평균비용곡선의 하향)을 통하여 가격경쟁력을 제고시키며, 후자는 다품종 소량생산을 통하여 품질경쟁력을 제고시킨다.

기술혁신의 파급효과로서는 경제성장 혹은 경제발전, 고용, 소득분배, 물가, 산업구조, 국제기술협력, 환경 등에 대하여 직·간접적으로 영향을 준다. 기술혁신은 일반적으로 3가지 경로, 즉 자체 기술개발, 선진 기술도입, 국제 기술협력을 통하여 생성 및 상생될 수 있으며, 이러한 경로로 창출된 기술혁신은 기업 간 및 산업 간 기술확산(*technological diffusion*)을 통하여 더욱 촉진될 수 있다. 또한 이를 위해서 대내적으로는 기술개발투자의 대폭 증대와 기술인력의 획기적 양성을, 대외적으로는 과학기술 협력체제를 각각 추진해야 할 것이다.

선진국과의 기술격차를 줄이기 위해서는 창조적 기술혁신을 가속화해야 하는데,[79] 이를 위해서는 기초과학연구능력(BSRC: *Basic Science Research*

79 임양택(1988); Lim, Yang-Taek(1993).

Capacity)[80]의 배양 및 제고가 필요하다. 교육의 기초이면서 응용 학문의 기반이다. 기초과학연구능력은 지식창출의 원천이고 국가경쟁력의 핵심이다. 이를 위해서는 현재의 교육제도를 개혁해야 한다.

상기의 동태적 발전과정은 기초과학연구능력의 확충으로부터 시작된다는 점에 유의할 필요가 있다. 따라서 경쟁력을 갖춘 교육기반이 없는 상태에서 지속적 경제성장·안정적 고용증대·형평한 소득분배를 추구한다는 것은 마치 연목구어(緣木求魚)일 뿐이다. 또한, 기업경쟁력(가격경쟁력과 품질경쟁력)의 제고는 국가경쟁력을 강화시켜 국제수지 흑자를 산출함으로써 3가지 정책목표, 즉 경제성장·소득분배·물가안정의 조화 및 공존을 가능하게 한다. 이것은 다시 사회복지를 증대시켜 '최대다수 최대행복'을 추구하는 복지사회를 건설할 수 있도록 한다.

따라서 장사꾼(*merchant*)이 아닌, '혁신'(*innovation*)의 주체가 되는 '기업가'(*entrepreneur*)의 '경제적 동물' 본능을 자극시켜 슘페터[81]의 '창조적 파괴'(*creative destruction*), 즉 ①신상품의 창출, ②신생산 기법의 사용, ③신시장의 개척, ④신재료의 활용, ⑤산업조직의 변화로 연결되도록 해야 한다. 구체적으로, 기업경쟁력은 자원경쟁력→개발경쟁력 및 제조경쟁력→품질경쟁력 →시장경쟁력→고객성과라는 경로를 통하여 제고될 수 있다. 그리고 대기업과 중소기업의 공존공영을 위하여 기술계열화를 중심으로 국제경쟁력을 제고시켜 산업조직의 효율성을 극대화해야 하며, 사용자와 근로자의 공동운명체적 유대와 번영을 위하여 산업민주주의가 정착되어야 한다.

한국 경제 비전의 핵심은 국가경쟁력 제고이다. 이를 위한 기본방향을 정립하기 위하여, 스위스 국제경영개발원(IMD)+세계경제포럼(WEF)+세계경제포럼(WEF)의 분석결과를 종합하면 노동시장의 효율성과 금융산업의 생산성을 제고함으로써 한국의 국가경쟁력을 끌어올려야 된다는 것이다.

---

80 Lim, Yang-Taek(1996a).

81 Schumpeter, Joseph A.(1933; 1942).

[그림 Ⅳ-7] 한국의 비전과 국가경영전략

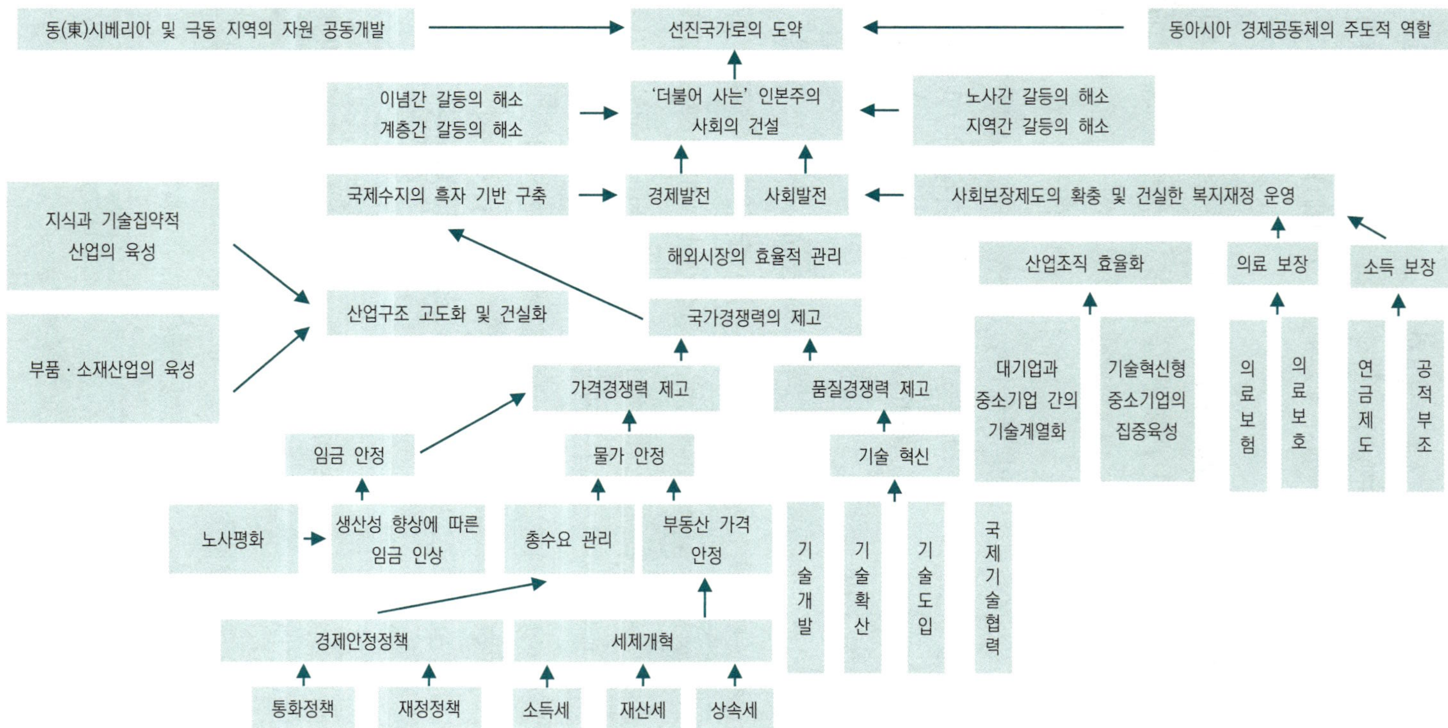

자료: 임양택(1995c; 2007e; 2011a).

총요소생산성을 제고하기 위한 목적으로 선진기술의 습득이 필요한데, 이것은 미·일·중·러와의 전략적 제휴를 체결 및 활용하는 것이다. 이 중에서 가장 효과적인 방법은 한·미 FTA를 활용하는 것이다. 한·미 FTA의 전략적 목표는 한국 측 입장에서 보면 비단 서비스산업(금융, 교육, 법률, 의료 등)의 생산성 향상뿐만 아니라 특히 부품·소재의 선진기술 습득에 있는 것이다.

2) 국가적 당면과제

전술한 바와 같이, 한국의 대내적 국가과제로서 전술한 바와 같이 10가지의 사회경제적 당면과제를 들 수 있다.

① 재정수지 적자 및 국가채무의 누증
② 복지제도(국민연금제도 및 건강보험제도)의 재정위기
③ 저조한 기업의 설비투자와 과도한 가계부채로 인한 내수시장의 침체
④ 대량실업과 청년실업의 폭증 및 불안정
⑤ 만성적인 대(對)일본 무역수지 적자의 급증, 대(對)중국 무역수지 흑자의 급감에 따른 경상수지의 불안정
⑥ 대기업과 중소기업의 기능적 연계 약화
⑦ 금융자산·토지·주택소유의 극심한 편중으로 인한 소득분배의 불균등 심화와 소득양극화의 악화로 인한 계층 간 갈등의 심화
⑧ 환율 및 외환시장의 불안정
⑨ 국내 금융시장의 불안정 및 금융산업의 낙후
⑩ 인플레이션

한국의 대외적 국가과제는 4가지, 즉 ①미국과의 군사동맹 및 한·미 FTA를 강화, ②중국과의 경제협력 관계의 공고화 및 정치군사협력으로의 발전, ③일본과의 기계류·부품·소재 분야의 산업기술협력 추진, ④러시아와의 동시베리아 및 극동지역의 에너지 및 광물자원의 공동개발 및 확보로 집약할 수

[그림 Ⅳ-8] 한국의 국가과제와 선택

국가적 목표: 최대 다수의 최대 행복을 위한 민주사회

대외적 국가과제

① 미국의 군사동맹 및 FTA 강화
② 중국과의 경제협력관계 공고화 및 정치군사 협력으로의 발전
③ 일본과의 기계류 · 부품 · 소재 분야의 산업기술협력 추진
④ 러시아와의 동시베리아 및 극동지역의 에너지 및 자원 공동개발 및 확보[예: 서(西)캄차카 해상 광구 개발]

대내적 국가과제
(10대 사회경제적 당면과제)

① 재정수지 적자 및 국가채무의 누증
② 인구 고령화 추세에 따른 복지제도(국민연금제도 및 의료보험제도)의 재정위기
③ 소득분배의 불균등 심화와 소득양극화의 악화로 인한 사회불안의 고조
④ 대기업과 중소기업의 기능적 연계 약화
⑤ 경기침체로 인한 저조한 기업의 설비투자와 과도한 가계부채로 인한 내수시장의 침체
⑥ 대량실업과 청년실업의 폭증 및 비정규직의 대량 해고로 인한 노동시장의 불안정
⑦ 인플레이션
⑧ 만성적인 대(對)일본 무역수지 적자의 급증, 대(對)중국 및 대(對)미국 무역수지 흑자의 급감에 따라 경상수지의 불안정
⑨ 환율 및 외환시장의 불안정
⑩ 국내 금융산업의 상대적 낙후

민족적 국가과제

① '동북아 평화조약'의 타결 및 실현
② '한반도 경제공동체'를 위한 남한지역(휴전선 근방 장단면 혹은 경기도 파주) 내의 '남북한 경제특구'의 건설 및 운용
③ 시베리아 횡단철도(TSR)와 한반도 종단철도(TKR) 연계
④ 러시아 하산-북한 나진-남한 부산의 물류망 건설
⑤ 러시아 및 남 · 북한의 원유 · 가스의 '아시아' 파이프라인을 건설

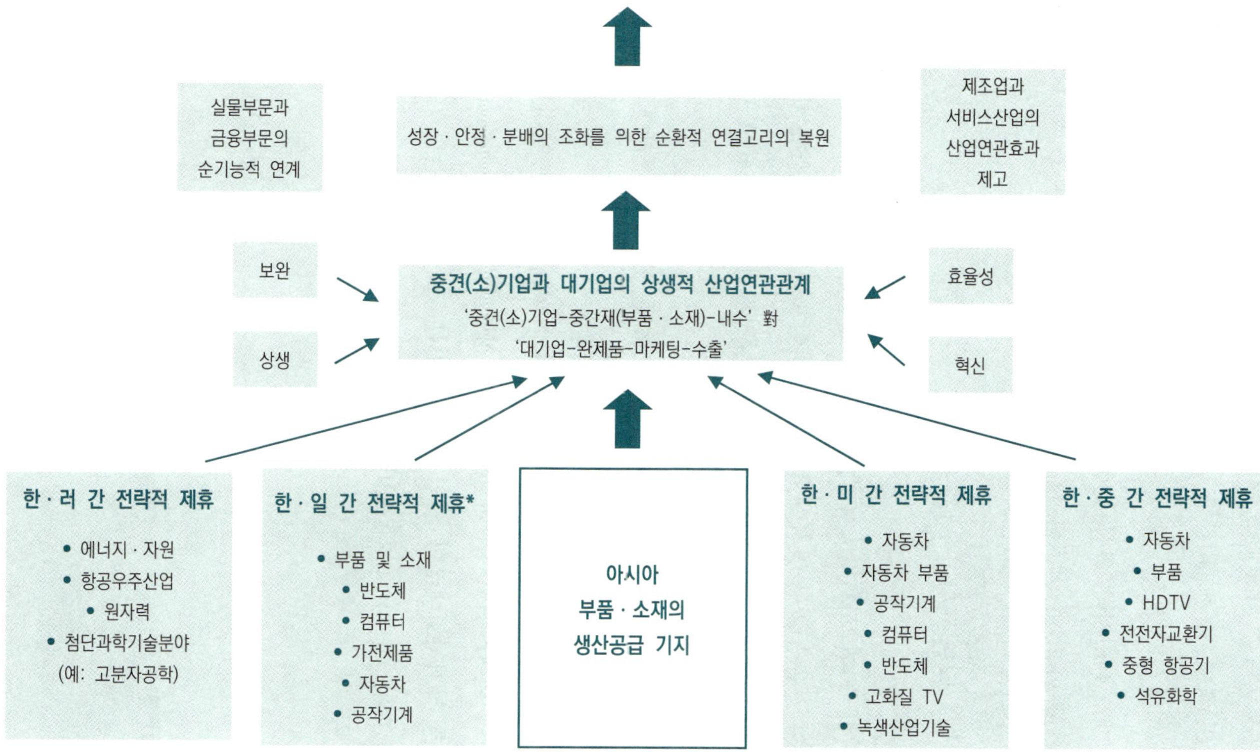

* 반도체의 첨단미세가공기술 및 다층금속배선기술; 컴퓨터의 MPU 및 주변장치 고속화·다기능화·저(低)소비전력화 기술; 가전산업의 화상압축기술(MPEG, DSp 등), 액정기술, 수요자 인터페이스; 자동차산업의 드라이버모니터링 기술, 첨단예방안전 기술, ITS시스템 기술, 공작기계분야의 정밀·초강성 액튜에터 기술, 고속 피드백제어기술 등

자료: 임양택(1995c).

있다.

다음으로, 민족적 국가과제는 5가지, 즉 ①'동북아 평화조약'의 타결 및 실현, ②'한반도 경제공동체'를 위한 남한 지역(휴전선 근방 장단면) 내의 '남북한 경제특구'의 건설 및 운용, ③시베리아 횡단철도(TSR)와 한반도 종단철도(TKR)의 연계, ④러시아 하산-북한 나진-남한 부산의 물류망 건설, ⑤러시아 및 남북한의 원유 및 가스의 파이프라인의 건설로 요약할 수 있다.

3) 사회경제적 당면과제와 해결방안

전술한 한국의 10대 사회경제적 당면과제를 효율적으로 해결하기 위해서는 〔그림 Ⅳ-8〕과 같은 '국가경영전략'을 토대로 하여 다원적으로 또한 체계적으로 접근해야 함이 바람직하다. 왜냐하면 상기한 당면과제들은 〔그림 Ⅳ-9〕과 같이 얽히고설킨 인과관계를 가지기 때문에 개별적으로 접근하는 것은 비효율적일 뿐만 아니라 산만하여 한 가지 문제의 해결 노력은 또 다른 문제를 야기하는 악순환을 초래할 수 있기 때문이다.

상기의 10대 사회경제적 당면과제를 해결하기 위해서는 무엇보다도 경제성장률을 높여야 한다. 이로써, 대량실업(특히 청년실업)을 경감시킬 수 있다.

완전고용은 복지사회에로의 진입을 위한 기본 조건이다. 안정적인 고용은 소득을 창출하며, 이것은 다시 소비의 원천이 되어 내수기반을 형성한다.

[그림 Ⅳ-9] 한국의 사회경제적 문제와 그 원인

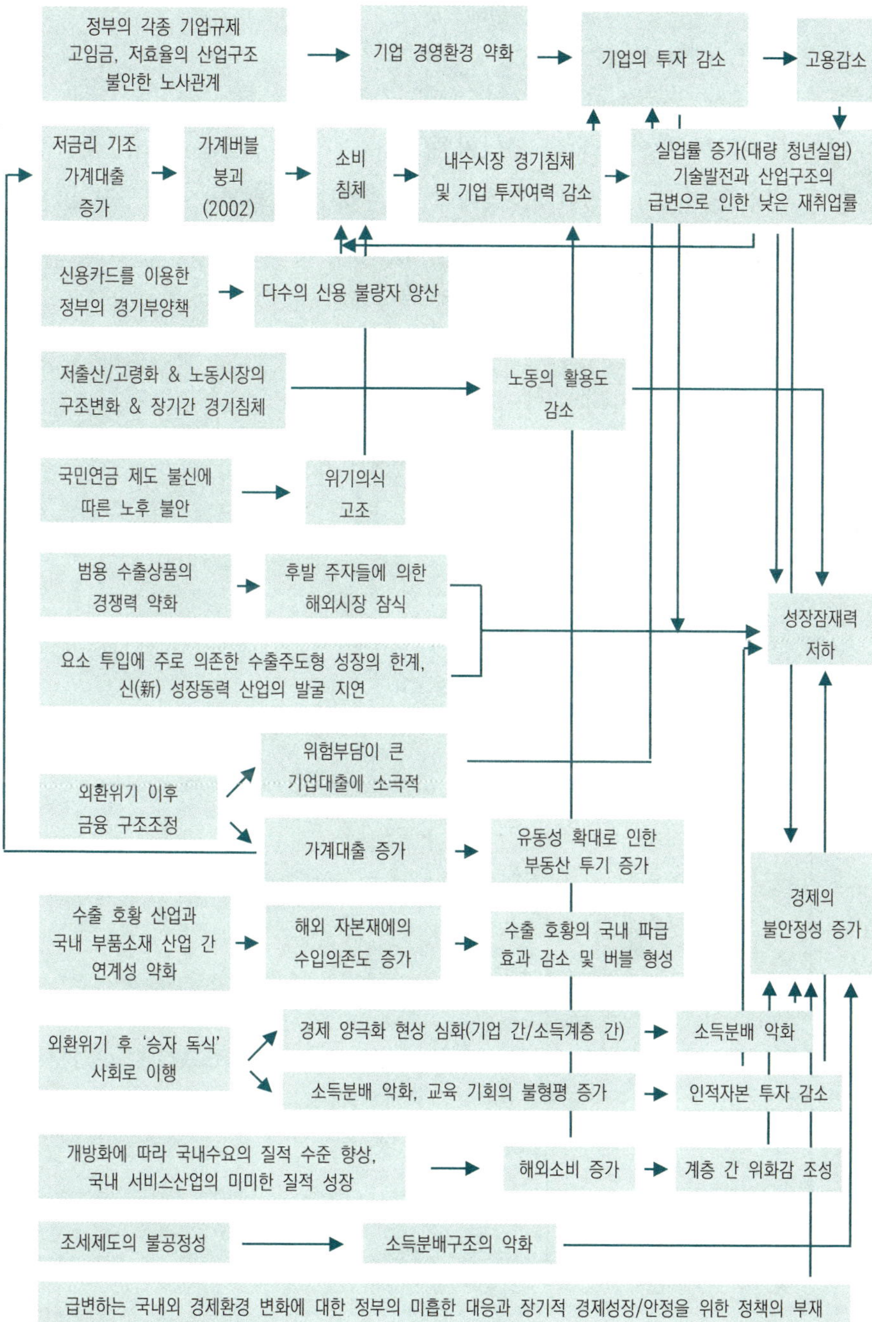

자료: 임양택(2007e); 임양택(2011a)

(1) 악성 가계부채의 해결방안

① 한국 정부의 가계부채 해결책

한국 가계부채가 누증된 요인으로서 크게 3가지 요인, 즉 ① 경기순응적 저금리 기조의 장기화에 의한 낮은 조달비용, 금융시장의 유동성 증가, 금융회사를 통한 신용창출 효과, ② 부채조달에 의한 주택수요 확대가 주택가격의 상승을 유발, 이로 인한, 추가적인 부채 확대로 이어지는 자산가격 효과, ③ 담보가치인정비율(LTV, *Loan to Value*: 주택 구입가격 대비 대출금액 비율)과 총부채상환비율(DTI, *Debt to Income*)에 대한 규제의 실패를 들 수 있다.

[그림 Ⅳ-10] 한국 가계부채의 확대 과정

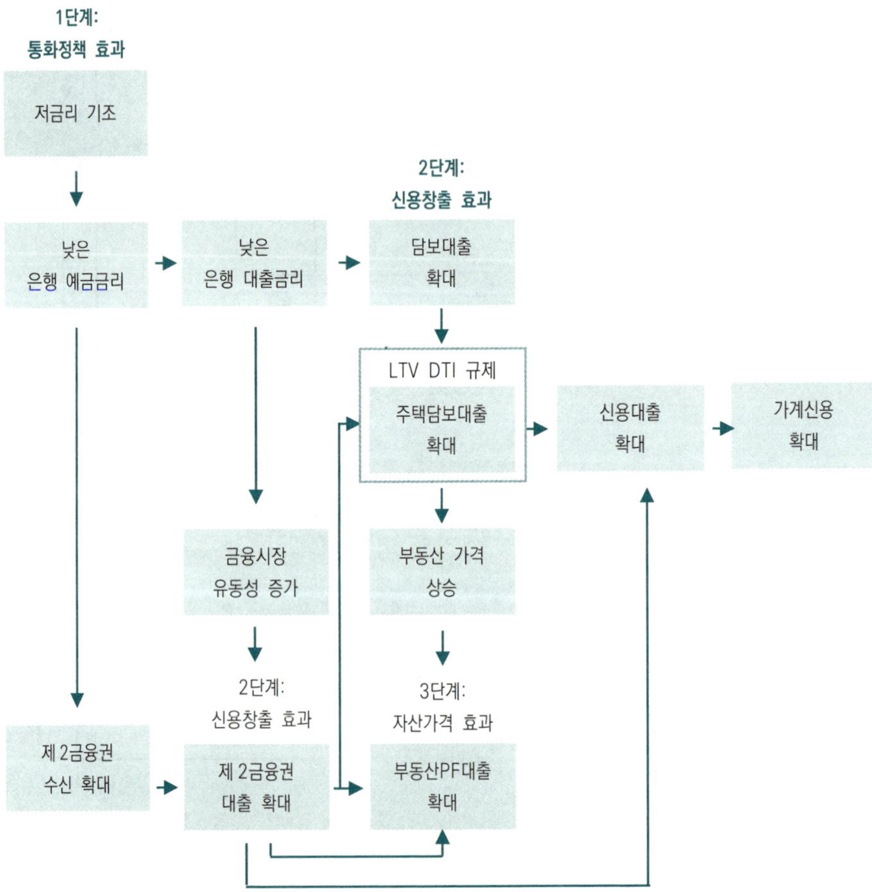

[표 Ⅳ-1] 주요금융사 서민금융 활동

국민	KB새희망홀씨, KB바꿔드림론, KB대학생대출(현대차 정몽구재단). KB청년대학생 고금리전환대출, KB행복드림론 II, KB 프리워크아웃 지원, 서민금융 거점점포 및 상담창구, 맞춤형 서민금융 상담행사, KB대출클리닉
신한	서민금융 거점점포 및 서민금융 전담창구 운영(관련대출 상품: 새희망홀씨대출, 새희망드림대출, SOHO 환승론), SHB 가계부채 힐링 프로그램, 새희망홀씨 Care 서비스, 신한미소금융재단
우리	우리 새희망홀씨, 우리 바꿔드림론, 우리미소금융재단, 우리천사펀드, 서민금융 전담점포 및 창구 개설, 우리미소금융재단, 소상공인 대상 참금융 실천 자금지원, '중소기업 위드림 대출(II)', '위드림 보증서대출', '동반성장 위드림 대출' 출시, 서울형 마이크로크레딧 대출 지원
하나	새희망홀씨, 중소기업 대상 '상생패키지론', 창업자 및 소상공인 대상 신용보증재단 출연, 소액신용대출 사움 출시, 서민대출 마니또론, 바보의 나눔 적금

자료: 파이낸셜뉴스(2013. 1. 1).

한국 정부는 가계부채의 해결책으로 채무자의 빚을 직접 탕감해주는 '국민행복기금'을 출범하기로 하여 채무 불이행자의 신용회복 지원을 위해 약 18조 원 규모의 기금을 설립하였다. '국민행복기금'은 6개월 이상 연체된 채무자들의 채권을 할인 매입하여 원금의 50%(기초생활수급자는 70%)를 감면해주고 장기 분할상환하도록 할 계획이다.[82]

가계부채 구조 개신의 일환으로 "커버드본드법"이 2013년 하반기부터 시행될 예정이다. '커버드본드'는 국내 시중은행이 주택담보대출채권이나 국공채 등 우량한 자산을 담보로 발행하는 만기 5년 이상의 채권이다. 이것의 목적은 장기 고정금리 대출을 안정적으로 공급하는 것이다.

2009년 출시돼 신용등급이 낮거나 담보가 없는 서민들을 위해 소액대출을 시작한 '미소금융'은 경기 수원에 미소금융 1호 지점이 생긴 이래 현재는 전국에 160여 개 지점이 생겼다. 이들 지점이 대출해준 금액은 7천 4백억 원으로 8만 명 이상의 서민들이 지원을 받았다. 2010년 출시한 '새희망홀씨'도 출시 2년 만에 지원액 3조 원을 돌파했다. 지금까지 지원받은 사람들은 모두 35만

82 성실하게 빚을 갚는 채무자들에게 역차별 논란을 불러올 수 있으며 도덕적 해이를 야기시킬 부작용이 있으므로 이를 최소화시킬 대책이 요구된다.

명. 신용등급 7등급 이하로 낮거나 연소득 2천만 원 이하의 저소득 계층이 70% 이상이다. 특히 국민은행과 전북은행 등의 '새희망홀씨' 지원액은 90%가 넘기도 했다.

금융권은 2013년 저금리 대출, 고금리 전환 대출 등 '착한 금융'을 통해 빚더미에 허덕이는 서민들에게 힘을 실어주겠다는 계획이다. 특히 담보대출과 신용대출 등 가계부채의 68%를 차지하는 금융부채를 해결하기 위해 저(低)금리 대출, 저(低)신용 해결 등 서민 지원에 나서고 있다. 저소득 계층을 위한 우리은행의 '희망적금'이나 수수료를 없앤 국민은행의 '직장인 우대통장', 1,000원 미만의 잔돈을 할인해주는 신한은행의 '신한심플카드', 소득공제 혜택을 주는 '메리츠화재 무배당 연금' 등은 모두 힐링을 모토로 한 금융상품이다.

그러나 가계부채 문제를 본질적으로 해결하려면 결국 고용의 질을 높여 가계의 부채 상환능력을 키워줘야 한다. 가계부채가 위험수위를 넘지 않도록 관리하면서 꾸준히 줄여가는 수밖에 없다. 물가를 안정시키고 주택담보대출을 20~30년 장기화해 가계의 부담을 줄여주는 방안도 찾아야 한다. 가계 스스로도 '수입 내 지출'을 통해 건전성을 높이는 노력을 해야 한다.

한국 정부는 2011년 6월 가계부채 대책에서 은행에 대해 가계대출을 억제하도록 했으나, 그 후 대출 수요가 저축은행과 새마을금고 같은 제2금융권으로 몰려가는 바람에 가계의 이자부담만 늘려놓는 역효과가 났다. 왜냐하면 금리가 상대적으로 낮은 은행 대출보다는 금리가 높은 저축은행, 새마을금고 등의 대출이 더 빠르게 늘어나고 있으며, 이에 따라 각 가정의 이자 부담이 가중되었기 때문이다. 저축은행의 평균 대출금리는 16.7%로 은행(5.9%)의 3배 정도이다.

그런데도 한국 정부는 LTV(담보가치인정비율) 규제에 따라 가계대출의 담보가치가 충분하다고 안심하고 있다. 가계대출의 3분의 2 이상을 차지하는 주택담보대출의 LTV는 2010년 주택담보대출 평균 LTV는 35.3%로 전년(34.5%)보다 소폭 상승하였으나, 상대적으로 위험도가 높은 LTV가 60% 이상인 대출 비중은 10.9%에 불과하다. 한국 주택담보대출의 평균 LTV는 미국(76.6%), 일본(70~80%), 영국(70%), 프랑스(78%) 등에 비해 크게 낮은 수준이다(국민은행, 2008, "국민금융수요실태조사").

한국 정부는 LTV를 지역에 따라 40~60%씩 적용하고 있다. 예를 들어, 1억 원짜리 집을 살 때 은행이 오직 4~6천만 원만 빌려주고 집을 담보로 잡기 때문에 집값이 대폭 떨어져도 견딜 만하다는 것이다. 정은보 금융위원회 금융정책국장은 "LTV 덕분에 집값이 30~40% 떨어진다고 하더라도 버틸 여력이 있다"고 말했다.[83]

잠시 회고해보면, 강만수 기획재정부 장관(당시)은 "가계부채 규모가 380조 원(전술한 바와 같이 2008년 연말 현재 833.7조 원) 정도로 주택가격이 내려가면 불안요소가 되겠지만 담보 비율이 50%가 안 돼 크게 우려할 상황은 아니다"고 말했다.[84]

그러나 4천 8백만 명의 살림살이를 미리 챙겨야 하는 경제정책의 수장은 천려일실(千慮一失)을 항상 염두에 두어야 한다. 오죽했으면 미국의 재무부가 정리신탁공사와 같은 부실자산 인수기구를 만들 여유도 없어서 직접 국채를 발행하여 미국인의 가계부채 부실사태를 수습하겠다고 나섰겠는가? 강만수 장관(당시)이 이토록 느긋한 자세를 취할 수 있었던 것은 2006년 말부터 실시하였던 강력한 부동산대책(2006. 11. 15; 2007. 1. 11; 1. 31)의 일환으로 실시하였던 LTV와 DTI의 대출규제 강화가 국내 주택시장을 안정화시키고 있다고 과신하였고, 또한 2008년의 "8·21 부동산거래 활성화대책"과 "9·1 세제개편"의 효험을 잔뜩 기대하였기 때문인 것 같다.

2010년까지 한국 정부가 가계부채에 대하여 안일할 자세를 취한 근거로서 ① 담보가치인정비율(LTV)이 47.2%로서 아직 선진국보다 낮다는 점, ② 대출규모가 큰 중상위 소득계층의 부실화 정도가 상대적으로 약하다는 점, ③ 연체율이 낮다는 점이 지적된다. 심지어, 한국 정부는 부동산 경기부양을 위해 일시적으로 가계대출을 풀어주는 정책을 취할 정도로 가계부채를 부동산 경기부양을 위한 수단으로 취급했다. 그러나 정부당국은 고용이 악화되고 있고 가계

83 조선일보(2012. 2. 27).

84 중앙일보(2008, 10. 13).

부채 상환능력에 대한 실업 폭증의 직격탄을 간과했다. 따라서 한시바삐 LTV 규제의 제한적 완화, 아파트 임대업의 활성화, 주택대출의 리스크 전환 등을 통해 가계부채의 악성 구조를 시급히 개선해야 할 것이다.

한편, 건설회사 연쇄 부도와 집값 폭락에 따른 금융위기를 차단하기 위한 '고육지책'으로서 정부는 2008년 "10·21 부동산대책"을 발표하였다. 이 대책은 지방소재 미분양 아파트(2조 원)와 역경매 방식에 의한 토지 구입(3조 원), 건설사 회사채 유동화 지원(1조 원), 공공택지 계약해제 조건부 허용(2조 원), 2009년도 근로자·서민층 주택구입자금 지원 확대(3조 원), 은행대출 규제(즉, DTI와 LTV)의 완화 및 분양권 전매 허용, 노무현 정부가 규제했던 주택투기지역 및 투기과열지구의 대거 해제(서울 강남지역 등 제외) 등으로 요약할 수 있다.

다른 한편으로, 정부가 발표(2011. 6. 29)한 종합대책은 가계부채 구조를 바꾸는 데 초점을 맞추었다. 그 골자는 가계부채의 연착륙을 위하여 상술하면, 은행들의 대출 가운데 현재 5%가량인 고정금리와 비(非)거치식 분할상환 대출 비중을 5년 후인 2016년까지 30%로 끌어올리고, 이를 위해 국민주택 규모의 대출 이자에 대한 소득공제 한도를 올리되, 변동금리 대출과 거치식 대출에 대한 공제한도는 줄인다는 것이다.

그러나 2008년 "10·21 부동산 대책"은 미분양 주택문제의 근원적 해결방안이 아니다. 미분양 주택 문제의 근본 원인은 건설업체들이 정확한 수요 조사 없이 마구 아파트를 건설하였던 경영 오판의 결과인 것이다. 이로 인한 97조 원의 금융권의 프로젝트 파이낸싱(PF) 대출의 부실 문제는 어떻게 할 것인가? 한국 정부(대한주택보증)의 미분양 주택 구입은 세계적으로 전대미문의 조치이다. 미분양 주택이 공식발표 수치인 16만 가구에서 2조 원으로 구입할 수 있는 것은 불과 2만 가구 정도인데, 나머지 14만 가구에 대해서는 어떻게 할 것인가?

만약 미분양·미입주 물량 급증, 원자재(철근 등) 가격 급등에 따른 원가 상승, 심각한 자금난 등에 의하여 건설업계의 연쇄 부도사태(2008년에 들어 8월까지 부도난 건설업체 수는 224개)가 야기되면 이번에 정부가 금융완화 정책을 실시하더라도 금융기관은 직격탄을 맞아 국내 금융시장이 곧바로 경색될 것이다. 이 경우 1990년대 일본식 장기불황 가능성도 배제할 수 없다.

② 다중채무자의 파산에 의한 금융위기의 발생 가능성

가계의 실질소득 증가세가 둔화되고 부채가 늘어나는 상황에서 집값이 하락 추세에 있다는 점은 매우 불길한 조짐이다. 게다가 고용 사정마저 악화되고 있어 저소득층부터 가계가 무너질 가능성이 더욱 높아지고 있다.

여기서 유의할 것은 '가계부채 도미노 현상'은 '다중채무자' 23만 명부터 쓰러지는 것으로부터 시작될 것이라는 점이다. 2012년 말 기준으로 다중채무자(322만 명) 중 DSR(소득대비 원리금상환 비율) 40%를 초과하는 '다중채무자' 173만 명(이들의 가계부채 규모는 217조 원)을 잠재위험군으로 볼 수 있는데, 이 중 30일 이상 연체 중인 채무자는 23만 명(15조 원)으로 파악된다.

상기의 우려는 우리은행의 '하우스 푸어'(*house poor*: 대출을 받아 무리하게 집을 산 뒤 어려움을 겪는 사람들)의 구제 대책인 '트러스트 앤드 리스백'이 시행 한 달 동안 신청자가 단 1명에 불과한 것으로 드러나면서 현실화되고 있다. 이 제도는 집 소유권을 신탁으로 우리은행에 넘기고 대출 이자 대신에 월세를 은행에 내는 방식이다. 그러나 대출 연체자는 집을 여러 금융회사에 담보로 제공해둔 경우가 많아 우리은행에만 집을 신탁하기 어렵다. 이 결과, 상기의 제도를 이용하고 싶어도 '다중채무'라는 장애물에 걸려 이용할 수 없다는 것이다.[85]

'다중채무자'의 문제 해결은 2003년 '카드사태'를 배드뱅크(부실채권만 처리하는 금융기관)를 세워 원만하게 해결했던 것과 상황이 다르다. 담보 없이 액수가 적은 카드빚과 달리 '다중 주택담보대출'은 대출액이 크고 담보물(주택)을 놓고 권리관계가 복잡하다. 따라서 '다중채무자'의 부채 해결방안을 찾기가 매우 어렵다. '다중채무자'들의 연체율이 위험 수위를 넘으면 제2금융권부터 치명상을 입을 것이고, 제2금융권 중에서도 농·수협의 단위 조합, 산림조합,

85 조선일보(2012. 12. 3).

신용협동조합, 새마을금고와 같은 상호금융회사들이 가장 심각한 타격을 입을 것이다. 왜냐하면 담보로 잡힌 집에 대한 처분 권리는 은행이 1순위가 되고 제 2금융권 회사들은 후순위로 밀리기 때문이다. 또한, 다중채무자들의 집이 대거 경매에 나오면 부동산 가격 하락을 부채질하고 그에 따라 금융회사의 부실이 더욱 커질 것이다.

제 2금융권 중에서 상호금융회사들은 전국에 2천 3백여 개가 있어 개별적으로는 소규모다. 그러나 상호금융회사들의 자산을 모두 합치면 2013년 6월 말 기준으로 무려 438조 원에 달한다. 그 배경은 상호금융회사의 예금에 부여되는 이자소득세 감면 혜택을 노린 여윳돈이 쏠린 결과다. 따라서 상호금융회사들의 자산(438조 원)은 저축은행 업계 자산 규모(60조 원)의 7배가 넘기 때문에 금융기관의 부실의 불길이 번지면 저축은행 사태보다 더 큰 파장이 발생할 것이다.

만약 제 2금융권이 붕괴하면 '채권자의 딜레마' 현상이 나타나 은행도 안심할 수 없게 된다. '채권자의 딜레마'란 금융회사들이 불안감을 느껴 서로 먼저 채권을 회수하려고 하면 당장 상환능력이 부족한 채무자가 법원에 개인파산을 신청하고, 결국 대출해준 모든 금융회사가 채권을 회수하지 못해 손해를 입는 현상을 말한다. 따라서 다중채무자가 많아 '채권자의 딜레마' 현상이 순식간에 다가올 수 있다.

물론, 은행대출을 보유한 채무자의 대출 건전성이 양호하고, 연체 채무자의 대출 15조 원 중에서 은행대출이 4조 원에 불과하기 때문에 다중채무자 대출의 부실화가 금융시스템의 혼란으로 연결될 가능성은 크지 않을 수 있다. 따라서 향후 다중채무자 대책은 '금융시스템의 안정화' 보다는 '취약계층에 대한 자활 지원'에 포커스를 두는 것이 바람직할 것이다. 이를 위해서는 다음과 같은 조치가 필요하다.

첫째 다중채무자의 채무를 한 곳에 집중시킬 수 있는 장치를 마련해야 한다. 그리고 반복되는 채무불이행과 도덕적 해이를 방지하기 위해 다중채무자와 관련된 통계 및 정보공유 체계를 보강할 필요가 있다.

둘째 다중채무자 해소를 위한 기금 운영 시 자금제공자가 잔여이익을 공유할 수 있도록 유인 구조를 제도화해야 한다.

셋째 '국민행복기금'이 다중채무자 문제 해소에도 활용될 것이므로 이를 '저소득층을 위한 포괄적 자활지원 기구' 형태로 운영할 필요가 있다.

③ 해결방안: 부동산 자산의 증권화

이제, 미국의 서브프라임 모기지 사태의 경우처럼 부동산 자산가치의 거품 폭발 후에 고통스런 가계부채 조정 과정을 겪을 것인가 아니면 예방적으로 국가가 정책적 개입을 하여 부동산 자산가치의 거품 폭발 없이 가계부채와 부동산 경기를 연착륙시킬 것인가 하는 선택을 해야 하는 시점이다.

[그림 Ⅳ-11] 미국 서브프라임 위기의 확대 과정

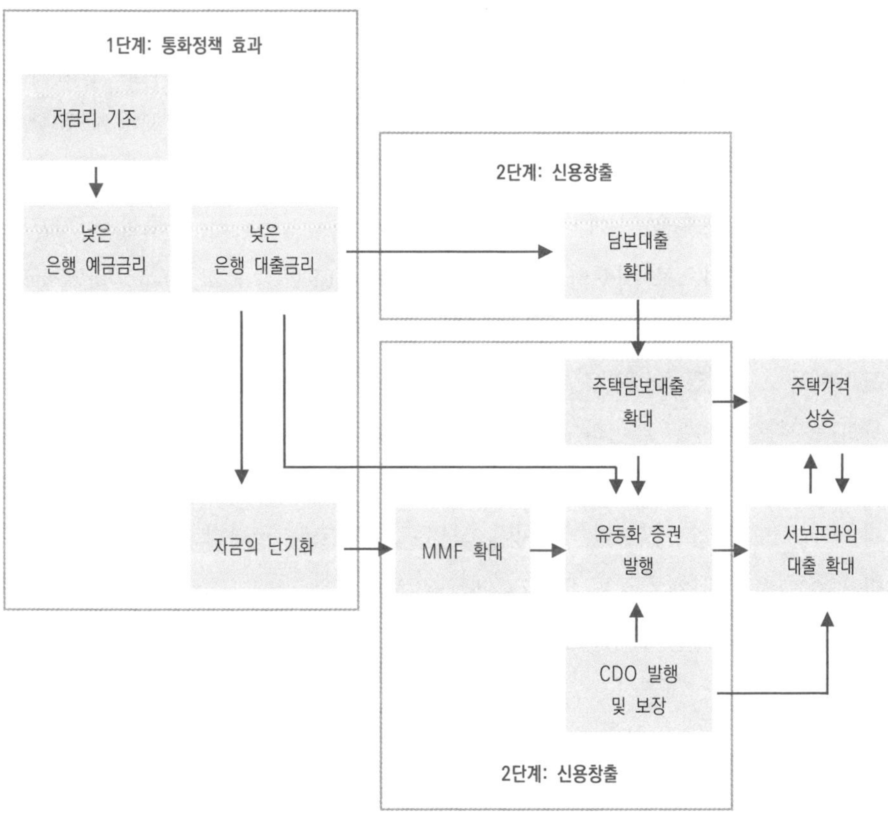

따라서 당장 선제적으로 가계부채를 관리해야 한다. 저축은행의 부실은 서둘러 털어내야 한다. 은행 대출보다 저소득층이 주로 의존하는 카드와 증권 등 제2금융권 대출부터 먼저 관리하는 게 바람직하다. 물론 가계가 스스로 알아서 부채를 관리하는 게 중요하다.

부동산 프로젝트 파이낸싱 대출 부실 위험은 글로벌 금융위기 초기인 2008년부터 꾸준히 제기되었고, 결국 2011년 하반기에 폭발했으며, 이로 인하여 저축은행, 건설사, 예금자, 지역경제는 상당한 타격을 받았다. 천문학적 규모인 1,071조 원의 가계부채는 한국 사회의 '시한폭탄'과 다름없다. 왜냐하면 부동산 경기침체가 지속되고 물가안정을 위해 금리 인상을 실시하면 부채를 갚지 못하는 가계가 증가하고, 이로 인해 금융회사들은 부실화될 것이며, 이것은 미국의 서브 프라임 위기(금융위기)와 같은 한국발(發) 금융위기를 유발할 수 있다.

아무쪼록, '시한폭탄'으로 다가오는 '한국판 서브프라임 사태', 즉 부동산발(發) 금융·실물위기의 발생 가능성을 사전에 차단해야 한다. 가계·금융기관·건설업계로 묶여 있는 신용파산 및 금융·실물위기의 뇌관을 제거해야 한다는 것이다.

'한국판 서브프라임 사태의 잠재위기'의 '뇌관'을 제거하기 위해서는 2007년 10월부터 전면적으로 시행한 '부동산투자회사법'(REITs: *Real Estate Investment Trusts*) 제26조의 2항(부동산 개발사업 투자에 대한 특례조항)에 의거하여 자산관리회사(AMC)[86]의 개발리츠 사업을 지원하여 부동산 자산의 증권화(즉, 유동화)를 활성화하는 것이라고 저자는 강조한다.

REITs는 미국에서 이미 1960년대부터 정착되었고, 2000년대 초부터 일본과 한국에도 도입되었으며, 아시아 및 유럽지역으로 급격히 확산되는 추세이다. 2007년 현재 21개국이 REITs 제도를 시행하고 있다. 한국에서는 21개 회사가 상기의 제도를 운영하고 있다.

86 자본시장통합법상의 '집합투자업'(2인 이상의 다수 투자자로부터 자금을 모아 독립적인 권한을 가지고 투자할 수 있는 금융업)으로서 설립·운영된다.

[그림 Ⅳ-12] 가계부채의 감축 · 부동산 거래의 활성화 · 건설산업의 정상화를 위한 AMC의 개발 REITs 사업에 의한 부동산 자산의 증권화 방안

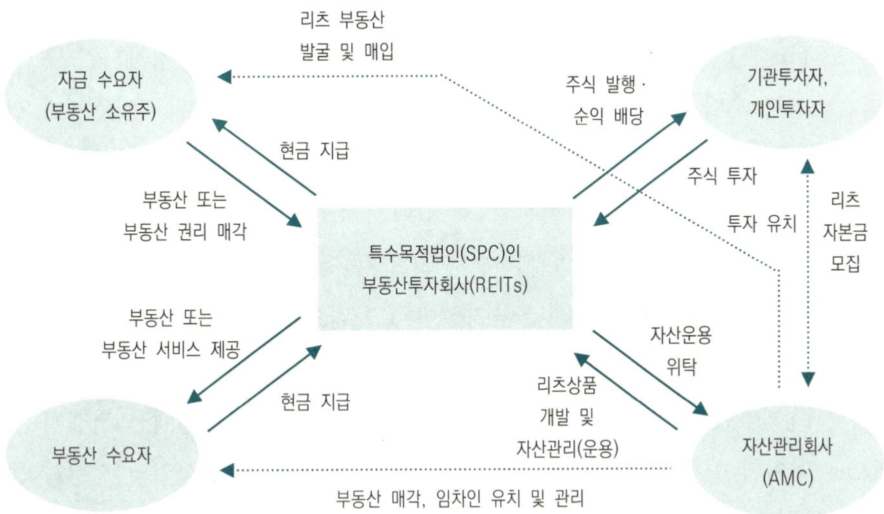

일본의 사례는 다음과 같다. 최근 일본에서는 임대주택의 공급에서 증권화를 활용함으로써 양질의 임대주택 공급을 증가시키는 등 신규 주택공급에 효과를 거두고 있다. 부동산 자산의 증권화 방법은 향후 급증할 것으로 전망되는 노후화된 일반 분양아파트의 재생책으로서도 유용하게 활용할 수 있다. 펀드가 투자자로부터 자금을 모아 구입한 후 노후한 아파트를 리모델링하여 각종 임대주택(청년층 전용, 패밀리 전용, 고령자 전용, 서민 전용 등)으로 재생하는 것이다.

REITs의 제 26조 2항인 부동산 개발사업 투자에 대한 특례조항에는 "자산을 제 21조 제 2호의 부동산 개발사업에 투자 · 운영할 목적으로 설립되는 부동산 투자회사는 총자산의 전부를 부동산 개발사업(부동산 개발사업으로 조성하거나 설치한 토지 · 건축물 등의 임대사업을 포함한다)에 투자할 수 있다"고 명기되어 있다.[87]

87 과거에는 개발 리츠(REITs)와 위탁관리 리츠(*Paper Company*)가 불허되었기 때문에 부동

상기의 제도적 장치에 의거하여, 자산관리회사(AMC)는 개발에서 임대까지, 토지에서 완공 건물까지 '토털 서비스 체계'를 구축할 수 있다. 이 과정에서, 금융기관은 단순한 투자자, 즉 대출기관의 역할을 담당하고, 시공사는 단순 도급공사만 수행함으로써 각종 리스크에 대한 금융 책임을 경감시킬 수 있다. 따라서 사업 프로젝트의 전체비용 측면에서 보면 효율적인 사업구조가 성립될 수 있는 것이다. 자산관리회사에 참여하는 주주는 투자자로서의 수익을 수령할 뿐만 아니라 경영을 감시할 수 있다.

REITs에 의거한 상품 개발(개발전문 리츠 등)은 투자자와 건설업체의 입장에서 보면 부동산 실물자산과 금융자산이 효율적으로 결합하는 것이며, 국가적으로 보면 부동산 자산이 증권화(유동화)됨으로써 부동산 시장과 자본시장(주식시장과 채권시장)이 연계됨으로써 부동산 금융이 주식시장에서 거래될 수 있고, 나아가 원활한 자금순환, 부동산 거래의 활성화, 건설산업의 정상화 등을 도모할 수 있다. 부동산 자산의 증권화를 통하여 임대주택을 공급할 경우에 자금은 증권을 구입하는(즉, 펀드에 출자하는) 투자자가 제공하고, 펀드는 투자한 물건으로부터 수익을 올리기 위해 입주자에게 다양한 형태의 매력적인 물건을 공급할 수 있게 된다.

부동산 자산의 증권화 방법을 활용한 임대주택 공급의 확대는 주택시장에 어떠한 효과를 가져올 수 있을까? 우선 많은 투자자로부터 자금을 모아 대규모 자금조달이 가능하다. 종전에 택지조성업자가 공동주택의 건축에서 주로 일반 분양아파트의 공급에 집중해 온 이유는 아파트를 매각함으로써 조기에 자금을 회수할 수 있기 때문이다. 그러나 택지조성업자가 개발한 아파트를, 개인이 아닌 REITs에 매각할 수 있다면 택지조성업자도 자금을 회수할 수 있는 또 다른 방편을 가질 수 있다. 또한, 임대아파트 공급과 관련된 참여자의 역할을 보면, 물건공급은 택지조성업자, 물건관리는 부동산중개인, 자산관리

산 개발사업의 자금조달이 오직 증권회사(펀드, 자산유동화 중개), 자산운용회사(펀드), 은행(투자 신탁)에 의하여 수행되었다. 그러나 이젠 개발 리츠와 위탁관리 리츠가 제도적으로 허용되므로 부동산 전문가들(금융 전문가들이 아닌)이 직접 투자금융기관의 역할을 수행할 수 있다.

는 자산관리회사로 각각 나뉘어 이들이 서로 치열하게 경쟁하게 될 것이고, 그 공급물건이나 서비스의 질이 높아질 수 있다.

부동산 자산의 증권화 방법을 활용함에 있어 2008년 미국의 서브프라임 모기지 사태로부터 얻을 수 있는 교훈은 증권화를 활용한 리스크 상품(예로서 노후한 일반 분양아파트의 재생 프로젝트)에 대해서는 투자자가 스스로 판단할 수 있을 만큼의 충분한 정보공시와 이것에 기초를 둔 적절한 신용등급을 설정하는 것이 필요하다는 점이다.

(2) 성장 · 고용 · 분배의 악순환 구조의 선순환 방향

전술한 한국의 사회경제적 문제점은 성장·안정·분배의 악순환으로 집약될 수 있으며, 이들을 선순환 구조를 정착시키는 것이 '최대다수의 최대행복을 위한 민주사회'의 구현이며, 이것이 바로 신실용주의 철학의 목표임과 동시에 국가경영전략의 핵심이다.

① 악순환 구조

현재 한국은 성장·고용·분배의 연결고리가 단절된 채 악순환 국면에 놓여 있는데 그 요인은 다음과 같다(〔그림 Ⅳ-13〕 참조).

외부 환경의 측면에서 보면 세계화, 기술진보(IT 등), 중국의 부상 등을 들 수 있다. 한편 국내 환경의 측면에서 보면, 기술·산업·고용구조의 변화, 대기업의 완제품 수출 중심의 발전과 중소기업, 부품소재산업, 서비스업의 취약, 고령화 및 저출산 등을 들 수 있다.

1997년 외환위기 이후 생산과 고용,[88] 수출과 내수,[89] 제조업과 서비스업[90]

---

88 생산 증가율과 고용증가율의 상관계수를 1997년 외환위기 전후로 나누어 보면, 제조업의 경우 0.77에서 0.56으로, 서비스업의 경우 0.39(제조업 0.77의 절반 수준)에서 0.26으로 각각 하락하였다.

89 수출과 내수의 상관관계는 0.98(외환위기 이전)에서 -0.36(외환위기 이후)으로 약화되었다. 그리고 외환위기 이후 수출은 연평균 11.6% 증가한 반면, 내수는 -0.02% 감소하였다(재정경제부, 2005).

90 1997년 외환위기 전에는 제조업 생산증가율과 서비스업 생산증가율의 상관계수는 0.68을

[그림 Ⅳ-13] 성장 · 고용 · 분배의 사회경제적 악순환

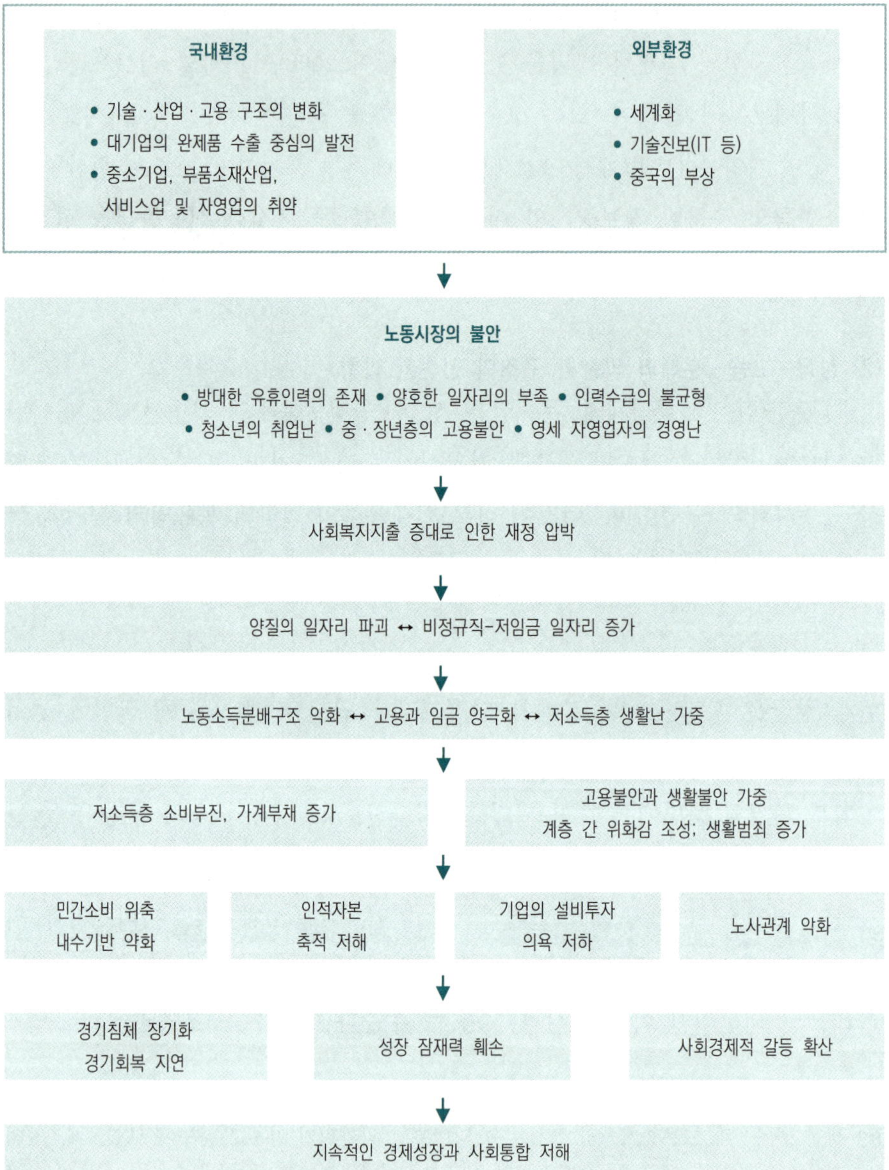

자료: 임양택(2007e); 임양택(2011a); Lim, Yang-Taek(2012).

기록했으나 외환위기 후에는 동 상관계수가 0.15로 급락하였다.

의 선순환 관계가 단절되었다. 이 결과, 수출 증대→투자·고용 증대→생산 증가→소득 증대→내수(소비) 증가의 연결고리가 거의 작동하지 못함에 따라 적하효과(滴下效果, *trickle-down effect*)[91]의 흐름이 막혀버렸다. 즉, '투자·고용 없는 수출증대 및 경제성장'이 이루어진다. 게다가 수출의 국내 부가가치 유발계수뿐만 아니라 고용유발계수가 하락하고 있다.[92]

상기와 같은 구조적 요인은 경제성장의 고용창출력을 갈수록 악화시키고 있다.[93] 이 결과, '고용 없는 성장'(*jobless growth*)으로 인하여 성장과 분배가 갈등관계에 놓여 있다. 즉, 대량실업의 발생은 내수(소비)를 감소시킴으로써 경기불황을 초래하였고, 동시에 소득분배구조를 악화시켰다.

특히 1997년 외환위기 이후, 명예퇴직, 정리해고, 가계부채, 신용불량자 등으로 인하여 소득 양극화 현상이 악화(홀프손 지수가 1995년 0.26에서 2005년 0.28로 증가)되고 있으며, 소득분배 불균등이 심화(지니 계수가 1991년 0.28에서 2005년 0.35로 증가)되고 있다. 또한, 소득 양극화는 소득분배 불균등을 동반하고 있으며 이것을 가속화시키고 있다. 게다가 2008년의 글로벌 금융위기는 한국의 소득분배 불균등과 소득 양극화를 더욱 악화시키고 있다.

---

91 적하효과(滴下效果)란 넘쳐흐르는 물이 바닥을 적시는 것처럼 대기업이나 고소득층 등 선도 부문의 경제적 성과가 늘어나면 중소기업이나 저소득층 등 낙후 부문에도 혜택이 돌아가 총체적으로 경기가 활성화되는 효과를 말한다.

92 수출의 국내 부가가치유발 계수 자체도 0.70(1995) →0.63(2000) →0.58(2003)로 하락하였다. 그리고 수출의 고용유발계수(명/10억 원)도 46.30(1990) →25.8(1995) → 15.7(2000)로 하락하였다(재정경제부, 2005).

93 이를 잘 보여주는 수치가 고용탄성치다. 고용탄성치는 취업자 증가율을 GDP 증가율로 나눠 산출한다. 고용탄성치가 높을수록 성장에 비해 취업자 수의 증가율이 높은 것을, 고용탄성치가 낮을수록 성장률에 비해 취업자 수의 증가율이 낮은 것을 각각 나타낸다. 현대경제연구원의 분석에 따르면 한국 경제의 고용탄성치는 1972~1979년 평균 0.51에서 지속적으로 하락해 2002~2007년에는 0.26까지 추락했다. 과거에는 경제성장률 1%p당 취업자 수가 0.51% 증가하던 것에서 이젠 0.26% 증가하는 수준으로 악화되었다.

② 선순환 방향

한국의 사회경제적 문제들 중에서 가장 시급한 것은 소득분배의 개선(소득 불균등의 개선)보다는 고용의 양적 증대와 질적 개선과 중산층의 복원 및 확대(소득 양극화의 완화)이다. 즉, '고용창출형 성장'에 의하여 '다이아몬드형 사회구조'를 만드는 것이다. 왜냐하면 성장과 분배가 갈등관계가 아닌 선순환관계를 가질 수 있는 유일한 방안이 고용증대이기 때문이다. 즉, 고용창출형 경제성장이 이루어지면 성장은 고용을 유발시키고, 고용은 다시 분배구조를 개선시킨다. 따라서 문제의 초점은 성장과 분배의 갈등관계의 여부가 아니라 성장전략이 '고용창출형 성장'인가 혹은 '고용 없는 성장'인가에 달려 있는 것이다.

경제성장과 소득분배 간의 인과관계를 실질 GDP와 지니계수의 데이터(1990~2011년 연도별)를 바탕으로 검정한 결과, 계속 실질 GDP가 증가하면 일자리 증가 효과와 고용의 질 개선 등으로 고소득층의 소득증가율보다 저소득층의 소득증가율이 높아 소득분배가 개선된다는 것으로 분석됐다.[94] 따라서 고용증대를 도모하기 위해서는 무엇보다도 지속적 경제성장이 필수적이라는 것을 알 수 있다.

한편 '불균등 소득분배'란 전체 인구의 소득분포가 '균형'을 이루지 못한 상태를 나타낸다. 즉, 소득분위별 분배상황이 균형분포를 이루지 못한 현상을 의미한다. 이것은 소득분포의 양극단이 확대되는 추세를 나타내는 '소득 양극화'와 대조적이다.

최근 소득분배구조의 악화 추세에 관해 다음과 같은 가설이 제기되었다. 과거에는 현재의 소득분배구조 악화의 주요원인을 근로소득분배의 불균등 악화에서 찾았다. 이 견해는 세계화와 숙련 편향적 기술변화, 노동시장 유연화 정책 등이 주요원인으로 지적됐다.[95] 한국에서는 과거 부동산 가격의 급등 등으

94 실질 GDP 1% 증가 시 총취업자의 0.3%(평균 약 6만 명)가 증가하고, 상용근로자는 0.7%(평균 약 5만 명), 임시·일용직 근로자는 0.3%(평균 약 2만 명) 각각 증가하는 반면, 자영업자는 오히려 0.1%(약 1만 명)가 감소하는 것으로 나타났다. 또한, 실질 GDP 1%가 증가하면 소득 2분위 계층의 소득은 0.72%, 소득 3분위 계층은 0.67%, 소득 1분위 계층은 0.66%, 소득 4분위 계층은 0.62%, 소득 5분위 계층은 0.47%가 증가하는 것으로 분석되었다.

로 인하여 자산소득 불균등에 대한 관심이 증대했다. 이에 따라 소득분배에서 자산소득이 차지하는 비중도 중요한 관심의 대상이 되었다. 특히 2000년대 이후 부동산 가격의 급등은 자산소득 불균등을 크게 악화시켰고, 다시 자산소득 격차를 확대시켜 소득분배에도 부정적 영향을 미쳤을 것으로 짐작된다.

모름지기 소득분배구조를 개선하기 위해서는 저숙련 근로자의 숙련향상과 노동시장 여건개선을 통해 근로소득의 격차증대를 완화해야 한다. 우선, 인적자본 육성 중심의 성장촉진형 소득재분배 정책을 추진해야 한다. 즉, 저소득층으로 하여금 인적자본 축적을 원활히 하도록 지원하여 소득수준을 높여나갈 수 있게 하는 동시에 국가의 인적자본 기반을 강화함으로써 성장 잠재력을 확충시켜야 한다.

특히 저소득층 아동, 청소년 대상의 방학 중 학습참여 지원, 의무교육 연한의 연장, 청소년 대상 교육훈련 프로그램의 양적 및 질적 확대, 대학 학자금 지원 프로그램의 확대 등이 필요하다. 이러한 인적자본 투자 프로그램들은 성장 잠재력을 확충함과 동시에 숙련 근로자의 수를 증대하고 비(非)숙련 근로자의 수를 감소시킴으로써, 근로소득의 격차를 줄이고 전반적 소득분배를 개선할 것이다.

따라서 학교의 인재교육은 주문식 교육체세로 과감히 혁신되어야 한다. 우선 직업선택의 기회를 일찍 제공하는 실용주의적 교육을 위하여 대대적으로 개편하고 여기에 기업들이 적극 참여하는 주문식 교육을 시행해야 한다. 즉, 기업은 안정적 인력을 확보하고 인력은 직장을 보장받는 사회적 합의가 필요하다. 그리고 실업계 고등학교의 전문성을 더욱 높여 주어야 한다. 따라서 대학을 과감히 줄이거나 학점 받기 어렵게 만들고 고등학교와 직업전문학교를 나온 사람들은 기능인으로 대접해 주면 일자리도 창출될 수 있을 것이다.

한편, '소득 양극화'란 특정 계층에 소득의 분포가 집중되는 현상을 의미한다. 즉, '중간 소득계층이 줄어들면서 소득분포가 양극단으로 쏠리는 현상', 즉 중산

---

95 그러나 서구 국가 중에서 자본소득분배가 근로소득분배만큼이나 가족소득분배의 불균등에 중요한 영향을 미친 국가는 아직 발견되고 있지 않다.

층의 소멸 혹은 해체를 의미한다.[96] 여기서 중산층을 규정하는 기준은 소득, 자산, 교육수준, 직업 등으로 다양하지만, 중산층의 변동추이를 분석하는 데 일반적으로 사용되는 중위(中位) 소득의 50~100%에 해당하는 계층을 '중산층'으로 정의한다.

일반적으로, 소득 양극화의 주요요인으로서 다음과 같이 크게 두 가지가 지적된다.

① 세계화에 따른 교역확대와 기술진보 가속화 때문이다. 즉, 세계화의 진전으로 국가 간 생산요소의 이동이 자유로워짐에 따라 글로벌시장에서 경쟁력을 갖춘 부문과 그렇지 못한 부문 간의 격차가 확대된다는 것이다. 구체적으로, IT분야의 급속한 기술진보가 관련 산업의 성장세를 견인하면서 적응력을 갖춘 숙련 노동자와 그렇지 못한 비숙련 노동자 간에 노동수요 및 생산성 격차가 발생했다는 것이다.

② 세계화와 기술진보라는 일반적 흐름에도 불구하고, 소득 양극화의 진행속도와 양상은 국가별로 상이하다는 것이다. 한국의 경우, 소득 양극화지수(홀프만 지수)에 대한 경제성장률의 탄성치는 -0.012로 가장 크게 나타났고 매우 유의적인 것으로 추정되었다. 이것은 소득분배 불균등의 완화뿐만 아니라 소득 양극화의 해소를 위해서는 무엇보다도 지속적 경제성장이 필수적임을 의미한다.[97]

96 M. Wolfson(1994)

97 실질 GDP 성장률이 1% 증가할 경우 소득 양극화 지수의 증·감분은 -0.00012로 추정되었다. 따라서 2005년 기준으로 실질 GDP 성장률이 1%p 추가 증가할 경우 소득 양극화 지수가 0.57% 감소하는 것으로 추정되었다. 예를 들어, 경제성장률이 4%에서 5%로 1%p 증가할 경우 소득 양극화 지수가 2005년 0.021에서 0.02088로 0.57% 감소한다는 것을 알 수 있다.

③ 고용현황 및 전망

가. 고용관련 지표

한국의 고용통계가 고용 상황을 정확히 반영하지 못하고 있다. 왜냐하면 통계청의 고용통계는 국제노동기구(ILO) 국제기준을 준용해 작성되고 있지만 이를 너무 기계적으로 적용해 한국의 고용 특성과 현실을 충분히 반영하지 못하고 있기 때문이다.

예컨대 ILO가 제시한 실업의 통계적 정의는 3가지 요건, 즉 ①지난주 1시간 이상의 일을 하지 않았을 것, ②지난 4주 내 적극적 구직활동을 하였을 것, ③지난주 일자리가 제시되었으면 일을 할 수 있었을 것,[98] 이 3가지 조건을 만족하면서도 일자리를 못 구한 사람만이 '실업자'가 될 수 있다. 여기에 부합하지 못하면 비(非)경제활동인구로 분류되어 고용률·실업률 산정 과정에서 아예 빠지게 된다. 그러나 한국의 고용·취업 특성상 여기에 해당하지 않는 사람이 많다. 예를 들어 고시(考試)나 입사시험 형태로 취직을 준비하는 사람들을 들 수 있다.

상기의 공식적 실업기준에 따라, 2010년 한국의 실업률(3.8%)은 OECD 34개국 가운데 노르웨이(3.7%)에 이어 둘째로 좋은 수치다. 그러나 고용률을 들여다보면 사정이 180도 달라진다. 고용률은 15~64세 인구 가운데 얼마나 많은 사람이 일하는지를 보여주는 지표다. 2010년 기준 한국의 고용률은 63.3%다. 34개 OECD 회원국 평균(64.6%)에도 못 미친다. 고용률 순위는 OECD 회원국 중 21위에 불과하다.

고용률 지표는 하위권인데, 실업률 지표만 유난히 좋은 이유는 무엇 때문일까? 그 이유는 직장을 구하지 못해 아예 구직을 포기하는 사람들은 실업률을 계산할 때 빠지기 때문이다. 1년에 한두 번 있는 공무원 시험이나 대기업 공채를 준비하는 대학 졸업자, 일할 능력과 의사는 있지만 이력서를 제대로(적

98 취업 가능성을 따지는 기간을 '지난 한 주'로 한정하는 것은 무리가 있다. 일본의 경우는 기준시점을 특정하지 않고 일이 있다면 즉시 취업이 가능한지 여부를 확인해 통계에 반영하고 있다.

극적으로) 쓰지 않는 주부 등은 실업률 계산에서 제외된 다. 이 때문에 실업률 수치만 봐서는 고용시장의 현황을 정확히 파악할 수가 없다.

한국 정부도 내부적으로 공식 실업자 수뿐만 아니라 취업에 어려움을 겪는 '취업애로계층' 수를 집계하고 있다. '취업애로계층'이란 정부가 매달 공식적으로 발표하는 실업자 숫자에다 비(非)경제활동인구 중 취업 의사와 취업 능력이 있는 사람을 더하고, 주당 36시간 미만 근무하는 단(短)시간 근로자 중 추가로 취업을 희망하는 사람을 합한 개념이다.

따라서 '취업애로계층'이라는 통계는 다른 국가들보다 여성과 청년층의 경제활동참여가 부진한 특성을 가진 한국의 고용시장의 실제 상황을 간접적으로 보여줄 수 있는 통계 수치라는 평가를 받고 있다.

[표 Ⅳ-2] 실업통계관련 지표

- 실업자: 국제 표준의 실업자 정의는 취업자(유급으로 1시간 이상 일한 자, 혹은 무급으로 18시간 이상 가족일을 도운 자)가 아니면서, 지난 4주간 적극적으로 구직활동을 하였으며, 이 자리가 주어지면 즉시 취업이 가능한 자이다.
- 구직단념자: 비경제활동인구 중 취업 의사와 능력이 있음에도 구직활동을 하지 않은 자이다. 통계청은 구직단념자를 '취업 의사와 능력은 있으나 노동시작적 사유로 지난 4주간 구직활동을 하지 않은 자 중 지난 1년 내 구직 경험이 있었던 자'로 정의한다.
- 협의의 사실상 실업자 = 실업자 + 구직단념자
- 취업준비자: 비경제활동인구 중 취업을 위해 학원 · 기관에 통학하거나 취업준비를 하는 자이다.
- 취업무관심자: 비경제활동인구 중 정규 교육기관이나 입시학원 또는 취업을 위한 학원 · 기관에 통학하지 않고, 취업의사도 없으며, 가사나 육아를 주로 담당하지도 않는 자이다.
- 광의의 사실상 실업자 = 협의의 '사실상 실업자' + 구직단념자 + 취업준비자 + 취업무관심자
- 협의의 체감실업률 = 협의의 사실상 실업자/취업자 + 협의의 사실상 실업자
- 광의의 체감실업률 = 광의의 사실상 실업자/취업자 + 광의의 사실상 실업자

나. 청년실업

청년 일자리 수는 감소하는 반면에 노인 일자리 수만 증가하고 있다. 지난 1년간 50대와 60대 취업자 수는 각각 30만 명, 19만 2천 명이 증가했다. 이와 반면에 20대 취업자 수는 1년 전과 똑같았고, 30대 취업자 수는 6만 6천 명 감소했다. 게다가 청년층의 경우, '경제활동참가율'마저 떨어지고 있다.[99]

국회예산정책처는 〈청년일자리사업 평가〉 보고서(2013. 10. 8)에 의하면, 한국의 청년(15~29세)의 경제활동참가율은 2013년 6월 기준으로 43.4%이며, 연령층별로 보면 OECD 36개 국가 가운데 20~24세 및 25~29세는 각각 32위, 30~34세는 35위라는 낮은 순위를 보이고 있다.

한편, 한국의 청년(15~29세) 고용률은 2013년 6월 기준 40.0%이며, OECD 36개 국가 가운데 20~24세는 23위, 25~29세는 27위, 30~34세는 29위로 연령대가 높아질수록 순위가 떨어지고 있다.

한국의 청년실업률은 6.7%로 16.2%인 미국의 3분의 1, 24.8%인 프랑스의 4분의 1 수준에 그친다. 1997~1998년 외환위기를 겪고, 2008년의 글로벌

[그림 Ⅳ-14] 청년경제활동인구의 구성

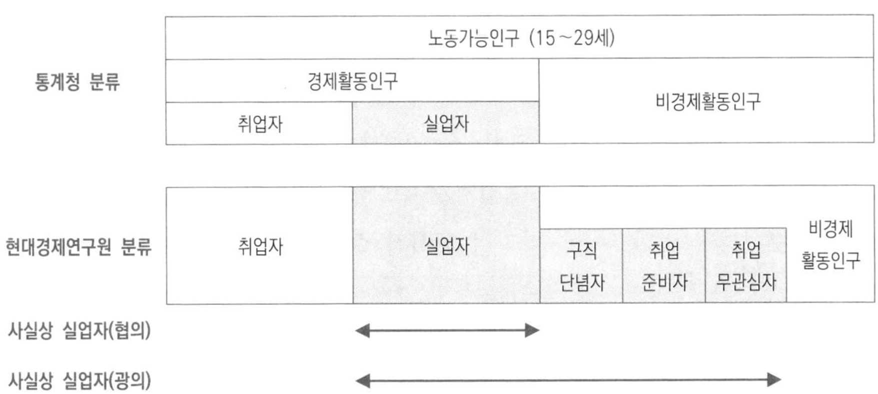

자료: 현대경제연구원(2011).

99 경제활동참가율은 전체 인구 중에서 경제활동인구(일을 할 의사가 있는 사람)의 비율을 의미한다.

금융위기가 닥쳤지만 한국의 실업률은 2002년 이후 줄곧 3%대였다.

통계청의 고용동향조사에 의하면 '아프지 않는데도 가사·학업·취업준비 등 아무것도 하지 않고 그냥 쉬었다'고 응답한 사람이 150만 명에 달했다. 1년 전보다 12만 4천 명 늘었다. 이 중 30대 이하 비율이 31.4%(47만 1천 명)에 이른다. 취업이 어려운 상황에서 취업 의사마저 접는 건강한 젊은이 47만 1천 명이 그냥 놀고 있다. 이러한 젊은이가 1년 전 43만 9천 명보다 3만 2천 명 증가하였다.

또한, 노동연구원의 분석에 따르면, 2011년 초 15~34세 중에서 교육, 훈련, 일 가운데 어느 것도 하지 않는 가운데 구직활동도 하지 않는 '청년 백수'가 처음으로 1백만 명을 넘긴 103만 2천 명이었다. 이들이 15~34세 인구에서 차지하는 비중은 2003년 5.1%에서 2011년 7.3%로 높아졌다. 그러나 여기엔 비정규직과 육아 혹은 가사에 전담하는 등 '사실상 실업' 상태나 다름없는 '잠재 실업자'는 계산에 빠져 있다.

한국개발연구원의 20대 경제활동조사에서 2011년 10월 잠재 실업자는 21.2%, 면접을 보는 등 적극적으로 구직 중이지만 직장이 없는 실업자는 5.4%였다. 20대의 4명 중 1명 이상(26.6%)이 실업 또는 잠재 실업 상태인 셈이다. 30대에도 이 같은 통계를 적용할 경우 전체 20·30대 약 1천 5백만 명 중에서 4백만 명 정도가 일자리 때문에 고통받는 계층으로 추산된다.

청년 인구가 감소함에 따라 실업자는 2003년 40.1만 명에서 2011년 32.4만 명으로 감소하였으나, '사실상 실업자'는 2003년 99만 명에서 2011년 110.1만 명으로 오히려 늘었다. 이에 따라서 공식적 실업률은 7.7%이지만 '사실상 실업자'를 포함한 광의의 체감실업률은 17.7%에서 22.1%로 4.4%p나 상승하였다.

'사실상 실업자'란 장·단기적으로 노동시장에 유입될 가능성이 있는 15~29세 청년 중, 실업자뿐만 아니라 구직단념자와 취업준비자, 취업무관심자 등 사실상 실업 상태에 놓인 자를 포함한다. 협의의 '사실상 실업자'는 '실업자+구직단념자'로 정의하고, 광의의 '사실상 실업자'는 협의의 '사실상 실업자+취업준비자+취업 무관심자'로 정의한다.

2008년 글로벌 금융위기 이후의 청년 취업 상태를 보면, 대졸 이상보다 고졸 이하의 고용상태가 더욱 악화되었다. 그 요인은 비정규직 비율이 높은 고졸 청년들이 더 많이 해고되어 청년실업자들이 구직단념자나 취업준비자로 이동하였기 때문이다. 고졸 이하의 체감실업률은 2007년 21.0%에서 2011년 24.5%로 상승하였고, 특히 재학생을 제외한 고졸 이하는 20.0%에서 24.3%로 악화되었다. 대졸 이상은 19.9%에서 21.6%로 소폭 상승에 그쳤다.

청년실업 상태가 장기화 되면 근로의욕을 상실해 취업 자체를 포기하는 '니트(NEET)족'이 증가한다. 니트족 수는 1995년 51만 명이던 것이 2010년에 130만 명을 넘어섰다. 또한, 청년실업의 장기화는 우울증 환자나 자살자가 급증하는 사회병리 현상으로 나타난다. 한국에서 우울증으로 치료받은 사람은 2000년 475명에서 2010년 1,071명으로 10년 사이에 두 배 이상으로 늘어났다. 인구 10만 명당 자살한 사람 숫자는 2010년 31.2명을 기록하였고 OECD 국가 중 가장 높다.[100] 따라서 구직단념자 등 '사실상 실업자' 상태에 놓인 청년들을 위하여 다음과 같은 고용대책이 실시되어야 할 것이다.

첫째 적정수준의 정규교육 내지 취업교육이 이루어질 수 있도록 교육정책과 고용정책을 연계시킴으로써 개인의 인적자본 형성을 위한 투자와 사회의 인력수요가 일치할 수 있도록 유도해야 할 것이다.

둘째 '사실상 실업자'의 특성을 고려한 맞춤형 고용대책을 마련해야 한다. 구직단념자나 취업준비자는 당장 취업할 의사가 있거나 취업을 목적으로 준비를 하는 청년들이기 때문에 이들에게 취업을 알선하거나 직업훈련을 지원해야 한다. 이와 반면에, 취업이나 직업훈련, 학업 어느 것에도 관심이 없는 취업무관심자에 대해서는 취업 의지를 심어주기 위한 직업체험이나 직업훈련 등이 더 효과적일 수 있다.

셋째 일반적으로 경제위기 때에는 여자가 더 큰 충격을 받는다. 해고 및 채용에서 여성 차별을 시정하고, 취업알선 및 직업훈련 등을 통해 여성

---

100 매일경제(2012. 12. 5).

이 노동시장에서 이탈하지 않도록 배려할 필요가 있다. 연령별로는 20대 초반에 대한, 학력별로는 고졸 이하 청년에 대한 각각 별도의 대책이 필요하다.

여기서 유의할 것은 '전문대졸 이상'의 학력을 보유한 실업자의 최소 10%를 수용할 일자리가 있는데도 취업으로 연결되지 못하고 있다는 점이다. 상술하면, 통계청 자료에 따르면, 2009년 실업자는 88만 9천 명으로 1년 전보다 12만 명이나 증가했으며 이들 중에서 '전문대졸 이상'의 학력을 가진 사람은 32만 1천 명임에도 불구하고 산업기술인력[101]의 부족인원은 33,473명이다. 실제로 종업원 수 30인 미만 사업체의 경우 12,058명의 인력을 구하지 못해 인력부족률이 10.6%에 달했다. 이것은 500인 이상 대규모 사업장의 부족인원(3,026명)에 비해 3배 이상 많은 규모다. 한편 업종별 인력 부족률을 보면, 의료・정밀・광학기기(9.5%)와 가구제조업(9.1%), 식료품 제조업(8.5%)으로, 심지어 8대 주력산업 가운데서도 기계(6.9%), 화학(6.8%)으로 각각 나타났다.[102]

여기서 유의할 것은 기업들이 원하는 인력을 고용하지 못하는 이유로 '인력의 직무능력 부족'을 가장 많이 꼽았다는 점이다. 기타 서비스 분야에서는 87.2%의 업체가, 정보기술(IT) 서비스업에서는 75.9%의 업체가 직무능력 부족 때문에 채용을 하지 못한 것으로 조사됐다. 즉, 인력시장에 고급 교육을 받은 사람이 넘치지만 정작 시장이 필요로 하는 기술을 가진 인력은 턱없이 부족하다는 것이다. 따라서 산업현장에서는 인력의 질적인 미스매치(*mismatch*)가 심각한 상황임을 알 수 있다.

101 이공계를 전공한 전문대 졸업 이상의 학력자 중 기업에서 관련 연구개발이나 기술 업무에 종사하는 직원을 말한다.

102 동아일보(2010. 11. 19).

④ 박근혜 정부의 '고용률 70% 로드맵'

2011년 취업자 수가 월 평균 약 40만 명으로 증가했지만, 고용의 질은 악화되었다. 그 근거는 다음과 같다. 양질의 일자리로 꼽히는 제조업 취업자 수는 감소하고(1년 전에 비해 5만 5천 명 감소), 도소매업, 음식숙박업 등 서비스 업종 취업자가 급증(49만 명 증가)하였다. 제조업 일자리가 감소한 요인은 글로벌 경기위축 여파가 국내 제조업 경기에 악영향을 끼쳤기 때문이다. 반면에 서비스업 취업자 수가 증가한 요인은 중·장년층과 주부들이 생계를 위해 자영업에 뛰어들었기 때문이다.

그러나 서비스업 취업자가 55만 5천 명이나 늘었지만 그 구성을 자세히 들여다보면 부정적인 요소들이 많다. 상술하면, 정부가 2012년까지 간병인, 노인 노양 등에서 33만개의 사회적 일자리를 창출하기 위해 관련 예산을 대폭 늘렸기 때문에 보건·복지 분야에서 14만 1천 명의 취업자, 도·소매업에서 12만 8천 명의 취업자, 전문 과학기술에서 7만 4천 명의 취업자가 각각 증가하여 서비스업의 취업자가 모두 55만 5천 명이 증가했다. 건설업 취업자는 2010년 부진에 따른 기저효과, 최근 건설경기 부진 완화 등으로 전년 동월보다 4만 1천 명 늘어났다.

50세 이상 자영업자 숫자가 2011년 10월 현재 310만 3천 명으로 역대 최고를 기록했다. 직장에서 정년퇴직 또는 조기 명예퇴직한 베이비붐 세대들이 재취업을 원하지만 마땅한 일자리를 구하기 어려운 탓에 어쩔 수 없이 식당·편의점·커피전문점 같은 영세 자영업 창업에 몰렸다. 특히 베이비붐 세대는 평균 수명의 연장으로 은퇴 이후의 삶이 길어진 반면 노후 준비가 제대로 돼 있지 않고, 자녀 교육·결혼을 위한 뒷바라지도 끝난 것이 아니다.

1997~1998년 외환위기 때 기업 도산과 사업 구조조정으로 일자리를 잃은 직장인들이 대거 자영업 창업에 나섰다가 2003년 카드대란의 충격으로 수십만 명이 무더기 폐업했던 것과 똑같은 사태가 다시 발생할 수 있다. 또한, 고령층의 생계형 창업 실패는 곧바로 고령 빈곤층의 증가로 이어져 큰 사회문제가 될 수 있다는 점에 유의해야 할 것이다.

따라서 고령층 창업에 대한 정책적 대비책을 세워야 한다. 임금피크제와 정년(停年) 연장을 통해 직장인들이 더 오래 일할 수 있는 여건을 마련해 자영업으로 몰려드는 고령층의 유입 속도를 늦출 필요가 있다. 한걸음 더 나아가, 고용확대를 위해서는 공공근로 등 단기적 지원보다는 중·장기적인 수요창출과 고용의 질을 높이는 데 초점을 두어야 할 것이다.

박근혜 정부는 경제정책의 초점을 '성장'에서 '고용'으로 전환하고 고용률 70%를 국정목표로 잡았다. 그간 수출·대기업 중심의 성장 지상주의가 충분한 고용을 이끌어내지 못했다며, 이제는 고용률을 높이는 데 정책역량을 집중하겠다는 것이다.

박근혜 정부가 발표한 '고용률 70% 로드맵'은 성장에 대한 언급 없이 어떡하든 5년간 238만 개의 일자리를 만들어 내겠다는 것이다. 이것은 주로 시간제 일자리 확대와 근로 시간 축소를 통해 고용률을 높이겠다는 것이다. 성장을 통해 양호한 일자리를 창출하기보다는 기존의 일자리를 나눠 갖는 형태로 고용률을 높이는 방안이다. 그러나 성장 없이 고용률만 높이는 것은 결코 바람직하지 않다. 성장이 없이는 전체 소득의 파이가 늘어나지 않고 이를 잘게 나누면 개인에게 돌아가는 소득은 줄어들 수밖에 없다. 당연히 삶의 질도 떨어진다.

또한, 정부가 예산 6조 원을 투입해 공공 부문에서 양질의 시간제 일자리를 늘려 고용률 70%를 달성하겠다는 청사진을 제시했다. 이는 저성장 기조가 굳어지면서 '일자리 늘리기'는 어렵고, 그나마 '일자리 나누기'를 통해서라도 고용률을 끌어올려보겠다는 것이다. 그러나 현재 64.2%인 고용률을 5년 내 70%로 끌어올리는 것은 현실적으로 무리다. 지금의 경제체질로는 향후 5년간 8%대의 경제성장을 해야 넘볼 수 있는 수치다.[103]

여기서 저자가 지적하고자 하는 것은 다음과 같다. 즉, 박근혜 정부가 진정 고용률을 끌어올리고 싶다면 서비스업의 과감한 규제완화에 도전해야 한다. 역대 정부들은 이해집단의 반발에 밀려 서비스산업의 규제완화에 실패했다는 것이다.

---

103 중앙일보(2013. 6. 5).

참고로, 산업연구원(KIET)의 보고서(2012. 12. 4)는 서비스 수출의 고용유발 효과가 제조업 수출의 그것보다 크다고 분석했다. 구체적으로, 2005~2009년의 기간 동안, 서비스 수출 증가의 고용유발 효과는 58만 명으로 제조업의 40만 명을 상회했으며, 서비스 소비 증가로 인한 고용유발인원은 125만 명으로 제조업 10만 명의 무려 12.5배에 달한다고 분석했다.

(3) 고용창출형 성장전략

'모두 함께 잘사는 사회공동체'를 건설하기 위한 최소한의 기본 요건은 3가지로, 즉 ①지속적 경제성장, ②완전고용, ③형평한 소득분배인데 상기의 3가지 정책 목표를 달성하기 위해서는 무엇보다도 우선 성장·고용·분배의 선순환적 관계를 복원시켜야 한다.

'투자·고용 없는 수출증대 및 경제성장'으로 인해 수출과 내수, 생산과 고용, 제조업과 서비스업의 선순환 관계가 약화됐다. 즉, 투자·고용 증대→생산증가→수출증대→소득증대→내수(소비)증가→지속적 성장 및 형평한 분배의 연결고리가 거의 작동하지 못했다. 이에 따라 대량실업이 발생하였고, 이것은 다시 소득분배구조를 악화시켰다.[104] 그 결과 수출호조에 의한 경제성장이 국내 부가가치 및 고용창출로 연결되지 못하고 있다.

① 중소기업의 부품·소재와 대기업의 완제품 조립의 산업연관

부존자원이 빈약하고 국내시장이 협소한 한국에게는 수출이 4,895만 6천 명(2013. 8 현재, 세계 25위)의 생존과 번영을 위한 기본전략이다. 그럼에도 불구하고 수출경쟁력은 수출단가 지수, 교역조건 지수, 외화가득율, 수출의 부가가치 유발계수와 고용 유발계수가 해마다 저락함에 따라 날로 악화되고 있다. 이 결과, 수출 호황은 '속빈 강정'이 되고 있다.

이와 같이 수출의 대내적 파급효과가 하락하게 된 구조적 요인은 다음과 같

---

104 특히 1997년 외환위기 이후, 명예퇴직, 정리해고, 가계부채, 신용불량자 등으로 인해 소득 양극화 현상이 악화되고 있으며, 소득분배의 불균등이 더욱 심화되었다.

다. 즉, 완제품 수출지향적 및 자본집약적 국내 대기업이 중간재(부품·기계류)를 생산하는 노동집약적 국내 중소기업과 연계되어 있지 않는 대신에 해외(특히 일본 등) 부품·소재 기업에 대한 수입의존 및 기술의존의 심화로 인하여 한국 수출의 수입유발효과(수출에 의해 유발된 수입액이 수출액에서 차지하는 비율)가 증가하기 때문이다.

그러므로 수출의 부가가치 유발계수를 높이기 위해서는 기술개발을 통한 대(對)일본 수입의존도를 낮추어야 할 것이며, 또한 수출의 고용 유발계수를 높이기 위해서는 고용유발효과가 큰 중소기업과, 해외 마케팅능력을 갖춘 대기업이 기술계열화를 추진해야 할 것이다.

다시 말하면, '고용창출형 성장'을 위한 기본방향은 대기업-완제품-마케팅-수출; 중견(소)기업-중간재(부품·소재)-생산·고용·공급-내수(소비)의 상호보완적 산업연관 관계를 정착시키는 것이다. 이것은, 유망 부품·소재 중견(소)기업과 대기업의 상생협력 모형인 것이다.

한국의 "부품·소재 전문기업 등의 육성에 관한 특별조치법"에 따르면, '부품·소재'란 다음과 같은 특징을 갖춘 것을 지칭한다. ① 최종 생산물의 고부가가치화에 기여가 큰 것이다. ② 첨단기술 또는 핵심 고도기술을 수반하는 부품·소재로서 기술파급효과 또는 부가가치 창출효과가 큰 것을 말한다. ③ 산업 기반이 되거나 산업 간 연관효과가 큰 것을 가리킨다.

국내 부품·소재 산업은 전체 제조업 생산액의 41.7%, 전체 제조업 종사자의 46.9%, 전체 제조업 수출의 45.7%, 전체 제조업 수입의 36.8%를 각각 점유하는 국내 제조업의 중추이다. 특히 사업체당 종사자 수와 생산규모가 지속적으로 증가하여 고용창출의 핵심 역할을 하고 있으며, 고부가가치 산업으로 자리하고 있다.

그러나 부품·소재 산업의 수출이 일부 품목에 편중되어 있으며, 핵심·고부가가치 부품·소재는 원천기술 부족으로 여전히 일본 등 선진국으로부터의 수입에 크게 의존하고 있다. 핵심 부품·소재의 기술경쟁력 열위는 수입의존 심화를 야기하여 국내 산업 간 파급효과 상실→수출과 내수의 불균형 초래→경제성장 동력 약화 등의 요인으로 작용한다.

[그림 Ⅳ-15] 대기업과 중소기업의 상생협력 모형

중견(소)기업과 대기업의 상생적 산업연관 관계
'중견(소)기업-중간재(부품 · 소재)-내수' 對 '대기업-완제품-마케팅-수출'

- 부품 · 소재 산업/제조업의 비중:
  - 생산액: 41.7%
  - 종사자 수: 46.9%
  - 매출액: 45.7%
  - 수입액: 36.8%
  - 중소제조업(종업원 5~299인)/산업전체의 비중:
  - 사업체 수: 99.4%
  - 종사자 수: 75.7%
  - 부가가치액: 49.4%

- 중간재 수입의존도
  - 무선통신기기: 67%
  - 반도체: 79%

- 대(對)일본 무역수지 적자
  - 2007년: 299억 달러
  - 2008년: 328억 달러
  - 2011년: 285.9억 달러

※ 전산업에서 전체 무역수지는 133억 달러 적자 (IMF 이후 최악)
※ 부품 · 소재 산업 분야에서 전체 무역수지는 349억 달러 흑자

성장 · 안정 · 분배의 조화를 위한 순환적 연결고리의 복원
투자 · 고용 증대 → 생산 증가 → 수출 증대 → 소득 증대 → 내수(소비)증가 → 지속적 성장 및 형평한 분배

- 세계 6~7위의 산업기술 강국
  - 세계 1위: 조선 기술 · 반도체 메모리 기술 · 인터넷 기술 · 휴대폰 기술 · LCD 모니터 기술 · MP3 기술
  - 세계 2위: TV 수상기 기술 · 가전 기술
  - 세계 4위: 고속전철 기술 · 휴먼로봇 기술과 화섬 · 에틸렌 · 가정용 냉장고의 생산능력
  - 세계 5위: 원자력 기술과 가정용 세탁기 · 철강생산 능력,
  - 세계 6위: 자동차 기술 등

자료: 임양택(2007e); 임양택(2011b)

물론, 만성적인 대(對)일본 무역수지 적자를 극복하기 위해서는 일본으로부터 수입하는 핵심 부품 및 소재를 한국이 독자기술(기초기술)로 창출하는 수밖에 없다. 그러나 대부분의 부품소재 관련업체는 중소기업(99%)으로 구성되어 있어, 규모의 영세성과 R&D 투자 부진 등으로 인한 생산성 둔화(저부가가치)와(해외단순기술 도입), 수입유발 촉진 등의 악순환을 반복하고 있다.

이 결과, 그동안 만성적인 대(對)일본 무역수지 적자와 서비스수지 적자의 상당 부분은 큰 폭의 대(對)중국 무역수지 흑자로써 메꿔왔으나 이젠 한국의 대(對)중국 부품·소재 수출은 둔화되고 있으며 오히려 한국의 대(對)중국 부품·소재 수입이 더 증가함으로써 그동안 중국의 고도 성장기에 부품·소재를 수출하면서 누렸던 특수(特需)효과가 점점 사라지고 있다.

참고로 세계적 베스트셀러 도서인 《히든 챔피언》(*Hidden Champion*)[105]의 저자인 헤르만 지몬(Hermann Simon)은 "독일이 세계 수출국 1위를 유지하는 건 1천 2백 개에 달하는 '히든 챔피언' 덕분"이라고 말했다. 그는 "한국도 중소기업이 존경받는 문화를 만들어 '히든 챔피언'을 키워야 한다"고 말했다. 또한 "역량이 있어도 세계시장으로 나아가지 못하면 성공을 거둘 수 없다. 따라서 세계화가 중요하다. 한국의 히든 챔피언들(YG-1, HJC, 모텍스, CAP, 오로라월드, 유닉스전자…)을 보면 기술력이 뛰어나지만 세계시장으로 나아갈 땐 대기업을 통해 자신의 상품을 판매한다. 역량뿐 아니라 세계 네트워크의 기반을 다져야 한다"고 각각 주장하였다.[106]

사실 대(對)일본 수입 상위 30개 품목 중에서 수입 규모가 가장 높은 품목은 철 및 비합금강 열연강판이다.[107] 여기서 유의할 것은 철강과 강재와 같은 중간재는 중소기업보다는 대기업이 담당하는 분야라는 점이다.[108] 왜냐하면 철

---

105 '히든 챔피언'은 독일 경영학자인 헤르만 지몬이 선정한 초일류 중소기업을 일컫는다. 연매출이 40억 달러를 넘지 못했지만 세계시장에서 해당 분야 3위 이내, 또는 소속 대륙에서 1위를 차지한 기업 중 평균수익률, 직원 수, 시장지배력 등을 따져서 엄선했다.

106 중앙일보(2008. 11. 4).

107 소재 분야에서는 원자재의 안정적인 확보가 시급한 현안으로 대두되고 있다. 철강소재산업의 경우, 중국의 부상으로 세계 철강업계에는 철광석, 원료탄 등 원자재의 안정적 확보가 무엇보다도 긴요한 과제로 부각되고 있다.

강산업은 기술집약적이고 설비투자규모가 높은 자본집약적 산업이다.

따라서 부품 및 소재 산업은 중소기업 고유의 영역이라는 전제하에서 한국 정부가 추진해 온 중소기업 중심의 산업육성정책은 본질적으로 잘못된 것임을 알 수 있다. 그럼에도 불구하고, 오랫동안 정부의 많은 특혜를 받고서도 중소기업들이 중견기업으로 혹은 대기업으로 상향 발전된 것은 전체 중소기업의 오직 1%뿐이었다.

② 부품 · 소재의 대(對)일본 수입의존과 무역수지 적자

한국의 대(對)일본 무역수지 적자는 누증되고 있으며 대(對)일본 기계류, 부품, 소재의 무역수지 적자가 전체 대(對)일본 무역수지 적자를 상회하고 있다. 그 요인은 한국의 대(對)일본 무역수지 적자의 주요인은 부품, 소재, 기계류 등 자본재의 높은 대(對)일본 수입의존도에 기인하기 때문이다. 특히, 철강 관련제품(열간압연 및 압출제품), 중전기기, 자동차, 석유화학제품과 같은 범용제품의 대(對)일본 수입이 크게 늘어나면서 대(對)일본 무역수지 적자는 2002년 147억 달러, 2006년 254억 달러, 2007년 298억 8천만 달러, 2008년 328억 달러, 2011년에는 286억 달러 적자를 각각 기록했다.

한국의 대(對)일본 무역수지 적자규모가 심화된 구조적 요인은 한국의 대외수출이 증가할수록 대(對)일본 수입이 증가하는 수입유발형 수출구조다.[109] 다시 말하면, 대(對)일본 무역수지 적자의 근본요인은 한국의 산업구조가 일본으로부터 부품 및 소재[110] 등을 수입해 국내 혹은 중국에서 조립한 후 최종 제품을 미국과 유럽 등 선진국 시장으로 수출하는 '교량'(*path through*)이기 때문이다.

---

108 열간압연 및 압출제품과 같은 상(上)공정 무역수지의 적자 규모가 꾸준히 확대되는 요인은, 국내 철강산업에서 연출되는 상하공정의 '불균형' 현상이 주요 원인인 것으로 판단된다. 다행스럽게도 근래 포스코와 현대제철 등 국내 철강기업들의 상공정 투자로 조만간 불균형 문제는 해소될 것으로 기대된다.

109 김창남 · 김광희(2009); 박상일(2011).

110 한국부품소재산업진흥원(KMAC)이 정의하는 '부품 · 소재'란 "소재부터 최종가공단계의 조립단계 이전까지의 모든 중간 생성물"을 말한다.

[그림 Ⅳ-16] 한국의 연도별 대(對)일본 무역수지

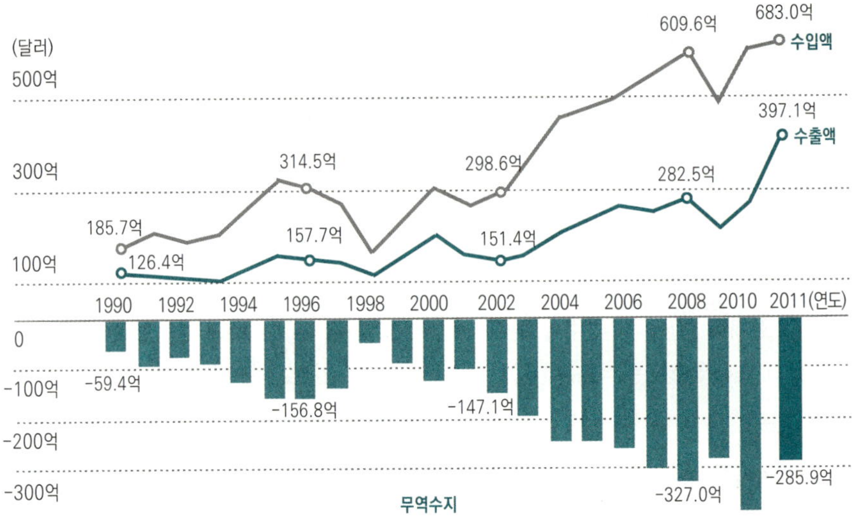

자료: 무역협회 · 관세청

여기서 유의할 것은 한국의 주력 산업군인 전기·전자산업 부문의 부품·소재 수입의존도는 우려할 만한 수준인데, 그 요인은 핵심 IT 부품·소재(평판디스플레이 제조용 장비, 실리콘웨이퍼, 판유리 등)의 원천기술이 부족하기 때문이라는 점이다. 상술하면, 중간재 수입의존도가 무선통신기기의 경우 67%, 반도체의 경우 79%이다. IT 부품 및 소재의 수입의존도가 심화되면서 전기·전자업종의 수출에 의한 수입유발효과는 2002년의 55%에서 2004년 60%로 증가했다. 그리고 IT·중화학 제품, 특히 반도체, 무선통신기기, 자동차, 컴퓨터, 선박 등의 경우, 수출의 수입의존도가 심화됨에 따라 수출의 취업유발계수가 감소되었다. 수출의 취업유발계수(15.7명)가 소비의 취업유발계수(24.0명)와 투자의 취업유발계수(16.1명)보다 낮다.

대한상공회의소가 2008년 1월 반도체·디스플레이·무선전화기·승용차·선박 등 5대 수출 주력품목 500개 기업을 대상으로 수입의존도를 조사한 결과, 응답 기업의 45.6%가 핵심 부품 및 소재를 수입에 의존하는 것으로 조사되었다. 특히, 무선전화기 관련 기업(60%)을 비롯해 디스플레이(48.9%), 반도체(48%)의 수입의존도가 상대적으로 높은 것으로 나타나, 한국 경제를 이

[표 Ⅳ-3] 한국의 주요 부품 · 소재의 수입의존도 현황

	소재 · 부품 수입 의존도	주요 수입선	對일본 수입 의존 비중	수입의존도가 특히 높은 부문
반도체	65%	일본, 미국, 소련, 독일	50%	Wafer를 비롯한 Chip 제조용 각종 소재 및 약품류, 특수 Leadframe 및 Package재
컴퓨터	60%	미국, 일본, 타이완	40%	중앙처리장치 및 제어장치부 주요부품, ODD 등 보조기억장치, LCD · Line Printer 등 출력장치, Software
대형 컬러TV	60%	미국, 일본, 독일	40%	영상 및 음성신호처리용 특수 IC류, 대형 Color 브라운관, 선국 및 부가기능용 IC, Switching TR 등 특수 전원소자
LDP	30%	일본, 미국	95%	영상 및 음성신호처리용 특수 IC류, Laser Pick-up, MICOM, 소형 Motor
PLC	35%	일본, 미국	80%	LCD, Switch류, CPU, 중앙제어 및 전원부 특수 IC류, Power TR, Ceramic Condenser
자동차	20%	일본, 미국, 독일	70%	Auto T/M 등 동력전달장치용 부품, Injector · Fuel Pump 등 정력발생장치용 주요부품, 샤시 장치 및 차체용 특수부품
NC 공작기계	45%	일본, 독일	90%	NC Controller 등 주요 제어장치용 부품, Distributor 등 유압장치용 특수부품, Ball Screw 및 각종 Bearing류
로봇	75%	일본, 미국	85%	Sensor류 · CCD Camera 등 감각인식장치, Controller, AC Servo Motor · Ball Screw 등 구동장치용 주요부품, Al 합금소재
카메라	50%	일본	100%	Iris Block, AF Block 등 셔터부품일체, Winding/Zoom Motor 등 구동 Motor, 특수 IC류, Lenz류 및 Plastic 소재
선박	10%	일본, 독일, 미국, 프랑스	60%	Total Navigator 등 주요 의제품, Satellite Communicator 등 주요 전기 · 전자장비, 고장력 합판 등 특수합판소재
전체	45%	-	60%	N/A

주: 대형 컬러TV: 25인치 이상 기준,자동차: 수출용 승용차 기준. 제품별 수입의존도는 금액기준으로 계산된 것임.
자료: 임양택(2007e); 홍유수(1993).

끄는 수출 주력품목들의 대부분이 대(對)일본 수입 부품으로 채워지고 있었다는 것을 알 수 있다. 대(對)일본 경쟁력과 대(對)세계 수출경쟁력 모두를 갖춘 것으로 평가된 품목은 오직 메모리반도체가 유일하다.

한국의 대(對)일본 수입의존도[111] 추이를 분석하면 다음과 같다.[112] 2008년 현재 판유리와 평판 디스플레이 제조용 장비, 철 및 비합금강 L형강의 3개 품목이 80% 이상의 높은 대(對)일본 수입의존도를 보여주고 있다. 그중에서도 특히 판유리가 85.1%를 기록해 가장 높은 대(對)일본 수입의존도를 기록하고 있다. 그 외에도 실리콘 웨이퍼와 광학렌즈, 기타 광학기기부품, 기타 플라스틱제품, 기타 기초유분의 5개 품목이 60% 이상으로 비교적 높은 대(對)일본 수입의존도를 기록하고 있었고, 빌레트는 56.1%, 파라크실렌이 53.7%로 그 뒤를 잇고 있다.

특히 대(對)일본 수입의존이 날로 심화되는 품목은 기타 플라스틱제품, 실리콘 웨이퍼, 판유리, 기타 기초유분, 철 및 합금강 L형강 등의 5개 품목으로 드러났다. 이 가운데 실리콘 웨이퍼의 경우 1990년 대(對)일본 수입의존도가 불과 4.6%였으나 2008년에는 무려 69.3%로 증가하였다. 또한, 판유리의 대(對)일본 수입의존도가 1990년 8.2%였으나 2008년에는 85.1%로 증가하였다.

여기서 유의할 것은 한·일 간 수출입 구조에 관해 세계적 경제평론가인 오마에 겐이치는 2008년 3월 31일 "지금까지 한국의 정·재계에서는 대(對)일본 무역수지 불균형을 한탄하는 사람은 있어도, 그 핵심(부품 및 소재)이 되는 산업을 진정으로 육성하려고 하는 발상은 전혀 없었다"고 지적했다는 점이다.

또한, 일본의 경제평론가 고무로 나오키(小室直樹)는 "한국 경제는 목줄로 묶인 양쯔 강의 가마우지 같다. 목줄(부품산업)이 묶여 생선(완제품)을 삼켜도 곧바로 주인(일본)에게 바치는 구조다"라고 한국 경제를 통렬히 꼬집었다.[113]

111 대(對)일본 수입의존도는 수입과 수출의 무역의존도를 이용했으며, 그 계산방법은 해당 품목의 대일 수입액을 해당 품목의 대(對)세계 수입액으로 나누고 여기에 100을 곱한 것이다.

112 김창남·김광희(2009).

113 동아일보(2009. 7. 13).

회고해 보면, 1998년 외환위기 이후 국내 산업의 핵심적 인프라에 해당하는 부품 · 소재 분야를 2010년까지 세계적 공급기지로 발전시켜 선진국 대열에 진입한다는 목표하에 종합적이고 체계적인 제도적 지원방안으로 '부품소재발전기본계획'(MCT-2010)이 수립됐다. 이 계획을 통해 관련 업체의 육성을 위해 2001년 "부품소재전문기업 등에 관한 특별조치법"을 제정하여 부품 · 소재 기술의 자체개발에 총력을 기울였다.[114] 상기의 노력은 바람직하고 당연한 것이지만 그 실효성의 측면에서 보면 매우 미흡했다는 것을 알 수 있다.

한국 기업이 핵심제품 및 기술을 보유하지 못하는 이유는 기술개발 노력과 투자가 크게 부족하기 때문이다. 예를 들어, 자동차 부품의 경우, 미래 · 고급 기술을 전혀 확보하지 못했거나 혹은 선진국(특히 일본)에 비해 기술수준이 현저히 떨어지고 있다. 화학소재산업도 선진기술 도입으로 중간 수준의 제품을 생산 · 판매하는 단계에 머물고 있다.

이 결과, 일본 제품의 기술적 우위로 인한 일본 기업들의 세계시장 점유율을 보면 디지털 가전산업 분야의 경우 완제품 부문에서는 25%에 불과하지만 소재 · 원재료 부문에서는 66%, 부품 부문에서는 32%, 제조장비 부문에서는 49%에 이른다. 반면 한국의 주요 산업(반도체, 디지털제품 등)의 국산화율을 보면 1차 부품의 경우 90%를 넘지만 2 · 3차 부품의 국산화율은 매우 저조하다.

③ 부품 · 소재의 글로벌 공급기지

저자는 현재의 한국 산업발전단계에서 '금융허브'가 아닌 고부가가치 부품 · 소재의 공급기지가 최근의 글로벌 경제위기를 극복할 수 있는 묘책임과 동시에 유일한 혈로(血路)라고 강조한다.

따라서 한국은 산업기술력을 바탕으로 아시아(특히 중국 및 ASEAN 국가들)의 고부가가치 부품 · 소재의 공급기지(예로서 동북아 자동차 부품산업의 글로벌 R&D와 생산의 통합모형인 '울산 오토밸리')로서 거듭나야 한다.

물론, 한국의 글로벌 기업에 해당하는 삼성전자, LG-필립스 LCD, 포스코

---

114 이홍배(2011).

[표 Ⅳ-4] 부품 · 소재 산업의 세계시장 규모

구분	부품소재	세계시장 규모 추정
GT(에너지/환경)	연료전지	2017년 160억 달러
	태양전지	2010년 360억 달러
	폴리실리콘	2010년 1,050억 톤 생산
IT(차세대IT/통신)	LED 조명	2015년 463억 달러
	유기발광다이오드	2010년 47억 달러
	차세대 반도체	2012년 4천 억 달러(전체 반도체 시장 규모 기준)
NT(나노/신소재)	탄소섬유	2012년 6.5만 톤 생산
	나노분말	2010년 42억 달러
BT/HT(바이오/헬스케어)	의료용 고분자	2010년 71억 달러

자료: 현대경제연구원(2009).

등은 전기전자와 철강소재 분야에서 국내시장뿐만 아니라 세계시장에서 핵심 부품·소재 공급업체로서 위상을 갖고 시장지배력을 확대하고 있다. 예로서 반도체(마이크로프로세서, 주문형 반도체 및 DRAM 등)의 성공은 1990년대 TFT-LCD 진출로, 국산 전전자 교환기(TDX)의 성공은 CDMA 방식의 휴대전화(1996), DMB(2005), 휴대 인터넷 서비스(2006) 등의 세계 최초 상용화에 성공으로 인해 명실공히 IT 강국으로 도약하였다. TFT- LCD의 경우 삼성전자와 LG디스플레이의 세계시장 점유율은 각각 23%, 21%로 세계 1위, 2위(2007년 출하액 기준)이다.

그러나 한국의 산업경쟁력[115]이 중국과 일본 사이에서 '샌드위치' 신세가 되어 있으며, 특히 첨단 부품·소재 부문에서 일본과의 기술격차는 더욱 벌어지고 있다.

저자는 한국의 대(對)일본 수입의존은 한국의 대(對)일본 기술의존에서 비롯된다는 가설하에서 한국의 대(對)일본 기술격차를 계량적으로 추정하고 이것의 축소방안을 제시하기 위해 양국의 기술격차를 줄이기 위한 한국의 자체 기술발전 속도, 일본의 기술도입 속도, 국내 기술확산 속도를 각각 계량적으

115 한국의 산업경쟁력을 계량적으로 측정하고 이를 국제 비교한 연구로서 임양택(2003c)을 참조.

로 분석하였다.[116] 그 분석 결과, 일본의 기술발전 속도가 한국보다 1.7배 높다. 갈수록 기술격차가 확대될 수밖에 없으며, 따라서 대(對)일본 기술의존 및 수입의존은 더욱 심화될 것이다.

또한, 한국의 산업기술재단(2005)이 실시한 주요 산업의 기술 및 산업경쟁력 조사 결과를 보면, 한·중 간의 기술경쟁력 평균격차는 2004년 4.4년에서 2005년 3.8년으로 축소되고 있다. 중국의 기술추격이 가속화되어 2015년경에는 한·중 간의 격차가 1~2년 내로 축소될 것으로 전망된다. 한·중 간의 기술격차를 업종별로 살펴보면, 조선·자동차·기계·소재 등 전통제조업에서 비교적 크게 나타난 반면, 이동통신·2차전지 등 한국과 중국의 출발이 비슷한 신(新)산업에서는 작게 나타났다.

따라서 한국의 대(對)중국 무역수지 흑자기조를 유지하고 한국의 대(對)일본 무역수지 적자를 줄이기 위한 근본적 대책은 다음과 같다. 즉, 한국의 고부가가치 부품·소재 산업을 육성해서 산업의 기초체력을 튼튼히 다지는 것 외에는 다른 왕도(王道)가 없다.

구체적으로 말하면, 세계 일류의 부품·소재의 개발 및 공급기지로 부상하기 위한 기술개발, 품질수준 향상, 비용절감, 기업규모의 대형화, 마케팅능력의 확충, 중소부품업체의 역량 강화, 브랜드 이미지 향상 및 신뢰성 확보, 해외진출 확대, 원부자재의 안정적 확보 등 다양한 분야에서 대부분의 일류기업들이 뛰어난 마케팅능력을 보유한 점을 고려하면, 세계시장에서 생존하기 위해 국내기업들의 마케팅능력 확충도 중요하다. 특히, 중소규모 부품·소재업체들의 경우 해외 마케팅능력 확충이 매우 중요한 과제이다. 따라서 본격적인 부품·소재의 세계적 공급기지화를 위해 해외 마케팅능력이 부족한 중소 부품·소재기업에 대한 수출시장정보 및 해외전문인력 등의 지원을 강화할 필요가 있다. 혁신이 이루어져야 한다.

또한, 국내기업들이 브랜드 이미지 부족, 마케팅능력 부족 등으로 인해 일류제품을 가지고도 세계시장에서 도태되는 경우가 많다. 따라서 세계시장 진

116 임양택(2003a); Lim, Yang-Taek(2003d).

[표 Ⅳ-5] 부품 · 소재 산업의 유망 분야

분류		17개 신성장 동력	9대 유망부품 · 소재
BT/HT	바이오/헬스케어	바이오 신약 및 의료기기, 헬스케어	의료용 고분자
GT	에너지/환경	태양전지, 연료전지, 원전 플랜트, 무공해 석탄, 해양바이오, CCS	연료전지, 태양전지, 폴리실리콘
IT	차세대IT/통신	반도체, 디스플레이, 차세대 무선통신, LED, RFID/USN, IT융합 시스템, 방통 융합 미디어	LED 조명, OLED, 차세대 반도체
NT	나노/신소재	신소재, 나노 융합	탄소섬유, 나노분말
RT	로봇	로봇	
CT	지식/콘텐츠	소프트웨어, 문화콘텐츠 디자인	
기타	수송/우주/해양	선박/해양 시스템, 차세대 자동차	

자료: 현대경제연구원(2009).

출 확대를 위해서는 국내 우량 부품·소재 제품의 브랜드 이미지 제고가 시급한 실정이다. 이에 따라 매년 세계시장을 선도할 일류 부품·소재에 대해 분야별 핵심 기업의 주력제품을 선정하여, '부품·소재 공동브랜드'를 지정하는 것도 브랜드 이미지 제고에 좋은 방안이 될 것이다. 신뢰성 인증의 실효성을 높이기 위해 세계 유수의 신뢰성 인증자원을 활용하는 방안도 강구할 필요가 있다.

모름지기, 부품·소재 산업의 일류화를 위해 가장 중요한 것은 기술역량을 강화하는 것이다. 부품·소재 분야의 일류국가 및 일류기업들은 부단한 기술개발 노력과 투자를 통해 신제품을 지속적으로 창출하여 핵심제품의 세계적인 지배력을 가지고 관련 기술혁신을 주도하고 있다. 조립가공기술은 세계적으로 이미 평준화되고 있지만, 부품 및 소재 기술은 캐시 카우(*cash cow*)로 부각되면서 글로벌 경쟁은 갈수록 심화되고 있다.

따라서 한국의 주력 수출산업(IT, 선박, 화공품, 정밀기기 등)의 핵심 부품소재에 대한 원천기술 및 신기술 개발을 지속적으로 추진함으로써 대(對) 일본 수입의존도를 점차 줄여 나가야 한다. 부품과 신소재 분야의 원천기술은 단기간에 개발하기 어렵고 대규모 투자 및 높은 위험이 수반되기 때문에 정부가 기초연구를 중심으로 꾸준히 지원하면서 기업의 R&D 투자를 촉진해나갈 필요가 있다.

이와 동시에, 현재 다양한 산업 분야에 분산되어 있는 연구개발, 자금지원 등 국가적 지원을 핵심 부품 및 원천기술 분야 등 경제적 효과가 크거나 성장 가능성이 높은 유망 분야에 집중해야 한다. 또한, 선진국 기업 간에 M&A 합작투자, 외국인직접투자(FDI) 유치 등을 통한 기술 도입 및 제휴를 확대함으로써 국내에서 단기간에 개발하기 힘든 핵심 부품·소재의 기술 확보를 도모하는 것이 중요하다.

우선, 정부의 과제는 다음과 같다.

① 원천기술 확보를 위한 기초·원천 연구의 정부 역할을 증대해야 한다. 부품·소재의 경쟁력은 원천기술 확보에 달려 있는데, 원천기술의 연구는 실패 가능성이 크고 막대한 재원을 우선 투자해야 한다.

② 현재 실시되는 부품소재 기술개발사업은 부품과 소재 모두를 포함하나, 부품과 소재는 기술개발 방법이 다르다. 따라서 부품과 소재를 분리한 지원체제를 구축해야 한다. 예로써, 소재는 장기간에 걸친 투자가 필요한 부분으로 부품과 다른 특성을 가지고 있지만, 일단 기술개발에 성공하면 글로벌 기업으로 성장하여 세계시장을 지배하는 경우가 많다.

다음으로, 기업의 과제는 다음과 같다

① 기술 국산화와 자립도를 높여야 한다. 핵심 부품·소재와 관련된 주요 기술들은 해외의존도가 높은 편이므로 R&D 투자 확대, 산학연 연구네트워크 활성화를 통한 연구 제휴, 기술기업 M&A 등을 통한 기술 경쟁력을 높여야 한다. 또한 국내 전문인력 양성과 해외 전문인력 영입도 꾸준히 확대해야 한다.

② 부품·소재 분야에서 국제표준을 확보해야 한다. 부품·소재 분야는 표준이 경쟁력인 분야이다. 새로운 부품·소재부문의 특성상 표준이 확립되어 있지 않은 경우가 많으므로 국제표준을 설정함으로써 이것을 또 하나의 경쟁력으로 삼아야 한다.

• 의료용 고분자

의료용 고분자란 진단과 치료를 포함한 각종 의료행위에 쓰이는 의료기구나 신체 일부를 대신하기 위한 인공장기의 소재로 사용되는 중합체(*Polymer*)이다. 전 세계 의료용 고분자 시장은 2005년 71억 달러에서 연평균 6%씩 성장하여 2010년에는 87억 달러에 달할 것으로 예상된다.

미국이 전 세계 의료용 고분자 시장의 40%를 차지하고 있으며, 한국에는 소수의 전문회사들이 존재하나 아직 시작단계에 불과하다. 그러나 최근 10여 년간 최고의 인재들이 의학과 공학에 진출했던 점을 고려해 보면, 우수인력을 바탕으로 빠르게 경쟁력을 갖출 수 있을 것으로 전망된다.

• 연료전지

연료전지는 발전기의 일종으로 연료와 산화제가 가진 화학적 에너지를 전기적 에너지로 연속적으로 변환시키는 전기화학 장치이다. 이 용도는 발전용 플랜트부터 수송용, 가정/상업용, 휴대용 연료전지 등 매우 다양하다.

연료전지 및 수소전지 부문은 2007년 15억 달러 시장에서 2017년에는 160억 달러로 20년 동안 10배 이상 확대될 전망이다. 현재 국내기업들의 세계시장 점유율은 0%이며, 국내 기술수준은 선두기업의 기술수준 대비 65~70%으로 추정된다.

• 태양전지

태양전지는 광기전력 효과(*Photo Voltaic Effect*)를 이용하여 빛 에너지를 전기 에너지로 변환시키는 반도체 소자의 집합이다. 크게 결정질 실리콘 태양전지와 박막 태양전지로 나뉘며 각각 90%, 10%의 시장점유율을 차지하고 있다. 일본, 유럽, 미국이 전 세계 태양전지 시장의 약 90%를 차지하고 있다.

세계 태양광 산업은 2005년 이후 연평균 40%가 넘는 높은 성장세를 유지하고 있다. 2010년에는 6GW, 360억 달러 규모의 시장을 형성할 것으로 기대된다. 국내에서는 KPE를 비롯하여 현대중공업, 미리넷솔라, 신성이엔지 등이 2008년 태양전지 생산에 진입하였다. 2009년 이들 4개 기업의 태양전지 생산량은 400㎿로 전 세계 생산량의 2.8% 수준이다. 선진국 대비 국내 태양전지 기술은 약 70% 수준이지만 국산화율은 아직 미흡하다.

• 폴리실리콘

폴리실리콘은 고순도의 다결정 분자구조를 지니는 화합물로 반도체와 태양전지의 핵심부품이다. 앞으로 태양광 발전 시장이 연평균 35%씩 확대된다면, 폴리실리콘의 수요도 연평균 30~50% 증가할 것으로 전망된다.

세계 폴리실리콘 시장은 미국 헴록, 독일 바커, 일본 도쿠야마, REC 등 7개 선도회사가 75%(2007년 기준)를 차지하는 과점형태이지만 신규기업의 점유율이 점차 상승하고 있다. 한국의 경우 반도체와 화학 등 연관산업에서 축적한 기술력을 토대로 폴리실리콘부터 태양광발전소까지의 수직계열화를 구축한다면 충분한 경쟁력을 확보할 수 있을 것으로 전망된다.

• LED 조명

LED는 전류가 가해지면 빛을 내는 반도체 다이오드로 LED 조명은 LED를 이용하여 빛을 발생시키는 조명장치이다. 2008년 세계 조명시장은 약 1,087억 달러인데, 이 중 LED 조명은 34억 달러로 3.1%에 불과하다. 그러나 향후 LED 조명이 백열등과 형광등을 대체할 것이기 때문에 엄청난 성장세가 예상된다.

2008년부터 2015년의 기간 동안 LED 조명에 대한 세계시장은 연 평균 45%의 고속성장을 하면서 2015년에는 비중이 28%(463억 달러)로 확대되어 백열등을 추월할 것으로 전망된다.

세계 조명시장의 약 60%를 차지하는 독일의 오스람, 미국의 GE 그리고 네덜란드의 필립스 등이 LED 조명 분야의 선두기업이다. 국내에서는 삼성전기, LG이노텍, 서울반도체 등이 대표적인 LED 조명 생산기업이다. LED 조명의 수명을 결정하는 부품인 LED 컨버터의 국산화와 LED 조명에 필요한 LED칩의 핵심기술 보유 문제가 해결 과제이다.

• 유기발광다이오드

형광성 유기화합물에 전류가 흐르면 빛을 내는 전기발광현상을 이용한 자체 발광형 유기물질을 의미한다. OLED는 라이팅이 필요한 LCD와 달리 자체적으로 발광하기 때문에 초박형 디자인과 초저전력 설계가 가능하고,

화질도 우수하며, LCD 대비 최대 50% 정도 생산비가 저렴하다. 그러나 화면이 커질수록 화질이 불균일해지고 재료의 열화로 인한 수명 단축, LCD의 6~7배에 달하는 비용 문제 등이 해결해야 할 과제이다.

세계 OLED 시장은 2006년 시장규모가 4억 8천 9백만 달러였으나, 최근 능동형 OLED 제품이 확대되면서 2010년에는 46억 6천 7백만 달러로 성장할 전망이다. 현재까지는 한국 세계시장 점유율이 40% 이상으로 세계 시장의 상당 부분을 주도하고 있지만 일본 업체들이 본격적으로 진출을 준비하고 있어 이에 대한 대비가 요구된다.

• 차세대 반도체

차세대 반도체란 기존의 DRAM과 플래시메모리에 이어 새로운 정보 기억 소자를 이용한 반도체를 의미한다. 주목받는 차세대 반도체로는 F램,[117] M램,[118] P램[119] 등이 있으며, 집적화 공정 및 신 소자구조 개발을 통한 테라(*tera*)[120]급 반도체도 이에 해당한다. 최근 글로벌 경기 침체로 반도체 시장이 일시적으로 위축되고 있으나, PC, 인터넷 장비, 이동통신 단말기 등 디지털기기의 고성능화에 따라 반도체 시장은 2020년까지 지금보다 3배 이상으로 확대될 것으로 전망된다.

차세대 반도체 시장의 주도권 획득을 위해 국제 기술 표준을 선점하려는 경쟁도 치열하다. 차세대 반도체 관련 특허 출원 동향을 보면, 한국과 일본은 F램 출원 비율이 상대적으로 높은 반면, 미국은 M램 출원 비율이 상

---

117 FRAM(*Ferroelectrics random access memory*)이란 강유전체를 이용하여 만든 비휘발성 메모리이다. 플래시메모리보다 10배 이상 빠른 속도로 읽거나 쓰기를 할 수 있다.

118 MRAM(*Magnetic random access memory*)이란 자기장의 성질을 이용하여 데이터를 저장하는 메모리반도체. 강자성체의 성질을 이용한 것으로 자기장을 걸면 자기장의 방향으로 강하게 자화되고, 자기장을 제거해도 자화가 남아 있는 원리를 이용하여 데이터를 저장한다. 플래시 메모리보다 1,000배 이상 빠른 데이터 처리 속도를 가져 P램, F램과 더불어 차세대 메모리로 주목받고 있다.

119 PRAM(*Phase-change random access memory*)이란 특정 물질의 상(相) 변화를 판단해 데이터를 저장하는 차세대 메모리반도체이다. 전원이 끊겨도 저장된 정보가 지워지지 않는 플래시메모리의 장점과, 전원이 끊어지면 저장된 자료는 소멸되지만 빠른 처리 속도를 자랑하는 D램의 장점을 모두 지니고 있다.

120 1조 배(10^{12})를 나타내는 말로, 기호는 T. 그리스어의 조(兆)라는 뜻에서 이름이 붙은 것이다.

대적으로 높다. 한국도 현재 수준의 경쟁우위를 지속시키기 위해서는 반도체 장비, 재료의 원천기술 확보율을 더욱 높이고, 자립화 기반을 더욱 공고히 해야 하며, 반도체와 관련된 국제 특허 분쟁과 통상 규제 등 환경 변화에 대한 정책 차원의 지원을 강화해야 할 것이다.

• 탄소섬유

탄소섬유란 고순도 탄소만으로 구성된 섬유로 철에 비해 무게는 5분의 1이지만 강도는 10배나 높다. 탄소섬유는 철을 대체하여 군수, 항공 및 우주, 선박, 의료기기, 풍력발전기, LCD 패널, 로봇 등의 핵심 소재로 주목받고 있다. 2004년 미국 보잉사와 일본의 도레이 사가 B787기 제작에 약 50%를 탄소섬유로 대체한다는 계약을 체결한 이후 매년 15~20%씩 성장하고 있다. 세계 탄소섬유 생산량은 2007년에는 3만 톤, 2009년에는 4만 톤으로 집계되었다. 탄소섬유 시장의 80%는 도레이, 미쓰비시, 레이온 등 일본 3사가 점유하고 있으며, 나머지는 프랑스와 독일이 차지하고 있다.

• 나노분말

나노분말이란 나노입자 직경의 크기가 100㎛ 이하인 미세한 분말을 지칭하며, 금속, 세라믹, 고분자 등 다양한 분야로 세분화가 가능하다. 나노 분말소재의 세계시장 규모는 2000년 5억 달러에서 연평균 12.8%로 성장하여 2005년에는 9억 달러, 2010년에는 42억 달러 성장했다. 성장속도가 계속 빨라지고 있다. 응용 분야별로는 전자, 자기 및 광전자 응용이 15% 정도의 가장 빠른 성장률을 보이고 있다.

나노소재는 한 번 개발에 성공하면 바이오, 의약 등에서 폭발적인 수요의 원천기술을 확보할 수 있는 최고의 고부가가치 분야로 국가 간 경쟁이 치열하다.

일본은 이미 20년 전부터 국가적 차원에서 '나노 기구 프로젝트'(1985)를 출범시켰으며, 'ATOM 프로젝트'(1991), 'n-Plan 21'(2001)을 추진하고 있다. 미국은 'National Nanotechnology Initiative 전략'(2000)을 발표하고, 나노기술을 국가 경제 및 안보를 위한 최우선 전략 과제의 하나로 선언하였다.

(4) 전략적 제휴에 의한 국제 산업기술협력

미・일・중・러와의 전략적 제휴(*strategic alliance*)를 각각 맺어 양자 간 혹은 다자간 호혜적 산업기술협력을 추진하는 것이 '신실용주의 외교'가 추구하는 본질적 내용이라고 말할 수 있다.

① 한・미 간 산업기술협력

최근의 한・미 경제관계를 보면(2013. 6 기준), 미국은 한국의 세계 2, 3위 교역상대국인 반면에 한국은 미국의 세계 7위 교역상대국이다. 한국의 수출・수입・투자의 측면에서 보면, 미국은 한국 경제에 대해 절대적 비중을 가진다. 미국 자본은 높은 경쟁력과 자금력을 바탕으로 한국의 금융산업을 지배하고 있다. 예를 들어 은행업의 경우 미국 자본이 외환은행, 한미은행, 제일은행, 신한금융지주의 1대 주주이며, 또한 국민은행의 일부 지분을 소유하고 있다. 미국의 씨티그룹은 한미은행을 17억 달러에 인수했다. 따라서 국민은행, 하나은행 등 국내 주요은행의 경우 외국인 지분이 50%를 넘어 사실상 외국계 은행이나 다름없다. 그 결과, 한국의 금융시장은 미국 자본이 주축인 외국 자본의 움직임에 따라 크게 변동하고 있다.

이제 한・미 공동이익을 증대시킬 수 있는 새로운 산업협력관계가 추진되어야 할 단계라고 저자는 생각한다. 과거의 한・미 산업협력관계를 살펴보면, 한국의 입장에서는 대(對)미국 무역수지 흑자의 확대로 인한 한・미 통상마찰과 미국의 보호무역장벽을 완화시키기 위한 수단의 하나로 대(對)미국 투자를 확대했다. 즉, 미국 내 현지법인을 설립함으로써 한국에 대한 미국의 부정적 인식의 개선을 기대하는 동시에, 섬유・철강 등 지속성을 띤 수입규제품목의 우회적 수출을 도모하고, 고도기술상품에 예상되는 수입규제에 사전적 대응책을 강구했다. 또한 대(對)미국 직접투자를 통한 현지진출을 확대함으로써 미국시장을 안정적으로 관리함과 동시에 기술이전 및 습득을 확대했다.

그러나 최근 미국 경제환경의 변화는 한국으로 하여금 보다 적극적인 한・미 산업기술협력을 필요로 하고 있다. 즉, 무역수지 및 재정수지의 만성적 적자로 인한 미국의 대(對)아시아 압력강화,[121] 고유가, UR 이후 국제사회의 대한국 의무요구 증대를 들 수 있다. 게다가 중국의 급성장으로 한국의 전통시장이 잠식되고 교역조건도 악화되고 있다. 한국은 서비스 수출의 저조, 외국인 직접투자(FDI)의 부족, 경제수준에 비해 상대적으로 낮은 글로벌화 수준 등과 같은 많은 문제점을 안고 있다.

향후 한·미 양국의 경제관계를 보다 긴밀하게 내실화하기 위해서는 한·미 전략적 제휴가 필요하다.[122] 따라서 한·미 산업기술협력의 유망업종을 국제분업구조와 관련시켜 비교우위지수 및 수입결합도에 의거해 도출하면 자동차 및 자동차 부품, 공작기계, 컴퓨터, 반도체 및 고화질(HD: *High Definition*) TV 등을 비롯한 전자 및 통신기기, 항공 분야 등이다.[123]

특히 한국은 미국과의 기계류·부품·소재의 전략적 제휴를 통해 미국 기업의 부품 및 기자재 공급기지 역할을 수행할 수 있다. 미국의 경우 일반기계 관련품목 중에서 관세 즉시철폐 품목이 82.1%인 반면, 한국의 그것은 38.3%에 불과하다. 참고로, 품목별 유예기간은 가스터빈이 3년, 머시닝센터, 자동제어식 밸브, 볼베어링이 10년 등이다.

한국은 범용기계와 부품에 특화하는 반면, 미국은 전용기계에 특화하고 있기 때문에 상호보완 가능성이 높다. 한국의 대(對)미국 수출품목 중에서 관세가 높고 일본과 경합을 벌이는 가공공작기계의 경우, 가격경쟁력 제고로 수출증가가 예상된다. 미국은 세계 2위의 가공공작기계 수입국으로 최근 4년간 한국기계류의 대(對)미국 수출증가율은 연평균 41.7%를 기록했다.

또한 미국 기업과의 협력을 통해 환경, 에너지 등 차세대 기계장치의 부품공급 기지로 발전할 수 있다. 현재 미국 기계산업의 경우 원천기술에서는 강점이 있으나, 일본 기계산업이나 독일 기계산업에 비해 가격경쟁력에서 불리

---

121 여기서 유의할 것은 미국 경제의 경상수지 적자는 세계 경제의 불균형의 가장 큰 원인인데, 동 적자의 상당부분은 동북아 국가(특히 중국)로부터의 무역수지 적자로부터 기인한다는 점이다.

122 예를 들어, 2004년 1/4분기 중 삼성전자가 외국 기업과 체결한 6건의 전략적 제휴 중에서 미국 기업과 맺은 것이 4건(IBM, EMC, Maytag, Dell)이다.

123 임양택(2007e).

하다. 그러나 최근 한국 기업의 기술력이 급속도로 향상되고 있기 때문에 부품이나 제품개발 부문에서 미국 기업이 협력파트너로 부상할 가능성이 높다. 예로서 한국의 태웅, 현진소재 등은 미국의 GE 등 풍력발전 선도업체에 기자재를 공급하고 있으며, 평산은 세계 풍력발전용 타워플랜지 시장의 30%를 점유하고 있다.

상기와 같은 한·미 간 전략적 제휴를 통하여, 동북아 지역에 형성되는 글로벌 생산 네트워크(*global production network*)의 틀 속에서, 미국의 제조업체들이 한국을 중·고급 부품·소재 공급기지로 활용할 수 있도록 한국이 적극 유인해야 할 것이다.

한·미 FTA를 활용하여 가격경쟁력을 상실하고 있되 기술경쟁력이 높은 미국 자동차 회사(들)와 한국 자동차산업이 자동차 부품 공급의 전략적 제휴를 맺어 윈-윈(*win-win*)할 수 있을 것이다. 따라서 한국 측 입장에서 보면 한·미 FTA의 전략적 목표는 비단 서비스산업(금융, 교육, 법률, 의료 등)의 생산성 향상뿐만 아니라 특히 부품·소재의 선진기술 습득에 있는 것이다.

한·미 FTA를 활용하여 특히 부품·소재 산업의 발전을 촉진함으로써 한국이 중국 및 ASEAN 국가들에 대한 고부가가치 부품·소재 공급기지가 되어야 할 것이다. 이렇게 될 경우, 한국은 한·미 FTA를 통해 핵심부품에 대한 대(對)일본 수입의존도를 감소시키고 만성적인 대(對)일본 무역수지 적자 문제를 근본적으로 개선할 수 있을 것이다. 이로써, 1965년 한·일 국교 정상화 이후 만성적인 대(對)일본 무역수지 적자를 격감시킬 수 있으며, 전반적으로 수출의 외화가득률과 부가가치 유발효과 및 취업 유발효과를 증대시킬 수 있을 것이다.

한국은 한·미 간 전략적 제휴를 적극적으로 활용하여 미국의 첨단 산업기술을 흡수·체화·개량함으로써, 한국이 중국 및 ASEAN 국가들에 대한 고부가가치 부품·소재의 연구개발센터 및 생산·공급기지로 발전해야 되는 것이다. 이를 통하여, 한국은 핵심 부품·소재에 대한 대(對)일본 수입의존도(산업 전체 평균 60%)를 완화시킬 수 있고, 1965년 한·일 국교정상화 이후 만성적 대(對)일본 무역수지 적자의 구조적 요인을 제거할 수 있으며, 나아가 수출의 외화가득률과 부가가치 유발효과 및 취업 유발효과를 증대시킬 수 있다.

한편, 미국의 입장에서 보면, 만성적 무역수지 적자 문제를 해결할 수 있을 것이다. 미국의 전체 무역수지 적자는 동아시아 국가들(특히, 중국, 일본, 한국, 타이완)과의 무역수지 적자로부터 기인한다.[124] 이 무역수지 적자 문제를 해결하기 위해서, 미국은 특히 한국과 자동차 및 자동차 부품, 공작기계, 컴퓨터, 반도체 및 고화질 TV 분야에서 전략적 제휴를 맺어 미국의 첨단산업 기술(예로서 신기술 그린 IT 등)에 바탕을 둔 부품·소재의 생산 및 공급기지를 한국에 건설하여 중국의 이러한 중간재 수요 증가에 대비 및 부응할 수 있다.

여기서 유의할 것은 한국 기업이 독점적으로 한·미 FTA의 혜택을 누릴 수 있는 기간은 길어야 5년에 불과하다는 점이다. 왜냐하면 일본, 중국 등 경쟁국들이 미국과의 FTA를 체결하면 한국 기업이 한·미 FTA로부터 느낄 수 있는 상대적 이점은 자동 소멸될 것이기 때문이다. 예로서 미·중 FTA가 조기에 실현될 가능성은 낮지만, 미·일 환태평양동반자관계(TPP)가 곧 실현될 것이라는 관측이 지배적이다. 따라서 향후 5년 동안, 구체적 액션 플랜(*action plan*)을 미국과 함께 수립해 아시아에서의 핵심 부품·소재의 공급기지 기반을 공고히 다져야 할 것이다.

한·미 FTA의 기대효과를 극대화하기 위해서는 무엇보다도 한국의 경제체질을 조기에(즉, 5년 내에) 강화해야 한다. 구체적으로, 국내 산업에 대한 정부의 지나친 보호 및 간섭을 폐지하고, 대외개방과 자유화를 통한 경쟁력 제고에 역점을 두어야 한다. 특히 서비스 부문의 경쟁력 강화를 위해 진입과 퇴출, 투자가 원활히 이루어지도록 규제를 대폭 완화해야 한다. 또한, '과감한 산업구조 개혁'을 통해 각종 보호관세 폐지, 노동시장 유연성 제고 등과 같은 구조조정 정책을 실시해야 한다.

만약 한국의 경제체질 강화를 위한 구조조정이 제대로 추진되지 않는다면,

124 2013년을 기준으로, 미국의 대(對)중국 무역수지 적자는 2,326억 달러, 대(對)일본 무역수지 적자는 885억 달러, 대(對)한국 및 대(對)타이완과의 무역수지 적자도 각각 133억 달러 및 152억 달러를 기록했다. 게다가 이라크 전쟁비용 지출 및 조세삭감 등으로 재정수지도 적자로 전환했다.

한국은 '멕시코의 비극'을 답습할 가능성이 높다. 한국의 경우, 이번 한·미 FTA의 사후적 결과는 미국에게 한국의 농산물시장[125]과 공공서비스시장(특히 교육·법률·의료·금융 서비스 시장)을 고스란히 제공하는 셈이 될 것이다.

[표 Ⅳ-6] 멕시코의 사례연구

멕시코의 경우 내부개혁에 실패하여 북미자유무역협정(NAFTA)의 가입(1994) 효과가 조기에 소멸되었다. 상술하면, NAFTA의 효과가 본격화된 1996년 이후 5년간 연평균 경제성장률은 5.5%였는데, 그 요인은 과거 10년간 연평균 경제성장률 2.6%에 비해 2.9%p가 상승한 결과이다. 그 요인은 NAFTA 이후 수출, 제조업 생산성, 외국인 직접투자가 모두 증가했기 때문이었다. 그러나 5년 후인 2001년을 정점으로 멕시코의 수출경쟁력 증가효과는 소멸되었고, 내수성장도 지지부진해 2001~2005년 연평균 경제성장률이 1.9%로 저락했다. 이것은 NAFTA(1994) 전의 수준(2.6%) 이하로 급락한 것이다. 그 요인은 다국적기업의 투자가 대부분 가공무역 및 조립생산에 치중되어 멕시코산업 전반에 걸친 파급효과가 미미했기 때문이었으며, 또한 멕시코가 경제 성장기반 확충에 실패했기 때문이다. 그 결과, 멕시코의 미국경제에 대한 구조적 의존 및 '동조화' 현상이 심화되었다.

자료: 박수종(2006); 이준규(2006).

125 한·미 FTA로 인해 한국 농산물시장(곡물, 우유, 낙농품, 과일 등)의 개방 규모가 향후 10년간 1.8~3.2조 원 증가할 전망이다(박수종, 2006). 특히 쌀의 경우, 1993년 12월 WTO UR회의에서 한국의 쌀시장 전면 개방에 잠재적으로 합의했고 10년간 유예기간을 설정했으며, 2005년 1월 1일 10년간 재(再) 유예에 합의했다. 그러나 2004년 UR의 쌀 재협상을 통하여 쌀 관세화 유예를 인정받는 대신에 '최소시장접근'(MMAQ: *Minimum Market Access Quotas*)을 허용하는 방식으로 쌀시장을 이미 개방한 상태이며, 정부는 쌀 수입규모를 40만 톤으로 점진적으로 확대할 계획이라고 공표했다.

② 한 · 일 간 산업기술협력

사실, 한국에 도입된 일본 기술은 한국의 산업화 과정에 크게 기여했다. 이 결과, 한·일 양국은 주요 교역대상국으로서 정착되었다. 2013년 7월 현재, 일본은 한국의 제3위 수출대상국임과 동시에 제2위 수입대상국인 반면에,[126] 한국은 일본의 제3위 수출대상국임과 동시에 제6위 수입대상국이다.

한·일 양국의 무역구조를 보면, 양국의 대표산업 분야가 비슷하다. 한국의 무역특화도는 기계 및 수송기기(산업기계·자동차·전자공학 등) 산업에서 최고로 나타났지만 이 산업은 일본의 대표산업이기도 하므로 한·일 간 경쟁이 첨예할 수밖에 없다.

또한, 한·일 간 분업구조를 보면 산업 내 분업 중심으로 고도화되기는 했으나 기술격차에 따른 분업구조, 즉 공정 내 수직적 분업〔다운 스트림-업 스트림, 반도체 소재와 반도체 제조장치의 대(對)일본 수입, 반도체의 대(對)일본 수출〕과 수평적 제품차별화 제품(범용부품-핵심부품, 고부가가치제품-저부가가치제품, 고급제품-중·저급제품)이 주류를 이루고 있다. 이 결과, 1965년 6월 한·일 국교 정상화 후, 양국의 산업 간 분업관계 확대가 줄곧 한국의 대(對)일본 만성적 무역수지 적자를 확대하고 있다는 것이다.

이런 가운데 대한무역투자진흥공사(KOTRA)는 2012년 9월 14일 일본 시즈오카 현 하마마쓰 시에 있는 스즈키자동차 본사에서 자동차 부품 전시상담회를 열고 한국 기업의 수출 확대 지원에 나섰다. 동 행사에는 스즈키가 선발한 국내 7개 중견 자동차 부품업체가 참여해 스즈키 구매담당자와 1:1로 수출 상담을 진행했었다.

KOTRA에 따르면 2012년 7월까지 한국산 자동차 부품의 대(對)일본 수출은

---

126 그러나 한·중 수교가 이루어진 1992년 이후 대(對)중국 교역비중이 지속적으로 증가하여 수출의 경우 2001년, 수입의 경우 2007년에 대(對)일본 교역 비중을 추월하였다. 이 결과, 대한국의 대(對)세계 교역 비중에 비하여 대(對)일본 교역 비중은 1990년대 중반 이후 감소폭이 두드러지는데 그 요인은 한국의 대(對)중국 교역 비중이 매년 크게 상승하기 때문이다. 2010년의 경우 한국의 대(對)중국 수출 비중은 25%로 한국의 대(對)일본 수출 비중(6%)보다 4배 수준이며, 한국의 대(對)중국 수입비중은 16.9%로 일본의 대(對)일본 수입비중 15.2%를 상회한다.

4억 6천 1백만 달러로 전년 동기 대비 29% 늘었다. 반면에, 일본산 부품 수입은 26% 줄어든 7억 1천 2백만 달러를 기록했다. 이 덕분에 자동차 부품 분야의 무역수지 적자는 2011년 10억 달러에서 2012년 2억 5천 2백만 달러로 줄었다. 이와 같이, 한국의 대(對) 일본 무역수지 적자가 개선될 수 있었던 요인은 동일본 대지진(2011. 3. 11) 여파로 부품 수급 다변화를 추진한 일본 완성차 업체가 한국 등 외국산 부품 조달을 확대했기 때문이다.[127]

따라서 한국으로서는 향후 표준화된 완제품 분야보다는 정밀부품 및 자본재를 중점적으로 육성해야 하는데, 이를 효과적으로 추진하기 위해서는 한·일 FTA 체결을 통한 양국의 산업기술협력을 확대해야 할 것이다. 이것은 독도 영유권, 일본 교과서의 역사왜곡 등과 관련된 정치·외교의 문제와는 별개로서 한·일 양국의 지속적 경제발전을 위한 첩경이다.

따라서 한·일 양국의 공동 번영을 위해서는 한·일 FTA 외에는 다른 방도가 없다. 여기서 유의할 것은 한·일 FTA를 일본이 최근에 제안하였다는 점이다. 그 배경으로서 다음과 같이 두 가지를 들 수 있다.

우선, 대내적 요인으로서, 일본의 장기불황 극복과 한국의 경영위기 극복전략이 복합적으로 상호작용하여 한·일 양국의 철강, 석유화학, 반도체, 자동차, 조선, 가전, 유통 등의 과잉설비 문제의 해결책으로서 등장한 것이다. 상기의 과잉 설비산업들에 대한 산업구조 조정을 가속화하려면 일본 자국 내 산업구조 조정만으로는 한계가 있을 뿐만 아니라, 국제적인 사업교환, 해외매각 참여, 자본참가, 전략적 업무제휴 등 다양한 국제산업구조조정이 필요한 것이다.

다음으로, 대외적 요인으로서 완결(*full-set*) 형태의 산업구조를 가지는 중국의 출현은 한·일 FTA의 결성을 촉진하고 있다.

---

127 닛산은 주요 차종 부품의 해외 조달 비율이 40%를 웃돌고 있으며 미쓰비시와 마쓰다도 2013년까지 30% 선으로 끌어올릴 계획이다. 도요타도 2011년 수입부품 검토위원회를 발족하고 현재 한 자릿수에 불과한 해외 부품 조달률을 10% 이상으로 올린다는 방침을 세웠다.

③ 한 · 중 간 산업기술협력

중국은 G2의 강대국이자 한국의 최대 교역국이다. 수교 이후 20년간 경제적 분업과 보완구조는 양국에 큰 이익을 안겨주었다. 중국은 미국과 EU을 합친 것보다 더 큰 무역 및 투자 파트너다. 중국 경제가 침체되면 미국과 EU의 경제위기보다 더 큰 영향을 받는 구조다.

한국의 대(對) 중국 수출품목의 대부분은 중국 기업 및 중국에 진출한 한국 기업의 수출상품 생산에 필요한 원재료나 중간재이다. 한국의 중간재 수출은 대부분 한국 내 본사와 중국 현지법인 간 '기업 내 무역'(*intra-firm trade*) 형태이다. 한국의 대(對) 중국 수출을 상품별로 보면 부품 · 소재 등의 중간재가 61.5%(2007년 기준)에 달한다.

주지하다시피, 정보통신기술(IT)의 발달 및 다국적기업의 세계화 전략과 더불어 '글로벌 생산 네트워크'(*global production network*)가 확대되고 있다. '글로벌 생산 네트워크'란 R&D-생산-판매 등 기업의 가치사슬별로 국경을 초월해 최적의 입지를 선택하여 기능을 재배치(자회사 설립 또는 기업 간 제휴의 형태 등)하면서 형성되는 생산체제를 의미한다.

만약 '글로벌 생산 네트워크'가 국내산업과 연계된다면, 국내 투자 · 고용이 촉발 · 확대되는 선순환 구조가 형성될 수 있는 반면에, 만약 대기업의 해외투자가 확대됨에 따라 중소기업의 동반진출로 인하여 한국산업의 핵심기능이 해외로 이전된다면, 해외 투자는 증가하는 반면, 국내투자가 정체 또는 감소하는, 이른바 '산업공동화'는 자명한 결과가 될 것이다.

따라서 한국 경제의 지속적 성장 여부는 "글로벌 생산 네트워크"와 국내산업 간 선순환 구조의 구축과, 이러한 동북아 분업구조 변화에 대응할 수 있는 對 중국 비교우위의 창출 여부에 달려 있다는 것을 알 수 있다.

해외투자 확대로 인한 산업공동화 가능성을 극복하고 국내투자 · 생산을 촉발하기 위해서는 대기업과 중소기업의 상생관계를 심화하는 것이 중요하다. 즉, 대기업-완제품-마케팅-수출; 중견(소) 기업-중간재(부품 · 소재)-생산 · 고용 · 공급-내수(소비)의 산업연관 관계를 구축해야 한다.

이로써, 한국은 산업기술 경쟁력을 한층 제고시켜, 기술적 우위를 확보 및 유지하면서 '세계의 공장'인 중국과의 분업구조를 활용함과 동시에 중국 성장의 기회를 최대한 활용하는 반면에 일본과는 가격뿐만 아니라 품질 면에서도 경쟁을 할 수 있어야 한다.

향후 중국의 고도성장을 지속적으로 뒷받침하기 위해서는 많은 원자재 및 부품(전기전자 부품, 반도체, 화학원료 등)과 기계설비의 공급이 필요하다. 그러나 중국의 핵심기술은 부족하다. 그 주요 원인은 첨단기술을 보유한 기업이 대부분 다국적 기업이나 해외자본기업이기 때문이다. 이들 외국인 기업으로부터의 첨단기술 도입은 82%를 차지하고 있다. 그러나 이들 외국인 기업들은 중국 파트너 기업으로의 기술이전을 꺼리고 있다. 예로서, DVD 분야의 경우, 전체 65개 특허 중에서 중국이 보유한 특허는 33건에 불과하며 그중 10건은 핵심기술의 분류에 속하지도 않는다. TV의 경우도 마찬가지로 이 분야의 중국 특허는 10건에 불과하다. 이러한 기술개발력 수준으로는 중국 경제가 모방산업에서 창의산업으로 발전할 수 없으며, 또한 중국 정부가 내세운 '시장점유율 대신 기술력 증강' 목표를 달성하기 어려운 실정이다. 다행히, 한국은 중국의 연해지역에 지리적으로 인접하고 중국이 필요로 하는 수준의 기술 및 생산능력을 갖추고 있다.

한편, 과거 중국의 대표적 기술발전전략은 중국 내수시장과 외자기업의 기술을 교환한다는 '시장환기술'(市場換技術: 시장과 기술의 교환)이었다. 그러나 최근에 들어, 외자에 대한 경제의존도가 높아진다는 우려와 함께, 기존의 방식이 기술혁신에 비효율적이라는 자체 평가를 함으로써 기술발전전략에 대한 대대적 개혁에 나서고 있다.[128] 최근 발표된 국가 중·장기 과학기술 발전전략(2006~2020)에서 중국 정부는 '자주창신'(自主創新), 즉 중국의 자체적인 기술개발과 기술의 도약적(*leapfrogging*) 발전을 강조하고 있다. 그리고 이를 바

---

128 중국 정부가 자체적으로 판단하는 '市場換技術'(시장과 기술 교환전략)의 부진 원인으로는 첫째, FDI가 도입한 기술들이 대부분 생산설비에 체화된 경성기술(*hard technology*), 둘째, 핵심적 기술에 대한 다국적기업의 강력한 기술보호조치(기술 블랙박스화 또는 모듈화) 또는 기술이전이 주로 다국적기업 내부 간에 진행, 셋째, 중국 측 파트너들의 기술학습보다는 이윤창출에 몰두하는 점 등을 들 수 있다.

탕으로 21세기 중반까지는 명실상부한 세계 과학기술 대국의 위상을 확보하겠다는 구상을 하고 있다.[129]

전술한 중국의 외자유치 희망 분야를 근거로 하여 한국과 중국의 기술협력 분야를 도출해 보면, 한국과 중국의 비교우위에 따른 공동개발 가능 분야로는 자동화기술, 레이저기술, 컴퓨터 소프트웨어, 정보처리 반도체, 계측, 플랜트 엔지니어링 등이라고 평가된다.

한·중 간 산업기술협력을 위한 가장 유망한 분야는 자동차 부품, HDTV, 전전자교환기, 중형 항공기이다. 이들 분야는 한·중 산업협력위원회에서 공식적으로 양국의 우선협력 분야로 선정하였다. 자동차 부품은 부품 합작생산부터 시작하고, 중형 항공기는 공동기술개발, 합작생산, 공동판매를 추진하며, 전전자교환기는 소형 전자교환기 합작생산 및 차세대 교환기 공동개발을 포함하며, HDTV는 규격 결정 및 핵심 부품의 공동개발을 위주로 한다고 각각 합의되었다.[130]

회고해 보면, 한·중 양국 간 산업협력을 활성화하고, 특히 첨단산업의 공동개발, 생산, 판매를 목표로 1994년 6월, "한·중 산업협력위원회 설치 협정"을 체결하였다.

1994년 6월 제1차 회의에서 자동차 부품, HDTV, 전전자교환기, 중형 항공기를 우선협력 분야로 선정하였다. 자동차 부품은 부품 합작생산부터 시작하고, 중형 항공기는 공동기술개발, 합작생산, 공동판매를 추진하며, 전전자교환기는 소형 전자교환기 합작생산 및 차세대 교환기 공동개발을 포함하며, HDTV는 규격 결정 및 핵심 부품의 공동개발을 위주로 한다고 각각 합의되었다.

제3차 회의(1995. 8)까지는 4개 분야를 중심으로 양국 간 협력이 순조로웠

---

129 중국 국무원(2005).

130 제3차 회의(1995. 8)까지는 4개 분야를 중심으로 양국 간 협력이 순조로웠으나 1996년 중형 항공기에 대한 이견이 표출되면서 제4차 회의가 1년간 순연되었다. 자동차 부품 합작 투자는 대우의 산둥성 자동차 부품 합작기업 설립을 비롯 상당한 가시적 성과를 도출하였다. HDTV, 전전자교환기, 중형항공기는 양국 간 이견으로 뚜렷한 가시적 성과를 거두지 못한 채 협력이 중단되거나 지지부진하였다. 그러나 1998년 김대중 대통령 방중을 계기로 소강 국면을 나타냈던 한·중 산업협력위원회가 재활성화가 되었다.

으나 1996년 중형 항공기에 대한 이견이 표출되면서 제4차 회의가 1년간 순연되었다. 자동차 부품 합작 투자는 대우의 산둥성 자동차 부품 합작기업 설립을 비롯 상당한 가시적 성과를 도출하였다. HDTV, 전전자교환기, 중형항공기는 양국 간 이견으로 뚜렷한 가시적 성과를 거두지 못한 채 협력이 중단되거나 지지부진하였다. 그러나 1998년 김대중 대통령(당시) 방중을 계기로 소강국면을 나타냈던 한·중 산업협력위원회가 재활성화 되었다.

1998년 11월 베이징에서 개최된 한·중 산업협력위원회 제4차 회의에서는 한·중 양국 정부가 '21세기를 향한 한·중 양국 간의 산업협력을 더욱 발전시켜 나가기 위하여 분과위원회를 재구성하기로 합의하였다. 한·중 양측은 과학기술산업화분과위원회를 설립하기로 하고 동 분과위원회에서는 기존 4개(자동차, 부품, HDTV, 전전자교환기, 중형 항공기)의 분과위원회를 흡수하였고 석유화학이 추가되었다. 양측이 공동협의하여 정하는 첨단기술 분야의 산업화 협력을 동 분과위원회에서 추진하기로 합의하였다. 이로써 기존의 4개 우선협력 산업 위주로 구성되었던 분과위원회가 과학기술산업화, 에너지·자원·환경, 산업정책분과위 등 3개 분과위로 개편되었다.

2000년 4월 서울에서 개최된 제5차 한·중 산업협력위원회의 과학기술산업화분과위에서는 한·중 산업기술협력 네트워크 구축, 중소형 항공기 공동개발, 석유화학, 자동차 부품, ATM 분야에서 협력을 계속해 나아가기로 합의되었다. 석유화학 분야는 기술협력, 인력 교류 등을 확대하고 산업정보 교환, 무역, 투자 등 기존 민간 협력사업과 연계를 강화하고, 자동차 부품은 양국 간 기술개발을 촉진하고 자동차 부품 협력을 확대·심화하며, HDTV 분야에서는 양국 간 협력사업을 HDTV에 국한시키지 말고 양국의 기술 및 시장 여건에 따라 새로운 전자산업 분야로 확대·추진키로 각각 합의하였다.

상기한 한·중 산업기술 협력을 효과적으로 추진할 수 있는 제도적 장치는 한·중 FTA를 체결하는 것이다.[131] 한·중 FTA는 양국 정상회담의 단골 의제

131 상술하면, 2004년 11월 칠레에서 열린 APEC 정상회담 당시 노무현 전(前) 대통령이 후진타오(胡錦濤) 주석과 한·중 FTA를 위한 민간공동 연구에 합의했다.

였고, 중국 최고 지도자들은 공개적으로 한·중 FTA에 대한 희망을 피력하였다. 심지어, 농업 분야에서 중국이 대폭 양보할 뜻을 내비친 적도 있다.

2010년 1월 17일에 방한했던 시진핑 중국 국가부주석(당시)은 이명박 대통령(당시)을 만나 "한·중 FTA가 체결되면 2013년까지 두 나라 무역규모가 두 배로 늘어날 것"이며 "한·중 FTA를 통한 동아시아 공동체가 조기에 실현되기를 희망한다"고 밝혔다. 그는 '구동존이'(求同存異: 같은 것은 추구하고 이견은 남겨두자)라는 말까지 써가며 협상을 촉구했다.[132]

따라서 한·중 FTA 협상에서 양국의 합의가 쉬운 부분부터 단계적으로 합의 영역을 넓혀갈 수 있다는 것을 알 수 있다.[133] 중국은 동아시아에서 미국·일본의 영향력 확대를 견제하며, 중국을 중심으로 하는 경제공동체 건설을 추진 중이다. 따라서 한국을 끌어들이는 데 큰 관심을 갖고 줄기차게 한·중 FTA 체결을 요구했다.

이와 반면에, 한국은 한·중 FTA의 추진을 최대한 늦추자는 전략을 구사하였다. 왜냐하면 한국 정부는 한·중 양국이 지리적으로 워낙 인접해 한국의 농수산업 분야의 피해를 크게 우려했기 때문이다. 한국의 산업계도 아직 한·중 간 기술격차가 큰 만큼 천천히 한·중 FTA를 추진해도 된다는 입장이었다. 왜냐하면 중국산 저가상품이 한국 내 시장에 대기 유입될 것을 매우 걱정했기 때문이다.

사실, 중국이 한·중 FTA 협상을 적극적으로 주창하기 시작한 것도 2007년 4월 한·미 FTA 협상이 타결된 이후부터였다. 한·중 FTA든 한·중·일 FTA든 간에 동북아 FTA의 가장 큰 걸림돌은 농수산물이다. 예컨대 한·중 FTA 논의가 시작된 건 2004년부터였다. 민간 공동연구에 합의해 FTA 준비를 시작했지만, 논의가 전혀 진전되지 않은 건 농산물 때문이다. 2008년 한·중 양국 정상이 FTA의 적극 추진을 합의했지만 한 발짝도 나가지 못한 것 역시 같은 이유다.

---

132 조선일보(2010. 1. 15).

133 오스트레일리아의 경우 2005년 중국과의 FTA 협상을 시작했지만 중국이 서비스시장 개방을 거부하자 7년째 타결을 미루고 있다.

그만큼 국내 농산물이 입을 피해가 막대하다. 당연히 농어민의 반발을 정치적으로 감당하기가 쉽지 않다. 그렇다면 농수산물 개방을 가급적 제한하면서, 한국에게 유리한 서비스·투자·지적재산권 분야의 개방을 최대한 많이 이끌어내는 게 협상의 성패를 가를 것이다. 그렇다면 모든 협상 준비 과정도 여기에 맞춰져야 한다.

저자는 한국이 중국에 주로 수출하는 부품은 이미 중국 측 관세가 낮기 때문에 한·중 FTA로 인한 대(對)중국 수출 효과는 상대적으로 적을 것이라고 생각한다. 따라서 한·중 FTA 협상 전략은 한국의 농산물은 최대한 보호하면서 금융·법률·회계서비스 시장 개방에 초점을 두어야 할 것이다.

만약 한·중 FTA로 관세율을 낮춰도 제도나 법, 무역 관행, 관세 행정 등 비관세 장벽이 있다면 소용이 없게 된다. 따라서 이런 문제를 철저히 분석해 중국 측의 약속 이행을 담보할 수 있는 장치로서 ISD(투자자·국가분쟁해결절차)를 명시적으로 한·중 FTA 협상에 포함시켜야 할 것이다.

당장 한·중 간에 높은 차원의 포괄적인 FTA를 맺는 것은 무리다. 민감성 품목은 개방 예외로 남기거나 개방 유예로 묶어두는, 낮은 차원의 FTA가 대안일 수 있다. 또한 FTA는 단순히 양국 정부 간의 협정이 아니다. 우선 피해 계층의 목소리부터 충분히 듣고, 국민적 공감대 형성에 주력해야 한다. 현 정부가 업적주의에 사로잡혀 졸속 협상을 벌인다면 한·미 FTA 촛불집회를 능가하는 화(禍)를 남길지 모른다.

여기서 유의할 것은 최근에 들어 상황은 변하고 있다는 점이다. 중국은 ASEAN과 FTA를 마무리한 데 이어 타이완과 경제협력기본협정(ECFA)을 체결함으로써 한국을 크게 압박하고 있다. 한국 기업이 자신만만해했던 양국 간 기술 격차도 크게 좁혀졌다. 예로서 한국보다 먼저 전기자동차를 출시한 자동차 분야에서 중국의 추격이 매우 빠르다. 게다가 최근의 글로벌 금융위기 속에서도 중국 내수시장은 급팽창을 거듭하고 있다. 따라서 이젠, 한국 측이 중국 측에 한·중 FTA를 종용해야 할 상황이 도래하였다.

한국의 입장에서 보면, 한·중 FTA가 절실히 필요하게 되었다. 그 이유는 최근 중국은 제12차 5개년 계획을 통하여 수출의 비중을 축소하고 내수확대를 추구하기로 확정했는데, 이에 따라 한국의 대(對)중국 수출용 중간재의 수출 비중(현재 50% 이상)은 감소될 수밖에 없으며, 따라서 중국 내수용 자본재·소비재 수출 비중을 증가시켜야 하기 때문이다. 그러나 타이완이 2010년 중국과 경제협력기본협정(FTA와 유사)을 통해 중국 내수시장에 대한 접근에서 특혜조항을 부여받았다. 따라서 중국 내수시장에의 진출에서 한국이 타이완과의 경쟁에서 이기기 위해서는 한국은 한·중 FTA를 통하여 관세 인하 조치를 단행할 수밖에 없다. 물론, 농수산 분야와 일부 중소기업의 제조업 분야에 대한 우려가 있을 수 있다. 그러나 한국 경제의 지속적 발전이라는 '큰 그림'에서 보면 한국 총수출의 25% 이상을 차지하는 최대 수출대상국 및 최대 투자대상국인 중국의 시장을 상실한다는 것은 한국경제의 파멸이라는 점에 유의해야 할 것이다. 한국의 농수산 분야와 일부 중소 제조업체에 대한 배려 혹은 육성 정책은 한·중 FTA와는 별개의 차원에서 혹은 별도의 협상과제로서 고려되어야 할 문제인 것이다.

최근의 한·중·일 정상회담(2009. 10. 10)을 계기로 김종훈 통상교섭본부장(당시)과 중국의 천더밍(陳德銘) 상무부장은 한·중 FTA 체결을 적극 검토한다는 내용의 '한·중 경제통상협력비전 보고서'에 서명했다.

참고로, 최근에 일본은 한·일 FTA를 제안하였지만,[134] FTA의 내(對)한국 파급효과의 측면에서 보면, 한·중 FTA가 한·일 FTA보다 더 중요하고 시급하다는 것을 알 수 있다. 즉, '한·중 FTA'와 '한·일 FTA'의 거시경제적 파급효과를 비교(관세 100% 감축)하면 한국의 경제성장 및 후생수준에 대한 '한·중 FTA'의 파급효과가 '한·일 FTA'의 그것보다 압도적으로 크다는 것을 알

134 일본 측이 먼저 한·일 FTA를 제안한 배경은 다음과 같다. 즉, 일본의 장기불황 및 엔고(高)의 극복과 한국의 경영위기 극복전략이 복합적으로 작용하여 한·일 양국의 철강, 석유화학, 반도체, 자동차, 조선, 가전, 유통 등의 과잉설비문제의 해결책으로서 한·일 FTA를 제시한 것으로 보아진다. 이러한 과잉 설비산업들에 대한 산업구조 조정을 가속화하려면 국내 산업구조 조정만으로는 한계가 있고, 다양한 국제산업구조 조정(예를 들어 국제적인 사업교환, 해외매각 참여, 자본참가, 업무제휴 등)이 필요한 것이다. 특히, 풀세트(*full-set*) 형태의 산업구조를 가진 중국의 출현은 일본의 산업구조 조정을 촉진하는데, 이를 실현하기 위한 방편으로서 한·일 FTA가 제안된 것이다.

수 있다.[135]

2012년 1월 9~11일, 이명박 대통령(당시)이 중국을 방문하였을 때, 후진타오 중국 국가주석이 "한·중 FTA를 빨리 개시하길 원한다"고 말하자 이 대통령이 "농산물 등 민감 분야가 있어 이를 먼저 협의하고 그 다음으로 넘어가자"고 응답했다고 한다.[136] 그러나 농산물과 같은 민감 부분에 대한 협상 자체를 유보하고 상호 호혜적인 분야에 대한 협상을 착수하라고 제안하는 것이 더욱 옳았었다고 저자는 생각한다.

여기서 유의할 것은 한·중 FTA는 앞으로 남북통일까지 이끌어내는 국가전략 차원에서 접근해야 할 사안이라는 점이다. 북·중 관계는 안보 우선의 정치적 관계이고, 북한이 중국에 일방적으로 기대는 상태인 반면에, 한·중 관계는 경제적·인적 교류에 바탕을 두고 있다. 한·중 FTA는 장기적으로 북한 상황을 안정적으로 관리하면서 통일로 가는 과정에서 한국에게 기회의 창(窓)이 될 수 있다. 한·중 간 경제협력이 심화되고, 한·중 교류·협력이 튼튼해진다면 '한국 주도의 통일 한반도'를 두려워할 이유가 줄어들 수도 있다.

---

135 상술하면, 우선 정태모형하에서, '한·중 FTA'가 단독으로 발효될 경우 한국의 실질 GDP 증가율은 0.46%이며 한국의 후생 증대효과는 40억 달러인 반면에, '한·일 FTA'가 단독으로 발효될 경우 한국의 실질 GDP 증가율은 0.09%이며 한국의 후생 증대효과는 3억 달러로 각각 추정된다. 한편, 자본축적모형하에서, '한·중 FTA'가 단독으로 발효될 경우 한국의 실질 GDP 증가율은 1.96%이며 한국의 후생 증대효과는 82억 달러인 반면에, '한·일 FTA'가 단독으로 발효될 경우 한국의 실질 GDP 증가율은 0.71%이며 한국의 후생 증대효과는 21억 달러로 각각 추정된다. 물론, 전술한 바와 같이, 한국의 만성적 대(對)일본 무역수지 적자 문제를 고려한다면, '한·일 FTA'는 '한·중 FTA'보다 더 시급하고 중요한 과제일 수 있다. 한걸음 더 나아가, 상기의 두 FTA가 동시적으로 추진되거나 혹은 '한·중·일 FTA'가 바로 출범할 수 있다면 더욱 바람직할 것이다. 그러나 이 저서의 분석대상 중의 하나인 전남 무안군 '한·중 국제산업단지'와 연계되는 것이 '한·중 FTA'이기 때문에, 이 저서는 '한·일 FTA'에 대한 분석을 제외했다.

136 조선일보(2012. 1. 13).

④ 한 · 러 간 에너지 · 자원 및 산업기술협력[137]

러시아 정부는 장기적인 사회 경제발전 구상을 마련하여 2020년까지 경제구조를 에너지 중심에서 지식 및 혁신기반 경제로 전환을 추진하고 있다. 특히 나노산업, ICT산업, 원자력, 우주항공 및 민간항공, 무선 전자, 조선업을 핵심 발전 산업으로 선정하고 이를 새로운 성장동력으로 육성하고 있다.

러시아는 2020년까지 상기 첨단 부문에서의 세계적 기술경쟁력 확보를 목표로 현재 GDP 대비 1%인 R&D 지출 비중을 2015년에 2.8%로, 2020년에 4%로 각각 증대시키고 인적개발과 관련된 교육 부문 지출을 2020년까지 5.5%로 증가시킬 계획이다.

러시아는 기초과학, 우주항공, 군수산업, 일부 첨단 및 소재산업에서 세계 최고 수준의 기술력을 지니고 있다. 또한 금속, 화학, 공작기계 제작, 기구

[표 Ⅳ-7] 러시아 핵심 전략산업 종류와 목표

전략 산업	2020 목표
항공산업, 엔진 제작	• 세계 민수항공제품 생산 점유율 1/3 수준으로 확대. • 항공기술 시장 점유율 10%로 확대.
로켓-우주산업	• 2015년까지 3~4개의 초대형 로켓-우주기업 설립. • 2010년까지 제품 생신을 1.6배(2005년 대비), 2015년까지 2.2배 확대. • 세계 로켓-우주산업 생산 점유율을 현 8%에서 15%로 확대.
조선업	• 생산을 2010년까지 1.5배, 2015년까지 2.2배, 2020년까지 3.1배로 확대. • 민수용 선박제조에서 세계 10대 강국으로서의 옛 지위 회복. • 군사 및 군수제품 수출에서 세계 2위 지위(20%) 공고화.
무선 전자산업	• 선진국과의 기술격차 축소. • 국내 및 세계시장에서 국내 제품의 경쟁력 확보. • 2011년까지 무선 전자산업 생산 2.2배, 2015년까지 5배로 확대.
원자력산업	• 총 전력생산에서 원자력이 차지하는 비중을 20~22% 수준으로 확대. • 2020년 전력 공급능력을 19~20GW(1GW = 100만 ㎾)로 확대
정보통신기술	• 정보-통신-기술 시장의 성장률을 경제성장률의 2.5~3배 이상 유지. • 정보기술에서 순수출국 전환. • GDP에서 ICT산업이 차지하는 비중 10% 이상으로 확대.

137 임양택(1990; 1991b/c), Lim Yang-Taek(1996a),

제작, 철도 및 농기계 제작, 어업 및 목재가공업 등에서 전통적 강세를 띠고 있다. 국·공립대학 312개 중 기술관련 대학이 122개에 달하는 견실한 과학기술 베이스를 보유한 러시아는 우수한 물리, 화학, 수학 등 기초과학 수준을 토대로 한 응용기술 개발이 가능하다.

한편, 한국이 우주항공 및 민간항공, 기초과학 및 원자력 등의 산업에서 세계적 경쟁력을 확보하기 위해서는 러시아로부터의 기술도입과 기술협력을 강화할 수 있다. 러시아 또한 철강, 조선, 무선 전자, ICT에서 한국과의 산업기술협력의 필요성을 절실히 느끼고 있다. 특히, 항공우주산업, 원자력 고분자공학 등의 첨단 과학기술은 한국과 러시아의 과학(산업) 기술 협력의 유망한 분야가 될 수 있을 것이다.

4) 슘페테리안 '테크노-경제발전 전략'

전술한 한국의 비전과 사회경제적 당면과제([그림 Ⅳ-8])는 임기응변식의 단기적 가격(환율, 금리, 상품가격) 조작으로써는 해결될 수 없다. 왜냐하면 한국경제가 1998년 자본 자유화 이후 통화·재정·환율 정책의 경기부양적 기능이 소멸되었기 때문이다.

일반적으로 자본 자유화의 새로운 패러다임하에서는 케인지언의 재량적 재정정책(*discretionary policy*) 혹은 통화론자의 통화공급 확대에 의한 경기부양은 무용(無用)하다. 물론, 최근 글로벌 금융위기로 인한 '유동성 함정'에 빠진 경우, 건전한 국가재정이 지속되는 한도 내에서 오직 케인지언의 재량적 재정정책은 경기부양 효과를 산출한다.

자본 자유화에 의하여 국내외 주식시장이 밀접히 연계됨에 따라, 선진국(특히 미국)의 경제동향(예로서, 최근의 미국경기 침체와 국제 금융시장 불안 확산 등)이 한국 경제에 직접 영향(예로서, 수출 감소와 국내 금융시장에의 불안 확대)을 미치게 된다. 이 같은 상황에서, 정부는 장기적 투자 및 고용 증대보다는 국내 자본시장 부양과 물가안정에 급급할 수밖에 없으며, 기업은 장기적 투자보다는 주가관리 및 경영권 확보, 단기수익 극대화에 전념할 수밖에 없다.

따라서 경기부양 및 고용창출은 슘페터[138]의 '창조적 파괴'에 바탕을 둔 '테크노-경제발전 전략'으로써 가능하다.[139] 즉, 지속적 성장 잠재력의 확충은, 정부의 단기적 재정·금융정책이 아니라, '기업하기 좋은 환경'을 만들어 기업의 장기투자를 유도할 수 있는 장기적 산업·기술정책에 의해 가능한 것이다. 또한, 슘페테리안 산업기술정책은 수요유인(*demand-pull*) 인플레를 유발하지 않는다. 즉, 물가안정하에 대량고용이 창출될 수 있다. 이 결과, 스태그플레이션을 타개할 수 있는 것이다.

참고로, 유럽의 경제회복을 위한 기술발전의 역할' 문제를 다룬 콘퍼런스에서 한스 푀테링(Hans-Gert Pottering) 유럽의회 의장은 EU가 2013~2021년 기간에 대한 예산을 편성할 때, 혁신을 통해서 경제침체를 이겨낼 수 있도록 R&D에 추가적인 기금을 투입하도록 할 것이라고 주장했다.[140]

(1) 기본모형

슘페테리안 '테크노-경제발전 전략'은 '신기술→신상품→신시장'의 동태적 발전을 위한 '창조적 파괴' 과정인데, 이는 동태적 경로(*dynamic path*)로 구현된다.[141] 즉, 기초과학연구능력[142] 확충→소화·흡수·개량·토착화→자체기술개발, 선진기술 도입, 산업 간 및 산업 내 기술확산, 국제기술협력 →기술혁신의 촉진→기업경쟁력(자원 및 역량, 프로세스 경쟁력, 품질경쟁력, 시장경쟁력, 고객성과, 시장성과, 재무성과)의 제고→가격경쟁력(임금, 금리, 환율, 유가, 물류비용 등)의 제고 및 비(非) 가격경쟁력(품질, 운송, 디자인, 애프터서비스 등)의 제고→국제경쟁력의 강화→국제수지 흑자→성장·고용·분배→'최대다수의 최대행복'이다.

산업기술활동의 주체인 기업의 기술혁신 메커니즘과 연계하여, 기업은 자원

---

138 Schumpeter, Joseph A. (1933, 1942).

139 Lim, Yang-Taek (2006).

140 한국과학기술정보연구원(2009).

141 Lim, Yang-Taek (1996a; 2000b).

142 Lim, Yang-Taek (1996a).

경쟁력→개발 및 제조 경쟁력→품질 경쟁력→시장 경쟁력→고객 성과라는 경로를 밟으면서 기업의 '종합경쟁력'을 제고할 수 있다. 이것이 바로 국가경쟁력의 원천인 것이다.

슘페테리안 테크노-경제발전 전략에 의거한 신성장동력은 신(新) 산업에 의하여 창출된다. 또한, 성장 잠재력을 지속적으로 확충하기 위해서, 정부는 국가혁신 시스템을 구축하여 산학연 네트워크의 경제성(*economies of network*)을 높여 '과학기술입국'을 정착시켜야 한다. 그리고 기술 하부구조(산업현장 지향적 인력, 산업정보 유통체제, 산업재산권 보호·관리, 표준화 및 관련 기술지도 및 산업기술지원 기관의 연구 및 실험설비 등)를 바탕으로 연구개발 및 과학기술 투자와 연구개발 인력(기술자 및 기능공)을 확충해야 한다.

[그림 Ⅳ-17] 기술혁신의 메커니즘 및 파급효과

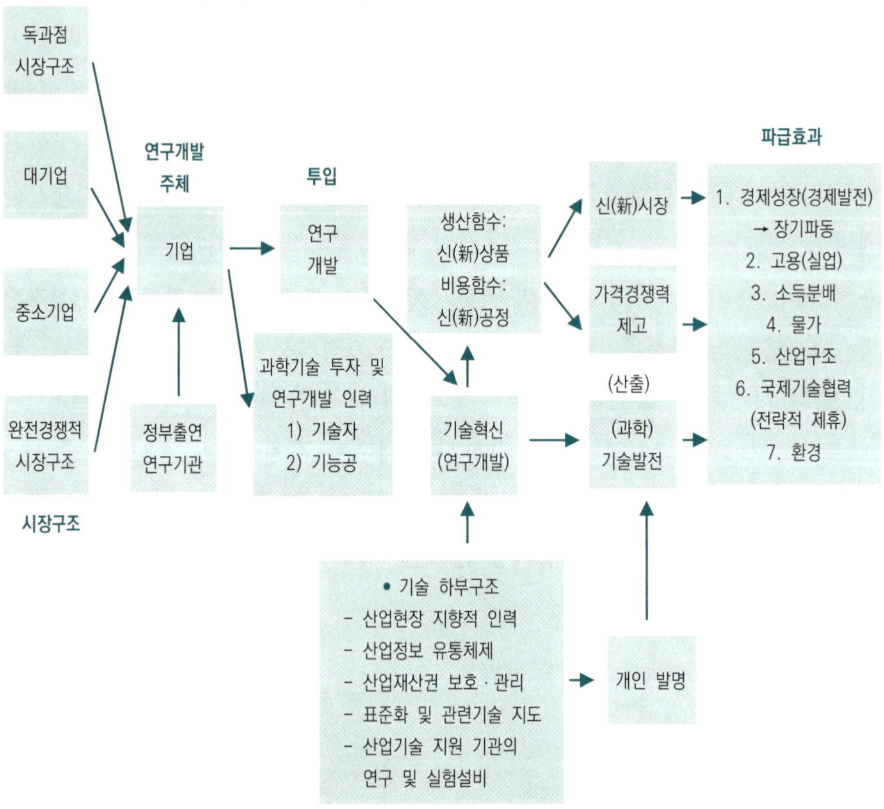

자료: 임양택(1998b).

(2) 국가혁신 시스템

국가혁신 시스템(*national innovation system*)에서 혁신과정은 주요 주체(기업, 공공 및 민간 연구조직, 정부기타 공공기관) 간 다양한 형식을 통한 상호작용으로 나타난다. 각 주체는 해당 국가의 금융 시스템, 정부와의 협력, 법제도적 구조, 교육과 숙련수준, 노동시장에서의 노동이동 정도, 노사관계 등 다양한 요소에 영향을 받는다.

전술한 테크노-경제발전 전략을 뒷받침하는 국가혁신 시스템의 정의는 연구자에 따라 다양한데 이를 요약하면 다음과 같다.

- 프리먼(Freeman, 1987)은 새로운 기술을 선도, 입수, 변화 그리고 확산시키는 행위와 상호작용을 하는 공공과 민간 부문들의 제도적 네트워크라고 정의했다.
- 룬드벨(Lundvall, 1992)은 새롭고 경제적으로 유용한 지식을 생산, 확산, 활용하는 데 있어 서로 상호작용하는 국내요소 간의 관계라고 정의했다.
- 넬슨(Nelson, 1993)은 국내 기업의 혁신적 성과를 결정하고 상호작용을 하는 제도들의 집합이라고 정의했다. 파텔과 패빗(Patel & Pavitt, 1994)은 국가 내에서 기술학습(또는 활동들을 유발하는 변화정도와 구성)의 정도와 방향을 결정하는 국가제도 및 유인체계 그리고 그들의 경쟁력이라고 정의했다.
- 메칼프(Metcalfe, 1995) 새로운 기술의 개발과 확산에 결합하여 혹은 독립하여 기여하거나 혁신과정에 영향을 미치기 위한 정책을 형성하거나 시행하려는 정부에게 틀을 제공하는 제도들의 집합. 새로운 기술을 특징짓는 지식, 기술 그리고 창조, 저장 그리고 변환하는 상호연결된 제도들의 시스템이라고 정의했다.
- OECD(1997)는 국가 전체가 학습과 혁신(지식의 획득, 창출, 확산, 활용)을 효과적으로 창출할 수 있는 시스템이라고 정의했다. 상술하면, 과거에는 한 국가의 혁신역량을 다루는 데 있어서 연구개발투자, 연구원 수 등과 같은 연구개발 투입(*input*)과 논문, 특허 등 연구개발 산출(*output*) 등의

지표가 중요하게 다루어져 왔다. 즉, 지식과 학습을 기본으로 하는 국가혁신 시스템에서는 산학연·정부 주체들 간 지식의 흐름(*flow or diffusion of knowledge*) 및 상호작용(*interactions*)을 가장 중요한 지표로 간주된다. 즉, 산학연·정부 주체들 간의 공동연구 등 상호작용이 어떻게 이루어지고 있으며, 지식이나 기술이 어떻게 확산되고 있고, 연구자 또는 기술자의 이동이 어떻게 이루어지는지가 더 중요하게 다뤄지고 있다.

- 에퀴스트와 맥켈비(Edquist & Mckelvey, 2000)는 행정부의 역할, 중요 기술이 포함된 기업의 R&D 역할, 교육·훈련, 사회적 혁신의 역할, 산업의 결합(집중)구조 등으로 구성되는 시스템이라고 정의했다.
- 김철희(2001)는 지식의 창출, 활용, 확산이 용이한 시스템으로 정의했다. 이 시스템에는 인적자원, 자본 등 핵심적 생산요소의 절대적인 양과 수준의 제고와 이들 요소의 효율적인 활용을 위한 각종 시스템의 정비가 포함된다. 특히 인적자원 개발은 혁신주체의 혁신능력을 배가시키며, 인적자원의 교류·협력은 지식확산의 중요한 수단이며, 인적자원 개발에서 산학연과 관의 적절한 역할분담과 협력체제의 구축이 중요한 관건이다.

전술한 바와 같은 다양한 정의를 가지지만 국가혁신 시스템은 대개 다음과 같이 3가지 요소로 분석할 수 있다.

첫째 연구 주체 간의 상호관계(*interactions*), 즉 연구주체 간에 지식과 기술의 공유 및 확산의 상호작용이다.

둘째 기술 하부구조(*technology infrastructure*), 즉 지식 및 기술 축적이다.

셋째 정부의 연구 및 관련 인적자원 개발정책이다. 즉, 정부는 다양한 정책의 추진을 통해 혁신주체 및 구성원들의 지원 역할을 수행한다.

한편, 독일에서는 대규모이든 소규모이든 간에 기업들이 국제경쟁력을 강화하기 위해 기술개발과 축적을 경영의 핵심으로 삼고 있다.[143] 1950년대 철강, 전력, 조선업 등 주요 기간산업에서 탄탄한 기반이 마련되면서 각 기업별로, 때

[표 Ⅳ-8] 독일의 세계 최고 기술 분야

기술 분야	강점 분야	대표회사
자동차	자동차 부품, 특장차 및 승용차 세계적 기술 보유	보쉬, BMW, 벤츠, 아우디
기계	공장기계, 건설광산기계 및 산업기계 부문의 내구성, 신뢰도, 정밀도 최고	하이델베르크, 데켈, 마호
정밀화학의약	세계 최고의 제약회사 다수 보유, 특히 바이엘 등은 탄저병 같은 질병을 치료할 수 있는 약제 개발	바이메른, 머크
소재	철강산업, 전자소재, 세라믹과 유리 부문 선두를 달리고 있으며 최고의 액정 제조회사 보유	머크, 쇼트, 티센, 데구사
전자	종합전자제품 및 장치	지멘스

로는 국가적 차원에서 광학, 자동차, 기계, 전기·전자, 화학 등의 분야에 적극적인 R&D 투자가 이루어졌고 연구개발 시스템이 강화되었다. 독일 주력산업의 하나인 자동차도 정보기술(IT)과 결합하거나 첨단소재를 장착한 한 차원 높은 신개념 기술개발에 나서는 등 기술력을 높이는 데 혼신의 힘을 쏟고 있다.

그 결과, 각 분야에서 독일 기업들은 세계의 산업을 선도하는 세계적인 기업으로 성장하였다. 특히 독일 기업의 기술개발 및 축적과정은 인력개발계획과 체계적으로 연계되어 독일제품의 품질 향상과 선진화에 크게 기여하였다.

독일이 갖가지 사회문제에도 불구하고 세계 경제강국의 자리를 굳건히 지키는 비결은 바로 원천기술이다. 첨단소재, 자동차, 기계, 제약, 정밀화학 등 고부가가치 산업에서 분야마다 원천기술을 보유하고 있다.[144] 예를 들어 한국 전자업체가 세계 LCD 시장을 선도하지만 액정과 관련된 일부 원천 기술은 독일 업체가 가졌다. 한국 기업들이 제품을 만들어 수출을 할 때마다 원천기술을 보유한 독일은 앉아서 기술료를 벌어들이는 구조다.

독일 기업의 경쟁력은 기업과 대학, 연구소의 밀접한 산학연 협력에서 나온다고 해도 과언이 아니다. 막스플랑크연구소(Max Planck Institute)에서 국가

143 럭키금성경제연구소(1991).

144 매일경제 경제부(2006).

적으로 필요한 기초과학을 연구하고 프라운호퍼연구소(Fraunhofer Institute)는 기업들이 원하는 응용기술을 개발한다. 그리고 각 주(州)에 있는 대학 연구소들이 소규모 연구프로젝트를 수행하며 이를 뒷받침한다. 특히 프라운호퍼연구소 출신들은 각 기업체로 진출해서 산업계의 기술을 한 단계 더 끌어올리는 데 톡톡히 기여하고 있다.

독일의 프라운호퍼연구소는 자체연구를 못하는 기업을 위해 대신 기술개발을 해주고 정부에서 연구개발비의 50%를 지원받는다. 정부지원으로 개발된 기술은 한 개의 기업을 위해서 쓰이는 것이 아니라 필요한 중소기업들이 함께 사용할 수 있다. 이 연구소의 특징은 실제 산업기술로 활용할 수 있는 응용기술을 개발한다는 점이다.[145] 예로서 프랑크푸르트 인근 중소도시인 하나우에 있는 W. C. 헤레우스는 독일에 본사를 둔 다국적 기업인 헤레우스 산하 6개 사업 부문 중 귀금속과 첨단 재료를 생산하는 기업이다. 치과재료(치아)에서부터 심장기기 등 첨단의료기기와 반도체관련 재료까지 다양한 첨단재료를 생산하는 데 세계적으로 기술력을 인정받고 있다. 헤레우스는 제품개발 때부터 고객회사의 연구소와 함께 문제를 풀어나간다.

전술한 국가혁신 시스템의 개념을 염두에 두고, 독일 연방정부의 국가 인적자원 개발체제는 다음과 같다. 인적자원 개발의 중심부처인 연방교육연구부는 전통적으로 직업교육훈련체제에 기초한 과학기술의 발전과 산학협동을 강화하기 위한 교육개혁을 추진하고 있다. 연방경제기술부는 국민의 경제적 복지가 주요업무이며, 높은 취업, 경제성장과 사회안정을 추구하며, 동시에 경쟁력을 유지하기 위한 신기술 도입과 혁신을 위해 노력하고 있다. 정보화사회의 성공을 위해서는 교육과 훈련이 중요하므로 대학과 직업훈련기관에 새로운 기술을 제공함으로서 인적자원 개발에 협력하고 있다. 연방노동사회부는 노동자의 사

---

145 프라운호퍼연구소는 연구 부문별로 나뉘는데 이 중 프라운호퍼IST는 표면처리기술을 주로 연구한다. 유명한 알약인 아스피린의 알파벳을 찍는 기계, 자동차회사의 실린더 표면처리 기계 등을 개발했으며 안경표면, 병원용기 등도 주요 개발제품이다. 최근에는 겨울에 성에가 끼지 않도록 특수 처리된 차 유리를 개발, 폭스바겐의 새 모델에 장착하기 위한 테스트도 진행한 바 있다.

회복지에 관련한 법제정과 구직과 구인업무를 위한 행정적 지원체제를 갖고, 실직 예방을 위한 프로그램을 마련하여 실업발생을 억제하고, 노동사고 처리, 연금관련 사업 등을 총괄하고 있다.

독일연방정부는 다음과 같이 국가 인적자원 개발정책으로서 교육개혁을 실시했다. 독일의 교육개혁은 대내적으로는 시대와 사회의 필요성을 부응하는 인재를 효과적으로 양성하기 위하여 긴 전통을 가진 독일 고유의 교육제도를 개선함으로써 교육기관의 전반적 운영을 효율화하고, 대외적으로는 이를 통한 교육시장에서의 국제 경쟁력을 확보하기 위함이다. 교육개혁안의 주요 내용은 대학의 경우 교수임용 절차 간소화, 업적별 보수지급, 대학 운영의 자율화, 국제화 교육과정 도입, 인터넷 첨단기능을 활용한 원격교육이며, 중등교육의 경우, 학업기간 단축, 영재학생 장학 지원과 직업교육의 내실화 등이다.

독일은 대학 수업기간의 단축, 교육의 질을 높이며, 다양하고 유동적인 운영을 위한 모듈학과와 Credit-Point-System을 도입 및 운영하고 있다. 외국과의 교환학생제도를 확대, 강화 및 외국 교수의 적극적 영입을 위해 체류조건과 취업조건을 완화했다. 정보통신 분야의 교육과정을 개발 및 확대시켰다. 그리고 화상대학에 대한 지원을 강화하고 전자도서관을 설립하였다.

독일은 고급기술인력 부족을 메우기 위해 외국 엔지니어를 유치하는 한편 각 대학은 물론 정부차원에서도 중고생을 대상으로 엔지니어의 미래를 홍보하기도 한다. 특히 외국고급기술 인력 확보를 위해 전자공학·기계공학·생명공학 분야의 박사과정을 국제기준에 맞추는 한편, 영어로 강의하는 곳도 현재는 5% 미만이지만 점차 늘리고 있다.

독일의 직업교육훈련정책을 살펴보면 다음과 같다. 일반학교나 직업학교 등에서 시행되는 직업교육에 대한 책임은 주(州) 정부에 있으며, 학교 외의 직업교육 및 현장훈련은 연방정부가 책임지고 있다. 인적자원 개발에 대한 독일의 기본 방침은 전통적인 이원화제도의 골격을 유지하면서 그 내용과 운영의 개혁을 단행하는 것이다. 지역별, 산업별 단체 등 기업 이외의 각종 훈련단체가 주도하는 훈련의 촉구를 통하여 기업에게 저(低) 비용으로 양성훈련의 참가를 가능하도록 유도하고 있다. 독일의 직업교육훈련 전반에 걸친 개혁에서 가장 획기적이라 할 수 있는 것은 그동안 전 세계의 많은 나라에서 직업훈련의 모델로 삼았던 이원화제도의 개혁이다.

상술하면, 정보통신 등 첨단직종의 급상승으로 적합한 직업훈련이 적시에 제공되지 않고 있다. 산업수요와 지역의 특성을 반영한 직종을 개발 및 양성훈련에 비협조적인 대기업의 참가 유인책을 강구했다. 독일 직업교육훈련의 기반은 이원화 교육체계이기 때문에 직업훈련은 국가가 통제하는 제도이면서도 개인 사업체의 지원이 병행되지 않으면 존립이 불가능한 제도이다.

노동시장정책의 재원은 재정수입과 노사의 납부금(노사 간 비율은 6.5%로 균등)으로 조성하고 정부는 부족분을 충당한다. 실업부조, 장기실업자에 대한 직업보조 같은 중요한 프로그램은 연방정부의 별도 예산분배에 의존하며 독일 노동시장정책 비용의 1%를 유럽사회기금에서 지불한다.

독일의 직업교육 훈련정책은 다음과 같다. 컴퓨터를 통하여 시간과 장소의 구속 없이 근로현장과 통합된 교육을 실시하며 한 기업에서 일률적으로 이루어지던 양성훈련을 훈련의 유사성에 따라 단계별 및 과정별로 연합하여 직업훈련을 실시하며, 양성훈련과 계속교육을 연계한다.

(3) 한국의 산업기술력[146]

한국은 이미 '세계 7위의 산업기술 강국'이다. 예로서 세계 1위의 와이브로 단말기 기술·조선기술·반도체 메모리 기술·인터넷 기술·휴대폰 기술·LCD 모니터 기술·MP3 기술, 세계 2위의 TV 수상기 기술·가전 기술, 세계 4위의 고속전철 기술·휴먼로봇 기술과 화섬·에틸렌·가정용 냉장고의 생산능력, 세계 5위의 원자력 기술과 가정용 세탁기·철강의 생산능력, 제6위의 자동차 기술 등을 들 수 있다.

146 임양택(2007e; 2011).

한국의 산업기술력

• 와이브로 기술

모바일 와이맥스(와이브로의 해외 명칭)는 고속으로 이동하면서 인터넷을 사용하는 기술로서 한국이 세계 최초로 상용화하였으며 세계시장을 주도하고 있다.

• 조선(선박) 기술

한국은 세계 1위의 선박강국이다. 한국은 대형 유조선과 컨테이너선, 화물선은 물론이고 특수 쇄빙선과 초대형 LNG선(천연가스 운반선), 그리고 각종 군함과 이지스 순양함까지 제작하는 명실상부한 세계 최고의 조선강국이다. 그러나 소재·부품(Satellite Communicator 등 주요 전기·전자 장비/고장력 합판 등 특수합판소재)의 수입의존도는 10%, 대(對)일본 수입의존도는 60%이다.

• 반도체 기술

한국이 세계 1위이다. 특히 메모리 분야에서는 한국이 세계시장을 독점하고 있다. 그러나 소재·부품〔웨이퍼(*wafer*)를 비롯한 칩(*chip*)제조용 각종 소재)의 수입의존도는 65%, 대(對)일본 수입의존도는 50%이다.

특히 하이닉스가 회로 폭 40나노급 초미세 공정에서 반도체 DDR3 D램을 생산하는 기술을 세계 최초로 개발했다. 이번에 개발된 초미세 공정에서의 생산기술은 속도가 빠른 DDR3 D램 생산에 세계 최초로 적용된 것이다. 이로써 하이닉스는 최근 40나노 DDR2 D램을 세계 최초로 개발한 삼성전자와 함께 40나노급 반도체 시대를 활짝 열었다. 세계에서 삼성전자와 하이닉스만이 40나노 반도체를 생산할 수 있는 기술을 가진 기업이며, 또한 현재 50나노 반도체 생산공정을 상용화한 기업이다. 외국의 반도체 업체들은 아직도 60~70나노급 공정에 머물고 있다.[147]

---

147 중앙일보(2009. 2. 9).

• 인터넷 기술

한국은 세계 1위의 인터넷 보급기술을 가진 국가이며, 한국의 인터넷 사용자 수는 세계 3위(100명당 61명)이다.

- 인구 100명당 초고속 인터넷 가입자 수의 측면에서 한국이 세계 1위(21.3명), 홍콩(14.6명)·캐나다(11.5명) 등 2·3위 경쟁국과도 차이가 크다.
- 인구 1천 명당 인터넷 이용자 수에서, 한국은 아이슬란드(675명)에 이어 세계 2위(603명)를 차지했다.
- 인구 100명당 PC(개인용 컴퓨터) 보급대수의 측면에서 한국은 55대로 세계 8위이다.

• 휴대폰 기술

휴대폰 판매량(세계시장의 40%)의 측면에서 한국이 세계 1위이다.

• LCD 모니터 기술

기술과 생산, 공급 등 모든 면에서, 한국은 세계 1위이다. 그러나 LCD, 스위치(*switch*)류, CPU, 중앙제어 및 전원부 특수 IC류에서 대(對)일본 수입의존도가 80%이다.

• MP3 기술

MP3 R&D 투자와 기술력의 측면에서 한국은 세계 1위이며, MP3의 매출액을 보면 한국이 세계 2위이다.

• TV 수상기 기술

한국의 생산량이 세계 2위이다.

• 가전 기술

한국은 세계 2위의 가전제품 수출국이다. 또한, 한국은 세계 2~3위의 제조 경쟁력, 기술력, 시장점유율을 가진 국가이다.

• 고속전철 기술

한국은 세계 4위의 고속전차 개발 국가이다. 시속 300㎞ 이상의 고속전철을 개발한 국가는 현재 일본, 프랑스, 독일에 이어 한국이 세계 4번째이다.[148]

• 휴먼로봇 개발 기술

휴먼로봇 개발기술의 측면에서 한국은 일본-미국-영국에 이어 세계 4위이다. 한편, 산업로봇이나 우주항공 로봇, 군사용 로봇에는 독일-프랑스-러시아-이스라엘-중국 등에 이어 한국이 세계 9위의 기술개발국이다. 그러나 소재·부품〔센서(*sensor*) 류·CCD 카메라 등 감각 인식장치, 교류 서보전동기 볼 스크루(*AC servo motor ball screw*) 등〕의 수입의존도는 75%, e 대(對) 일본 수입의존도는 85%이다.

• 화섬 · 에틸렌 · 가정용 냉장고 기술

이들의 생산량은 각각 세계 4위이다.

• 가정용 세탁기 기술

한국의 생산량은 세계 5위이다.

• 원자력 기술

한국은 약 20개의 핵발전소를 보유한 세계 5위의 핵 원자력 강국이다. 36~37톤 이상의 플루토늄을 만들 수 있는 7, 251톤 이상의 폐 핵연료와 흑연중수로 감속로를 보유하고 있다. 한국이 보유한 원자력 발전소는 G6의 성능을 가졌다.

• 철강 생산기술

한국은 세계 5위의 철강 생산능력(포철, 광양제철 등의 철강 생산량은 4천6백만 톤)을 가진 국가이다.

• 자동차 기술

자동차 생산대수(연간 350만 대의 자동차 생산)를 보면 미국·일본·독일·중국·프랑스에 이어 한국이 세계 6위이다. 그러나 부품·소재〔Auto T/M 등 동력전달장치용 부품, 주입기·연료펌프(*Injector*·*Fuel Pump*) 등 전력발생장치용 주요 부품 등〕에서 한국의 수입의존도는 20%, 대(對) 일본 수입의존도는 70%이다.

---

148 한국이 개발한 G7 고속전철은 2007년도부터 상용화되어 실제로 호남고속전철 노선에 투입되었다.

(4) 주요국의 신성장동력

① 이명박 정부의 신성장동력

이명박 정부는 2009년 1월 13일 청와대에서 열린 국가과학기술위원회 및 미래기획위원회 합동회의에서 '신성장동력 비전 및 발전전략'과 '국제과학비즈니스벨트 종합계획'을 확정했다. 구체적으로, 동 회의는 미래 한국 경제를 이끌고 갈 새로운 성장엔진으로 3대 분야의 17개 신성장동력 산업, 즉 ① 녹색기술산업 6개〔신·재생 에너지, 탄소저감 에너지, 고도 물처리 산업, 발광다이오드(LED) 응용, 그린 수송시스템, 첨단 그린도시〕, ② 첨단융합산업 6개〔방송통신·융합사업, 정보통신(IT) 융합시스템, 로봇 응용, 신소재·나노 융합, 바이오제약·의료기기, 고부가가치 식품산업〕, ③ 고부가가치서비스산업 5개〔글로벌 헬스케어, 글로벌 교육서비스, 녹색금융, 콘텐츠·소프트웨어, 마이스(MICE)·관광〕을 선정했다.[149]

또한, 이명박 정부는 특히 신성장동력에 포함된 차세대 무선통신, 연료전지 발전시스템, 차세대 선박시스템 등을 집중육성해 핵심원천기술을 개발하고 향후 10년간 세계시장에서 경쟁력이 통할 수 있는 제품을 만들어 나간다는 계획이었다. 이와 함께 신성장동력을 뒷받침하는 태양전지 고효율 저가화 기술, 이산화탄소 포집 및 저장·처리기술 등 21개 원천기술 과제와 기후변화 예측·모델링 개발기술 등 27개 연구개발 과제를 담은 '녹색기술 연구개발 종합대책'을 확정했다.

149 2003년 8월 22일, 당시 과학기술부, 정보통신부, 산업자원부가 10대 차세대 성장동력산업으로서 ① 디지털 TV 및 방송, ② 디스플레이, ③ 지능형 로봇, ④ 미래형 자동차, ⑤ 차세대 반도체, ⑥ 차세대 이동통신, ⑦ 지능형 홈 네트워크, ⑧ 디지털콘텐츠/소프트웨어 솔루션, ⑨ 차세대 전지, ⑩ 바이오 신약 및 장기 등을 선정하였다.

[표 Ⅳ-9] 이명박 정부의 신성장동력

분야	신성장 동력	주요 내용
녹색기술 산업	신·재생 에너지	수소연료전지, 고효율 태양전지
	탄소저감 에너지	이산화탄소 저장·처리, 원자력발전소
	고도 물처리 산업	상하수도플랜트, 해수담수화
	발광다이오드(LED) 응용	조명용 발광다이오드(LED)
	그린 수송시스템	하이브리드자동차, 이동형 항만
	첨단 그린도시	친환경 저에너지 건축기술
첨단 융합산업	방송통신·융합사업	인터넷TV(IPTV), 이동형 인터넷(와이브로)
	정보통신(IT) 융합시스템	차세대 디스플레이, 전자태그
	로봇 응용	지능형 서비스 로봇
	신소재·나노융합	나노기술
	바이오제약·의료기기	친환경 식물성장 촉진기술, 디지털 의료영상
	고부가가치 식품산업	질병예방·치료 효과 기능성 식품
고부가가치 서비스산업	글로벌 헬스케어	의료관광
	글로벌 교육시비스	인터넷 기반 교육
	녹색금융	녹색기술 개발투자
	콘텐츠·소프트웨어	가상현실기술
	마이스(MICE)·관광	국제행사 유치

주: 마이스(MICE)는 기업회의(*Meeting*), 보상관광(*Incentives*), 국제회의(*Convention*), 전시회 연계산업(*Events*)을 의미함.

② 미국의 신성장동력

가. 클린턴 정부의 성장동력: SBIR 프로그램

신성장동력의 실례로서 클린턴 정부의 SBIR(*Small Business Innovation Research*) 프로그램은 중소기업의 기술개발을 유도하고 개발된 기술의 상업화를 지원하기 위하여 미국 연방정부가 시행하는 중소기업 지원제도이다. 상기 제도는 연방정부의 R&D 예산 중 일부분을 중소기업 지원 자금으로 배정하여 중소기업의 중요 연구·개발 수행을 지원한다. 특히 중소기업의 기술개발 단계에 자금을 지원하여 기술 및 제품의 상업화를 촉진하고 미국 경제를 활성화 하는 데 중점을 두고 있다.

상기의 SBIR 프로그램은 중소기업에 10만 달러를 지원해 6개월간 아이디어를 모은 뒤 1백만 달러를 추가로 지원해 2년 내에 프로토타입을 만들어 상용화 하고 조달청에 납품하는 제도로, 1년에 1조 원씩 투자하는 성공적인 혁신 모델이 되었다.[150]

나. 부시 정부의 국가경쟁력강화위원회

부시 정부는 '국가경쟁력강화위원회'를 만들고 수소경제(*hydrogen economy*) 테마를 신성장동력으로 활용하려고 시도했다. 이는 세계 최대의 에너지 소비 국가로써 화석연료 고갈 등 미래에 예측되는 에너지 위기에 대비하기 위한 것으로서 2003년 1월에 수소연료 개발을 제안하여 수소에너지에 대한 연구개발 투자를 대폭 확대했다. 동년 4월에는 미국의 주도로 수소경제를 위한 국제 파트너십(IPHE: *International Partnership for Hydrogen Economy*)을 제안하고 대규모 국제 공동개발사업인 국제핵융합실험로(ITER)에 미국이 주도적으로 참여했다. 그 결과, 연료전지(*fuel cell*)등 여러 가지 상품이 개발되었다. 그러나 가격이 너무 비싸 상용화에는 실패하였다. 같은 시기에 독일의 메르켈 정부와 일본은 태양전지(*solar cell*)를 개발했고, 덕분에 태양광 산업에서 독일과 일본이 가장 앞서게 됐다.

다. 오바마 정부의 신(新) 아폴로 프로젝트

오바마 대통령은 노벨물리학상 수상자인 스티븐 추(Steven Chu)를 에너지청 장관으로 임명해 에너지환경팀을 구축하고, 에너지산업을 활용해 미국 경제를 도약시키기 위한 청정에너지(*clean energy*) 프로젝트를 발주했다. 2009년부터 향후 10년에 걸쳐 1천 5백억 달러를 청정에너지 개발에 투자하고, 이를 통해 제조업의 부흥, 고소득 일자리 2백만 개 창출을 목표로 하고 있다.

---

150 코어텍(Coretak), 엔지 어플라이드 테크놀로지(NZ Applied Technologies)라는 두 벤처 회사는 정부의 SBIR & STTR 펀딩으로 94년에 56억 원을 지원받아 광학 분야에서 성공을 거뒀고, 경영자는 회사를 1조 4천억 원에 팔 수 있었다.

'신 아폴로 프로젝트'는 투자규모면에서 세계 역사상 최대 규모의 프로젝트이다. 2007년 달러금액으로 환산한 총 투자금액이 1천 5백억 달러로, 960억 달러로 지금까지 최대였던 구 아폴로 프로젝트를 1.5배 이상 상회한다.

미국이 직면한 '위협'(*threat*)이라는 기준에서 보면 과거 맨해튼 프로젝트는 제2차 세계대전에, 아폴로 프로젝트는 냉전에, 에너지 관련 R&D는 고(高)유가에 각각 대응하는 것이었다. 이에 비해 '신 아폴로 프로젝트'는 환경과 에너지 이슈에서 미국의 산업경쟁력을 재탈환하자는 것이 이 프로젝트의 가장 직접적인 동인이다.

과거 맨해튼 프로젝트와 아폴로 프로젝트는 대부분의 경우 투자주체가 정부이었으며 또한 '개발된 기술의 고객'(*technology customer*)도 정부였다. 이에 비해 '신 아폴로 프로젝트'는 투자주체와 '개발된 기술의 고객'은 불특정다수의 민간이다. 미국 정부는 제도와 법령, 행정지원 등을 통해 민간 부문에게 프로젝

[표 Ⅳ-10] 오바마의 신 아폴로 프로젝트

구 분	분 류	내 용
기초연구와 인적자본에 대한 투자 증대	기초연구에 대한 투자	'청정에너지'와 관련된 연방정부차원의 R&D에 대한 지원을 현재의 두 배로 증액
	숙련된 '청정기술' 인력에 대한 투자	노동자들과 산업계가 '청정기술'의 발전과 이를 이용한 생산에 대한 적응을 도와주는 직업교육과 이행 프로그램에 투자
주요 기술의 배치를 위한 투자	'청정기술'의 배치를 위한 벤처캐피탈 펀드	'청정기술 벤처 캐피탈 펀드'를 조성하여 미국이 안고 있는 기술 발전상의 빈틈을 매움
	생산자 세금공제	관련 생산자에 대한 연방세금 공제를 5년 동안 연장
시장의 투자와 혁신을 가능하게 하는 표준 수립	저탄소 연료에 대한 국내의 기준 확립	'비(非) 석유 저탄소'연료의 도입을 앞당기기 위해 국가적인 '저탄소 연료기준'(LCFS: *Low Carbon Fuel Standard*) 도입
	2025년까지 전력의 25%를 재생가능 에너지원으로부터 공급	2025년까지 미국에서 소비되는 전력의 25%가 태양열, 바람 그리고 지열과 같은 깨끗하고 지속가능한 에너지원을 이용하여 생산되도록 함
	연방정부의 재생가능 전력 이용 의무화	2020년까지 연방정부가 사용하는 전력의 최소 30%를 재생에너지원으로부터 공급받도록 함

자료: 삼성경제연구소(2008).

트의 방향성을 설정하고, 투자를 독려하며, 기술개발과 신산업 활성화를 유도하여 역할에 보다 집중할 것이다.

'신 아폴로 프로젝트'의 주요 대상산업은 자동차산업이다. 그 이유는 환경과 에너지 분야의 미래 기술을 확보하면서 미국 제조업의 경쟁력을 획기적으로 향상시키는 가장 좋은 구심점이 자동차산업이기 때문이다. 사실, 자동차산업은 중산층의 삶을 보장하는 아웃소싱이 없는 5백만 개의 '녹색 일자리'(*green jobs*)를 창출하는 고용과 관련된 오바마의 공약과도 가장 적합하다.

③ 중국의 신성장동력

중국은 1999년부터 "과학기술 교육이 나라를 부강하게 한다"는 내용의 '과교흥국'(科教興國) 전략을 채택하면서 과학기술 인력양성을 과학기술정책의 핵심으로 추진했다. 이 전략의 주요한 내용은 대학의 구조조정이다. 교육부와 중앙행정부서의 권한을 축소하고 지방정부와 대학의 권한을 대폭 확대하며, 종합대학 체제를 해체해 단과대학을 발전시켜 세계적 수준의 연구중심 대학으로 육성하는 것이다.

중국의 '과교흥국' 정책의 배경은 다음과 같다. 1986년 3월, 4명의 원로 과학자, 즉 중국의 핵 보유를 실현한 왕간창(王淦昌·핵물리학), 왕다헝(王大珩·광학), 양자츠(楊嘉墀·자동제어학), 천팡윈(陳芳允·전자학) 이름으로 작성된 1권의 보고서, 즉 〈과교흥국(科教興國) 전략〉이 중국 최고지도자 덩샤오핑에게 전달되었다. 이 보고서에는 국가 100년 대계를 위해 첨단 기술을 발전시켜야 한다는 건의와 함께 집중 육성해야 할 전략적 과학 분야가 적혀 있었다. 상기한 4인의 과학자는 '이 사안은 신속히 결정해야 하며 한순간도 미뤄선 안 된다'는 당부도 잊지 않았다.

덩샤오핑은 주저 없이 과학기술의 지원과 육성에 '선택과 집중을 통한 효율 극대화'라는 경제 원리를 적용하였고, 1986년 11월 국가적 역량을 집중 투입하는 첨단기술 지원사업인 '863 계획'을 착수했다. 863 계획에 따라 과학기술 연구개발에 자금과 인재 지원이 집중적으로 투입되었다. 해외의 고급 인재들도 속속 귀국했다. 세계적 수준의 과학기술 확보는 덩샤오핑이 주창한 4대 현대화(농업

·공업·과학기술·국방)의 최우선 과제를 수행하기 위한 것이었다. 이어서, '사상도 당성(黨性)도 묻지 않는다. 과학자는 무조건 존중하고 보호한다'는 '과학자 우대정책'이 뒤따랐다. 1980년대 중반부터 인재들을 뽑아 미국·영국 등으로 유학을 보냈고 이들이 귀국하면 중국 정부는 이들을 크게 대우했다.

이어서, '211 공정'(21세기를 대비해 세계적 수준의 100개 일류 대학과 중점학문 분야 집중 지원·육성 정책)과 '985 공정'(1998년 5월 100주년을 맞이한 베이징대의 건의를 수용한 중국식 연구중심 대학 육성사업)이 뒤따랐다. 그 이후, 세계 100위 이내의 대학 및 연구기관에서 1천 명 이상의 대가급 학자와 중견 연구인재를 초빙해 약 100개의 이노베이션 거점을 형성한다는 111 계획을 발표해 현재 진행 중이다.

중국의 과교흥국 정책은 현재 많은 결실을 맺고 있다. 중국 과학기술부의 보고서에 따르면 현재 과학기술 인력자원 총량은 약 3천 5백만 명으로 세계 1위를 차지했으며 중국의 연구개발 인력 총수도 142만 명으로 미국의 42%와 같은 수준을 유지했다. 과학기술에 대한 지원 역시 상당히 늘어났다. 과학기술 경비 총액은 4천 5백억 위안, 연구개발 지출 총액은 3,003억 1천만 위안으로 총예산 대비 1.42%에 해당하며 총액 기준으로 세계에서 5번째다.

중국은 첨단기술의 활발한 상업화를 통해 기술경생력 향상도 부분에서 세계 최고를 기록했다. 미국 조지아 공대가 2008년 주요 33개국을 대상으로 실시한 15년간 기술경쟁력 향상도는 4개 요소, 즉 ① 각국 정부의 기술경쟁력 제고 노력, ② 사회적 인프라, ③ 기술적 인프라, ④ 제조능력을 종합해 측정한 것이다. 중국은 82.8점을 받았다. 중국의 평점은 15년 전에는 22.5였으나 기술경쟁력이 급속도로 높아졌다.

또한 중국은 미국이 앞서 가는 항공우주 분야에서 맹추격 중이다. 중국은 우주정거장 건설과 중국판 위성위치확인시스템(GPS)인 베이더우(北斗) 시스템 구축, 달·화성 탐사 등 우주개발사업을 동시다발적으로 추진하고 있다. 달 탐사위성 창어(嫦娥) 1·2호 발사에 성공하였고, 미국에 이어 두 번째로 달 착륙을 계획하는 등 눈부신 업적을 쌓아 가고 있다. 또한, 중국은 세계에서 둘째로 빠른 슈퍼컴퓨터 톈허(天河) 1호도 개발했다. 중국의 첫 우주정거장 건설을 위한 모듈 위성인 톈궁(天宮) 1호가 2011년 9월 29일 우주 공간으로 날아올랐다.

이것은 가히 중국판 '스푸트니크(Sputnik)의 쇼크'라고 말할 수 있다.[151] 이어서, 우주에서 도킹할 우주선 선저우(神舟) 8호가 개발됐다. 그리고 중국은 2012년 6월 유인우주선 선저우 9호와 지구 궤도를 도는 실험용 우주정거장 모듈 톈궁(天宮) 1호의 수동 도킹에 처음 성공했다. 이로써 중국은 미국·러시아에 이

[표 Ⅳ-11] 중국의 과교흥국 정책

과학기술 계획명	개 요	인력관련 목표	성 과
성화계획(盛華計劃)	• 1986년 실시 • 중국 최초의 정부 주도적 과학기술계획 • 과학기술을 통해 농촌경제를 진흥	• 연간 3천만 명의 농촌 실용기술 담당인력과 관리인력을 농촌경제를 이끌 5천 명의 인재를 육성	• 농촌의 잉여 노동력의 활용, 농촌기술 인력과 관리인력의 양성
국가첨단기술연구발전계획(863 계획)	• 1986년 실시 • 첨단기술연구를 위하여 군용기술과 민용기술을 서로 결합하되 민용기술을 중심으로 하여 선진기술을 지향	• 수준 높은 차세대 과학 기술인력을 양성	• 10만여 명의 석·박사 고급인력을 양성. 특히 기업과 지방에 수십만 명의 첨단기술응용 및 보급인력을 지원
화거계획(華擧計劃)	• 1988년 실시 • 연구기관, 대학, 기업의 과학기술인력을 동원하여 첨단기술·제품을 개발 • 국가첨단기술연구발전계획 및 중요연구항목의 성과를 상품화하는 과학기술형 기업을 창업	• 국내외 시장정보에 능통하고, 경영관리 능력이 우수한 과학기술기업가와 경영관리인재를 양성	• 1990~1997년 시행 결과, 국가연구개발사업의 사업화, 중국 첨단기술기업의 국제시장 진출 등의 성과를 통해 관련 인재를 양성·축적함
국가중점기초연구개발계획(973 계획)	• 1998~2010년 • 독자적으로 기술개발 능력의 제고	• 21세기 발전에 필요한 첨단과학 능력	• 2003년도에 완료된 3개 주요 연구 프로젝트

151 과거 소련의 스푸트니크 위성에 경악한 미국은 곧바로 항공우주국(NASA)을 세워 세계 최고의 우주항공산업을 일으켰다.

어 유인우주선 도킹에 성공한 3번째 국가가 되었다.[152]

2013년 6월 10일, 중국의 두 번째 유인우주선 도킹에 나선 선저우(神舟) 10호가 3명의 우주인을 태우고 네이멍구 자치구의 주취안 위성센터에서 발사(오후 5시 38분, 한국 시각 6시 38분)됐다. 선저우 10호는 15일 동안 우주에 머물면서 2011년에 발사된 실험용 우주정거장 톈궁 1호와 자동·수동 도킹을 각각 한차례씩 진행하는 등 각종 운행기술과 적응력 실험 등을 실시했다. 이젠, 중국은 2015년에는 톈궁 1호보다 규모가 훨씬 큰 실험용 우주정거장 톈궁 2호를 발사할 예정이며, 나아가 2020년에 독자적으로 '하늘 궁전'(우주정거장)을 건설할 예정이다.

④ 일본의 신성장동력

일본 정부는 경기침체와 고령화를 한 번에 해결하기 위한 해법으로 '저(低)탄소사회 구축'이라는 비전을 제시하고 있다. 이를 통해 연료전지 자동차 외에도 여러 가지 인프라, 발전, 운수, 산업, 민생 등을 환경중심으로 이끌어 가고 있다. 태양광 분야에서는 샤프, 교세라, 산요, 미쓰비시 등이 글로벌 마켓을 선점하고 있다.[153]

2007년 5월, 아베 전(前) 총리가 일본의 기후변화 비전을 담은 'Cool Earth 50'을 발표했고, 2008년 6월에는 후쿠다 전(前) 총리가 일명 '후쿠다 비전'을 발표했다. '후쿠다 비전'(2008. 6. 9)은 CO_2 배출량 감축 목표뿐 아니라 이를 달성하기 위한 에너지효율 및 신·재생에너지 관련 핵심기술로써 구체화되었다.

최근에, 기후변화와 에너지 위기가 동시에 진행되면서 탄소배출권시장,[154]

152 세계 최초의 도킹은 1966년 3월 미국 우주선 제미니 8호와 인공위성 아제나 간에 이뤄졌으며, 러시아(소련)도 1969년 1월 소유즈 4호와 5호 간에 우주 도킹에 성공했다.

153 일본의 전력업계는 2020년도까지 전국 30개 지점에서 합계 출력 14만 ㎾의 태양광발전소를 건설하는 것 외에 주택업체도 일반 주택 전용의 보급 확대에 나섰다. 일본 국내의 이산화탄소(CO_2) 배출량 가운데 약 30%를 발생시키는 전력 10개사가 도입 예정인 출력 14만 ㎾ 태양광 발전소가 완성되면 일반 가정 4만 호의 1년분 전력을 조달할 수 있다. 또한 약 1만 3천 5백 세대가 연간에 배출하는 이산화탄소를 삭감할 수 있게 된다.

154 탄소배출권 시장규모는 2007년 640억 달러에서 2010년 1천 5백억 달러로 증대될 것으로

신·재생에너지시장 등 '녹색시장'(*green market*)[155]도 빠른 속도로 성장할 것으로 전망된다.

가. Cool Earth 50

'Cool Earth 50'은 2050년까지 온실가스 방출량을 현재의 절반으로 감축한다는 장기 전략과 이를 위한 혁신 기술을 개발하고 저(低) 탄소사회를 건설하는 것을 목표로 한다. 그리고 이를 위해 태양전지 등 혁신 기술을 개발한다는 전략을 세웠다.

나. 후쿠다 비전

후쿠다 야스오(福田康夫) 전(前) 총리는 'Cool Earth 50'을 강화해 2050년까지 일본이 온실가스 배출량을 2008년 현재보다 60~80% 삭감하고 온실가스 배출량 거래 제도를 시험적으로 도입하는 것 등을 내용으로 하는 '후쿠다 비전'을 발표했다.

일본은 향후 중점 과학기술을 나노기술, 항공기술, 환경기술, 방재기술, 정보과학 분야 등에서 선별하였다. 나노기술 분야에는 초미세 구조의 물질 관측이 가능한 X-선 자유전자 레이저 개발, 항공기술 분야에는 차세대 초음속 여객기의 개발 및 운항기술, 환경기술 분야에는 기후변화 예측기술과 데이터 통합해석 기술이 포함되어 지구 온난화 현상에 대한 과학지식을 집적하기로 했다.

전망됐다(World Bank, 2008). 또한 풍력, 태양광, 바이오매스, 수소연료전지 등 신·재생에너지 시장규모도 2007년 773억 달러에서 2017년 2,545억 달러로 3배 이상 확대될 전망이다.

155 '녹색성장'(*Green Growth*)이란 '저(低)탄소화' 및 '녹색산업화'에 기반을 두고 경제성장력을 배가시키는 신(新)성장 개념이다. 이 개념에서 '저(低)탄소화'란 경제활동 과정에서 발생하는 이산화탄소(CO_2) 배출량을 감축시킴으로써 지구의 기후변화에 대응하는 것인 반면에, '녹색산업화'란 녹색기술, 환경친화적 비즈니스모델 등을 통해 신(新)시장을 창출함으로써 경제성장의 원동력으로 삼는 것이다.

5) 박근혜 정부의 창조경제와 창조금융

조셉 슘페터가 '기업가 정신'을 혁신의 핵심으로서 강조했듯이, 존 호킨스[156]는 '창조산업'(*creative industry*)에 바탕을 둔 '창조경제'(*creative economy*)라는 용어를 제시했다. 존 호킨스의 정의에 따르면 '창조경제'는 "창조적 인간, 창조적 산업, 창조적 도시를 기반으로 한 새로운 경제체제로 창조적 행위와 경제적 가치를 결합한 창조적 생산물의 거래"이다. 그 이후, '창조경제'라는 용어가 세계적으로 확산되었다.

창조경제 및 창조산업에 대해 논의를 주도하는 기구인 UNCTAD는 '창조경제'의 개념을 본격적으로 제시하였다.[157] 영국은 창조산업을 중심으로 창조경제를 본격적으로 추진한 국가이며, 이는 핀란드, 독일, 싱가포르 등의 국가로 확산되었고, 일본 역시 창조산업의 잠재력에 주목한 일련의 정책을 추진 중이다.

박근혜 대통령은 2013년 2월 25일 취임사를 통하여 '창조경제'를 "과학기술과 산업이 융합하고, 문화와 산업이 융합하고, 산업 간의 벽을 허문 경계선에 창조의 꽃을 피우는 것"으로 정의하였다. 여기서 유의할 것은 '창조경제'는 경제성장률 목표와 같은 구체적인 정책목표가 아니라 '창의적인 아이디어'가 과학기술, 정보통신, 금융 등과 같은 산업과 결합하거나 R&D를 통해 혁신적인 기술로서 실제로 구현되고 이에 따라 일자리와 부가가치를 창출하여 경제성장에 기여해야 하는 사회구조를 만들고자 하는 전략이라는 점이다.

(1) 개념 및 범위

UNCTAD는 '창조산업'이 개도국에 새로운 고(高)성장의 기회를 제공할 수 있다는 측면에 주목하고, 경제적 측면과 더불어 창조경제 및 산업의 사회, 문화, 개발 측면의 중요성에 대한 종합적인 시각을 제시했다. 그리고 UNCTAD는 효과적인 국제협력을 위해 2004년부터 ILO, ITC, UNDP, UNESCO,

---

156 Howkins, John(2001).

157 UNCTAD(2010).

WIPO와 더불어 매년 정기적인 대화를 주도하고 있다.

2004년 11차 UNCTAD 각료회의는 최초로 '창조산업'을 국제경제 및 개발 어젠다로 채택하였고, 동 회의의 합의문을 통해 창조산업이 긍정적인 외부효과를 증진시키며, 창조산업의 국제무역 참여가 개도국에 이익을 줄 것이라고 언급했다("Sao Paulo Consensus" 65조).

2008년 12차 UNCTAD 각료회의는 '창조경제'라는 개념을 도입하여, 이에 대한 국제적 연구와 논의를 촉진하고 개도국의 창조경제 정책 및 국제적 협력 방안을 강구한다. 그리고 경제적 측면과 더불어 창조경제 및 산업의 사회, 문화, 개발 측면의 중요성에 대한 종합적인 시각을 제시했다.

UNCTAD에 따르면, '창조경제'는 ① 소득과 일자리를 창출하고, 수출 자원을 확대하며, 사회적 포용, 문화 다양성, 인간개발을 촉진하며, ② 기술, 지식재산, 관광과 상호작용하는 경제적, 문화적, 사회적 측면을 포괄하며, ③ 지식기반의 경제적 활동으로서, 개발 측면과 경제 전반과 연계되며, ④ 실현가능한 개발의 선택지로서, 혁신적, 학제적, 정부부처 간 행동을 요구하고, ⑤ 창조경제의 핵심에는 창조산업이 있다. '창조산업'이란 일반적으로 개인의 창조성과 지식자본을 바탕으로 경제적 가치를 창출하는 산업을 의미한다.

UNCTAD는 창조산업을 ① 창조성과 지적자본을 핵심투입물로 사용한 상품과 서비스의 창조, 생산, 배포의 순환으로서, ② 지식기반 활동으로 구성되며, 잠재적으로 무역과 지식재산권을 통해 수입을 발생시키는 데 초점을 맞추는 산업이며, ③ 창조적 콘텐츠, 경제적 가치, 시장 지향성을 갖춘 유형의 상품 또는 무형의 지식 또는 예술 서비스로 구성되며, ④ 세계 무역의 새로운 역동적 분야로 규정했다.

UNCTAD(2010)는 4개의 범주(즉, 문화적 유산, 예술, 미디어, 기능적 창조)의 9개 분야를 창조산업의 범위로 제시했다. 여기에 R&D 및 소프트웨어 같은 새로운 미디어도 포함된다. 9개 범위의 창조산업은 문화적 유산으로서 ① 문화장소(고대유적, 도서관, 전시회), ② 전통문화(공연, 축제), 예술로서 , ③ 시각예술(그림, 조각, 사진), ④ 공연예술(라이브 음악, 연극, 오페라, 춤, 서커스), 미디어로서 ⑤ 출판, 인쇄매체(책, 신문), ⑥ 오디오, 비주얼(영화, TV,

라디오 방송), 기능적 창조로서, ⑦디자인(인테리어, 그래픽, 패션, 보석, 장난감), ⑧창조서비스(건축, 광고, 창조 R&D, 문화, 레크리에이션), ⑨새로운 미디어(소프트웨어, 비디오게임, 디지털콘텐츠)를 각각 들 수 있다.

(2) 선진국의 창조경제 및 창조산업[158]

주요국이 추진하는 창조경제 관련 정책의 배경과 목적은 기존 경제구조의 변화, 특히 탈(脫)제조업화에 대응하여 신성장동력 산업을 발굴하고 이를 통하여 고용을 창출하기 위한 것이다. 또한, 주요국의 창조경제 추진전략 보면 교육 개선, 창업환경 개선 및 창조적 중소기업 지원, R&D 등 혁신역량강화, 지적재산권 인식 제고 및 관련정책 개선, 글로벌화 등이다.

여기서 주목할 만한 것은 창조경제와의 관련 정책 및 추진전략 중에서 핵심적인 것은 신시장 개척을 위한 창조산업의 해외진출 및 글로벌화가 강조되고 있다는 점이다.

창조경제의 주요 정책수단은 창조적 개인의 아이디어를 창업과 연계시키는 프로그램과 중소기업 지원이다. 즉, 중소기업이 중심인 창조산업의 특성에 따라, 각국은 창업지원과 창업문화조성, 중소기업 지원에 심혈을 기울이고 있다. 이와 동시에, 지식재산권에 대한 인식 제고와 적절한 지적재산권 정책 수립은 창조경제 추진정책의 핵심 요소이다.

- 인텔(Intel)은 랩렛(Lablet)이라는 협업 네트워크를 만들었다. 이 회사는 미국의 버클리·카네기멜런 대와 영국의 케임브리지대, 중국의 칭화대를 상호연결해 신사업 발굴 작업을 하고 있다.
- 마이크로소프트는 투자 부담이 커 자사가 쓰지 않는 특허와 예비 기술을 벤처업체에 주고 그 대가로 일부 지분을 받는다. 일종의 협업 모델인 셈이다.

158 김정곤·김은지·김윤옥(2013)을 저자가 정돈 및 요약했다.

- 일본의 섬유업체인 도레이와 후루리쿠 지역 내 염색·직물업계, 현지 대학, 연구소가 손잡고 독특한 협업체제 모델인 클러스터를 만든 것이다. 이 클러스터를 통해 '콩에서 추출한 아미노스 섬유', '우주선에서 쓰였던 탄소섬유로 만든 지갑' 등 수없이 많은 첨단 제품이 쏟아지고 있다.

그러나 국내 기업들은 신성장동력 산업의 찾기에서 세계 흐름과는 정반대로 외부와의 협력을 기피하고 여전히 독자 행보를 고집하고 있다. 왜냐하면 국내의 폐쇄적인 기업문화가 걸림돌이 되고 있기 때문이다.

국내에선 개별 기업이 큰 위험을 떠안아 가며 신성장동력 산업을 찾다보니 실패가 잦고 제대로 된 성과가 나지 않는 것이다. 회사별로는 특허 출원이 많지만 제대로 활용되는 비율은 낮은 것도 이와 무관하지 않다. 기업끼리 협력한다면 상품화할 수 있는 특허가 각 회사의 캐비닛에서 사장되는 셈이다. 대기업과 중소기업, 대학과 정부 출연 연구소 간에 신뢰가 없기 때문이다. 또한, 전문적인 기술을 중개할 수 있는 '기술거래소' 같은 인프라가 취약하다.

〈중앙일보〉가 전국경제인연합회·삼성경제연구소와 공동으로 한 설문조사에서도 상기와 같은 지적이 많이 나왔다. 주요 기업의 신수종 사업 발굴 담당자와 학계, 민관 싱크탱크, 정부 부처 관계자 등 110명을 설문한 결과 "사업이 불확실한 데다 초기 투자비가 많이 들어 '각개약진식 추진'(8.8%)보다 '기업 간 협업체제'(30.39%)가 바람직하다"는 의견이 많았다.

반면에 글로벌 생활용품업체인 미국의 P&G는 2000년부터 자사의 지적 재산과 다른 사람의 지적 재산을 공유하는 '연결 그리고 발전(C&D: *Connect & Development*) 시스템'을 마련했다. 신성장동력의 찾기는 리스크(위험)가 워낙 커 사업화하기까지 개별 기업의 역량만으로는 역부족일 수밖에 없다. 따라서 해외 선진 기업들은 회사 밖 자원을 네트워크화해 적극 활용하고 있다.

P&G의 경우 관련 대학 교수, 정부 출연 연구기관, 협력업체 연구원을 자사 연구원과 똑같이 활용하고 있다. 각종 정보와 아이디어에서부터 사업성 검토와 시장조사 때도 이들의 의견을 반영한다. P&G 안에는 신성장동력 산업을 찾는 연구원이 8천 7백여 명이 있다. 전 세계에 네트워크화된 연구원은

150만 명이 넘는다. P&G 측은 "이 방식의 가장 큰 장점은 초기 신사업 투자에 대한 위험과 비용을 크게 줄일 수 있다는 것"이라고 말했다. 세계적인 히트 상품이 된 크레스트 전동칫솔과 프링글스 프린트 등은 바로 C&D 시스템으로 탄생했다.

① 미국

조셉 스티글리츠 교수는 미국의 경기침체가 실물경제의 대전환, 즉 제조업 중심에서 서비스업 중심의 산업구조로 이행하는 과정을 통해 해결될 수 있다고 주장하였다.[159] 데닝[160]은 상기한 스티글리츠 교수의 주장을 이어받아 미국 경제가 혁신을 통해 제조업과 서비스업 모두 자기 역할을 하는 '창조경제'로 이행해야 한다고, 제조업의 경우 규모의 경제에 의존하는 전통적 경향을 탈피해야 한다고 각각 주장했다.

② 영국

영국은 창소경제를 창조산업이 활성화되는 경제체제 등의 의미로 사용하고 창조산업을 '개인의 창조성, 솜씨(*skill*), 재능(*talent*)에 근간을 두고 있으며, 지식재산권의 발생 및 활용을 통해 고용과 부(富)를 창출할 잠재력을 지닌 활동'으로 정의한다.

영국의 DCMS(Department of Culture, Media and Sports)는 1998년과 2001년 〈창조산업 전략보고서〉를 통해 지식자본(*knowledge stock*)의 창조에서 발생하는 가치가 국부(國富)의 구성요소로서 중요성이 높아지고 있으며 고용과 부(富)를 창출한다고 강조했다.[161]

영국의 경우 1998년 창조경제 정책을 수립한 이후 창조산업 범위에 대한 다양한 논의가 전개되어 왔으며, 현재 창조산업으로 다음의 13개 분야를 지정했다. 즉, 광고, 건축, 미술 및 골동품, 공예품, 디자인, 디자이너 패션, 영화

159 Stiglitz, Joseph(2012).
160 Denning, Steve(2012).
161 Smith, C.(1998).

와 비디오 및 사진, 음악, 공연예술, 출판, 소프트웨어 및 전자출판, 디지털 및 엔터테인먼트 미디어, 텔레비전 및 라디오이다.

영국은 창조산업의 외국인직접투자(FDI) 유치에도 많은 노력을 기울이는데, 소프트웨어 분야의 경우 2012년 외국인직접투자 유치 건수가 120건으로 사업서비스의 FDI 유치 건수(183건) 다음으로 많다.

영국의 UK Trade and Investment(UKTI)는 창조산업을 포함한 7개 주력 분야를 선정하여 기업과 정부의 파트너십을 통해 공동으로 해외 마케팅을 수행하고 있다. UKTI는 각종 쇼케이스를 통해 중소기업의 수출을 지원하며, 중국 상무성과 공동으로 매년 'Trade in Services Congress'를 개최하여 광고, 디자인, 건축 분야 등의 기업과 중국 기업, 정부 관계자 간 만남의 장을 마련하고 있다.

영국은 18~30세의 청년들에게 제공되는 Start-Up Loan을 통해 약 2천 명을 지원하고 있으며, Seed Enterprise Investment Scheme(SEIS)을 통해 창업기업에 대해 최대 78%의 세금을 면제하고 있다. 또한, 국립과학기술예술재단(NESTA)은 '창조적 혁신가 성장' 프로그램을 통해 3백만 파운드의 자금을 투입하여 중소기업에 맞춤형 지원 제공하고 있다. 영국은 재능경로제도를 통해 창조산업 일자리에 대한 정보를 제공하고 멘토링과 전국적인 솜씨 캠프(*skill camp*)를 운영하며, 대학생 창업을 지원하고 있다. 예로서 Royal College of Arts의 'Innovation RCA'을 들 수 있다.

③ 독 일

독일은 창조산업 대신에 '문화창조산업'을 공식적 용어로 사용하며, 그 내용은 일반적인 창조산업의 범위와 크게 다르지 않지만, 창조적 행위의 개념을 '모든 문화 및 창조활동을 연결하는 요소로서, 예술적, 문학적, 문화적, 음악적, 건축적 또는 창조적 콘텐츠, 작품, 생산품, 제작 또는 서비스를 포괄하며, 문화창조산업의 핵심을 형성한다'라고 규정했다.[162]

162 Bundesministterium fur Wirtschaft und Technologie(2012).

독일은 탈(脫)제조업 현상과 지속적으로 높은 실업률을 겪으면서 사업서비스, 금융서비스, 보건산업, 그리고 문화창조산업 등을 새로운 고용창출원(源)으로 인식하고 있다. 그 가운데 문화창조산업은 독자적인 경제활동의 한 분야임과 동시에 다른 분야의 혁신을 위한 촉매제로서, 또한 지속적인 성장산업으로 주목받고 있으며 독일경제가 지식기반 경제로 나아가는 데 기여할 것으로 기대되고 있다.[163] 또한, 독일은 독일연방 문화창조산업 이니셔티브를 통해 독일 문화창조기업의 해외진출을 지원한다.

독일의 Mikrokreditfonds Deutschland는 소규모 투자로 시작하는 창업자와 소기업(*micro firms*)에 대한 자금 대출제도로서 일관성 있는 사업계획에 근거하여 대출 여부를 결정하는데 상업은행 대출에 비해 담보대출 비중이 적다. 베를린 Venture Capital Fonds Kreativwirtschaft는 베를린 주(州)와 베를린 투자은행이 공동으로 조성한 3천만 유로 규모의 기금으로 콘텐츠 지향적인 혁신기업(예로서 인터넷 라디오 프로그램, 소비자 맞춤형 영화 추천 프로그램)에 투자하고 있다.[164]

④ 핀란드

핀란드 정부는 창조경제를 창조산업이 영향을 미치는 관련 산업의 경제활동을 의미하는 것으로 사용하고 있으며 핀란드의 창조산업 범위는 영국과 유사하나 스포츠 분야를 포함하고 있다. 그리고 핀란드 정부 기술에 의존한 경제성장전략에 한계를 느끼고 당시 생소했던 개념인 창조성(*creativity*)과 문화적 노하우(*know-how*)에 집중적으로 투자한다는 전략을 도입[165]하여 통상산업부, 교육부, 외교부 공동으로 '문화 수출 촉진 프로그램 2007~2011'을 추진하고 있다.

핀란드는 DigiDemo 프로그램을 통해 2002년부터 생산 전 단계의 시청각 콘텐츠 개발에 대해 보조금을 지급하며, Vision+, Mediatonic, AVEK 등 창조산업에 특화된 벤처캐피탈을 운영하고 있다. 그리고 Finpro(한국의 KOTRA

---

163 Bundesministterium fur Wirtschaft und Technologie(2009).

164 Deutsche Bank(2011).

165 SITRA(2004).

에 해당)는 Luovimo 프로그램을 통해 선발된 창조산업 기업(2012/13년의 경우 15개 기업)에 대해 기업의 글로벌화와 수출활동을 지원하고 있다.[166] 또한, 핀란드는 해외진출 및 글로벌화를 창조경제 정책의 핵심목표로 수립하고 있다.

핀란드는 헬싱키 경제대, 헬싱키 기술대, 헬싱키 예술디자인대를 통합하여 2010년 알토대(Aalto University)를 설립하고 학제 간 교육 및 연구를 활성화하고 있다. 또한 교육과 창업을 연계시키는 AVP(알토벤처 프로그램, 석사과정)를 설치하고 ACE(*Aalto Centre for Entrepreneurship*)를 설립하여 산학연 네트워크를 구축하고 기술이전 및 창업지원, 기업가정신 교육, 지재권 및 라이선스 지원 등의 사업을 수행하고 있으며 창업자의 지재권, 라이선스에 대한 인식을 제고하고, 이를 사업화하는 지원을 제공하고 있다.

⑤ 일본

일본 정부가 2010년 6월 발표한 '신성장 전략'(7개 전략분야, 21개 국가 프로젝트)은 신성장 주도 전략 분야로서 환경·에너지, 인프라 산업 및 시스템, 의료·간병산업, 창조산업 등을 전략 분야로 선정했다. 일본은 동일본 대지진(2011. 3) 이후 산업공동화 압력이 증대되면서 지역경제 활성화와 고용창출이 긴급한 과제로 대두되었으며, 규제개혁과 혁신을 강조한 성장정책을 추진하는 과정에서 창조산업의 경제적 잠재력에 주목했다.

일본은 창조산업이 가격이 아닌 창조성이라는 부가가치에 의해 시장에서 선택되는 제품(*mono*), 서비스(*koto*), 인적자원(*hito*)으로 구성된다고 규정하고, 창조성은 '제품과 서비스의 제조·유통 과정에서 독창적이고 고유한 전통적·문화적·지적·혁신적인 것이 투영되거나 인적자원이 보유한 기술재능이 포함된 것'으로 정의했다.[167] 일본은 오랜 생활양식과 가치관이 투영된 산업(의식주 및 엔터테인먼트)을 창조산업의 대상범위로 선정했다. 즉, 패션, 음식, 콘텐츠, 지역 토산품, 주거, 관광에 더하여 영국 및 UNCTAD의 사례를 참고로

---

166 Staines, Judith & Mercer, Colin(2012).

167 野村總合研究所(2012. 3).

광고, 아트, 디자인을 추가하여 총 9개 분야를 창조산업의 범위로 규정했다.

일본의 'Cool Japan'은 ①콘텐츠와 소비재의 조합연계를 위해 컨소시엄 형성 지원, ②상업시설 등 소매유통업과의 연계를 위해 대규모 매칭 이벤트 개최, ③지역자원의 발굴과 해외수요 획득을 위한 해외 홍보 강화 방안 등을 수립한다. 또한, 'Cool Japan'은 기업의 해외진출을 지원하는 관민(官民)출자형 펀드인 '해외 수요개척 지원기구' 설립을 추진하고 있다.[168]

또한, 일본은 핀란드와 싱가포르와 마찬가지로 해외진출 및 글로벌화를 통하여 2020년에 8~11조 엔의 수출시장을 확보한다는 것을 창조경제 정책의 핵심목표로 수립했다.

⑥ 싱가포르

싱가포르는 창조산업이 고용과 가치를 창출한다는 측면에 주목하고 아시아의 새로운 '창조허브'가 되겠다는 목표를 설정했다. 또한 싱가포르는 창조산업 대신 일반적인 창조산업에 더해 해당산업에서 생산된 서비스 및 상품을 유통하는 산업까지 합하여 '창조 클러스터'(*creative cluster*)라는 개념을 도입하여,[169] 싱가포르를 '글로벌 창조허브'로 육성하는 계획을 추진 중이다.

싱가포르는 '미디어 21'을 통해 미디어시티로의 성장 및 미디어 거래지 역할을 수행하고 콘텐츠 수출확대, 미디어 인재 풀 육성 및 환경 조성을 추진하고, 세계 최대 규모의 국제 비주얼아트 전시인 '싱가포르 비엔날레'를 2006년, 2008년, 2011년에 각각 개최했다.[170]

싱가포르는 2012년까지 창조산업의 GDP 기여도를 3%에서 6%로 늘린다는 구체적인 정책 목표를 제시하고 핀란드와 일본의 경우처럼, 해외진출 및 글로벌화를 창조경제 정책의 책임목표로 수립했다.

---

168 經濟産業省(2013); 鎌田純一中野かおり(2013).

169 Economic Review Committee(2003).

170 UNCTAD(2010).

(3) 한국의 창조경제

한국 경제 발전사는 끊임없는 위기와 도전의 역사였다. 1962년부터 시작된 경제개발 5개년 계획이 산업화의 밑거름이 되었다. 그 이후 1970년대 중화학공업 육성, 1980~1990년대 대외개방과 경쟁촉진, 1990년대 후반 이후 구조조정과 정보기술(IT) 산업·벤처기업 육성 등을 통해 조선·가전·디스플레이·자동차·철강·석유화학·섬유 등 완결형 산업 포트폴리오를 갖추며 세계 경제대국으로 올라섰다.

그러나 한국은 유동성 함정에 빠졌다.[171] 즉, 정부가 경기부양을 위해 확정적인 재정·통화·부동산 정책을 추진해도 민간의 경제심리가 움직이지 않는다. 또한, 한국은행이 경기부양을 위해 금리를 내려도 민간소비는 꿈쩍도 하지 않는다. 산업기술의 측면에서 보면, 한국은 2차 대전 이후 후발 산업국으로서는 거의 유일하게 조선·메모리반도체·LCD TV·휴대폰·자동차 등 주요 제조업 분야에서 선진국을 제치고 세계 1위에 올랐거나 글로벌 강자로 부상하였다. 이것은 서구와 일본을 뒤쫓아 대규모 자본 투자, 뛰어난 공정 기술을 무기로 이룬 성과다. 그러나 더 이상의 도약을 이루지 못하고 기술적 정체상태(*technological stalemate*)에 빠져 있다.

과거 한국 경제의 성장을 이끈 '추격형 전략'이 글로벌 경제위기와 신흥국의 추격으로 한계에 봉착하였다. 또한 세계 경제의 부가가치 창출요소가 노동·자본 지식·정보에서 혁신적 기술과 창의적 아이디어로 이동하고 있다.

따라서 한국이 강점을 가진 과학기술과 역량을 활용하여 경제시스템을 고도화하고 새로운 성장동력을 창출함으로써 궁극적으로 양호한 일자리(*decent jobs*)를 창출해야 할 단계에 이르렀다.

지식기반경제 시대에서 지식, 기술, 브랜드 등 무형자산의 가치가 기업의 가치를 좌우하고 있다. 따라서 기업이 생존하기 위해서는 기술혁신을 통하여 기업의 경쟁력을 배양해야 한다.

---

171 케인스는 시장에 돈이 넘쳐도 기업 투자와 가계 소비로 이어지지 않는 상황을 '유동성 함정'(*liquidity trap*)으로 표현했다.

한국 기업은 과거의 '모방·개량형 기술개발전략'에서 '창조형 기술개발전략'으로 전환이 필요하다. 일부 선도기업의 경우 창조적인 연구개발 활동을 바탕으로 적극적인 '공격형 기술전략'으로 전환하고 있으나 아직 많은 기업은 '모방형 기술전략'에도 의존하고 있다. 특히 중소기업의 기술수준이 전반적으로 낮고, 최종재 산업의 경쟁력 기반인 소재, 부품, 자본재 산업의 기술력은 상당히 취약하다.

향후, 생명공학기술(BT), 나노기술(NT), 환경기술(ET) 등 새로운 기술이 세계 경제를 침체에서 벗어나게 할 수 있는 기술적 활로(*break-through*)가 될 것으로 전망된다. 그리고 IT, NT, BT 등과 같은 신(新)기술의 융합으로 인하여 기술분야 간 영역이 모호해지고 신산업이 창출되고 있다.

박근혜 대통령은 대통령 후보 시절부터 계속 "과학기술을 국정 운영의 중심

[그림 Ⅳ-18] 한국 산업구조의 발전과정

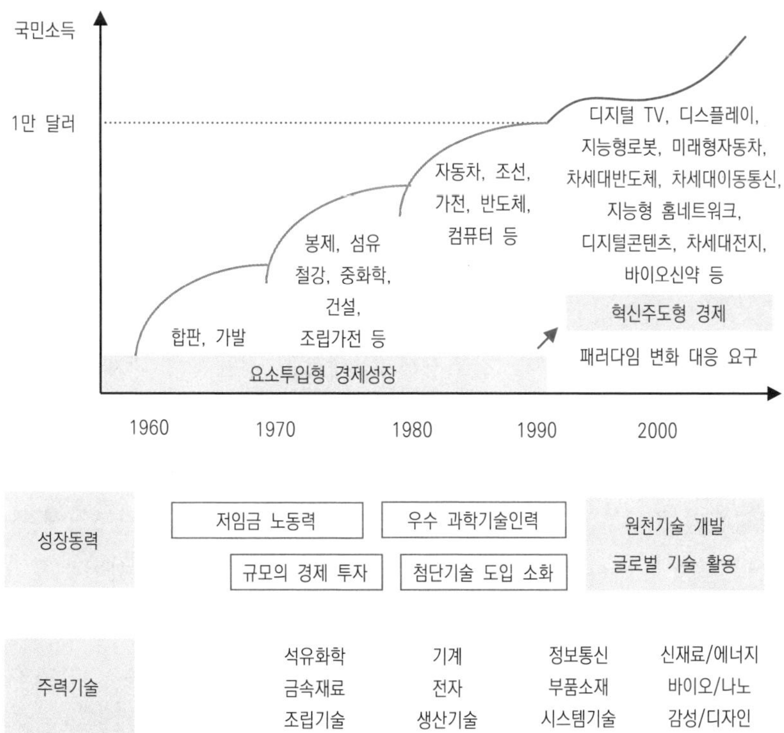

자료: 산업자원부 기술사업화촉진종합대책(안)에서 인용.

에 두겠다"고 강조했다. 박근혜 정부는 과학기술과 정보기술, 문화의 융·복합으로 창조경제를 이루겠다며 의욕적으로 미래창조과학부를 만들었다. 새 정부가 출범하면서 과학기술계 대통령의 첫 탄생과 과학기술 전담 부처로서 미래부의 탄생에 거는 과학기술인들의 기대는 매우 크다.

한국에서의 '창조경제'는 '국민의 상상력과 창의성을 과학기술과 ICT에 접목하여 새로운 산업과 시장을 창출하고, 기존 산업을 강화함으로써 좋은 일자리를 만드는 새로운 경제전략'으로 정의될 수 있다.

한국의 창조경제 정책은 사실상 전(全) 산업을 포괄하며 관계부처 합동의 주요 창조산업 분야로서 농업과 전통산업(예: 재래시장), 제조업, 국토산업 인프라, 콘텐츠산업, 소프트웨어, 인터넷 신산업(클라우드 컴퓨팅, 빅데이터 등), 보안산업 등을 들 수 있다.

국가과학기술심의회(국과심)는 2013년 8월 2일 정홍원 국무총리 주제로 2차 회의를 열고 박근혜 대통령의 공약인 창조경제 활성화를 위해 2014년도 과학기술 R&D에 11조 6,750억 원을 투자하기로 했다. 이것은 2013년 과학기술 연구개발보다 2,520억 원(2.2%)이 늘어난 규모다. 특히 창업성장 기술개발, 중소기업 기술개발 인력 확충 지원, 협업을 통한 산업 활력의 제고(비타민 프로젝트) 등 핵심 사업에는 2013년보다 26.7% 증액된 1조 135억 원이 배정됐다.[172]

① 개 요

한국 정부는 출범과 더불어 '창조경제'를 새로운 경제정책 과제로 설정하고, 2013년 6월 더욱 구체화된 정책 패키지인 '창조경제 실현계획'(관계부처 합동, 2013. 6. 5)을 발표했다.

창조경제의 주무부처인 미래창조과학부는 2013년 6월 5일 '창조경제'를 실현할 방안으로 'C코리아 프로젝트'를 제시했다. 여기서 'C'는 과학기술과 ICT의 수렴(*convergence*), 기술과 인문·사회의 연결(*connection*), 정부와 민간의 협업(*creation*)를 각각 의미한다. '창조경제 실현계획'은 3대 목표, 즉 ① 창조와 혁신

172 중앙일보(2013. 8. 5).

을 통한 새로운 일자리와 시장 창출, ② 세계와 함께 하는 창조경제 글로벌 리더십 강화, ③ 창의성이 존중되고 마음껏 발현되는 사회구현이다.

[그림 Ⅳ-19] 한국 창조경제 정책의 개요

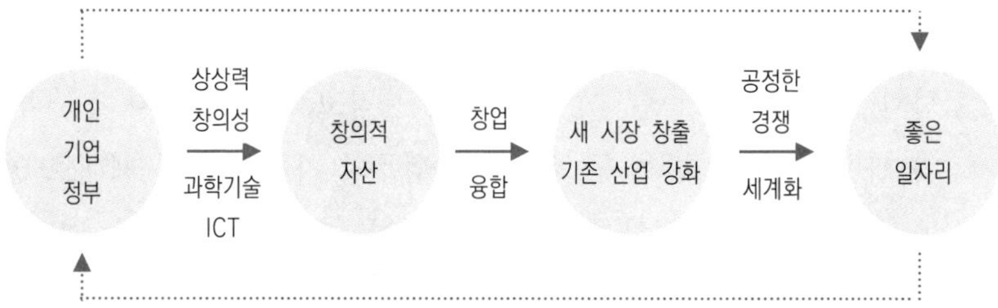

1. 창조경제의 개념
   - 국민의 상상력과 창의성을 과학기술과 ICT에 접목하여 새로운 산업과 시장을 창출하고, 기존 산업을 강화하여 좋은 일자리를 창출하는 새로운 경제전략

2. 배경과 목적
   - 추격형 경제성장 전략의 한계에 대응하여 경제 전반을 고도화하고 새로운 성장동력을 창출하여 궁극적으로 양질의 일자리를 창출

3. 추진전략
   - 창조경제 실현계획(2013)
   - 창업 생태계 조성, 벤처 · 중소기업의 주역화 및 글로벌 진출, 신산업 · 신시장 개척을 위한 성장동력 창출, 글로벌 창의인재 육성, 과학기술과 ICT의 혁신역량 강화, 창조경제 문화 조성

4. 주요 정책수단
   - 엔젤투자 활성화, 클라우드펀딩 제도화, 미래창조펀드(5천억 원) 조성, M&A 세금 감면
   - 대학 융합과정 확대, 기술창업캠프. '미래도전형 모험연구 사업', '한국형 grant 제도'
   - 국가특허 청사진, 특허투자펀드 2천억 원 조성
   - 지역혁신클러스터 구축(환경, 수산물류, 식품, 항공레저, 산업단지 등)
   - 해외진출 유망 스타트업 지원, 해외지원센터
   - 과학기술과 ICT 접목 및 소프트웨어 · 인터넷 기반 신산업 창출, 미래유망 신산업 발굴 · 육성

자료: 김정곤 · 김은지 · 김윤옥(2013).

한편, 박성현 한국과학기술한림원 원장은 과학기술인들의 기대가 염려로 바뀌어 가고 있다고 개탄하면서 그 이유를 다음과 같이 열거했다.[173]

첫째 우선 과학기술을 국정 운영의 중심에 두어 이른바 '과학기술 중심 사회'를 구축하겠다는 의지가 안 보인다. '과학기술 중심 사회'란 우리 사회 각계각층에서 합리성과 상식이 통하고, 구성원들의 전문적 능력과 과학기술에 기반을 둔 제품이나 업무의 가치 창출이 제대로 인정되며, 실력 있고 열심히 일하는 사람들이 대우받는 지극히 상식적이고 건전한 사회를 말한다. 그러나 2013년 2월 말에 발표한 박근혜 정부의 국정 전략과 비전으로서 '국민행복, 희망의 새 시대'를, 5대 국정 목표로 '일자리 중심의 창조경제'와 '맞춤형 고용·복지' 등을, 이를 실현하기 위한 21개 국정 전략과 140대 국정 과제를 각각 제시했다. 그러나 이러한 비전과 전략에 과학기술 중심 사회 구축을 위한 철학이나 가치 체계는 찾아볼 수 없다.

둘째 정부가 과학기술의 중요성을 강조하고는 있지만 과학기술 전담 부처로서의 미래부가 제 기능을 충분히 못하고 있다. 창조경제를 간판으로 내건 미래부는 실제로 일자리 창출과 ICT 정책 등에 매몰되어 있고, 과학기술의 핵심인 기초과학은 '더부살이'로 전락한 것이 아니냐는 우려가 나온다. 이명박 정부에서 교육과학기술부에 편입된 과학기술이 제 기능을 하지 못한 전철을 밟는 것이 아닌가 염려하는 목소리가 크다.

셋째 한국 사회는 실질적으로 부(富)의 원천을 제공한 과학기술인에게는 대우 측면에서나 높은 일자리 제공에 매우 인색하다. 한국 사회가 과학기술인들을 가치 창출의 핵심 역군으로 여기지 않고 단지 경제성장의 도구로 보는 듯하다. IMF 구제금융 시대에 가장 먼저 쫓겨난 사람들이 과학기술인들이었다. 이는 우수 학생들이 이공계를 기피하는 직접적인 원인의 하나가 되었다. 한국 사회에는 수억, 수십 억 원대의 연

173 조선일보(2013. 8. 3).

봉을 받는 증권맨, 금융인들이 적지 않고, 한국 사회의 중요한 의사 결정자들은 대부분 법조계·경제계 등의 문과 출신들이다.

모름지기, 미래창조과학부는 과학기술과 ICT의 연합으로 되어 있다. ICT도 크게 보면 과학기술의 범주에 속한 만큼 미래부는 과학기술 중심의 행정을 펴야 할 것이다. 과학기술은 장기적인 성과와 기초 연구를 중시하고, ICT는 단기적인 성과와 개발 연구를 중시한다. 창조경제에 당장에 주는 효과는 ICT가 과학기술보다 클 수 있으나 과학기술 중심 사회 기반 구축에 더 큰 관심을 갖는 미래부가 되어야 할 것이다. 이런 측면에서 미래창조과학부를 과학부로 바꾸어 부르는 것도 좋은 발상이라고 생각한다.

② 특징

전술한 주요 선진국의 창조경제와 한국의 창조경제를 비교해 보면, 한국의 그것은 다음과 같은 특징을 보이고 있다.

첫째 대상 범위의 측면에서, 한국의 창조경제는 사실상 전(全) 산업(신산업과 기존산업)을 대상으로 하고 있다. 물론, 일반적인 창소산업 범주에 포함되는 ICT와 문화산업 등을 핵심 요소로 포함하고 있으나 창조성을 활용한 전(全) 산업의 혁신과 변화를 목표로 한다.

둘째 정책의 내용의 측면에서, 한국의 창조경제 추진정책은 창조산업에 초점을 맞춘 창조경제 추진 국가들과 유사하지만 다양한 신산업·신시장 개척을 강조하고 있다. 상술하면, 창업 생태계 조성, 중소기업 성장, 글로벌 창의인재 육성, 과학기술과 ICT 역량 강화, 창조경제 문화 조성 등의 정책방향은 영국, 핀란드, 독일 등과 공통성을 가진다. 단, 창조성을 핵심으로 다양한 신산업·신시장 개척을 추진한다는 점에서 추진정책의 대상이 상대적으로 넓다.

따라서 다양한 산업군을 포괄하는 한국의 창조경제는 중점산업 분야의 선택과 집중적인 지원이 필요하다. 즉, 한국이 향후 어떤 산업을 주력산업으로 키워야 할 것인가에 대한 깊은 성찰이 필요할 것이다. 창조경제 논의의 핵심으로서 창조산업이 중요하므로 한국의 고유성을 감안한 창조산업 개념 정립과 발전방안 수립이 시급히 필요하다. 물론, 창조경제의 취지에 부합하여 부가가치와 경제적 파급력이 큰 분야의 식별이 필요하다.

미국의 경우, 이른바 '혁신 분야'(정보기술, 소프트웨어, 인터넷 서비스, 생명과학, 청정기술, 신소재, 디지털엔터테인먼트, 금융 일부, 마케팅) 일자리 수가 급증하고, 파급효과도 큰 것으로 나타나며, 하이테크산업의 경우 하나의 일자리가 생기면 여타 산업에서 5개의 일자리가 발생되는 것으로 추정된다.[174]

한편, 핀란드가 노키아(Nokia) 중심의 경제에서 벗어나 수많은 중소기업이 활성화되는 경제구조로 전환하는 과정에서 창업을 촉진하는 제도적 뒷받침과 문화적 환경 조성은 매우 중요한 정책적 과제였다. 예로서 핀란드 알토대의 창업모임 알토스(AaltoES)는 학생들의 창업 의지를 북돋기 위해 매년 10월 13일을 '국제 실패의 날'(International Day for Failure)로 정하여 실패를 받아들이고 새로운 도전을 장려하는 문화를 만들어가고 있다. 2000년대 들어와 영국 등 일부 국가와 국제기구에서 사용되기 시작한 '창조경제'의 핵심적 개념은 자본이나 단순한 노동보다 사람의 창의력 혹은 지적 능력을 최대한 활용하는 이른바 '창조산업'이다. 이것은 예술·문화·기술 등 사람의 창의력과 경제가 융합되고 어우러진 새로운 산업을 통틀어 일컫는 개념이다.

그러나 현재 한국 정부가 목표로 하는 창조경제는 이러한 창조산업의 활성화뿐만 아니라 기존의 모든 산업을 포함하는 경제체제 자체를 더욱 효율화·활성화하겠다는 정책목표이다. 그렇다면 한국 정부가 추구해야 할 구체적 목표는 슘페터적 '창조적 파괴'가 가장 활발하게 일어날 수 있는 경제체제를 구축하고 그러한 기업 생태계를 조성하는 것이다.

전술한 바와 같이, 슘페터는 자본주의의 발전과정을 '창조적 파괴'의 측면에

---

174 Moretti, Enrico(2012).

서 설명하였다. 즉, 위험부담을 마다하지 않는 기업가 정신으로 새로운 생산방식을 도입하고, 새로운 제품을 개발하며, 새로운 시장을 개척하는 기업가들의 끊임없는 '창조적 파괴' 과정이 바로 자본주의의 진화 과정이라는 것이다. '창조적 파괴'를 활성화하기 위해 정부가 해야 할 일은 국민 모두의 창의력과 기업하려는 의지가 '창조적 파괴' 과정으로 가장 쉽게 연결될 수 있는 여건을 마련해 주는 것이다. 이를 위해 범정부적 차원에서 규제 개혁이 추진되어야 한다. 또한 중·장기적인 정책과제로서, 창의력 넘치는 인력 자원의 공급을 최대화할 수 있는 교육기반을 형성하기 위한 교육개혁이 강력히 추진돼야 한다.

③ 창조경제의 필수조건: 소프트웨어 인력 양성

현대경제연구원에 따르면 한국의 창조경제 역량은 OECD 가운데 20위권에 불과하다. 분야별로 사회적 자본은 21위, 인적 자본은 22위, 문화 자본은 29위다. 그러나 ICT 역량은 압도적으로 1위다. 이처럼 경쟁력 있는 ICT를 활용해[175] 기존 서비스산업의 질적 변신과 인터넷 기반의 새로운 ICT산업 창출을 도모하고 일반 산업과 ICT의 융합을 통해 성장잠재력을 키워야 한다.

미래창조과학부는 병원 시스템 개혁 외에 농촌-도시 간 농산물·자원 선순환시스템 구축, ICT 등에 기반한 사회취약계층 지원을 우선 추진 과제로 선정했다. 도시·농촌 자원 선순환 시스템은 농산물 IT망을 구축해 유통단계를 줄이고 음식물쓰레기·분뇨 등을 자원화하는 것을 목표로 한다.

1990년대 미국 클린턴 정부 때 제창된 '정보고속도로' 구상은 당시의 대선 공약인 경기회복과 만성적자 타개를 위해 인터넷을 기반으로 경제 재건을 하자는 것이었다. 오바마 정부도 광대역통신망과 헬스 정보기술(IT), 스마트 전력망(*smart grid*) 세 분야에 총 3백억 달러(약 35조 원)를 투자해 95만 개 일자리를 만드는 '디지털 뉴딜정책'을 내세운 바 있다. 일본 역시 3년간 3조 엔(약 41조 원)을 투자해 40여만 개 일자리를 만드는 'IT 신(新) 전략'을 지난해 확정

175 정보통신기술(ICT)을 도입하면 노동생산성을 높여 고용이 줄어드는 효과가 나타나는 것처럼 보인다. 그러나 장기적 안목에서 보면 제품과 서비스 가격을 떨어뜨려 이에 대한 수요를 늘리고 새로운 기술·제품·서비스를 창출해 고용을 늘리게 마련이다.

했다.

한국의 제조업은 이미 '앙시앙 레짐'(*ancien regime*)이 되었다. 전자·자동차·조선 등 전통 제조업에 소프트웨어를 집어넣는 시대로 급변했다. 따라서 저자는 한국의 '창조경제'가 성공하기 위해서는 소프트웨어 인력을 시급히, 대대적으로 양성해야 한다고 주장한다. 소프트웨어 산업을 시스템 통합(SI: *System Integration*)이나 게임 프로그램을 짜는 것으로 받아들이는 한국과는 달리, 선진국에선 소프트웨어 전문가들이 농업은 물론 미디어·건축 등 기존 산업의 판도를 바꾸고 있다. 일본의 작물환경 데이터 모으고 물·비료 주기 등 작업 관리, 출하, 물류 스케줄도 자동화하는 소프트웨어로 농업 경쟁력을 높이고 있다. 일본 규슈 구마모토(熊本) 현 '구마모토 테크노 리서치 파크'는 소프트웨어를 이용한 덕에 농업에서도 생산부터 출하까지 관리하는 신축적 생산 시스템(*just in time*)이 가능해졌다. 프랑스의 경우, 건축설계를 세계 각국의 여러 건축가가 온라인으로 함께 설계·디자인을 해 시간·비용을 획기적으로 절약하고 있다.

한국 제조업이 소프트웨어 혁명에서 얼마나 낙후되어 있느냐는 것은 다음과 같은 정부(산업부) 통계에서 확인될 수 있다. 하드웨어에 내장돼 있는 고부가가치 소프트웨어 국산화율이 각각 자동차 5%, 로봇 5%, 조선 4%, 국방 1%에 불과하다. 중공업 등 제조공정에 필요한 설계·3D 시뮬레이션 프로그램은 거의 100% 수입하고 있다.[176] 소프트웨어란 컴퓨터 기계장치 같은 하드웨어를 작동하는 운영체제(OS) 등 고도의 알고리즘(*algorithm*)으로 이뤄진 제어프로그램. 스마트폰 애플리케이션, AP(칩) 프로그램, 차량 탑재 ECU(전자제어장치) 등을 말한다. 대표적 예로서 반도체에 내장되어 전자·통신·항공·자동차 등 기계를 제어하는 임베디드(*embedded*) 소프트웨어를 들 수 있다.

그러나 한국 제조업 제품에 들어가는 내장형 소프트웨어 개발 능력은 선진국보다 크게 낙후되어 있다. 구체적으로 말하면, 내장형 소프트웨어 국산화율은 휴대용 통신 기기 15%, 자동차 5%, 조선 4% 수준이다. 한국 조선업이

---

176 조선일보(2013. 8. 1)

세계 1위라지만 설계와 항해·정박 소프트웨어 장치 등 선박의 두뇌에 해당하는 부분은 모두 수입에 의존하고 있다. 제대로 된 소프트웨어 하나만 개발해도 '대박'을 터트리는 선진국과 달리, 한국에선 좋은 학벌의 개발자들이 소프트웨어 개발보다는 대기업·은행 등의 전산 관리직으로 취직하기를 희구하고 '소프트웨어 코딩'(*software coding*: 특정 기능을 구현하기 위해 컴퓨터 언어로 프로그램을 짜는 일)은 꺼린다.

정보통신산업진흥원(NIPA)에 따르면 2011년 한국의 소프트웨어 인력은 73만 명이지만 56만 명(77%)이 전산실 관리 인력이다. 소프트웨어 개발자는 17만 명에 불과하다. 2011년 현재 국내 소프트웨어 기업 숫자는 총 6,678개. 이 중 매출 10억 원 이하 영세기업이 전체의 44.0%에 달한다.

국내 최고의 소프트웨어 기업으로 불리는 안랩조차도 세계시장에선 무명(無名)의 존재다. 2012년 매출 1,315억 원 가운데 수출은 겨우 7%(87억 원)에 불과하다. 그나마 내수시장을 지키는 이유는 보안 소프트웨어의 경우 국가별로 자국 제품을 선호하는 경향이 강하기 때문이다. 국내 최고 소프트웨어 업체인 안랩조차 '우물 안 개구리' 신세인 셈이다.

한국의 젊은 인재들이 소프트웨어 전공을 기피하는 근본 원인은 소프트웨어를 하드웨어의 부속물로 여기며 불법복제로 산업 기반을 허물어 버린 데 있다. 세계 500대 소프트웨어 기업 명단에 이름을 올린 한국 기업은 하나도 없다. 응용 소프트웨어 개발에 도전했던 회사는 거의 다 망했고, 남은 업체들은 대기업의 업무 전산화 용역의 하도급을 받아 겨우 입에 풀칠만 하고 있다.[177]

이와 같은 소프트웨어 산업의 붕괴를 인지하고도 대학 교육은 소프트웨어 교육을 외면하고 있다. 예로서, 국내 유명 대학의 컴퓨터공학 등 소프트웨어 관련 학과는 정원조차 채우기가 벅차다. 카이스트(KAIST)에선 신입생들이 1학년 과정을 마치고 전공을 고른다. 2000년대 초반 IT 열풍이 불 때 전산학과는 전자공학의 인기를 넘었다. 2001년의 경우 전공 신청자 529명 중 129명이 전산학을 선택했다. 카이스트 학생 5명 중 1명이 소프트웨어를 전공한 셈이

177 조선일보(2013. 8. 3).

다. 그러나 IT 버블이 터지면서 2012년에는 952명 중 52명이 소프트웨어를 전공하는 데 그쳤다. 또한 서울대 컴퓨터공학과는 2010년까지 전기공학과와 함께 전기·컴퓨터공학부로 신입생을 모집한 후 2학년 진급할 때 전공을 선택하게 했다. 2006년부터 무려 5번이나 정원 미달이었다. 2010년의 경우 전체 정원은 55명이었지만 지원한 학생은 45명이어서 10명이 미달됐다. 2012년부터 과별 모집으로 전환했어도 큰 변화는 없었다. 2012년 1월 서울대 수시모집 최연소 합격자였던 16세 수험생은 서울대 컴퓨터공학과를 포기하고 연세대 치대에 진학하기도 했다.

한국의 전체 4년제 대학의 소프트웨어 전공 졸업생 수도 줄고 있다. 전산학·컴퓨터공학 등의 졸업생 수는 2012년 17,188명이었다. 2008년 19,707명 이후 한 해도 빠지지 않고 줄었다. 궁여지책으로 한국 정부는 2018년까지 외국인 유학생 15만 명을 유치하고 U-러닝(원격학습) 인프라 구축을 위한 제도를 정비키로 했다.

한국 소프트웨어 기술인력 부족의 실상

- 현대자동차의 고급 승용차 에쿠스에는 전자제어장치(ECU) 47개와 반도체칩 1천 개가 들어간다. 작은 컴퓨터 수십 대 용량의 전자 장비를 달은 것이다. 자동차 주행성능 향상과 운전 편의성, 연비를 높이기 위한 이 전자장치들을 작동시키는 데는 A4 용지로 4백만 장이 넘는 분량의 소프트웨어가 필요하다.[178]

  현대차그룹은 2012년 4월 차량용 반도체·전자제어 소프트웨어 전문회사 오트론(Autron)을 설립한다고 발표했다. 현재 현대자동차는 엔진 등 핵심부품을 제어하는 CPU(중앙처리장치)와 내장 소프트웨어를 외국산에 과도하게 의존하고 있다. 전장용 반도체의 경우에는 독일 인피니온

178 조선일보(2013. 8. 3).

(Infineon Technologies Aktiengesellschaft), 미국 프리스케일(Freescale), 일본 르네사스(Renesas)에 각각 거의 100% 의존한다. 반도체에 내장돼 있는 핵심 소프트웨어는 독일의 보쉬(Bosch)·콘티넨탈(Cotinental)이 강자다. 이 소프트웨어들의 소스코드(프로그래밍 언어로 나타낸 설계도)는 해독이 불가능한 블랙박스 형태로 돼 있어서 복사하기도 불가능하다. 따라서 현대자동차가 소프트웨어 능력과 이 분야의 인력을 키우지 않으면 독일 자동차와 일본 자동차를 영원히 앞지르지 못할 것이다.

- 대우조선해양이 현대중공업·삼성중공업 등과 함께 2012년에 거둔 해양플랜트 수주액은 220억 달러이지만 그 내용을 보면 허울뿐인 수치다. 왜냐하면 전기·기계·안전 시스템 등 해양플랜트 기자재의 3분의 2를 유럽·미국 업체에서 구입하는데, 이 기자재들을 움직이는 핵심 소프트웨어의 해외 수입률은 100%에 근접하기 때문이다.

예를 들어, 드릴십의 설계는 영국의 아베바(AVEVA)와 독일의 보캐드(BOCAD) 소프트웨어로, 항해·정박 소프트웨어 장치는 네덜란드의 CT시스템스(항해 정박용 시스템)와 미국 맥클라렌(Mclaren)의 소프트웨어로, 안전시스템은 영국의 허니웰(Honeywell) 제품으로 각각 구축한다. 그러나 주요 시스템의 국산 소프트웨어는 전무하다. 이것이 '조선 1위' 한국의 현주소다. 즉, 한국이 '조선 1위'라는 말은 냉정하게 말하면 쇳덩어리를 용접하고 조합하는 일에서 세계 1등이라는 것이다.

- 애플(Apple)이 아이폰(IPhone)을 내놓으면서 몰고 온 스마트폰 충격은 삼성에 큰 시련을 주기도 했지만 결과적으론 축복이었다. 만약 세계 휴대폰 시장이 기존의 피처폰(feature phone)으로 계속 갔다면 삼성전자는 이미 중국 휴대폰업체들에게 추월당했을 것이다. 그나마 애플이 창조한 '스마트폰 세상'으로 한발 빠르게 따라 들어간 것이 중국과의 기술격차를 유지하게 만들었다.

그러나 '스마트폰 이후', 새로운 시장을 '창조'해낼 소프트웨어 역량이 부족하다. 한국 소프트웨어 인력의 양과 질이 모두 문제다. 피처폰 시대인 2008년 삼성의 소프트웨어 인력은 1만 3천 명이었다. 그 이후 소프트웨어 인력을 급속히 충원하기 시작해 2008년 1만 3천 명에서 5년 후 2013년 '갤럭시S4'를 내놓을 땐 3만 6천 명으로 늘었다. 5년 만에 3배가 증원된 것이다. 이 중에서 외국인 소프트웨어 인력이 44%인 1만 6천 명이다. 심지어, 국내에서 인재를 찾지 못해 방글라데시에까지 연구소를 세워야 할 형편이다. 왜냐하면 국내 주요 5개 대학의 소프트웨어 전공 학생이 2009년 이후 25%나 줄었기 때문이다.

그러나 반가운 소식이 있다. 삼성전자가 2013년 5월 "1천 7백억 원을 투자해 5년간 5만 명의 소프트웨어 인력을 양성하겠다"고 발표했다.[179] 이 프로그램은 전국 26개 대학과 소프트웨어 인재 양성을 위한 협약을 맺고 회사 측이 원하는 전공과목을 개설한 대학을 지원하는 것이다.

- LG전자는 3년 전 스마트폰을 제대로 만들지 못해 회사 존폐 위기론까지 거론됐었다. 그 이후 사내에 대대적으로 '소프트웨어 역량강화 센터'를 만들고, 비(非)수도권 공대까지 싹싹 돌면서 인력 확보에 나서고 있다. 휴대폰 하나를 만드는 데 수천만 라인의 프로그램이 필요하고, 프로그램 라인 수는 매년 수십 %씩 증가한다. 따라서 국내에서 배출되는 소프트웨어 인력으로는 도저히 충당할 수 없다.

(4) 한국의 창조금융

'창조금융'(*creative finance*)은 금융 분야에서 '창조경제'(*creative economy*)를 구현할 수 있는 실천방법론으로서 창업→성장→회수(성숙) 등 기업성장 단계별로 자금의 선순환 구조를 정착시킨다. 이런 목적에 맞게 '창조금융'의 구체적인 방안은 3가지, 즉 ① 창업을 활성화하는 것, ② 벤처·중소기업의 성장을 지원하고 보호하는 방안, ③ 투자 자금을 성공적으로 회수하도록 하는 방안으로 구분할 수 있다.

첫째 창업 활성화 방안은 자금은 부족하지만, 성장 잠재력이 있는 창업 초기 기업이 투자 자금을 원활하게 유치할 수 있도록 지원하는 것이다. 예로서 예비 창업자 특례 보증, 엔젤투자(창업 초기 투자자)에 대한 세제 지원, 클라우드 펀딩(소액 투자자 대상 자금 모집) 신설 등이다.

둘째 벤처·중소기업의 성장을 지원하기 위한 방안으로는 인수합병(M&A)에 대한 세제 지원이나 규제 완화, 지식재산권 펀드 등이 있다. 이 중

179 조선일보(2013. 8. 1).

지식재산권 펀드는 기업이 보유한 특허권이나 상표권과 같은 지식재산권을 사들인 후 이를 기업에 기술료를 받고 다시 빌려주는 펀드이다. 지식재산권에 대한 소유가 지식재산권 펀드로 이전되기 때문에 이를 이용하는 기업은 다른 기업의 특허 도용이나 '특허 괴물'〔특허만 보유한 채 엄청난 로열티(*royalty*)를 챙기는 특허관리 전문기업〕의 무분별한 특허 소송에 적극적으로 대처할 수 있고 자금을 조달하는 데도 활용할 수 있다.

셋째 투자 자금을 성공적으로 회수할 수 있도록 도와주는 방안으로는 코스닥 시장의 독립성과 전문성을 강화하고 벤처·중소기업 전문 주식시장인 코넥스 시장을 신설하는 것이다.

① 기술개발 금융지원의 필요성

신성장동력 산업의 면면을 보면 대부분 기술집약형 산업으로 구성되어 있다. 따라서 기술개발을 위한 인력의 동원과 자금(창조금융)의 조달이 얼마나 원활하게 이루어질 수 있는지가 이들 산업이 신성장동력으로서의 역할을 제대로 수행할 수 있을지의 여부를 결정하게 될 것이다.

경제이론적으로 보면, 비용구조가 잘 알려진 생산설비에 대한 투자와는 달리, 기술개발 투자의 경우에는 성공 가능성, 자금 소요액, 지출의 필요성 등에서 투자가와 기업 사이에 정보의 비대칭성이 매우 크다. 이로 인한 시장실패는 금융시장에서 일반적으로 나타나는 현상이지만 기술개발을 위한 자금조달의 경우에는 정보의 비대칭성이 더욱 심각하다.

대기업은 다양한 기술기반, 연구설비, 자금동원능력 등을 보유하고 있기 때문에 기술혁신과 관련된 불확실성을 극복하고 투자 수익성을 얻을 수 있는 반면에 중소기업은 그러하지 못하다. 이 결과, 불확실성에 대처할 수 있는 능력의 차이로 중소기업은 금융시장의 투자대상 선정에서 불리하기 마련이다.

최근 대기업의 기술개발 자금조달은 거의 대부분 내부조달로 이루어지고 있다. 중소기업의 경우도 기술개발 자금의 내부조달 추세를 보이고 있지만, 중소기업의 외부조달 자금 중에서 은행과 정부재원의 비중이 가장 큰 비중을 차지하고 있어 정부의 대(對)중소기업 기술개발 금융지원이 중요하다. 따라서 정부의 기술개발 금융지원은 기술혁신 전(前) 단계에서 외부자금 의존도가 높은 중소기업을 중심으로 시행되어야 할 것이다.

일반적으로 기술금융지원은 크게 두 가지, 즉 ① 융자에 의한 간접금융지원, ② 시장중심의 직접금융지원(벤처캐피털 등)으로 구분할 수 있다. 한편, 기술개발 금융의 수요는 기술혁신 단계에 따라 자금의 조달소스와 규모 등 자금수요의 내용이 다르다.

우선, 초기 기술개발 단계에서는 개인의 자금이나 엔젤의 투자에 의존하고, 손익분기점 전(前) 초기 성장단계에서는 개인자금, 엔젤자금, 벤처캐피탈, 개인자격의 상업은행 대출에 주로 의존하고 있다. 일단 손익분기점을 넘어서면 상업은행과 보험회사 등 공식적인 금융기관의 대출을 활용한다.

다음으로, 기술혁신의 단계 중에서 금융조달이 가장 어려운 단계는 생산을 준비하는 단계이다. 이 기간 중에 시설이나 장비에 대한 투자수요와 인력훈련비 등 개발된 기술의 본격적인 상업화를 위하여 자금수요가 필요하게 된다.

② 기술개발 금융지원제도의 개선방안

기술개발에서 사업화(실용화)에 이르기까지 기술혁신 전(全) 단계에 걸쳐 정부의 기술금융지원제도가 다양하게 구비되어 있다. 상술하면, 연구개발 후의 기술혁신단계를 위한 금융지원은 재정자금에 의한 각종 정부기금과 한국산업은행, 중소기업은행 등에서 시중금리로 융자해 주는 금융자금, 신(新)기술사업금융회사에 의한 융자, 벤처캐피탈에 의한 투·융자 및 기술신용보증기금을 통한 신용보증 등이 있다. 그러나 현행 기술개발금융지원제도는 다음과 같은 문제점을 가진다.

[표 Ⅳ-12] 기술개발 금융지원제도의 문제점

- 기술평가내용의 반영정도 미흡
  - 지원대상 선정 등 제도운영에서 기술평가 내용의 반영도가 매우 낮음
- 기술평가체제 미흡
  - 평가체제가 중소·벤처기업을 적절히 평가할 수 있도록 구성되어 있지 못함
- 행정절차의 복잡성
  - 자금신청 단계로부터 지원 후 중간 진도관리, 사후성과 관리부분에 이르기까지 기업이 부담해야 할 절차와 업무가 많고 복잡함(융자사업 실태조사결과, 우선개선사항 1순위)
- 정책자금의 특성에 따른 한계
  - 정책자금의 특성상 우수기업집단의 선택과 지원에 제약이 존재함
- 부실발생 시 책임소재의 불분명성
  - 대출부실이 발생하는 경우 그 책임소재가 모호
- 담보가치평가의 적절성 문제
  - 과거 기술담보시범사업에서 매각사례가 3건임. 기술가치 평가방식의 적절성 또는 기술담보대출방식이 기업지원에 적절한가의 문제
- 기술담보 설정상의 문제점
  - 기술담보의 설정방식이 기술판매에 부적합
- 사후관리의 문제점
  - 기업에 대한 추가지원, 총체적 지원방향 수립을 위한 사후관리체제가 미흡자금의 특성상 우수기업집단의 선택과 지원에 제약이 존재함

③ 기술개발 금융지원제도의 개선방향

전술한 바와 같이, 기술개발을 위한 재원의 조달은 기술금융 공급에서 전형적으로 나타나는 시장실패로 인해 정부의 지원이 주된 재원조달 수단이 되어 왔다. 그러나, 신성장동력 산업의 범위나 규모로 볼 때 기술개발을 위한 자금조달을 정부지원에만 의존하기는 어렵다. 결국 민간시장 중심의 기술개발금융 조달수단이 발굴되어야 한다.

여기서 유의할 것은 벤처기업의 거품현상, 코스닥시장을 비롯한 IPO 시장

및 M&A 시장의 장기불황으로 인해 벤처기업 투자 열기가 식어가고, 벤처기업에 대한 지분투자 형태의 투자방식에 대한 수요가 감소함에 따라 이와 같은 방식에 의한 기술개발자금의 조달은 한계에 부딪치고 있다는 점이다.

사실, 은행의 고유 업무는 성장가능성이 높은 기업들에 대한 자금중개기능이다. 그러나 국내은행들은 지나치게 미래의 성장가능성보다는 담보위주의 여신관행에 익숙하여 기술혁신형 기업에 대한 대출이 매우 저조하다. 그것은 은행법 1조에 의거하여 “산업의 개발과 국민경제의 발전을 촉진하기 위한 중요산업자금을 공급·관리하는” 한국산업은행의 중소기업 지원 실적에 여실히 나타나 있다.[180]

상기와 같이 은행 등 민간금융기관들이 기술개발지원에 소극적인 이유는 기술혁신형 기업들이 보유한 기술에 대한 가치를 금융기관이 정확하게 평가하지 못하기 때문이다. 은행들이 적용하는 대부분의 신용평가모형은 기술성을 평가하기 위해 개발된 것이 아니라 신용위험을 추정하기 위한 것이다. 이 결과, 은행들은 기술이 갖는 중요성은 간과하고 있어 기술력이 높은 기업들에 대한 신용대출이 어렵다.

한편, 국내 기술혁신형 기업들은 직접금융에 대한 접근성이 어려워 주식이나 회사채 발행 등에 의한 자금조달이 제한적이다. 왜냐하면 직접금융조달을 위한 요건에 대부분의 중소기업이 미달하고 있으며, 상대적으로 신용도와 지명도가 낮을뿐더러 높은 금융비용 등의 문제로 대다수 중소기업은 직접금융 활용을 기피하고 있기 때문이다. 특히 재무적 평가에 의존하는 현행 기업신용등급평가제도는 창의성과 개별기술력을 특성으로 하는 기술혁신형 중소기업에게는 불합리하다.

이와 동시에, 대부분 중소기업의 경우 신용도와 지명도가 상대적으로 낮을 뿐만 아니라 금융비용이 높기 때문에 이들은 직접금융 활용, 즉 주식이나 회사채 발행 등에 의한 자금조달을 기피하고 있다. 특히 재무적 평가에 의존하

180 예로서, 2008년도 1분기 동안 중소기업자금 공급실적이 8,102억 원인데 2008년 목표치인 6조 원의 13.5%에 불과하며 기술혁신형 중소기업 특별지원액도 목표치(2조 5천억 원)의 15.4%인 3,846억 원에 불과하다.

[표 Ⅳ-13] 기술가치 평가체제의 정비

- 표준화된 선진 평가모델 및 평가기법 개발
  - 유형별, 업종별 평가모델 구축
  - 기관 간 공동 개발과 활용을 통한 표준화
- 기술평가 전문기관 및 평가전문가 육성
  - 기술평가기관의 공신력 확보
  - 기술평가 인력 양성 및 재교육 프로그램 개발
- 기술평가정보 인프라 구축 및 활용도 제고
  - 기술평가 및 기술동향정보 DB 구축 및 활용
  - 기술제품 시장정보 DB의 확충
- 벤처기업 평가모형의 연계개발 필요
  - 기술평가를 포함하는 포괄적 벤처기업 평가모형 개발
  - 연역적 또는 규범적이 아닌 실증분석된 기술평가 심사지표 내지 모형 구축

는 현행 기업신용등급평가제도는 창의성과 개별 기술력을 특성으로 하는 기술혁신형 중소기업에게는 불합리하다.

이 결과, 민간금융기관들의 자금공급기능이 제대로 작동되지 못하여 국내의 기술혁신형 기업들의 자금지원은 주로 정책금융에 의존할 수밖에 없다. 그러나 정책자금지원 위주의 자금지원은 민간금융기관들의 기술개발자금에 대한 지원을 다시 위축시키는 악순환을 되풀이하고 있다.

따라서 민간금융기관들의 기술개발자금지원의 활성화를 위해서는 기술성 평가와 기술력 평가 등을 위한 기술인프라 구축이 시급하다. 사실, 기술은 기업의 미래가치를 결정하는 데에 매우 중요한 요소이다. 따라서 기술금융제도의 정착을 위해서는 신뢰성 있는 기술평가시스템을 구축하여 '기술에 대한 신용등급'을 금융시장에 공급할 수 있어야 한다. 이를 위해서는 기술성 및 기술력 평가에 대한 신뢰할 수 있는 기술평가시스템 구축과 기술가치에 대한 정확한 정보 제공, 기술력을 평가할 수 있는 전문인력의 확충과 전문기관의 확보 등이 필요하다.

가. 간접 기술자금지원제도의 보완

기술신용보증지원은 정부의 기술개발지원 재정자금의 융자에 대한 지원을 제외하고는 대부분이 설비투자나 운전자금 용도의 자금에 대한 신용보증지원이라고 할 수 있는데, 정부의 재정자금지원을 자금의 위험도와 공공성이 높은 기술개발자금으로 전환함과 동시에 이 자금에 대한 신용보증은 변제율과 관계없이 적극적으로 지원할 필요가 있다.

또한, 기존의 '보증' 개념을 탈피하여 보증과 투자개념이 결합된 복합파생상품을 개발·운용(예로서 보증받는 기업의 주식을 보증수수료로 받는 방안 등) 함이 바람직할 것이다.

나. 직접 기술자금지원의 강화

벤처캐피탈의 활성화를 위해 초기단계 벤처기업에 투자하는 모태펀드를 조성하여 지원할 필요가 있다. 상술하면, 기존의 직접지원 방식을 지양하고 모태펀드의 민간 벤처캐피탈 펀드 출자를 통한 간접지원 방식으로 지향해야 할 것이다.

벤처캐피탈 시장에서 일어나는 시장실패(과소 투자)가 주로 초기단계 벤처투자에서 발생하므로 정부의 모태펀드 운용자산의 일정 부분은 초기단계(예비창업 포함) 벤처투자를 위한 벤처캐피탈 펀드(투자조합)에 출자되도록 유도할 필요가 있다.

다. 기술혁신금융자금의 규모와 지원자금의 가용성

중소기업의 기술금융지원은 간접금융과 직접금융을 적절하게 활용하여 최대한 자금의 가용성을 높일 필요가 있다. 기술신용보증기금의 기술평가보증제도와 독일과 EU에서 적극 시도하는 모태펀드 조성을 통한 기술금융을 적극적으로 도입해 볼 필요가 있다.

사실, 중소기업에 요구되는 각종 담보 및 대출조건은 자금의 가용성을 떨어뜨려 실제 집행은 훨씬 낮다. 따라서 기술개발금융지원의 규모를 확대하기보다는 벤처기업을 비롯한 중소기업의 기술개발자금의 가용성을 높이는 방향으로 지원제도가 개선되어야 할 것이다.

V

'한국형 복지사회'를 위한 사회보장제도의 개혁방안

1940~1950년대의 초근목피(草根木皮)와 1960년대의 '보릿고개'를 넘어 1970년대에 사회적으로 경제건설을, 개인적으로는 고소득과 입신양명(立身揚名)을, 1980년대에는 "숨죽여 흐느끼며 … 타는 목마름으로"(金芝河 시인, 1982) 민주주의를, 1990년대에는 대외개방과 세계화를 각각 추구하였다. 그리고 1997~1998년 '아시아의 금융위기'와 '한국의 IMF 위기'를 겪었고, 그 이후 21세기 문턱을 넘어서자마자 2003년 경기불황과 카드대란을, 이어서 2008년 하반기 '글로벌 금융위기'를, 2011년 8월부터 '글로벌 경제위기'를 당하였다.

이제, 우리 모두가 '춥고 긴 겨울'을 보내야 한다. 우리는 세계경기의 호전(好轉)을 무작정 기다릴 것이 아니라 우리 스스로 인내하고 합심하여 대한민국의 생존을 위한 혈로(血路)를 찾아야 한다. 이와 동시에, 한국인은 '삶'에 대한 철학을 겸허하게 되새겨 보는 자기성찰의 시간을 가져야 한다. 부(富)와 권력을 경제적·정치적 가치보다는 바람직한 인간상(像)을 추구하고 그러한 사람을 칭송하고 존경하는 사회적 가치를 만들어 나가야 할 것이다.

일부 고소득 계층의 소비행태이지만 유행이 변해서 사고, 멋이 있어 사고, 새것이라고 구입한 후 몇 번 입지도 않은 옷들이 쌓여 있고, 신발들이 굴러다니고, 할부금융으로 자동차를 쉽게 구입했다. 아마도 지난 세월이 우리 생애에서 '고도 소비' 시대로 기억될 것이다. 다시 이러한 시대가 도래하기를 얼마 동안 기다려야 할까?

이제, 우리는 '더불어 사는' 마음으로 불우한 이웃의 손을 따뜻이 잡아주어야 한다. 물론, 상대적으로 감성이 풍부한 한국 사회에는 '날개 없는 천사'들이 남모르게 가슴 뭉클한 일들을 많이 한다는 사실을 매스컴의 보도를 통해 우리 모두 잘 알고 있다.

육순(六旬)의 사나이인 저자도 2008년 2월 어느 노숙자 재활소(한양대 부근)를 방문하였을 때, 그들의 생활수기를 읽고 '짐승 같은 울음'을 터뜨리며 '빨간 토끼 눈'으로 하늘을 마냥 쳐다본 적이 있다. 저자와 함께 방문했던 인사들도 울먹였다.

모든 사람들은 어차피 '빈손'으로 왔으니 '빈손'으로 가야 하는 군상이 아닐런가! 미국의 어느 미술관에 전시된 인상파 화가 고갱의 작품 밑에 붙어 있는 제목은 "우리는 어디서 왔는가? 우리는 무엇인가? 우리는 어디로 가는가?"이다.

저자는 대한민국 정부가 수립되던 1948년생이다. 곧이어 한국전쟁 당시 폭탄과 공습에 많이 죽었고 고아로 성장한 또래들도 가끔 본다. 비록 가난하였지만 부모님의 교육열 덕분으로 악착같이 공부했다. 굶주린 배에 베개를 끌어안고 공부하여 대학에 진학했다. 반(反)독재 데모에도 앞장섰다. 민주화 운동에도 참여했다. 군대에 나갈 나이가 되어, 베트남 전쟁(1965~1973) 당시, 베트남에서 전사 혹은 불구가 된 친구들도 있다. 중동의 열사의 사막에도 일하러 갔다. 어느덧, 40대가 되어 이미 부모가 되어 있었다. 자신의 어린 시절 가난을 되 물려주지 않으려고, 벌레처럼 공부했고, 개미처럼 일하고, 세금도 많이 납부했다.

아! 그러나 우리세대는 큰 잘못을 하나 저질렀다. 그것은 다음 세대를 위한 사회경제제도를 준비하지 못했다. 그저 열심히 일하고 가족만 돌보았다. 그 죗값으로, 우리 세대는 '캥거루 세대'가 되었다. 집집마다 한두 명의 자식들이 '새끼 캥거루'가 되어 방구석에 쭈그리고 있다. 캥거루들은 부모의 얼굴을 쳐다보지 못한 지가 오래 되었다. 부모의 시선을 피하는 자식들의 얼굴을 차마 보지 못하고 빈 하늘만 쳐다본다. 이렇게 한 세대가 끝나는가?

미래세대의 주인공인 어린이와 청소년이 느끼는 주관적 행복지수는 2013년 기준으로 23개 OECD 국가들 중에서 꼴찌이다. 2008년 하반기 '글로벌 금융위기'의 최대 피해자가 바로 청년이다. 모름지기 청년은 다음 세대의 주인공이며 나라의 기둥이다. 청년실업은 그 자체만으로 개인과 가족의 크나큰 고통이지만 국가적으로도 자원의 낭비이자 성장잠재력의 훼손이 아닐 수 없다. 새로운 아이디어와 불타는 열정으로 한창 일해야 할 청년들이 직장을 못 구해 방황해서는 나라의 장래가 밝아질 수 없다.

한창 꿈꾸고 진취적이어야 할 20~30대 젊은 남녀 약 1천 5백만 명 중에서 약 4백만 명(실업자 혹은 잠재실업자)이 일자리를 못 구해 고통받고 있다. 이들의 사망 원인 중에서 자살이 1위라는 사실은, 마치 사냥꾼의 총부리 앞에 죽어가는 사슴의 눈초리를 보는 듯, 우리를 슬프게 하는 것들이다. 더욱 심각한 것은 이들이 사회의 불만세력으로 결집될 경우 잠재적인 사회불안의 진원이 될 수 있다는 점이다.[1] 물론, 상기의 어두운 사회현상은 비단 한국 사회만의 것은 아니다.

저자는 그리스에서 벌어진 데모와 폭동을 기억한다. 데모의 와중에 15세 소년이 경찰에 의해 피살되면서 파괴적 폭동으로 발전한 최근의 그리스 사태의 원인이 경제의 침체와 청년실업에 있다고 현지 보도들은 분석했다.

---

1 그리스의 GDP 성장률은 유로 국가의 최저수준인 3%에 머문 데다 전체 실업률이 8%인데 비해 청년층의 실업률이 무려 21%에 이른다. 청년층의 실업률을 국제 비교하면, 미국은 16.2%, 프랑스는 24.8%, 한국은 6.7%(공식적으로 발표한 통계치)이다. 그러나 한국의 실업통계는 '사실상 실업상태'인 '잠재실업자'를 고려하지 않고 실업률을 계산했다. 노동연구원의 발표에 의하면, 15~34세 중에서 교육·훈련·일 가운데 어느 것도 하지 않는 가운데 구직활동도 하지 않는 '청년백수'가 103만 2천 명(2011년 초 기준)으로 15~34세 인구 중에서 7.3%(2011)를 차지하고 있다. 이 통계에도 비정규직이나 육아 혹은 가사를 전담하는 '사실상 실업' 상태인 '잠재실업자'는 계산에 빠져 있다.

1. 한국 사회의 피폐와 반성

1) 6백만 명의 4대 중독자

독서율이 OECD 국가들 중에서 꼴찌인 한국 사회는 알코올, 도박, 마약, 인터넷 게임 등에 빠진 '중독 사회'가 되고 있다. 중독 전문가 단체인 '중독포럼'의 자료에 따르면, 한국인 중에서 4대 중독자가 618만 명(알코올 중독자는 155만 명, 도박 중독자는 220만 명, 마약 중독자는 10만 명, 인터넷 중독자는 233만 명 등)으로, 국민 8명 가운데 1명이 4대 중독(알코올, 도박, 마약, 인터넷 게임)에 빠져 있다.[2]

2010년 세계보건기구(WHO)가 발표한 한국의 알코올 중독률(18세 이상 성인 중 알코올 의존·남용자 비율)은 6.76%로 세계 평균 3.6%의 1.8배 수준이다. 도박 중독 유병률(사행산업통합감독위 2012년 자료)도 6.1%로 다른 나라보다 두 배 이상이다. 참고로 영국(2.5%)·프랑스(1.3%)·오스트레일리아(2.4%)의 2.4~4.7배 수준에 이른다.

중독포럼은 4대 중독(알코올, 도박, 마약, 인터넷 게임)에 따른 사회경제적 비용이 109조 5천억 원에 이른다고 추산했다. 이 같은 수치는 흡연(5조 원 안팎), 암(11조 3천억 원) 등 다른 질병의 사회적 비용에 비해 훨씬 더 높은 수치다.

이 같은 4대 중독자의 급증이 개인의 건강문제를 넘어, 사회와 국가 전체의 안정성과 경쟁력을 저하시키고, 청소년의 사회적 일탈 등을 유발해 미래 국가 경쟁력 기반까지 무너뜨리고 있다.

2 조선일보(2012. 12. 12).

2) 5백만 명의 빈곤층과 자살 및 이혼의 급증

빈곤층은 3가지 계층, 즉 ①월 소득이 최저생계비(4인 가족 기준 113만 6천원) 이하인 '기초생활수급자', ②최저생계비의 120% 이하인 '차상위계층'(잠재빈곤층), ③소득은 없지만 재산이나 부양가족이 있어 기초생활보호대상에서 제외된 '비(非) 수급 빈곤층'을 합쳐서 계산된다.

한국 사회에서는 빈곤층이 날로 늘어나고 있다. 보건사회연구원은 차상위계층 실태조사(2005)에서 한국의 빈곤층이 5백만 명(정부의 잠정 추계에 의하면 460만 명)을 돌파한 것으로 잠정 추계했다. 국내 전체인구 4,905만 명을 기준(2005)으로 10명중 1명이 빈곤에 허덕이는 셈이다. 특히 한국의 노년층 빈곤층(2010년 기준 45.1%)은 OECD 국가(네덜란드 1.7%, 프랑스 5.3%, 스웨덴 9.9%) 중에서 가장 높으며 노인가구의 45.1%가 중간소득의 절반도 못되는 돈으로 겨우 연명하고 있다.

가난은 단순히 경제적 부족만으로 끝나지 않는다. 빈곤은 단란했던 가정을 파괴한다. 이 결과 이혼과 자살이 증가하고 있다.[3] 인구 10만 명당 자살한 사람의 숫자가 2008년의 경우, 21.5명, 2010년의 경우 31.2명을 각각 기록하고 OECD 국가들의 평균(11.2명)의 두 배에 이른다.

회고해 보면, 1997년 외환위기 직후인 1998년 자살자 수가 897명이었다. 사실, 단 1명이라도 사람을 죽인 자는 살인자이듯이 1997년 외환위기 직후인 1998년 1,492명의 자살을 유발시킨 당시의 정책 당국자들은 비록 '간접적 대량자살 방조범'들이라고 칭할 수는 없더라도, 한국의 인구 감소추세에 크게 기여한 분들이다. 그들이 아직도 부끄러움과 죄의식을 못 느끼고 백주에 활보하고 있으니 한국 사회의 도덕과 사회정의는 이미 죽은 것 같다.

2003년의 경우 가난을 비관한 자살이 731명, 사업실패를 비관한 자살이 426명(1998년 595명)이었다. 2006년에도 하루 35.5명이 자살하였다.[4] 2006년 자

---

3 경제적인 사유로 인한 이혼이 전체 이혼 사유 중에서 차지하는 비중은 2000년의 10.7%에서 2003년에는 16.4%로 높아졌다.

4 중앙일보(2007. 9. 10).

살 사망자 수가 12,968명에 이르렀는데, 이는 같은 해 교통사고 사망자 수(6,327명)보다 두 배나 많다.

2008년 하반기 글로벌 경제위기 이후, 한국의 자살자 수가 2009년에는 무려 약 15,413명으로 전년 대비 19.9% 증가했다. 1997년 외환위기 직후인 1998년 자살자 897명에 비하여 2008년 하반기 '글로벌 금융위기' 직후인 2009년 자살자 수가 그보다 17배인 15,413명이라는 것은 최근의 경제위기가 얼마나 혹독한가를 말해준다. 실로, 한국은 하루 평균 약 40명이 자살로 삶을 마감하는 '자살공화국'인 셈이다.[5]

여기서 유의할 것은 2006년 자살 사망자 중 61세 이상의 '황혼 자살' 비율이 33%이며, 여성의 자살 비율이 31.9%로 매우 높고 또한 해마다 증가하고 있다는 점이다. 이것은 빈곤과 외로움, 질병에 시달리는 노인과 소외감을 느끼는 여성이 급증하고 있다는 것을 의미한다.

2009년 자살자, 약 15,413명의 연령 분포를 1990년의 자살자 수와 비교하면, 65세 이상 남자 노인의 자살이 5.4배로, 25~44세 연령대가 1.6배로, 45~64세 연령대가 3.4배로 각각 증가하였다. 따라서 65세 이상 노인 자살이 급속히 증가하고 젊은 층의 자살보다 약 3배가 됨을 알 수 있다. 여성 노인도 같은 양상을 보이고 있다. 그 결과, 1990년대까지 연령별로 자살률이 큰 차이를 보이지 않았는데, 최근 노인 자살률이 젊은 층의 그것보다 3배 가까이 높다.

소득 없이 병들고 소외된 노인들이 자식에게 부담이 되기 싫다는 눈물겨운 마음으로 자살을 선택한 것이다. 경제적 빈곤 때문에 65세 이상 노인 자살률이 10만 명당 82명이다. 이 비율은 다른 나라 평균보다 2.4배에 이르고 미국과 일본의 노인 자살률보다 4~5배가 더 높다. 실로 부끄러운 동방예의지국(東方禮儀之國)의 현실이다. 사실, 소리 없이 늘어나는 노인 자살은 '현대판 고려장'이다. 대한민국의 오늘을 일궈낸 어르신들이 자신의 삶을 비극적으로 마무리하게 방치하는 것은 대한민국의 수치다.[6]

5 중앙일보(2011. 2. 1).

6 중앙일보(2011. 2. 1).

핵가족화 추세는 노인층의 소외를 가속화시키고 있다. 결국, 노인층은 한국 사회에서 가장 취약한 집단으로 전락하고 있다. 고령화 사회로 노인이 늘어나는 것은 불가피한 현상이다. 이러한 사회적 변화에 대한 사회적 대응이 없는 경우 노인 자살은 계속 늘어날 수밖에 없다. 만약 노인자살을 그대로 방치하면, 사회공동체는 해체될 위기 국면으로 진입할 것이다.

또한, 한국의 청·장년층의 '고독사'(孤獨死) 가능성이 높아지고 있다.[7] 통계청이 발표(2011. 12. 28)한 '2010 인구주택총조사' 잠정 집계 결과에 의하면, 전체 가구 중에서 1인 가구가 차지하는 비율은 23.7%이다.[8] 4가구 중에서 1가구가 홀로 사는 셈이다. 이것은 2009년 말 통계청의 예측(2030년이 되면 1인 가구의 비율이 23.7%까지 증가)보다 20년이나 빨리 1인 가구가 늘어난 것을 의미한다.[9]

다른 한편으로, 우울증 환자와 자살(하루 평균 34명)이 급증하고 있다. 한국의 우울·조울증 환자가 지난 5년간 265만 명으로서 이들 환자들을 위한 진료비가 무려 1조 원을 넘었다.[10] 여기서 말하는 '우울증'은 삶에 대한 흥미와 관심의 상실과 의욕 저하를 야기하는 정신적 질환이며 '조울증'은 충동적이고 과격한 행동을 보이는 조증과 우울증이 번갈아 나타나는 질환이다. 한국의 경우, 우울증으로 치료받은 사람의 숫자가 2000년 475명에서 2010년 1,071명으로 10년 사이에 두 배 이상 증가했다.

---

7 일본에선 한 해 3만 2천 명이 아무도 모르게 죽음을 맞이하고 있다.

8 2000년 조사에선 222만 4천 가구였던 1인 가구가 2005년엔 317만 1천 가구로, 2010년엔 403만 9천 가구로 각각 증가했다.

9 미국과 유럽에서도 1990년대에 이미 1인 가구 비율이 전체 가구의 20%를 넘어섰다.

10 조선일보(2011. 6. 1).

3) 사이코패시적 살인

최근 한국 사회에 사이코패시(*psychopathy*)적 살인이 증가하고 있다. 대검찰청 범죄 분석에 의하면 우발적 살인을 저지른 피의자는 2000년 305명, 2005년 319명, 2010년에는 465명으로 계속 증가하고 있다.

'돈이 모든 것이다'라는 사회풍토에서 인간의 생명을 하찮게 생각하는(人命輕視) 희대의 살인마(강호순)가 자신의 '살인 스토리'를 책으로 엮어 자기 아들이 인세를 받을 수 있도록 해주고 싶다고 하니, 이 사회는 확실히 황금만능주의의 중병을 앓고 있음을 알 수 있다.

4) 세계 최하위의 사회안전망과 사회적 무관심

전술한 바와 같이 한국 사회가 피폐되어 가는 데도 불구하고, 한국의 사회안전망이 세계적으로 최하위 수준이다. 가정 혹은 개인이 나락으로 떨어질 때, 사회전체가 지지해 줄 수 있는 '사회안전망', 즉 공공복지지출 수준은 OECD 30개국(상대 비교할 수 있는 통계가 있는) 중에서 한국이 멕시코(30위)보다 한 단계 위인 29위이다. 한국의 GDP 대비 공공복지 지출은 9.4%(2009)로서 상위권 유럽 국가들(20%대)에 비하여 크게 낮으며, 최하위(30위)인 멕시코 다음으로 낮다.

한국인 모두는 내일의 희망을 잃어버리고 배고프고 헐벗은 사람들을 1997년 외환위기, 2003년의 경기불황과 '카드대란', 2008년 하반기 이후 '글로벌 금융위기' 및 2011년 8월 이후 '글로벌 경제위기'의 파고(波高)에 아무런 방비 없이 휩쓸려버리게 한 사회적 무관심을 뼈저리게 반성해야 한다. 한국인들은 경제위기의 발생을 방지하지 못한 죄악 못지않게, 경제위기의 발생이 사회적 위기로 직결되는 것을 차단 및 예방하는 사회시스템과 '나눔의 문화'가 부재했다는 점에서 더 큰 반성을 해야 한다.

한국의 경우와는 극히 대조적으로, 미국 사회의 소득격차는 세계에서 가장 심각한 수준임에도 불구하고, 미국의 경제 및 사회의 건강성과 역동성은 선진국 중 최고 수준이다. 그 해답은 부(富)의 세습을 차단하는 가혹할 정도의 상속세 및 증여세 부과와 미국 중·상위층이 종교적 신념처럼 떠받드는 '나눔의 문화'가 한국 사회에서도 정착시키는 것이다.

세계 최대의 갑부인 마이크로소프트의 빌 게이츠 회장은 현재까지 4조 원 이상을 전 세계에 기부했다. 뉴욕 주(州)의 렌설리어(Rensselaer) 공대는, 수년 전 한 독지가로부터 무려 4,680억 원의 기부금을 받았지만 익명을 철저히 당부한 그의 뜻을 기려 아직도 입을 다물고 있다. 〈뉴욕타임스〉는 수년 전부터 복지기관에 매년 수억 원을 기부한 익명의 독지가를 추적한 결과, 뉴욕 J. F. 케네디 공항에서 조그마한 가판대를 경영하는 주인이라는 것을 밝히기도 했다.

여기서 유의할 것은 대(代)를 이은 부(富)의 세습은 사회의 뿌리를 갉아먹는다는 공감대가 형성되어 있다는 점이다. 예를 들어, 조지 부시 행정부는 제1기 정부 출범 직후 상속세 폐지를 추진했다가 여론의 거센 역풍을 받았다. 당시, 상속세 폐지 방침에 공개적으로 반대를 천명했던 인사들은 워렌 버핏, 조지 소로스, 윌리엄 게이츠 시니어(빌 게이츠 회장의 아버지) 등 억만장자들이었다.

2. 인구구조의 변동과 노후 생계유지

1) 저출산 및 고령화

한국은 OECD 국가들 중에서 가장 심각한 수준의 저출산 및 초고령화 추세를 보이고 있다. 한국의 출산율은 1960년 6.0명에서 2006년 1.12명, 2007년 1.25명, 2008년 1.19명, 2011년 1.24명으로 OECD 회원국 중에서 최저이다. 또한, 고령화 추세는 최고 속도이며 기대수명은 점차 늘어나고 있다. 고령인구 비율이 7%(2000)에서 20%(2026)로 증가하는 데 소요되는 시간이 26년으로 세계에서 가장 빠를 것으로 예상된다.

통계청의 2012년 고령자 통계에 따르면 한국의 65세 이상 인구가 전체의 11.8%를 차지하고 있으며 1970년에는 불과 3.1%였으나 매년 증가해 2030년 24%, 2050년에는 37%에 이를 것이라고 전망된다. 이렇게 노인 비중이 증가하면 15~64세의 생산가능인구가 노인을 부양해야 하는 경제적 부담이 가중된다. 현재는 생산가능인구 6.2명이 노인 1명을 부양하지만, 2017년에는 5명이 1명을, 2050년에는 1.4명이 1명을 각각 떠맡아야 한다.

베이비붐 세대(*baby boomer*: 1955~1964년 사이에 출생한 사람들)가 점차 나이 들어감에 따라 노인인구의 고용과 노후 생계유지의 문제가 국가적 이슈로 등장하고 있다. 고령화된 베이비붐 세대의 생계와 의료 및 기타 복지서비스를 국민연금이나 국민기초생활보장제도와 같은 사회안전망만으로 지탱하는 방안은 그에 따른 엄청난 재정적 부담을 감안할 때 현실적으로 무리가 있다.

최근 기획재정부는 노인 기준을 현재의 65세에서 70세 이상으로 조정하고 고령인구를 생산가능인구에 포함시키도록 기준을 늘리는 방안을 제안했다. 이렇게 되면, 2011년 말 기준으로 29.5%에 그친 65세 이상 고령자의 경제활동 참가율을 높일 수 있을 것이다. 그러나 상기의 조치만으로는 노후 상계대책이 부족하므로 복지재원을 노인층에 대폭 할애하는 방안을 강구해야 한다.

스웨덴에서는 사회보험 예산을 한 해 GDP의 15%가량을 배정하는데, 이 예산의 절반이 노령연금에 투입된다. 스페인의 노령연금은 2중 구조, 즉 ① 전(全) 국민에게 동등하게 지급되는 기초노령연금과 ② 고용기간 및 소득에 비례해 차등하는 부가연금으로 구성되어 있다.[11]

'기초노령연금'이란 일정 소득 이하의 65세 이상 고령자에게 월 최대 96,800원(부부는 월 최대 154,900원)을 지급하는 제도로서 2008년부터 시작됐다. KDI의 〈기초노령연금의 대상 효율성 분석과 선정 기준 개선 방안〉이란 보고서는 고령자가 있는 가구 중에서 가구소득이 최상위 10분위(소득 상위 10%)인 가구의 54.2%가 기초노령연금을 받는 반면에 저소득층인 2·3·4분위(소득 하위 10~40%)의 수급률은 78.2%, 68.1%, 58.6%로 크게 차이가 없었다고

11 매일경제(2012. 9. 28).

밝혔다.

기초노령연금의 수혜 여부는 고령자 본인의 경제력을 기준으로 결정된다. 해당 고령자가 부유한 자녀와 살아도 기초노령연금의 수령이 가능하다. 이 결과, "타워팰리스 주민 30여 명도 기초노령연금을 받는데 식당 일을 하면서 월 130만 원을 버는 65세 이상은 받을 수 없다"는 모순이 발생한다. 이러한 모순을 방치한 채, 보건복지부는 기초노령연금의 예산은 2012년 4조 원이었으며, 2015년 5조 1천억 원, 2028년 26조 6천억 원으로 전망했다.

한편, 기초노령연금제도가 2012년 12월 대선을 앞두고 정치권의 포퓰리즘 공약('퍼주기 공약') 경쟁의 대상이 되었다. 민주당은 2012년 4·11 총선 공약으로 기초노령연금액을 2017년까지 두 배로 올리고 그 지원대상도 소득 하위 90%까지 넓히는 내용의 공약을 당론으로 확정한 기초노령연금법 개정안을 발의했다. 통합진보당도 비슷한 내용의 개정안을 발의했다. 설상가상으로, 여야의 대통령 후보들까지 가세해 경쟁적으로 기초노령연금액 인상 주장을 쏟아냈다.

그러나 재원조달 방안도 없이 기초노령연금이 이처럼 확대될 경우 복지재정 부담이 급증할 수밖에 없다. 민주당 개정안의 경우, 2017년에는 지금보다 10~11조 8천억 원이 더 소요될 것이라고 한다.[12] 더구나 기초노령연금도 최근 문제가 된 영·유아 보육비처럼 지방정부가 기초노령연금지급액의 34%를 부담토록 돼 있기 때문에 정치권의 요구가 관철되면 지방재정이 파탄날 것은 명약관화하다.

2) 국민기초생활보장제도

공공부조제도(*public assistance*)란 개별가구의 소득이 국가가 정한 일정 기준선에 미달하는 빈곤층을 대상으로 생계, 의료, 주거, 교육 등 기초적인 생활을 영위할 수 있도록 현금 또는 현물을 지원하는 복지제도이다.

국민기초생활보장제도는 1997년 말 외환위기로 인해 실업과 빈곤문제가 심

12 중앙일보(2012. 7. 30).

각했던 상황에서, 빈곤층의 인간다운 삶을 보장하기 위해 시민단체들의 청원과 여야 국회의원들의 공동발의(한나라당 김홍신 의원 외 131인)로 1999년 9월 7일 제정되었다. 국민기초생활보장제도는 빈곤층에 대한 소득보장을 '사회권'의 하나로 규정하였으며, 근로능력 유무와 무관하게 모든 빈곤층에게 소득보장을 하도록 규정하였으며, 자활사업을 통해 근로연계복지(*workfare*)를 실시하고 있다는 점에서 한국 사회보장제도에서 매우 상징적인 의미를 가진다.

국민기초생활보장제도의 의의는 1961년 제정되어 장기간 시행되어 왔던 "생활보호법"의 문제점을 해결하고, 공공부조제도를 진일보한 형태로 재구성하였다는 점이다. 특히 최저생계비의 계측과 적용 등 기술적인 면에서 기존 제도보다 정교한 형태를 취하고 있다. 그러나 그 이상으로 중요한 의의는 이 제도가 기초생활보장을 모든 국민의 사회권으로 규정하였다는 점이다. 이는 일종의 국민복지의 최저선을 설정하였고, 이를 각종 정책에 확산시키는 성과를 거두었음을 의미한다.

국민기초생활보장제도는 시행 이후 근로빈곤층의 자립지원을 저해한다는 비판에 직면하기도 하였다. 이 비판의 요지는 국민기초생활보장제도가 최저생계비의 적용과 급여체계의 구성과정에서 수급자로의 자원집중을 야기하고, 기타 복지제도의 저발전과 맞물려 탈(脫)수급을 저해하고 있다는 것이다. 그리고 이러한 문제는 수급자에 대한 소득파악 및 취업상태 파악이라는 기본적인 행정기능의 취약성에 기인하는 것으로 나타난다.

국민기초생활보장제도는 공공부조제도로서 다음의 3가지 특징을 가진다. 첫째, 보험료 납부 등의 기여(*contribution*)를 전제하지 않고, 정부가 일반조세를 통해 그 비용을 부담하는 복지제도이다. 둘째, 자산조사(*means-test*)를 통해 지원대상을 엄격하게 선정하는 잔여적 복지제도이다. 셋째, 빈곤층의 모든 자구적 노력을 전제로 최종적으로 도움을 호소할 수 있는 복지제도이다. 이 점에서 국민기초생활보장제도는 빈곤층이 호소할 수 있는 최후의 사회안전망이라 말할 수 있다.

현재 국민기초생활보장제도의 지원을 받기 위해서는 수급신청 가구에게 적용되는 소득기준과 부양의무자 가구에게 적용되는 소득기준을 모두 충족시켜야 한다. 먼저 수급신청 가구는 월 가구소득이 보건복지부 장관이 매년 발표하는 '최저생계비'를 초과해서는 안 된다. 또한 신청자의 부양의무자 또한 월 가구소득이 정부가 정한 기준을 초과해서는 안 된다. 이 제도에서 말하는 소득은 소득인정액을 말하며, 그것은 가구소득에 재산의 소득환산액을 더하고, 그것에서 각종 공제액을 제외한 소득을 지칭한다. 이를 공식으로 나타내면, "소득인정액 = 가구소득 + 재산의 소득환산액 - 각종 공제액"과 같다.

국민기초생활보장제도의 수급자로 선정되면, 법률이 정한 바에 따라 모두 7가지의 급여가 제공된다. ① 생계급여, ② 주거급여, ③ 의료급여, ④ 교육급여, ⑤ 해산급여, ⑥ 장제급여, ⑦ 자활급여가 그것이다. 급여의 지급방식에 따라 구분하면, 각종 급여는 현금급여와 현물급여로 구분할 수 있다.

현행 제도에서는 생계급여와 주거급여가 주로 현금으로 수급가구에게 직접 지급되며, 나머지 급여들은 현물급여의 형태로 급여 및 서비스 공급자에게 비용을 지급하고 있다. 그리고 현금급여는 이론적으로 최저생계비에서 해당 가구의 소득인정액을 제하고 남은 금액만큼을 보장하는 보충급여 방식을 취하고 있다. 보충급여방식은 수급가구의 소득이 증가하면 그만큼 현금급여가 감소하는 방식을 의미한다.

국민기초생활보장제도는 수급자들의 경제활동 참여를 촉진하기 위해 근로소득공제제도와 자활사업을 운영하는 규정 또한 포함하고 있다. 근로소득공제제도는 근로소득이 증가하는 만큼 현금급여가 감소하여 근로의지가 감퇴되지 않도록, 증가한 근로소득의 일부를 소득산정에서 제외하는 제도를 지칭한다. 그러나 이러한 근로유인제도는 2011년 현재까지도 수급자 전체를 대상으로 적용되지 않고 있다.

이와 반면에 국민기초생활보장제도는 각종 급여지원을 조건부로 취업을 강제하는 '조건부 수급규정'을 적용하고 있다. 이는 근로능력이 있는 실직수급자의 경우, 자활사업 등 경제활동참여를 조건으로 각종 급여를 지원받게 한 규정을 의미한다. 참고로 자활사업은 제도시행 이후 수급자의 자립을 촉진하기 위해 취업 및 창업서비스를 제공한다.

국민기초생활보장제도는 빈곤층에 대한 소득보장 및 자립지원제도로서 시행 이후 기초적인 사회안전망의 역할을 수행하여 왔다. 그러나 이 제도는 시행 이후 지속적으로 법률개정 및 지침개정을 해야 했다. 그것은 이미 법률이 정한 바에 따라 제도를 정상화하고, 사각지대를 해소하기 위해 선정기준을 완화하는 데 초점을 두고 있었다. 주된 변화는 제도시행 직후 별도로 적용되었던 소득기준과 재산기준을 통합하여 단일한 소득인정액 기준을 적용하였고 초기 엄격했던 부양의무자 기준을 점진적으로 완화하였다는 점이다.

국민기초생활보장제도를 수급자 규모의 변화 측면에서 보면, 2001~2010년 10년간 수급가구 및 수급자는 각각 70만 가구(142만 명)에서 88만 가구(155만 명)로 약 18만 가구(13만 명)가 증가했다. 이는 절대규모로는 적지 않은 규모이다. 하지만 지난 10년간 빈곤율의 지속적 증가추세를 감안하면, 국민기초생활보장제도는 여전히 큰 사각지대를 남겨둔 것으로 간주할 수 있다.

국민기초생활보장제도는 제정 이후 소득파악과 자립지원이라는 두 가지 난제를 안고 있었다. 이는 일반조세를 재원으로 하는 복지제도를 누수 없이 효율적으로 관리해야 하며, 근로능력이 있는 빈곤층의 경우 취업을 통해 자립하도록 지원하는 데 정책목표를 두어야 한다는 요구가 있었음을 의미한다. 이는 정부로 하여금 2010년 '사회복지통합관리망'을 통해 수급가구에 대한 소득파악 및 관리를 강화하고, 자활사업에 대한 지속적인 개편을 통해 미취업 수급자의 취업을 촉진하는 각종 조치를 취하게 하였다. 따라서 국민기초생활보장제도는 다음과 같은 3가지의 문제를 해결해야 한다.[13]

첫째 국민기초생활보장제도는 이미 빈곤에 빠진 빈곤층에게 생계급여를 지급하는 제도이다. 그러나 향후 빈곤에 빠질 가능성이 큰 국민을 보호하는 기능〔긴급지원이나 차상위지원 등〕은 미약할 수밖에 없다. 따라서 국민기초생활보장제도의 정책적 관심의 대상이 돼야 할 잠재적 표적집단의 범위를 넓혀야 하며, 이를 위해서는 차상위계층의 범위를 확대해야 한다.

13 중앙일보(2013. 5. 17).

둘째 국민기초생활보장제도는 자격을 충족하는 빈곤층에게 급여를 한 덩어리로 제공하는 반면에 수급자의 지위를 벗어나면 아무런 급여를 받을 수 없도록 설계돼 있다. 이 결과, 한 덩어리 급여의 경직성은 빈곤층으로 하여금 수급자의 지위에서 벗어나고자 하는 의욕을 약화시킬 수 있다. 따라서 정부가 국민기초생활보장제도의 한 덩어리 급여체계를 개별급여체계로 전환함으로써 빈곤층의 실제 욕구에 따라 적절한 급여가 맞춤형으로 제공될 수 있는 계기가 마련됐다. 또한 근로능력자의 경우에는 수급자의 지위를 스스로 벗어날 수 있게 일할수록 유리한 급여와 유인 체계를 마련해야 한다.

셋째 상당수의 빈곤층은 국민기초생활보장제도의 급여를 받지 못하는 사각지대에 남아 있다. 이를 해결하려면 부양의무자 기준을 좀더 완화함과 동시에 개별화된 급여 각각의 성격을 고려하여 합리적인 부양의무자 기준을 마련해야 할 것이다.

3. 한국 사회보장의 현황 및 문제점

한국 정부는 2013년 복지예산이 97조 원이라고 발표했다. 이 중에서 공적연금에 들어갈 돈은 33조 1,382억 원에 달했다. 연금 수혜자가 348만 명에 이르는 국민연금에는 12조 8천억 원이 투입되는 반면에 50만 명이 받는 특수직역 연금인 공무원연금 · 사학연금 · 군인연금에는 20조 원이 배정됐다.

3개 특수직역 연금 예산액 20조 원은 빈곤개선 효과가 있는 국민기초생활보장과 취약계층지원 예산(10조 3천억 원)의 두 배에 달하는 금액이다. 3개 특수직역 연금 예산 증가액만 8,820억 원이었다. 전체 복지예산 증가분(4조 5천억 원)의 20%가량이 공무원 · 교사 · 군인들에게 할애된 셈이다.

한국 정부는 2009년 공무원연금제도를 손질했다. 지급률을 낮추고, 연금 지급개시 연령도 기존 60세에서 새로 가입하는 사람부터 65세로 늦췄다. 보험료도 6%에서 7%로 올리기로 했다. 그러나 이 방안은 당시 많은 비판을 받았다. 왜냐하면 재직기간 10년이 넘는 공무원은 연금이 줄어들지 않도록 철저히 기득권을 보호해줬기 때문이다. 또한 신규 공무원연금 가입자의 소득대체율(퇴직 전 받은 평균 임금 대비 연금의 비율)도 유족연금만 70%에서 60%로 낮추는 데 그쳤다.

1) 국민연금

고령화 추세로 인하여, 연금보험료를 납부할 생산가능인구(15~59세 인구)의 증가율이 2020년 이후 -1.4~-1.9%로 하락할 것으로 전망된다. 반면에 기대수명은 점차 늘어나면서 연금 수급자들이 증가하는 추세다.

향후 20~30년간은 수입이 지출보다 많지만, 2044년에는 국민연금 재정수지가 적자로 돌아설 것이고, 2050년에는 98조 8,910억 원의 적자가 발생하고, 2060년에는 국민연금 기금의 적립금이 고갈될 것이며, 2070년에는 무려 534조 4,160억 원의 적자가 발생할 것으로 전망된다.[14] 게다가 '기대수명 100세의 시대'가 진행되면, 국민연금 기금의 적립금 고갈이 정부 예측 시점(2060)보다 10~20년 정도 앞당겨져 이르면 2040년이 될 수도 있다.[15]

2012년 9월 보건복지부가 발표한 국민연금 실태조사에 따르면 2011년 기준 국민연금 가입자의 월평균 예상 연금액은 616,000원이다. 이와 반면에 가구주가 생각하는 월평균 적정 노후생활비는 1,796,000원(1인 기준), 최소 생활비는 1,166,000원(1인 기준)으로 나타났다. 국민연금만 받아서는 노후에 적당히 잘살기 위해선 매달 118만 원이 부족하고, 최소한 아끼면서 살자 해도 55만 원이 부족하다. 그러나 이들 연금 가입자 가운데 10명 중 3명(31.8%)이 개인연금에 가입했으며 퇴직연금에는 단지 1명(9%)이 가입하고 있다.

---

14 조선일보(2011. 6. 17).

15 박유성 교수의 신(新) 기대수명 분석에 따르면, 2030년 65세 이상의 노인인구는 1,332만 명이다. 이것은 통계청의 예측치(1,181만 명)보다 151만 명이 더 많다. 그만큼 국민연금 지급 부담이 늘어나는 것이다. 현재 국민연금 수급자의 1인당 평균 월 급여액이 80만 원인 것으로 계산하면, 2030년 한 해에만 14조 5천억 원의 국민연금을 더 지급해야 한다.

'멜버른-머서 글로벌 연금 인덱스'(MMGPI)의 발표에 따르면 한국의 연금시스템은 총점 44.7점으로 18개국 중에서 16위, D등급 판정을 받았다. 덴마크는 적립률이 높아 연금시스템을 오랫동안 유지할 수 있고 사적연금 시장이 발달했다는 점 등에서 높은 점수(총점 82.9점, 18개 조사 국가 중에서 1위, A등급)을 받았다. 반면에 아시아 조사 대상국 중 오스트레일리아와 싱가포르를 제외한 중국·일본·인도 등은 모두 D등급을 받았다. 한국은 평균(61점)보다 16.3점 낮은 점수(44.7점)를 받았는데, 특히 완전성 지수는 47.5로 18개 조사 국가 중 최하위였다.[16] 그만큼, 한국의 사적연금 시장이 발달하지 않았음을 의미한다.

상기한 MMGPI가 지적한 구조적 문제점(한국의 사적연금시장의 미발달) 외에도, 한국의 국민연금제도의 구조적 문제점을 살펴보면 다음과 같이 두 가지를 지적할 수 있다.

첫째 현재의 연금보험료율과 연금 지급구조를 바꾸지 않는다면 국민연금제도를 더 유지할 수 없다는 것이다. 국민연금재정추계위원회는 제3차 국민연금 장기 재정추계를 발표했는데, 그 골자는 현행 제도를 유지하면 적립금이 2044년부터 줄어들기 시작해 2060년이면 완전 고갈될 것이라고 한다.[17] 2043년 국민연금 적립금은 GDP의 44.2%인 2,561조 원으로 정점에 이른다. 그러나 2044년부터 국민연금 지급액이 보험료 수입보다 많아지면서 적립금이 2044년부터 급격히 줄어든다. 65세 이상 노인의 78.6%가 연금을 받는 2060년에는 완전히 고갈된다. 2060년 이후에는 한 해에 걷은 보험료를 연금으로 바로 지출하는 방

---

16 MMGPI는 머서(Mercer)와 호주금융연구센터가 오스트레일리아 빅토리아 주정부의 지원을 받아 매년 발표하는 지수로 2009년 11개국으로 시작해 현재 18개국으로 늘렸다. 한국은 2012년 처음 조사 대상국에 포함됐다. MMGPI는 연금시스템의 적정성·지속가능성·완전성 등을 종합평가해 산출한다.

17 이와 대조적으로 국회예산정책처는 연금재정의 고갈시점을 2053년으로 추정한 반면, 박유성 교수는 2049년이면 연금재원이 바닥날 것으로 예상했다.

식으로 운용될 가능성이 높다.

둘째 그나마 받을 수 있는 국민연금이 노후생활을 보장하기엔 턱없이 부족하다. 은퇴 전에 벌었던 소득(평생소득)에 비해 연금으로 받는 돈의 비율(소득대체율)이 40%에 불과하며, 그나마 국민연금 가입기간을 충분히 채우지 못하면 연금수령액수는 더 줄어든다. 현재 국민연금을 받는 285만 명의 평균 연금수령액은 47만 원에 불과하며, 20년 이상 보험료를 낸 사람도 82만 원밖에 못 받는다. 이것은 보건사회연구원이 조사한 노후 최소생활비(185만 원)에 비하면 훨씬 미달되는 액수이다. 더욱이 18~59세 국민 가운데서 퇴직연금이나 개인연금에 들지 않고 오로지 국민연금에만 노후 생활비를 의존하는 사람이 25%에 이른다.

상기한 국민연금기금의 적자 문제를 해결하기 위해서는 현행 확정급여제(DBP: *Defined Benefit Plan*)인 국민연금제도(특히 연금급여의 소득대체율, 연금보험료율, 수익비, 즉 수급기간의 연금급여총액/가입기간의 연금보험료총액의 비율)를 개혁해야 한다.

그러나 현재의 국민연금 구조하에서 더 이상 국민연금 급여 수준을 낮출 수 없다. 왜냐하면 소득대체율(퇴직 전에 수령한 평균 임금 대비 연금의 비율)을 이미 40%로 낮춰놓았기 때문에 한계선에 이른 국민연금 급여 수준을 더 떨어뜨리기가 어렵기 때문이다.[18]

따라서 현행 국민연금제도의 개혁방향을 국민연금기금의 재원 고갈을 막고, 노후생활 보장성을 높일 수 있는 방안을 마련하기 위해서는 우선 연금보험료

18 2007년도 국민연금법 개정안은 현행 연금보험료율 9%를 유지하되 연금급여율을 임금수준의 60%에서 점차적으로 인하하여 2028년에는 40%로 낮춘다는 것이었다. 이와 같이, 국민연금의 소득대체율을 60%에서 40%로 끌어내려 고갈시기를 2060년으로 지연시켰는데, 이것은 공무원 연금 가입자의 소득대체율(60%)과의 형평성 문제가 제기됐다. 왜냐하면 국민연금의 소득대체율은 40%이지만 특수직역 연금의 그것은 70%대에 이르기 때문이다. 국민연금은 소득이 적은 사람일수록 더 많은 혜택을 보는 구조지만, 공무원연금 등은 연금액이 소득에 비례한다.

율의 인상과 기금운용 수익률을 높이는 길 이외는 없다.

연금보험료율이 월 소득의 9%로 OECD 국가의 절반밖에 되지 않기 때문에 현행 연금보험료율 9%를 적정수준으로 올려야 한다. 그러나 국민연금기금의 보험료율을 높이는 것은 국민의 저항을 불러일으킬 것이다.

또한 국민연금의 평균 기금운용 수익률(2010년 말 기준으로 10.38%)을 더 높이는 것이 결코 쉬운 일은 아니다. 물론, 국민연금기금운용 수익률을 1% 올릴 수 있다면, 국민연금기금의 고갈 시기를 10년가량 늦출 수 있다. 현재, 국민연금 자산 380조 원의 85% 가량이 국내 주식이나 채권에 투자됨으로써 기업에 자금을 공급하고 있다.[19]

따라서 현행 기금운용 수익률을 더 높이기 위해서는 국내 주식투자 비중을 17%에서 30%대로 높여야 하는데, 이것은 그만큼 투자 리스크를 높이게 될 것이다. 그리고 2013년 현재 4백조 원에 달하는 국민연금 자산을 효율적으로 운용하기 위해서는 헤지펀드와 같은 다양한 상품에 투자할 수 있도록 투자제한이 철폐되어야 할 것이다.

2) 국민건강보험

전술한 국민연금 재정뿐만 아니라, 국민건강보험 재정 역시 위기 상황에 놓여 있다. 국민건강보험공단은 2010년 한 해에만 국민건강보험 재정이 1조 3천억 원의 적자가 발생했다고 발표했다. 그 요인은 수명 연장 및 고령화로 인하여 의료비는 늘어나는데, 국민들이 내는 건강보험료는 그만큼 증가하지 않았기 때문이다.

한국보건산업진흥원이 2010년 건보공단 진료비, 비급여 본인부담률 자료, 통계청의 생명표를 바탕으로 추산한 결과는 다음과 같다. 여성의 1인당 생애 의료비는 1억 1,430만 원, 남성은 9,589만 원으로 조사됐다. 연령별로는 의료비가 생후 1년부터 감소하다가 성인기에 이르면서 점차 증가하고 사망 직전

19 한국경제(2012. 12. 10).

에 급격히 증가했다. 특히 남성은 65세 이후에 생애 의료비의 47.2%(4,526만 원), 여성은 52.2%(5,853만 원)를 지출하는 것으로 나타났다. 한국보건사회연구원의 조사에 의하면 2010년 건강보험 지출액이 약 34조 8,990억 원이었으나 건강보험료율을 그대로 적용하더라도 2050년에는 보험지출액이 623조 4,180억 원으로 급증한다.

건강보험정책연구원의 〈국민의료비 중장기 전망〉 보고서는 "지금처럼 국민의료비가 증가할 경우, 2012년 국민의료비[20]는 101조 2천억 원으로 GDP 대비 7.7%에 이를 것"이라고 밝혔다. 이는 2012년 1인당 의료비가 2백만 원을 넘어서는 것을 의미한다.

건강보험정책연구원은 고령화 여파로 7년 후인 2019년 국민의료비는 2012년보다 두 배가 넘는 217조 5천억 원으로, 이어 6년 후인 2025년에는 2012년의 4배가 넘는 419조 2천억 원으로 불어날 것으로 전망했다. 그리고 GDP에서 국민의료비가 차지하는 비중은 2012년 7.7% 수준에서 2015년 8.8%로 증가해 OECD 평균 수준에 도달하고, 2018년은 GDP 대비 10.4%, 2025년에는 15.3%에 이를 것으로 각각 전망했다.

건강보험심사평가원과 국민건강보험공단이 출판한 《2011년 건강보험통계연보》에 따르면 2011년 건강보험 진료비(46조 2,379억 원) 중 33.3%(15조 3,893억 원)가 65세 이상 노인 진료비였다. 즉, 건강보험 혜택을 받는 사람 가운데 노인층(65세 이상 인구)의 비율은 2011년 처음 10%를 넘어섰는데, 이들 10% 노인층에 지출되는 진료비가 전체 건강보험 진료비의 3분의 1에 달한다는 것이다. 게다가 통계청 예측보다 빨리 100세 시대가 다가온다면 국민건강보험 재정의 파산 시점이 더 빨라질 것이라고 한다.

현재의 고령화 추세가 계속되면, 현재 월 3백만 원을 받는 샐러리맨은 건강보험료를 월 16만 원 정도를 내고 있지만 2020년엔 월 30만 원을 내야 할 만큼 건강보험료 부담이 급증할 것으로 전망된다.

---

20 국민의료비는 한 나라 국민이 한 해 동안 의료에 쓴 모든 비용을 말한다. 건강보험에서 지급하는 급여 항목, 개인이 지출하는 비급여 항목, 국가가 질병예방 등을 위해 쓰는 예산 등을 모두 포함하는 개념이다.

[그림 V-1] 한국 노인진료비 증가추세

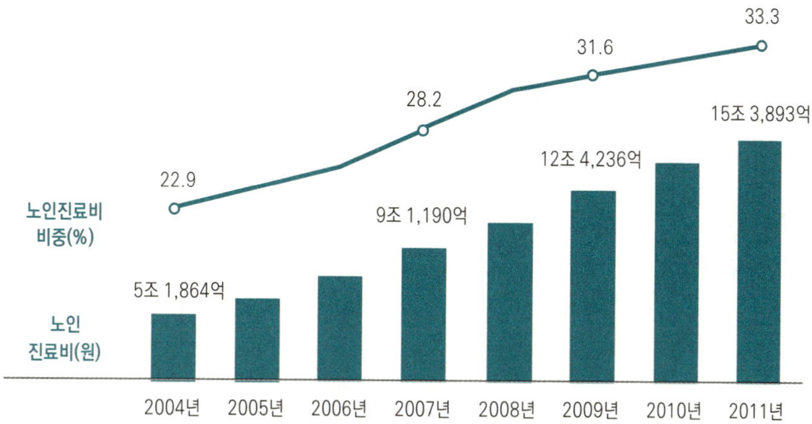

자료: 건강보험심사평가원 · 국민건강보험공단

물론, 국민건강보험 재정적자의 해소 방안으로서 건강보험료율의 인상, 환자의 의료비 부담의 제고, 진료비 심사의 강화, 국고 지원의 증대를 들 수 있다. 그러나 현재의 초(超)고령화 추세를 감안하면 상기한 대응방법에는 한계가 있다. 왜냐하면 현재 납부하는 건강보험료(실제 의료비의 60% 정도)가 높다는 불만이 많으며 인구 고령화는 하루아침에 극복되거나 해결될 사안이 아니기 때문이다.

김정식·성태훈·서승환(2010)의 분석에 의하면, 소득 대비 건강보험료 비율(5.3%)은 올리지 않은 채, 통계청 예측 수준으로 고령화가 진행되고, 선진국 수준으로 정부의 의료비 지원(공공보장률)이 이뤄진다고 가정할 경우, 국민건강보험 재정은 2030년에 66조 2천억 원의 천문학적 적자를 떠안게 될 것이라고 전망한다.

결국, 현재와 같은 의료비 지출 행태가 지속되는 한, 국민건강보험 재정은 통제 불가능한 정도로 악화될 것이다. 만약 국민건강보험 재정이 파탄하면 병·의원들은 보험 환자를 거부하거나 보험이 적용되지 않는 진료에 골몰할 수 있다. 또한, 새로운 항암제나 수술기법이 나와도 '비(非)의료급여'로 제한할 가능성이 크다. 따라서 의료서비스의 질은 악화될 것이다.

보건복지부가 2011년에 보험료율을 소득의 5.64%로 올렸음에도 국민건강보험 적자 규모는 5천억 원에 달했다. '보험료 부정 승차'가 많아지면 보험료 징수액 감소→재정 부담 증가→세율 인상→사회보험 가입 회피 등의 악순환에 빠질 수밖에 없다.

여기서 유의할 것은 국민건강보험 '부정승차'가 1천 3백만 직장 건강보험 가입자의 38%인 5백만 명 수준이라는 점이다. 한국개발연구원(KDI)의 〈건강보험이 경제의 비공식 부문에 미치는 영향〉 보고서에 따르면 회사에서 임금을 받지만 자영업자처럼 지역건강보험에 가입한 사람은 286만 명, 여기에 피부양자로 등록해 아예 건보료를 내지 않는 사람들까지 합치면 497만여 명에 이를 것으로 추산됐다.[21]

3) 고용보험

고용보험은 실직자에게 생계비로 실업급여를 지급해 구직활동을 하게 하고, 취업알선이나 직업훈련을 도와주는 사회보장제도이다. 고용보험은 30인 이상 사업체에서 1인 이상 업체 및 일용직으로 확대되면서 대상자가 시행 초기 420만 명에서 지금은 1천만 명이 넘었다.

경기침체가 지속되면서 구조조정으로 실직자가 급증해 고용보험에서 지급해야 할 돈도 그만큼 크게 늘었다. 더욱이 실직하면 빨리 새 일자리를 잡아야 하는데 재취업하기가 어려워 고용보험에 더 큰 부담이 되고 있다. 그러나 아직도 상당수의 비정규직 근로자와 일용직 근로자 등이 고용보험 혜택을 누리지 못하고 있다. 저소득 근로자들은 보험료 내기가 어려워 아예 보험 가입을 기피하고 있다.

통계청에 따르면 비정규직의 사회보험 가입률(2012. 8 기준)은 33~38%로 정규직(84~99%)의 절반에도 못 미쳤다. 따라서 한국 정부는 2011년 10월 최저임금 120%(월 124만 원) 이하인 5인 미만 사업장 근로자와 사용자에게 국

21 문화일보(2012. 12. 24).

민연금과 고용보험의 보험료 3분의 1을 지원하기로 했다. 건강검진비와 보육시설, 기숙사혜택 등에서 정규직과 비정규직 차별을 없애기 위한 가이드라인도 발표했다.

최근에 고용보험에서 적자가 급증하여 현행 체제로 계속 가면 3년 뒤에는 실업급여 적립금이 고갈될 것으로 전망된다. 2007년부터 2010년까지 4년간 누적 적자액이 무려 2조 9,275억 원에 달한다.[22] 이와 같이 고용보험의 재정이 악화된 이유는 다음과 같이 크게 두 가지를 들 수 있다.

첫째 보험료를 7년째 올리지 않은 채, 지출액만이 크게 늘었기 때문이다. 최근 3년간의 지출액은 평균 25.8% 늘어났으나 보험료 등의 수입액은 5.7% 증가에 그쳤다. 그 차액만큼 적자가 생길 수밖에 없는 구조인 것이다.[23]

둘째 육아휴직급여·산전휴가급여 등이 부쩍 늘어나면서 국고 부담비중이 58%에서 2009년에는 4%로 줄었기 때문이다.[24] 즉, 정부가 은근슬쩍 모든 책임을 고용보험에 떠넘긴 것이다. 지금처럼 육아휴직 급여를 계속 고용보험이 맡으면 앞으로 5년간 평균 3천 3백억 원씩 비용이 들게 돼 고용보험의 주름살은 더 깊어질 수밖에 없다.

따라서 고용보험이 국가의 중요한 사회안전망으로 자리 잡으려면 보험의 안정적 운영이 중요하다. 기업과 근로자들이 보험료를 부담으로만 간주해선 안 되고, 자신들이 낸 만큼 혜택을 받게 된다는 사실을 인식해야 한다.

---

22 조선일보(2010. 11. 8).

23 고용보험을 눈먼 돈으로 여기는 것도 문제다. 부정 수급자가 급증해 작년에만 잘못 나간 돈이 1백억 원에 이른다. 재취업한 후에도 여전히 실업급여를 수령하기도 하고, 기업주들은 직원들을 휴직이나 직업훈련 중인 것으로 꾸며 고용지원금을 챙기기도 한다.

24 산전·산후 휴가 급여와 육아휴직 급여는 여성 근로자의 실직을 막을 수 있는 좋은 제도이다. 또 산모의 건강보호·출산장려라는 정부의 저출산 대책에도 부합된다. 이 때문에 정부도 상기 정책을 추진하면서 애초 일정액을 국고로 지원하기로 했다.

4) 영·유아를 위한 보육·양육 지원

국회예산정책처의 〈출산·보육지원 재정추계 보고서〉(2012)에 의하면, 임신 준비 단계부터, 아이가 태어나 취학 연령이 되기까지 부모와 아동에게 직접 지원되는 아동복지 종류는 2012년 현재 19개이며,[25] 이러한 아동복지 지출액은 2012년의 경우 총 7조 7,055억 원이다.

2012년 아동복지비(총 7조 7,055억 원)를 세분화해 보면, 보육·교육료 지원액이 6조 4,456억 원으로 전체 지원액의 84%를 차지할 정도로 가장 많다. 그 다음의 순위로서, 출산할 때 국민건강보험공단에서 보험혜택을 주는 출산비용(4,568억 원), 집에서 아이를 키우는 부모에게 지급하는 양육수당(2,183억 원), 초음파 등 산전 진찰비(1,328억 원), 예방접종비(1,316억 원) 등이다.

0~5세 아동에게 2012년 동안 지원하는 아동복지비(출산·의료·보육·교육비 포함)의 1인당 연간 평균 278만 원인 것으로 조사됐다. 그러나 2013년에는 양육수당 등이 확대돼 1인당 평균 지원 액수가 350만 원으로 2012년보다 25.9%나 증가할 것으로 예상된다.

상기한 한국의 보육·교육료 지원 규모를 국제 비교해 보면, 2012년의 경우 GDP 대비 0.48%이지만 2013년에는 3~4세 완전 무상보육 등에 따라 OECD 평균인 0.6%를 넘어설 것으로 전망된다.

만약 보육·교육료에 정부가 지원하는 보육시설 교사 인건비 등을 포함하면 2012년 보육·교육료 지원규모는 이미 GDP의 0.6% 수준을 넘어섰다. 게다가 2013년에 양육수당 등이 확대되면 OECD 권고수준인 1%에 육박할 것으로 예상된다.

아동수당과 관련된 일본 정치권의 '복지 포퓰리즘'을 잠시 회고해 보고자 한다. 2009년 8월 일본 총선에서 일본 민주당은 과거 50여 년 동안 여당이었던 자민당으로부터 정권을 빼앗기 위해 '장밋빛 복지' 공약을 전면에 내걸었다.

---

25 19개 아동복지 가운데 산전 진찰·예방접종비 등 7개는 대상자 전원이 지원받고, 나머지는 소득에 따라 선별지원한다.

예를 들어, 중학생까지 모든 어린이에게 1인당 매월 2만 6천 엔의 수당 지급, 출산 격려금을 42만 엔에서 55만 엔으로 인상, 공립고등학교의 전면 무상화, 사립고교생에게 연간 12만 엔 지급, 저소득 가구 고교생에게 연간 24만 엔 지급, 월 7만 엔의 최저보장연금 신설, 유가(油価)에 대한 잠정세율 폐지, 연금 수급자의 세금 부담 경감, 구직자 생활비 지원, 최저임금 인상, 2012년부터 고속도료 통행료 전면 철폐 등이다.

[표 V-1] 아이가 태어나서 5세까지 지원되는 비용

	종류	지원대상과 금액
임신 전	• 체외수정 • 인공수정	• 전국 가구 평균소득 150% 이하/최대 180만 원 4회 지원
임신	• 산전검사 • 임신부 철분제 지원	• 모든 임부/산전검사 50만 원
출산	• 출산비용 • 산후조리비	• 출산비용: 건강보험 혜택 • 산후조리비: 전국 가구소득 50% 이하/12일간 최대 64만 원
신생아	• 선천성 대사 이상검사 • 신생아 청각검사 • 미숙아 의료비 지원	• 선천성 대사 이상검사: 모든 아동이 대상 • 청각검사: 최저생계비 200% 이하/1인당 27,000원 • 미숙아 의료비 지원: 전국 가구 평균소득 150% 이하/최대 1천만 원
0~5세	• 0~2세 보육료 • 3~4세 보육료 • 영유아 건강검진 • 영양플러스 • 3~4세 유치원교육료 • 5세 유치원교육료 • 양육수당	• 0~2세: 모든 아동/1인당 월 286,000~755,000원 • 3~4세: 소득 하위 70% 이하/월 17만 7,000~197,000원 • 양육수당: 최저생계비 120T 이하 가구/월 10~20만 원
0~12세	• 예방접종비	• 모든 아동/보건소 무료, 민간병원은 백신비용의 30% 지원
3~12개월	• 영유아 종일제 돌봄	• 영유아가구 소득 하위 50~70%/40~60만 원
3~12세	• 시간제 돌봄	• 전국 가구 평균소득 50% 이하/월 8~32만 원
1인당 평균 총액		• 2012년 278만 원 → 2013년 350만 원

자료: 조선일보(2012. 7. 20).

[표 V-2] 보육료 · 양육수당 지원 현황

	어린이집 보육료	가정 양육수당
0~2 세	(2011) 지원대상 소득 하위 70% (2012) 전 소득계층 → 예산: 3조 8,623억 원 0세: 394,000원, 1세: 347,000원, 2세: 286,000원	(2012) 소득 하위 15%(차상위) (2013) 소득 하위 70% → 예산: 8,610억 원 0세: 20만 원, 1세: 15만 원, 2세: 10만 원
3~4 세	(2012) 소득 하위 70% (2013) 전 소득계층 → 예산: 2조 5천억 원 3세: 197,000원, 4세: 177,000원	지원금 없음 ※ 새누리당 · 민주통합당 19대 총선에서 "3~5세도 양육수당 주겠다" 공약
5세	(2012) 전 소득계층 20만 원 → 예산: 1조 1,388억 원 (2013) 매년 금액 단계적으로 늘여 (2016) 전 소득계층 30만 원	

주: 한 달 지원금액 기준, 예산은 지방비 · 교육재정 교부금 포함.

일본 민주당은 당초 아동수당 지급을 공약으로 내걸면서 전액 국비로 충당하겠다고 약속했지만, 예산 부족 탓에 지방자치단체가 그 일부를 부담했다. 그러나 최근에 40여 개의 지방자치단체들은 일본 민주당 정권의 복지정책에 반기를 들고 지방자치단체가 아동수당의 일부 부담을 거부하기로 했다.

일본으로부터 배워야 할 것은 배우지 않고 배워서는 안 될 것은 열심히 배우고 실천하는 것이 한국의 여야 정치권이다. 즉, 이들은 2012년 4월 총선거에서 유권자의 환심을 사기 위한 '선심형 복지 패키지'를 쏟아냈었다. 이어서, 2012년 12월 대통령선거를 겨냥하여 천문학적 재정 규모의 복지공약을 제시하였다. 이러한 양상은 '일본의 역사적 비극'을 그대로 답습하는 것이다.

(1) 0~2세 영 · 유아를 위한 무상보육

여야는 2011년 12월 국회 예산안 심사 과정에서 2012년부터 시행 중인 0~2세 '무상보육' 대상을 소득 하위 70%에서 전(全) 소득계층으로 확대하면서 3,697억 원의 예산을 늘렸다.[26] 당시, 지방자치단체의 재정현황을 전혀 고려하지 않았다. 국회가 보육예산을 증액시킴에 따라 그만큼 지자체 부담이 늘어난 것이다. 지자체들은 최근 몇 년 사이에 정치권과 중앙정부가 복지를 확대하면서 자체 부담이 증가하자 자체 복지사업을 축소하는 등 비명을 질러왔다. 설상가상으로, 국회가 2011년 12월 0~2세 전면 '무상보육'을 전격적으로 합의하면서 견디기 힘든 상황에 처하게 된 것이다.

새누리당은 지방자치단체 보육 예산이 소진되기 시작한 것과 관련해 무상보육을 위한 추가 재정지출 중에서 지자체 부담분 6천 2백억 원(추정치)을 모두 예비비로 메우거나 자치단체가 지방채를 발행하면 이자를 지원하는 방안을 두고 고민하고 있다. 기획재정부도 모자라는 예산을 전부 예비비로 채우지 말고 중앙정부 몫만 지원하거나 지방채 이자를 지원하는 방안을 고려하고 있다. 만약 지방채 이자만 지원해주면, 상기의 부족분 전액을 지원하는 데 비해 재정부담이 20분의 1 정도로 줄어든다.

2012년부터 시행 중인 '0~2세 무상보육 정책'이 논란에 휩싸이고 있다. 지방자치단체의 예산 고갈로 전면 무상보육이 중단될 위기에 놓이자 정부가 고소득층 아이는 무상보육 대상에서 제외하겠다며 '차등 지원' 방침을 밝혔다. 여기서 보편적 복지 차원에서 기존의 '0~2세 무상보육 정책'을 고수해야 한다는 주장과, 그것은 인기영합주의 정책인 만큼 수정돼야 한다는 반론이 충돌하고 있다.[27]

김인경 KDI 연구위원은 영·유아 보육료를 소득계층에 따라 차등 지원해야 한다고 주장한다. 금번 보육정책 개편이 실패한 근본적인 원인은 두 가지다.

26 민주통합당은 2011년 초 '무상보육'을 당론으로 내건 데다 동년 12월 무상보육에 합의해놓고 이번에는 정부·여당 비판에 열을 올리고 있다. 이해찬 민주통합당 대표는 라디오에 출연(2012. 7. 5)해 "새누리당이 선거 때 포퓰리즘으로 0세에서 2세까지 무상보육이다 해서 맡기기 싫은 사람들도 맡기는 상황을 초래한 것이다. 아주 잘못된 정책"이라고 비판했다. 또 "0~2세는 가능한 한 집에서 엄마나 가족이 기르도록 하고 그에 대한 양육수당을 주는 게 더 낫다. 3~4세는 어린이집에서 공부하는 게 더 중요하므로 역점을 바꿔야 된다"고 덧붙였다. 이용섭 정책위의장도 "무상보육 대란은 이명박-새누리당 정권의 졸속행정의 표본"이라고 말했다.

27 중앙일보(2012. 7. 14).

첫째 계층 간 아동발달 격차를 완화할 수 있는 보육지원체계가 수립되지 못했기 때문이다. 영·유아 보육지원이 미래를 위한 투자임에는 이견이 없다. 그러나 고소득층에 보육료를 지원하는 것은 예산운용상 효율적인 선택이 아닐 수 있다. 오히려 조기 보육지원은 취약계층 영·유아를 대상으로 할수록 자원 투입 대비 성적과 소득향상 면에서 효과적이다. 게다가 선별 지원이 가정에서 충분한 교육혜택을 받지 못하는 영·유아에게도 풍부한 교육기회를 제공한다는 점에서 형평에도 맞다. 참고로, 보육지원의 선두 격인 스웨덴에서도 대부분의 지자체는 보육료를 선별 지원하면서 비(非)근로 여성의 영아에게는 주당 15시간에 한해 시설에 자리를 제공한다.

둘째 고령화가 빠르게 진행되면서 경제활동인구의 감소가 예상됨에 따라 잠재성장률 저하와 세수 감소가 우려된다. 따라서 출산율 제고가 시급한 상황이다. 그러나 출산율을 높이기 위해 부모의 자녀 양육비 경감을 위한 지원보다는 육아휴직과 단축근로의 활성화, 양질의 보육서비스 제공 등 다각도의 일·가정 양립 정책이 효과적이다. 아울러 보육정책은 여성의 경제활동 참여와 아동의 발달도 함께 지원해야 한다.

이상구 복지국가소사이어티 운영위원장은 소득에 따라 지원 대상을 선별하거나 보육료를 차등해 지원하지 않고 대상 연령의 모든 아동에게 지급하는 보편적인 보육방식의 국가지원정책을 택해야 하는데,[28] 그 이유는 다음과 같다.

첫째 보육지원 정책은 양질의 인적자원 양성 정책이기 때문에 보편적 방식으로 국가가 지원해야 한다. 의학적으로 두뇌의 90%가 만 2세까지 형성되므로 이 시기의 영양 공급 여부가 매우 중요하며, 유아기의 양

28 국가의 지원확대에도 불구하고 아직까지 법정 본인부담금이나 현장학습비와 특기활동비 등을 기타 필요경비로 부담하고 있으므로 지금 한국에서 시행되는 보육정책을 공짜로 이용하는 '무상보육'이라 하는 것은 적절하지 않다. 정부의 보육 이용자들에 대한 실태조사에서도 개별 가정마다 여전히 월 15~24만 원의 보육 관련 비용을 지출하는 것으로 나타났다.

육 환경은 아동의 인지도와 두뇌발달뿐 아니라 성인이 돼서 학습 능력 및 정서 발달에까지 영향을 미친다. 적어도 한국 아이들이 인생의 첫 출발선상에서부터 부모의 소득 때문에 차별받거나 소외되는 일은 없도록 해야 공정한 국가가 만들어질 수 있을 것이다.

둘째 세계 최저의 저(低)출산율을 보이는 한국의 경우, 출산 기피의 가장 큰 이유 중 하나가 육아에 대한 부담이므로 보편적 방식으로 국가가 지원해야 한다. OECD 국가 중 가장 낮은 50% 초반 여성의 경제활동 참여율을 보이는 한국에서 보육지원은 여성의 사회활동 참여를 보장하기 위한 경제정책이기도 하다. 생산가능인구가 사실상 감소하기 시작한 심각한 저출산 국가에서 몇 푼을 아끼겠다고 육아에 대한 지원을 많은 행정비용을 투입하고 수혜대상자의 자존심을 상하게 하면서까지 굳이 부모의 소득을 따져 차등 지원해야 할 이유가 없다.

셋째 모든 아동에 대한 보편적 보육방식을 적용해야 보육 서비스의 질을 높일 수 있다. 저소득 취약계층만 대상이 되는 보육지원 정책이라면 중산층들이 자신들에게 도움이 되지 않는 보육에 대한 예산 증액과 이에 따른 추가부담의 확대를 수용하지 않을 것이다. 재벌가의 손자들은 여전히 자신들만 다니는 고급 민간 보육시설을 이용할 것이므로 질 좋은 공공보육시설이 늘어날 수도 없고, 민간 보육시설에 대한 국가의 지원이나 표준보육단가를 인상할 수도 없을 것이기 때문이다. 재벌가에 혜택을 주는 것이 불공정하다고 생각한다면 현 정부에서 시행한 부자 감세부터 철회해야 할 것이다.

넷째 다수의 국민에게 보편적 보육방식으로 지원해야 가계비 부담을 완화하는 데 기여할 수 있다. 2012년 4월 기획재정부는 1분기 소비자물가 동향 분석에서 정부의 물가 안정 정책의 성과로 2010년 이후 가장 낮은 전년 동월 대비 2.6% 상승을 기록했으며, 이것은 보육 및 유아교육시설 이용료 지원 효과로 인한 0.4%p 감소 때문이라고 자랑했다. 즉, 보육비 지원 확대 등의 보편적 복지 정책이 전체적으로 가계의 고정지출 부담을 줄여주고, 소비자물가 상승 방지의 유용한 수단이라는 것이 증명된 것이다.

(2) 0~5세 아동을 위한 무상양육

국회가 2011년 말 무턱대고 0~2세 '무상보육'을 도입했다가 지방재정 고갈과 어린이집 가(假)수요를 초래했는데도 불구하고, 2012년 12월 대통령선거를 앞둔 정치권은 '무상보육'에 이어 '무상양육'까지 공약했다.

새누리당이 2011년 12월 0~2세 '무상보육'을 주도한 데 이어 2013년부터는 집에서 키우는 0~5세 아동 모두에게 양육수당을 지급하는 방안을 추진했다. 민주통합당도 2011년 4·11 총선에서 0~5세의 모든 아동에게 양육수당을 지급하겠다고 공약했다. 이어서, 정부와 새누리당은 2012년 7월 17일 고위 당정회의에서 2013년 예산에 집에서 양육하는 소득 하위 15% 저소득층 가정의 0~5세 양육수당을 최대한 반영하기로 했다. 이와 같이 여야 및 정부 모두가 '0~2세는 양육수당, 3~5세는 보육료 지원'이라는 글로벌 스탠더드를 외면했다.

양육수당은 어린이집에 가지 않고 가정에서 자라는 아이한테 지원하는 보조금이다. 현재는 소득 하위 15% 이하 저소득층의 0~2세 영·유아를 위한 양육수당으로서 월 10~20만 원을 지급하는데 2013년부터 전(全) 소득계층의 0~5세 아동에게 지급하겠다는 것이다. 이제, 새누리당도 '보편적 복지'를 선택한 것이다.

상기의 양육수당 지급을 새누리당은 2012년 4월 총선에서 공약했다. 박근혜 후보(당시)는 2012년 5월 8일 정당 대표 라디오 연설에서 "아이를 키우는 엄마·아빠의 부담을 덜어드리기 위해 내년(2013)부터 만 5세까지의 모든 아이들에게 양육비나 보육비를 지원하겠다"고 말한 바 있다.

물론, 상기의 공약은 합리적이고 지속가능한 재원조달이 수반된다면 인적자본의 확충을 위하여 매우 옳은 것이다. 따라서 2013년에는 3~5세 아동 20만 명을 포함해 1백만 명의 0~5세 아동에게 양육수당이 지급되었다. 양육수당을 받는 아이가 9만 6천 명에서 1백만 명으로, 예산은 2,052억 원(지방비 포함)에서 2조 원으로 각각 증가할 것이다. 2조 원 중에서 약 3천억 원이 3~5세 아동을 위한 양육수당으로, 나머지 1조 7천억 원이 0~2세 아동을 위한 양육수당으로 각각 지급될 것이다.

이와 대조적으로, 보건복지부는 전(全) 소득계층의 0~5세 아동의 양육수당이 아니라 소득 하위 15% 가정의 0~2세 영·유아에게 지급하는 양육수당을 소득 하위 70% 가정의 0~2세 영·유아에 대한 양육수당으로 확대하기로 하고 이를 2013년 예산안에 담아 기획재정부에 제출하였다. 또한 상위 30% 가정의 영·유아에게는 양육수당을 지급하지 말고 그만큼 절약된 예산으로 소득 하위 70% 가정의 0~2세 영·유아를 위한 양육수당을 더 올려주자고 주장한다. 즉, 보건복지부는 '보편적 복지'보다 저소득층에 더 몰아주는 선택과 집중 방식을 선호하는 것이다.

여기서 유의할 것은 OECD 권고안에 따르면 2011년 12월 국회의 0~2세 무상보육(어린이집 보육료 지원) 결정은 문제가 있다는 점이다. 왜냐하면 0~2세 영·유아를 위한 어린이집에서의 '무상'(모든 소득계층) 보육지원을 가정에서의 양육지원으로 전환함이 아동교육상 바람직하기 때문이다.

새누리당의 주도로 여야 및 정부가 2013년부터 집에서 키우는 0~5세 아동 모두에게 지급하기로 결정한 양육수당 역시 마찬가지 문제를 안고 있다. 전술한 바와 같이 0~5세 아동 중에서 3~5세 아동은 취학 전(前) 사회성을 길러주기 위해 가정에서보다 어린이집에서 '보육'함이 바람직하기 때문이다.

5) 초등학생 및 중학생에 대한 무상급식

곽노현 서울교육감(2010. 7 취임)은 소득 규모와는 상관없이 2011년 초등학생 대상 전면 무상급식을 도입한 데 이어 2012년에는 중학교 1학년까지 전면 무상급식을 확대했다. 이 때문에 무상급식 예산은 2010년(저소득층 학생만 대상) 172억 원→2011년 1,162억 원→2012년 1,381억 원으로 2년 새 7배나 증가했다. 무상급식 예산 증가액(1,209억 원)은 2012년 서울교육청 예산 총 증가액(997억 원)보다 더 많았다.[29]

29 조선일보(2012. 7. 2).

이와 반대로, 학교시설 수리·증축에 쓰는 '학교 시설·환경 개선 예산'은 2010년 6,179억 원→2011년 3,326억 원→2012년 2,849억 원으로 2년 만에 절반으로 줄었다. 즉, 최근 서울시의회 상임위를 통과한 2012년 교육환경개선 사업에 대한 추경예산 657억 원을 더해도 2010년보다 43% 줄었다.[30] 서울시 교육청은 원어민 교사 예산도 대폭 삭감했다. 2012년, 고교 원어민 교사 예산 40여억 원을 삭감해 대부분 고교에서 원어민 교사가 없어진 데 이어, 2013년부터는 중학교와 초등학교에도 원어민 교사가 연차적으로 사라지게 된다.

6) 고등학교 무상교육

박근혜 대통령의 대선 공약인 '고등학교 무상교육'이 2017년 전면 시행을 목표로 2014년부터 단계적으로 도입된다. 즉, 중학교 졸업생의 거의 전부가 고교에 진학하고, 대학 진학률이 80%에 달해 사실상 '의무교육'이라는 고교 교육을 위해 정부가 입학금과 수업료, 교과서 구입비를 지원키로 한 것이다.

그러나 한국교원단체총연합회는 '무상교육'을 확대하기보다는 '의무교육'의 내실을 기하는 것이 정책과 재정 투자에서 우선돼야 한다며 반발하고 있다. 사실, 지금도 매년 7만 명이 넘는 학생들이 법률이 보장한 9년 의무교육과 사실상 의무교육이라는 고교 교육에서 이탈하고 있다. 국가는 이들에게 사실상 그 책임을 다하지 못하고 있다. 심각한 저출산과 계층 간 교육격차 해소를 위해서는 의무교육의 법률적 범위를 영·유아 단계로 확대하는 일도 시급하다. 이미 영·유아 단계에서 학습능력의 격차가 생겨나고 학교교육 단계에서 심해지고 있다.

따라서 '무상급식·무상보육'을 둘러싸고 벌어졌던 사회적 갈등이 '고교 무상교육'으로 확대되는 건 아닐지 우려된다. 정부·여당은 국고 지원을 우선 고려한다지만, 무상급식과 무상보육이 확대되면서 지방자치단체와 시·도 교육청들이 재정 확보에 어려움을 겪고 있다.

---

30 조선일보(2012. 7. 2).

정부·여당은 고교 무상교육의 도입 이유로 고교 교육이 사실상 의무교육이 된 현실을 들었다. 단순한 복지 확대나 가계 부담 경감 차원을 넘어 의무교육 확대로 보는 것이다. 의무교육은 무상으로 한다(헌법 제31조 3항). 교육기본법 제8조는 의무교육은 6년의 초등교육과 3년의 중등교육으로 규정하고 있다.

여기서 유의할 것은 초등학교와 중학교 무상급식을 둘러싼 갈등은 그것을 의무교육 정책이 아니라 가난한 가정에 대한 복지정책으로 보는 시각이 과도했기 때문에 빚어졌다는 점이다. 따라서 정치권은 고교 무상교육 시행을 위한 법률 정비와 예산 논의 과정에서 의무교육 정책의 내실화와 그 우선순위를 면밀히 검토할 필요가 있다.

국가 재정적 측면에서 보면, 지난 수년 간 경제성장률이 기대치보다 매우 낮아진 상태에서, 만약 세수가 늘지 않으면, 앞으로 연간 2조 원 이상이 필요한 고교 무상교육 실시를 위해 다른 분야의 재정 감축이 불가피해진다. 또한, 국가 공교육 예산이 OECD 회원국에 비해 크게 부족한 상황에서 다른 교육 예산이 '고교 무상교육' 때문에 줄어들 수도 있다.

4. 복지재정 운용방식의 개혁: 확정급여제에서 확정기여제로의 전환

1) 확정급여제와 확정기여제의 비교

세계 각국의 공적 연금제도는 크게 두 가지, 즉 ① 확정기여제(DCP: *Defined-Contribution Plan*)와 ② 확정급여제(DBP: *Defined- Benefits Plan*)로 분류된다.

우선, 확정기여제(DCP)는 덴마크·오스트레일리아·칠레 등이 채택하는 제도이다. 동 제도하에서는 일반 생명보험처럼 각 개인의 계좌에 입금된 연금보험료가 여러 금융상품에 적립식으로 투자되고, 그 투자수익이 퇴직 후 연금으로 지급된다. 연금가입자가 금융상품을 선택하고, 국가는 금융기관에 연금가입자의 주문을 전달한다. 동 제도의 특징은 연금기금의 운용 주체가 국가가 아니라 금융기관이며, 연금급여액은 국가가 전액 보장하는 것이 아니라 금융기관의 운용실적에 따라 변동한다는 점이다. 동 제도의 단점은 연금급여의 안정성이 낮다는 것인 반면에 동 제도의 장점은 연금기금 운용의 수익률이 높으며 연금재정이 인구구조의 변동(고령화 및 저출산)의 충격에 대하여 강하다는 것이다.

다음으로, '확정급여제'(DBP)는 미국·독일·일본·한국 등이 채택하는데, 동 제도의 핵심은 법정급여를 국가가 보장한다는 것이다. 즉, 연금가입자는 연금보험료를 납부하여 은퇴 후 연금급여에 대한 권리를 획득하는 대신에 국가는 연금보험료 수입과 연금기금운용 수익으로 연금가입자에게 연금급여를 지급하는 것이다.

확정급여제는 효과상, 젊은 근로자들로부터 거둬들인 돈을 퇴직자들에게 지급하는 방식(*pay-as-you-go financing*)이다. 동 제도하에서는 퇴직자들이 받는 연금수급액은 그들이 젊었을 때 연금기금에 얼마나 적립했느냐는 것과는 원칙적으로 직접적 연관이 없고, 주로 정치적 고려에 의해서 결정된다.

한국의 국민연금제도는 세대 간 자원배분의 측면에서 보면 '청년부양방식'(*pay-as-you-go financing system*)이다. 즉, 젊은 세대가 소득의 일부를 갹출하여 현재의 노년인구의 연금을 지급하는 방식이다. 노년인구가 많아질수록 현재 젊은 세대의 재정부담은 그만큼 증가한다.

한편, 확정급여제의 장점은 국가가 보장하기 때문에 연금급여의 안정성이 높다는 것인 반면에, 동 제도의 단점은 인구구조의 변동(고령화 및 저출산)에 매우 취약하다는 것이다. 참고로, 확정급여제는 1889년 독일이 최초로 도입하였다. 당시 제1차 세계대전과 대공황으로 노령인구의 빈곤이 심각해짐에 따라 연금보험료의 즉시 지급이 필요했다. 또한, 당시(19세기 말~20세기 초)에는 금융시장도 성숙되어 있지 않았기 때문에 금융기관이 아닌 정부의 연금기금의 관리가 관행화되어 있었다. 사실, 확정급여 방식은 안정된 경제성장과 노령인구 증가의 폭이 크지 않을 때에는 바람직한 방식이었다.

그러나 확정급여제를 오랫동안 사용했던 유럽의 복지국가들은 경제침체의 장기화와 더불어 연금기금 고갈의 심각한 위험을 늦게나마 간파했다. 또한, 단지 연금세율을 높이거나 연금대상자 연령을 높이는 것만으로는 이 같은 확정급여제의 본질적 문제점을 해결할 수는 없다는 것을 깨달았다. 따라서 그 대안으로 연금부담을 미래세대에게 전가하지 않고 당대의 세대 간 재분배 원칙으로 해결하는 방식을 채택하기 시작했다.

2) 한국 복지재정 운용방식의 개혁

한국의 경우, 현행 국민연금의 '재정운용 방식'은 소득의 9%를 매월 40년 이상 불입하면 은퇴 전 소득의 60%(현행), 50%(2008), 40%(2008)에 달하는 확정된 연금급여액을 보장받는다는 확정급여제를 택하고 있다.

또한, 연금가입자가 소득의 일정 부분을 적립하고 연금수급 개시 연령에 도달하면 그동안의 연금보험료 납부액을 기초로 확정된 연금을 지급받는 방식이다. 따라서 현행 국민연금제도의 '재원조달' 방식은 기본적으로 '기여원칙'에 따르고 있기 때문에 '적립방식'(*funded system*)이다. 즉, 국민연금제도 가입자가 근로기간이나 가입기간 동안 연금보험료를 납부하고 이를 정부에서 연금보험료 수입으로 국민연금기금을 조성 및 운영하여 향후 연금 가입자에게 확정된 연금급여를 지급한다.

경제활동인구가 2020년에는 전체 생산가능인구(15~59세 인구)의 51% 이하로 추락한다. 보험료 징수 총액과 연금지급 총액의 불균형, 즉 연금재정수지 적자는 명약관화하다. 연금기금 투자만으로서 재정수지 적자를 메우는 것은 도저히 불가능하다. 비관적 전망은 대부분의 선진국들이 기존의 확정급여제를 유지한 채, '계수조정식'(*parametic*) 개혁(연금보험료율 인상 혹은 연금급여수준 삭감)을 선택했으나 재정 건전성 회복에는 실패했다는 사실로 입증된다.[31]

저자는 고령화 및 저출산의 추세에 대비한 국민연금제도의 재정 안정화를 위하여 국민연금제도의 재정운용방식을 구조적으로(단순히 계수조정이 아니라) 현행 확정급여제를 확정기여제로 전환할 것을 제안한다. 그 기대효과는 국민

---

31 예로서, 오스트리아(1993, 1997), 프랑스(1993), 이탈리아(1992), 일본(1994, 1999) 등이다. 그 주요요인은 정치적 역학관계와 개혁에 대한 사회적 공감대가 형성되어 있지 않기 때문이었다.

연금기금의 수익성과 안정성을 추구하는 것이다.[32] 그 정당성은 연금재정의 고갈 원인이 바로 현행 국민연금제도인 확정급여제이기 때문이다. 즉, 향후 인구구조의 급격한 변화(즉, 고령화의 가속화 및 저출산으로 인한 생산가능인구의 대폭 감소 등)에 대응하기 위해서는 연금보험료나 연금급여액의 계수조정식의 '내과적' 개혁으로써는 도저히 불가능하므로 국민연금제도의 구조적 개혁, 즉 '외과수술'이 필요하다.

연금개혁이 성공한 영국의 경우, 영국정부는 연금개혁에 대한 공감대 형성과 적절한 확정급여제와 확정기여제의 혼합형태로 연금 개혁에 성공하였다. 영국의 연금제도는 기금운용 수익률을 제고함과 동시에 고령화에 대비하기 위하여, 1980년, 기존의 확정급여제에 확정기여제를 부분적으로 도입함으로써 연금보험료의 일부를 민간 금융상품에 대한 투자를 허용했다. 이와 동시에, 연금개혁위원회는 민간 금융상품 투자가 너무 적어 노령인구의 빈곤이 급증할 위험발생 가능성을 국민에게 정직하게 제시하면서 민간 금융상품 투자를 의무화하되, 투자 축소에 대한 연금가입자의 선택 권한을 연금가입자에게 부여했다. 그 대신에 '확정급여형' 연금급여 연동기준을 물가에서 임금으로 전환하여 연금급여액의 실질가치를 인상함으로써 연금개혁에 대한 국민의 지지를 획득하였다.

5. 복지재원 조달방안

저자가 강조하고자 하는 것은 비합리적 '저(低)부담 · 고(高)복지'라는 사회적 요구는 한국인구의 초(超)고령화 추세에 따라 국가재정을 파탄시킬 것은 명약관화하며, 이것은 다시 한국 사회를 '재앙'으로 몰고 갈 것이라는 점이다.

우리나라 사회보장제도는 현행 '저(低)부담 · 저(低)급여'에서 향후 '고(高)부

32 전술한 바와 같이, 국제노동기구(ILO)는 '명목확정기여제'(*Nominal Defined- Contribution Plan*)를 도입할 것을 권고한다.

담·고(高)급여'로 개혁하지 않으면 안 된다. 우선, 고(高)급여의 정당성은 현재의 급여수준이 노인가구의 최저 생계비 수준에도 훨씬 미달되어 가난의 이유로 인한 노인의 자실이 세계 최고 수준이라는 사실은 국가 자체의 존립 이유가 무엇인지 의문시된다는 점이다. 고(高)부담의 정당성은 사회보장제도가 진정코 필요하다는 전제하에서 모든 사회보장제도가 인구구조의 변화요인(인구증가율과 평균수명 등)에 의하여 재정파탄에 봉착할 것이라는 것은 명백하므로 이를 극복하기 위해서는 고(高)부담이 필요불가결한 조치라는 점이다.

게다가 남북한 통일을 원하는 사람이 예상만큼 많지 않다. 국민합의가 이루어져 있는 상태는 아니어서 북한의 예기치 못한 사태로 인하여 북한 주민들이 대거 남한 지역에 밀어닥치는 상황이 오면 남한 사회마저 위태로워질 것이다. 그 경우, 북한 주민에게 최저 생계비 수준을 보장해 주어야 할 것인데, 그 방법은 사회보장제도의 통합과 운영이다. 따라서 남북통일기금이란 남한의 사회보장기금의 비축에서부터 시작되어야 한다. 그것은 남한 주민의 고(高)부담 외에는 다른 방법이 없다.

따라서 저(低)급여의 현행 수준에서 고(高)급여로 전환하려면 저(低)부담에서 고(高)부담으로의 전환은 필수적 과제이다. '고(高)부담'의 문제와 관련하여, 어느 소득계층이 얼마만큼 더 부담할 것이며, '급여의 수직적 증가 및 수평적 확대'와 관련하여 어떠한 복지서비스가 시급한가를, 얼마만큼 증가시키는 것이 최적인가를 각각 분석 및 결정해야 한다.

선진 복지사회로의 진입은 개인과 정부의 부담 비율과, 개인 부담 중에서도 젊은 세대와 노년 세대 간의 부담 비율에 관하여 국민 합의를 도출할 수 있는가의 여부에 달려 있는 것이다. 그러나 상기의 이슈에 대한 세대 간 갈등의 골은 매우 깊다.

〈조선일보〉가 2011년 1월 4일 한국갤럽에 의뢰해 전국 남녀 1천 명을 설문조사한 결과를 보면 세대 간 갈등뿐만 아니라 일반 국민의 의식 수준이 극명하게 나타나 있다. 그 설문조사의 분석결과는 다음과 같다.

우선, 국민연금제도의 경우 '더 내고 덜 받는 방향으로 개혁하자'는 주장에 대해서는 절반 이상(52.4%)이 반대했고, 찬성은 10명에 2명(24%)뿐이었다.

연령별로 보면, 30~40대는 10명에 7명(68.9%, 69.4%)이 반대했지만, 60대 이상은 26.1%만 반대했다. 즉, 더 많은 복지는 좋지만, 더 많은 부담은 싫다는 것이다. 그리고 노인세대를 위해 과도한 부담을 떠안기 싫다는 것이다.

다음으로, 국민건강보험제도의 경우, 10명 중 8명(77%)은 국민건강보험에 대한 정부 지원의 비율(의료 보장성)을 더 높여야 한다고 응답했다. 그러나 정작 이를 위해 건강보험료(현행 소득대비 5.4%)를 더 높여 부담하자는 주장에 대해선 10명 중 절반 이상(52%)이 반대했다.

1) 정치권의 재원조달 방안

기획재정부가 2011년에 정치권이 제시하는 각종 복지정책을 추진하기 위한 연간 소요액을 추정한 결과를 보면, 기초노령연금 확대 5조 4천억 원, 무상보육 5조 1천억 원, 반값 등록금 3조~3조 6천억 원, 무상의료가 20~39조 원 등 적게는 총 41조 1천억 원에서 많게는 60조 원에 달하는 것으로 나타났다. 이 복지비용의 상한치(60조 원)는 2011년도 중앙정부 총 예산(86조 원)의 약 70%를, 국가 전체 예산(309조 원)의 약 19%를 각각 차지한다.

기획재정부는 여야의 2012년 4·11 총선 공약을 이행하려면 향후 5년간 268조 원이 추가로 필요다고 밝혔다. 새누리당은 2012년 4·11 총선에서 "2017년까지 무상보육, 반값 등록금 등의 복지 공약 실현을 위해 복지 예산을 75조 원 투입하겠다"고 했다. 새누리당은 구체적인 세원 확보 수단으로 ① 대주주 주식 양도 차익에 대한 과세 확대, ② 파생금융상품 거래세(0.001%) 도입, ③ 금융소득종합과세 기준 금액 4천만 원에서 2천만 원으로 하향, ④ 비과세·감면 축소 등을 제시하고 있다. 민주당은 현행 3억 원 초과인 소득세 최고 세율 과표를 1억 5천만 원으로 대폭 낮추는 '부자 증세'를 주장하고 있다. 또 법인세제도 큰 폭으로 손봐야 한다는 입장이다. 반면에, 새누리당은 주로 대주주와 대기업에 대한 증세 방안을 제시하였다.

박재완 재정부 장관(당시)은 소득세 과세표준 개정과 관련해 '세수 중립성'을 거론했다. 2011년 말 국회가 세법 개정과정에서 소득세 최고세율 구간을

'과세표준 8천 8백만 원 초과'(세율 35%)에서 '3억 원 초과'(세율 38%)로 갑자기 바뀌었다. 그 바람에 과표구간이 8천 8백만 원에서 3억 원까지로 너무 벌어져 문제라는 지적이 나왔다. 이를 다시 조정해도 세수에는 영향이 없도록 하겠다는 것이 박 장관의 '세수 중립성'이다. 그러나 주식양도차익 과세 대상이 되는 대주주 범위를 넓히고, 금융소득종합과세 기준을 낮추는 것은 여당의 총선 공약이면서 기획재정부도 형평성 측면에서 공감하고 있다. 정부는 다만 주식시장에의 충격을 줄이기 위해 '단계적으로' 접근하겠다는 것이다. 또한, 비과세·감면을 줄이는 방안도 대기업을 주로 타깃으로 하는 것이다.

(1) 세율 인상

복지혜택의 확대는 필연적으로 증세(增稅)를 동반한다. 다행히, 한국의 경제규모와 조세부담률 등을 감안할 때, 세금을 올릴 수 있는 여지가 많다. 그 근거는 다음과 같다. 소득세 세수의 대부분은 이미 상위 30%의 중·상위 소득계층이 집중적으로 부담하고 있지만, 한국의 최고 소득세율(35%)은 스웨덴(59.6%), 미국(46.6%), 일본(50%) 등에 비해 매우 낮기 때문에 소득세율을 인상할 여지가 충분하다.

국세청이 2010년 발표한 자료를 보면, 한국의 조세부담률(국민소득에서 조세가 차지하는 비중)은 21%로서 한국의 조세부담률은 OECD 30개국 가운데 6번째로 낮은 수준이다. 따라서 현재 한국의 조세부담률(21%)을 OECD 회원국 평균(26.7%) 수준까지만 끌어올릴 수 있는 경우, 이 증가율(6%)을 2011년 GDP인 약 1천 2백조 원(1조 1,163억 달러)에 곱하면 약 72조 원의 복지재원을 추가로 확보할 수 있다.

기획재정부가 2011년도 국정감사에서 국회기획재정위에 제출한 자료에 따르면 이명박 정부의 감세정책으로 인한 세수감소 효과는 2012년 기준으로 20.9조 원에 달한다. 이를 세부적으로 보면, 소득세의 감소액이 9.4조 원, 법인세의 그것이 4.7조 원이다. 따라서 이른바 '부자 감세'(소득세와 법인세의 경우)를 철회하면 약 14조 원을 매년 확보할 수 있다.

새누리당은 '상위 1% 부자 증세'에 대해 "세수 확대의 효과가 작은 편가르기

[그림 V-2] 2011년 국세 징수 현황

(단위: 원)

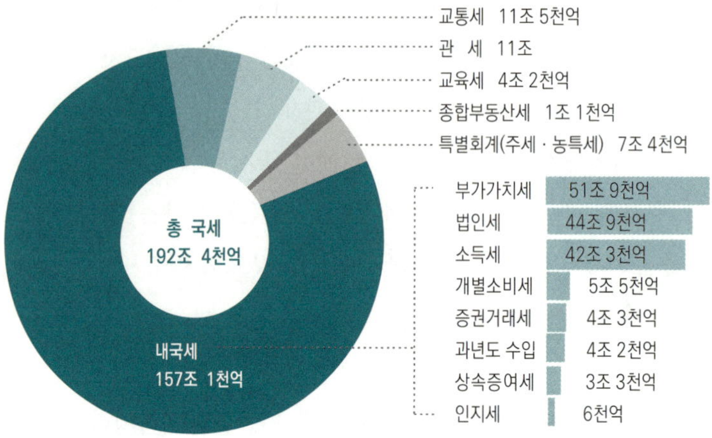

자료: 중앙일보(2012. 7. 16).

정책"이라며 난색을 표하고 있다. 새누리당은 2011년 말 민주당이 소도 차익에 대한 과세범위를 확대하는 방안에는 찬성하고 있다.

득세 과표구간을 '2억 원 초과'로 낮추려 했을 때도 이를 저지하고 '3억 원 초과'로 바꿨었다. 그 정책기조는 과세 형평성은 필요하지만 '부자 때리기' 식으로 해서는 안 된다는 것이다.

민주당은 "상위 1%의 슈퍼 부자들에 대해 증세하겠다"는 입장이다. 즉, 고소득 계층에 대한 조세부담을 늘리기 위해 2011년 말 추진했던 '한국판 버핏세'를 재추진하려는 것이다.

새누리당과 민주당 모두 대기업에 대한 각종 조세감면 혜택을 축소하고 대주주의 주식 양 또한 금융소득종합과세 대상을 현행 4천만 원에서 2015년까지 2천만 원으로 낮추는 방안도 추진할 방침이다.

민주통합당은 '경제 민주화' 관련 9개 법률안을 당론으로 발의(2012. 7. 9)했는데, 이 중 세법 관련은 두 개다. 하나는 현재 법인주주가 얻은 배당소득은 이익으로 잡지 않는데(익금불산입), 상호출자제한 기업집단에는 이를 적용하지 않도록 법인세법을 고치는 것이다. 이렇게 되면 계열사로부터 배당을 많이 받은 법인은 법인세를 더 물게 된다. 다른 하나는 최고세율 38%를 적용받는 과표구간을 3억 원 초과에서 1억 5천만 원 초과로 확대하고 총 급여 1억 원이 넘는 경우 근로소득 공제를 줄이는 소득세법 개정안이다. 이와 별도로, 민주당은 과표 5백억 원 초과 시 25%의 구간을 신설하는 방안도 검토 중이다. 현재 법인세 최고구간은 과표 2백억 원 초과 시 세율 22%를 적용하고 있다.

여기서 유의할 것은 유럽의 보편적 복지국가들은 최소한의 세금이라도 저소득층에서 거둠으로써 납세 의무를 성실히 이행하도록 하고, 납세액이 많든 혹은 적든 간에 그 세수가 다시 복지지출에 투입되는 재정구조를 운용하는 점이다. 예로서, 현재 과세표준 1천 2백만 원 이하인 사람도 6%의 소득세를 납부하게 돼 있지만, 이런 저런 세금공제를 적용하면 공제액이 소득액을 잠식해서

[표 V-3] 여야의 세법 개정안

1. 새누리당 19대 총선 공약 중 세법 관련 내용

- 금융소득종합과세 기준금액: 4천만 원 → 2천만 원(단계적 하향)
- 주식양도차익과세 대상 대주주 범위 확대
  - 유가증권시장: 3% 또는 1백억 원 이상 → 2% 또는 70억 원 이상
  - 코스닥시장: 5% 또는 50억 원 이상 → 3.5% 또는 35억 원 이상
- 파생금융상품 거래세 도입
- 과세표준 1천억 원 초과 기업에 대한 최저한세율 인상(14 → 15%)
- 불필요한 비과세 · 감면제도 대폭 정비 → 중산 · 서민층 관련 비과세 · 감면 제외
- 직불카드 소득공제 한도: 3백만 원 → 4백만 원
  신용카드사용 소득공제 한도: 3백만 원 → 2백만 원

2. 민주통합당의 경제 민주화 관련 세법 개정안(2012. 7. 9)

- 소득세법
  - 최고세율 38% 적용 대상 확대: 3억 원 → 1억 5천만 원 초과
  - 고소득자 근로소득 공제율(현행 5%) 축소: 1억 원 초과~1억 5천만 원: 3% → 1억 5천만 원 초과: 1%
- 법인세법
  - 같은 재벌그룹 내 법인 간 배당수익 과세 강화
  - 같은 재벌그룹 내 법인 간 출자 위한 차입금 이자의 비용인정 배제

자료: 중앙일보(2012. 7. 16).

세금을 내지 않는 납세자 비율이 근로소득세의 경우 무려 40.3%(2009년 기준)에 이른다. 이와 대조적으로, OECD 주요 국가의 소득세 면세자 비율은 20~30% 수준이다. 한국의 경우, 소득세 면세점 이하(근로소득자 1인 888만 원; 4인 가구 1,774만 원)의 소득계상이다. 이러한 파행적 세수 구조를 갖고서는 어떤 유형의 복지사회이든 간에 그것을 구현할 수 없다.

또한, 자영업자들이 납부하는 종합소득세의 경우도 마찬가지다. 상술하면, 국내 자영업자는 550만 명으로 추정되지만 소득세를 납부하겠다고 신고한 사람은 357만 명이며, 이들 중에서도 소득세를 실제로 납부한 사람은 겨우 276만 명 정도다. 이 결과, 전체 자영업자의 절반가량이 역시 소득세를 납부하지 않는 셈이다.

(2) 비과세 감면 축소

'비과세 감면'이란 소득공제 등을 통해 세금(소득세, 법인세, 종합부동산세)을 깎아주는 것이다. 비과세 감면 규모가 한해 31조 3천억 원(2011년 잠정치)에 이른다. 이명박 정부는 법인세를 2009년에 한차례 인하(25→22%)하였고, 2012년에는 3단계 법인세를, 즉 ①2억 원 이하의 경우 10%, ②2억 원 초과~2백억 원 이하의 경우 20%, ③2백억 원 초과의 경우 22%를 적용했다. 당초 정부의 감세안에 따라 8천 8백만 원을 초과하는 개인소득, 2억 원을 초과하는 법인소득의 과표 최고구간에 대한 세율이 각각 2010년까지 2%p 인하

[표 V-4] 한국의 감세정책 개요

세법 개정	개정 내용
2007. 12. 31 세법 개정	• 종합소득세 과표 구간의 상향조정(1~8천만 원→1천 2백~8천 8백만 원)
2008. 12. 26 세법 개정	• 종합소득세 세율 조정 (8 · 17 · 26 · 35%→6 · 16 · 25 · 35%→6 · 15 · 24 · 33%) • 법인세 과표구간 상향조정(1억 원→2009년 2억 원) 및 세율 조정 (13 · 25→2009년 11 · 22→2010년 10 · 20%)
2009. 12. 31 세법 개정	• 종합소득세 최고세율 인하 유보 (2010~2011년 35%→2012년 33%) • 법인세 최고세율 인하 유보 (2010~2011년 22%→2012년 20%)

할 예정이었으나 그 시행이 2011년까지 2년간 유보되어 왔다.

한국의 법인세율은 2010년 기준으로 24.2%로서 OECD 평균 수준보다 조금 낮은 수준이지만 홍콩(16.5%), 타이완(17%), 싱가포르(17%) 등 주요 아시아 경쟁국의 법인세율과 비교하면 상당히 높은 수준이다. 이와 대조적으로, OECD 국가들의 법정 최고 법인세율(지방세 포함)은 1985년에 평균 48.5%에 달했으나 1990년 41.3%, 1995년 36.7%, 2000년 32.6%, 2005년 28.2% 수준으로 계속 낮아졌고 2010년에는 25.6% 수준으로 인하되었다.[33] 일본의 경우, 2011년 소득세법 개정안(동년 6월 30일자로 공포 및 시행)에 이어서 법인

[표 V-5] OECD 국가의 법정 최고 법인세율

(단위: %)

국가	1985년	1990년	1995년	2000년	2005년	2010년
오스트레일리아	46.0	39.0	36.0	34.0	30.0	30.0
체코	-	-	41.0	31.0	26.0	19.0
헝가리	-	40.0	18.0	18.0	16.0	19.0
아일랜드	50.0	43.0	38.0	24.0	12.5	12.5
일본	-	50.0	50.0	40.9	39.5	39.5
한국	-	-	-	30.8	27.5	24.2
멕시코	-	-	-	35.0	30.0	30.0
폴란드	-	-	40.0	30.0	19.0	19.0
슬로바키아	-	-	40.0	29.0	19.0	19.0
터키	-	-	-	33.0	30.0	20.0
영국	40.0	34.0	33.0	30.0	30.0	28.0
미국	49.8	38.7	39.6	39.3	39.3	39.2
OECD 평균	48.5	41.3	36.7	32.6	28.2	25.6

주: 지방세를 포함한 세율.

33 레이건 정부(1981~1989)의 감세정책으로 인한 경기부양 및 물가안정을 지적하고 있다. 레이건 정부는 1970년대 두 번의 오일쇼크로 경기침체와 함께 물가상승이 동반하였던 스태그플레이션을 극복하기 위하여 공급 측면을 강조하면서 정부지출 축소, 노동 및 자본소득에 대한 한계세율 감소, 정부 규제 감소, 긴축통화정책 등을 실시했다. 그러나 레이건 감세정책을 뒷받침하였던 신자유주의는 글로벌 금융위기로 인하여 그 유효성을 상실했다.

세 세율 5% 인하를 국회에서 심의 중이다.

따라서 법인세율 인하가 국제적 추세인 가운데, 한국의 경우 법인세 인하의 철회는 한국 기업의 국제경쟁력을 저하시켜 한국 기업들의 해외직접투자를 증가시키고 외국인 투자기업들의 국내 투자를 감소시킬 수 있다고 비판받을 수 있다.

저자는 그러한 비판자들에게 다음과 같이 질문하고 싶다. 왜 한국 기업들은 1982년 이후 무려 30년 동안 '임시투자세액공제'를 해주어도 '투자'를 제대로 하지 않는 이유가 무엇인가? 또한, 세제개편(2010. 8. 24)을 통하여 '고용창출투자세액공제'를 해주어도 '고용'을 증대할 기미가 보이지 않는가?

2) 2013년도 세법 개정안

기획재정부는 국정방침에 따라 증세하지 않으면서도 박근혜 대통령의 공약 이행에 필요한 135조 원의 재원을 마련하기 위해 2013년 세법 개정안을 마련하면서 많은 고심을 했다. 장고(長考) 끝에 제시한 '묘안'이 중산층·고소득자를 겨냥한 소득공제 구조조정이다. OECD 기준으로 중산층은 딱 중간 소득의 50%에서 150% 사이로 범위가 넓다. 이 기준에 의하면 한국 중산층의 연간소득 상한은 5천 5백만 원이며 그 이상은 고소득층이 된다. 이를 기준으로 기획재정부는 사실상 증세를 시도한 셈이다.

기획재정부가 제시한 소득계층별 평균 세 부담 변화를 보면 연봉 5천만 원 초과 근로자들부터 세(稅) 부담이 미미하지만 증가하기 시작한다. 7천만 원을 초과하면 실질 부담이 크게 늘어난다. 그러나 기획재정부가 내세운 '중산층 개념은 국민들이 체감하는 중산층 개념과는 거리감이 크다. 즉, 통계적인 '중간'이 우리 생활수준의 '중간'을 의미하지는 않는다. 실제 정부의 주택 관련 서민 지원 기준도 가구소득 6천만 원이다.

기획재정부는 근로장려세제(EITC) 확대와 자녀장려세제(CTC) 신설을 통하여 전체 근로자의 72%가 포함되는 총급여 3,450만 원 이하 근로자에 대해 1조 7천억 원의 세제를 지원할 예정이다. 이 부담은 '434만 명'이 안게 된다.

이들에게 1조 3천억 원을 더 걷고, 나머지 4천억 원은 비과세 감면 축소 등을 통해 조달한다는 것이다.

세제 개편을 통하여, 기획재정부는 소득세 체계를 정상화했다는 점을 강조한다. 현재 소득세는 최고세율(38%) 외에 35~36%까지 모두 5단계 누진세율 체계다. 그동안 과도하게 세율을 낮춰주고 소득공제가 남발되면서 소득세가 본연의 기능을 상실했다는 주장이다. 실제 한국의 소득세율은 2002년 내수 진' 작을 위해 세율을 낮춰주면서 계속 낮아졌다. 최저세율만 보더라도 2002년 9% →2005년 8% →2009년 6%로 계속 낮아졌다. 여기에 온갖 명분의 소득공제가 운영돼 소득세 세수 비중이 선진국의 절반 이하 수준이다.

2014년부터 대기업의 세 부담이 늘어날 전망이다. 정부는 복지재원 마련 차원에서 비과세·감면 제도를 대대적으로 정비하면서 대기업의 과도한 면세 혜택을 줄인다는 방침이다. 또한, 정부는 이번 세제개편안에서 대기업 위주의 투자지원 제도를 대폭 개편해 1조 원가량의 세수를 추가 확보한다는 계획이다. 단일공제율 10%를 적용하던 R&D 설비투자와 환경보전시설 투자, 에너지절약시설 투자 등 각종 투자 관련 공제율을 각각 대기업(3%), 중견기업(4%), 중소기업(5%)으로 차등화한다. 중소기업보다 대기업의 공제율을 더 많이 줄여 세금 부담을 늘리겠다는 것이다.

중·장기적으로는 법인세를 깎아 기업경쟁력을 지원한다. 현 정부의 조세정책 방향 자체는 대기업친화적인 기조로 맞춰져 있다. 정부는 2013년 '중장기 조세정책 방향'에서 기업경쟁력 제고 차원에서 법인세를 축소하겠다는 의지를 밝혔다.

상술하면, 현재 우리나라는 과세표준 구간별로 2억 원 이하(10%), 2억~2백억 원 이하(20%), 2백억 원 이상(22%) 등 3단계 누진세율을 적용하고 있다. 이는 국제기준과 맞지 않는다는 게 정부의 판단이다. OECD 34개국 가운데 22개국은 법인세가 자본에 대한 세금인 점을 감안해 법인세율을 단일세율로 운영하고 있다. 정부는 향후 법인세율 구간을 3단계 세율을 2단계로 축소할 계획이다. 법인세율 구간을 줄일 경우 최고세율이 22%보다는 낮아질 가능성이 높다. 왜냐하면 세율을 높이는 증세는 기업경쟁력 강화 취지와 맞지 않기 때문이다. 이 결과 법인세율 간소화 방침으로 장기적으로는 대기업에만 유리한 혜택이 돌아갈 것이란 비판이 제기되고 있다.

이번 2013년도 세제 개편안의 큰 가닥은 무난한 편이다. 특히 과세 형평성을 강화한 것은 시대정신과 맞는 방향이다. 고소득자에게 세금을 더 걷어 서민을 지원하고 대기업보다 벤처·중소기업에 세제 혜택이 많이 돌아가도록 했다. 부문별 세부담은 고소득자와 대기업이 2조 9천 7백억 원 늘어나고 서민과 중소기업은 6천 2백억 원 줄어든다.

2013년 '중장기 조세정책 방향'에서 가장 유의할 점은 소득공제를 세액공제로 바꾼 것이다. 그것은 고소득자가 더 많은 세금 혜택을 받는 '역누진 효과'를 바로잡겠다는 의미다. 이렇게 되면 연간 근로소득 3,450만 원이 넘는 근로자 434만 명은 세 부담이 1조 3천억 원 늘어난다..

재산세는 거래세를 낮추고 보유세를 높이는 쪽으로 가닥을 잡았다. 집값 상

[그림 V-3] 소득세 개편에 따른 계층별 평균 세부담 변화

총급여액 (원)	인원, 명 (비중, %)	현행 세액 (원)	개정안 세액 (원)	증 감
3억 초과	1만 6천(0.1)	1억 7,600만	1억 8,465만	865만
-3억	6만 7천(0.4)	3,669만	4,011만	342만
-1억 5천만	9만 3천(0.6)	1,586만	1,842만	256만
-1억 2천만	7만 3천(0.5)	1,160만	1,294만	134만
-1억 1천만	11만 2천(0.7)	924만	1,065만	123만
-1억	16만 4천(1.1)	741만	854만	113만
-9천만	22만 1천(1.4)	540만	638만	98만
-8천만	35만 4천(2.3)	412만	445만	33만
-7천만	57만 7천(3.7)	285만	301만	16만
-6천만	79만 2천(5.1)	172만	188만	16만
-5천만	112만 4천(7.3)	83만	99만	16만
-4천만	158만 9천(10.2)	36만	34만	-2만
-3천만	231만 5천(15.0)	17만	-1만	-18만
-2천만	362만 5천(23.4)	5만	-13만	-18만
-1천만 이하	435만 8천(28.2)	-	-8만	-8만

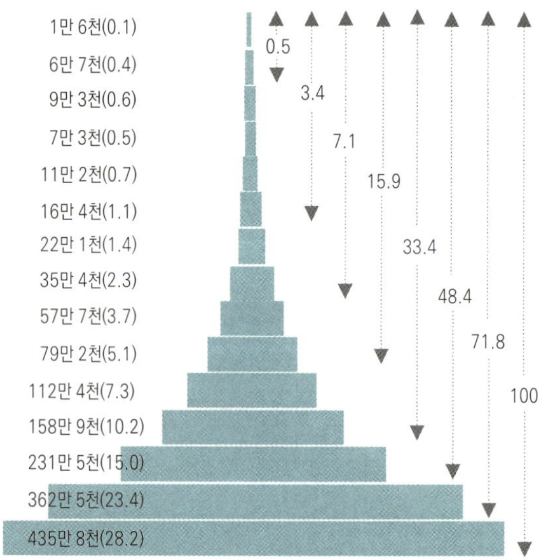

주: 1) 4000만 원 이하는 근로장려세제(EITC) · 자녀장려세제(CTC) 합계기준.
2) 2011년 전체 근로소득자 기준.

승 신화가 끝난 만큼 진작 갔어야 할 방향이다. 종합부동산세를 지방세로 전환하는 방안은 취득세 인하와 맞물려 있는 만큼 신중한 접근이 필요할 것이다.

여기서 주목할 것은 저자가 2011년도 《쿼바디스 도미네: 성장·복지·통일을 위한 청사진》에서 '종교인의 과세'를 주장했는데, 이 제안이 공감을 얻어 종교인 과세를 2015년부터 기타소득세로 분류해 부과하기로 했다는 점이다. 즉, 정부는 종교인 수입의 80%를 필요 경비로 인정해 과세 대상에서 빼고, 나머지 소득에 대해 22%(주민세 포함)의 세율을 적용해 원천징수할 방침이다.

한편 이번 세제 개편에서 아쉬운 것은 복지재원 마련을 위한 세입 기반 확충이 크게 미흡하다는 점이다. 이번 세법 개정을 통해 더 거둬들이는 돈은 2017년까지 약 2조 5천억 원 정도다. 공약 가계부의 국세수입 48조 원에 턱없이 모자란다. 그렇다고 국세청의 노력 세수를 통해 부족분을 메우기도 쉽지 않아 보인다.

[그림 V-4] 비과세 · 감면 제도 정비 주요 내용

투자지원제도 재설계	• 의약품 품질관리 개선시설 투자(7%), 환경보전시설 투자(10%), 에너지절약시설 투자(10%), R&D 설비 투자(10%), 세액공제율을 단일직용에서 차등직용으로 번경 -대기업(3%), 중견기업(4%), 중소기업(5%)으로 차등화
R&D 지원 효율성 제고	• R&D 준비금 제도 적용기한 종료 • 비연구 전담부서 직원 인력개발비를 R&D 비용 세액공제에서 제외
부가가치세 세입기반 확대	• 농수산물 의제매입세액 공제에서 매출액의 30%까지만 공제허용 • 재활용폐자원 매입세액공제율을 기존 6/106(중고차 9/109)에서 3/103(중고차 5/105)으로 하향조정
정책목적 달성 제도 폐지	• 전자 신고에 대한 세액공제 폐지 • 환어음 등 현금성 결제 세액공제 폐지 • 알뜰 주유소 세액감면 우대제도 폐지

자료: 기획재정부

6. '한국형 복지사회'를 위한 '최적 사회보장 모형'

영국의 보수진영은 노동당이 그동안 추진한 국가 주도의 복지정책, 즉 'Big State'가 영국을 병들게 했다고 평가했다. 따라서 2010년 출범한 보수당과 자민당의 연립정부는 정부의 개입을 줄이고, 지방에 의사결정력을 부여하고, 자생단체나 자원봉사 혹은 지역시민단체에 권한을 부여함과 함께 사회적 책임을 강조하는 일련의 사회개혁을 추진한다는 내용으로 "큰 사회'(*Big Society*) 정책을 내세웠다.

한편 영국 카메론 총리가 복지 예산을 대폭 삭감하는 이른바 '카메론 복지개혁'을 발표(2012. 6. 25)했다. 이번 발표의 주요 핵심은 다음과 같다. 정부가 실직자들에게 지급하던 71파운드(13만 원) 혜택을 중지하는 것이다. 또한, 25세 이하의 젊은 실직자 38만 명에게 지급하던 주당 90파운드의 주택보조금도 삭감하겠는 것이다.

카메론 총리는 영국 국민들에게 다음과 같은 예를 들어가며 자신이 추진한 복지삭감 정책의 정당성을 설득했다.

> 만약에 당신이 4자녀를 키우는 편부모 가장이면서 전세를 산다면, 정부로부터 연간 2만 5천 파운드(3천만 원)의 수당을 받는다. 이는 농부나 간호사가 받는 평균 연봉보다 많은 금액이다.

그의 주장은 일하지 않는 사람과 일하는 사람 사이에 차별을 두지 않는 '복지주의'는 묵과할 수 없다는 것이다. 카메론 총리는 이번의 '17 복지개혁'을 통해 1백억 파운드(18조 원)의 예산 절감 효과를 얻을 것으로 전망했다. 그러나 카메론 총리가 '파괴된 영국사회'(*broken Britain society*)를 재건하자는 뜻에서 내세운 '큰 사회' 정책에 대해 영국의 진보주의적 지성인들은 다음과 같이 비판하고 있다.

영국에서 사회복지실천 이론가로 유명한 레나 도미넬리(Lena Dominelli)는 '큰 사회 정책'은 19세기 영국 빅토리아 시대의 사회문제를 해결하기 위해 헌신,

자원봉사, 자비에 기반을 둔 '박애주의적 접근'(*philanthropic approach*) 방식을 반복하고 있다고 평가했다. 이 방식의 주요 전제는 어떤 개인이 가난한 이유는 자신의 열망을 성취하려는 의지가 부족하거나 무기력하기 때문이라는 것이다. 이는 곧 경쟁만능의 시장에서 돈을 벌고 성공한 사람들이 나눔의 자비를 베풀어야 한다는 시각이다. 다시 말해서 '큰 사회 정책'은 '일하고자 하는 사람들을 돕는 사회'가 아니라 '큰 시장(*big market*)에서 성공한 사람을 위한 사회'라는 것이다. 역사적으로, 이러한 '박애주의적 접근'은 실패했다. 따라서 영국은 '복지국가'를 선택하였다. 그런데 왜 카메론 총리가 실패한 정책인 '큰 사회 정책'을 다시 반복하는지 그 이유를 묻고 싶다고 레나 도미넬리는 말했다.

1) '한국형 복지사회'의 개념

저자가 주장한 '한국형 복지사회'(*a Korean pattern of welfare society*)란, 영국의 보수진영인 카메론 총리가 2012년 6월 주장한 '큰 사회정책'을 의미하는 것이 아니다. 즉, '박애주의적 접근'이 한국 사회의 복지 문제를 해결하기 위한 정책이 될 수 없다는 것이다. 이와 동시에, 한국 사회의 복지 문제를 영국 자유진영이 주장했던 '복지국가'로써도 해결할 수 없다는 것이다.

한국이 건설해야 할 합리적 복지유형은 '복지국가'가 아니라 '복지사회'이다. 왜냐하면 '복지국가'는 가난의 문제를 사회적 책임의식을 갖고 국가가 재정으로써 가난한 사람들을 지원해주겠다는 것이지만 가난의 원인에 관한 본질적 문제는 도외시하고 환자의 증상에만 치료하겠다는 것이기 때문이다.

이와 대조적으로, 저자의 '복지사회'는 가난의 근본적 원인인 대량실업 문제의 해결을 국가정책의 최우선 순위에 두고 기업이 완전고용을 할 수 있도록 정부가 각종 인센티브를 제공함으로써 청·장년층이나 노년층이 적절히 창출된 직장을 갖고 자신의 가난을 스스로 해결할 수 있는 사회공동체를 의미한다.

'한국형 복지사회'란 기업이 '완전고용'을 할 수 있도록 국가가 제도적으로 뒷받침해주고, 양호한 직장을 가진 자식(청·장년층)이 부모(노인층)를 부양하고 조부모는 손자·손녀들을 양육 혹은 보육하는 '한국형 가족중심적 전통'을 유지하자는 것이다. 만약 청·장년층(부모)의 봉급 수준이 노부모와 자녀들까지 돌볼 만한 여력이 되지 않는 경우, 그 차액은 정부가 노인복지 혹은 아동복지의 형태로 지급하면 되는 것이다. 아예 보호자가 없는 노인들에게는 공적부조의 형식으로 정부가 최저생계비를 지급해야 할 것이다.

대량실업이 만연한 사회에서 조부모는 방기되고 젊은 부부는 일터에 나가고 영·유아를 맡길 곳이 없는 상황에서, 국가가 나서서 과중한 세금을 걷어 각종 복지혜택(국민기초생활보장제도, 기초노령연금, 영·유아를 위한 보육·양육지원 등)을 '시혜'하는 복지국가는 동서양 어느 곳에서나 복지재정 위기를 자초한다. 상기한 사회구조적 문제를 해결하지 않은 상태에서는 어떠한 형태의 '복지국가'는 과거, 현재뿐만 아니라 미래에서도 '복지 딜레마'를 해결할 수 없다고 저자는 믿는다.

〔그림 V-5〕로서 '한국형 복지사회 모형'을 설명하면 다음과 같다. 인간의 기대수명이 연장(T_0 에서 T_1 으로) 되고 있다. 한국의 고령화 속도는 OECD 국가 중에서 가장 빠르다. 일반적으로, 인구 고령화는 경제활동인구를 감소시킬 뿐 아니라, 저축률을 감소시키고 자본시장에 영향을 미치며 나아가 장기적인 경제성장에도 악영향을 미친다. 경제 전체의 생산함수는 Y_{LR}^0 에서 Y_{LR}^1 으로 하향 이동하게 된다. 이 결과 근무기간이 $t_0^1 \sim t_1$ 에서 $t_0^1 \sim t_1^1$ 으로 단축된다. 이 결과, 국민연금료 수입은 더욱 줄어든다. 이와 동시에, 인구 고령화(T_0 에서 T_1 으로 수명 연장)는 조세수입을 감소시킴으로써 사회보장과 관련된 재정지출을 더욱 증가시킨다.

국민연금 기금의 고갈 시점은 출산율과 기대수명에 의하여 결정된다는 것을 알 수 있다. 출산율의 감소는 국민연금료를 납부하는 적용인구를 감소시킴으로써 국민연금 기금의 고갈시점을 앞당긴다. 또한, 기대수명의 연장(T_0 에서 T_1 으로)은 연금 수급자를 증가시켜 국민연금 기금의 고갈시점을 앞당긴다.

국민연금 재정위기의 해결방안을 선택 및 추진하지 않는 경우, 정부의 복지재정수지 적자는 시간이 경과할수록 더욱 누적될 것이고, 그 부담은 고스란히 '낮아진' 생산함수 Y_{LR}^1 에서 부담할 것이므로 사회적 불만은 폭등할 수밖에 없을 것이고 사회는 분열되고 국가는 존망 위기로 진입할 것이다.

여기서 유의해야 할 것은 저출산은 사회보장제도 자체를 붕괴시킬 뿐만 아니라 국가경제의 존립도 위협한다는 점이다. 따라서 한국 사회가 가장 시급한 것은 '저출산'의 문제를 해결함으로써 인구성장을 도모해야 한다. 젊은 세대가 '저출산'하는 이유는 아동 보육비 부담으로부터 기인한다. 이를 해결하려면 우선 탁아소 문제를 해결해야 한다. 자녀의 보육 걱정이 해소돼 젊은 엄마들이 많은 아이를 낳으면 25년, 30년 후에는 더 많은 젊은이들이 생산적 일자리에 종사할 것이며 경제에 활력이 생길 것이다. 다른 형태의 복지 지출은 뒷감당을 아들딸·손자 세대로 넘기는 수가 많지만 보육 복지는 반대로 다음 세대의 부담을 가볍게 하는 생산적 복지다.

자격 있는 보육교사와 제대로 된 설비를 갖춘 국·공립 보육시설은 전체(38,021개소)의 5.3%(2,034개소)밖에 안 된다. 국·공립 어린이집에 줄 서다 지친 부모들은 할 수 없이 아파트나 연립주택에서 아이들을 봐주는 영세 어린이집에 맡기거나 베이비시터를 구하지만 제대로 돌봐주는지 미덥지 않은 것이다.[34]

한국의 여학생 대학 진학률(80.5%)은 남학생(77.6%)보다 높다. 그런데도 여성의 경제활동참가율은 49.2%밖에 안 된다. 스웨덴에서는 아이가 태어나면 부모 모두 60일씩 육아 휴직을 주기 때문에 여성 경제활동참가율이 72%나 된다. 고학력 여성인력을 활용하기 위해서도 보육 복지가 시급하다.

덴마크에서 여성 노동자들이 노동시장에 적극적으로 진출할 수 있었던 요인은 육아 등 여성의 경제활동에 장애가 되는 제반문제를 극복하기 위한 사회 인프라 구축에 정부가 앞장서 여성의 경제활동에 장애가 되는 요인을 최소화하였기 때문이다. 프랑스·영국·스웨덴은 GDP의 2~4%를 보육 등 아동관련 복지에 지출하지만 한국의 아동복지지출 수준은 아직 GDP의 0.5%다. 보육 복지 예산만큼은 획기적으로 늘릴 필요가 있다.

유아기 교육이 평생의 삶의 질과 성공을 결정짓는 초석이 된다. 한국의 유아교육법 제24조는 "초등학교 취학 직전 1년의 유아교육은 무상으로 하되, 대

---

34 조선일보(2011. 7. 7).

[그림 V-5] '한국형 복지사회'의 구조

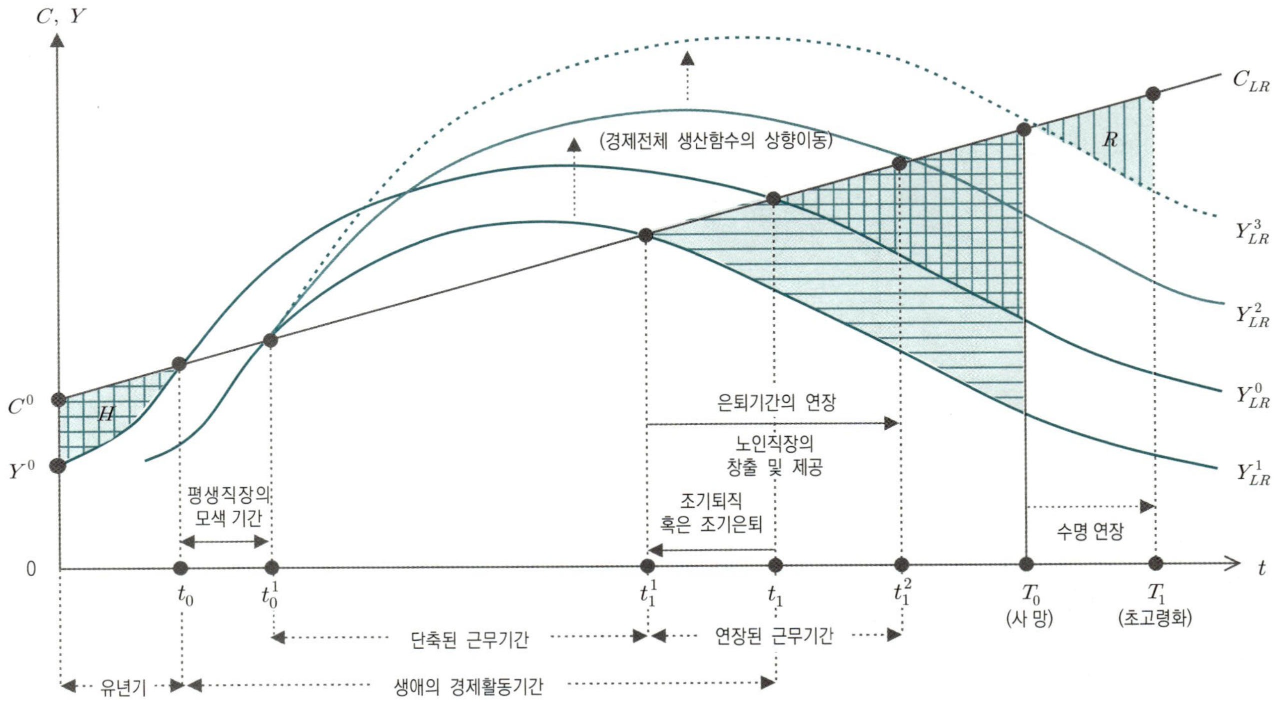

자료: 임양택(2011a/b).

통령령으로 정하는 바에 따라 순차적으로 실시한다"고 이미 규정하고 있다. 또한, 영유아보육법 제35조는 "초등학교 취학 직전 1년의 유아와 장애아에 대한 보육은 무상으로 하되, 대통령령으로 정하는 바에 따라 순차적으로 실시한다"고 규정하고 있다.

현재 한국 정부는 국·공립, 사립을 가리지 않고 소득 상위 30%를 뺀 중산층까지 어린이집, 유치원을 다닐 경우 일정 한도(사립 시설은 한 살 미만 월 347,000원까지) 내에서 이용료를 전액 지원한다. 따라서 정부는 2011년 5월 초, 2012년부터 유치원과 어린이집(보육원)에 다니는 만 5세 어린이들이 모두 배울 수 있는 국가가 정한 '만 5세 공통과정'을 마련한다고 발표하였다. 또한 만 5세의 자녀를 둔 가구에서 해당 자녀를 유치원이나 어린이집에 보내는 경우 소득수준에 상관없이 정부가 비용을 지원하며, 지원금액은 매년 증가하여 2016년에는 유치원비·보육원비의 전액 수준으로 확대될 예정이라고 한다. 그리고 유아보호를 명목으로 놀이학교 규제 등을 포함하는 유아교육법 개정을 추진하기도 하였으나 불행히도 불발에 그쳤다.

현재 소득분위 70% 이하의 가구에게 지원하는 유아교육비의 경우도 유치원이나 보육원의 실비를 모두 지원하는 것은 아니고 정부가 정한 지원금액에 따라 지원이 이루어지는 것이다. 그리고 표준교육·보육비 이외에도 교재비, 준비물 등 추가비용도 상당하다. 따라서 향후 유아교육에 대한 정부의 공교육 예산이 증가하더라도 부유한 가정까지 포함하는 무상교육 확대보다는 저소득층 중심의 실질적 교육·보육비 지원이 타당하다. 이러한 지원이 진정한 의미에서 교육의 균등한 기회를 실현하는 길이며, 시장의 왜곡을 최소화할 수 있는 방법이다.

2) 최적 사회보장의 모형

저자는 전술한 바와 같이 1978년 경제학 박사학위 논문인 《최적 경제성장과 사회보장》(*Optimal Economic Growth and Social Security*)을 제출한 후, 무려 35 년 동안 사회보장의 재정운용방식인 '청년부과방식'(*pay-as-you go financing system*)

을 '초과적립방식'(*over-funded system*)으로 전환함으로써 장기균형 성장궤도에서 경제성장과 사회보장의 동태적 안정을 추구하자고 주장했다.

〔그림 V-6〕는 최적통제이론(*optimal control theory*)에 의하여 도출한 최적 경제성장궤적을 나타내는데, 이로부터 매 시각 최적 저축률(s_*)과 최적 사회보장세율(θ_*)을 각각 도출할 수 있다(〔표 V-6〕 참조).

전술한 〔그림 V-5〕는 〔그림 V-6〕에서 경제전체 생산함수의 상향이동(즉, $Y^0_{LR} \rightarrow Y^2_{LR} \rightarrow Y^3_{LR}$)과 장기균형성장 궤적의 상향이동〔즉, $s^*f(k)_0 \rightarrow s^*f(k)_1$; $f(k)_0 \rightarrow f(k)_1$〕을 나타낸다.

상기한 경제전체 생산함수의 상향이동은 저자의 '최적 복지모형'에 의거하여 최적 저축률(s_*)과 최적 사회보장세율(θ_*)이 도입됨에 따른 결과이다. 상기한 동태적 과정으로 '최적 사회보장세'(*optimal social security tax rate*)의 부과→징수액의 사회보장기금으로 전환→신성장동력 산업에의 투자→사회보장기금의 증식에 따라 사회적 자본(*social capital*)이 축적된 것이다. 이로써, 장기균형성장을 E_0에서 E'으로 이동하며, 이에 따라 개인당 소득 수준은 $q_* \rightarrow q_*'$로 상승한다.

따라서 인구구조의 변동(저출산 및 고령화)에 대응한 가장 합리적인 해결 방안은 〔그림 V-5〕에서 경제 전체의 생산함수를 Y^0_{LR} 혹은 Y^1_{LR}에서 Y^2_{LR}로 상향이동시켜 고용기회를 많이 창출함으로써 개인 인생의 자원배분 문제는 원칙적으로 자기 자신이 스스로 해결할 수 있는 원초적 기반인 직장을 적극적 노동시장정책에 의해 제공하는 것이다. 즉, 초고령화의 세계적 추세는 돌이킬 수 없기 때문에 최상의 노년인구의 노후생활보장대책은 노년세대에게 직장을 제공하고 의료비 문제를 해결하는 것이다. 개인이나 그의 가족이 물리적으로나 경제적으로 도저히 감당할 수 없는 영역 R(노인복지 부문)은 정부가 해당 노인의 노후생계비를 지급하면 된다. 한편, 〔그림 V-5〕에서 영역 H(아동복지 부문)는 정부가 영·유아를 위한 보육·양육을 지원 혹은 감당함으로써 젊은 부부를 경제적으로 도와주는 것이며 미래의 인적자본을 축적하는 것이다.

[그림 V-6] 최적 저축률 및 최적 사회보장정책이 도입된 장 · 단기 균형성장 궤적

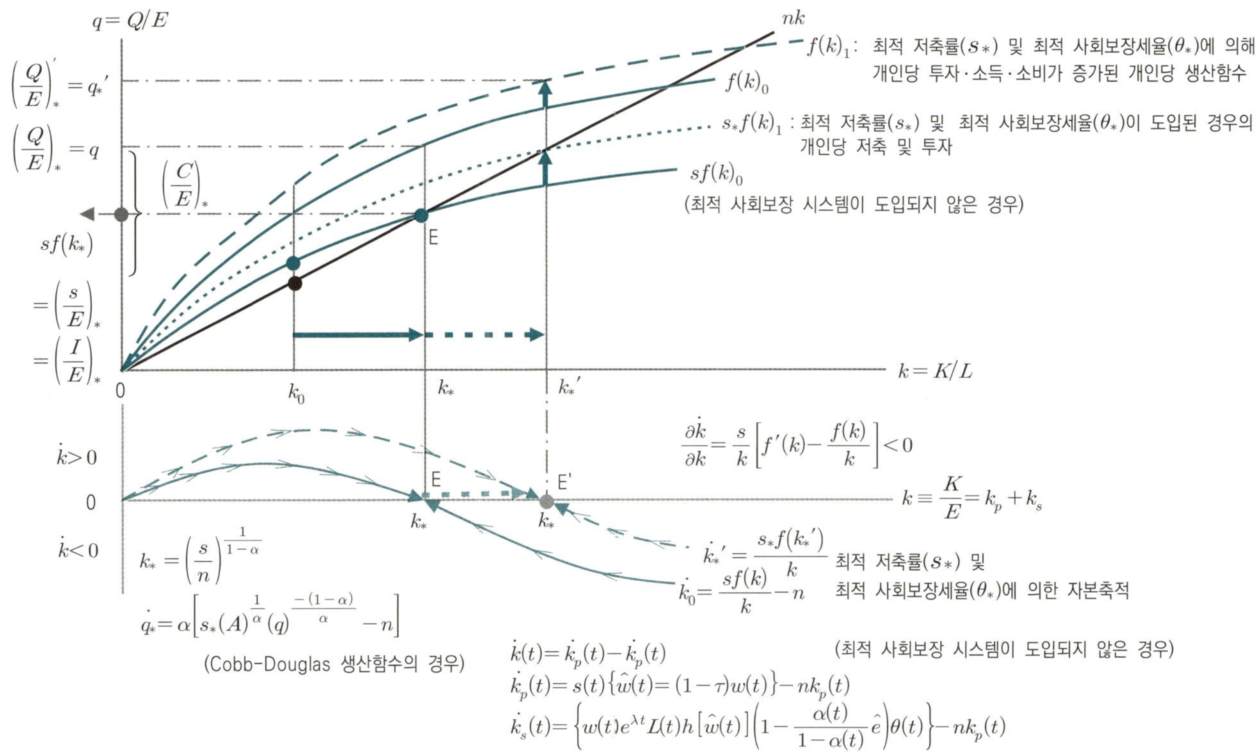

자료: 임양택(2011b).

[표 V-6] 저자의 '최적 경제성장과 사회보장 모형'

최적 경제성장 궤적이란 수학적으로는 다음과 같이 각각 나타낼 수 있다.

$$f[k^*(t)] = \rho - \dot{p}/p$$

〈증명〉

$Maximize$
$s(t) \cdot \theta(t)$

$$SW = \int_0^{+\infty} e^{-(\rho-n)t} U[c(t)]\,dt$$

subject to

$C(t) = [1-s(t)]\{[1-\theta(t)]f[k(t)] + \theta(t)r(t)k(t)\}$

$f[k(t)] = f[k_p(t),\ k_s(t)] = w(t)h(t) + r(t)k(t)$

$\dot{k}(t) = \dot{k}_p(t) + \dot{k}_s(t)$

$\dot{k}_p(t) = i_p(t) - nk_p(t)$

$\dot{k}_s(t) = i_s(t) - nk_s(t)$

$i_p(t) = s(t)\{[1-\theta(t)]f[k(t)] + \theta(t)r(t)k(t)\}$

$i_s(t) = \dfrac{re^{(r-n)t} - n}{r-n}\{f[k(t)] - r(t)k(t)\}\theta(t)$

$i(t) = i_p(t) + i_s(t)$

$k(t) = k_p(t) + k_s(t)$

$\rho > n > 0$

$r > n$

$0 < s(t) < 1$

$0 < \theta(t) < \tau < 1$

$0 < \theta(t) + \tau < 1$

$f[k(t)] \geq c(t) + dk(t)/dt$

$f' > 0,\ f'' < 0,\ f(0) = 0,\ f(\infty) = \infty,\ f'(0) = \infty,\ f'(\infty) = 0$

$U' > 0,\ U'' < 0,\ U(0) = -\infty,\ U(\infty) = \infty,\ U'(0) = +\infty,\ U'(\infty) = 0$

$k(0) = k_0 > 0$

$k_p(0) = k_p^0 > 0$

$k_s(0) = k_s^0 > 0$

자료: 임양택(2011b).

3) 토지 불로소득에 대한 사회보장세의 부과

사회보장제도가 인류사회에 도입된 역사적 배경은 급속한 산업화에 따른 소득 분배구조 악화를 제어하고 삶의 질을 높이기 위한 일반대중의 복지수요를 충족하기 위함이다. 그렇다면, 한국의 경우 소득분배의 불균등과 사회 양극화의 근본적 요인은 무엇일까? 그것은 토지 불로소득의 사유화이다.[35]

저자는 기업의 비(非)업무용 토지와 가계의 비(非)생계용 토지에 대한 '사회보장세'를 부과하고 이와 동시에, 법인세 및 가계의 건물분 재산세 및 거래세(취득세와 등록세)를 감면하자고 주장해왔다.[36]

물론, 상기한 저자의 세제 개혁안은 다음과 같은 비판과 조세저항을 받을 수 있다. 즉, 과세대상이 아무리 비(非)업무용 기업의 토지와 비(非)생계용 가계의 토지라고 하더라도 '토지가치세'를 부과하는 것은 사유재산권의 침해라는 비판이 예상된다. 그러나 상기의 세제개혁안의 정당성을 사상적 측면에서 조명하면 존 로크의 《시민정부론》에서 찾을 수 있다. 존 로크의 사유재산권 정당화의 논거는 다음과 같이 요약될 수 있다.

① 자연물의 최초상태는 공동소유의 상태이다.
② 사적소유권의 성립은 다음 조건을 만족해야 한다. 즉, 자기소유권(각 개인은 자신의 인신에 대해 소유권을 가진다), 노동의 부가(자기소유권과 자신의 노동이 결합함으로써 사유재산권이 발생하게 된다)이다.

그러나 존 로크의 '단서'(*Lockean proviso*)가 '사유재산권'의 전제가 된다. 즉, 그는 '사유재산권'에 대한 '단서'로서 "적어도 그에 못지않은 질의 충분한 양이 다른 사람에게도 공동의 것으로 남아 있는 경우에만 사적 소유권이 인정된다"고 강조한다. 이 '단서'에 의하면 토지란 사적 소유권의 대상이 될 수 없다는 것이다. 왜냐하면 토지의 불로소득이 소득분배 불균등을 더욱 악화시키는 주

35 임양택(2007e).
36 임양택(2011).

범이기 때문이다.

'로크의 단서'는 자유주의 철학가인 로버트 노직(Robert nozick)에 의하여 "다른 사람을 불리하게 하지 않는 경우"로 다소 수정되었다. 정부의 개입을 극소화함으로써 최대의 자유를 추구하는 로버트 노직 자신도 다음과 같이 역설한다.[37]

> 물자를 차지함으로써 존 로크의 단서에 위배되는 것처럼 보이는 경우에도 보상을 하여 다른 사람을 불리하게 만들지 않는다면 그 물자를 차지할 수 있다. 그러나 다른 사람들에게 보상하지 않고 물자를 차지한다면 이는 취득에서 정의의 원리에 어긋나므로 부당한 취득이 된다.

저자는 한국의 역사적 사실의 측면에서 토지 불로소득에 대한 '토지가치세', 즉 '사회보장세' 부과의 정당성을 다음과 같이 논술하고자 한다. 한국의 농지개혁(1949)이 대한민국의 존립과 번영에 지대한 공헌을 하였듯이, 이젠 '제2의 토지개혁'으로서 '한국형 선진 복지사회'를 구현할 수 있는 재정기반을 갖추어야 한다는 점이다.

회고해보면, 대한민국 정부는 1949년 6월 21일 "농지개혁법"을 제정하여 경자유전(耕者有田)의 원칙을 실현하고 농민의 농지소유 상한을 원칙적으로 3정보로 한정하는 등의 '농지개혁'을 단행하였다. 당시 이승만 대통령은 1950년 3월 27일 '농지개혁안 실시에 관한 건'에서 "농민들에게는 농지를 제공해 자작농으로 육성하고, 지주들은 보상과 적산불하 등을 통해 산업자본으로 육성하겠다"는 취지를 밝혔다. '농지개혁'에 의하여 전(前)근대적 지주계급이 해체됨에 따라 신분질서에서 해방된 농민의 자녀들은 교육의 기회를 가질 수 있었고, 산업화와 함께 당당한 대한민국의 시민으로서 직장을 가질 수 있었다. 만약 농지개혁이 이루어지지 않았다면, 지주계급의 기득권은 자유민주주의 발전을 가로막았을 것이며, 오늘날 재벌의 족벌체제에 못지않은 사회경제적 발전의 저해요인이 되었을 것이다.[38] 또한, '농지개혁'은 산업자본을 형성하였으며,

---

37 Nozick, R. (1974).

그 결과 자유민주주의와 근대화의 기초를 마련했으며, 한국 사회가 전통적 농업국가에서 현대적 공업국가로 전환하는 길을 열었다.[39]

아무쪼록, 저자는 '최적 사회보장세'가 정착 및 가동되어 '최대다수 최대행복'을 위한 '한국형 복지사회'를 건설하는 데 유용한 방안이 되기를 간절히 소망한다.

(1) 토지 불로소득의 추계

한국의 토지소유 분포는 극심한 편중도를 보이고 있다.[40] 이러한 토지소유 구조하에서 토지가격이 급격히 상승했다. 한국토지공사의 자료를 토대로 과거 30년간 지가상승률을 5년 단위로 계산하면, 최근 5년간(2001~2005) 전국 지가상승률이 24.6%이다. 2005년 현재, 공시지가 총액은 2,176조 원이므로 5년간 지가상승액이 430조 원으로 계산된다.

---

38 20세기 초 멕시코의 영웅인 에밀리아노 사파타(Emiliano Zapata Salazar, 1879~1919)는 '토지가 아니면 죽음을 달라'고 외쳤다. 그로부터 80년이 흐른 1994년 멕시코 남부 치아파스(Chiapas) 주에서 사파타(Zapata)의 후예들(사파티스타)이 무장봉기를 일으켰다. 그들의 첫 번째 요구사항이 바로 '토지개혁'이었다. 토지 문제는 여전히 라틴아메리카의 미래로 가는 발목을 잡고 있다. 멕시코뿐만 아니라 브라질에서도 대농장 소유주 1.6%가 전체 농지 면적의 53%를 차지하고 있다. 대(大)농장주는 권력을 갖고 정치적 영향력을 행사하고 있다. 토지 없는 농민들은 임금 노동자로 살거나 도시로 쏟아져 나와 빈민층으로 전락한다. 라틴아메리카에서는 토지 없는 농민들의 열망이 불행히도 좌파 정권의 집권으로 나타나고 있다.

39 여기서 유의할 것은 한국의 '농지개혁'(1949. 6. 21)이 분단과 한국전쟁의 상황에서 이루어졌다는 점이다. 8·15 해방 이후 북한에서는 '토지개혁'이 신속하게 추진됐다. 이에 대응하여 미국이 남한의 '농지개혁' 과정에 적극적으로 개입했다. 그 이유는 냉전체제하의 동아시아에서 안정적인 반공(反共)국가를 만들기 위해서는 농민의 지지가 필요했기 때문이다. 사실, 한국전쟁 당시에 농민들이 북한 인민군에 호응하지 않았던 이유가 바로 토지를 가졌기 때문이었을 것으로 짐작된다.

40 세대별 토지소유 분포의 편중도를 나타내는 지니계수(*Gini coefficient*)는 극단적 불평등일 때 1이고, 완전 평등일 때 0인데, 동 계수(토지소유 세대만을 중심으로 계산)는 면적 기준으로 보면 0.81, 가액 기준으로 보면 0.64로 매우 높다. 상기의 수치는 토지를 소유하는 세대 간의 편중도를 나타내므로, 토지를 소유하지 않은 세대까지 포함한 전체 세대를 고려해 세대별 토지소유 분포의 지니계수를 계산하면 면적 기준으로 0.89, 가액 기준으로 0.79로 더 높아진다.

상기와 같은 엄청난 금액이 모두 토지소유자에게 불로소득으로 귀속되었다. 게다가 토지소유가 심하게 편중되어 있는 까닭에 불로소득은 상위계층의 추가 소득으로 귀속되었으며, 그 결과 토지로 인한 계층 간 소득 양극화가 얼마나 심해졌을지 짐작해 볼 수 있다.[41]

행정자치부의 자료에 의하면, 2005년 12월 현재 주민등록 총 세대 1,785만 세대의 60%인 1,070만 세대만이 개인 토지를 소유하고 있다. 토지가액 기준의 세대 분포를 보면, 1~5천만 원 사이가 728만 세대(40.8%)로 가장 높은 비중을 차지하며, 10~50억 원의 토지소유자는 14만 세대(0.778%), 50~100억 원의 토지소유자는 6천 6백 세대(0.037%)이고, 1백억 원 이상 토지소유자도 1천 9백 세대(0.01%)로 각각 집계되었다.

행정자치부가 발표(2007. 10)한 2006년 토지소유 현황 통계에 의하면, 2006년 말 기준으로, 한국의 토지소유자 중에서 상위 1%(50만 명)가 민유지의 57%, 상위 10%(약 5백만 명)가 민유지의 98.4%를 소유하는 것으로 나타났다. 참고로, 삼성전자가 소유한 부동산은 18조 7천억 원이고, 롯데는 9조 5천억 원, 현대자동차 8조 7천억 원, LG는 6조 1천억 원, SK는 7조 7천억 원으로 조사되었다.[42]

통계청이 2008년에 발표한 2007년 말 기준 국가자산통계 추계결과에 따르면 2007년 현재 한국의 토지가격은 GDP의 3.7배로 프랑스(3배), 미국(2.8배), 오스트레일리아(2.8배), 캐나다(1.1배), 일본(2.4배, 2006년 기준) 등 주요국보다 높게 나타났다. 이 발표에 따르면 2007년 한국 토지가격은 3조 5,780억 달러로서 국토면적이 1백 배에 달하는 캐나다 토지가격의 2.3배에 해당하고, 한국 국토의 77배에 달하는 오스트레일리아 토지가격의 1.4배에 달한다.

---

41 이러한 소득 양극화 문제는 지가상승률이 훨씬 더 높았던 1990년대 이전에는 더욱 심했다. 1980년대 말 전국적인 부동산투기 광풍으로 주택가격과 전·월세 값이 폭등하여, 1990년 4월 이사철에는 폭등한 전·월세 값을 감당할 수 없어 당장 길거리에 나앉게 된 세입자 17명이 귀중한 생명을 스스로 끊었다. 그중에는 아내와 두 자녀와 함께 동반자살한 가정도 있었다. 집주인이 올려달라고 한 금액은 불과 2백만 원이었는데, 그 가정은 그 돈을 마련할 수 없었던 것이다.

42 국민일보(2005. 9. 25).

토지소유의 극심한 집중도에 따른 토지 불로소득을 추계하면 다음과 같다. 1998년 이후 남한 지역에서 최근 10년간(1998~2007) 발생한 토지 불로소득의 전체 규모는 약 2,002조 원이었던 반면에, 조세 및 부담금을 통하여 환수된 토지 불로소득의 징수액(취득과세 + 보유과세 + 이전과세 + 개별부담금)은 약 116조 원(즉, 환수비율이 5.8%에 불과)으로 추산된다.[43] 따라서 나머지(총 1,886조 원)의 천문학적 불로소득이 한국 사회의 빈부격차의 주된 원인임을 알 수 있다.

(2) 사회보장세의 부과 방법

저자는 헨리 조지(1879)의 '조세이전'(*tax shift*) 이론에 의거하여 '지대조세', 즉 최적 '사회보장세'(SST: *Social Security Tax*)로써 '포괄적 복지'를 위한 '사회보장기금'(SSF: *Social Security Fund*)의 확충을 제안한다.[44] 여기서 말하는 '포괄적 복지'란 소득보장(국민연금) 제도, 국민기초생활보장제도(경로연금제도)와 의료보장(국민건강보험제도) 뿐만 아니라 영·유아를 위한 보육료·양육수당 제도를 모두 포함하는 개념이다.

상기의 목적을 위한 '사회보장세'의 도입은 다른 어떤 '사회적 비용'보다 절실하고 시급한 과제라고 말할 수 있다. 단도직입적으로 말하면, 아무리 '사회적 비용'이 크더라도 망국(亡國)의 '죗값'보다는 적을 것이다. 토지 불로소득에 대한 최적 '사회보장세'의 부과를 위한 추진전략은 다음과 같다.

① 헌법재판소가 세대별 합산에 대한 위헌 판결(2008)을 존중하여, 이미 유명무실한 현행 주택분 '종합부동산세제'(국세)를 폐지한다.[45]

---

43 변창흠·안규오(2009); 남기업(2009)

44 사회보장기금(*social security fund*)의 창출·조성·투자에 관한 저자의 동태적 모형은 임양택(2011b)에 설명되어 있다.

45 현행 '부동산보유세'는 지방세인 '재산세'와 국세인 '종합부동산세'로 되어 있다. 그러나 '종합부동산세'는 이미 형해화되었다고 해도 과언이 아니다. 헌법재판소가 세대별 합산에 대한 위헌 판결(2008)을 내린 후, 주택분 종합부동산세 대상자는 절반 31만 명(2008) 16만 명(2009)으로 감소하였고, 세수입도 2조 1천억 원(2008) 에서 1조 2천억 원(2009)으로 감소하였다. 따라서 '토지보유세'를 국세인 '국토보유세'와 지방세인 '재산세'로 재편하고

② 부동산(현재 토지와 건물을 합한 고정자산)의 보유를 건물 보유와 토지 보유로 분리한다. 이에 따라 '부동산보유세'를 '토지보유세'와 '건물보유세'로 구분한다.[46] '토지보유세'는 시장을 왜곡시키지 않는 가장 이상적인 세금인 동시에 토지에서 발생하는 불로소득을 환수하는 가장 좋은 정책 수단이다. 상기의 세제개혁안에서 유의할 것은 세금의 부과 대상은 건물이 아니라 토지이며, 또한 거래가 아니라 보유라는 점이다. 그 이유는 토지와 건물을 합친 '부동산보유세'에 비해 '토지보유세'는 정의로울 뿐만 아니라 효율적이기 때문이다.[47]

③ 비(非)업무용 기업의 토지와 비(非)생계용 가계의 토지의 순(純)현재가치 증가분, 즉 토지 보유기간 동안 발생한 연간 지대(地貸)[48]의 현재가치 총액에서 토지매입 지가(地價)의 원금(元金) 및 이자(利子) 지급액을 공제한 금액[49]에 대하여 최적 세율의 '사회보장세'(SST)를 부과하고 그 세수를 '사회보장기금'(SSF)으로 전환하고 이를 다시 신성장동력 산업에 투

'토지보유세'를 국세로 징수한다는 정신을 살리고, 또 토지에 집중한다는 의미에서 '종합부동산세'를 폐지하고 '국토보유세'로서 신설하는 것이 명실상부(名實相符)하다.

46 노벨 경제학상 수상자 윌리엄 비크리는 '부동산보유세'가 최선의 세금 중 하나(토지보유세)와 최악의 세금 중 하나(건물보유세)가 결합된 세금이라고 주장하였다.

47 여기서 '토지보유세'가 '정의롭다'고 말하는 이유는 천부자원인 토지에 대하여 토지보유세의 세율을 지속적으로 높여 모든 시민이 토지를 공유할 수 있도록 하기 때문이다. 또한, '토지보유세'가 '효율적이다'라고 말하는 이유는 시장친화적인 세금인 '토지보유세'를 인상(가령, 실효세율을 1.5% 수준)하되 반(反)시장적인 '토지거래세'를 낮추면 토지가 실(實)소유자 중심으로 재편됨과 동시에 가장 필요로 하는 사람에게 토지 자원이 효율적으로 배분될 것으로 기대되기 때문이다(남기업, 2007; 2010; 2011).

48 '지대'(*land rent*)는 토지의 생산성, 즉 토지의 가치를 의미한다. 그런데 토지 생산성은 개별 토지 소유자가 노력해서 좋아지는 것이 아니라 사회나 정부가 해당 토지 및 그 주변을 좋게 만들었기 때문에, 토지 생산성이 높아지는 것이다. 따라서 그러한 토지 가치를 사유화하는 것은 '불로소득'으로 간주될 수 있다.

49 '토지보유세'의 시행에서 제기될 수 있는 문제는 토지가치, 즉 지대(地代)를 100% 환수할 것인가 혹은 현존 토지가격, 즉 매입 지가를 고정시킬 것인가이다. 왜냐하면 이미 토지의 사유화가 엄청나게 진행된 상태에서 지대를 100% 환수하면, 전술한 바와 같이 지가가 '0'이 된다. 이 경우, 일부 선의의 피해자로서 토지 매입자가 피해를 볼 수 있는 반면에 후자의 방법은 지가가 고정되기 때문에 그런 문제가 생기지 않기 때문이라고 한다.

[그림 V-7] 저자의 최적 사회보장 모형에 입각한
한국의 복지재원 조달 방안

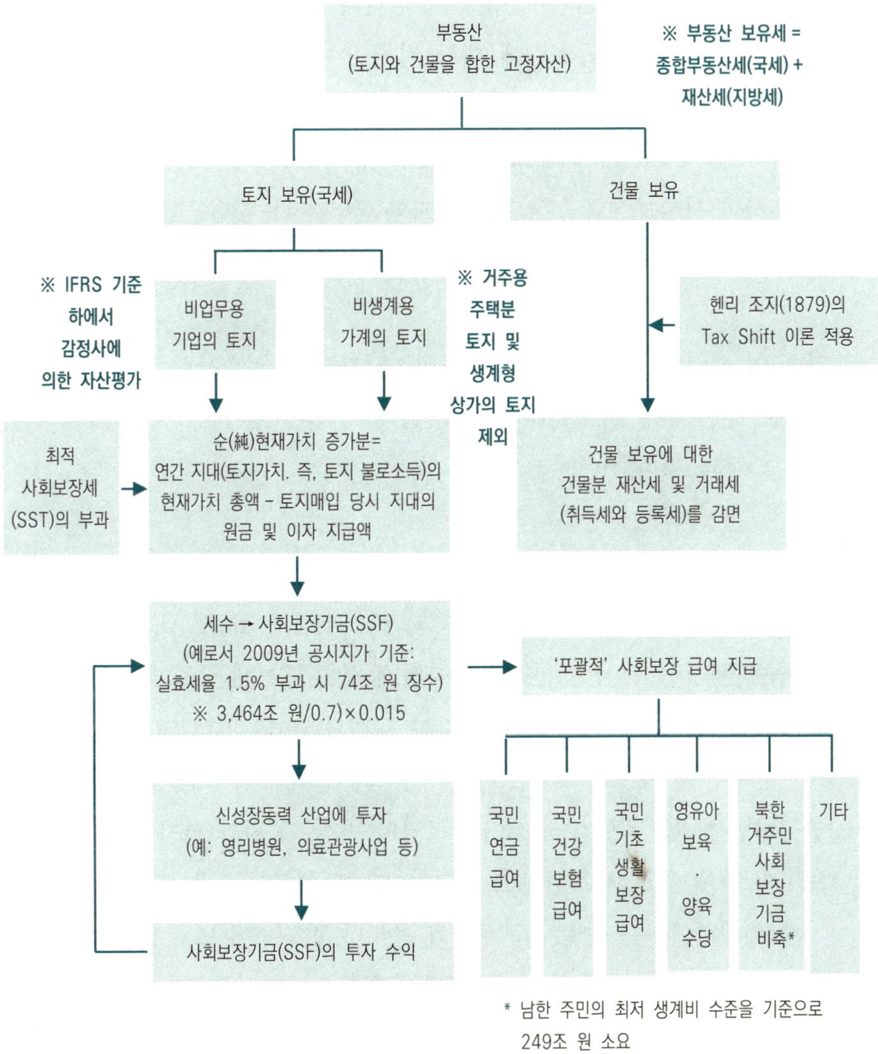

자하여 그 기금을 증식한다.[50]

④ 헨리 조지의 '조세 이동' 이론에 의거하여, 상기의 '사회보장세'를 납부한 기업에 대하여서는 법인세를, 또한 상기의 '사회보장세'를 납부한 가계에 대하여서는 각각 건물보유에 대한 건물분 재산세 및 거래세(취득세와 등록세)를 감면해 준다.[51]

⑤ 상기와 같이 징수된 '사회보장세'(SST)의 세수를 사회보장기금(SSF)으로 확충하여 사회보장제도(국민연금제도와 국민건강보험제도 등)의 재정 확충에 충당한다.

상기한 이 저서의 세제개혁안은 김윤상·남기업의 그것으로부터 많은 '영감'과 '용기'를 얻은 것임을 고백하면서, 이들의 연구와 이 저서의 세제개혁안을 비교하면 다음과 같다.[52]

- 김윤상·남기업의 세제개혁안은 토지 불로소득 환수를 위한 '토지가치세'의 도입을 골자로 하는 세제개혁이다. 즉, 토지를 소유·사용하는 사람은 토지가치에 비례해서 사용료를 납부하게 하고, 그 대신 경제에 부담을 주는 다른 세금들은 감면하는 패키지형 세제개편이다. 그리고 이들은 '개발이익환수제'를 재도입하여 도시계획시설의 설치, 도시개발, 재건축 등의 공공사업 시행, 용도지역·지구·구역의 변경, 농지와 산지 전용 등의 용도전환 등에 적용해야 한다고 주장한다. 왜냐하면 '개발이익환수제'는 국지적으로 일어나는 개발, 즉 토지의 용도나 밀도 변경으로 발생하는 불로소득을 환수하는 장치이기 때문이라고 한다. 일반적으로, 재개발이나 재

---

50 상기한 동태적 과정: '최적 사회보장세'의 부과→징수액의 사회보장기금으로 전환→신성장동력 산업에 투자→사회보장기금의 증식. 이에 관한 이론적 모형은 임양택(2011a)을 참조.

51 남기업 교수(2007; 2010; 2011)는 건물이 아니라 토지에 세금을 부과하기 위해서는, 우선 토지보유세·양도소득세·개발이익 환수는 높이되, 건물분 재산세·거래세(취득세·등록세)는 낮춰야 한다고 주장한다.

52 김윤상(2009a/b; 2010); 남기업(2007; 2010; 2011).

건축을 하면 토지사용의 밀도가 변경되는데, 이 과정에서 발생하는 것이 '개발이익'이다. 개발이익은 토지 불로소득의 일종으로서 이것을 사유화하면, 아직 멀쩡한 건물을 허물어버리는 자원낭비가 초래되고, 난개발·막개발과 같은 환경파괴가 일어나게 된다. 따라서 개발이익을 포괄적으로 환수되어야 한다는 것이다.

그러나 신규 조세의 명칭에서, 저자는 '사회보장세'를, 김윤상·남기업은 헨리 조지의 '토지가치세'의 개념을 빌려 '토지보유세' 혹은 '국토보유세'를 각각 사용하고 있다. 저자는 '사회보장세'라는 명칭이 김윤상·남기업 교수의 '토지보유세' 혹은 '국토보유세'에 비하여 '본래의 목적'에 더욱 부합된다고 생각한다.

- 김윤상·남기업은 기업의 비(非)업무용 토지뿐만 아니라 업무용 토지에 대하여 중과하되 법인세를 감면하고 가계의 거주용 주택분 토지와 생계형 상가의 토지에도 중과하되 근로소득세를 감면하는 방식으로 기업과 가계로 하여금 신규 '토지 혹은 국토 보유세'의 신설에 대한 찬성으로 유도 혹은 설득할 수 있다고 생각한다.

이 경우, 보수적인 기업 및 가계도 토지보유세 부과 및 소득세 혹은 법인세 감면을 적극 찬성할 것이라고 한다. 우선, 법인에게 법인세를 깎아주면서 사업용·비(非)사업용 토지의 토지보유세를 더 많이 납부하도록 한다. 이 결과, 법인은 토지투기라는 비생산적 활동을 단념하고 생산적 활동으로 고용창출에 기여할 수 있을 것이라고 한다. 또한, 가계에게 근로소득세를 감면해주는 만큼 주택분 토지세나 상가의 토지세를 더 많이 납부하도록 한다. 이 결과, 가계는 부동산 투기라는 비생산적 활동이 아니라 상품과 서비스를 만드는 생산적인 일에 열중할 가능성이 높아질 것이라고 한다.

그러나 저자는 기업이 보유한 업무용 토지와 가계가 소한 거주용 주택분 토지와 생계형 상가의 토지는 '토지가치세'의 부과대상에서 제외한다. 저자는 김윤상·남기업이 제안하는 기업의 업무용 및 비(非)업무용 토지와 거주용 주택분 토지 및 생계형 상가의 토지에도 토지보유세를 중과하는 것은 애초부터 실현 불가능하거나 중도에서 폐기될 수 있을 것으로 예상된다. 그 근거로서 노무현 정부 당시 '종합부동산세'로 인하여 한국 사회가 겪었던 홍역을 상기할 수 있다.

- 김윤상 · 남기업은 '토지가치세'의 산정에서 토지보유 기간 동안 발생한 연간 지대의 현재가치 총액에서 토지매입의 지가(地價)의 이자 지급액을 공제한 금액에 부과할 것을 주장한다. 그러나 저자는 상기의 이자뿐만 아니라 토지매입 당시의 원금까지 공제한 금액에 부과할 것을 제안한다.
- 김윤상 · 남기업은 가계의 경우 거주용 주택분 토지와 생계형 상가의 토지에 '토지가치세'를 중과하고 그 대신 근로소득세를 감면하자고 제안한다. 그러나 저자는 거주용 주택분 토지와 생계형 상가의 토지에 '토지가치세'를 부과하는 것을 반대할 뿐만 아니라 근로소득세의 감면도 반대한다. 아마도 김윤상 · 남기업은 근로소득세의 현황과 그 중요성을 감안하지 못한 것 같다.

(3) 사회보장기금의 투자

① 영리병원의 허용

'영리병원 허용' 제도는 병원의 영리행위를 허용하겠다는 것이 아니라 의료사업 프로젝트에 자본투자를 허용하자는 것이다. 이 제도에서는 의사가 아닌 다른 사람도 의료에 자본을 투자할 수 있게 하자는 것이다. 이 제도의 이름은 '영리병원의 허용'보다는 '의료에 대한 투자 개방'이 더 정확하다. 의료사업 프로젝트에 대한 자본투자가 늘면 의료서비스 수준은 높아지고, 진료비는 낮아질 것이다. 따라서 환자를 위해서도, 의사를 위해서도, 투자자를 위해서도 '영리병원'은 허용되어야 한다.

중국의 의료 수준은 나날이 높아짐에 따라 한국의 기업 및 의사들이 중국에 합작병원을 설립하고 나섰다. 중국 내 한국 영리병원들의 숫자는 빠르게 늘고 있다. 이미 상하이 지역에만 30개가 넘는다.[53]

---

53 재경일보(2008. 7. 7).

② 의료관광

정부는 2013년 5월 안으로 외국인투자촉진법을 개정하여 외국인투자법인이 외국인 투자지역 안에서 부지를 쉽게 임대할 수 있도록 했다. 이렇게 규제가 풀릴 경우 공장 설립으로 약 1조 원의 투자 효과가 생길 것으로 전망된다.

또한, 정부는 공동출자법인에 한해 손자회사의 증손회사 최소 보유지분율을 50%로 완화하는 지주회사 규제도 개선할 방침이다. 현행 공정거래법은 손자회사가 증손회사 지분 100%를 가져야 한다고 제한하고 있다. 공동투자를 통해 새 법인을 만들 길을 막아놓은 것이다. 기획재정부는 이 같은 규제 개혁에 따른 투자 효과가 총 12조 원을 넘을 것으로 기대하고 있다.

최근 의료관광차 한국을 찾는 외국인들이 급증하지만, 이들을 위한 전용 숙박시설 건립을 추진하려 해도 숙박시설에 대한 별도의 분류가 없어 관광호텔로 설립허가를 받아야 한다. 그러나 허가권자인 지방자치단체는 관광호텔에 대한 부정적 인식과 인근 주민의 반발을 우려해 승인을 꺼렸다. 정부는 이를 개선하기 위해 2013년 6월 관광진흥법 시행령을 고쳤다. 그리고 해외 의료관광객 유치를 위한 숙박시설인 '메디텔' 건축을 허용하였다. 또한, 고부가가치 서비스산업에는 글로벌 헬스케어, 글로벌 교육서비스, 녹색금융, 콘텐츠·소프트웨어 및 MICE·관광산업이 선정됐다.

한국의 헬스케어를 받기 위한 세계 의료관광이 2012년에 약 1천억 달러로 증가했을 정도로 국내 의료산업의 경쟁력이 세계적으로 인정받고 있다. 2007년 현재 1만 5천 명인 외국인 환자 유치수가 2013년 12만 명, 2018년 30만 명으로 증가할 것으로 전망된다. 따라서 글로벌 헬스케어는 세계 의료시장은 2004년 4백억 달러에서 2012년 1천억 달러 규모로 성장할 것으로 예상되고 고용창출 효과도 양질의 일자리를 창출할 수 있는 분야다.

한편, MICE·관광은 고수익 관광산업 육성을 통해 2012년 외래관광객 1천만 명을 유치하고 관광수입 130억 달러 달성이 목표다. 이를 위해 민관 협력을 통한 주요 국제회의 유치노력 및 관광 인프라를 조성하고 지원·지역 특성을 반영한 생태관광 시범지역 및 국가대표 공연을 육성키로 했다.

4) 기대효과

토지 불로소득에 대한 '토지가치세', 즉 '사회보장세'(SST)의 도입으로 창출될 수 있는 기대효과는 다음과 같다.

- **첫째** 토지보유세(국세의 국토보유세 + 지방세의 재산세)의 실효세율을 1.5%로 높이는 경우, 무려 연간 74조 원의 세수를 확보할 수 있다. 구체적으로, 2009년 말 공시지가로 계산하면, '토지보유세'는 약 74조 원〔(3,464조 원/0.7) × 0.015〕을 징수할 수 있는데, 이는 지대(地代)의 약 40% 정도가 되는 것으로 추정된다.[54] 만약 토지의 연간 임대가치(지대) 총액을 기준으로 계산하면 2009년 현재 재산을 소득으로 환산하는 비율에 따라 연간 약 104조 원 내지 173조 원이 된다. 전자는 보수적 기준인 3%를, 후자는 보건복지부의 현행 기준인 5%를 각각 적용한 것이다.[55]
- **둘째** 상기의 세제개혁안(토지 불로소득에 대한 '사회보장세'의 부과)은 비단 복지재정의 기반을 공고히 할 수 있을 뿐만 아니라 소득분배구조의 불평등과 양극화의 근본 요인을 제거할 수 있을 것으로 기대된다. '사회보장세'를 부과하면, 토지가치가 상승하더라도 그 이익이 토지소유자에게 가지 않고 조세로 모두 징수되므로 소득과 부(富)의 분배가 토지 불로소득에 의해 악화되는 것을 사전에 방지할 수 있다.
- **셋째** 상기의 세제개혁안(토지 불로소득에 대한 사회보장세의 부과)은 비단 복지재정의 기반을 공고히 할 수 있을 뿐만 아니라 소득분배구조의 불평등과 양극화의 근본 요인을 제거할 수 있을 것으로 기대된다. 저자의 '사회보장세'를 부과하면, 토지가치가 상승하더라도 그 이익이 토지소유자에게 가지 않고 조세로 모두 징수되므로 소득과 부(富)의 분배가

---

54 남기업(2010; 2011)

55 변창흠·안규오(2009); 남기업(2009).

토지 불로소득에 의해 악화되는 것을 사전에 방지할 수 있다.

넷째 '사회보장세'로 조성된 '사회보장기금'은 남한 주민의 복지문제뿐만 아니라 통일 후 북한 주민의 최저 생계비 지급을 통하여 민족의 사회통합을 추구할 수 있는 소중한 재원이 될 수 있다.

통일연구원 및 대외경제정책연구원은 2013년 통일을 가정할 때 초기 1년간 최소 553조 원의 남북한 체제통합 비용이 소요될 것이며, 북한 주민의 사회보장 수준을 남한 주민의 최저생계비 수준으로 맞춘다면 249조 원이 필요할 것이라고 발표했다.[56]

상기 재원의 조달 방법은 2015년부터 남북한 신뢰 구축에 따른 점진적 국방비 절감을 통하여 2015~2040년의 25년간 총 5,853억 달러(약 633조 원)의 국방비 절감액과 통일 후 국가 신용도 상승에 따른 해외자본 조달로 충당한다는 것이다. 그러나 2015년부터 남북한 신뢰구축이 가능할 것인가? 설혹 남북한 신뢰 구축이 가능하더라도, 한국의 국방비가 절감될 수 있을까?

아무쪼록, 저자는 상기의 '장밋빛' 청사진이 부디 실현되기를 간절히 소망한다. 상기의 시나리오가 실현되기 불가능하다면, 그러한 불확실성하에서 한국 시회의 균열과 엄청닌 사회적 내용을 고려하여 저자의 '사회보장세'가 성착 및 가동되어 한국 사회가 선진 복지사회로 발전될 수 있기를 기도한다.

만약 급작스런 통일이 이루어졌다면, 북한 지역에서의 대량실업 사태와 북한으로부터 남한으로의 급격한 인구이동에 따른 혼란, 그리고 이에 따른 북한 지역 노동력의 고갈, 북한 주민의 최저생활보장, 의료 수요 등과 같은 사회적 욕구가 분출할 것이다. 이러한 사회적 혼란상태는 통일 자체의 정당성을 무너뜨릴 수 있을 것이다. 심지어, 과거 남북한, 예멘의 경우와 같이 군사충돌이 야기될 수 있을 것이다.

만약 남한 주민이 남한 자체의 복지재정 위기로 인하여 북한 주민의 사회보장에 대한 재정보조를 할 수 없다면, 북한 주민들은 사회보장의 수준이 월등히 높

56 조선일보(2011. 7. 12).

은 남한 지역으로 이주하려는 엑소더스가 벌어질 것이다.

따라서 남한은 남한 지역 자체의 안전을 위해서라도 남북한 간의 사회보험 지급수준 차이만큼 보조금을 지급함으로써 북한 주민의 남한 지역에로의 이주를 억제해야 할 것이다. 따라서 남한 사회뿐만 아니라 통일 후의 북한 주민까지 고려하여 한국의 사회보장제도를 다시 설계할 필요가 있다.

제 Ⅶ장에서 후술할 저자의 '남북한 5단계 통합모형'에서 제 3단계인 사회통합(*social integration*)은 지난 50여 년 동안 이질적인 체제 속에서 형성된 자본주의 문화와 사회주의 문화를 통일한국의 복지사회라는 틀 속에 융합시킴과 동시에 각종 사회제도(예로서, 재산권, 사법제도, 행정제도, 교육제도 등)를 통합하고 '최대다수 최대행복'을 위한 사회보장제도(의료, 연금, 산업재해보험 등)를 확충하는 것이다. 특히, 양측의 사회보장제도를 통합하는 것이 매우 중요하다. 남북한 주민의 삶의 질을 제도적 차원에서 결정하는 사회보장제도의 통합은 실질적인 의미에서 경제통합보다 더 중요하다고 말할 수 있다.[57]

57 임양택(1999; 2000; 2005; 2007; 2011).

VI

'동북아안보협력회의'와 '동북아 평화조약(안)'[1]

이제, 저자는 북한의 핵무기로 인한 한반도의 안보 패러다임의 변화에 대응하여 한반도 평화와 남북한 통일을 실현할 수 있는 '대한민국 책략'을 도출 및 제시하고자 한다. 한반도 평화를 정착시키기 위한 목적으로 북한의 핵무기를 합의 포기하도록 하기 위한 '동북아 평화조약'과, 남북한 통일을 실현하기 위한 목적으로 '한반도 통일 프로그램'으로 구성된다.

'대한민국 책략'은 북한 핵 및 미사일 위협에 대응하는 한국 안보전략의 궁극적 목표인 한반도의 비핵화를 통해 '통일 한국'의 안보와 평화를 정착시키는 것이다. 이를 위한 중·단기적 목표는 북한 핵무기의 폐기 내지는 제거이다.

1 이 장의 내용은 국내에서뿐만 아니라, 프랑스 파리와 독일 바덴바덴에서 각각 개최되었던 국제심포지엄에서 연구논문으로 발표되었으며, 그 덕분으로 저자는 다음과 같은 두 학술상을 받았다. 〔미국 BWW Society로부터 세계 문제 및 해결 학술상(Global Issues & Solutions Award, 프랑스 파리, 2002. 8. 8); 캐나다 IIAS(International Institute for Advanced Studies in Systems Research and Cybernetics)으로부터 우수학술상(Outstanding Scholarly Contribution Award, 독일 바덴바덴, 2008. 7. 30)〕.

1. 북한 경제의 개관

북한의 문제는 3가지, 즉 ① 핵무기 문제, ② 경제위기 상황(식량·에너지 부족 문제), ③ 김정은 체제의 불안정 문제로 집약할 수 있다. 그러나 저자의 주된 관심은 북한 정권의 흥망(興亡)에 관한 것이 아니라 한반도의 평화와 번영에 관한 것이다.

저자는 '붉은 김 씨 왕조'는 무너져도 북한 자체는 붕괴하지 않을 것이라고 믿는다. 만약 이 견해가 옳다면, 우리는 북한의 최고 지도자와 논의할 수 있는 '대한민국 책략'을 준비해야 할 것이다. 따라서 저자는 마지막 3번째 문제는 별도로 분석하지 않고 앞의 두 가지 문제만을 분석하고자 한다.

김일성 주석(당시)의 '카리스마'는 북한 주민의 민족적 자존심을 강화시켜 노동생산성을 상당히 증가시켰다. 1957년에 시작된 제1차 5개년 계획 내 공업생산량이 목표수준의 3.5배를 달성했다. 1970년에는 '사회주의 공업국가'가 됐다고 선언했다.

북한은 일본 제국주의하에서 북한 지역에 집중된 산업시설을 바탕으로 토지개혁과 산업국유화를 단행했다. 한국전쟁으로 폐허가 됐지만 소련을 비롯한 동구권의 지원과 '천리마 운동'을 통해 1960년대까지는 남한보다 경제적 우위를 유지했다.

그러나 1970년대 후반 이후 북한의 국력은 쇠잔해져 갔다. 그 요인은 사회주의 중앙집권식 계획경제에 따른 비효율성이다. 왜냐하면 사유재산권이 인정되지 않는 사회경제체제하에서 근로자의 창의력이나 근면성을 기대할 수 없기 때문이다. 설상가상으로 경제계획을 무시한 최고통치자의 하향식 지시는 비효율적인 경제순환을 더욱 왜곡시켰다. 또한, 1967~1969년에만 전체 예산의 30%를 국방비에 투입할 정도로, 군사·중공업 위주의 경제정책을 추진함에 따라 북한 경제의 성장 엔진은 꺼져버렸다. 게다가 대내적으로는 사회주의 시스템 자체의 모순이 겹치면서, 대외적으로는 1976년에 대(對)서방 채무불이행 상황에 도달했다.

그 이후, 40년 동안 경제위기 상황이 지속되어 왔다. 자원 부족, 에너지 부족, 식량 부족, 생필품 부족, 생산성 저하 등 복합적인 난맥상태가 노정됐다. 오직 외부의 지원을 통해서만 연명이 가능한 상황에 이르렀다.

그럼에도 불구하고, 북한은 여전히 노동당 규약에 "전국적 범위에서 민족해방과 인민민주주의 혁명 과업의 완수"를 명시하고 대(對) 남 적화통일 전략을 고수하였다. 예로서 1968년 청와대 습격, 1983년 아웅산 테러 사건 등을 저질렀다.

그러나 1980년대 후반에 동구권이 붕괴하고 남북 간 경제력 격차가 커지자, 북한은 매우 초조해지기 시작했다. 김일성 주석(당시)이 1991년 신년사에서 "조국 통일은 누가 누구를 먹거나 먹히지 않은 원칙에서 (중략) 연방제 방식으로 실현돼야 한다"고 한 것은 이러한 북한의 초조함을 나타낸 것이라고 해석된다.

김일성 주석의 사망(1994. 7. 8) 이후, 북한은 유훈 통치기(1994. 7~1997. 10)에 "뼈를 에는 듯한 상실의 아픔 속에서… 피눈물의 언덕을 넘은 시기"를 보냈다. 그러한 '언덕'에서 북한 체제는 붕괴될 수도 있었을 것이다.[2] 이어서, 아들인 김정일 당시 국방위원장은 아버지 김일성의 '경제적 유산'을 물려받고 유훈 통치기(1994. 7~1997. 9), 개혁 준비기(1997. 9~2002. 7), 개혁 시도기(2002. 7~2011. 12)를 거치면서 북한을 통치하다가 2011년 12월 17일 사망했다.

김정일 사망에 이어 김일성 생일 100주년인 2012년을 맞이하여, 북한은 '선군 대(大) 고조'의 승리를 위하여 '단숨에의 기상을 높이 떨치고 불가능을 모르는 영웅적 조선인민군의 돌격속도, 일당백 속도로 위훈을 창조'해야 한다고 외치고 있다. 북한은 이를 통해 2012년부터 '자주의 길, 선군의 길, 사회주의의 길'인 새로운 주체 100년을 열어가자며 당과 군, 주민들을 독려하고 있다.

여기서 유의해야 할 것은 북한 체제에 대한 중국 전략의 변화과정이다. 우선, 김일성이 사망한 1994년은 냉전이 막 끝난 시점으로 중국은 고립돼 있었다. 김정일도 중국을 싫어했다. 1993년 북핵위기 당시 미국이 북한 타격을 고려할 때도 중국은 '미국이 알아서 하라'는 입장이었다. 김일성 주석이 사망한 후, 중국은 즉각적으로 조의를 표명하고 김정일 후계체제를 인정하였지만 자연

2 임양택(1994. 7. 13)

재해 등으로 수십만 명의 사망자가 발생함에 따라 김정일 체제가 위기에 몰렸을 때 중국은 '북한이 도움을 요청하지 않았다'는 이유로 대규모 식량지원을 제공하지 않았다.

당시, 중국이 김일성 사후의 '북한 길들이기' 차원에서 식량 지원을 하지 않았다는 분석도 있는 반면에, 북한이 비밀리에 개발하고 있었던 장거리 탄도미사일을 포기시키기 위한 압박용이었다는 분석도 있다.

그러나 김정일 국방위원장은 이에 아랑곳하지 않고 1998년 장거리 로켓 발사와 함께 김정일 체제를 공식 출범시켰다.

김정일 집권 이후 첫 방중(訪中)이 이루어졌던 2000년대 초반 이후에도 상황은 크게 달라지지 않았다. 북한은 중국의 개혁·개방을 '수정주의'라고 비난했고, 중국을 '믿을 수 없는 나라'로 낙인찍었다. 중국이 보내는 원조물자와 식량은 '미국을 막아주는 데 대한 당연한 대가' 정도로 간주했다. 2003년 북핵 6자회담이 시작된 뒤에도 중국은 미국과 중국 사이를 오가는 김정일의 노회한 외교술에 끌려 다녀야 했다.

과거 김정일이 집권한 17년간 북·중 관계는 갈등의 연속이었다. 북·중 국경 곳곳에서 볼 수 있는 '중조(中朝: 중국과 북한) 우의(友誼)'라는 구호가 무색할 정도였다. 1994년 김일성 주석 사망 이후 김정일 국방위원장은 중국을 거세게 몰아붙였다. 특히 1992년 한·중 수교에 대한 배신감을 거침없이 표출했다. 실제로, 북한은 북한 교과서에서 중국의 한국전쟁 참전 사실을 삭제했고, 판문점에서 중국 군사대표단을 철수시켜 버렸다. 심지어, 북한은 타이완과 교류하면서 중국의 아픈 곳을 건드리기도 했다.

2003년 북한이 고농축우라늄(HEU) 프로그램을 시인하면서 제2차 북핵위기가 불거졌던 시기에, 바산의 송유관 밸브가 3일간 차단됐다. 그 이유는, 중국은 송유관 수리를 공식적으로 설명했지만, 북한은 미국 요청에 따른 중국의 대(對)북한 압박 조치였다고 믿고 있었다.

그로부터 3년 후 중국은 그 대가를 톡톡히 치렀다. 상술하면, 북한은 2006년 제1차 핵실험을 하면서 불과 20분 전에야 중국에 그 사실을 통보했던 것이다. 중국 외교부는 "북한이 감히 핵실험을 실시했다"며 격노했다. 이 당시는 2005년

[표 Ⅵ-1] 김정일 북한 경제 10년의 주요 일지

구분	김일성의 경제적 유산	김정일 북한 경제 10년 유훈 통치기 (1994. 7~1997. 9)	개혁 준비기 (1997. 9~2002. 7)	개혁 시도기 (2002. 7~현재)
전반적 경제여건	• 중국과 소련으로부터 원유 · 식량지원 감소 (1990년대 초반) • 마이너스 경제성장 시작 (1990년 이후) • 대외시장의 약 70% 상실(사회주의국가의 체제전환) • 식량배급 시스템 붕괴조짐(동북지역)과 하루 두 끼 먹기 운동 시작 (1992) • NPT 탈퇴(1992)에 의한 국제 경제관계 경색	• 미국과 국제사회로부터 중유 · 식량 확보 (제네바 핵합의: 1994) • 미국의 1단계 경제제재 완화조치 관철(1995) • 마이너스 경제성장 지속 • 식량배급 시스템 붕괴와 대량아사자 발생 (1995~1997) 및 탈북 • 동아시아 금융위기 발생(1997)	• 정상회담 추진(중 · 러 관계 복원을 통한 원유 · 식량지원 추가확보) • 플러스 경제성장 전환 • 김대중 대통령의 햇볕정책 시동 (1998) • 미사일 발사 및 헌법개정 (1998) • 미국의 2단계 경제제재 완화조치 관철(1999) • 미국 부시정부가 악의 축으로 지명(2002)	• 북 · 일 정상회담 (2002: 평양 선언) • 양빈 신의주 특별행정구 장관 중국 당국에 의한 가택연금(2002) • 우라늄 농축 핵 개발 (2002)과 NPT 탈퇴 유보 철회(2003) • 용천폭발사건 발생 (2004)
대내경제 부눈	• 농업 · 경공업 · 무역 제일주의 경제전략 채택 (1993)	• 농업 · 경공업 · 무역 제일주의 경제전략 유지 • 경제건설에 군동원 시작	• 자립적 경제건설 노선 재천명(1998)과 제 2의 천리마대진군 (강성대국 건설) • 경제건설에 군동원 본격화(선군정치)	• 7 · 1 경제관리 개선 소지 (2002) 및 그 후속조치 단행 • 방공업건설 우선론 (2002: 선군정치)
대외경제 부문	• 나진 · 선봉 자유경제 무역지대 지정 (1991: UNDP의 두만강 지역 개발 프로그램 참여)	• 나진 · 선봉 자유경제 무역지대 건설가속화 • 나진 · 선봉지역에 자본주의 실험(환율 1달러당 2.21원 → 210원)	• 나진 · 선봉 자유경제 무역지대를 경제특구로 조정	• 신의주 특별행정구법 제정(2002)
남북경제 부문	• 간접적 남북 경제교류 시작(1989) • 남북 기본합의서 및 남북 교류 · 협력부속합의서 타결(1992) • 정상회담 합의(1994)	• 간접적 남북 경제교류 유지 • 남북 기본합의서 및 남북 교류 · 협력부속합의서 유명무실화 • 정상회담 개최에 대한 입장 유보	• 금강산 관광 시작(1998) • 정상회담에 의한 6 · 15 선언(2000) 으로 남북 당국대화 가속화 • 김정일 답방 유보	• 금강산관광지구법 및 개성공업지구법 제정 → 직접적 남북 경제교류시대 개막(2002) • 4개 경협합의서 정식 발효(2003) • 남북교역 7억 달러 실현

자료: 임양택(2005).

후진타오(胡錦濤) 국가주석의 방북과 2006년 초 김정일의 답방으로 양국 관계가 호전됐다고 본 시점이어서 중국은 마치 뒤통수를 맞은 격이 됐다.

한편, 김정일 국방위원장의 급서(2011. 12. 17) 이후, 중국이 북한에게 보여준 태도는 김일성 사후의 그것과는 많이 다르다. 중국은 김정일 국방위원장 서거 직후 김정은 체제를 공식 인정했을 뿐만 아니라, "북한을 자극하지 말라"는 메시지를 중국 주재 한국, 미국, 일본, 러시아 대사들에게 전달했다고 한다. 또한 중국 정부가 북한 체제의 안정을 위해 대규모 식량지원을 준비했다. 이와 같이 중국은 자국이 북한의 후견인 입장이라는 것을 대내외적으로 주저 없이 과시했다.

이와 같이 김정일 국방위원장의 사망 후 중국 분위기는 북·중 관계 개선에 대한 기대감으로 고조되어 있다. 중국은 김정은의 북한을 '말 잘 듣는 친중(親中) 정권'으로 만들 수 있는 호기라고 생각하는 것 같다. 나아가. 북한이 핵무기를 포기하고 개혁·개방에 나서도록 중국이 확실하게 영향력을 발휘해야 한다고 다짐하고 있다.

예를 들어, 후진타오 주석(당시)은 중국 최고 지도부 중 가장 먼저 주중 북한 대사관을 찾아 조문한 데 이어,[3] 김정은에게 최고사령관 취임 축하 전문(2011. 12. 31)을 보냈다. 중국의 원조 식량과 생필품을 실은 트럭은 줄줄이 압록강과 두만강을 건넜다. 또한, 중국은 새로운 두만강개발구상(GTI)을 국제공동개발이 아니라 중국이 주도하겠다고 나서고 있으며, 북·중 교역액은 규모나 비중 면에서 압도적이다.

한편, 시진핑 중국 국가주석은 혁명가의 자제를 일컫는 태자당(太子黨) 출신답게 한국전쟁을 '정의로운 전쟁'이라고 규정했다.[4] 국무원 부총리를 지냈던

---

3 이와 대조적으로, 중국은 김정일 사망 소식을 즉시 통고받았다고 한다(〈조선일보〉, 2011. 12. 28). 이명박 대통령이 북한의 급변 사태에 관한 정보를 얻기 위해 후진타오 주석에게 전화를 걸었지만 후진타오는 대응하지 않았다. 물론, 이것은 '전략적 협력 동반자'라는 한국에 외교적 결례(缺禮)를 서슴지 않는 중국 태도에 1차적 문제가 있다.

4 당시 UN군 사령관 맥아더 장군은 만주에 원자폭탄을 투하해서라도 중국의 참전을 저지하고, 타이완으로 패퇴한 장제스(蔣介石)의 국민당 정부를 고토회복(故土回復)시키려는 의도를 가졌다. 중국은 중국 참전 전의 한국전쟁을 '조선 내전'으로, 중국 참전 이후의 한국전

그의 아버지 시중쉰(習仲勳)은 한국전쟁 때 중공군 사령관 펑더후이(彭德懷)의 부하였다. 또한 김정은에게로의 3대 세습을 '혁명의 세습'이라고 선전하는 북한으로선 태자당 출신의 중국 국가주석의 등장을 더없이 좋은 견강부회(牽强附會)의 계기로 삼고 있다.

북한은 2011년 12월 28일 〈노동신문〉 정론으로 발표한 '김정일 동지의 혁명 유산'에서 '인공지구위성의 제작 및 발사국의 자랑에 핵보유국의 존엄'을 최고 유산으로 내세웠다. 북한의 강성대국 논리로 보면 김일성 전(前) 주석이 주체사상으로 '사상강국'과 '정치강국'을 이루었다면, 김정일 국방위원장은 주체사상에 더해 '선군정치'로 '정치·사상의 강국'을 발전시켰을 뿐만 아니라 핵무기와 장거리 미사일을 보유함으로써 '군사강국'을 이룩하였다. 나머지인 '경제강국'의 건설은 김정은 정권의 몫인 것이다.

김정은 정권은 당면한 최대 과제로 인민생활 향상을 제시하고 향후 비전으로 '지식 경제강국'을 주창하였다. 김정은 정권은 2012년을 '인민을 위한 해'로 선포하고 '인민을 위한 좋은 일을 더 많이 하자!'는 구호를 제창하면서 경공업과 먹는 문제를 주공전선으로 설정하고, 특히 '강성국가'의 건설을 위해 '식량문제를 푸는 것이 초미의 문제'라며 주민들의 먹고사는 문제 해결을 우선적으로 고려하겠다는 입장을 밝혔다.

또한 김정은 정권은 '새 세기 산업혁명은 최첨단 돌파전으로 우리(북한) 식의 지식경제강국'을 건설하겠다며 이를 '사회주의 건설의 웅대한 전략적 노선'으로 천명하였다. 군(軍)에 대해서도 군·민(軍·民)일치 사상을 강조하면서 '인민의 행복을 꽃피우기 위하여 헌신적으로 투쟁'할 것을 촉구하고 있다. 그러나 김정은 정권이 경제 문제를 풀어가기 위해 제시한 방식은 현재로서는 경제관리 방식의 개선보다 종전의 속도전과 돌격전, 대중운동이다. 이러한 방식들은 이미 실패한 것으로 드러난 퇴행적 방식이다.

이와 동시에, 김정은 정권은 '자력갱생'을 강조하고 있다. '경공업 부문에 필

쟁을 '항미원조(抗美援朝) 전쟁'이라고 각각 구분하고 중국의 한국전쟁 참전을 '평화를 지키고 침략에 맞선 정의로운 전쟁'이었다고 주장한다. 왜냐하면 처음엔 남침에 의한 내전이었으나 UN군의 북진으로 중국의 안보가 위태로워져 북한을 도왔다는 것이다.

요한 원료나 자재를 자체 자원과 원료 원천으로 해결'하자고 촉구하였다. '우리(북한) 식의 유기농법'을 강조하였다. 물론, 컴퓨터수치제어(CNC) ·정보·나노·생명공학을 운위하지만 주체와 집단주의를 내세우고 '자체의' 새 기술을 강조하고 있다. 그러나 김정은 정권이 경제회복의 최대 걸림돌이 경제관리 방식의 개혁에 있음을 부인하고 과거 방식에만 매달리고 있다.

잠시 회고해보면, 1998년 공식적으로 출범한 김정일 체제는 2002년 새로운 경제노선으로 '선군(先軍)시대의 경제건설 노선'을 제시했다. 이 노선의 기본 내용은 '군수생산지표 달성을 위해 우선적으로 자원을 보장해주고, 나머지 자원으로 민수생산지표의 수요를 충족시킨다'는 것이다. 이것은 '국가전략에 의해 결정된 우선순위에 따라 자원을 계획적으로 배분하는 사회주의체제'의 기본 성격을 계속 유지하겠다는 방침을 의미한다.

그러나 북한이 중앙에 의한 '계획의 일원화와 세부화'를 공식적인 방침으로 삼았던 시기에도 계획은 제대로 실현되지 않았고, 전략적인 우선 부문에 대해서는 자원배분을 엄격히 관리하는 방식을 취했다. 이 같은 우선순위에 따른 자원배분체계는 중국이 '대약진 운동'의 실패로 경제적 어려움을 겪으면서도 1964년 제3세계 국가 중 처음으로 핵 개발에 성공하였고, 북한이 '고난의 행군기'를 거치는 동안에도 핵무기 개발을 지속할 수 있었던 비결이다.

저자가 보는 북한 체제의 위기는 핵무기 보유로 인한 외부의 압력에 있는 것이 아니라 '강성대국'의 건설로 인한 북한 체제의 내부적 모순의 심화에 있다. 북한 체제의 내부적 모순이란, 한마디로 말하면 사회주의 중앙집권적 계획경제에 따른 자원배분의 비효율성이다. 또한, 북한 체제의 위기는 상기의 계획경제체제를 '완화되고 합리화된 관리계획경제'로 전환하는 과정에서 최근 북한 주민의 기존 가치관의 붕괴현상이다.

1) 사회주의 경제체제의 구조

제노스 코르나이[5]는 사회주의 경제를 '부족의 경제'(*shortage economy*)라고 정의했다. 즉, 소비재뿐만 아니라 생산수단, 수출입 상품, 외환 등 모든 부문에서 '부족의 현상'이 빈번하게 만성적으로 일어나 경제주체들의 경제행위에 큰 영향을 미친다는 것이다. 부족 현상의 만연은 모든 거래에서 초과수요가 존재한다는 것인데, 계획당국이 가격을 통제하는 상황에서는 인플레이션이 억압되지만 그 압력은 사라지지 않는다.

또한 자원이 국방 등 중공업 분야로 우선적으로 배분되기 때문에 소비재의 공급이 절대적으로 부족하여 가계에는 사용하지 못한 화폐가 쌓인다. 이 잉여 화폐는 '강제된 저축'(*forced savings*)이 되거나 농민시장이나 암시장에서 인플레이션을 야기한다. 게다가 사회주의체제에는 국가가 재정적자를 보전하기 위해 발행한 화폐가 가계로 지속적으로 누출되는 '화폐과잉'의 메커니즘이 존재한다. 이 메커니즘을 통해 과잉 공급된 화폐는 소비재 시장의 인플레이션을 더욱 가속화시킨다.

(1) 부족 현상의 원인으로서의 판매 보장

사회주의에서 국가는 중앙계획에 따라 국유기업에 생산지표를 하달하며, 생산지표에 따라 생산된 제품을 모두 구매한다. 즉, '판매 보장'이다. '부족 현상'과 '화폐과잉'은 '판매 보장', 즉 국가가 '기업 생산물의 판매를 보장'하는 체제의 본질적 특성에서 기인한다.

'판매 보장'이 부족의 현상으로 이어지는 과정은 다음과 같다. 계획당국은 국가계획에 따라 생산된 제품을 모두 구매한다. 국가가 가격을 결정하기 때문에 이윤은 개별기업의 경영활동이 아니라 국가의 가격정책에 의해 결정된다. 생산부문 간 이윤율의 차이가 발생해도 국유기업의 경제활동은 국가계획을 따라야 하므로 높은 이윤이 보장되는 부문으로 진입할 수 없다. 이로써 이윤은 자본의 흐름을 인도하는 기능을 상실하게 된다.

그리고 생산물의 판매가 보장되는 상황에서 국유기업의 이윤극대화는 생산지표의 달성을 통해 이뤄진다. 생산지표 달성이 경영의 목적이 되면, 기업의 투입요소에 대한 수요는 무한정 증가하며, 투입요소의 공급은 항상 수요에 비

5 Kornai, J. (1992).

해 부족하게 된다. 공급부족 현상이 빈발하면 계획당국은 해당 품목의 생산 능력이 낮다고 판단하고 투자수요를 증가시킨다. 이러한 현상은 모든 경제영역에서 반복적으로 일어나기 때문에 '부족 현상'은 사회주의 경제체제의 고유한 특징이 된다.

(2) 화폐과잉의 원인으로서의 판매 보장

'화폐과잉'도 국가에 의한 기업 생산물의 '판매 보장'에서 기인한다. 사회주의에서 국가는 기업 생산물의 판매자인 동시에 구매자이다. 그러나 국가가 구매한 생산품들의 구성과 질과 양은 '실질적 수요'와 차이가 발생할 수밖에 없어, '국가가 이미 기업에 대금을 지불하고 구매한 제품 중에서 다른 기업이나 국영상점이 구매를 하지 않는 상품'이 존재하게 된다. 국가가 구매한 생산물 중에서 경제적 가치를 갖지 못하는 생산물은 그것에 지불된 금액에 해당하는 만큼 재정 적자를 발생시킨다. 이것이 바로 사회주의가 만성적인 재정적자에 시달리는 원인이다.

중앙계획당국은 통화발행을 통해 재정적자를 보전한다. 소련의 경우, 페레스트로이카(개혁)가 진행되기 전까지 '화폐의 구매력이 안정적으로 증가하며, 인플레이션은 사회주의에는 해당되지 않는다'는 도그마가 지배적이었고, 이 도그마는 재정 적자를 중앙은행의 화폐발행과 주민들의 저축예금을 통해 보전하는 정책을 정당화시켜 주었다.

산업부문별 성장속도의 불균형, 중앙계획당국과 기업 간의 정보 왜곡과 단절 등은 경제가 복잡해질수록 심화되어 재정적자는 늘어나고 통화발행은 지속된다. 그리고 과다하게 발행된 통화는 결국 여러 경로를 통해 가계로 흘러가서 소비재 시장에서 인플레이션을 야기한다.

(3) 화폐유통의 이원화

화폐유통 체계는 서로 엄격히 분리된 '현금유통'과 '무현금유통'으로 구성된다. 현금유통은 중앙은행에서 월급의 형태로 주민들에게 공급된 현금의 유통체계이며, 무현금유통은 기관·기업소들이 원부자재와 기계 등을 거래할 때 계좌

이체를 통해 대금결제가 이뤄지는 자금의 순환을 말한다.

상기한 화폐유통의 이원화는 사회주의국가의 공통된 정책이다. 계획당국은 실물의 흐름과 정확히 역의 방향으로 순환하는 무현금유통을 통해 전체 경제의 활동을 통제할 수 있다고 주장한다. 이 통제 방식을 북한에서는 '원에 의한 통제', 소련에서 '루블에 의한 통제'라고 각각 일컫는다.

중앙계획당국이 두 화폐유통체계를 단절하려는 이유는 국가재정에서 국유기업의 투자자금 등으로 지출된 '무(無)현금 화폐'(*scriptural money*)가 '현금화폐'(*fiduciary money*)로 전환되어 가계부문으로 유출되는 것을 막기 위해서이다.

그러나 현실 사회주의 경제에서 두 유통체계는 완전히 단절되지 않는다. 기관·기업소는 중앙은행으로부터 무현금화폐로 자금을 할당받는다. 만약 기업소가 노동자를 고용하거나 사적인 소비재 시장에서 물품을 구입하면 무현금통화를 통해 현금통화를 발행하는 것을 의미한다. 반대로, 주민들이 국영 상점에서 상품을 구매하면 현금화폐가 국가로 환수되어 무현금화폐로 전환된다. 그리고 기관·기업소는 중앙은행에 하나의 계좌를 가지고 있으므로 계좌에 기입된 금액이 다른 기관·기업소에서 이체된 무현금인지, 주민들로부터 흡수한 현금인지는 구별되지 않는다.

기업이 중앙은행에 무현금화폐를 다른 명목으로 할당받아, 가계로부터 노동력이나 원자재를 구입한다면 무현금화폐는 현금화폐로 전환된다. 현실 사회주의에서 국유기업들은 투자재의 부족에 자주 직면하기 때문에 생산지표의 달성을 위해 자본을 노동으로 대체하여 생산하는 경우가 잦다. 이 경우 투자재 구입을 위해 할당받은 무현금화폐는 노동자에게 임금으로 지불하기 위한 현금화폐로 전환되어 가계의 수입이 된다.

이 같은 과정을 통해 두 화폐유통체계를 차단하던 장벽은 허물어지고 국가재정이 기업소에 제공한 무현금형태의 자금은 현금으로 전환되어 사적 시장에서 인플레이션을 야기한다.

(4) 보완적 관계로서의 국가 부문과 사적 부문

사회주의에서 사적 경제부문(합법적이든 불법적이든)은 '화폐과잉'에서 비롯되는 문제를 완화하는 데 있어 핵심적인 역할을 수행했다. 왜냐하면 사적 부문은 주민들이 보유한 화폐가 늘어나는 데 맞춰 탄력적으로 공급을 증가시킬 수 있는 유일한 경제영역이기 때문이다. 현실 역사 속에 존재한 사회주의는 처음부터 마지막까지 국가 영역 및 사적 영역의 이중구조였다. 현실적으로, 사회주의 국가에서 '사적 경제영역'이 사라진 적이 없었으며, 오히려 국가부문과 사적 부문은 상호보완적 관계 속에서 사회주의 경제의 재생산을 뒷받침하는 두 축으로 기능했다.

대부분의 사회주의 국가는 초기단계에 농업을 집단화했지만, 농민과의 정치적 타협의 하나로서 농민들이 자유경작을 할 수 있는 텃밭을 허용했고, 텃밭의 산물을 거래할 수 있는 '농민시장'(*kolkhoz market*)을 합법적으로 보장했다.

과거 소련에서는 스탈린의 철권통치가 이뤄지던 시기에도 비합법적 암시장과 불법적 생산 단위는 존재했다. 북한에도 '개인 상공업의 사회주의적 개조'가 완료되었다고 선언한 1958년 이후에도 '2차 경제'라 불리는 사적 영역은 존재했다.

한편, 북한에서 암시장은 1980년대부터 늘어나기 시작했고, 1990년대 들어서는 경제위기로 인해 국가경제 부문이 무력해지면서 급속히 확대되었다. 이 현상에 주목하여 북한은 계획경제에서 계획과 시장이 공존하는 체제로 전환했다. 북한 당국은 경제가 침체로의 길로 접어들기 시작하자 사적 경제영역을 점차적으로 양성화했다. 예로서 2003년에는 농민시장을 종합시장으로 명칭을 바꾸고 공업제품의 유통까지 보장하는 파격적인 개혁 조치를 취했다.

그러나 국가부문과 사적 부문 사이에는 갈등적인 측면이 없는 것은 아니다. 당 간부나 행정의 책임자들은 사적 영역의 확대를 통제능력의 약화로 인식하며, 특히 중앙권력이 체제안정에 대한 불안감을 느끼면 사적 영역에 대한 통제는 강화된다.

북한 당국은 2002년 '7 · 1 경제관리 개선조치' 직후인 2002년 7월 농민시장을 일시적으로 폐쇄하고 사적 거래를 금지하는 조치를 취하기도 했으며, 2005년부터 시장 억제책이 점차 강화되었고 2008년 말에는 2009년부터 종합시장을 농민 시장으로 다시 되돌린다는 정책이 발표되기도 했다. 그리고 2009년 말, 화폐개혁 조치와 함께 종합시장을 폐쇄하고 개인 영리기업을 몰수하는 조치를 취했다.

모든 사회주의에서 집권세력들은 사적 부문에 대해 통제와 완화를 주기적으로 반복했다. 북한이 취한 2009년 말의 화폐개혁은 2003년 이후 사적 경제의 양성화 정책이 중앙권력의 통제력을 약화시켰다는 집권층의 판단에 따른 것으로 볼 수 있다.

2) 북한 계획경제체제의 구조적 모순[6]

저자는 북한이 폐쇄적 사회주의 중앙집권적 계획경제체제를 유지하는 한, 설혹 중국과 러시아가 북한에게 아무리 많은 식량 및 에너지 등의 경제지원을 해 준다 하더라도 '밑 빠진 독에 물 붓는 듯한' 북한의 경제체제는 결국 붕괴할 수밖에 없다고 믿는다. 그 이유는 북한의 특수한 여건을 배제하더라도 사회주의 경제체제의 구조적 모순인 '판매 보장'에 의한 만성적 '부족의 경제'(*shortage economy*)의 문제, 즉 만성적 공급부족(초과수요)과 '화폐과잉'으로 인한 초(超)인플레이션 및 만성적 재정적자 문제가 중국과 러시아의 경제지원 및 에너지지원으로써도 해결될 수 없기 때문이다.

사회주의 중앙집권적 경제체제하에서 사적 시장에서 인플레이션이 문제가 되는 이유는 상품의 국정가격과 시장가격이 크게 괴리된 상태에서 상품이 국영상점으로 공급되지 않고 사적 시장으로 몰려 국가의 공식적인 유통망이 무력화되기 때문이다.

북한은 다른 사회주의 경제체제와 마찬가지로 '화폐과잉'과 인플레이션을 제어하기 위한 제도적 및 정책적 수단으로서 2002년 '7·1 경제관리 개선조치'와 2009년 화폐개혁을 실시하였다. 그러나 근본적 원인이 '국가에 의한 기업 생산물의 판매 보장'에 있는 만큼, 그 정책효과는 제한적이며 일시적일 수밖에 없

6 임양택 외(1996)를 기초로 정리하였다.

[그림 VI-1] 북한의 '부족의 경제현상'과 사적 경제부문의 형성구조

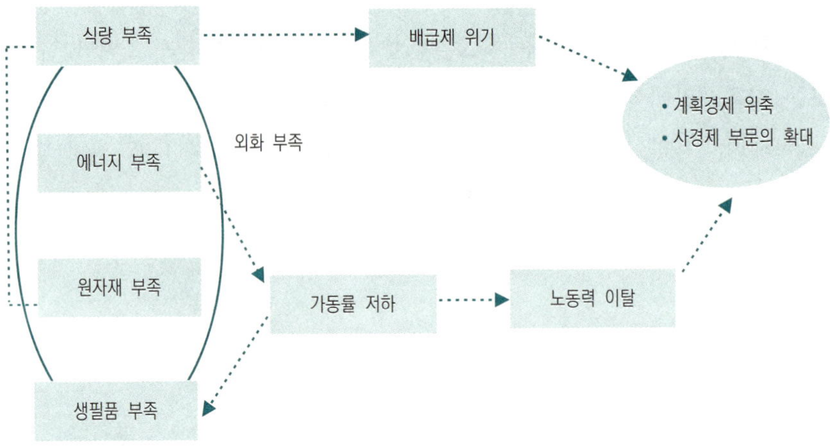

자료: 임양택(2005).

었다.

사회주의 경제체제의 고유한 특성에서 기인하는 '화폐과잉' 현상은 화폐순환의 이원화, 사적 경제부문(시장)의 양성화, 국정가격의 현실화 등의 조절방식들에 의해 일시적으로 완화시킬 수는 있지만 완전히 해소할 수는 없는 것이다.

전술한 바와 같이, 북한 당국은 대외관계 단절로 인한 에너지원과 자원 공급의 부족으로 국가 부분의 생산활동이 정상적으로 기능하지 않는 가운데에서도, '중앙계획을 통해 산업의 전략적 우선순위에 따라 자원을 배분하는 전형적인 사회주의체제'의 기본 틀을 유지했다. 이에 따라 사회주의 경제체제가 갖는 전형적인 문제들이 그대로 노출되고 있는 것이다.

(1) 7 · 1 경제관리 개선조치(2002)

2002년 북한의 '7 · 1 경제관리 개선조치'는 '완화되고 합리화된 관리계획경제'로의 전환 시도였다. 동 조치는 ① 계획 작성 · 가격 제정 · 자재공급 체계의 분권화, ② 가격 · 임금 · 전기료 · 연료비 · 교통비 등의 현실화, ③ 화폐임금제의 실시와 인센티브제도(독립채산제)의 강화, ④ 주민에 의한 주택임대료의 직접 지불을 추진했다.[7]

[그림 VI-2] 북한의 2002년 '7 · 1 경제관리 개선조치'

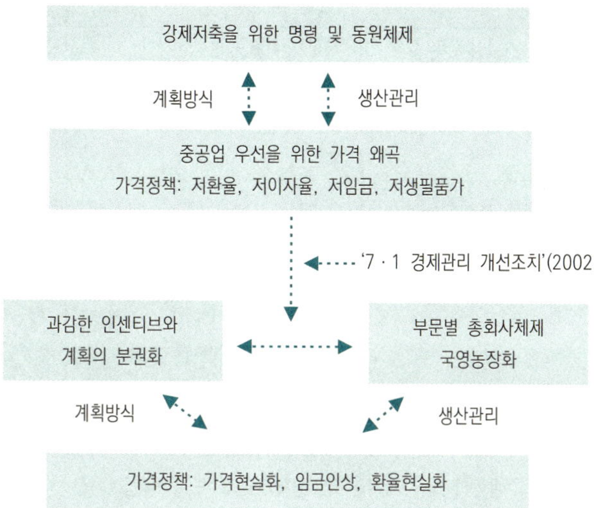

자료: 임양택(2005).

이 조치는 과거 지령형-중앙집권형 계획경제 메커니즘을 분권형-유도형 계획경제 메커니즘으로 전환시킴으로써 하부단위의 자율성 강화, 인센티브제도의 도입 등을 통해 대내적 생산증대를 도모함으로써 만성적 물자부족을 자체적으로 해소했다. 이 조치는 계획경제체제, '대안의 사업체계', 배급제의 측면에서 과거와의 단절이라고 볼 수 있다. 즉, 북한의 공식 경제관리 체계인 '대안의 사업체계'의 기본 운영기조(공산당위원회를 최고지도기관으로 하는 집단지도체계, 통일적·집중적 생산지도 체계, 중앙집중적 자재공급체계와 후방공급 체계)가 분권화되었으며, 중앙집중적 자재공급 체계의 원칙은 물자교류시장의 실시로 폐지되었고, 후방공급 체계는 현물임금제가 화폐임금제로 전환되면서 의미를 상실했다.

2002년 '7·1 경제관리 개선조치'에 의한 임금상승과 가격현실화는 시장원리를 도입하기 위한 준비과정이라기보다는 사회주의 경제체제 내의 개혁 혹은 개

7 임양택(2007e).

[표 Ⅵ-2] 북한의 경제운영방식 개편 내용

구분	경제관리 개선조치(2002) 전	경제관리 개선조치(2002) 후	비고
가격	• 국정가격 < 농민시장가격 (수십~수백 배 가격격차)	• 국정가격 ≒ 농민시장가격	• 가격단일화 추구 • 시장가격 인정
임금	• 노동자 월평균 임금: 100~150원	• 노동자 월평균 임금: 2,000원 내외로 인상	• 가격인상에 따른 생활비 보전
가격 설정	• 고려사항 생산원가 • 설정기관 중앙 및 지방행정기관	• 고려사항: 생산원가, 국제시장가격, 국내 수요·공급 • 설정기관: 중앙 및 지방행정기관 이외에 지방공장에 대해 가격설정 재량권을 제한적으로 부여	• '가격편차금 보상제도' 폐지(실제가격과 판매가의 차이를 국가재정에서 보전하는 제도)
계획 수립	• '계획의 일원화, 세부화원칙'에 의거해 계획수립 권한이 '국가계획위원회'에 집중	• '국가계획위원회'는 전략적·국가적 중요사업과 도별 공업총생산액, 기본 건설투자액 등만 작성 • 여타 세부사업은 해당기관, 기업소, 지방행정기관이 수립	• 중앙집권적 계획경제 체제의 분권화
원 부자재 시장	• 원부자재 거래는 시장이 아닌 공장·기업소 간 계약에 의해서만 가능	• 원부자재 시장 개설 • 일정 비율의 생산물을 자재용 시장에 납품 • 다만, 교역물자의 종류와 범위는 국가가 규정하고 대금은 은행결제로 이루어지도록 규제	• 시장범위의 확대 • 원부자재 배분의 효율성 제고
공장·기업소 경영	• 독립채산제의 느슨한 운영: 원자재 등을 국가에 의존하려는 경향 • 원가개념 부족: 원가개념보다 국가계획 목표달성이 우선 • 생산전문화 부족: '자력갱생'의 원칙하에 각 공장, 기업소가 원자재부터 완성품까지 생산하는 경향 • 각 공장·기업소의 경영활동에 대한 국가경제기관의 각종 통제 (재정통제, '원'에 의한 통제 등)	• 독립채산제 강화: 부족한 원부자재 해당공장·기업소가 자체 해결 • 원가개념 강화: 자금, 물자, 노동력 투입 대비 실리를 파악할 수 있도록 재정계획 방법과 계산체계를 수립 • 생산 전문화 유도: 연합기업소, 협동농장, 모든 공장, 기업소에 대해 생산전문화를 유도 • 내각과 중앙경제기관의 기관, 기업소 활동을 제약하는 불필요한 규정 개폐	• 유명무실한 독립채산제를 실질적으로 운영 • 국가계획 달성보다 원가절감을 통한 수익성 제고 도모 • 생산전문화를 통한 기업의 '자력갱생' 원칙 완화

[표 Ⅵ-2] 계 속

구 분	경제관리 개선조치(2002) 전	경제관리 개선조치(2002) 후	비 고
분배 방식	• '평균적 분배주의' 팽배 • '일한 것만큼 분배받는다'는 '사회주의 분배원칙'의 유명무실	• 각 공장 · 기업소의 실적평가는 '벌어들인 수입'을 기준으로 실시 • 수익성이 좋은 공장 · 기업소들에 대해 더 많은 수익을 분배해 노동자에게 추가노임(상여금) 지급 • 유휴노동력을 국토, 농촌건설 등에 동원하되 작업수행정도에 의거해 반드시 보수를 지급	• 능력급 강화 • 국가의 무차별적 노동력동원 관행 자제
사회 보장 체계	• 식량, 소비재, 주택 등에 대해 국정가격을 적용해 거의 무상으로 공급	• 식량, 소비재, 주택 등에 대해 제값을 지불하도록 조치 • 다만, 무상교육, 무상치료, 사회보험 (일시적으로 노동 능력을 상실한 근로자에게 생활비를 지급하는 보험제도) 등은 유지	• 배급제도 사실상 폐지 • 재정지출규모 축소를 통한 '작은 정부'로의 전환기반 조성

자료: 임양택(2005)

선을 통해 '완화되고 합리화된 관리계획경제'의 추구이다. 즉, 이 조치는 북한 중앙정부가 화폐를 매개로 하여 인위적이고 자의적인 가격구조를 결정헤 경제관리 및 통제기능을 강화하기 위한 것이었다. 또한, 기업자율권 및 개인경작지의 확대는 일부 사유재의 생산증대를 통해 암시장의 팽창을 막기 위한 것이었다.

그러나 2002년 '7 · 1 경제관리 개선조치'는 그 한계를 드러냈다. 이 조치에 따라 가격 현실화가 단행된 후 오히려 농민시장에서 물가폭등이 발생했고, 전력난으로 인해 산업가동률이 현격히 저하되었으며, 식량 및 에너지의 절대적 부족 현상은 더욱 심화되었다. 이것은 북한 사회에 필요한 것은 상기의 조치와 같은 인위적 행정가격정책(가격 현실화)이 아니라 신축적 시장가격정책임을 의미한다.

북한 경제체제의 구조적 모순 탓에 이 조치가 북한 경제의 개혁으로 발전되지 못하고 있다. 즉, 생필품의 가격을 올리고 농민시장 가격으로 환율을 평가절하함으로써 자본을 비공식 부문에서 공식 부문으로 동원하는 한편, 임금을 인상해 노동인센티브를 강화함으로써 노동력의 추가적 동원효과를 겨냥한 것이다. 그러나 물자의 절대적 부족으로 인해 동 개선조치는 실효를 거두지 못하고 있다.

여기서 유의할 것은 만약 국가공급능력이 뒷받침되지 않는다면, '7·1 경제관리 개선조치'의 가격현실화로 인한 임금과 물가의 인위적 상승은 만성적 고도 인플레이션을 야기할 수 있다는 점이다.

(2) 화폐과잉에 대한 강제적 흡수방식: 몰수형 화폐개혁

북한은 2002년 '7·1 경제관리 개선조치'를 통해 부분적으로 시장경제를 도입해 식량·공산품·집·전기 등의 가격을 현실에 맞춰 크게 올리고 임금도 18~25배 올렸다. 노동생산성에 따라 성과급을 주는 인센티브 제도를 도입했다. 그 목적은 경제위기와 식량·생필품 부족을 타개하기 위함이었다.

그러나 통화량은 급증했지만 에너지와 원자재난 그리고 사회간접자본 낙후 등 구조적 한계로 식량과 생필품 공급은 늘지 않고 물가만 치솟았다. 북한이 2009년 11월 30일에 시행한 화폐개혁은 심각한 인플레이션을 억제하려는 조치로 보인다. 북한은 상업은행이 있으나 유명무실한 상태로 금리정책을 쓸 수도 없어 한 번 풀린 돈을 흡수할 방법이 없다. 그래서 화폐개혁을 통해 주민들의 '장롱 속 돈'을 사실상 몰수한 것이다.

다시 말하면, 2002년 '7·1 경제관리 개선조치' 이후 북한의 종합시장의 상황처럼 과도하게 발행된 화폐가 사적 시장을 하이퍼인플레이션 상황으로 몰아넣으면 정책당국은 강압적인 방식으로 사적 영역을 통제하고, 화폐 유통의 공간을 축소한다. 2009년 화폐개혁은 1992년 4차 화폐개혁 이후 17년 만에 단행된 5차 개혁인데, 4차 개혁 역시 몰수형 화폐개혁이었다. 이것은 소련(1947, 1961), 베트남(1985) 등 '전형적 사회주의체제'에서 화폐과잉과 이에 따른 인플레이션을 해소하기 위해 실시한 강경정책의 한 유형이다.

일부에선 북한의 화폐개혁 조치가 베트남 개혁·개방과 비슷하다는 해석도 내놓고 있다. 베트남은 1979년부터 1981년까지 북한의 '7·1 경제관리 개선조치'와 비슷한 임금·가격 현실화를 한 뒤 인플레이션이 심해지자 1985년 '10:1'

로 화폐개혁을 단행했다. 북한 경제도 이 난관을 순리대로 풀려면 베트남처럼 가격 자유화를 통한 개혁·개방 기조로 나갈 수밖에 없다는 것이다.

다른 한편에서는 반대로 북한의 2009년 화폐개혁 조치를 북한 체제를 흔드는 시장경제를 억제하고 사회주의 계획경제를 강화하려는 시도로 해석한다. 북한은 지난 '150일 전투'와 '100일 전투'를 잇달아 벌였다. 겉으론 생산증대와 경제회복을 내걸었지만 사실은 주민들을 강제로 집단농장으로 내몰며 내부 통제를 강화하였다. 2009년 화폐개혁도 그 연장선상에 있다는 것이다.

아무튼 북한의 의도가 어디에 있든 간에 사회주의 국가에서 화폐개혁이 성공하려면 근본적으로 물자 공급부족을 해결해야 한다. 화폐순환의 이원화, 사적 경제의 양성화, 국정가격의 현실화 등의 조절방식들은 사회주의 경제체제의 고유한 특성에서 기인하는 '화폐과잉' 현상을 완화시킬 수는 있지만, 완전히 해소할 수는 없다.

2009년 11월 30일, 전격적으로 단행한 화폐개혁의 후유증으로 인플레이션과 함께 물가가 하늘 높은 줄 모르고 치솟았다. 한국개발연구원(KDI)의 '2010년 5월 북한 경제 동향'(2010. 6. 7)에 따르면 3월 말(평양 기준) 1달러당 600원까지 하락했던 북한의 시장환율은 5월 25일에는 다시 1,000원으로 올랐고 이로 인해 kg당 200원까지 하락했던 북한의 쌀 가격 역시 다시 400원대로 폭등했다. 상기의 화폐개혁 직후에 1kg당 20원에 거래되던 쌀값이 1,000원으로 50배 이상 올랐다. 이로 인해 북한에서 아직 춘궁기가 닥치지 않았음에도 굶어 죽는 사람이 나올 정도로 경제난이 심각했다.

북한 주민들은 김정일에 대한 비하 발언을 서슴지 않았고, 보위부원들이 보는 앞에서도 악밖에 남지 않았다고 불평불만을 노골적으로 쏟아냈다. 이로 인해 북한 당국은 미증유의 대혼란이 발생할지도 모른다는 불안감에 제5차 화폐개혁을 주도했던 박남기 당 계획재정부장을 화폐개혁 실패의 책임을 물어 총살시켰다는 소식까지 전해지고 있다.

2. 북한의 핵무기 개발과 핵무기 보유국으로서의 등장

북한은 선군정치와 2012년 강성대국 건설을 외치면서 장거리 미사일과 핵 개발 등 대량살상무기 개발에 엄청난 역량을 쏟아부었다. 결국, 북한은 공식적으로 '핵무기 보유'를 선언(2005. 2)하였고 2012년 4월 수정된 헌법 전문(前文)에 "핵무기 보유국"임을 명시하였으며 2013년 3월 말 당중앙위원회 전원회의에서 '경제·핵무력 병진노선'을 발표하였다.

그동안(1993~2013), 5회의 북한 핵위기가 야기됐다. 제1차 북한 핵위기는 1993년 '노동 1호' 발사로, 제2차 북한 핵위기는 1998년 '대포동 1호' 발사로, 제3차 북한 핵위기는 2006년 '대포동 2호' 발사 및 제1차 핵실험(2006. 10. 9)으로, 제4차 북한 핵위기는 2009년 '광명성 2호' 발사 및 제2차 핵실험(2009. 5. 25)으로, 제5차 북한 핵위기는 '은하 3호 로켓' 발사(2012. 4. 13), 장거리 미사일 '광명성 3호' 발사(2012. 12. 12), 제3차 핵실험(2013. 2. 12)으로써 각각 야기됐다.

특히 2012년 12월 12일 장거리 미사일(광명성 3호)의 발사와 2013년 2월 12일 제3차 핵실험을 통하여, 북한은 풍부한 우라늄을 확보했을 뿐만 아니라 이제 미국까지 사정권에 둔 핵무기 개발능력을 전 세계에 보여주었다.

상기한 제5차 '북핵위기'를 계기로, 한반도 주변국은 핵능력이 없다는 전제로 북한을 대할 수 없게 됐다. 나아가 북한은 제3차 핵실험을 끝내고선 '핵무기 다종화'에 성공했다고 밝혔다. 북한 〈노동신문〉은 "제3차 핵실험이 폭발력이 크면서도 소형화 및 경량화된 원자탄을 사용해 높은 수준에서 안전하고 완벽하게 진행됐다"고 주장했다. 핵무기 종류가 플루토늄과 우라늄밖에 없기 때문에 '다종화'(多種化)라고 하면 플루토늄과 우라늄 모두 가진 셈이다.

또한, 북한은 핵탄두의 운반 수단인 미사일도 어느 정도 갖췄다. 핵탄두를 미사일에 실을 정도의 경량화에도 성공했다고 하면, 이제 실질적으로 북한을 핵무기 보유국으로 간주할 수 있다.

제5차 '북핵위기'를 계기로, 북한은 자력(自力)으로 인공위성(장거리 미사일)을 지구 궤도에 올려놓은 10번째 국가가 됐다. 현재까지 '스페이스 클럽'에 이름을 올린 국가는 9개국, 즉 러시아·미국·프랑스·일본·중국·영국·인도·이스라엘·이란이다. 이 중에서 세계에서 핵무기를 가진 것으로 공인받은 국가는 상기 9개국 중에서 8개국(이란을 제외한 나머지 국가)이다. 여기서 북한을 '핵무기 보유국'이라고 인정할 수 있는가는 3가지 측면에서 판단해 볼 수 있다.

① 북한은 이스라엘처럼 기술적으로 '핵무기 보유국'이라고 말할 수 있다. 핵탄두의 원료로 플루토늄과 우라늄이 있다. 북한은 현재 플루토늄을 약 65kg가량 확보한 것으로 추정된다. 핵탄두 하나에 6kg 정도 들어가므로 최대 10개가량의 핵탄두가 있다고 추측할 수 있다. 다만 2007년 6자회담에서 플루토늄 핵시설 폐기 약속을 한 적이 있다. 영변 핵시설을 국제원자력기구 사찰반이 보는 앞에서 봉인했고 원자로 냉각탑을 파괴시켰다. 그 이후로 플루토늄 제조를 재가동했다는 증거는 아직 발견되지 않았다. 그러나 2011년 12월 방북(訪北) 한 지그프리드 헤커 스탠퍼드대 국제안보협력센터 소장은 북한의 초청을 받고 저(低) 농축 우라늄 시설을 보고 왔다. 그는 당시 "북한이 전력용으로 만들었다고 보여줬지만, 실제로는 우라늄으로 핵탄두 원료를 만드는 시설이었다"며 "1년에 우라늄 핵폭탄 1개가량은 만들 수 있는 수준이었다"고 전했다.[8]

② 북한은 국제법적으로 NPT에 가입하지 않았으므로 국제법상으로는 핵보유국이 아니다. 미국·러시아·프랑스·영국·중국 등 5개국은 NPT에 가입했다. 인도와 파키스탄은 NPT에 가입하지 않고서 핵무기를 가졌다고 공개적으로 선언했다. 이스라엘은 NPT에 가입하지 않고 핵무기 보유에 대해 긍정 혹은 부정도 하지 않지만, 미국을 비롯한 많은 국가들이 이스라엘을 핵보유국으로 인정한다.

③ 인도나 파키스탄에 대해서는 정치·외교적으로 인정하고 있다. 그러나 북한의 핵무기 보유를 인정하지 않는다. 심지어, 중국도 북한을 핵보유국으로 인정하지 않고 있다. 왜냐하면 북한이 핵무기 보유국이라는 것을

8 한국경제(2013. 5. 31).

인정하는 순간부터 미국은 중국·일본·한국 등 한반도 주변국과 협상 위치가 완전히 달라진다. 북한이 가진 핵무기가 제3국이나 국제 테러 조직에 확산될 수도 있다. 북한이 당장은 미국을 직접 공격할 수 없더라도, 북한의 핵무기가 제3의 지역으로 반출돼 미국 본토에 위협이 될 수 있다. 따라서 미국은 적극적으로 북한의 핵무기 보유를 저지하는 것이다. 그리고 북한의 핵무기가 이란이나 시리아 등으로 반출되면 이스라엘도 위험해질 수 있다.

여기서 제기될 수 있는 문제의식은 북한의 1·2차 핵실험 비용이 어떻게 조달되었는가다. 북한의 핵실험 비용은 8~9억 달러로, 장거리 미사일 실험 비용은 5~6억 달러일 것으로 각각 추정된다.[9] 한국은 지난 10년간 북한에 70억 달러에 달하는 지원을 했다. 그중 현금만 29억 달러에 달한다.

김대중 전 대통령은 2001년 "북은 핵을 개발한 적도 없고 개발할 능력도 없다. 내가 책임지겠다"고 했다. 그러나 김대중 전 대통령은 작고하였으니 책임질 수가 없다.

또한 노무현 전 대통령은 2001년 11월 미국 LA에서 "북한의 핵보유가 자위적 수단이라는 데 일리가 있다"고 말했다. 일부 좌파는 북한이 국제 합의들을 '휴지 조각'으로 만들며 핵무기를 개발하는 데 대해 "통일이 되면 우리 핵 아니냐"며 자주를 강조한다. 이와 대조적으로, 한국 정부가 과거 스스로 포기했다가 최소한의 권리를 되찾으려는 '평화적 핵 이용권'에 대해선 과거 민주당 대변인은 "한반도 평화에 전혀 도움이 되지 않는다"고 말했다. 북한은 '강성대국의 문을 여는 해'로 설정한 2012년을 향해 질주하는데, 노무현 정부는 2012년을 '전시작전통제권' 전환에 따른 '한미연합사 해체 완결의 해'로 설정했다.

현재, 세계가 가장 우려하는 핵무기 문제는 이란의 핵무기 문제와 북한의 핵무기 문제이다. 이들의 심각성을 엄밀히 비교하면, 이란의 핵무기 문제가 북한의 핵무기 문제보다 더 심각하다고 말할 수 있는데, 그 이유는 다음과 같

---

9 중앙일보(2009. 6. 16).

다. 북한은 체제안전 보장과 경제지원을 조건부로 핵무기를 포기할 수 있고 우호세력인 중국과 러시아도 북한의 핵무기 보유를 반대하고 있다. 반면에 이란은 핵 개발 주권(평화적 핵 이용 권리)을 내세워 아무런 조건 없이 자국의 안보를 위하여 핵무기 개발 및 보유를 원하며 주변 아랍국들도 이스라엘의 핵무기 위협에 대한 대응책으로서 그 정당성을 인정하고 있다.

한편, 이란의 핵무기 문제와 북한의 핵무기 문제가 갖는 '유사점'을 살펴보면 다음과 같다. UN 안보리가 이란의 핵무기 문제 결의안을 3회(2006. 7. 31; 2007. 3. 24; 2008. 3. 3)에 걸쳐 채택했다. 그 결의안 내용은 우라늄 농축·재처리 활동, 중수로 관련 프로젝트 등과 같은 핵 활동을 즉각 중단하고 이를 IAEA를 통해 검증하고, 이를 거부할 경우 "UN헌장" 제7조 41항에 의거하여 자금 및 금융자산과 경제지원을 동결한다는 제제조치를 취한다는 것이다. 이와 유사하게, 북한도 3회(1993. 5. 11; 2006. 10. 14; 2009. 6. 12)에 걸쳐 UN 안보리 결의(825호, 1718호, 1874호)를 통하여 제재조치를 당하였다.

다음으로, 이란의 핵무기 문제와 북한의 그것과의 '상이점'은 다음과 같다. 북한은 IAEA에 1974년 9월 가입하였으나 1994년 6월 13일 탈퇴하였으며 NPT에 가입(1985. 12. 12)→탈퇴(1993. 3. 12)→가입(1994. 10. 21)→탈퇴(2003. 1. 10)를 반복하였다. 또한, 북한은 '모든 핵무기와 현존 핵 계획 포기'를 베이징 6자회담의 "9·19 공동성명"에서 선언(2005. 9. 19)하였으나 이를 뒤집고 '대포동 2호'의 발사(2006. 7. 5)와 제1차 핵실험(2006. 10. 9)을 감행함으로써 '제3차 북핵 위기'를 일으켰다. 이어서, 북한은 '광명성 2호'의 발사와 제2차 핵실험을 감행함으로써 '제4차 북핵 위기'를, 또한 2012년 '은하 3호' 로켓 발사 및 장거리 미사일 '광명성 3호' 발사, 제3차 핵실험을 감행함으로써 '제5차 북핵 위기'를 일으켰다.

여기서 유의할 것은 이란과 북한의 핵무기 및 미사일 개발협력이다. 북한은 과거에는 파키스탄의 협력에 의지한 플루토늄 방식의 핵무기를 개발하였던 반면에 이란은 농축 우라늄 방식의 핵무기 개발에 매달렸다. 그러나 파키스탄은 미국과의 협력관계로 돌아섬에 따라 북한은 파키스탄과의 협력을 통한 플루토늄 방식의 원자로를 개발하는 것이 힘들게 되었다.

북한과 이란이 긴밀한 군사협력을 해 온 지는 오래다. 이란은 북한의 노동 미사일을 수입해 샤하브 미사일을 개발했다. 이란은 원산지가 북한인 미사일 기술로 사정거리가 이스라엘에 미치는 미사일을 개발하고, 반(反)이스라엘 무장세력인 헤즈볼라에도 첨단무기를 제공하고 있다는 의혹을 받고 있다.[10] 다행히 전술한 바와 같이, 이란과 UN 안보리 5개 상임이사국 및 독일(P5+1)이 2013년 11월 24일 핵 협상을 타결했다.

1) 북한 핵무기에 대한 대응

북한의 핵무기는 세계적 이슈로 부각되고 있지만 동북아의 4강(미·일·중·러)과 남안의 안보에 직접적인 영향을 미친다. 북한 핵무기에 대한 미국·중국·한국의 대응을 살펴보고자 한다. 여기서 미국과 중국 그리고 한국의 대응만을 개관하는 이유는 G2 시대에서 미국과 중국이 북한 핵무기 문제를 두고 심각하게 대립하고 있기 때문이며 남한은 북한 핵무기의 직접적 피해 당사국이기 때문이다.

게다가 북한이 핵무기를 가지면 동북아시아에서 '핵 도미노' 현상이 확산될 수 있다는 점에서 동북아 평화를 위협할 수 있다. 즉, 한국뿐만 아니라 일본은 북한의 핵무기 보유를 핑계 삼아 핵무장을 본격화할 수 있으며 중국도 핵무기에 대한 의존도를 높일 것이다.

일본은 이미 45톤가량의 플루토늄을 보유한 것으로 알려져 있다. 일본은 1954년 직경 1.8㎝, 길이 23㎝, 무게 200g으로 연필 크기에 지나지 않는 '펜슬(*pencil*) 로켓'부터 시작해 숱한 실패를 겪으면서도 끈질기게 고체로켓 개발에 매달린 끝에 1970년 세계 4번째로 인공위성을 띄우는 데 성공했다.[11] 그리고 일본의 1년 방위비는 약 520억 달러로 세계 6위다. 이는 북한 방위비의 45

10 미국은 2009년 12월 방콕 공항에서 적발된 북한의 무기를 실은 비행기의 행선지도 이란으로 파악했다. 이런 배경에서 미국은 2009년 6월에 채택된 UN 안보리의 이란 제재 결의의 연장선에서 동맹국들에 강도 높은 독자제재를 요구하였던 것이다.

11 조선일보(2013. 5. 2).

배다. 일본의 공군력은 세계적인 수준이며, 민간 분야에서 군사용으로 쉽게 이전되는 기술수준은 북한의 그것과 비교할 수 없을 정도로 높다. 농축우라늄 저장량과 첨단 우주개발 기술력의 측면에서 보면 일본은 이미 잠정직 핵무기 보유국이다.

반면에 한국은 1978년 지대공 미사일 '백곰'을 개발해 겨우 시험발사에 성공했다. 그러나 박정희 전 대통령 사망 이후 전두환 정부가 대미(對美) 관계 개선을 위해 독자적 미사일 개발 포기를 선언하면서 해외에서 귀국했던 연구진이 뿔뿔이 흩어졌다. 그 결과, 우주발사체 개발에서도 남한이 북한에 7~10년 뒤진 것으로 평가된다.[12] 한·미 미사일 지침(1979. 9)은 장거리 미사일 개발은 물론이고 그 기술을 이용한 순수 우주 연구나 탐사를 위한 로켓 개발까지 가로막고 있다.

(1) 미국의 대응

① 클린턴 행정부

빌 클린턴 행정부 말기에 매들린 올브라이트 미 국무장관의 방북(2000. 10. 23~25)으로 이루어진 김정일 국방위원장과의 회담은 북한 미사일 문제 해결에 중요한 계기로 작용하는 듯 했다. 당시, 두 차례에 걸친 회담을 통해, 양측은 북한 미사일에 대한 포괄적인 통제와 미국의 보상을 맞바꾸는 안에 의견일치를 보았던 것이다.[13]

그러나 곧 이어서 쿠알라룸푸르에서 열린 제6차 미사일회담에서 미국은 미사일기술통제체제(MTCR) 가입과 단·중거리 미사일 및 노동 1호 미사일 수출 중단을 북한에 요청하였으나, 북한은 여전히 미사일 수출 중단에 따른 현금보상을 요구함으로써 양측은 어떠한 합의에도 도달하지 못했다.

---

12 조선일보(2012. 12. 15).

13 당시 북한은 장거리 미사일 개발 시험발사 포기, 중·단거리 미사일 수출 중단, 중거리 미사일 배치 철수 등의 조치를 취하고 미국은 인공위성 대리발사, 테러지원국 해제, 대북 식량 및 금융지원 등의 조치를 해주는 것이었다(이헌경, 2001).

② 부시 행정부

북한 핵무기 문제는 북·미 간 최대 현안에 해당한다. 미국은 북·미 협상에서 북한의 핵 동결은 물론, 과거 핵무기 문제까지 검증돼야 한다고 주장하고 있다. 미국은 제네바 북·미 기본합의서(1994. 10. 21) 채택 이전에 북한은 이미 최소한 한 개 혹은 두 개의 핵무기를 생산하고, 이에 필요한 플루토늄을 전용한 것으로 보고 있다.[14]

2002년 1월 30일의 국제전략문제연구소(CSIS) 보고서는, 북한이 1994년 영변 원자로에서 사용연료를 제거하여, 이를 재처리했을 경우, 수 개의 핵무기를 생산하기에 충분한 플루토늄을 생산할 수 있었을 것으로 분석하고 있다.[15] 또한, 동 CSIS 보고서는 1996년에 북한이 플루토늄 생산을 동결시켰지만, 핵무기 개발계획의 일부분을 지속적으로 진행할 것으로 우려하고 있다. 이 때문에 미국은 과거 핵무기 문제 검증을 위해 어떤 경우에도 북한이 제네바 북·미 기본합의서에 따라 제공될 2기의 경수로를 위한 핵심부품을 인도받기 이전에 과거 핵 규명을 위한 IAEA의 사찰을 받아야 한다고 보다 강경하게 압박했다.

조지 부시 행정부는 빌 클린턴 정부가 북·미 제네바 핵 합의 준수와 대북 경수로 제공을 지지한 것과는 달리, 북·미 협상과정에서 북한의 과거 핵 활동에 대한 검증을 포함하여 북한이 제네바 합의의 기본규약을 완벽하고 정확하게 준수하는지의 여부를 IAEA 사찰을 통해 확인하고자 강하게 압력을 가할 것으로 판단된다.

실제로, 부시 행정부는 IAEA의 북한 핵 재처리 시설들에 대한 조사는 반드시

14 로버트 월폴 미국 중앙정보국 전략 및 핵 계획 담당관은 상원 행정위원회 국제안보소위원회(2002. 3. 11)에서 '2015년까지 외국의 미사일 개발과 탄도탄 위협'에 관해 증언하면서 북한이 핵무기 1~2개를 보유하고 있다고 증언한 바 있다.

15 1992년 6월 이후 1993년 2월까지 6차례에 걸쳐 실시된 IAEA 임시 핵사찰은 북한의 핵무기 개발을 제한하는 데 중요한 역할을 한 것이 사실이다. 즉, IAEA는 영변에 요원들을 상주시키고 사용연료의 밀봉작업을 감시할 뿐만 아니라, 원자로 주변에 감시용 카메라를 설치하고 봉인장치를 해놓아 IAEA의 감시를 피해 영변 원자로에서 사용한 핵연료를 빼내어 플루토늄을 추출하는 것은 사실상 불가능하기 때문이다. 따라서 미국의 북한문제에 대한 관심은 북한이 IAEA 사찰 이전에 추출했을 플루토늄으로 핵무기화를 진행할 가능성에 모아지는 것이다.

경수로 핵심부품의 인도 이전에 이루어져야 하며, 북한 핵 프로그램의 역사에 대한 IAEA의 조사 완료가 제때에 허용되지 못할 경우는 기존 합의들이 위태롭게 될 것이라고 경고하고 있다.[16] 이 경고는 북한이 핵 사찰을 거부할 경우, 북·미 간에 전쟁까지도 초래할 위기상황이 올 수도 있음을 뜻한다. 그러나 만일 북한이 미국의 핵 사찰 요구에 성실하게 응한다면, 미국은 '엄격한 상호주의'에 입각하여, 대북 경제지원을 적극 추진할 것으로 보인다.

북한은 물론 이러한 미국의 주장에 대하여 강력하게 반발하고 있다. 1994년 이전의 과거 핵 활동에 대한 사찰이 과연 기술적으로 가능한지의 문제를 차치하고서라도, 미국이 철저한 사찰을 주장하면서 군사시설 등 사찰지역을 확대하고자 할 경우 북한이 강력하게 반발하리라는 것을 쉽게 예견할 수 있다. 더욱이 북한이 경수로 건설 지연에 따른 보상 요구를 주장하면 제네바 합의 개선에 대한 북·미 간 논란은 더욱 복잡한 양상을 띠게 될 것으로 보인다.[17]

미국외교협회(CFR)는 조지 부시 행정부의 강력한 대북 핵 압력이 오히려 사태를 악화시킬 것을 우려하여, 2001년 9월 18일 북한이 제네바 합의에 따라 동결했던 핵 프로그램을 재개하여 한반도에 또다시 긴장이 고조되고 충돌이 발생하는 것을 막기 위해서는 미국이 신속히 북한과의 대화를 재개하는 등 북한 문제를 외교정책의 최우선 과제로 처리해야 한다고 권고하기도 했다.

미국외교협회는 또 미국이 제네바 합의에 입각해 북한의 핵 동결을 조건으로 북한에 전력을 제공하는 한편, 북·미 협상을 통해 북한의 미사일 개발과 수출 등 현안을 해결하는 양면 전략을 구사하는 것이 필요하다고 주장하기도 했다.[18]

2002년 2월 15일, 조지 부시 대통령(당시)은 한·미·일 순방을 앞두고 가진 3국 기자와의 특별 인터뷰에서 북한이 대량살상무기 개발을 중단하면 경제교류를 할 것이라는 점을 분명히 했다.

조지 부시 행정부의 일부 관리들은 경수로 2기를 제공하는 대신에 10기의

---

16 슈워츠(Thomas Schwartz) 주한미군 사령관 미 상원 연례보고(2002. 3. 5).

17 장의관(2001).

18 동아일보(2001. 9. 20).

화력발전소 혹은 1기의 경수로와 5기의 화력발전소를 제공하는 것이 바람직하다고 주장하였다. 그 주된 이유는 북한에 제공될 경수로의 폐핵 연료봉 속에 있는 플루토늄을 비밀리에 재처리하여 핵무기를 만들 가능성을 근본적으로 차단하여야 한다는 것이다. 그러나 이 경우 북한은 미국이 제네바 합의를 파기하는 것으로 간주하여 이를 근거로 폐핵 연료봉 반출을 연기하면서 다시금 체제수호를 위해 핵 카드를 사용할 가능성이 있다는 우려도 제기되고 있다.

이와 같이 조지 부시 행정부에 넘겨졌던 북한 미사일 문제는 미국의 세계 및 지역 전략 차원에서 커다란 영향을 미치고 있다. 미국의 입장에서 보면, '북한 미사일 위협'은 미사일 방어(MD: *Missile Defense*) 체계 구축의 중요한 명분을 제공하는 근거가 될 수 있다. 따라서 당분간 미국은 북한 미사일 문제가 빨리 종결되는 것을 원치 않을 수도 있다. 물론 북한 미사일 문제가 해결된다 하더라도 미국이 MD체계 구축계획을 포기하기는 어려운 일이다. 그 이유는 이 계획이 군산복합체의 강력한 압력을 받을 뿐만 아니라 세계전략 차원에서 구상된 것이기 때문이다.

따라서 조지 부시 행정부는 점검과 검증을 강력히 요구하면서 북한을 미사일기술 통제체제(MTCR: *Missile Technology Control Regime*) 내에 포함시키는 방식으로 북한 미사일 문제를 해결하려고 시도했다.[19] 반면에 북한은 빌 클린턴 행정부 시절에 진전됐던 부분을 인정하는 가운데 북·미 미사일 협상(북한 미사일의 수출, 개발, 배치, 폐기, 검증 등)이 진전되어야 한다고 주장하면서 북한 체제의 안보, 실리적 이익 확보, 협상수단 차원에서 미사일을 계속 개발·수출했다.

국제전략문제연구소(CSIS)의 보고서에 따르면, 북한은 한반도의 표적들에 사용할 수 있는 수백 기의 탄도미사일을 보유하고 있으며, 그중 일부는 일본 내의 표적까지도 도달할 능력을 가진 것으로 파악된다. 특히 북한의 중·장거리 탄도 미사일 능력은 이미 중거리 탄도 미사일(MRBMs: *Medium Range*

---

19 조지 부시 행정부가 공식 출범하기 직전인 2001년 1월 17일 상원외교위원회 인사청문회에서 당시 국무장관 지명자였던 콜린 파월은 "미사일 문제의 어떤 합의도 완전히 검증 가능하고, 우리들이 감시할 수 있지 않으면 안 된다"고 표명한 바 있다.

Ballistic Missile)을 생산하는 데까지 진보했으며, 장거리 미사일의 개발을 통하여 미국 대륙의 일부까지도 위협을 줄 수 있다고 한다.

로버트 월폴 미국 중앙정보국 전략 및 핵 계획 담당관은 상원 행정위원회 국제안보소위원회(2002. 3. 11)에서 '2015년까지 외국의 미사일 개발과 탄도탄 위협'에 관해 증언하면서 다음과 같이 주장했다.[20]

> 북한이 2002년 5월 미사일 발사 시험을 2003년까지 유예했으나 이는 발사만 해당되는 것으로 개발은 지속되고 있으며 지난 3년 사이에 북한의 미사일 기술이 급신장했다. 그는 핵무기급 탄두를 장착한 채 미국 본토까지 이를 수 있는 미사일 발사 시험이 준비단계에 있는지도 모르며, 2단계 대포동 2호 미사일(ICBM)로 수백 kg의 탄두를 10,000km 거리(알래스카나 하와이까지)로 보낼 능력을 갖춘 북한이 3단계 미사일을 사용한다면 비행거리가 15,000km에 이르러 북미 전역을 가격할 수 있을 것이다.

만약 미국이 북한 미사일을 핑계로 MD체계 구축을 강행한다면, 북한은 대(對)미국 비판의 강도를 높이면서[21] 중국 및 러시아와 연대할 가능성이 높다. 실제로, 북한이 러시아에 원자력 발전소 건설을 요청했다고 러시아 관영 라디

20 한겨레(2002. 3. 13).

21 2001년 2월 21일 북한의 외무성 대변인은 조선중앙통신을 통해 다음과 같은 성명을 발표했다. "우리를 불량배 국가'라고 걸고 들면서 우리의 '미사일 위협'을 막기 위해 '국가 미사일 방위체계' 수립을 강행하겠다고 하는 주장 역시 아이러니가 아닐 수 없다. 지난 시기 우리는 자체방위를 위한 우리의 미사일이 미국에 위협으로 된다고 하기 때문에 미사일 협상이 진행되는 기간 장거리 미사일 발사를 중지하는 것과 같은 합리적인 방안들을 내놓았다. 우리의 위성발사가 순수 평화목적의 과학기술 개발에 지나지 않지만 그 위성발사가 미국의 안전에 문제로 된다면 대리발사도 받아들일 수 있으며 미사일 수출은 외화벌이를 위한 것이므로 그에 해당한 외화보상이 담보되면 수출을 중지할 수도 있다는 타당한 제안도 여러 차례 미국 측에 제기한 바 있다. 그런데 미국의 새 행정부는 이에 대하여 신중히 알아보려고도 하지 않고 있다. 조·미(朝·美) 사이에 그 어떤 합의도 없는 것만큼 이제 우리는 이전 행정부 시기에 내놓은 미사일 문제와 관련한 우리의 제안에 구태여 구속되지 않을 것이다. 우리는 미사일 협상이 진행되는 기간 장거리 미사일을 발사하지 않기로 하였지만 발사중지 문제를 무한정 끌 수 없게 될 것이다. 우리는 우리의 과학기술발전에만 제동이 되는 일을 보고만 있을 수 없다. 우리는 언제나 모든 경우에 다 준비되어 있다."

오방송인 '러시아의 소리'가 보도(2002. 3. 20)했다. 이 방송은 "모스크바를 방문중인 최태복 북한 최고인민회의 의장이 일리야 클레바노프 산업과학기술부 장관과 만나 이같이 제안하고 철도수송 협력과 소련이 지어준 북한 화력발전소의 개건·현대화 문제도 제시했다"고, 또한 "북·러 양측은 올 하반기에 '무역·경제 및 과학기술 협조 정부 간 위원회'를 개최해 구체적인 논의를 할 것"이라고 소개했다.[22]

이러한 북·미 미사일 협상 진전이 난관에 봉착함에 따라 북한은 2002년 5월 3일 페르손 스웨덴 총리가 이끄는 EU 대표단이 평양을 방문했을 때, 그 대가를 기대하면서 미사일 개발을 2003년까지 유예할 것이라는 의사를 밝혔다.[23] 이에 대응하여 조지 부시 행정부는 동년 6월 6일 북·미 대화를 제의하면서 북한의 핵, 미사일, 재래식 무기 문제의 해결을 위한 '포괄적 접근'(*comprehensive approach*)을 통해서 원점에서부터 재검토·협상하자는 입장을 표명했다.

그러자 북한은 빌 클린턴 행정부 시기에 이루어졌던 제네바 북·미 기본합의문과 북·미 공동 코뮈니케(2000. 10. 12, 조명록 차수의 미국 방문 당시)에 합의되었던 사항을 그대로 실천하자고 주장하면서 전력 손실보상 문제[24]를 우선 의제로 제시하고, 우선순위에 따른 단계별 접근(*step by step approach*)을 모색하고자 제의하였다.

북한은 미사일 협상을 위해서는 미국에 대해서 북한의 체제안보는 물론 특별한 대가, 즉 현금보상, 인공위성 대리발사, 북·미 관계개선 등을 요구하고 있다. 특히 현금보상과 관련하여 북한은 뉴욕 3차 미사일회담(1998. 10. 1)부터 미사일 수출을 포기하는 대가로 3년간 매년 10억 달러, 총 30억 달러를 요

---

22 중앙일보(2002. 3. 21)

23 북한은 현재 자발적으로 장거리 미사일의 발사실험을 유보하고 있으나 연구개발은 중지하지 않는 것으로 분석되고 있다. 미국은 북한이 로켓 엔진과 다른 부속품의 실험을 계속하는 등 미사일 능력을 계속 개량하는 것으로 파악하고 있다〔슈워츠(Thomas Schwartz) 주한미군 사령관 미 상원 연례보고, 2002. 3. 5〕.

24 북한은 2001년 6월 13일 미국과의 접촉에 응했으나 6월 18일 미국의 협상 의제에 반발하면서 경수로 제공 지원에 따른 전력손실 보상을 의제로 설정할 것을 제시하였다.

구했다. 이와 아울러 북한은 1,500㎞ 이상 장거리 미사일 개발중단 문제와 관련해서는 인공위성 대리발사를 요구하기도 했다.

이와 같이 북한은 미사일 포기를 대가로 미국으로부터 폭넓은 양보를 얻어내려 할 것이다. 여기에는 주한미군 철수, 평화협정 체결과 같은 민감한 문제에서부터 경제적 지원에 이르기까지 북한이 연계할 수 있는 의제는 매우 많을 것이다.[25] 따라서 문제 해결의 실마리는 북한이 미사일 개발을 포기하는 대가로 미국이 과연 무엇을 줄 수 있는가에 달려 있다.

그러나 미국은 조지 부시 행정부가 발표한 〈핵태세 보고서(NPR) 2001〉에서 북한·이란·이라크 등 '악의 축' 3국과 시리아·리비아 등 불량국가들에 대해 핵무기 선제공격을 허용하는 정책을 발표한 바 있다. 그리고 북한 미사일 수출 중단에 대해서 보상을 제공하는 방법을 택하기보다는 북한 미사일 문제를 근본적으로 재검토하고 북한의 약속 이행에 대한 검증을 철저히 이행하겠다는 입장이었다.

2007년 "2·13 공동 합의"의 주요 내용은 다음과 같다. 북한은 영변 핵시설을 폐쇄·봉인하고 나아가 핵 시설 불능화 조치를 단행하는 대신에 다른 6자회담 참가국은 마카오의 BDA(방코델타아시아) 계좌 동결을 해제하고 중유 5만 톤을 지원한다는 것이다. 미국이 2007SUS "2·13 공동 합의"를 통하여 얻고자 하는 전략적 목표는 영변 핵시설 폐쇄를 통하여 추가 핵물질의 생산(플루토늄 50~60kg이 100kg으로 증가되는 사태)을 차단하자는 것이다. 왜냐하면 미국은 "북한은 영변 원자로 시설에서 핵폭탄 6~12개를 제조하기에 충분한 플루토늄 50 ~60kg을 생산했다"고 믿기 때문이다.[26]

〔그림 Ⅵ-3〕은 최근의 북핵 합의 배경으로서, 북·미 베를린 회담, 6자회담 참가국의 "9·19 베이징 공동성명"(2005) 및 "2·13 공동 합의"(2007), 동 합의의 의미, 이의 남북관계에 대한 영향, 한반도의 평화를 위한 실천과제를 요약한 것이다.

---

25 한국전략문제연구소(2001).

26 북핵 6자회담 수석대표 크리스토퍼 힐 미 국무부 동아태 차관보(2007. 4. 14 CNN 방송과의 회견).

[그림 Ⅵ-3] 남북한 통일과 동북아 평화를 위한 실천 과제

북핵 합의의 배경

북 · 미 베를린 회담(2007. 1. 16~18), 6자회담 참가국의
9 · 19 베이징 공동성명('말 對 말'의 합의) 및 2007년 2 · 13 공동 합의(행동 對 행동)

- (미국) 중간선거 패배와 중동 현안 등으로 현실적 접근으로 변화
  - 무시 전략(*Benign Neglect Policy*) → 협상 전략, 완전 핵폐기(*CVID: Complete, Verifiable, Irreversible Dismantlement*) → 先易後難 선택
- (북한) 경제 실리 추구
  - 핵실험으로 군사강국 건설과 체제 결속강화 성과 달성
- (중국) 동북아에서 영향력 확대 위해 적극적 중재자 역할
- (한국) 공동의 포괄적 접근방안 제안

↓

2 · 13 공동 합의의 의미

초기 단계의 구체적 실행 계획(*action plan*)을 마련

- 제네바 합의(1994. 10. 21)보다 추진의 실효성과 이행의 구속력 제고
  - '동결 → 폐쇄 · 봉인 → 불능화 → 완전폐기'의 각 이행 단계별로 차등화된 보상책과 구체적 이행 시한 명시
  - 등가성과 동시 이행의 원칙 도입, 평등과 형평의 원칙 부담
- 5개 실무그룹 설치로 협의 의제의 구체화 · 제도화
  - 한반도 비핵화, 동북아 평화안보 체제, 경제 · 에너지 협력
  - 북 · 미 관계 정상화, 북 · 일 관계 정상화 등의 실무그룹 구성

↓

남북관계 영향

남북관계 복원과 경협 활성화 기대

- 이산가족 상봉과 남북 장관급회담의 정례화 성사
- 정부의 지원성 경협 사업은 물론, 민간 경협도 확대 전망
- 남포항 현대화 및 철도 개보수 및 SOC 확대

↓

한반도 평화를 위한 실천과제

한반도 평화체제 및 남북 경제공동체의 구축을 위한 기반 조성

- (북한) 북핵 합의 이행과 인권개선 노력 등
- (남한) 민족공조(남북대화)와 국제공조(6자회담)를 통해 지속적 개혁 · 개방 추진과 법 · 규정 재정비로 외자유치 여건 조성
- 남북관계를 갈등적 · 경쟁력 관계 → 협력적 공존관계로 발전
- 지속적 발전 가능한 협력모델 개발로 '남북 상호발전 체계' 구축
  (미 · 중) 북핵 합의 이행과 개혁 · 개방 유인 제공으로 북한 변화 지원
- 미국은 역내 안정자로 북 · 미 관계정상화와 북한의 국제기구 가입 지원
- 중국은 6자회담 의장국과 분단 책임자로서 적극적 중재자 역할

③ 오바마 행정부

오바마 대통령의 '포괄적 패키지'(2009. 7. 19)를 받들어, 힐러리 클린턴 미국무장관(당시)은 '북한의 핵무기 문제 해결'과 '한반도 평화협정'(북·미 관계 정상화)을 동시적으로 협상·타결하고 싶다는 희망을 표명했으며, 이 카드를 들고 스티븐 보즈워스 대북정책 특별대표는 북한을 방문(2009. 12. 8)하였다. 미국의 대(對)북한 협상카드는 '북한의 핵무기 포기'에 대한 반대급부로서 '북·미 관계 정상화'를 골자로 한 '한반도 평화협정'을 6자회담의 틀 속에서 체결하는 것이다.

그 후 2010년 오바마 행정부는 이를 완화한 〈핵태세 보고서(NPR) 2010〉을 발표했으나, 핵무기를 제조했거나 제조하고자 하는 북한과 이란에 대해 여전히 선제 핵공격 대상으로 설정해 놓고 이 두 국가에게 '소극적 안전보장' 제공을 거부하고 있다.

현재, 세계가 가장 우려하는 핵무기 문제는 이란의 핵무기 문제와 북한의 핵무기 문제이다. UN 안보리는 이란의 핵 문제 결의안을 3회(2006. 7. 31; 2007. 3. 24; 2008. 3. 3)에 걸쳐 채택했다. 그 결의안 내용은 우라늄 농축·재처리 활동, 중수로 관련 프로젝트 등과 같은 핵 활동을 즉각 중단하고 이를 IAEA를 통해 검증하고, 이를 거부할 경우 "UN헌장" 제7조 41항에 의거하여 자금 및 금융자산과 경제지원을 동결한다는 제재조치를 취한다는 것이다. 이와 유사하게, 북한도 3회(1993. 5. 11; 2006. 10. 14; 2009. 6. 12)에 걸쳐 UN 안보리 결의(825호, 1718호, 1874호)를 통하여 제재조치를 당하였다.

그런데도 국제사회가 북한을 '핵무기 보유국'으로 공식적으로 인정해 주지 않는 상황에서, 북한은 미국의 중요 일정에 개의치 않고 세계 최강대국인 미국과 중국의 눈치를 안 보겠다는 매우 과감한 결단을 보여주었다. 즉, 미국 대통령선거 직후인 2012년 12월 12일에 장거리 미사일 '광명성 3호'를 발사했다. 이어서 오바마 대통령의 재선 후, 첫 연두교서를 하기 직전인 2013년 2월 12일 제3차 핵실험을 감행했다.

미국은 국제 공조와 각종 제재를 통해 북한의 체제 자체를 바꾸자고 주장한다. 과거 이명박 정부도 아프가니스탄이 국제 제재로 무너지는 것을 보고 북한에 강하게 대응했다. 그러나 효과가 없었다. 그 이유는 북한 체제의 특성이 아프가니스탄과 다르기 때문이다. 북한은 외부 압력이 강해질수록 군(軍)이 강해지고, 당(黨)은 약해진다. 왜냐하면 김 씨 일가가 권력을 유지하기 위해선 상황이 어려울수록 군(軍)에 힘을 실어줄 수밖에 없기 때문이다. 그 결과, 북한 체제가 더 공고해졌다.

예로서, 최근 개성공단에 김양건(金養建) 노동당 대남담당 비서가 방문한 다음, 개성공단 폐쇄가 발표(2013. 4. 8)됐다. 개성 지역은 개성공단이 세워지기 전에 군(軍) 핵심 전력인 기계화사단이 자리 잡을 정도로 매우 중요한 요충지로서 북한 군부는 개성공단을 계속 반대하고 있다.

결국, 가장 현실적인 대(對)북한 정책은 한·미 동맹과 한·미·일 3국의 공조와 함께 북한과의 대화와 협상이다. 오바마 행정부 역시 '전략적 인내'를 주장하면서도 북한과 공식 및 비공식 대화를 이어가고 있다. 오바마 행정부는 2011년 7월과 10월, 2012년 2월에 3차례 공개적으로 북·미 대화를 가졌고, 뉴욕 채널을 통해 수시로 접촉했을 뿐만 아니라, 2012년 4월과 8월에는 백악관 NSC 관리들이 비공개로 특별기를 타고 북한에 들어가 대화를 가졌다.

비록 북한이 UN 안보리 결의를 위반하며 장거리 로켓을 발사하고 핵실험을 했더라도, 미국은 추가제재조치 마련과 제2기 외교안보라인의 정비를 끝낸 후, 또다시 북한과 대화에 나서고 있다. 특히 존 케리 국무장관은 대화파이며, 척 헤이글 국방장관은 전쟁반대론자이며, 제2기를 맞은 오바마 대통령도 자신이 내건 '핵 없는 세상'을 위한 외교적 업적을 기대하면서 대화를 시도하고 있다.

(2) 중국의 대응

중국은 2012년 12월 12일 북한의 장거리 미사일 '광명성 3호' 발사 이후 UN 안보리 국가 제재안 2087호 채택을 지지했고 제3차 핵실험 징후가 나타나기 전에 북한의 핵실험을 만류했던 것으로 알려졌다. 그런데도 북한은 UN 제재안 채택을 놓고 공개적으로 중국을 향해 강한 불만을 표출하고 제3차 핵실험을 단행했다. 이에 최근 중국에서 반(反)북한 정서가 표출되기 시작했고, 중국의 북한 전문가들은 대(對)북한정책을 바꿔야 한다고 주장했다. 이러한 분위기에서, 고강도의 UN 안보리 대북제재 결의안 2094호 채택(2013. 3. 7)에 중국이 매우 큰 역할을 한 것으로 알려졌다.

북한은 강대국(미국과 중국)이 아무리 견제하고 겁을 주어도 '한다면 하는' 모습을 보여주었다. 만약 북한의 제3차 핵실험 직전에 중국의 설득과 압박으로 핵실험을 포기하고 장거리 로켓 발사를 중단했다면 북한의 핵억지력은 큰 손상을 입었을 것이다. 이러한 일련의 과정을 겪으면서, 2013년 초, 북한은 핵(核)억지력을 확보하는 데 큰 성공을 거두었다고 평가될 수 있다.

한편, 중국의 우선순위는 지속적 경제성장의 환경을 조성하기 위한 동북아시아와 한반도의 안정에 있다. 그러나 단기적으로 중국은 대국으로서의 영향력에 대한 국제사회의 신뢰 문제를 안았다. 미국이 2011년 말 '아시아로의 귀환'(*pivot to Asia*)을 외치며 중국을 압박하는 상황에서 중국이 대(對)북한 영향력에 대한 신뢰를 잃으면 미국과 일본에 대한 중국의 억지력은 급감할 것이다. 따라서 단기적으로, 그리고 전술적으로 중국은 북한에 대해 '힘 사용의 의지'를 보일 수밖에 없다.

중국 공산당 당교[27] 기관지인 〈학습시보〉(學習時報)의 덩위원(鄧聿文) 부(副)편집인이 영국 일간지 〈파이낸셜타임스〉(2013. 2. 28)에 "중국은 북한을 포기하고 한반도 통일을 유도해야 한다"는 내용을 기고했다. 그는 중국이 북한을 포기해야 하는 이유로서 다음과 같이 5가지를 지적했다

①이념에 근거한 북·중 관계는 매우 위험하고, ②북한이 '전략적 완충지대'라는 지정학적 동맹론은 구시대적이며, ③현재 김정은 정권 아래 북한은 영원히 개혁·개방을 할 수 없고, ④중국은 북한을 혈맹이라고 생각하는 데 반해 북한은 중국을 전략적으로 이용만 하고 있으며, ⑤북한의 핵이 언젠가는 중국을 위협할 수 있다는 것이다.

---

27 공산당 엘리트 간부를 육성하기 위한 교육기관이다. 시진핑 당 총서기가 지난해 말까지 5년 동안 교장으로 있었다. 따라서 덩위원 부편집인이 중국 공산당의 핵심 이론가라 할 수 있다. 그런 인물이 국제 유력지인 〈파이낸셜 타임스〉에 중국 공산당의 공식 입장과 다른 의견을 공개적으로 밝힌 것이다.

특히 덩위원은 중국의 대(對) 북한 유화정책의 현실적 근거인 북한 '완충지대론'과 관련해 "만약 미국이 북한 핵 시설에 예방적 타격을 가한다면 중국은 북·중 조약에 따라 당연히 개입해야 하는데 이것이야말로 중국 안보를 가장 위협하는 일"이라고 지적했다. 또한 "북한 포기의 가장 좋은 방법으로 통일을 유도해야 하며 통일된 한반도가 미국과 한국 및 일본의 전략적 유대를 약화시키는 데 도움이 돼 중국의 국가 전략에도 이롭다"고 분석했다. 그 이유로 "북한 체제는 기본적으로 가족정권을 유지하기 위해 존재한다. 중국식 개혁·개방을 하면 정권이 무너진다는 것을 북한 지도부가 너무 잘 안다. 따라서 북한은 영원히 개혁·개방 못한다. 한반도가 통일되어야 북한의 핵무기 문제 등 모든 문제가 해결될 수 있다"고 했다.

한편, 김계관(金桂寬) 북한 외무성 부상은 장예쑤이(張業遂) 중국 외교부 부부장과 가진 북·중 전략대화(2013. 6. 19)에서 "6자회담을 포함한 어떤 형식의 각종 회담에도 참가해 담판을 통해 평화적으로 핵무기 문제를 해결하고 싶다"는 입장을 되풀이했다. 이 자리에서, 김계관 부상은 "한반도 비핵화가 김일성 주석과 김정일 국방위원장의 유훈"이라고 밝히기도 했다.

여기서 유의할 것은 북한이 말하는 '비핵화'는 남한과 미국이 이해하는 '비핵화'와는 다르다는 점이다. 2013년 6월 22일 신선호 주(駐)UN 북한대사는 '비핵화'의 의미에 대해 "비핵화가 북한에만 적용돼서는 안 되며, 한반도 전체, 즉 남북한 모두에 미국의 핵위협이 없어져야 한다"고 설명했다. 이처럼 북한이 말하는 '비핵화'란 남북한이 핵무기의 제조, 배치, 사용을 금지할 뿐만 아니라, 북한에 대한 미국의 소극적 안전보장(NSA: *Negative Security Assurance*)이 제공되는 것을 가리킨다.

전술한 배경하에서 한국 측은 중국이 북한을 바라보는 태도가 예전과 같지 않다고 인식하고 한·중 정상회담(2013. 6. 27)의 성과에 커다란 기대를 걸었다. 북·중 관계가 '혈맹관계'에서 '일반 국가관계'로 바뀌었을 뿐만 아니라 한반도 정책의 우선순위도 '평화·안정'에서 '비핵화'로 전환되었다고 판단하였다. 사실, 한국 정부는 북한 핵무기 문제에 대한 중국의 협조를 기대하면서 남북대화의 재개 노력을 뒤로 미루었다.

그러나 시진핑 국가주석이 김정은 국방위원회 제1위원장의 축전에 답전(2013. 6. 18)을 보내면서, "한반도 평화와 안정을 위해 함께 노력하자"고 밝히고 있다. 이 내용은 중국이 '한반도 비핵화'나 '한반도 평화·안정'의 우선순위를 변경했다기보다 상황에 따라 어느 한 편을 강조하는 '표본겸치'(標本兼治), 즉 '현안 문제'(한반도 비핵화)와 '본질적 문제'(한반도 평화·안정)를 함께 다루어 나간다는 것이 중국의 입장임을 시사한다.

(3) 한국의 대응

사실, 북한의 제3차 핵실험은 10개월 전 은하 3호 로켓을 발사했을 때부터 예견되어 왔던 일이고, 또한 한국 정부 당국이나 전문가들은 '광명성 3호' 2호기 발사(2012. 12. 12)에 대해 UN 안보리 추가제재안 2087호가 결의되면 곧바로 북한의 제3차 핵실험이 단행될 것이라고 쉽게 예견할 수 있었다.

북한의 3차 핵실험 이후 국내에서는 대(對)북한 강경대책이 경쟁적으로 쏟아졌다. 예로서, 선제타격 독자 핵무장 및 미(美) 전술핵무기 반입, MD 참가와 한·일 군사협정체결 등을 들 수 있다.[28] 그런데 이러한 대(對)북한 강경론의 대부분은 실제로는 비현실적인 방책들일 뿐만 아니라 상호모순이다. 북한의 핵무기에 대한 대응방안으로서 다음과 같이 4가지를 고려해 볼 수 있다.

첫째 방안(선제 타격)은 북한이 핵무기 공격 징후를 보이면 즉시 출격해서 핵시설을 파괴하는 '선제 타격'을 하는 것이다. 그러나 이 방안은 기술적으로 어렵다. 왜냐하면 윌리엄 페리 전(前) 미 국방부 장관이 지적했듯이 북한의 핵시설과 핵무기가 어디 숨겨져 있는지도 모르는 상황에서 '선제 타격'은 불가능하며, 이를 뒷받침해줄 국제법적 근거도 없다. 북한의 이동식 미사일 발사대만해도 2백 개가 넘는다. 북한은 장거리 스커드미사일도 모두 숨겨놨다고 한다. 게다가 실제로 핵시설을 불능화할 수 있을지도 의문이다. 더 큰 문제는 '선제 타격'을 가할 경우 한반도에서 전면 전쟁이 발생할 가능성이 높다.

---

28 전시작전권 환수 중단은 북한의 도발이 있을 때마다 나오는 단골 메뉴지만, 대(對)북한 핵무기 문제와는 직접적으로 관련되지 않는다.

둘째 방안(독자 핵무장 혹은 미국 전술핵무기 반입)은 1991년 철수한 주한미군의 '전술 핵무기'의 반입 및 재배치나 한국이 독자적인 핵 무장에 나서는 것이다. 주한미군의 전술 핵무기의 반입은 한국의 의사결정 범위를 넘어서는 문제이다. 심지어 이것은 북한의 핵무장을 용인하는 위험한 발상이다. 그리고 한국의 핵 보유를 위해서는 한·미 동맹을 재조정해야 하며, 이것은 다시 동아시아에서의 '핵 도미노' 현상의 빌미가 될 수 있다.

셋째 방안(미국 MD에의 참가와 한·일 군사협정 체결)은 북핵 문제 해결을 위해 중국의 협력이 절대적인 상황에서, 대(對)북한 포위망이 아니라 대(對)중국 포위망을 구축하려는 발상이 될 수 있다. 이것은 동북아 평화를 위협할 수 있는 또 하나의 불씨가 될 것이다.

지난 제45차 한·미 안보협의회(2013. 10. 2)에서 한·미가 전시작전통제권 전환 재연기와 한국의 미국 MD 편입 문제를 연계해 논의한 것 아니냐는 의혹에 대해 "MD와 관련한 요청은 미국 측에서 일절 없었다"고 김관진 국방부장관은 말했다. 이어서 김관진 국방부장관은 동년 10월 16일 "우리는 분명히 MD에 가입하지 않는다"며 MD의 핵심 무기인 SM-3나 THAAD 요격 미사일 도입도 검토한 적 없다고 했다. 그러나 국방부 고위 관계자는 동년 10월 14일엔 "SM-3 필요성 검토"라고 말했고, 국방부 대변인은 다음날 15일 "SM-3 도입 불가. 하층 방어는 고도 100㎞ 이내"라면서 THAAD 도입 검토를 시사했다. 이와 같이 '한국형 미사일 방어'(KAMD)에 대한 국방부 최고 수뇌부의 입장이 3일째 오락가락했다.[29]

'미국 MD 참여'라는 비판을 의식해 국방부에서는 사정거리가 20㎞ 정도밖에 되지 않는 하층방어용 'PAC-3' 요격 미사일만 배치하겠다고 하지만, 이것은 요격 시간도 너무 짧고 성공률도 높지 않다. 그래서 고도가 더욱 높은 상층방어용 요격 미사일인 'THAAD'나 'SM-3'을 확보해 요격의 기회를 증대시켜야 한다는 주장이 제기되었다. 그러자 야당과 일부 언론은 '미 MD 참여' 의도로 몰아붙였고, 결국 한국의 미사일 방어망 구축은 제자리를 맴돌고 있다.

---

29 조선일보(2013. 10. 17).

북한의 핵·미사일 위협으로부터 국민의 생명과 재산을 지키려 한다면 한국은 일본처럼 미국과의 협력을 최우선해야 한다. 필요한 경우, 한·미뿐만 아니라 일본과의 협력도 적극적으로 추진해야 할 것이다. 한반도의 전쟁 억제와 유사시 승리에 함께 노력하는 동맹 및 우방과 북한의 핵·미사일 방어에 협력한다는 것은 당연한 일이다.

참고로, 일본은 1998년 북한의 대포동 1호 미사일이 일본열도를 넘어간 것을 심각하게 인식해 미사일 방어에 전력을 기울여 왔다. 특히 미국과의 협력을 핵심적인 요소로 인식해 긴밀하게 협의했다. 지금은 16개 포대의 PAC-3, 그리고 SM-3 미사일을 구비한 4척의 이지스함을 구비하고 있다. 2006년에는 미국의 전방추진 'X-band' 레이더를 일본 기지에 배치하도록 허용해 정보를 공유했고, 2013년에는 교토 지역에 1대를 추가했다. 실제 미사일 요격 시 미군과 세부적인 조치를 협조할 수 있도록 상설 협조기구까지 설치했다.[30]

① 이명박 정부의 4강 외교

이명박 대통령(당시)은 당초 '비핵·개방·3000'의 대(對)북한 정책 공약을 제시했으나 나중에는 '개방'을 삭제한 한반도 '신평화구상'(2009. 8. 15)과 '그랜드 바긴'(2009. 9. 21)을 각각 제시했다.

한편, 이명박 대통령(당시)은 2010년 G20 정상회의의 한국 유치에 성공하면서 '변방에서 중심으로'를 외치면서 2008년 8~9월 한반도 주변의 강대국인 미·일·중·러와의 정상회담을 통하여 이른바 '실용주의적 4강 외교'를 전개하였다. 미국과는 2008년 4월 19일 '전략적 동맹 관계'를, 일본과는 2008년 4월 21일 '성숙한 동반자 관계'를, 중국과 러시아와는 2008년 5월, 동년 9월 28일 각각 '전략적 협력 동반자 관계'를 각각 맺었다.[31]

그러나 '실용주의적 외교'라는 이름과 달리 화려한 수사만 나열되었을 뿐,

---

30 문화일보(2013. 10. 21)

31 이명박 대통령의 4강 외교를 전술한 황쭌센(黃遵憲)의 《조선책략》(朝鮮策略)에 비추어 보면, 친(親)중국과 연(聯)미국은 이루었으나, 결(結)일본은 이루면 안 될 일이며, 황쭌센의 '방(防) 러시아'와는 반대로 '친(親) 혹은 연(聯)러시아'로 갔다.

'실용의 내용', 즉 알맹이는 없었다. 예로서, 이명박 대통령은 '신(新) 아시아 구상'을 발표(2009. 3. 8) 했지만 아무런 내용이 없다.

이명박 정부가 잘한 일은 노무현 정부가 2012년 4월 17일을 미국이 한국에게 '전시작전통제권'을 이양하는 시기로 확정하였으나 이명박 정부가 다시 2015년 12월 1일로 연장하였다는 사실뿐이다.

이명박 대통령은 한반도 평화와 관련하여, 2012년 동아시아정상회의(EAS)에서 중국의 북한 핵무기 묵인정책을 바꿀 것을 요구하지 않았으며 노다 요시히코(野田佳彦) 일본 전 총리와의 만남도 거부했다. 그 대신에, 원자바오 중국 전 총리와 회담을 열고 알맹이 없는 일본 군국주의 부활에 대한 맹목적 비판만 늘어놓았다. 그것이 과연 '실용주의적 4강 외교'인가?

서독의 '동방정책'(東方政策, *Ostpolitik*)을 원칙적으로 승계하고 이를 부분적으로 수정하여 냉전 해체의 순간이 도래했을 때 동·서독 통일을 달성한 독일 '보수' 세력의 지혜에 비춰 이명박 전 대통령의 실패는 더욱 자기모순적이고 반실용적이다.

이와 대조적으로 박근혜 대통령은 현재 취임한 지 6개월 정도밖에 안 되지만 그동안 한·미 정상회담, 한·중 정상회담, 러시아 상트페테르부르크에서의 G20 정상회담, 베트남 국빈 방문 등을 통하여 한국 경제의 저변을 넓히고 있다. 또한, 남북한 개성회담을 통하여 개성공단 재가동뿐만 아니라 금강산 관광 재개까지 논의하고 있다.

② 박근혜 대통령의 한반도 신뢰 프로세스

박근혜 대통령은 2011년 *Foreign Affairs*에 발표한 글에서 대외정책의 기조를 '균형정책'(*alignment policy*)이라고 규정했다. 이러한 정책기조에 입각한 대(對)북한 정책이 박근혜 대통령의 '한반도 신뢰 프로세스'다. 이 구상은 튼튼한 안보를 기초로 하면서 인도적 지원을 재개하고 대화를 통해 신뢰를 쌓아 남북관계를 진전시킨다는 것이다.

상기한 '균형정책'은 북한의 제3차 핵실험 이후 다소 흔들리는 듯이 보였지만[32] 지금까지 박근혜 대통령이 밝힌 '한반도 신뢰 프로세스'에 대한 태도는 '균형'이 잡혀 있다. 박근혜 정부의 대(對)북한 정책기조인 '한반도 신뢰 프로세스'는 북한의 태도변화와 같은 남북 간의 신뢰를 '전제'로 대화하는 것이 아니라, 북한이 핵실험을 하는 상황에서도 신뢰를 구축하기 위해 대화한다는 것이다. 다만 북한의 태도변화 없이 대화를 시작하면 남북관계의 진전이 쉽지 않을 것이라는 우려를 표명한 것이다. 이처럼 박근혜 대통령의 '한반도 신뢰 프로세스'는 북한이 핵무기에 대한 태도를 바꿀 때까지 대화를 단절하는 것이 아니라 대화를 통해 남북 간의 신뢰를 쌓아가면서 북한의 태도를 변화시키고자 하는 것이다.[33]

우선, 박근혜 대통령의 '한반도 신뢰 프로세스'의 준거 기준은 '헬싱키 프로세스'(*Helsinki Process*)이다. 이것은 '헬싱키 협정'(1975)을 바탕으로 NATO와 바르샤바조약기구에 속한 35개 국가가 안보 분야에서 군사적 신뢰를 쌓고 경제 및 과학기술 분야에서 협력 관계를 안정적으로 운영했던 방식을 의미한다. 이와 같이, '헬싱키 프로세스'는 동·서독의 평화공존 체제로 시작하였으나 1980년대 말에 동유럽과 소련의 공산체제를 붕괴시킨 촉매제가 되었다.

여기서 유의할 것은 '헬싱키 협정' 중에서 셋째 바스켓에 속한 '인권과 자유에 관한 조항'(제7조)이 공산체제의 붕괴에 결정적으로 기여했다는 점이다. 처음에는 소련도 미국도 이 조항을 중시하지 않았다. 그러나 소련과 동유럽 내 반(反)체제 지식인들이 제7조를 주목하고 적극 활용하였다. 이들은 소련에서 '헬싱키 그룹', 폴란드에서 '자유노조', 체코에서 '77헌장그룹', 동독에서 '노이에스포럼' 등과 같은 시민단체를 각각 결성하였고, 이 단체들이 반(反)체제 민심을 결집하였다.

베이징의 6자회담은 북핵 문제를 넘어 '동북아 다자 안보협력 체제'로 전환

---

32 북한의 제3차 핵실험(2013. 2. 12) 직후 김장수 청와대 당시 국가안보실장 내정자는 "핵실험이 확실하다면 옛날 같지는 않을 것"이라며 '한반도 신뢰 프로세스'의 수정 가능성을 내비쳤다. 다행히 박근혜 당시 대통령 당선인은 2013년 2월 13일 인수위원회 회의에서 "한반도 신뢰 프로세스는 유화책이 아니며, 이런 안보상황까지도 고려해 만든 것이기 때문에 큰 틀에서 변화될 것이 없다"고 말해 수정론을 부인했다.

33 박근혜 대통령(당시 국회의원)은 2002년 5월 방북(訪北)해 김정일 위원장(당시)과 대화하고 이산가족면회소 설치, 동해선 연결, 남북축구대회 등 주요합의를 이끌어낸 바 있다.

한다는 청사진을 수립하고, 이를 준비하기 위해 워킹 그룹까지 만든 적이 있다. 결국 참여국들은 입장 차이를 좁히지 못하고 의미 있는 진전을 이루지 못했다. 그 과정에서, 북한은 핵 개발을 진전시키는 시간을 벌었을 뿐이다.

상기한 경험에 비추어 볼 때, 남북한이 정치·군사, 사회·경제의 다방면에서 신뢰와 협력을 쌓음으로써 갈등을 해결하고 실질적 평화를 구축한다는 '한반도 신뢰 프로세스'도 과거 전철에서 크게 벗어나지 못할 것으로 보인다. 따라서 박근혜 대통령의 '한반도 신뢰 프로세스'를 통해 김정은 체제의 붕괴를 기대한다면 그 역시 현실성 없는 희망사항이다. 왜냐하면 북한은 소련이나 동유럽 공산체제와도 비교할 수 없는 체제이기 때문이다. 즉, 반(反)체제 지식인 집단이나 시민단체가 존재할 수 없는 완벽한 동토(凍土)이기 때문이다.

여기서 박근혜 대통령의 '한반도 신뢰 프로세스'에 대한, 워싱턴의 대표적 아시아통 원로로 꼽히는 헤리티지재단의 에드윈 퓰너 아시아연구센터 회장의 평가를 보자. 그는 '박근혜-오바마 시대 한·미 관계와 동북아 정세'에 관한 인터뷰에서 다음과 같이 그의 의견을 밝혔다.

> 나는 박근혜 대통령의 신뢰 프로세스가 상당히 실용적인 정책이라고 생각합니다. 왜냐하면 신뢰 프로세스를 말하면서도 북한과 관계를 형성하기 위한 기반은 무엇보다도 북한의 위협을 막을 수 있는 강력한 억지력이라는 점을 이야기하고 있기 때문입니다.[34]

지난 한·미 정상회담(2013. 5. 5~10)의 후속조치로서 박근혜 대통령이 취해야 할 대(對)북한정책에 관해서는 다음과 같이 말했다.

> 우선, 박근혜 대통령은 평양에 대화를 제안해야 합니다. 물론 북한이 호전적 자세를 보이고 있어 대화의 문이 열릴 것이라고 낙관하기는 힘든 상황이지만 박대통령은 그런 대화제안을 함으로써 한국이 북한의 위협을 넘어서서 점점 더 국제적으로 중요한 역할을 하겠다는 의지를 보여줘야 합니다. 한국은 작은 나라지

34 문화일보(2013. 5. 16).

만 세계무대에서는 큰 역할을 할 수 있고, 이미 상당한 역할을 하고 있습니다. 한국이 이 같은 일을 수행하기 위해선 국방개혁 및 경제규제 완화를 통해 안보역량을 강화하고 경제를 활성화하는 정책을 지속해야 할 것으로 봅니다.

다음으로, 중국의 대북정책 변화 가능성에 대하여 시진핑 시대의 중국은 대북 접근법이나 대북정책을 바꿀 수 있다고 봅니다. 나는 이 가능성을 아주 오래 전부터 주장했습니다. 중국은 북한에 식량이나 에너지를 제공했는데 앞으로 중국의 대북 접근법이 바뀔 경우 북한에도 큰 변화를 가져올 수 있을 것입니다. 미국은 그동안 북한에 대해 제재를 강화했는데, 여기에 중국을 끌어들이는 게 중요합니다. 중국과 협력해 북한에 압박을 가하고 제재를 시행하며 변화를 하도록 만드는 노력이 필요합니다. 중국은 자국의 이해관계가 늘 우선입니다. 중국은 동북아 구도 상 서울, 도쿄, 타이완에 핵이 있는 것을 원치 않습니다. 그렇기 때문에 한국은 중국의 그런 점을 잘 파악해서 북한에 대한 한·중 정책협력을 해나갈 필요가 있습니다. 중국이 대북정책면에서 실망스러운 측면을 보인다고 해도 지속적으로 이야기하면서 협력의 틀을 모색하려는 노력을 해야 합니다.

지난 한·중 정상회담(2013. 6. 27~30)에는 단지 한·중 공조를 통해 북한이 핵무기 문제에서 좀더 양보하도록 압박을 가했던 것으로 마무리된 셈이다. 사실, 미국과 공조를 이루고, 중국의 협력을 끌어내 한국이 6자회담을 다소 유리하게 이끌어간다고 해서 북핵 문제가 단기간 내에 해결되는 것은 아니다. 즉, 북한 핵무기 문제의 해결을 위한 필요조건은 될지 몰라도 충분조건은 되기 어렵다. 다시 말하면, 미·중 강대국의 협조는 어디까지나 좀더 유리한 환경 속에서 북한을 대화로 끌어내는 데까지 기능하는 것일 뿐이다. 결국, 한국이 남북대화와 6자회담을 결합해 풀어나가지 않으면 안 된다.

따라서 박근혜 대통령은 북한의 핵무기 문제를 포함한 한반도 문제의 해법을 제시해야 할 상황에 놓여 있다. 북한의 '비핵화' 없이는 남북관계가 한계에 직면할 수밖에 없지만, 남북관계의 발전 없이는 북한의 '비핵화'의 실현도 기대하기 힘들다. 향후, 한반도 문제를 어떻게 풀어 나갈 것인지 우리가 먼저 큰 그림을 그리고, 이에 따라 주변국을 설득하고 북한을 끌어들여야 할 것이다.

2) 북한 핵무기 문제의 벤치마킹 모형

저자는 북한이 핵무기 개발을 포기할 가능성에 대해 회의적이라고 누차 강조한다. 왜냐하면 북한이 핵무기를 개발한 것은 생존을 위한 전략이기 때문이다. 만약 김정은이 북한 체제를 보장할 수 있는 것이 강대국(특히 미국)의 동의가 아니라 핵무기의 보유라고 믿는다면, 핵무기 개발에 대한 의지를 포기하지 않을 것이다. 중국과 러시아의 중재와 권고가 있지만 북한에 포기를 강요할 수는 없는 상태이며, 또한 북한의 의지에 따라 얼마든지 개발이 가능한 상황이다.

전술한 바와 같이 중국과 러시아의 중재와 권고가 있었지만 북한은 결국 장거리 미사일을 발사했고 핵 실험을 강행했다. 이와 같이 '정권의 안전보장'이 선행되지 않으면 북한은 핵무기를 결코 포기하지 않을 것이다.

북한이 핵무기를 포기하지 않을 것이란 점은 북한의 핵 개발의 역사와 그간의 행태에서 드러난다. 북한은 한국전쟁 휴전 직후인 1954년 인민군 내에 '핵무기 방위 부문'을 설치하고, 2년 뒤 30여 명의 핵물리학자를 소련에 파견했다. 이어 1959년 조·소 원자력협정을 체결하고, 1962년 김일성대와 김책공대에 핵연구학과를 두어 인재양성에 나섰다. 동년에는 영변에 원자력연구소도 설치했다. 1965년에는 소련으로부터 IRT-2000이라는 연구용 원자로를 도입해 본격적인 연구를 시작했다.

또한, 북한은 1993년 NPT 탈퇴(1차 핵위기) 때부터 2009년 2차 핵실험에 이르기까지 16년 동안, 국제사회를 상대로 핵을 포기하는 척 '위장'하면서 최대한 시간을 벌며 핵무기 기술개발에 진력했다. 한국의 김대중 정부와 미국의 클린턴 정부가 '햇볕정책'을 통해 북한에 '퍼주기'를 했던 1990년대 말~2000년대 초 북한의 핵무기 개발 '위장전술'은 극에 달했다.

당시, 1994년 제네바 합의로 영변 핵시설을 이용한 플루토늄 추출이 어려워지자, 북한은 파키스탄의 압둘 카디르 칸 박사와 비밀리에 접촉해 고농축우라늄(HEU) 기술과 장비를 제공받았다. 2009년 2차 핵실험의 파괴력이 2006년 10월 1차 핵실험보다 훨씬 강력했다는 것은, 지난 몇 년간 국제원자력기구

(IAEA) 요원들이 영변 핵시설을 감시하는 동안에도, 북한은 다른 장소에서 끊임없이 핵 기술을 발전시켜 왔음을 의미한다.

(1) 북한의 전략적 목표

북한이 핵무기를 보유하려는 가장 큰 이유는 미국이 북한을 공격할 것이란 두려움 때문이라는 점이다. 북한은 미국이 이라크를 공격(2003. 3. 20)한 것처럼, 언제든지 북한을 공격할 수 있다고 믿는다. 또한, 북한은 핵무기 보유로써 전통적인 형태의 군사력 열세를 만회하겠다는 것이다. 북한의 GDP가 33조 원 정도인 데 비하여 2012년 한국의 국방비가 32조 원이었다. 즉, 한국의 국방비와 북한 GDP와 비슷한 수준이다. 또한, 한국은 경제력을 바탕으로 이지스함을 비롯한 첨단장비들을 계속 갖추는 반면에 북한은 그럴 여력이 없다.

따라서 북한의 전략적 목표는 과거 미국의 대(對)인도 핵협상 타결(2006. 3. 2)을 북한의 경우에도 적용하도록 유도하여 국제사회로부터 핵무기 보유국 지위 혹은 민간 목적의 핵에너지 보유를 공식적으로 인정받음과 동시에 북한 체제(특히 김정은 체제)에 대한 미국의 '안보보장'의 확약을 받고 미국과의 관계도 개선한다는 것이다.

상기한 전략적 목표를 달성하기 위한 전술로써, 북한은 미국과의 핵무기 협상에서 북한의 일방적 '비핵화'가 아니라 북·미 상호 간 동시적 '핵무기 감축'으로 전환하여 미국의 대(對)인도 핵 협력협정(2006. 3. 2)을 북한의 핵무기 문제에도 적용시키는 것이다. 그리고 북한은 민간 목적의 핵에너지 보유를 공인받음과 동시에 핵무기를 북한 체제의 '안보보장'을 지렛대로 활용하고, 이를 미국이 명시적으로 보장하도록 현존하는 핵확산방지조약(NPT)의 내용을 수정해 주기를 바라고 있다. 이러한 전제하에서, 북한은 대외개방을 위한 대내개혁을 단행할 수 있을 것인데, 그 과정에서 현존 북한 체제에 대한 미국의 '안보보장'을 확약해 주기를 원하고 있다.

북한은 '인도 모형'을 소망하고 있다.[35] 즉, 인도가 핵 보유를 기정사실화한

35 인도 모형은 핵보유국인 인도와 핵 감시국인 미국의 이해관계가 서로 합치된 경우이다.

후, 시간이 걸리더라도, 미국과의 관계를 개선했던 인도의 대(對)미국 핵 협력협정(2006. 3. 2)을 체결하고 미국의 경제지원을 얻어내었던 것처럼, 북한은 핵무기 보유를 전제로 미국과 협상을 통해 경제적 지원이나 관계 개선을 추구하려 한다. 반면에 오바마 행정부는 핵무기 포기에 대한 북한의 단호한 결단이 선행되지 않으면 대(對)북한 경제제재와 압박을 계속하겠다는 입장을 견지하고 있다.

(2) 벤치마킹 모형

세계의 핵무기 문제 해결의 사례로서 성공한 경우로서 3가지 모형, 즉 ① 남아공 모형, ② 리비아 모형, ③ 인도 모형을 들 수 있는 반면에, 과거 실패하였거나 현재 해결을 모색하는 경우로서 3가지 모형, 즉 ① 파키스탄 모형,[36] ② 이란 모형, ③ 북한 모형을 들 수 있다. 앞의 3가지 경우로부터, 북한의 핵무기 문제 해결을 위한 시사점을 다음과 같이 얻을 수 있다.

① 남아공 모형

남아공의 사례는 정권교체 방식(드 클라크 정권→만델라 정권)을 통해 핵무기 문제를 평화적으로 해결한 대표적인 사례이다. 남아공은 핵무기를 보유했다가 오히려 이를 자발적으로 폐기하고 NPT에 가입한 최초의 국가이다. 남아공은

미국과 인도는 핵 협력협정(2006. 3. 2)을 체결함으로써, 인도는 미국으로부터 세계 6대 핵보유국의 지위를 공인받고 원전(原電)도 건설함으로써 급속한 경제성장에 따른 에너지(전력) 부족을 해결하게 된 반면 미국은 인도와 협력을 강화하고 중국을 견제하는 효과를 얻을 수 있게 됐다.

36 미국이 핵무기 보유 통제에 실패한 사례의 하나가 파키스탄 모형이다. 파키스탄이 핵무기를 보유할 수 있게 된 요인은 다음과 같이 4가지를 들 수 있다. ①인도의 핵실험(1974, 1998)으로 인한 안보위협, ② 소련의 아프가니스탄 침공(1980), ③ 그 후 "9·11 테러"의 주범인 오사마 빈 라덴과 알카에다를 궤멸하기 위한 파키스탄의 전략적 가치를 재인식한 미국의 대(對)파키스탄 경제적 및 군사적 지원, ④ 파키스탄의 평화적 목적의 핵 개발에 대한 미국의 묵인을 파키스탄이 악용한 점 등이다. 따라서 북한 핵무기 문제 해결방안으로서 파키스탄 모형의 유용성은 전혀 없다. 왜냐하면 미국은 북한 자체를 테러지원 국가로 지목하고 있기 때문이며, 북한의 입장에서 보면 미국은 '북한 침공가능 국가'로 간주되기 때문이다.

1968년 NPT 서명을 거부하고 1974년부터 핵무기 개발을 시작함으로써 1982년에 핵무기 제조에 성공하였다. 그 뒤 1989년까지 총 6개의 핵폭탄 제조를 완료했다. 그러나 1989년 9월에 출범한 남아공의 드 클라크 정권은 1990년 2월에 흑인 인권운동가 넬슨 만델라가 석방된 직후, 핵무기 프로그램의 중단을 검토하였으며 1991년 7월에 NPT에 가입하였다. 그리고 흑인정권의 등장(1994. 4)이 예견되자 1993년 1월 핵무기 폐기 사실을 공식발표하고 IAEA의 사찰로 폐기를 확인받았다.

그러나 남아공 모형은 북한의 핵무기 문제 해결방안으로서는 매우 부적합하다. 왜냐하면 북한 사회에서는 흑·백 인종차별이 없을 뿐만 아니라 핵무기 문제 해결을 위한 북한의 협상 상대국은 미국과 한국이기 때문이다.

② 리비아 모형

리비아의 경우, 넬슨 만델라가 협상 중재에 나섰고, 영국 토니 블레어 총리는 리비아 카다피 원수에게 친서를 보냈으며(2002. 9), 카다피는 영국에 특시를 파견하여 협상 의사를 전달(2003. 9)하였고, 이 과정에서 영국 해외정보국과 리비아 정보국 대화 채널에 미국 CIA가 참여하여 협상(2003. 3~12)을 구체화하였다.

토니 블레어 총리가 카다피와 통화한 후, 카다피는 대량살상무기 개발 계획 포기를 전격 선언하였다. 이 선언에 따라 미국은 경제제재를 해제하였고, 미국-리비아 공식 외교 관계가 복원(2004. 6. 28, 미국 중동 특사-카다피 회담)되었고 트리폴리에 연락 사무소를 공식 개소하였다. 따라서 북한 핵무기 문제 해결을 위한 시도로서 미국이 '리비아식 모델'을 희구하고 있다. 중국의 시진핑국가주석이 영국의 토니 블레어 총리(당시)처럼 북한을 대변하는 중개자의 역할을 수행하도록 중국과 협의할 수 있을 것이다.

리비아 모형은 리비아의 석유자원에 지대한 이해관계를 가진 영국의 토니 블레어 총리가 리비아의 카다피 원수가 신뢰하는 만델라 대통령과 협력하여 카다피 정권의 안전보장과 핵무기 포기를 위한 교섭을 성공시킨 사례이다.

그러나 중국과 러시아는 각각 북한과의 역사적 유대관계와 함께 첨예한 이해관계를 가지기 때문에, 북한의 핵무기 포기를 위한 중개역할을 제대로 수행할 수 없는 제약조건과 편견이 있을 수 있다. 따라서 중국과 러시아보다 자유스러운 입장인 독일이 과거 분단국가로서의 아픈 경험과 통일국가로서의 비전을 가지므로 전술한 조정자 역할을 수행할 수 없을까?

상기한 '의문'에 대한 '정답'은 저자에게는 없다. 다만, 러시아와 중국이 동북아의 평화와 안전을 희구하는 진지한 자세와 결단력을 취해줄 것을, 혹은 독일이 남북한과 미·일·중·러 사이에 조정자 역할을 수행해 줄 것을 각각 기대해 볼 뿐이다.

현재 러시아는 북한의 핵무기 문제 해결보다는 이란의 핵무기 문제 해결에 앞장선 상황이다. 따라서 북한 핵무기 문제 해결방안으로서 '리비아 모형'의 적합성 여부는 오직 북한의 핵무기 보유에 대한 중국의 기본입장에 달려 있다. 아마도, 중국은 심지어 북한의 핵 보유라는 현상유지가 대(對)미국 견제에 도움이 된다고 판단할 수 있다. 만약 중국이 북한의 핵무기 보유가 동방의 유일한 사회주의 형제국가인 북한 체제의 존립에 기여한다고 간주하고 적정한 수준에서 북한의 핵무기 확산만을 방지할 수 있다고 생각하면, 아무리 미국이 원하더라도, '리비아 모형'은 현실적으로 북한 핵무기 문제의 해결방안으로서 채택될 수 없을 것이다.

〈학습시보〉의 덩위원 부(副)편집인의 주장은 다음과 같다.

> 남북한 통일이 현실적으로 어려울 경우, 차선책으로 북한에 친중(親中)정권을 세우는 것이 북한의 안전보장과 핵무기 포기, '정상적 국가'로의 발전에 유리하다. 단, 물론 한국 주도로 통일하되 두 가지, 즉 ① 북한 지도부와 산하 공직자들에 대한 안전이 보장돼야 하고, ② 미군이 한반도에서 철수해야 한다는 전제조건들이 충족돼야 한다. 만약 통일 과정에서 이 같은 문제가 논의되고 보장된다면 중국이 남북한 통일을 반대할 이유는 없다.

③ 인도 모형

인도 모형은 핵무기 보유국인 인도와 핵 감시국인 미국의 이해관계가 서로 합치된 경우이다. 미국·인도는 "핵 협력협정"을 체결함으로써, 인도는 미국으로부터 세계 6대 핵무기 보유국의 지위를 공인받고 원전도 건설함으로써 급속한 경제성장에 따른 에너지(전력) 부족을 해결하게 된 반면에, 미국은 인도와 협력을 강화하고 중국을 견제하는 효과를 얻을 수 있게 됐다.

그러나 북한은 핵무기 보유를 전제로 미국과 협상을 통해 경제적 지원이나 관계 개선을 추구하려 한다. 즉, 핵무기 보유를 기정사실화한 후, 시간이 걸리더라도, 미국과의 관계를 개선했던 인도의 대(對)미국 핵 협력협정 체결(2006. 3. 2) 방식으로 하겠다는 속셈을 갖고 있을 것이다. 반면에 미국은 핵무기 포기에 대한 북한의 전략적 결단이 전제되지 않으면 경제제재와 압박을 계속해 나갈 것이다.

따라서 북한 핵무기 문제 해결방안으로서 '인도 모형'의 적합성 여부는 미국이 인도에 대한 '파격적'인 대우를 해주었듯이 북한에게도 NPT 체제의 '예외'를 적용할 수 있는가의 여부에 달려 있다.

인도의 핵무기 보유 허용은 미국의 대(對)중국 견제용이듯이, 북한의 핵무기 보유가 중국을 견제함으로써 미국의 대(對)동북아 세력 확장에 기여할 수 있다고는 심지어 김정은 국방위원장도 믿지 않을 것이다. 현재 오바마 행정부는 대외정책의 우선순위로 지구상의 핵무기 제거를 내세웠고 북한의 핵무기 보유가 특히 이란에 대해 잘못된 메시지를 보낼까봐 몹시 우려하고 있다.

3. 한반도 평화를 위한 동아시아 안보공동체

1) 기본방향

북한의 핵무기 문제를 해결하기 위한 최선의 방책은 '한반도 비핵화 선언'(1991. 12. 31)에 의거하여 북한으로 하여금 핵무기를 포함한 대량살상무기를 포기하도록 유도하는 것이다. 그러나 한반도의 평화를 위한 최적의 해법을 제대로 찾기 위해서는 무엇보다도 한반도의 안보 패러다임 변화를 객관적인 시각에서 실증적으로(규범적으로가 아니라) 파악하는 것이 중요하다.

첫째 북한을 핵보유국으로 인정해야 한다는 것이다. 도널드 럼스펠드 국방장관(당시)은 일찍이 '북한 핵무기 보유'를 주장(2002. 9. 26)하였다. 이어서 북한이 '핵무기 보유'를 공식적으로 선언(2005. 2. 10)하였다. 북한은 제1·2·3차 핵실험과 장거리 탄도미사일 발사로써 사실상 핵보유국이 된 셈이다. 또한, 북한은 우라늄 농축 및 폐연료봉 처리와 핵탄두 소형화를 성공했다고 UN 안보리 의장에게 통고(2009. 9. 3)하였다.

랜드연구소는 북한이 핵무기 5~20개와 수백~수천 톤에 이르는 생화학무기를 포함한 다량의 대량살상무기를 보유한 것으로 평가했다. 북한이 12.5kt의 핵공격을 감행할 경우 인구 12~23만 명, 10kg 분량 탄저균 공격 시 2~90만 명의 사상자를, 1톤 분량의 사린가스 공격 시 3천~23만 명의 사상자를 각각 발생시킬 것이라고 한다.

둘째 국제사회는 북한을 사실상 '핵무기 보유국'으로 인정하고 한반도, 나아가 동북아의 안보 패러다임이 바뀌었다는 점을 인식해야 한다. 이러한 인식을 전제로, 남북한과 한반도 주변국인 미국, 중국, 일본, 러시아 간에 안보전략적 이해가 충족될 수 있는 신(新)안보질서를 창출해야 비로소 북한의 핵무기 문제는 해결될 수 있다. 그리고 북핵 문제가 해결되어야 한반도를 포함한 동북아의 평화 및 경제 협력 문제가 포괄적으로 해결될 수 있다. 즉, 한반도와 동북아의 안보·협력 구조가 동북아에서 남북한과 미국, 중국, 일본 간에 안보전략적 이해가 맞아떨어지는 신(新)질서를 동북아 지역에 만들어야 북한의 핵무기 문제는 종료될 수 있다.

따라서 한반도 위기상황의 해결 관건은 새로운 안보 패러다임의 전개에 대응한 미·일·중·러의 가칭 '동북아집단안보기구'(NEATO: Northeast Asia Treaty Organization)의 구축 여부에 달려 있다. NEATO는 미국-파키스탄 안보동맹에 근간을 둔 '동남아집단안보기구'(SEATO: Southeast Asia Treaty Organization)와 미국·소련·프랑스·영국의 NATO와 유사하다.

이와 관련하여, 저자는 유럽안보협력회의(CSCE)와 유사한 동북아 안보협력회의(CSCNEA: Conference on Security and Cooperation in Northeast Asia)[37]의 발족 및 가동을 제안했다.[38] 이제, 미·일·중·러는 이젠 한반도의 안보위기가 자신의 안보위기가 될 수 있다는 점을 인식하고, NEATO로서 '동북아안보협력회의'를 발족 및 가동해야 할 것이다.

셋째 만약 한국 정부가 '비핵·개방·3000'의 원칙을 계속해서 고수한다면, 본래의 의도와는 달리, 사면초가의 위험〔단순히 통미봉남(通美封南)이 아니라〕에 직면할 수 있다. 따라서 한국은 동북아 전체의 안보 패러다임이 바뀌었다는 것을 인식하고, 과거 '포용정책'(*engagement policy*)이 아니라 '포괄정책' (*comprehensive policy*)으로 대(對)북한 정책기조를 전환하고 미국의 '포괄적 타협안'에 대한 한국의 대응방안을 마련해야 한다. 즉, 한국은 북한의 핵무기 문제와 함께 동북아의 안보 문제, 동맹 문제, 경제협력 문제, '동북아 경제공동체'(NEAEC: Northeast Asia Economic Community) 문제를 한꺼번에 해결하는 전략을 추진해야 할 것이다. 이것은 독일의 통일은 미국·소련·프랑스·영국이 통일 독일이 지향하는 NATO와 유럽공동체(EC)를 기대했기 때문에 가능했다는 점과 일맥상통한다.

37 '동북아안보협력회의'는 '유럽안보협력회의'(CSCE)와 대칭적 개념이다. 1975년 미국·소련과 유럽의 35개국은 헬싱키에서 정상회담에서 CSCE의 출범을 위한 최종 의정서에 인권과 기본적 자유를 포함하는 안보 개념에 합의했다. 즉, 인권을 안보의 한 축으로 개념화한 것이다. 이를 근거로 서구 국가들은 소련과 동유럽 공산권의 인권 문제에 개입할 수 있었다.

38 임양택(2009b; 2009. 5. 28), Lim, Yang-Taek(2010).

2) 동북아 안보공동체의 가능성 및 전제조건

이제 CSCE가 동북아 안보공동체로서 동북아안보협력회의(CSCNEA)를 위한 벤치마킹이 가능한 지의 여부를 분석하고자 한다.

유럽의 모델을 적용하기에는 동북아에 구조적인 문제점이 많이 존재한다.[39] 유럽과는 달리 동북아에는 NATO와 WTO와 같은 두 개의 대립적인 다자간 동맹이 없다. 유럽에서는 NATO 16개국과 WTO 7개국이 다자간 안보동맹 속에서 각 국가의 군사안보 이익에 대해 상호협의와 조정을 학습했으나, 동북아에는 많은 국가가 참여하는 군사동맹이 없으므로 군사안보 문제에 대한 다자간 협력을 위한 훈련이 되어 있지 않다.[40]

또한, 동북아에서는 권위 있는 중립국들이 존재하지 않는다. 전술한 바와 같이, 유럽에서는 12개의 비동맹 및 중립국이 활발한 활동을 벌인 반면에 동북아에서는 아직도 냉전 체제가 지속되고 있다. 게다가 제2차 세계대전 이후 동구와 서구 간에 전쟁이 없었으나, 동북아에서는 한국전쟁이 있었다.

따라서 동북아에서 안보공동체를 만들려면 여러 가지 조건이 필요하다. 유럽의 경우를 벤치마킹하면서 배울 수 있는 것은 유럽이 냉전적 양극체제 속에서 다자간 안보협력으로 전환하는 순간에 가장 먼저 조치를 취했던 것은 모든 국가가 참여하는 회의체의 구성이었다는 점이다. 이 결과, 유럽의 모든 국가와 미국, 캐나다가 참석하기로 합의가 이루어지고 난 후, 최초의 CSCE에 모든 정상들이 참석하여 정상회담을 가졌다. 이어서 외무장관회의가 개최된 것이었다. 상기의 정상회담과 외무장관회의는 거의 매년 개최되었다고 할 수 있다.

그리고 CSCE의 회원국들은 국가안보의 개념을 '절대안보'에서 '공동안보'로 바꾸었다. 물론 군사안보를 그 근저에 깔고 있었지만, 대결적 군사안보를 극복하기 위한 '공동안보'의 개념을 공유하였던 것이다. 아울러 NATO와 WTO의 양극체제 속에서 어느 한 동맹에 소속되었고, 그 동맹 속에서 다자간 정책,

39 Duffield, John S. (2003).

40 ASEAN은 다자간 협력의 훈련이 되었으나 군사 문제의 제기를 의도적으로 회피했다.

정향, 이해의 조정 등을 생활화했다. 이로써, 유럽 국가들은 NATO와 WTO의 양극체제하에서 다자간 안보협력을 위한 훈련을 제대로 경험했던 것이다. 한편, 서유럽에서는 1951년부터 유럽석탄철강공동체와 같은 경제공동체를 구성하기 위한 노력을 시작했다. 이 경제협력은 각 진영 안에서 진행되다가, 1973년 CSCE의 구성 이후 진영 간의 경제교류와 협력이 시작되었으며, 1989년 탈냉전 이후 유럽 통합의 기운과 함께 유럽의 경제통합을 이루었다.

전술한 사례연구를 통하여, 동아시아에서의 안보공동체 구축을 위한 필요조건은 다음과 같이 도출할 수 있다.

첫째 동아시아 지역의 모든 국가들이 참여하는 안보회의체의 구성과 운영이 우선 필요하다. 또한 동북아에서 미국중심의 냉전형 양자 간 동맹체제가 굳건하고 중국과 잠재적 적대관계에 있기 때문에 동아시아 혹은 동북아에서 다자간 안보협력이 이루어지기 힘들 수 있다. 그러나 공동의 위협의 존재 유무가 탈냉전시대의 안보공동체의 필요·충분조건이 되지 못한다.

유럽의 경우, NATO가 탈냉전 이후 적의 소멸과 함께 없어지지 않고 오히려 확대되면서 유럽의 CSCE를 뒷받침하는 것을 보면 반드시 공동의 적(敵)이 있어야 안보공동체가 결성되는 것은 아니다. 동북아에서는 남북한과 중국의 양안(兩岸)의 경우 정도의 차이는 있지만, '적'(敵)을 상정하고 양자 간의 군사동맹을 유지시켜왔기 때문에 오히려 다자간 안보공동체를 출범시키는 데 지장이 있다.

유럽에서는 기독교 문화, 경제공동체의 형성과 발전, 자본주의와 민주주의 체제, 집단방위 체제에 의한 안보의 달성, 다자간의 안보협력의 제도화, 정부뿐만 아니라 다양한 시민 간의 접촉 네트워크의 구성 등으로 경제공동체가 먼저 형성·발전되고, 이어서 안보공동체가 형성되었다.

이와 대조적으로 동북아에서는 현대사에서 전쟁의 경험, 서로 다른 문화와 신념체계, 적대관계의 존재 등으로 경제공동체와 안보공동체를 만들 수 있는 조건이 형성되지 못했다.

둘째 동아시아의 국가들이 국가안보의 개념을 '절대안보'의 개념에서 공동안보의 개념으로 전환해야 한다.[41] 냉전시대 양극체제 간 대결상태에서 안보란 한 진영의 안보를 희생한 자기 진영의 '절대안보'를 상정했다. 상대방의 위협에 대해 억지력을 가져야 하며, 유사시 상대방을 완전히 패퇴시키는 것이 국가안보의 목표였다. 그러나 이러한 '절대안보'의 개념은 격렬한 군비경쟁과 안보 딜레마를 초래했다. 따라서 유럽의 정치가, 외교관, 군인들은 '절대안보' 개념에 입각해서는 상호공존하거나 협력할 수 없음을 깨닫고 새로운 안보개념으로서 '공동안보'로 방향을 선회했던 것이다.

공동안보란 개념은 "어떤 한 국가도 그 자신의 군사력에 의한 일방적 결정, 즉 군비증강에 의한 억지만으로 국가의 안보와 평화를 달성할 수 없으며, 오직 상대국가들과의 공존(*joint survival*)과 공영을 통해서만 국가안보를 달성할 수 있다는 것"이다.

한편 '공동안보'라는 개념에 이어서 '협력안보'의 개념이 대두되었다. 상술하면, 독일의 통일, 동구의 몰락, 소련의 해체와 더불어 시작된 탈냉전시대에 걸맞은 새로운 안보개념으로서 '협력안보'라는 개념이 1990년대에 등장하였다.

'협력안보' 개념은 상호안보나 공동안보의 개념이 냉전시대 후반기에 등장한 것과는 대조적으로 탈냉전기에 등장하였다. 냉전의 종식과 더불어 소련의 해체는 종래의 국제안보의 개념과 내용을 완전히 변화시켰다. 대규모 지상전과 핵공격의 가능성은 더 이상 국방기획의 주요 이슈가 될 수 없는 상황이 되었다. 그리고 국가 간의 정치·경제적 상

41 1982년부터 UN은 UN 산하 군축과 안보문제에 관한 독립적 위원회(일명 Palme Commission)를 발족시켜 새로운 시대에 걸맞은 안보개념에 대한 연구를 진행했는데, 스웨덴의 스톡홀름국제평화연구소(SIPRI)의 팔메(Olof Palme), 함부르크의 평화연구 및 안보정책연구소의 바(Egon Bahr) 등이 주축이 되어 미래 국제체제에서 국가의 안보를 달성하는 개념으로 전통적 안보 개념과는 다른 '공동안보'라는 개념을 제시하였다.

호의존성이 증대함에 따라 상호의존성을 더욱 증대시키는 것이 국가의 목표이자 현실이 된 지금 무력에 의한 침략은 그 자체가 파괴적이며 엄청난 손실을 가져올 수밖에 없다는 인식이 '협력안보'를 추구하는 배경이다.

'협력안보'를 달성할 수 있는 수단은 더 이상 물리적 위협이나 강요가 아니라 제도화된 동의를 통해서 관련국의 협력적 개입을 유도하는 데 그 기본 정신이 있다. 냉전시대 '집단안보'가 군사적 대비를 통한 침략의 억지 그리고 만약 침략받을 경우, 적을 철저하게 패퇴시키는 것이 안보의 목적이었다면 '협력안보'는 조직적인 침략이 발생할 수 없도록 방지하며, 만약 침략당할 경우에는 다국적군(*multinational forces*)에 의한 대규모 보복을 통하여 침략국을 철저하게 파괴시키는 것을 목적으로 한다. 그러나 이러한 차이에도 불구하고 완전한 협력안보체제는 무력침략의 경우 그 참여국가의 안보를 보장하는 여분의 요소로서 집단안보의 규정들을 포함한다고 볼 수 있다.

동북아에서 군사적 대결상태를 군사적 협력상태로 전환하기 위해서는 결국 군사적 신뢰구축과 군축을 통하여 상호위협을 감소시켜 나가야 한다. 구체적으로, 선언적 조치, 군사훈련, 군사기동, 특정 군사행위, 특정 지역에 군사력의 배치 등을 통제할 뿐만 아니라 군사력(병력, 무기 및 장비)의 규모, 구조, 구성 및 무기체계의 개발 및 보유를 금지시켜 나가도록 해야 할 것이다.

20세기 후반 이후에는 군사안보 분야에서 신뢰구축과 군축을 이행함으로써 상호신뢰와 안보를 증진시키고 냉전 시보다 '더 낮은 수준'에서 군사력을 유지함으로써 안보를 달성하고 있다. 예로서, 1980년대 말부터 소련은 일방적인 군축을 실시했으며 중국 또한 그랬다. 탈냉전 이후에는 미국, 남아공, 아르헨티나, 브라질 등에서도 군축이 있었다.

최근의 군사안보는 국가 간 군비경쟁보다는 적은 규모의 병력과 질적으로 우세한 무기체계로 군사안보를 지키고자 노력하면서 한편으로는 군비통제를 통해 상호신뢰와 안보를 달성하려는 노력을 기울이고 있다. 따라서 아직도 군사적으로 첨예하게 대치하는 남북한, 동북아와 군사비 증강을 도모하는 동남아 국가들은 상기의 세계적 추세를 인지해야 할 것이다. 특히 북한은 '강성대국'의 달성을 위하여 과도한 군사비 지출로 체제위기까지 맞고 있다. 북한으로 하여금 군사적 신뢰구축과 군축을 통한 안보를 달성하도록 설득하기 위해서는 동아시아에서 구체적이고도 실질적인 안보대화를 통해 군사적 신뢰구축과 군축을 달성해야 할 것이다. 이러한 안보대화를 리드할 안보개념은 '공동안보'와 '협력안보'가 적합할 것이다.

셋째 동아시아에서 지금까지 발전된 다중적인 경제협력체(예로서 자유무역협정 등)의 제도적 성공을 기반으로 안보협력을 증진시킬 수 있는 다중적인 협력채널을 발전시키는 것이 필요하다. 동아시아 국가들이 추진하는 FTA는 경제협력을 활성화시키며 나아가 '동아시아 경제공동체'(EAEC)를 구축하는 데 기여할 수 있을 것이다.[42]

3) CSCE(유럽안보협력회의)의 벤치마킹 가능성과 한계

1973년 7월 3일 핀란드의 수도 헬싱키에서 미국, 캐나다, 소련, 서독과 동독, 그리고 유럽의 30개 국가들이 모두 참가함으로써 CSCE(유럽안보협력회의)가 출범했다. CSCE는 출범하는 데 수년이 걸렸는데, 그 이유는 미국과 소련의 큰 견해 차이 때문이었다. 그러나 출범 직전에 미국과 소련 사이에는 국가이익 차원의 타협이 있었다.

소련은 2차 대전 직후 형성된 동서양 진영 간 대결체제하에서 소련을 비롯한 동구 위성국가들에 대한 소련의 지배권을 인정받기를 원했고, 미국과 유럽

42 ASEAN 국가들은 2003년 7월 '아세안 자유무역협정'(AFTA: ASEAN Free Trade Agreement)를 정식으로 출범시켰다. 이어서 2003년 10월에 ASEAN 10개 국가 정상들이 인도네시아 발리에서 2020년까지 '아세안공동체'를 결성하기로 합의했다. 아세안공동체는 안보·경제·사회문화 공동체를 지향한다. 2005년까지 각종 비관세장벽 폐지, 자본에 대한 통제 철폐, 역내 무비자 여행, 고급인력의 역내 자유로운 이동, 무역·자본·노동력의 자유화 실현을 목표로 세웠다.

은 이를 양해한 상태에서 CSCE가 시작된 것이다. 이것이 이루어지기 위해 서독의 주변 유럽 국가들에 대한 제2차 세계대전 사과 표명, 서독의 적극적인 동방정책 추진, 독·소 불가침조약의 체결 등이 이루어져 다자간 안보협력에 대한 유리한 환경이 조성됐다.

미국은 소련의 동구에 지배권 인정을 싫어했으나, 소련의 CSCE 제안을 수용하는 대신에, NATO의 국가들과 바르샤바조약기구의 국가들이 참가하는 재래식 군축회담을 개최하는 조건으로 이를 수용했다.

서구의 민주주의 국가들은 유럽 국가들 간의 자유로운 왕래, 사회·문화·경제·기술 교류뿐만 아니라 미·소 간의 첨예한 대결을 완화하고 유럽에서 광범위한 안보협력을 통해, 안전하고 평화스런 유럽을 건설하고자 하는 희망에서 유럽안보협력회의에 찬성했다. 동구 공산권의 국가들은 서구 자유진영 국가들과 경제·기술교류를 통해 국민들의 복지향상을 간절히 바랐기 때문에 유럽안보협력회의의 개최에 찬성했다. 소련은 동구와 서구 간의 교류·협력의 결과, 헝가리·체코 등지에서 자유화 저항운동이 사라질 것으로 예측했다.

그러나 '헬싱키 선언'의 인권조항은 동구에서 자유화 운동에 빌미를 제공하였다. 12개국에 달하는 유럽의 중립국과 비(非)동맹국가들은 자국의 안보를 확보하고, 미·소 간의 충돌과 전쟁 가능성을 방지하며, 공산·자유진영 간에 타협과 양보를 통한 유럽의 안정과 안보를 위해 참가했다. 중립국과 비동맹국가들은 미·소 진영 간의 입장 차이를 적극적으로 중재함으로써 합의를 만들어내는 데 기여했다.

'헬싱키 선언'을 위한 협상에서 서방진영은 1만 3천 명 이상의 군사기동과 훈련을 상호통보하자고 제안했고, 공산진영도 4만 5천 명 이상의 군사기동과 훈련을 상호통보하자고 제안했다. 이들의 입장 차이가 컸지만, 중립국과 비동맹국들이 설득을 하여 2만 5천 명 이상의 군사기동과 훈련을 상호통보하기로 합의했던 것이다.

CSCE는 유럽의 유일한 안보협력회의체가 되었다. 1973년부터 1989년 냉전 종식과 독일 통일이 될 때까지 CSCE는 정상회담, 외무장관회담, 실무자회담 등으로 개최되었다. 이러한 제도화 과정이 유럽의 냉전적 대결을 종식시키는 데 지대한 역할을 한 것이다.

4. '동북아안보협력회의'와 '동북아 평화조약'의 제안

북한의 핵무기를 폐기하기 위한 적극적 측면에서 본 '한반도 책략'은 다음과 같다. 북한의 핵무기 보유로 인하여 미·일·중·러는 이젠 한반도의 안보위기가 자신의 안보위기가 될 수 있다는 점을 각자 인식하고, 동북아의 평화를 정착시키기 위한 새로운 안보 패러다임으로서 미·일·중·러 및 남북한은 가칭 '동북아안보협력회의'(CSCNEA)라는 동북아집단 안보체제를 구축해야 할 것이다.

1) 동북아안보협력회의의 필요성 및 기대효과

동북아 집단안보 체제의 필요성은 다음과 같은 사실에서 자명해진다. 세계 최대 신흥 시장으로 뜨는 아시아에 군사·정치·경제 분야의 패권적 지위를 다지려는 각국 간의 경쟁으로 유례없는 군비 증강 경쟁이 펼쳐지고 있다.

스톡홀름국제평화연구소(SIPRI)의 분석에 따르면, 중국은 2001년부터 2008년까지 8년 동안 17.1%의 연평균 군사비 증가율을 기록했다. 이는 세계 최고 수준이다. 중국은 건국 60주년을 맞아 군사 퍼레이드(2008. 10. 10, 베이징 톈안먼광장)를 벌여 미국에 필적하는 군사 강대국임을 국내외에 과시했다. 중국의 신형 대륙간탄도미사일(ICBM)과 장거리 지대지(地對地) 순항미사일을 비롯하여 50여 종의 육·해·공군 최신 무기들이 공개되었다. 이날 등장한 DF-31A는 사정거리 12,000㎞ 이상인 다탄두(多彈頭) 각개유도(MIRV) ICBM이다. 이것은 중국의 대표적인 신세대 전략 핵무기이다. 사정거리 2,000여 ㎞의 탄도미사일 DF-21은 미국이 군사 초강대국 역할을 하는 데 중추적 존재인 항공모함 전단(戰團)을 공격할 수 있다. 공중조기경보통제기 KJ-2000·KJ-200은 수백 ㎞ 떨어져 있는 적기의 움직임을 추적·감시할 수 있다.

중국과 아시아 패권을 다투는 일본도 군비증강에 박차를 가하고 있다. 일본

해상자위대는 18,000톤급(배수량 기준) 헬기탑재 호위함 1번함인 '휴우가'를 2008년 3월 실전 배치했다. 또 2번 함은 2008년 8월 진수했다. 총 11대의 헬기를 탑재할 수 있는 '휴우가'는 사실상 헬기 항공모함이다. 14대의 헬기를 실을 수 있는 19,500톤급 대형 호위함 건조도 추진 중인 일본은 이지스함 탑재 SM-3 요격용 미사일, 지상 배치 패트리엇 PAC-3 미사일 배치 등 미사일 방어 체제 구축에 박차를 가하고 있다. ASEAN 10개 회원국과 인도·오스트레일리아 등도 2000년대 중반부터 군사비 지출이 팽창, 최근엔 연평균 증가율이 세계 평균치를 훨씬 웃도는 7% 이상을 기록 중이다.

인도·오스트레일리아·베트남도 적극 군비 증강 경쟁에 가세하고 있다. 그 특징은 잠수함·항공모함·구축함 등 해군력 중심으로 군비가 증강되고 있다는 점이다.[43] 이것은 3개국 모두 중국의 해군력 증강에 대한 대응 조치이다. 아시아, 특히 동아시아 국가들이 군사력 중에서도 해군력 증강에 나서는 것은 원유 등 전략물자의 원활한 수송을 위한 해상교통로 확보와 남사군도 등 해양 영토 분쟁 대비, 배타적 경제수역(EEZ) 도입에 따른 해양자원 보호 등을 겨냥한 것으로 짐작된다.

오스트레일리아가 2008년 제2차 세계대전 이후 최대 규모의 군비증강 계획을 발표했다. 오스트레일리아는 향후 20년간의 군사력 건설계획 등을 담은 국방백서에서 "F-35 5세대 전투기 1백 대, 탄도미사일 요격능력을 갖춘 7,000톤급 대형 구축함 8척, 1천 명의 병력을 수송할 수 있는 캔버라급(級) 대형 수송함 등의 도입을 추진하겠다"고 밝혔다. 다른 한편으로, 남북한 교차승인 이후 한반도 평화를 정착시키고 남북한과 주변 강대국 간 경쟁과 갈등을 완화하기 위해서는 동북아 질서가 안정되어야 한다.

한편, 군사 연합훈련도 늘고 있다. 2005년부터 중국·러시아 연합훈련이 거의 매년 실시되고 있다. 인도·일본·오스트레일리아·미국 등이 참여하는 다

43 베트남의 경우, 해군력뿐만 아니라 공군력도 증강하고 있다. 2008년 12월 베트남의 응웬 떤 중 총리와 블라디미르 푸틴 러시아 총리는 러시아제 킬로급 잠수함 6척(약 2조 3천억 원 규모)과 SU-30MK2 전투기 12대 등을 베트남에 판매하는 양해각서에 서명했다. 베트남의 이런 무기 구입은 베트남전 종전 후 35년 만에 최대 규모였다.

국적 연합훈련도 증가 추세이다.

여기서 유의할 것은 동·서독이 1972년 기본조약을 체결하고 공존·협력관계를 정착시킬 수 있었던 이유는 NATO와 바르샤바조약기구 간의 정치·군사적 균형에 의해서 유럽질서가 안정적으로 보장되어 이러한 틀 내에서 동·서독의 안보가 보장되었기 때문이라는 것이다.

한반도 문제의 국제적 성격을 감안할 때, 동북아 질서의 안정화가 이루어지지 않는 한, 남북한 평화공존이 정착되기 어렵다. 설혹 남북화해·협력이 진행된다고 하더라도 이를 보장할 수 있는 안정적 국제환경이 존재하지 않을 경우, 이것은 매우 불안정한 형태가 될 수밖에 없다. 따라서 동북아 질서의 안정화를 위해서 다자간 안보협력을 추진하는 것이 필요하다. 다자간 안보는 전통적 및 군사적 안보뿐만 아니라 경제, 환경, 인권 등을 포함하는 포괄적 안보(*comprehensive security*)를 대상으로 한다. 또한 다자간 안보는 관련 국가들이 공동안보이익을 위해 협력하고 분쟁을 사전방지하기 위해서 예방조치를 취하며 갈등해결방안을 공동으로 강구하는 협력적 안보(*cooperative security*)를 지향한다. 동북아 안보협력은 한반도 문제와 관련하여 다음과 같은 점에서 기여할 수 있다.

첫째 동북아 안보협력은 남북분단의 평화적 관리와 남북한 공존체제 정착에 기여할 수 있다. 남북한 평화체제는 남북한 주도로 이루어져야 하지만 동북아 안보협력체는 이를 국제적으로 보장하는 역할을 할 수 있다.

둘째 동북아 안보협력은 북한의 국제사회로의 진입과 개방·개혁을 촉진할 수 있다. 동북아 안보협력은 다자적 방식에 의해서 북한 체제의 생존을 보장함으로 체제생존에 대한 북한의 우려를 해소하고 북한을 국제사회규범에 적응시키는 데 기여할 수 있다.

셋째 동북아 안보협력은 동북아 지역의 긴장완화를 통해 한반도 문제해결에 유리한 환경을 조성할 수 있다. 중국과 일본의 군비경쟁이 가속화되고, 역내 국가 간 영토분쟁이나 무역마찰로 인해 긴장이 고조될 경우, 한국의 안보상황은 매우 불안하게 되고 한반도 평화 유지에 불리한 환경이 조성될 것이다. 다자간 안보대화의 틀은 역내국가들의 군비경쟁을 억제하고 안보협력을 촉진함으로써 한반도의 평화와 안정에 기여할 것이다.

넷째 동북아 안보협력은 북한에서의 돌발사태 발생으로 인한 위기관리나 통일 과정에서 주변국의 협력을 구하는 데에도 기여할 수 있다. 아울러 통일한국의 대외관계를 조정하고 통일한국의 안정과 발전을 모색하는 데 있어서도 동북아 안보협력은 일정한 역할을 할 수 있을 것이다.

그러나 동북아에서는 다자간 안보기구의 전통 부재, 관련국 이해관계의 상이성, 관련국의 국력차이, 양자관계에 치중하는 관련국의 입장, 역사적 피해의식과 상대방에 대한 불신 등이 다자간 안보협력 체제 형성의 제약요인으로 작용하고 있다. 따라서 동북아 안보협력은 유럽과 다른 형태로 전개될 수밖에 없는데, 그 전개방향은 다음과 같다.

첫째 동북아에서 양자관계가 차지하는 중요성을 감안하여 우선적으로 양자 간 신뢰구축과 군사적 협력을 진전시켜야 한다. 양자 간 안보협력과 다자간 안보협력은 배치된다기보다는 상호보완적인 역할을 한다. 동북아시아에서와 같이 양자관계가 중요하고 다자간 안보협력을 위한 여건이 조성되어 있지 않는 상황에서 양자 간 안보협력이 다층적으로 누적될 때 다자간 안보협력을 위한 분위기가 조성된다고 할 수 있다.

둘째 동북아 안보협력체는 기존의 양자 간 동맹관계를 대체하는 것이 아니라 이를 보완하는 차원에서 추진되어야 한다. 그러나 다자간 안보협력이 추진됨에 따라 공동의 적(敵)을 양자적 동맹관계가 수정·보완되는 과정이 뒤따라야 할 것이다. 양자적 동맹관계가 공동의 적을 상정하고 배타적 동맹을 목표로 하던 것에서 벗어나 다자간 안보협력의 틀 속에서 공동의 안보이익을 모색하는 방향으로 변화되어야 할 것이다.

셋째 동북아 안보협력체가 구상하는 초보적 단계에서는 신뢰구축 조치를 우선적으로 실시하는 것이 바람직하다. '동북아안보협력회의'를 준비하는 데 민감한 문제들은 대상에서 제외해야 할 것이다. 특히 타이완 문제, 홍콩 문제, 티베트 문제 등 중국의 대내정치와 관련된 문제, 인권 문제, 스프레틀리군도, 러·일 간 영토문제 등에 대해서는 관련국 간 이해관계가 첨예하게 대립하는 점을 감안하여 초기단계의 의제에서 제외되는 것이 바람직하다. 따라서 초기단계에서는 난민 문제, 테러방지 문제, 환경보전, 해적퇴치, 해난구조 등과 같이 비군사적인 문제들을 중심으로 대화를 진행해야 할 것이다. 그 다음 신뢰구축이 조성되면 핵확산 금지, 군사정보, 군사훈련 참관, 군비통제 및 군축 등에 대해서도 협의할 수 있을 것이다.

넷째 동북아 안보협력 체제의 참가국은 1차적으로 남북한과 주변 4국의 동북아 6개국으로 한정하는 것이 바람직하다. 동북아 6개국을 참가국으로 하는 동북아 안보협력은 한반도의 긴장완화와 평화체제 전환의 국제적 보장, 동북아의 신뢰구축, 동북아 군축 등의 문제를 논의할 것이다. 중·장기적으로 동북아 안보협력체가 동아시아·태평양지역의 안보협력에 대해서 논의할 경우 몽골, 캐나다, 오스트레일리아 등이 대상국에 포함될 수 있을 것이다.

2) 동북아 평화조약의 제안

'동북아안보협력회의'를 창설 및 가동하기 위해서는, 미·일·중·러·남북한이 가칭 '동북아 평화조약'(*Northeast Asian Peace Treaty*)을 동시적으로 체결해야 할 것이다. 상호신뢰를 보증하기 위하여, UN총회에서 미국은 북한의 주권존중과 평화공존 및 북한 체제의 안보보장을, 북한은 2005년 '9·19 베이징 공동성명', 2007년 '2·13 공동합의', 2007년 '10·4 남북공동선언'에 입각해 핵무기를 비롯한 대량살상무기를 과감히, 즉각적으로 불능화 및 완전 폐기할 것을 각각 공식적으로 선언하는 것이다.

대한민국의 대통령은 '경제 대통령'뿐만 아니라 '통일 대통령'으로서 저자가 지난 20여 년 동안 제창한 '동북아 평화조약', 휴전선 근방 장단면에 '남북한 경제특구' 건설, '한반도 통일 프로그램'을 선제적으로 제시함이 바람직할 것이다. 그 핵심적 내용은 UN총회(단순히 6자회담이 아니라)에서 미국은 북한의 주권존중과 평화공존(단순히 불가침이 아니라) 및 북한 체제의 안보보장을, 북한은 2005년 "9·19 베이징 공동성명", 2007년 "2·13 공동합의", 2007년 "10·4 남북공동선언"에 입각하여 핵무기를 비롯한 대량살상무기를 과감히, 즉각적으로 불능화 및 완전 폐기할 것을 각각 공식적으로, 동시적으로 선언한다는 것이다. 이와 동시에, 중국, 러시아, 일본 및 다른 세계 모든 국가들은 미국과 북한의 상기 선언을 동시적으로 승인한다는 것이다. 그리고 한반도의 '평화정착'과 대(對)북한 '경제협력'(특히 식량 및 에너지 문제 해결)의 동시적 추진을 담보하는 것이다.

저자의 동북아 평화조약(안)

① 당사국(남북한) 간의 교전을 공식적으로 종결하며, 향후 어떠한 무력 혹은 무력행사 위협을 금지하고, 한반도에서 원자 · 생물 · 화학 무기(ABC: *Atomic, Biological and Chemical Weapons*)의 배치뿐만 아니라 이들의 제조 · 소유 · 통제를 포기한다.

② 한반도의 재래식 무기를 감축하며, 군비감축으로 인한 국가 재정 여분을 남북한 경제협력의 활성화 및 사회 · 경제적 통합을 위하여 평화적으로 사용한다.

③ 동북아의 '평화와 안보 메커니즘'으로서 가칭 '동북아안보협력회의'(CSCNEA)를 창설 · 가동한다.[1]

④ 남북한 및 4강(미 · 일 · 중 · 러)은 비무장지대(DMZ) 부근의 장단면에 '남북한 경제특구'를 건설하고[2] 동 특구를 가칭 '동북아 평화시'(North-east Asian Peace City)로 발전시킨다.[3] 여기에 남북한, 중국, 미국, 일본, 러시아의 다자간 지역안보협력체로서 가칭 '동북아안보협력회의'

---

1 '동북아안보협력회의'는 유럽의 다자간 안보구조인 유럽안보협력회의 혹은 상하이협력기구(SCO: Shanghai Cooperation Organization)와 대칭적으로 비교될 수 있다.

2 한국산업은행은 북한 지역의 개성공단에 대칭적인 남북한 경제특구(장단면의 DMZ 부근)를 설치 및 투자를 지원해야 할 것이다. 한국산업은행은 독일 재건은행처럼 남북경협 차원에서 이미 개성공단 진출 기업에 자금지원을 하였지만, 그 대상은 개성공단이었지 남한 지역 내의 남북한 경제특구는 아니었다.

3 이것은 1919년 베르사유(Versailles) 조약에 의하여 건설되었던 단치히 자유시(Danzig Free City)와 같은 개념이다.

를 상주시킨다. 특히 주한미군은 통일 독일지역에서 현재에도 주둔하듯이 한반도뿐만 아니라 동북아 평화 및 안정을 위한 지렛대 역할을 담당함으로써 국제연합(UN)의 이상을 실천한다.

⑤ 상기한 '동북아 평화시'를 거점으로 동북아의 평화와 번영을 위한 공동 프로젝트를 추진하고, 이를 금융지원하기 위한 가칭 '아시아-태평양 통화기금'(APMF: Asian-Pacific Monetary Fund)을 창설한다.[4]

⑥ '아시아-태평양 통화기금'(APMF)의 투자대상의 사업프로젝트는 예로서 한반도 종단철도(TKR: *Trans Korea Railway*)와 시베리아철도(TSR: *Trans Siberian Railway*) 및 중국횡단철도(TCR: *Trans China Railway*)와의 교통망 연계,[5] 러시아 하산(Khasan)-북한 나진(羅津)-한국 부산(釜山)의 물류망 개설, 서(西)캄차카 해상광구 공동개발 프로젝트, 이르쿠츠크 · 사할린의 석유 · 가스전 개발, '아시아'의 송유관 및 가스관 건설,

---

4 저자는 제 11차 ASEAN + 3 (한 · 중 · 일) 재무장관회의(2008. 5. 4)에서 합의되었던 '치앙마이 이니셔티브' 공동기금 지원 체계를 더욱 발전시켜 '아시아 · 태평양 통화기금'(APMS: Asian Pacific Monetary Fund)을 창설하여 동 지역의 경제발전에 필요한 투자를 담당하도록 할 것을 주장한다. 저자가 제창하는 '아시아 · 태평양 통화기금'(APMF)과 관련하여, 한 · 중 · 일의 외환보유고 현황(2013년 7월 말 기준)을 보면, 중국의 외환보유고는 3조 4,967억 달러(세계 1위), 일본의 그것은 1조 2,540억 달러(세계 2위)이다. 여기에 한국의 외환보유고 3,297억 달러(세계 7위)를 합하면 한 · 중 · 일 3국의 외환보유고(5조 804억 달러)는 세계 외환보유고 상위 10개국(7조 7,298억 달러)의 65%를 상회한다. 만약 상기한 한 · 중 · 일 치앙마이 이니셔티브(CMI)의 공동기금(8백억 달러)에 미국이 매칭펀드(*Matching Fund*)로서 8백억 달러를 예치하거나 혹은 동 규모만큼의 통화스왑 협정을 한 · 중 · 일과 체결하여 동 기금을 1천 6백억 달러 규모로 만들 수 있다면, 동 기금은 상위 10개국 외환보유고의 2.07% 수준(2013년 7월 말 기준)으로 미국 · 중국 · 일본 · 한국은 명실공히 APMF를 창설할 수 있을 것이다.

5 TKR과 TSR의 교통망 연계는 러시아의 숙원사업임과 동시에 러시아와 남북한뿐만 아니라 UN 아시아 · 태평양경제사회이사회(UN ESCAP) 교통장관회의에서도 합의(2006. 11)되었다.

러시아의 대(對)남북한 전력 공급에 의한 북한의 에너지 문제 해결, 하바롭스크 주(州)에서 러시아 및 남북한의 농업개발을 통한 북한의 식량문제 해결 등을 들 수 있다.

⑦ 미국과 북한이 상호불신의 골이 깊은 상황에서 우선 미국이 UN 총회 혹은 안보리(6자회담에서 뿐만 아니라)에서 다음과 같이 선언 및 서명한다.

- 미국은 북한의 주권 존중과 평화 공존(단순히 불가침이 아니라)을 천명하고, 북한 체제의 유지를 보장한다.
- 미국은 북한의 경제발전을 위한 국제금융(단순히 금융제재 해제가 아니라)을 지원한다.
- 개성공단의 제품을 '남북한 경제공동체'의 내부거래로 인정하고,[6] 미국의 1953년 '적성국 교역법', 1974년 '통상법', 1979년 "수출관리령"(EAR: *Export Administration Regulation*), 세계무역기구(WTO)의 '원산지 규정'(제 9조), 바세나르 협정(*Wassennar Agreement*)의 다자간 전략물자 수출통제 체제의 규제로부터 자유화시켜 '정상 무역관계' 형태로서('column 2'의 고율 관세를 피할 수 있도록) 대(對)미국시장으로 수출할 수 있다[7]는 것을 공식적으로 선언한다.

⑧ 이와 동시에, 북한과 미국은 다음과 같은 조치를 취한다.

- 북한은 2005년 "9 · 19 베이징 공동성명"과 2007년 "2 · 13 공동합의" 및 "10 · 4 남북 공동선언"에 입각하여 핵무기를 비롯한 대량살상무기를 과감히, 즉각적으로 불능화 및 완전 폐기한다.[8]

---

6 동 · 서독의 경우, 관세 및 무역에 관한 일반 협정(GATT) 체제하에서 내독(內獨) 거래가 인정되었다.

7 Noland, Marcus(2006).

8 독일의 '독일관련 최종규정에 관한 조약'(*Treaty on the Final Settlement*), 즉 '2+4 조약'(1990. 9. 12)의 제 3조는 "원자 · 생물 · 화학 무기의 생산 · 보유 · 사용을 포기할 것을 재확약한다.

- 미국은 북한을 '테러 지원국'의 명단(2007. 4. 30 재지정)에서 이미 삭제(2008. 10. 11)하였음을 재천명하고 북한의 국제금융기구(IMF, IBRD, IDA, IFC, ADB, World Bank 등)에의 가입을 허용한다.[9]
- 상기한 국제금융기구들은 즉각 북한의 경제개발을 지원한다.

⑨ 전술한 북·미 간 정치군사적 및 경제적 합의와 병행하여, 남북한은 다음과 같은 조치를 취한다.

- 전술한 '통일이념'에 따라 남북한은 각자의 주권을 인정하고 한반도의 항구적 평화를 위한 '불가침'을 선언할 뿐만 아니라 무력 혹은 무력행사 위협을 포기하며, 남북한 국민들이 수용할 수 있는 조건에서 한민족의 평화로운 통일을 위해 각자 및 공동으로 노력하고 협력한다.[10]
- 한반도 비(非)핵화 협정'[11]을 체결하여 대외적으로 공표하며, 한반도의 주변 국가(미·일·중·러)는 이를 즉각적으로 동의한다.

⑩ 이어서, 남북한과 미국이 이미 합의(2007. 10. 4)하였던 각종 '군사적 신뢰구축 조치(대규모 부대 이동과 군사훈련의 통제, DMZ의 평화적 이용, 군사 정보와 인사교류, 대량살상무기와 공력능력 제거를 비롯한 단계적 군축, 검증 등)와 무력배치에 관한 남북한·미국 3자 협정'을 재(再)확인·공표한다. 그 협정내용은 다음과 같다.[12]

---

9 구체적으로 미국은 현재 북한에 대한 국제금융기구의 대출을 미국이 반대할 수 있도록 장치된 '테러리스트 목록'에서 북한을 삭제하고, 대외원조 전용법에 의거하여 미국의 대외원조 수취를 금지한 국가 목록에서 북한을 삭제하며, 북한의 동결된 자산을 해제하고, 대북 무역제재조치(1953년 '적성국 교역법' 및 1974년 '통상법' 등에서 금지된 것들을 포함하여)를 완화 혹은 철폐한다.

10 '무력사용의 금지'는 동·서독 기본조약(1972)의 제3항에도 명시되어 있다.

11 남북한은 '한반도 비(非)핵화'(플루토늄 재처리와 우라늄 농축시설을 금지)를 이미 공동선언(1991. 12. 31)하였다.

12 Drennan, William M. (2006).

- "남북 기본합의서: 남북한 '화해와 불가침 및 교류 · 협력에 관한 합의서"(1991. 12. 13 체결; 1992. 2. 19 발효)에서 명시된 '군사위원회'를 실제로 설치 · 상주시켜, 상기한 군사적 신뢰구축 조치, 무력재배치 및 군비감축, 한반도 비핵화의 성실한 수행을 독려 및 사후 감시하도록 한다.[13]
- 남북한 양측의 무력(탱크, 대포, 전투 장갑차, 전투 비행기, 공격형 헬리콥터, 단거리 미사일, 방공장비)을 후방으로 재배치함과 동시에 군비감축을 과감히 실시한다.
- "6 · 15 남북정상회담의 공동선언"(평양, 2000. 6. 15), 제4차 6자회담의 "9 · 19 공동성명"(베이징, 2005. 9. 19), 제5차 6자회담의 "2 · 13 공동합의"(베이징, 2007. 2. 13), 2007년 "10 · 4 남북공동선언"(평양, 2007. 10. 4)과 관련된 각종 군사적 신뢰구축 조치를 확인 · 실시한다.

---

13 1953년 정전협정하에서 군사정전위원회와 중립국감독위원회가 감시 · 감독의 기능을 수행하였다.

VII

'남북한 5단계 통합'과 '한반도 통일 프로그램'

1. 기본시각

저자는 한반도 통일에 관한 연구를 하면서,[1] 평소에 다음과 같은 6가지의 '의문'(중국 송나라의 한유가 "사설"에서 말하는)을 품어 왔다.

첫째 우리는 5천 년의 찬란한 문화민족으로서 "우리의 소원은 통일"이라고 노래를 불러왔는데도 왜 민족통일을 일구어내지 못하였는가? 왜 우리는 통일을 해야 하는가? 남북한은 민족통일을 진정코 희구하는 것일까? 통일이 대한민국과 한민족에게 어떠한 이득을 창출할까?

둘째 남북한 주민과 한반도 주변국이 모두 통일을 지지한다고 가정하더라도, 한국 사회는 천문학적 숫자의 통일비용을 감당해낼 수 있는 능력과 각오가 과연 준비되어 있는가? 만약 한반도에서도 동·서독 통일의 과정에서 조성되었던 '천재일우'의 기회가 발생한다면, 그것을

1 임양택(1989; 1990; 1991b/c; 1993; 1995b/c; 1998a; 1999a/b/d; 2000; 2003b; 2005; 2007a/b/c/e; 2009b; 2011a); Lim, Yang-Taek(1997a; 2000b; 2002b/c).

남북한 통일의 계기로 활용할 수 있는 탁월한 리더십과 주도면밀한 '통일 프로그램'이 준비되어 있는가?

셋째 한반도 주변 강대국들은 남북한 통일을 묵인 혹은 허용할 것인가? 남한이 북한과의 통일을 이루어내면, 통일한국은 핵무기(최소한 핵무기 제조기술)를 보유할 수 있는데, 한반도 주변국들이 이를 용납할 것인가? 애당초, 통일 전에, 그들은 남북한 통일을 위한 한민족의 노력 자체를 진정코 지지할 것인가?

넷째 남북한 통일이 민족 내부의 문제임과 동시에 국제정치적 역학의 문제를 가진 만큼, 기존 사고의 패러다임에서 벗어나, 남북한과 미·중·일·러가 모두 용납 및 지지할 수 있는, 한반도의 평화를 구축할 수 있는 '묘책'이 없을까?

다섯째 통일 전에, 우선 북한동포 2,442만 명(2013년 기준)의 식량 위기[2]와 에너지 위기를 해결해 줄 방안은 무엇인가? 언제까지 대다수의 북한동포(지배계층 제외)는 조지 오웰의 《동물농장》(*Animal Farm*)에서처럼 갇혀 있어야 하는가? 북한 동포의 죄는 단지 북녘 땅에 태어난 것뿐이다.

여섯째 2008년 5월 이후, 중국과 타이완의 화해와 협력 관계를 주시해 보면, 우리는 '한'민족이 아닌 '恨' 민족으로서 부끄럽기 짝이 없다는 것을 알 수 있다. 북한의 3회의 핵실험으로 백두산과 금강산이 울렸고 북한의 장거리 탄도미사일의 발사로 동해의 '용왕'(龍王)이 놀랐다. 이와 같은 한반도의 냉기와는 대조적으로 중국과 타이완의 양안(兩岸)에는 최근에 온기가 감돌고 있다.

또한, 저자는 다음과 같은 의문을 갖는다. 왜 남북한의 지도자들은 중국과 타이완의 지도자들처럼 화합의 메시지를 주고받지 못하고 불공대천지원수(不

2 《신약성서》 "로마서"(12:20)는 "네 원수가 주리거든 먹이고, 목마르거든 마시우라"고 말씀한다.

共戴天之怨讐)처럼 이를 갈까? 중국인의 DNA와 한국인의 그것은 다른 것일까? 예를 들어, 남북적십자사 혹은 제3국의 외교관을 통하여, 혹은 친서가 아닌 구두(口頭)로라도, 한반도 분단의 현실을 직시하고 상호신뢰를 쌓으면서 실현가능한 공통 관심사를 논의할 수 없을까?

마잉주(馬英九) 타이완 총통은 2009년 4월 18일 첸푸(錢復) 타이완 양안공동시장기금회 고문을 통하여 원자바오 중국 총리에게 전한 구두 친서에서 타이완의 대(對)중국 관계에 대한 기본방침(2009. 4. 17)을 다음과 같이 밝혔다.

> 같은 배로 물을 건너고(同舟共濟) 서로 도와(相互扶持)
> 협력을 강화하여(深化合作) 미래를 열어가자(開創未來)

2009년 7월, 중국의 후진타오 주석은 국민당 주석으로 당선된 마잉주 총통에게 축하 전보를 보냈다. 마잉주 총통은 전보를 받은 당일 다음과 같은 16字 메시지를 전보에 담아 화답했다.[3]

> 현실을 직시하고 신뢰를 쌓고 다툼을 멀리하고
> 함께 윈윈(*win-win*)을 만들어 나가자.

저자는 남북한 통일에 관한 기본입장을 다음과 같이 밝히고자 한다. 즉, 북한이 체제 내 개혁의 실패로 붕괴되는 경우도 남북한 통일에 결코 도움이 되지 못한다는 점이다. 왜냐하면 중국의 대(對)한반도 정책으로 인하여 북한의 붕괴가 곧바로 남한의 흡수통일로 연결된다는 보장은 없기 때문이다. 설혹, 북한의 붕괴로 인한 남한의 흡수통일이 실현된다고 하더라도, 이것은 또 하나의 재앙이 될 수 있을 것이다. 왜냐하면 붕괴된 북한 체제의 짐을 떠맡은 남한은 비틀거리다가 결국 '뇌진탕'으로 반신불구의 중병환자의 신세로 전락할 가능성도 많기 때문이다. 남한은 그것을 감당할 능력과 자생력을 현재 보유하고 있

---

3 이 화답은 2008년 4월 후진타오 주석이 국민당 롄잔(連戰) 주석에게 말하였던 내용과 거의 일치한다.

지 못하다.

저자는 남북한 통일의 단계적 접근방법과 이를 위한 추진전략을 제시하고자 한다. 여기서 유의할 것은 남북한 분단이 한민족의 의지가 반영된 것이 아니라 과거 '냉전' 체제의 역사적 유물이듯이, 남북한 통일은 민족적 차원만의 문제가 아니라 국제적 차원의 문제로서 최소한 미·일·중·러의 이해관계에 따른 '한반도 게임'으로 해결해야 한다는 점이다.

'한반도 게임'에서 한국이 취할 수 있는 선택의 폭은 크지 않지만 과거 서독의 헬무트 콜 총리가 보여주었듯이 민족적 정체성을 높임과 동시에 동북아지역 평화와 번영이라는 '큰 그림'을 제시하면서 한반도 주변의 4강(미·일·중·러)을 집요하게 설득할 수 있는 지혜와 순발력이 필요하다.

2. 동·서독 통일의 교훈

전술한 '의문'들에 대한 '해답'을 찾기 위해서, 동·서독의 통일 과정을 준거기준으로서 고찰해 볼 필요가 있다. 동독에서 연일 수십만 군중이 거리로 뛰쳐나와 "우리가 바로 인민이다"(*Wir sind das Volk*)라고 외쳤다. 당시, 동독의 정권은 침몰해가는 과정에서 도저히 대중의 압박을 감당해낼 수 없었다.

동독 정부의 홍보장관인 귄터 샤보우스키는 1989년 11월 9일 '여행 자유화'를 선포했다. 이 결과, 동·서독 분단 40주년을 맞이하였던 1989년 11월 9일 한(恨)서린 '베를린 장벽'은 마침내 무너졌다.[4]

베를린 장벽이 붕괴된 다음날(1989. 11. 10), 미국의 조지 허버트 부시 대통령(당시)은 서독의 헬무트 콜 총리에게 축하 전문을 보내면서 "베를린 장벽의 붕괴는 공산주의에 대한 자유민주주의의 승리이며 독일 통일의 첫 신호"라고 격려했다. '베를린 장벽'의 붕괴는 사회주의 체제의 자본주의 체제로의 이행이 공권력과 아무런 충돌 없이 완전히 평화적으로 진행된 역사적 장면이었다.

4 실제로 1989년 12월과 1990년 1월 사이에 베를린 장벽이 허물어졌다.

이어서 1989년 12월 4일부터 '라이프치히의 월요일 시위'와 다른 도시들에서의 대중시위에서 동독 시민들은 독일의 급속한 통일을 요구했다. 급기야, 시위자들의 슬로건도 자결권에 대한 그들의 요구를 반영한 "우리가 바로 인민이다"가 "우리는 한 민족이다"(*Wir sind ein Volk*)로 바뀌었다.

독일 통일의 주역이었던 헬무트 콜 총리는 당시 소련 및 동구권이 몰락하는 과정에서 베를린 장벽의 붕괴가 기폭제가 되어 동독 국민의 민주화 운동이 요원의 불길처럼 일어났던 시기에 조성되었던 '천재일우'의 통일기회를 포착하여 순발력 있게 기민한 외교정책을 집요하게 추진하였다.

그 결과, 1990년 2월 유럽안보협력회의(CSCE, 캐나다 오타와)에 이어, 1990년 9월 12일 동·서독 양국과 대독(對獨) 전승 4개국(미국·소련·프랑스·영국)의 외상들은 모스크바에서 '독일 관련 최종규정에 관한 조약'(*Treaty on the Final Settlement*), 즉 '2+4 조약'을 체결함으로써 동년 10월 3일, 마침내 '독일 통일의 꿈'은 이루어졌다.

1) 동·서독 정상회담[5]

제2차 세계대전 이후 동·서독은 각기 미·소 냉전체재에 편입돼 대립했다. 특히 서독은 우세한 경제력을 바탕으로 동독을 외교적으로 봉쇄한 채, 소련과 독일 통일 문제를 직접 협상했다. 서독은 '동독과 교류하는 국가와 교류를 않겠다'는 이른바 '할슈타인 원칙'(*Hallstein Doktrin*)을 실천했던 것이다.

1966년 출범한 커트 키징거 총리(기민당)와 빌리 브란트 부총리 겸 외무장관(사민당)의 기민·사민당 연립정부의 '동방정책'으로 동독의 외교적 고립은 심화됐다. 서독은 동독이 국가로 승인받기 위해 1967년 제의한 정상회담조차 거부했었다. 즉, 동독과 민간교류는 하되 동·서독 정부 간의 관계 개선은 외면했던 것이다. 한편, 동독도 가만히 있지 않았다. 바르샤바조약기구 국가들에게 '서독이 동독과 정상적인 관계를 형성하기 전에는 어떤 국가도 서독을 승

5 조선일보(2000. 5. 16).

[표 Ⅶ-1] 동 · 서독 정상회담 일지(1966~1970)

- 1966. 12: 키징커 서독 총리, 동 · 서독 인적 · 물적교류 증진 논의 제의
- 1967. 9: 슈토프 동독 총리, 양국관계 정상화 위한 동 · 서독 정상회담 제의
- 1969. 10: 브란트 서독 총리, '양독관계를 특수관계'로 규정, 협상 제의
- 1969. 12: 울브리히트 동독 수반, 동 · 서독 정상회담 제의
- 1970. 1: 브란트 서독 총리 정상회담 수락
- 1970. 3. 2~12: 5차례 실무회담
- 1970. 3. 19: 동 · 서독 정상회담(동독 국경도시 에어푸르트)

인하지 말도록' 요청했다. 이러한 동독의 '2국가' 정책에 따라 동유럽 국가와 더 이상의 관계증진이 벽에 부딪힌 사실을 깨달았다.

상기와 같은 상황에서 1969년 10월 빌리 브란트 총리를 필두로 한 사민·자민당 연립정부가 들어선 것이 과거 기민당이 벽에 부딪혀 적극 추진하지 못했던 '동방정책'을 꽃 피우는 계기가 됐다. 1969년 10월 28일, 서독의 수도 본(Bonn)의 '분데스탁'(의회)에서 사민·자민당 연립정부의 빌리 브란트 총리는 취임 연설에서 동독을 사실상 국가로 인정할 것임을 다음과 같이 천명했다. 이 연설은 5개월 후 동·서독 간의 첫 정상회담(1970. 3. 19)의 토대가 됐다.

> 독일 안에 두 개의 국가가 존재한다고 해도 그 두 국가는 서로에게 외국이 아니다. 다만 특수 관계일 뿐이다.

빌리 브란트 총리의 제안을 비판했던 동독의 워터 울브리히트 국가평의회 의장(국가수반)은 1969년 12월 구스타프 하이네만 서독 대통령에게 서신을 보내 동·서독 간 동등한 관계 수립을 골자로 한 국가조약안을 제시하면서 이를 협상하기 위한 동·서독 정상회담을 제안했다. 브란트 총리는 1970년 1월 양독 관계를 정식 국가로 인정하는 조약에는 반대하지만, '의견교환을 위한 기회를 갖고 분단으로 인한 고통을 덜어 보자'는 취지에서 정상회담을 수락했다.

그 이후 호르스트 엠케 서독 총리실 장관과 미카엘 콜 동독 내각사무처장 간의 전문 교환을 통해, 동·서독 정상회담 준비를 위한 첫 실무접촉이 1970년 3

월 2일 열렸다. 양측은 12일까지 불과 11일 만에 5차례의 실무접촉을 마치고, 1970년 3월 19일 동·서독 정상회담을 개최하기 위하여 발 빠르게 움직였다.

2) 동 · 서독 기본조약

동·서독 정상회담(1970. 3. 19)을 바탕으로 체결된 '동·서독 기본조약'(1972)의 주요 골자는 다음과 같다.

① 동·서독 간에 동등한 권한하에 기초한 좋은 이웃 간의 관계발전을 도모한다.
② "UN헌장"의 목적과 원리를 따른다. 특히 모든 국가주권의 동등성, 독립과 독자성, 영토주권을 존중한다.
③ 평화적 수단을 통하여 분쟁문제를 해결하고 무력사용을 금지한다.
④ 상호 간에 대내외적 문제에서 독립성과 자율성을 존중할 의무가 있다.
⑤ 상호이익을 위한 경제, 학문과 기술, 교통, 우편, 의료, 문화, 체육, 환경 등 다방면의 교류협력을 추진한다.
⑥ 대표부를 실시한다.

[표 Ⅶ-2] 동 · 서독 기본조약(1972)

조약체결 쌍방은 평화유지에 대한 그들의 책임을 유의하여 유럽의 긴장완화와 안전보장에 기여하려는 노력의 일환으로 현존하는 국경선을 기준으로 한 모든 유럽 국가들의 국경불가침 및 그들의 영토보존과 주권존중이 평화를 위한 기본적인 전제조건이라는 확신을 가지고 양 독은 그들 상호관계에서 무력에 의한 위협이나 무력사용을 마땅히 포기하여야 한다는 것을 인식하고 민족문제를 포함한 여러 가지 기본문제들에 대하여 견해의 차이가 있음에도 불구하고 역사적인 현실에 입각하여 양 독 주민들의 복지향상을 목적으로 독일연방공화국과 독일민주공화국 간의 협조를 위한 전제조건으로 충족시키려는 의도로 다음과 같이 합의한다.

제 1조
독일연방공화국과 독일민주공화국은 동등한 권리의 토대위에서 정상화된 선린관계를 발전시킨다.

제 2조
독일연방공화국과 독일민주공화국은 "UN헌장"에 명시되어 있는 제반 목표와 원칙, 특히 모든 국가의 주권 · 평등 · 독립 · 자주 · 영토보전의 존중 · 인권보호 및 차별대우 금지 등을 지향한다.

[표 Ⅶ-2] 계 속

제 3조

"UN헌장"의 정신에 따라 독일연방공화국과 독일민주공화국은 그들의 분쟁문제를 오로지 평화적인 수단을 통해 해결하며, 무력위협과 무력사용을 포기한다. 쌍방은 현재 존재하며 또 앞으로 존속할 쌍방간의 경계선의 불가침을 강조하고 각기 영토보전을 무제한으로 존중할 의무를 지닌다.

제 4조

독일연방공화국과 독일민주공화국은 양국의 어느 일방이 상대방을 국제적으로 대표하거나 또는 자국의 명의로 상대방을 대신하여 행동할 수 없다는 데 의견을 같이 한다.

제 5조

독일연방공화국과 독일민주공화국은 유럽 국가들 간의 평화적 관계의 발전을 촉진시키며 유럽의 안전보장 및 협력에 기여한다. 쌍방은 관련국가의 안전보장을 저해하지 않고 유럽에서 병력 및 군비를 감축하려는 노력을 지지한다. 독일연방공화국과 독일민주공화국은 효과적인 국제통제 아래 전면적이고도 완전한 군비축소를 달성할 목적으로 세계의 안전보장에 기여하는 군비제한과 군비축소의 노력, 특히 핵무기와 기타 대량살상무기 분야의 군비축소 노력을 지지한다.

제 6조

독일연방공화국과 독일민주공화국은 각국의 국가권력이 각자의 영토 내에서만 행사될 수 있다는 원칙을 고수한다. 양국은 국내 및 대외문제에서 상대방 국가의 독립과 자주성을 존중한다.

제 7조

독일연방공화국과 독일민주공화국은 양국의 관계정상화 과정에서 현실적인 인도적 문제들을 타결할 용의가 있음을 천명한다. 양국은 이 조약의 원칙에 입각하여 상호이익을 도모하기 위하여 경제 · 학문 · 기술 · 통행 · 법률 부문의 교류, 우편 · 전화 · 보건 · 문화 · 스포츠 · 환경보호 등의 분야에서 협력을 촉진시키고 발전시키는 협정을 체결하기로 한다. 이에 대한 세부사항은 추가의정서에서 정한다.

제 8조

독일연방공화국과 독일민주공화국은 상주대표부를 교환한다. 대표부는 각기 상대방의 정부 소재지에 설치하기로 한다. 대표부 설치에 관계되는 실제적인 문제들은 별도로 해결한다.

제 9조

독일연방공화국과 독일민주공화국은 과거 양국이 각기 체결한 조약 또는 양국에 관계되는 2국 간 및 다국 간의 조약은 이 조약의 저촉을 받지 않는다는 데 합의하였다.

제 10조

이 조약은 비준절차를 밟아야 하며 비준각서를 교환한 후에 효력을 발생한다. 상기의 내용들을 확인하기 위하여 조약체결 쌍방의 전권대표는 이 조약문에 서명한다.

[표 Ⅶ-2] 계 속

추가의정서

1. 제 3조의 추가사항

독일연방공화국과 독일민주공화국은 양국정부가 위임한 대표들로 위원회를 구성하기로 합의하였다. 이 위원회는 양국 간에 존재하는 경계선의 표시를 재조사하고 필요한 경우에는 그 표지를 갱신하거나 보완하며 경계선에 관한 필요한 기록문서를 작성한다. 이 밖에 이 위원회는 경계선에 관련되는 문제들, 예를 들면 치수문제, 에너지공급, 재해대책에 관한 해결책을 강구한다. 이 위원회는 조약비준 이후 활동을 개시한다.

2. 제 7조의 추가사항

① 독일연방공화국과 독일민주공화국 사이의 교역은 현재 실시되는 협정의 기초 위에서 계속 발전시킨다. 양독은 경제관계의 계속적인 발전을 추진하고 시대에 뒤떨어진 규정들을 재조정하며 교역구조를 개선시킬 목적으로 장기적인 협정을 체결하기로 한다.

② 독일연방공화국과 독일민주공화국은 쌍방의 이익을 위하여 경제 및 기술분야의 상호협력을 촉진시키고 이에 필요한 조약을 체결할 용의가 있음을 천명한다.

③ 1972년 5월 26일 자로 조약과 함께 시작된 통행분야의 협력관계는 더욱 확대심화시킨다.

④ 독일연방공화국과 독일민주공화국은 법률연구가들을 위하여 특히 민법과 형법분야에서 교류를 실시하는 데 필요한 절차를 가능한 한 감소하고 유용한 조약의 형태로 마련한다.

⑤ 독일연방공화국과 독일민주공화국은 국세우편연맹과 국제전기통신연맹의 규약을 바탕으로 우편협정과 전화협정을 체결한다. 양독은 이 협정들을 국제우편연맹과 국제전기통신연맹에 통고한다. 현존하는 약점들과 현재 쌍방에 유용하게 사용되는 규정들은 새로 체결되는 협정 속에 흡수된다.

⑥ 독일연방공화국과 독일민주공화국은 보건분야에 대한 관심을 표명한다. 양국은 이에 대한 조약을 체결하기 위하여 가능한 범위 내에서 의약품의 교환과 특수병원 및 요양소에서 치료문제를 해결한다.

⑦ 독일연방공화국과 독일민주공화국은 문화분야의 협력을 증대시킬 의도를 가지고 있다. 이러한 목적을 달성하기 위하여 양독은 정부 간 협정체결에 관한 협상을 벌이기도 한다.

⑧ 독일연방공화국과 독일민주공화국은 조약비준 이후 해당 스포츠단체들이 스포츠 관계의 증진에 관한 협상을 벌일 때 이를 지원할 용의가 있음을 천명한다.

⑨ 독일연방공화국과 독일민주공화국은 서로 상대방에 대한 피해와 위험을 방지하기 위하여 환경보호 분야의 약정을 체결하기로 한다.

⑩ 독일연방공화국과 독일민주공화국은 상대방의 서적, 정기간행물, 라디오, 텔레비전 제작물을 구입하기 위한 협상을 더욱 확대시킨다.

⑪ 독일연방공화국과 독일민주공화국은 관계자들의 이익을 도모하기 위하여 비상업적인 지불 및 정산에 관한 거래를 들 수 있도록 협상을 벌인다. 이 협상에서 쌍방은 일차적으로 사회적인 안목에서 필요한 약정을 조속한 시일 내에 해결하는 데 주력한다.

3) 헬무트 콜 총리의 4강 (미국 · 소련 · 프랑스 · 영국)에 대한 설득 외교[6]

동·서독 기본조약(1972)이 체결된 지 17년 후, 동·서독 분단 40주년을 맞이하였던 1989년 11월 9일 '베를린 장벽'이 무너졌다.

오직 미국만이 독일 통일을 공개적으로 지지했을 뿐, 소련·영국·프랑스는 동·서독 통일을 반대했다. 미국·영국은 독일 통일을 정면으로 반대했다기보다 점진적 추진을 원했다. 통일의 충격을 최소화하면서 통일된 독일을 자신들의 영향권 내에 두고 싶어 했다. 심지어 독일 내 지식인과 대부분의 정치세력도 비슷했다. 갑작스러운 것보다 단계적으로 장기간에 걸쳐 추진해야 한다는 의견이 다수였다. 그러나 베를린 장벽이 갑자기 무너진 것을 목격했던 콜 총리와 한스 디트리히 겐셔 장관은 신속한 통일이 필요하다고 판단했다.

콜 총리는 "독일은 통일돼도 유럽공동체(EC)와 NATO 안에 존재할 것"을 선언하면서 프랑스와 영국을 설득했다. 상술하면, 콜 총리는 마거릿 대처 영국 총리를 만나 영국이 주도적으로 추진하던 EC 통합, 즉 EU 탄생에 적극 기여하겠다고 제안했다. 또한 프랑수아 미테랑 프랑스 대통령과 만나 마르크화를 포기하고 유럽 공통화폐 체계에 참여하겠다고 약속했다. 두 나라의 숙원을 들어주면서 통일에 대한 지지를 얻어낸 것이다. 결과적으로 신속한 통일 전략이 맞았다.

전술한 배경하에서, 전승 4개국은 독일 통일문제에 대하여 상이한 입장이었기에 제2차 세계대전의 패전국인 동·서독과 전승 4개국 외무장관들이 1990년 9월 12일, '독일에 관한 최종합의 조약', 즉 '2+4 조약'을 체결하기까지 무려 4차에 걸친 '2+ 4 회담'이 진행되었다.[7] 4대 전승국과 동·서독 외무장관회의(1990. 2. 13, 캐나다 오타와)에서 서독의 한스 디트리히 겐셔 장관은 4+2,

---

6 Szabo, Stephen F. (1992).

7 쌍무적·다변적 외교가 실행되었다. 4차례의 콜-부시 회동, 10차례의 베이커-세바르드나제 회동, 11차례의 베이커-겐셔 회동, 5~6월의 8차례의 겐셔-세바르드나제 단독회담이 진행되었다(Moens, Alexander, 1991).

즉 4대 전승국이 주도하는 '점진적 통일방안' 대신에 동·서독이 주도하는 '2+4 체제'를 관철시키기 위해선 전승국의 불안을 불식시켜야 했다. 겐셔 장관은 다음과 같이 말했다.

> 현실 정치는 동서 진영 간 힘의 균형에 변화를 가져오는 통일을 원하지 않는다는 점을 명심해야 한다. 우리는 다른 나라의 안보적 관심을 깊이 고려해야 한다. 다른 나라에 반(反)하는 안보가 아니라 다른 나라들과 함께하는 안보가 중요하다.

1990년 2월 1일, 독일 투칭에서 열린 개신교아카데미 연례회의에 한스 디트리히 겐셔 장관은 미·소 입장을 모두 수용한 통일방안을 제시하면서 "통일 이후에도 NATO에 잔류하겠지만 NATO 군대는 지금 있는 곳에만 머물 것이며, 옛 동독 지역에는 주둔하지 않는다"고 천명했다.

마지막 제4차 회담은 1990년 9월 12일 소련의 모스크바에서 열렸다. 그동안 세 차례의 회담과 콜 총리의 소련 방문으로 대외적인 문제가 거의 해결되었다. 이 회담에서 마침내 '독일에 관한 최종 합의조약', 즉 이른바 '2+4 소약'이 체결되었다. 통일 결정권이 서독과 동독에 넘겨진 것이다. 4년 뒤(1994. 9. 8)에는 미국 영국 프랑스 서방연합군이 철수했다. 앞서 러시아 주둔군의 철수와 함께 완전한 통일을 이뤄낸 것이다.

전문과 본문 10조 및 의정서로 구성된 '2+4 조약'에서 6개국(미국, 영국, 프랑스, 소련, 동·서독)은 독일 민족이 자유로운 결정으로 통일을 이룩하고 독일은 통일과 동시에 완전한 주권을 갖도록 하였다.

[표 Ⅶ-3] 독일의 "통일조약"(1990. 9. 12)

"통일조약"은 전문과 9개의 장, 전체 45개 조항으로 구성되어 있다. 제1장 가입의 효력, 제2장 기본법, 제3장 법령의 조정, 제4장 국제법상 조약 및 합의사항, 제5장 공공행정과 법률집행, 제6장 공공재산과 부채, 제7장 노동, 사회보장, 가족, 부녀, 보건, 환경보호, 제8장 문화, 교육, 과학, 체육, 제9장 경과 및 최종규정으로 구성되어 있다.

제1조

동독의 5개 지방(브란덴부르크 · 작센 · 작센안할트 · 튀링겐 · 메클렌부르크포어포메른)이 서독 "기본법" 제23조에 의하여 1990년 10월 3일부로 독일연방공화국(서독)의 지방이 된다.[8]

제2조:

수도는 베를린으로 한다.

제3조

"기본법"은 새로이 가입한 5개 지방(브란덴부르크 · 작센 · 작센안할트 · 튀링겐 · 메클렌부르크포어포메른)에서 효력을 갖는다.

제4조

"기본법" 중 전문(前文)과 제23조를 삭제,[9] 연방참의원의 의결권 재조정,[10] 동독재산권 이양, 1992년 12월 31일까지는 구(舊)동독의 법질서가 "기본법"에 합치되지 않더라도 계속 시행될 수 있다.[11]

제5조

통일 후, 헌법을 2년 내에 통일과 관련된 문제를 해결하기 위하여 "기본법"을 보완하든가 개정하도록 권고한다. 그리고 통일조항인 146조 등을 개정한다.[12]

---

8 제23조는 장소적 효력 범위를 규정한다. 즉, 기본법 효력이 미칠 수 없었던 소련 점령지역에 대해, "본 기본법은 우선 서부 독일지역이 효력을 갖고, 독일의 다른 부분에서는 가입 후 발효될 수 있다." 이것은 통일 과정을 단순하고 빨리 진행시키자는 것이다. 반면에 제146조는 시간적 효력 범위를 다루었다.

9 "기본법" 제23조는 "독일의 다른 부분에서는 가입에 의하여 효력이 발생한다"는 규정을 삭제함으로써 통일이 완성되었음을 의미하고 다른 영역의 독일가입을 막아 주변국의 의구심을 없앴다.

10 동독 지역의 가입에 따른 연방참의원(상원)에서의 투표권을 재조절하였다.

11 통일헌법이 제정되면 "기본법"이 효력이 잃는다는 취지로 되어 있던 것을, 통일이 이루어진 현재에도 효력이 존속하되 다만 새 헌법이 제정되어 효력이 발생되면 실효된다는 의미로

(1) 미 국

미국의 입장에서 보면 독일이 통일됨으로써 전후 적극적으로 지원한 인류의 가치가 유럽에서 꽃을 피우고 소련의 팽창주의와 패권주의에 대한 승리가 이뤄졌다. 미국의 정치 지도자들은 유럽의 어떤 정치인보다도 독일 통일에 확실한 입장을 천명하였다. 그러나 공식적으로 독일 통일을 찬성했지만 통일된 독일이 중립국으로 남지 않을까 내심 불안해했다. 소련 주재 미국 대사를 역임한 조지 캐넌은 베를린 장벽 붕괴를 보면서 "포괄적인 국제적 틀에 제약받지 않는 독일은 어떤 형태로든 존재해선 안 된다"고 단언했다.

헬무트 콜 총리는 이해관계국을 모두 상대하지 않았다. 핵심 국가를 찾아 정면 돌파했다. 그는 제일 먼저 독일 통일에 가장 호의적이었던 조지 허버트 부시 미국 대통령을 구워삶아 긍정적 확약을 받고 곧 이어 '10개항 통일 프로그램'을 발표했다. 부시 대통령은 "미국은 유럽에서 현 국경의 불가침성을 상기하면서 헬싱키 최종 의정서의 규정을 존중하고, 공식적으로 현재의 독일-폴란드 국경을 인정한다"고 대답했다.[13] 그리고 독일 통일과 관련한 4개 항목의 미국 입장을 몰타 정상회담(1989. 12. 2~4)에서 러시아 측에 분명히 밝혔음을 1989년 12월 4일 NATO에 통보하였다. 그 주요 내용은 다음과 같다.

통일 독일은 NATO의 회원으로 잔류하고 유럽공동체(EC)에서 계속해서 핵심 역할을 한다는 원칙이다. 또한, 전승 연합국의 권리와 책임이 인정되어져

개정하였다.

12 상기한 통일조약 제5조는 통일 후 2년 내에 기본법을 개정 또는 보완할 것을 권고하고 있으며 특히 통일과 관련하여 "기본법" 제146조 적용문제를 언급하고 있다. "기본법" 146조에는 "이 기본법은 독일의 통일과 자유가 완성될 때까지 독일 전 국민에 유효하며, 독일 국민의 자유로운 결정으로 제정된 헌법이 효력을 발생하는 그날로 유효성을 상실한다"라고 기본법의 유효와 존속기간을 규정한다. 이 규정에 따르면 헌법제정회를 설치하고 새로운 '통일헌법'을 제정해야 하며 이 헌법에 대한 국민투표를 실시해야 한다. 이 문제를 해결하기 위해서 통일조약 제5조의 권고에 따라 공동헌법위원회가 구성되었다. 공동헌법위원회는 1992년 연방의회와 연방참의회가 동수로 파견한 64명의 위원으로 구성되었다. 이 위원회는 1994년 8월 기본법을 약간 개정(제42차)한 것으로 충분하며, 새로운 통일헌법 제정이나 국민투표도 필요 없다는 결론지음으로써 통일헌법 제정 논의는 일단락되었다.

13 The Week in Germany(1995); Pond, Elizabeth(1990).

야 하며, 동시에 유럽의 안정이 저해되지 않도록 독일의 통일은 평화적인 방법에 따라 단계적으로 이루어져야 한다는 것이었다. 그리고 2차 대전 후 확정된 유럽의 국경선이 그대로 유지되어야 한다는 기본 방침도 포함되었다.

1990년 2월 24일 및 25일 콜 총리는 미국 백악관을 방문하여 조지 허버트 부시 대통령과 독일 통일방안, 동서관계 및 군축전망 등에 관하여 회담하였다.

(2) 소 련

베를린 장벽 붕괴 당시, 동·서독에는 미국과 소련 등의 군사 1백만 명이 주둔하고 있었다. 핵무기도 배치되어 있었다. 특히, 베를린은 전승 4개국(미국·소련·영국·프랑스)의 통제하에 있었으며, 동베를린 부근에는 소련군 3만 5천 명과 동독 전(全) 지역에 35만 명의 바르샤바조약기구 군대가 주둔하는 살벌한 상황이었다. 따라서 당시 동독에 대한 생사여탈권을 쥐고 있던 국가는 소련이었다. 헬무트 콜 총리는 차관 550억 마르크와 플러스알파라는 빅딜을 갖고 소련의 고르바초프 서기장을 설득했다.

콜 총리는 고르바초프가 독일 통일에 반대하는 이유가 소련 군부 내 강경세력이 쿠데타를 일으킬 것을 우려하기 때문이라는 점을 파고들었다. 그리고 독일은 NATO가 더 이상 소련을 적(敵)으로 간주하지 않도록 하겠다는 약속과 함께 조건 없이 30억 달러의 차관을 소련에 제공하겠다고 밝혔다.

소련 공산당 서기장 미하일 고르바초프의 개혁정책과 동독 인근국가들의 급속한 내부 변화가 없었더라면, 서독 측이 독일 정책〔대(對) 동독정책〕의 배경에 깔아둔 규범적 압력만으로는 동독 주민의 엑소더스나 동독 내부의 대규모 시위를 촉발하는 데는 미흡했을 것이다.

동독 정세가 불안정해지면서 소련은 의도적으로 '2개 독일 국가 원칙'을 고집하였다. 그러나 동독의 공산주의 정권이 붕괴되자 소련은 기존 독일 정책을 신속하게 수정하였다. 에리히 호네커 동독 공산당 서기장의 후임자인 한스 모드로프가 1990년 1월 말 모스크바를 방문하였을 때 소련은 통일된 독일이 중립국가가 되어야 한다는 조건은 달았지만 통일에 원칙적으로 동의하는 듯한 태도를 취했다. 이러한 기회를 틈타 콜 총리와 겐셔 장관이 1990년 2월 10일비장한 각오로 모스크바를 방문했다. 콜 총리는 3차례나 모스크바를 방문하여 고르바초프 서기장과 담판을 벌였다.

고르바초프 서기장은 독일 통일에 동의하였을 뿐만 아니라 헬싱키 유럽안보협력회의(CSCE) 원칙에 따라 추진할 수 있다는 구체적인 방법까지 제시하였다. 더 나아가, 소련은 비엔나 재래식 무기 협상과 독일 주둔 외국 병력 문제에 대하여 만족할 만한 합의가 도출되면 향후 10년 안에 중부 유럽으로부터 소련군을 완전 철수시키겠다고 까지 선언하였다.

단지, 통일협상 과정에서 해결해야 할 가장 어려웠던 점은 통일 독일의 NATO 잔류에 관한 문제였다. 서방 전승국들은 통일 독일이 완전한 동맹국으로서 NATO에 잔류할 경우에만 통일을 허락한다는 방침을 고수했다. 이와 반면에 소련은 이로 인한 불이익을 막고자 '통일 독일의 중립화'를 선호했다. 서방 국가들은 이것을 반대했다. 왜냐하면 통일 독일이 중립의 길을 택할 경우, 통일 독일을 충분히 통제할 수 없다고 보았기 때문이다.

그러나 통일의 주도권을 장악한 서독은 일찍이 NATO 잔류를 결심했다. 전략적 차원에서 통일 독일의 중립화를 주장한 소련은 점차 이에 집착하지 않고 그 대신에 자국의 안보 확립을 위해 노력했다. 그 결과, 소련은 1990년 7월 6일 NATO가 어떤 경우에도 먼저 소련을 공격하지 않겠다는 확약을 받았다.

1990년 7월 15일 콜 총리는 겐셔 장관과 테오 바이겔 재무장관을 대동하고 소련을 다시 방문하여 또 한 차례 담판을 벌였다. 여기서 양국 수뇌 사이에 빅딜이 이루어졌다. 즉, 독일은 통일 후 병력을 37만 명으로 줄이고 동독에 주둔하는 소련군의 철수비용을 부담하기로 하였으며 핵무기 및 생화학무기의 제조와 보유를 포기하고 오데르-나이세(Oder-Neisse) 국경선을 승인하는 등 여러 조건을 받아들였다. 결국, 콜 총리는 고르바초프 서기장으로부터 "독일 통일은 스스로 결정할 문제"라는 답변을 얻어냈을 뿐 아니라, 마침내 2+4 회담의 최대의 걸림돌이었던 통일 독일의 NATO 잔류에 대한 허락을 얻어 내었다.

그 대가로 독일은 동베를린 부근에 소련군 3만 5천 명과 동독 전(全) 지역에 35만 명 바르샤바조약기구 주둔군의 철군을 비롯한 각종 경제지원 명목으로 무려 150억 마르크(당시 93억 달러)를 지불했다.[14]

이에 대응하여, 고르바초프 서기장은 콜 총리와의 회담(1990. 7. 15~16, 소련의 카우카수스)을 열고 통일 독일의 NATO 가입에 동의함으로써 동·서독 통일의 길을 열어주었다.[15]

(3) 프랑스

베를린 장벽이 붕괴된 직후인 1989년 11월 12일 프랑스의 〈르몽드〉는 다음과 같이 보도했다.

> 독일의 뜨거운 통일은 유럽의 세력균형을 근본적으로 흔들고 있다. 유럽공동체의 통합 계획은 뒤죽박죽이 되고 서독 경제는 심각한 타격을 받을 것이다.

프랑스의 프랑수아 미테랑 대통령은 동독까지 3회 방문(1989. 9, 10, 12)하면서까지 독일 통일 반대 내지는 포기를 회유하였으나 결국 미국·소련에 이어서 독일 통일을 승인할 수밖에 없었다.

독일의 군사력은 유럽 최대인 병력 29만 6천 명(2002년 기준)으로 그 막강한 군사력 때문에 프랑스 등 유럽의 국가들로부터 독일의 민족주의 부활에 따른 영토분쟁에 대해 우려의 목소리가 컸었다. 이에 대해 콜 총리는 폴란드와의 국경선은 현재대로 유지하고 유럽의 평화를 위해 최대한 노력하겠다고 발표함으로써 통일에 대한 불신의 폭을 좁혔다. 또한, NATO의 일원으로서 대(對)미국 관계를 중시하겠다고 약속했다. 콜 총리가 프랑스와 협조하여 유럽 통합을 추진하고 마르크화를 유럽통화제도에 포함시킨 것은 미테랑 대통령이 독일 통일에 반대하지 않게 마음을 돌리는 결정적 요인이 되었다.

콜 총리의 약속대로 독일은 EU의 경제·통화·정치의 통합에서 프랑스와 함께 중심국가로서 1992년 10월 유럽연합 조약(마스트리히트 조약)의 비준을 가결

---

14 상기의 협상결과는 미하일 고르바초프 서기장이 권좌에서 물러나는 한 원인이 되었다. 1991년 소련 군부의 쿠데타와 소련의 해체의 과정을 보면 소련 군부가 독일 통일을 얼마나 받아들이기 힘들어했던가를 알 수 있다.

15 이것은 1990년 5월 30일~6월 3일 미·소 데이비드 캠프 정상회담의 결과에 기초를 둔 것이었다.

하였다. 또한 소련과 동구권 국가들에 대해서도 적극적으로 지원하고 있다.

(4) 영 국

영국 〈선데이타임스〉는 베를린 장벽이 붕괴된 지 3일 후인 1989년 11월 12일, 통일 독일을 히틀러의 제 3제국에 이은 또 다른 위협 요인으로 평가하면서 다음과 같이 보도했다

> 통일 독일은 유럽의 경제 초강대국인 제 4독일제국이 될 것이다. 영국이 설 땅은 어느 곳인가?

영국의 마거릿 대처 총리는 처음에 독일 통일을 간접적으로 반대하였으나 미국·소련·프랑스에 이어서 조건부(예로서 통일 독일에서 미군과 영국군의 계속적인 주둔 등)로 독일 통일을 마지못해 승인하였다.

상술하면, 유럽 통합이 초국가적으로 발전하는 데 반대했던 대처 총리는 완곡하게 독일 통일에 반대하는 입장을 취하였나. 대처 총리는 독일 통일이 전체 유럽의 합의로서 이루어져야 한다는 점과, 4대 전승국(미국·소련·영국·프랑스)의 독일 통일 문제에 관한 권리 보유 원칙을 고려해야 한다는 점을 각각 강조하였다. 그 후 대처 총리는 유럽의 안정을 도모하기 위하여 독일 통일을 지연시켜야 한다고 주장하였다.

영국 정부는 독일이 통일되어 동독이 EU에 가입하면 유럽공동체의 기능이 약화될 것이라는 우려를 공식적으로 표명하였다. 그러나 소련이 독일 통일에 대해 긍정적인 입장으로 바뀌자 영국도 현실적인 방향으로 정책을 바꿀 수밖에 없었다.

4) 통일 독일 대통령, 리하르트 폰 바이츠제커의 연설

동·서독이 통일된 1990년 10월 3일 리하르트 폰 바이츠제커 대통령은 역사적인 통일연설을 했다. 그는 "통일을 한다는 것은 나눠 갖는 것"이라고 말했다. 당시, 밖으로는 주변국들이 유럽의 중심부에 거대한 '통일 독일'이 등장하는 것에 대한 불안을 다시 느끼고, 안으로는 베를린장벽 붕괴 때의 열광이 동·서독 통일에 따르는 여러 가지 혼란에 대한 경계심리로 바뀌고 있었다.

바이츠제커 대통령은 '형제가 힘을 합치면 산(山)을 황금으로 바꿀 수도 있다'는 중국의 속담을 인용하면서 이제는 하나의 지붕 아래 모인 동·서독 주민 간의 협력의 중요성을 강조했다. 또한 "칼을 부숴 보습을 만들고 창을 부숴 낫을 만든다"는 《구약성서》 "이사야" 2장 4절을 인용해 독일이 합당한 수준의 방위력을 유지하면서도 세계의 빈곤과 굶주림을 해결하는 노력에 참여할 것을 촉구했다. 독일은 9개국과 국경선을 맞댄 나라다. 통찰력 있는 사안을 가진 바이츠제커 대통령은 국경선이나 경계선의 기능을 새롭게 정의했다. 그는 경계선은 이쪽과 저쪽을 가르는 '분단의 선'이 아니라 '양쪽을 잇는 다리'가 되어야 한다고 말했다.

바이츠제커 대통령의 상기한 '통일연설'에서 눈앞의 이익에 얽매이지 않는 긴 안목, 독일과 함께 유럽까지 생각하는 넓은 시야, 그리고 화해를 위한 나눠가짐의 중요성, 동·서독의 대결이 선과 악의 대결이 아니었다는 인식, 동독 체제의 열등함을 강조해야 서독 체제의 우월함이 돋보이는 게 아니라는 경고, 동독에 문제가 있었던 것은 사람이 아니라 체제였다는 통찰은 남북한 통일을 염원하는 한민족에게 주는 큰 가르침이라고 저자는 생각한다.

5) 한·독 통일자문위원회의 조언

2013년 6월 27~28일, 한·독 양국의 통일 관련 정부 관계자 및 전문가가 참여한 제3차 한·독 통일자문위원회[16]가 서울에서 열렸다. 이 회의에 요르크 벤트만 독일 연방 내무부 실장과 1990년 동독의 서독연방 가입을 승인한 동독의 마지막 인민의회 사민당 원내총무인 리하르트 슈뢰더가 참석했다. 상기의 두 인사는 〈국민일보〉와의 인터뷰(2013. 6. 27)를 가졌다.

요르크 벤트만은 독일이 통일을 동·서독 '양자' 문제가 아닌 '유럽 통합'이라는 '다자' 문제로 전환시키는 외교적 노력에 의해 성공했다고 강조했다. 또한 "1980년대 후반에 유럽에선 유럽공동체(EC)를 통해 유럽을 하나로 묶자는 논의가 계속 이어졌다"며 "주변 강대국들의 반발을 무마하기 위해 서독 정부는 독일 통일을 유럽 통합 차원에서 접근했다"고 설명했다. 독일 통일이 오히려 유럽 통합을 앞당길 수 있다고 주변 강대국을 설득한 게 주효했다고 한다.

요르크 벤트만은 한국에 다음과 같이 조언했다.

> 남북한의 경우, 최근에 남북대화가 단절되고, 한·미, 미·중, 한·중 정상회담 등이 잇따라 열리고 있다. 이러한 상황에서 남북통일을 위해선 외교적 노력이 절실하다. 즉, 한국도 어떻게 통일 한국의 군사안보적 위치를 설정해야 미·중·일·러 주변 4개국이 한반도 통일을 지지할 수 있을 것인가를 연구해야 한다.

1980년대 후반 4대 전승국은 모두 유럽 한복판에 통일 독일이 나타나 힘의 균형이 무너지는 것을 불안해하며 통일을 반대하거나 소극적이었다. 그러나 서독 정부의 외교적 노력으로 4대 전승국은 1990년 9월 12일 동·서독 분할 점령권을 포기하는 이른바 '2+4 조약'을 체결했다.[17] 요르크 벤트만은 "서독 정부는 유럽 안보협력회의라는 틀 내에서 동·서독 간 화해와 접근을 위해 많은 노력을 했다"고 설명했다. 통일이 가능했던 것은 서독이 주변국과 신뢰를

---

16 한·독 통일자문위원회는 독일 통일·통합 과정의 경험과 정보 등을 교환하기 위해 통일부와 독일 연방 내무부가 2010년 10월 체결한 통일업무 협력 양해각서에 따라 만들어진 모임이다. 2011년부터 매년 한차례 양국에서 번갈아 개최된다. 한·독 수교(1883) 130주년이 되는 2013년은 제3차 회의가 동년 6월 27~29일 통일부 주관으로 열렸다. 제3차 회의에선 통일 과정에서의 민영화·사유화 등 재산권 문제에 대해 양측이 의견 교환을 나눴다. 한국 측은 천해성 통일부 통일정책실장 등 11명의 자문위원과 전문가가 참석했다. 독일에선 요르크 벤트만(Joerg Bentmann) 연방 내무부 실장을 포함해 8명이 참석했다.

17 '독일에 관한 최종합의 조약', 즉 독일의 통일조약이다.

구축할 수 있었기 때문이다. 통일의 기회가 다가왔을 때 주변 국가를 활용하고 강대국 독일의 등장에 대한 우려를 불식시켜 통일을 달성했다.

한편, 리하르트 슈뢰더는 '대화와 인적 교류'를 강조했다. 그는 "동·서독은 교회를 중심으로 인적 교류가 계속 이뤄져 이질감이 덜했다"며 "이 때문에 동독인들은 서독 법과 제도를 무리 없이 받아들였고, 통일 후 법적·제도적·정서적 통합을 이루는 데 큰 도움이 됐다"고 소개했다. 따라서 "남북도 서신 교환과 인적 왕래가 이뤄지고, 끊임없는 대화를 통해 서로 간 신뢰를 쌓아야 한다"고 말했다. 또한 슈뢰더는 다음과 같이 강조했다.

> 동독에서 교회는 공산당에 얽매이지 않았다. 그래서 교회가 동·서독 인적 교류의 가교 역할을 했다. 서(西) 베를린에 있는 교회가 동(東) 베를린 지역 교회에 가서 같이 봉사하고 협력하는 등 인적 교류를 많이 했다. 그리고 동·서독의 경우와 남북한의 경우를 비교해 보면 한 가지 중요한 차이점이 동·서독의 경우 우편과 전화를 통한 대화가 가능했다는 것이다. 서독 주민의 동독 방문이 많았고 제한적이지만 동독 주민의 서독 방문이 있었다. 남북한의 경우처럼 대화가 완전히 단절된 경우는 없었다. 남북한도 우편이라도 주고받을 수 있으면 좋겠다.

또한, 요르크 벤트만은 슈뢰더의 조언과 동조하면서 다음과 같이 증언했다.

> 옛 동독 라이프치히의 니콜라이 교회에서 통일은 위한 작은 기도회가 결국 거대한 통일 운동으로 번져나갔다. 니콜라이 교회뿐만 아니라 많은 동독 교회에서 평화 기도가 있었고, 이것이 나중에 시위로 발전했다. 당시 동독에선 시위를 하면 체포한다는 지침이 있었다. 그런데 동독 교회가 이런 사람들을 지원하고 보호했다. 가톨릭은 보수적이었지만 교회는 그렇지 않았다. 교회가 재야 세력의 집합소 역할을 함으로써 독일 통일의 큰 원동력이 됐다. 참고로, 프로테스탄트 윤리와 소명의식은 과거 나치시대의 아돌프 히틀러 독재에 저항했다.

이어서 요르크 벤트만은 다음과 같이 증언했다

> 서독이 동독 지역 재건을 위해 많은 투자를 했을 뿐 아니라 동독 사람들도 경제 재건을 위해 많은 노력을 했다. 동독 사람들이 열심히 따라와 줬다. 이로 인해 동독에서 경기부양이 잘 이뤄졌다. 엄청난 비용이 들긴 했지만 통일로부터 얻은 것은 돈으로 환산할 수 없다.

리하르트 슈뢰더 역시 서독 정부가 동독 지역에 사회간접자본(SOC)을 확충하고 현대화하는 데 많은 노력을 했으며 동독 경제가 재건됨에 따라 동독에서 서독으로 오는 사람들이 줄었는데 이 결과 독일의 균형발전이 이뤄졌다고 증언했다. 그는 2019년이 되면 동독 지역에 대한 특별지원 프로그램이 모두 종료된다고 전망했다.

특히, 한국인은 다음과 같은 슈뢰더의 조언에 귀를 기울일 필요가 있다.

> 동독이 통일 과정에서 제일 마지막으로 취한 조치가 인민의회 소집이다. 최초이자 최후의 자유선거로 이뤄진 인민회의가 표결을 통해 서독연방공화국에 가입하는 형식으로 동·서독 통일이 완성됐다. 동독이 서독연방공화국에 가입한다는 것은 서독 제도를 그대로 받아들이겠다는 뜻이다.
>
> 남북한의 경우, 동·서독의 통일처럼 하루아침에 갑자기 되는 일은 없어야 한다. 남들이 보기엔 행운일 수도 있지만 사실 너무 어려운 상황이었다. 갑자기 판문점이 열리면서 수많은 사람들이 남한으로 쏟아져 내려오는 것을 상상하라. 통제하기 어려운 상황이 발생할 것이다. 따라서 북한이 스스로 개혁 프로세스로 남북한 통일에 점진적인 접근을 하는 것이 필요하다. 따라서 북한에 개혁의지를 가진 정권이 들어서야 한다. 만약 북한 정권이 개혁의지가 없다면 갑작스러운 통일도 배제할 수 없다.

상기한 제3차 한·독 통일자문위원회 참석차 방한했던 칼 하인츠 파케 독일 마그데부르크대 경제학장(교수)은 2013년 6월 27일 세계경제연구원이 주최한 특별강연에서 다음과 같이 조언했다.[18]

① 독일은 통일 이후 4년간 1백억 유로(15조 원)를 투입해 1만 4천 개 국영 기업을 민영화하고 공공·민간 부문의 인프라를 구축하는 '동독의 재건 프로그램'을 추진했다. 실업자에게 지급된 보조금과 사회보장시스템 통합 등에 들어간 비용을 합하면 동·서독 통일에 2조 유로(3천조 원)가 소요됐다.

② 통일 이후 북한 근로자들의 남한행 탈출 행렬을 막기 위해 북한 재건에 대한 확신을 줘야 한다. 그리고 한국이 독일에서 배울 수 있는 건 낙후된 지역을 끌어올려 경쟁력 있게 만들어줬다는 점이며 정말 어려운 일이지만 가능하며 다른 대안은 없다.

그러나 파케 교수는 "북한은 자원이 풍부하고 산업화가 진전돼 있어 빠르게 성장할 수 있는 조건이 갖춰져 있다"고 낙관했다. 한국의 통일 가능성에 대해선 "최근 몇 달의 상황만 놓고 통일이 어렵겠다고 속단해서는 안 된다"며 "동아시아는 굉장히 다이내믹하기 때문에 언제든 될 수 있다"고 전망했다.

3. 한민족 통일의 이념과 통일정책의 기조

1) 통일에 대한 동서양의 철학

(1) 서 양

플라톤은 개인과 국가의 조화를 모색하면서 정의를 '기능의 조화로운 수행'으로 보았다.[19] 임마누엘 칸트는 영국의 경험론적 회의론(경험하지 못한 일에 대

18 국민일보(2013. 7. 1)

19 플라톤의 사상을 이어받은 칼 만하임(Karl Mannheim)은 현대사회에서 합의의 문제를 가지고 평생 동안 고민하였다. 만하임은 지식인의 인식과 실천 사이의 문제를 논하였다. 그는 학자나 지식인이 실천무대에 뛰어들어 현실참여를 했을 때, 연구자의 인식의 타협성과 객관성은 여하히 보증될 것인가를 고민했고, 이 고민에서 그의 지식사회학이 탄생되었고 '동적 조정'이라는 방법을 제시했다. 이 방법은 사회적 존재와 사회적 여러 조건들이 연결됨

해서는 모르겠다는)과 대륙적 합리주의의 독단론(이성을 핑계로 하여 밀어붙이는)의 모순을 극복하고 양자(兩者)를 통합하고자 한 철학가였다. 그의 종합론은 대립한 대상들에서 공통점을 찾아내는 것이었다.

헤겔의 '변증법적 종합론'은 한반도 통일철학의 수립에 도움될 수 있다. '존재'는 주관과 객관의 통일이며 '생명'은 분열과 대립의 통일이다. 헤겔의 '통일'은 실체와 주체의 통일이며, 자신과 상대의 통일이었다. 또한 헤겔의 '사랑의 변증법'은 주체인 자기가 스스로 타인이 되어 분열되었다가 타인을 다시 부정하여, 부정의 부정을 통해 '나'와 '너'가 '우리들'에서 합일(合一)되는 것이다. 즉, 사랑이란 정신이요, 정신은 접착제이다. 통일은 '정신'이라는 접착제 없이는 불가능한 것이다.

따라서 헤겔의 '사랑의 변증법' 원리는 한반도 통일에 적용될 수 있다. 한국이 자체적으로 분열 및 대립되었다가 '우리'로 돌아오는 것이 통일이다. 스스로가 타인이 된다는 것은 남한이 스스로 북한이 되었다가, 또 북한이 스스로 남한이 되었다가, 함께 우리 한민족으로 돌아오는 것이다.

헤겔의 《국가인격론》에 의하면 인간은 사회의 일원이 되기 위해 포기한 자유보다 더 큰 자유를 사회 안에서 얻으며 법률, 도덕, 사회제도 등을 조정하는 국가가 최고의 지위를 점하며, 국가 없이 자유 없고 자유 없이는 인간은 참된 인간이 될 수 없으므로 국가 안에서 인간은 인간다울 수가 있다는 것이다.

남북한 통일의 접근은 마키아벨리의 사상과 관련될 수 있다. 당시의 국가이성론자들은 군주에 대한 조언의 역할에 만족하였던 반면에 마키아벨리는 일구월심 이탈리아의 통일에 대한 열의에 불타서 《군주론》과 《로마사론》을 저술하였다. 그는 로마공화국의 찬미자였으나 당시의 이탈리아의 상황으로는 공화제가 불가능하고 오로지 강력한 군주를 통해서만이 이탈리아의 통일이 가능하다고 믿었다.[20] 당시의 이탈리아 분열상황과 오늘의 우리의 분열상황과는 상통

으로써 지식의 가치는 상대화되지만 각각의 고유한 관점과 전체적인 관점을 상관시키는 과정에서 전면적 진리에 무한히 접근할 수 있다는 것이다.

20 이러한 마키아벨리의 현실주의적인 국가관은 독일에 건너가 영국식 준법주의적 및 도덕주의적 국가관과 대항하는 지배적 국가관이 되었다. 마키아벨리적 '실력국가'의 찬미를 독일

한 점이 있다. 마키아벨리가 《군주론》을 기술할 당시 이탈리아는 남쪽에 나폴리 왕국, 북서쪽에 밀라노 공국, 북동쪽에 베네치아 귀족공화국, 중앙에 피렌체 공화국과 교황령국으로 분열되어 있었다. 국내적으로는 독재자들에 의한 압제, 밖으로는 프랑스·스페인·독일의 정치적 욕구의 먹이처럼 되어 있었다. 교황은 이탈리아를 통일하기에는 이미 힘이 약화되어 있었다.

(2) 동 양

불교에는 부정파와 긍정파가 있다. 승랑(僧朗)의 삼론철학이 파(破)와 탈(奪)로 표현되는 부정파이고, 원측(圓測)의 유식론(唯識論)이 입(立)과 여(與)로 표현되는 긍정파이다. 이들의 대립을 극복코자 한 것이 인도 마명(馬鳴)의 기신론(起信論)인데, 이것은 긍정하면서도 부정하고 논파(論破)하면서도 환허(還許)하였다. 환허는 논파가 극단에 이르러 보편의 진리를 나타내는 것이며, 긍정(與) 논리를 끝까지 몰고 가서 부정(奪)함을 밝히면서 군쟁(群諍)의 부당성을 논하는 것이라고 원효는 《기신론 별기》(起信論 別記)에서 설명한다.

원효 사상의 뿌리는 마명의 기신론인데 무소불파(無所不破)도 무소불위(無所不爲)도 아닌 부정에만 치우치지 않고 긍정에만 치우친 것도 아닌 것이 기신론의 논리라면서 원효는 화쟁(和諍)을 논하였다.

저자는 원효의 화쟁사상이 남북한의 이데올로기 대립을 극복하는 데 도움이 될 수 있다고 생각한다. 왜냐하면 자기주장의 절대긍정과 타인의 주장의 절대부정을 지양토록 하는 도움이 되기 때문이다. 즉, 남북한의 상호 간 절대적 자기긍정과 절대적 상대방 부정이 시정되지 않고서는 남북한의 통일을 바랄 수 없었기 때문이다.

에서는 피히테·헤겔·랑케를 거쳐 트라이치게에 이르기까지 발전되었다.

2) 기존 통일방안에 대한 비판: 철학적 측면

(1) 북한의 고려민주연방제 통일방안: 프롤레타리아 독재의 철학적 허구성

민족이란 같은 핏줄의 '생물학적 공동체', 같은 언어, 풍속, 종교 등의 '문화적 공동체', 같은 땅 위에서 온갖 경험을 함께 한 '역사적 공동체', 같은 통치자(지도자) 아래 같은 영향권 안에 있으면서 의식주를 함께 한 '정치·경제적 공동체', 앞으로의(과거와 마찬가지로) 몽리(蒙利)와 피해를 함께 할 '운명 공동체'라고 규정할 수 있다.

모름지기, 민족주의는 민족을 앞세우는 이데올로기이다. 그러나 북한의 주체사상은 민족 주체사상이 아니다. 북한에서는 '주체사상'이라는 말 앞에 '민족'이라는 단어를 붙이지 못하고 있다. 그 이유는 '민족'을 붙이면 공산주의가 아니 되기 때문이다. 공산주의는 '민족'보다 '계급'을 앞세우기 때문에 그들의 주체성은 계급 주체성이다. 원래 마르크스 사상은 계급의식과 계급투쟁에 기초하는 것이다.

북한 사회주의 헌법에 보면 '조선노동당의 주체사상'으로 되어 있고, 북한 《철학사전》에는 '주체사상은 김일성 동지의 위대한 혁명사상에 일관되어 있는 근본사상' 운운하고 있으며, 《백과전서》에서는 '우리의 핏줄은 육체적 핏줄이 아니라 김일성 수령이 주는 정치생명의 핏줄은 육체적 핏줄…' 운운하고 있다. 민중을 '위한 정치'는 우익이요, 민중에 '의한 정치'는 좌익이다.

한국의 좌경세력들은 '민중'을 역사의 주인공으로 삼으려 한다. 그러나 민중, 이른바 가난하고 못사는 사람들을 도와주고 보호하고 사랑하는 것은 마땅한 일이지만 그들을 역사의 주인공으로 삼는 것은 잘못이다.

우리가 자랑하는 고구려·백제·신라 문화와 고려 문화는 결코 '민중문화'는 아니다. 이집트 문화, 유럽 문화, 태국의 문화, 이란의 문화 등도 '민중문화'는 아니었다. 모차르트, 베토벤 등은 가난했지만 마음만은 귀족을 능가하는 높은 경지에서 살았다. 그들의 작곡들은 민중을 위한 작품들이 아니었다. 우리가 민족사를 논할 때, 우리 민족 자체가 역사의 주인공이어야지 민중이 주인공이 될 수는 없는 것이다.

북한의 프롤레타리아 독재를 원리적으로 쉽게 설명하면, 무산계급인 프롤레타리아 사람들이 혁명을 한 후 그 혁명 목적이 달성될 때까지 자기들이 폭력적 및 독재적 방법으로 부르주아 계급을 말살하고 피압박계급의 해방과 행복을 위한 정치·경제를 한다는 것이다. 이것은 '가난한 사람들에 의한 가난한 사람 정치'가 경제건설에 실패하고 혁명기간이 70여 년이 되다보니 프롤레타리아 독재자 자신들이 부패·타락하여 오히려 타도되어야 하고 말살되어야 할 혁명적 대상이 되었으며, 이 결과, 그들은 아이러니컬하게도 '가짜 좌익'이 되어 버렸다. '가난한 사람들에 '의한' 가난한 사람들을 위한 정치'는 분배 위주가 됨으로써 자원배분의 비효율을 야기하고 지속적인 경제성장을 저해하며 개체와 전체의 변증법적 통합을 불가능하게 한다.

(2) 남한의 한민족공동체 통일방안: 천민자본주의의 철학적 빈곤성

오늘의 남한 사회를 과연 공동체라고 말할 수가 있을까? 같은 핏줄에다 같은 글을 사용하고, 같은 조상, 같은 땅에서 함께 살아온 점에서 우리는 생물학적·문화적·역사적 공동체라 할 수 있다. 그러나 민족의식보다 계층의식, 지방의식, 종교의식이 더 크게, 강하게 의식화되어 있다. 민족 공동체성은 약화되었고, 이기주의, 타산주의, 황금만능주의 사조가 팽배하고 있다. 피, 전통, 역사보다 현실적 이해(이익과 손해) 관계가 한국인 사이의 인간관계를 규정하는 기준이 되어 버렸으니 '운명적 공동체'라고 말할 수 없다.

민족의식이 취약하면 지방의식과 계급의식이 노골화된다. 3·1 독립운동시기와 8·15 해방 직후, 민족의식이 강했던 시절에는 지방의식과 계급의식이 고개를 들지 못했다.

남한 사회의 전면적 부조리와 비리는 자본이 돈을 뜻하고 자본주의가 '돈주의'를 의미하는 데서 기인한다. 사회 전반에 황금만능주의를 팽배케 하여 돈이면 윤리와 양심을 팔아먹는 아수라장이 되었다. 자본주의의 '자본'은 돈만이 아니고 노동자의 숙련과 건강 등을 포함한 '인간자본'(*human capital*)도 포함하는 것이다. 따라서 인내천·천내인의 동학사상과 같은 인본주의(人本主義, *humanism*)가 서구의 자본주의와 결합되어야 한다고 저자는 강조한다.

3) '한민족 통일'의 철학적 기초와 통일이념

한국인이 한반도에 건설하고자 하는 '민주복지사회'는 '함께 사는 삶', '자유로운 삶', '인간다운 삶'의 보장을 구성원리로 하는 민주정치의 장을 의미한다. 여기서 '함께 사는 삶'이란 '질서 있는 자유'의 확보를, '인간다운 삶'은 자유와 평등이란 인간적 삶의 기본가치가 조화롭게 구현되어야 한다는 공동체적 삶의 기본 구성원리를 각각 말하는 것이다. 즉, '누구나 더불어 살아갈 수 있는 참된 공동체'로 키워 나가야 할 것이다.

저자가 주장한 '한민족 통일'의 철학적 기초와 통일이념은 다음과 같다.[21]

① 지난 50여 년의 분단으로 인한 상이한 정치・경제・사회・문화 등의 이질성, 한국전쟁으로 인한 동족상잔의 깊은 상흔(傷痕), 한반도 주변국의 첨예한 갈등 등을 고려해 보면, 한민족의 '물리적' 통일(*unification*)은 '화학적' 통합(*integration*)의 과정을 필요로 한다. 따라서 '남북한 통일'은 철저한 준비와 통합과정을 위하여 연합(*confederation*)에서 연방(*federation*)으로 지향함이 바람직하다.

여기서 유의할 것은 통일과 통합의 차이점이다. 통일은 동일한 목적지를 향해 가는 것(비록 가는 방법은 상이하더라도)이다. 즉, 통일은 목적지향적 혹은 방향지향적이다. 따라서 한국의 천민자본주의와 북한의 프롤레타리아 독재를 각각 지양하고 한국의 자본주의와 북한의 사회주의가 '단일 시장경제체제'로 통일되는 것이라야 바람직하다. 이 경우, 민족 통일은 창의적이게 된다.

통합은 동일한 목적지를 지향하는 과정에서 방법상의 '중심'에 합의하는 것이다. 즉, 통합은 중심 지향적이어야 한다. 따라서 남북한 사회의 갈등구조를 화해와 협력으로 전환해야 한다. 이러한 통합의 과정에서 필요한 철학은 헤겔의 사랑원리 및 희생원리[22]와 원효의 화쟁[23]이다.

---

21 임양택(1990; 1991b/c; 1993; 1995c; 1998a; 1999a/b/d; 2000; 2005; 2007e); Lim Yang-Taek(1997a, 2000b, 20002c).

② '한민족 통일'의 이념은 '평화 · 민주복지사회 · 개방적 및 창조적 민족 공동체'이다.[24]

첫째 '평화'는 기존 "남북 기본합의서", 즉 "남북한 화해와 불가침 및 교류 · 협력에 관한 합의"(1991. 12. 13)의 '불가침조약'을 "UN헌장" 제 2조 4항의 '무력사용 및 무력포기'로 대체하고 가칭 '동북아 평화조약'을 체결하여 가칭 '동북아 안보협력회의'를 창설 · 운용함으로써 쌍방의 무력행사를 근원적으로 봉쇄하는 것이다.[25]

둘째 '민주복지사회'는 7천 3백만 민족의 '최대다수의 최대행복'을 추구하는 민주사회를 의미한다. 참고로 독일이 통일되기 훨씬 전인 1964년, 칼 야스퍼스는 "나누어져 있는 상태지만 동독의 우리 동포들이 얼마만큼 자유롭게 잘살 수 있느냐가 더 중요하다"고 역설했다. 그 요지는 어려운 독일 통일보다 게르만 민족의 평화와 복지가 더 중요하다는 것이다. 또한, 독일의 통일을 가져온 첫째 요인이 서독의 잘 발달된 민주주의에 있었다는 분석은 이 점에서 한국인에게 시사해주는 바가 크다.

셋째 '개방적 및 창조적 민족 공동체'는 배타적 감성주의를 지양하고 합리적 이성주의로써 세계화에 적극적으로 참여하는 것이다.

---

22 헤겔의 사상에서 개체는 늘 전체 속에서 의미를 갖는다. 전체의 발전을 위해 희생될 수도 있는 것이 개체이며, 도덕적 판단조차 가족, 사회, 국가를 전제로 하여야 하는 만큼 개체의 중요성이 축소된다는 것이다.

23 화쟁(和諍)은 원효(元曉) 사상의 근본을 이루는 화해(和解)와 회통(會通)의 논리체계인데, 이것은 엄밀히 말하면 원효로부터 시작되어 한국 불교의 전통으로 이어 내려온 사상이다. 모순과 대립을 하나의 체계 속에서 다루므로 화쟁이라고 일컬었다. 이것은 연기론(緣起論)과 실상론(實相論)을 바탕으로 하여 특정한 교설이나 학설을 고집하지 않고 비판과 분석을 통해 보다 높은 가치를 이끌어내는 사상이라고 할 수 있다.

24 독일의 '통일조약'(1990. 9. 12)은 "통일 독일은 자유, 민주, 인권을 신장해야 한다"고 명시한다.

25 '평화적 통일'은 서독 콜 총리의 '10개항 통일 프로그램'(1989. 11. 28)의 제 10항에도 명시되어 있다.

[그림 Ⅶ-1] 민족통일의 철학적 기초

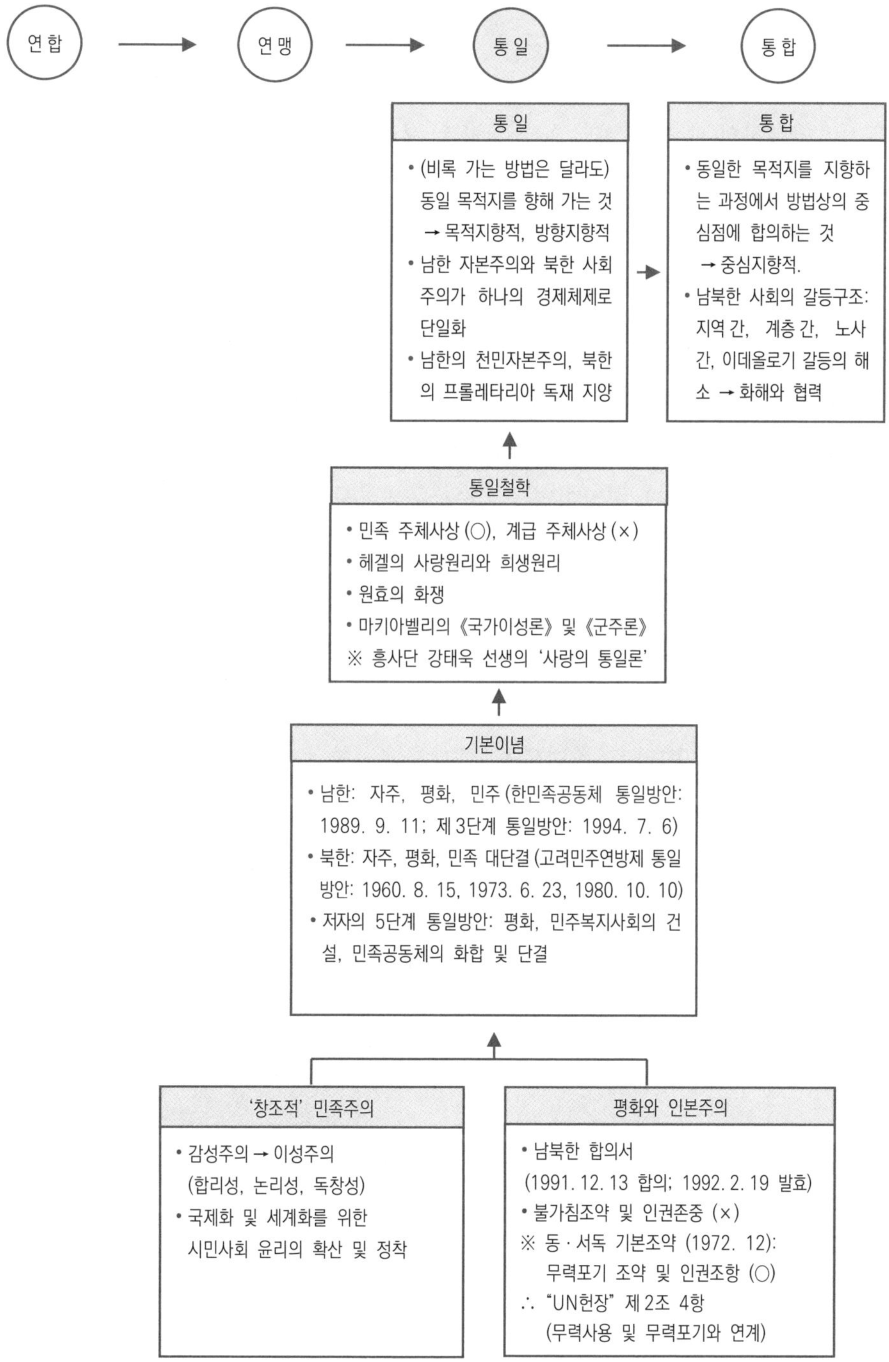

전술한 저자의 통일이념에 기초를 둔 남북한 통일은 민족의 이상을 실현하는 길임과 동시에 개인의 사고와 삶 자체도 크게 영향을 받을 수 있는 역사적 사건이 될 수 있을 것이다. 동·서독의 통일이 예기치 않은 시기에 이루어졌듯이, 남북한의 통일도 한민족이 원하든 혹은 원치 않던 간에 어느 날 갑자기 실현될 수도 있다. 따라서 통일 후에 야기될 문제들을 사전에 예상하고 그에 대비해 철저하게 준비하는 것은 매우 중요하다.

저자의 통일이념은 '평화'를 도입하되 '자주'는 삭제하였는데, 그 이유는 한반도 통일의 또 하나의 측면인 '국제적 문제'를 의식하지 않을 수 없기 때문이다. 그리고 저자는 단순히 '민주'(남한의 경우)가 아니라 '민주복지사회'를, 또한 막연히 '민족 대단결'(북한의 경우)이 아니라 '개방적 및 창의적 민족 공동체'를 각각 도입함으로써 통일이념을 더욱 구체화시켰다.

통일이념은 민족 통일의 철학적 기초가 되어야 할 것이다. 과거에는 통일을 '철학적 기초'에서 설계 및 접근한 것이라기보다는 '기능주의'(*functionalism*)에 의거하여 접근 및 추진한 결과, 남북한 모두 통일민족국가의 '미래상'에 대한 합의조차 도출하지 못하였다.

상기한 저자의 비판은 동·서독 경제통합, 중국과 홍콩의 '경제긴밀화 협정'(CEPA: *Closer Economic Partnership Arrangement*), 최근 중국과 타이완의 '실질적 통일'(*de facto unification*)의 추구 등으로 정당화될 수 있을 것이다. 아무래도 한민족은 '한류 붐'과 같은 기예(技藝)에는 강하나 합리적 사고력과 철학이 부족한 민족인 것 같아 한국인으로서 저자는 슬프다.

4) 통일정책 기조

저자의 통일정책 기조는 기존 남한 측의 그것과는 다음과 같은 측면에서 다르다. 저자의 통일정책 기조는 남북한 통일문제를 실사구시(實事求是), 즉 저자의 신실용주의적 측면(*neopragmatic aspect*)에서 접근하는 것이다.[26] 이것의 요체는

---

26 여기서 남북한 통일과 관련하여 유의할 것은 다음과 같다. 즉, 중국인들은 '통일'이란 말을

기존의 '햇볕정책'(포용정책)이 아니라, '평화 · 협력 · 통합의 포괄정책'이다. 이것은 지난 김대중 정부의 '화해 · 협력'과 노무현 정부의 '평화 · 번영'과 다소 대조적이다.

저자의 '포괄정책' 기조는 3가지, 즉 ① 평화정착과 경제협력의 병행추진, ② 정경분리 · 상호주의, ③ 국제법 준수이다. 그리고 저자의 북한인권 문제에 대한 원칙은 3가지, 즉 ① 북한 인권을 인도주의적 관점에서 접근하며,[27] ② 북한 정권의 변화수단으로 삼지 않고, ③ 남북관계와 북핵 문제와 독립적으로 다룬다는 것이다.

여기서 유의할 것은 저자의 '포괄정책'은 '북한 인권'에 관한 입장을 분명히 밝히는 반면 김대중 정부와 노무현 정부의 통일정책 기조에서는 이에 대해 명확한 입장을 보이지 않았다는 점이다.[28] 여기서 저자가 주장하는 '북한 인권'의 범주는 북한 내 인권으로만 규정하는 것이 아니라 북한 내 식량부족으로 인한 굶주린 자, 의료부족으로 인한 환자, 탈북자, 북한 내 국군포로의 생존자(3~5백 명), 6. 25 전쟁 당시 납북자(8만여 명), 그 후의 납북자(5백 명) 등을 포함한다.

입에 잘 올리지 않지만 '실질적 통일'(*de facto unification*)을 만들어 가고 있다는 점이다. 그리고 타이완을 자기네(미국의) '우산' 아래 두었다고 믿었던 미국조차 중국과 타이완의 접근에 거의 발언권을 행사하지 못하고 있다는 점이다.

27 토마스 페인의 《인권》은 인권의 기원, 국가의 원리, 민주정치의 기본, 정치의 기본원칙, 국가의 사회정책으로서 빈민과 실업자의 구제, 노인복지 등과 복지재원 조달방법에 관하여 설파하고 있다.

28 한나라당(당시)이 '북한 인권법'을 제안(2008. 12. 26)하여 2009년 2월 해당 상임위원회인 외교통상통일위원회 전문위원의 검토를 거쳐 공청회(2009. 4. 14)를 가졌다. 물론, "북한 인권법"의 제정은 북한 당국의 반발과 남북한 관계의 경색, 남한 체제에 대한 북한의 위협 증대, 북한 주민에 대한 내부 통제 강화 등을 유발할 수 있다. 이러한 부작용을 극소화할 수 있는 방법은 다음과 같다. 즉, 북한 인권을 세계 보편적 인권 문제의 일환으로 접근해야 하며, 따라서 북한 인권의 범주를 상기한 이 저서의 범주로 정의함이 바람직할 것이다. 현재 "북한 내 적어도 6개 이상의 수용소에 15~20만 명의 주민이 갇혀 고통을 겪고 있다"고 한다(탈북여성 방미선, 미국 워싱턴의 내셔널 프레스센터 기자회견, 2009. 4. 29; 〈조선일보〉, 2009. 5. 2).

(1) 노태우 정부

노태우 정부 때는 소련의 개혁·개방정책에 힘입어 동구 공산권 국가들의 개혁과 개방이 급속히 진전되면서 냉전체제가 빠르게 해체되어 갔으며, 이 과정에서 남북관계의 근본적인 변화가 필요했다. 이에 1988년 "민족자존과 통일번영을 위한 7·7 특별선언"을 통해서 남북통일의 자주적·적극적인 추진을 천명한 노태우 정부는 1989년 9월 "한민족 공동체 통일방안"을 발표하였다.

(2) 김영삼 정부

김영삼 대통령이 광복절 경축사를 통해 발표(1994. 8. 15)한 "한민족 공동체 건설을 위한 3단계 통일방안"은 통일을 점진적·단계적으로 이루어 가자는 기조하에서 2번째 단계인 남북연합 단계에서 경제공동체를 형성하고 이를 바탕으로 통일 국가단계로 발전하는 것을 목표로 설정하였다. 그러나 김영삼 정부는 경제공동체의 형성을 통일에 이르는 과정상의 문제로 인식함으로써 구체적인 개념이나 실천방향을 제시하지 못하였다.

(3) 김대중 정부

김대중 정부는 북한을 화해와 협력의 대상으로 인정하고 함께 공존공영하자는 대북화해협력정책을 추진하였다. 당장 통일을 서두르기보다는 남북 간의 평화공존과 화해협력을 통해서 '실질적 통일'을 실현시키고자 하는 정책을 제시하였다.

'실질적 통일'이란 "남북 간 정치, 군사적으로 신뢰가 구축되고 군비축소 및 통제가 실현됨으로써 정전체제가 공공한 평화체제로 전환되었을 상황을 의미한다고 할 수 있다. 그리고 경제·사회적으로 남북 간에 호혜적 경제관계가 구축되고, 남북한의 주민이 자유롭게 상대방 지역을 방문할 수 있는 정도의 상황"[29]이라고 했다.

김대중 정부가 제시한 대북 화해협력 정책의 특징은 평화정착과 경제협력

29 통일부(2003)에서는 대북정책을 통해서 실현시키고자 노력하는 실질적 통일 상황이 법적·규범적으로 제도화된 것이 민족 공동체 통일방안의 '남북연합'에 해당된다고 주장한다.

확대를 양축으로 병행시킴으로써 한반도의 통일을 이루어가자는 점이다. 경제공동체 형성과 관련하여, 김대중 대통령은 2000년 신년사에서 상호이익·공존공영의 틀에서 경제교류를 추진할 것임을 밝히면서 '남북 경제공동체 건설'을 위한 남북 국책연구기관 간 협의를 제안하였다. 그 배경은 남북 경제교류와 협력이 지속적으로 확대되는 상황에서 남북이 경제교류·협력의 장기적인 비전을 공동으로 모색할 필요성이 제기되었기 때문이다.

이어서 "베를린 선언"(2000. 3. 9)을 통해서 북한의 경제회복을 지원할 의사를 표명하였으며, 사회간접자본 확충을 포함하여 제도적 기반의 마련과 북한의 농업구조 개선을 지원하는 사업들이 망라되었다. "6·15 남북공동선언"(2000. 6. 15)에서도 "남과 북은 경제협력을 통하여 민족경제를 균형적으로 발전"시키는 데 합의하였다.

김대중 정부가 취한 '포용정책'의 정식 명칭은 '화해·협력정책', 통칭 '햇볕정책'(*sunshine policy*)이다. 햇볕정책의 3대 원칙은 ① 무력도발의 불용, ② 흡수통일의 배제, ③ 화해·협력의 적극 추진이며, 동 정책의 기조는 3가지, 즉 ① 안보와 교류협력의 병행추진, ② 정경 분리, ③ 남북당사자 해결이다.

(4) 노무현 정부

노무현 정부도 햇볕정책의 계승을 표방하면서 '평화·번영정책'을 내놓았다. 노무현 정부는 햇볕정책이 부시 행정부의 강경노선 지속과 북한 핵무기 문제로 인하여 분단체제의 평화적 관리 수준에 머물렀다고 간주하고, 동북아의 평화와 번영을 위해 한반도 평화체제의 구축과 '실질적 통일'을 목표로 내걸었다.

노무현 정부는 평화번영 정책을 제시하였다. 평화번영 정책은 한반도 평화증진과 남북 공동번영이라는 목표를 달성하여 한반도를 동북아 경제중심으로 만들어 나가기 위한 포괄적인 중·장기 국가발전전략으로서 '남북 경제공동체'를 건설하자는 것이다.

다시 말하면, 노무현 정부는 평화번영 정책을 추진하기 위해서는 우선 안보현안인 북핵 문제의 평화적 해결이 긴요하다고 인식했다. 이에 따라서 1차적으로 북핵 문제를 비롯한 한반도에서의 안보현안을 평화적으로 해결하는 데 역점을 두고, 중장기적으로 항구적인 평화체제를 구축하면서 '남북 경제공동체'를 건설하는 동시에 동북아의 평화번영을 위한 협력체 창설을 주도하고자 했다.[30]

그러나 한반도 경제공동체의 성격, 형성 방식 등에 대해서는 발전적인 방안을 제시하지 못하였다. 노무현 정부의 주된 관심이 북핵 문제의 평화적 해결에 집중된 까닭에 그동안 진행된 논의 역시 '남북 간 경제공동체'를 형성하는 문제보다는 북한 지역에 대한 지원 및 개발계획 수립에 초점을 맞추어 진행되어 왔다.

전술한 김대중 정부와 노무현 정부가 견지한 대북 '포용정책'의 공통적인 특징은 다음과 같다. 대북 포용정책이란 '접근을 통한 변화'를 추구하며, 그 전략적 기조는 크게 '병행론'과 '자유시장 평화론'으로 구성되어 있다는 점이다. '병행론'은 '접근'을 위해 군사문제와 비(非)군사문제를 연계시키지 않고 분리하여 대응하는 것이며, '자유시장 평화론'은 북한의 '변화'를 위해 우선 북한 경제의 시장화를 지원한다는 것이다.

(5) 이명박 정부

이명박 정부의 대(對)북한 정책인 '비핵·개방·3000'은 북한의 핵 포기를 전제로 북한의 1인당 소득이 10년 안에 3천 달러가 되도록 적극 지원한다는 것이었다. 이명박 정부는 "남북 기본합의서", 즉 "남북한 화해와 불가침 및 교류·협력에 관한 합의"(1991. 2. 19)를 내세워 북핵 문제의 당사자로 참여하겠다고 나섰으며 북핵 문제의 진전이 없으면 경제적 지원과 협력도 하지 않겠다는 단호한 입장을 취했다. 즉, 쌀·비료 등 인도적 지원을 비핵화와 별도로 제공하겠다고 하면서도 국군포로·납북자 문제와 연계한다는 입장이었으며, 그나마 북측이 먼저 요구해야만 준다는 것이었다.

그리고 이명박 대통령(당시)은 미국 순방 중 '비핵·개방·3000' 구상에 대한 조지 부시 대통령(당시)의 지지를 이끌어내었고 서울과 평양에 남북 상설기관인

---

30 통일부(2005).

연락사무소를 설치하자고 제안했다. 즉, '비핵·개방'은 국제공조의 문제로, '3000'은 민족 내부적으로 풀어야 할 과제로 구분하여 국제 문제(북핵 문제)와 민족 문제(이산가족상봉, 개성공단, 장성급 군사회담 등)를 분리해 대응하자는 것이다. 그러나 북핵 문제는 북측이 남북한의 "한반도 비핵화 공동선언"(1991. 12. 31)을 위반한 것을 따진다고 해결되는 것이 아니라, 이것은 국제공조로 풀어야만 했다. 이와 반면에 민족 내부사안은 국제공조보다는 같은 민족끼리의 화해·협력을 통해 푸는 것이 바람직했다.

한편, 북한은 한동안 관망하다가 이명박 대통령(당시)의 '비핵·개방·3000'을 반북(反北) 대결정책이라고 강력하게 규탄하고, 이명박 정부에게 "6·15 선언"(2000)과 "10·4 선언"(2007)을 존중하라고 맞받아쳤다. 그 핵심은 기존 남북관계를 계승하라는 것이었다. 북한 지도부는 '3000' 구상의 기본 조건인 '비핵'을 실현할 경우 '잃는 것'이 '얻는 것'보다 더 크다고 판단할 뿐만 아니라, '개방'도 자신의 체제 유지를 위협하는 것으로 간주한다. 평양은 핵을 포기하고 '3000' 구상을 받아들일 가능성이 거의 없다는 것이었다.

4. 새로운 '남북한 기본조약'

남북한의 법적 상태를 현재의 전시상태에서 평화상태로 회복시키고 적대관계를 평화공존관계로 전환시키기 위해서는 새로운 '남북한 기본조약'을 체결할 필요가 있다. 이 경우, 1991년 12월의 남북한 합의서에서 간과되었던 두 가지 점, 즉 ① 단순히 불가침이 아니라 "UN헌장" 제2조 4항에 근거를 둔 무력의 사용 및 위협의 포기, ② 인권조항을 포함시켜야 할 것이다. 그리고 새로운 '남북한 기본조약'은 독일의 경우처럼 국회의 토의과정과 비준을 거쳐야 할 것이다.

1) 필요성

1991년 12월 '남북한 화해 · 불가침 · 교류 · 협력'에 관한 합의가 되었음에도 불구하고, 왜 새로운 '남북한 기본조약'과 관련협정이 체결되어야 하는가? 이것을 논의하기 위해서는 우선 1991년 12월의 남북한 합의서와 1972년 12월의 동 · 서독 기본조약을 비교해 볼 필요가 있다. 상기의 두 선언은 신뢰구축 또는 긴장완화 등의 내용에서나 긴장관계를 병존관계로 전환하여 공존공영의 관계로 발전시키고자 하는 점진적 접근방법에서는 유사하지만 다음과 같은 차이점을 가진다.[31]

첫째 형식상의 차이점으로서 독일의 경우는 동 · 서독 간의 '조약'의 형식으로 되어 있는 데 비해 한국의 경우는 '합의서'로 되어 있다. 국가 간에 체결된 약속들은 대개 조약, 협정, 합의서의 형태로 이루어지는데, 독일의 경우는 조약의 형식을 취하고 국회에서의 토의와 그 비준을 거쳤던 반면에 한국의 경우 국회의 토의와 비준 없이 정부 단독으로 처리하였다.

둘째 동 · 서독 기본조약의 핵심적 내용은 '무력포기'인 반면에 남북합의서의 경우는 명칭 그대로 '불가침'이다. 동독은 약 10년간(1955~1965) 불가침 선언을 선호했었던 반면에 서독은 무력포기 선언을 선호하여 결국 무력포기의 내용이 동 · 서독 기본조약에 공식적으로 포함되었다. 여기서 유의할 것은 국가 간의 불가침조약은 역사적으로 악용되어 왔다는 점이다. 그리고 불가침 조약은 군사적인 차원의 무력사용 만을 안 한다는 것을 의미할 뿐이며 외교적 혹은 경제적 압력이나 제재는 가능하다는 것을 말하며, 나아가 혁명을 목표로 하는 간접적 침략은 결코 불가능한 것이 아니라는 뜻도 포함되어 있다. 따라서 동 · 서독 기본조약은 무력포기정책을 핵심적 내용으로 담았던 것이다.

---

31 임양택(1997).

셋째 무력포기정책은 "UN헌장" 제2조 4항에 근거를 두고 있다는 점에 유의할 필요가 있다. 이 조항에 의하면 무력의 사용은 물론 무력의 위협까지도 금지되어 있다. 2차 대전 후, 이 조항은 많은 국제조약에 원용되고 있으며 1945년 8월 NATO와 1955년 5월 바르샤바조약기구가 다 같이 조약 제1조에서 "UN헌장" 제2조 4항과 연계하여 무력사용 및 무력위협을 포기할 것을 의무화하고 있다. 그런데 1972년 12월 동·서독 기본조약에는 이와 같은 UN조항이 두 개나 삽입된 데 비하여 남북합의서에는 UN조항이 전혀 포함되어 있지 않다. 만약 남북합의서 제9조에 '무력의 사용은 물론 무력의 위협'까지도 금하는 "UN헌장" 제2조 4항을 삽입했더라면 남북한의 불가침 선언을 '무력포기'로까지 발전시킬 수 있었을 것이다. 이 경우 만약 합의서의 내용이 불이행된 사태가 발생하게 된다면 국제적 여론을 환기시킴으로써 해결할 수 있는 여지도 가질 수 있다.

넷째 동·서독 기본조약에는 "UN헌장"에 명시된 '인권보호 조항'이 있지만 남북합의서에는 인권에 관한 사항이 전혀 들어가 있지 않다는 사실이다. 인권존중은 남북한 모두에게 중요한 문제인데, 통일은 바로 인권이 존중되는 민주사회를 통해서만 이루어질 수 있다는 것을 암묵적으로 나타낼 수 있다.[32]

2) 기본내용

(1) 교류협력의 기본원칙 반영

남북교류협력은 남북주민 모두에게 자유롭고 풍요로운 삶을 제공하여 민족구성원 개인의 자유와 인권이 보장되고 남북 간의 갈등과 반목을 해소하는 남북화해전략의 일환으로 추진되어야 한다. 이러한 민족 복리우선 원칙은 낙후된

32 그 외의 차이점은 다음과 같다. 즉, 동·서독 기본조약에는 동독 측의 반대로 인하여 통일조항이 삽입되어 있지 않다. 그러나 남북한 합의서의 전문에는 4회에 걸친 '통일'의 문구가 들어가 있어 남북한 통일의 의지를 강조하고 있다.

북한의 실정을 감안하여 남한 측이 가능한 한 많은 지원을 함으로써 통일여건을 조성하고, 대북투자를 통해 북한의 사회간접자본 시설의 확충을 지원을 함으로써 통일여건을 조성하고, 대북투자를 통해 북한의 사회 간접자본시설의 확충을 지원함으로써 통일비용을 사전에 부담해 나간다는 효과가 있다.

남북교류협력은 경제 분야뿐만 아니라 남북 간 사회통합의 당위적인 근거인 동질성을 확인하고 이를 회복하기 위한 정책 추진의 과정으로 각종 규제를 철폐하는 방향이어야 하며, 이러한 원칙을 관철하기 위해서는 남북 간 교류와 협력이 국내외 정치상황의 변동에 관계없이 지속적으로 일관성 있게 추진될 수 있는 법제도가 마련되어야 한다.

(2) 남북교류협력법의 위헌성 제거

남북 기본합의서는 남북 간의 다양한 형태의 교류, 접촉, 회합, 통신 등을 열거하고 있으므로 대한민국 정부는 다양한 형태에 걸맞게 구체적이고 적절하며, 타당한 기준을 수립할 수 있는 법적인 기초를 가지고 있다. 그럼에도 불구하고 "남북교류협력에 관한 법률"은 이에 대한 아무런 구체적이고 명확한 기준을 제시하고 있지 못하고 있다. 따라서 상기 법률은 남북 기본합의서에 위배될 뿐만 아니라 대한민국 헌법에도 위배된다.

대한민국 헌법은 평화적 통일이 민족적 사명임을 밝힘으로써 통일의 주체인 민족구성원, 대한민국 국민이 통일에 대한 권리와 의무의 주체인 점을 명확히 하고 있다. 따라서 민족적 사명인 조국의 평화적 통일을 달성하기 위한 주체로서 국민은 이에 걸맞은 권리와 의무를 지고 있다. 조국의 평화적 통일을 위한 주체로서의 권리는 헌법에 주어진 것으로서 구체적인 행사방법이나 절차 등을 하위 법률이나 규정으로 밝힐 수 있을 뿐, 그 권리 자체를 하위법률 등으로 박탈할 수는 없다.

그럼에도 남북교류협력법 규정은 평화적 통일의 주체이며 헌법상의 권리를 가진 민족구성원의 통일을 위한 접촉(구체적으로는 남한 주민의 북한 주민과의 접촉)을 기본적으로 승인의 대상으로 함으로써 민족구성원의 통일에 관한 권리를 직접적이고 본질적인 측면에서 침해하고 있다. 즉, 남북교류협력법 조항은 남한 주민이 조국의 평화적 통일을 위해서 북한 주민을 만나는 행위를 승인제로 함으로써 북한 주민 접촉행위 일체를 금지해 놓은 상태에서 이를 제한적으로 운용하여 통일부의 판단에 의하여 이를 합법화시키는 문제점을 안고 있다. 따라서 이를 반대해석하면 남북교류협력법 조항은 남한 주민이 조국의 평화적 통일을 위해서 북한 주민을 만나는 것 자체를 불법으로 규정해 놓은 상태에서 이를 제한적으로 승인하여 합법화시킴으로써 헌법에서 규정한 대한민국 국민의 기본권을 전면적으로 제한하는 입법형태를 취하고 있다.

상기의 조항은 헌법에서 보장하는 국민의 기본권을 통일부 장관의 승인 여하에 따라서 좌우하도록 되어 있다. 게다가 승인에 대한 어떠한 기준도 설정하지 않은 상태에서 통일부 장관의 주관적이고 자의적인 집행에 의하여 국민의 기본권을 제한하는 형식을 취하기 때문에 국민의 기본권을 전면적이고 본질적으로 침해하는 것으로서 위헌의 소지를 안고 있다.[33]

(3) 입법체계상의 문제

남북교류협력법은 북한을 적대관계의 당사자가 아닌 교류와 협력의 당사자로 인정한 최초의 실정법으로 남북교류와 협력을 목적으로 하는 행위에 관하여 다른 법률에 우선하여 적용되는[34] 남북교류협력의 근거법이지만 상기의 법률이 남북교류협력에서 특별법인가 기본법인가에 대하여는 논란이 제기된다.

이에 대하여 남북교류협력법은 국가보안법에 대한 특별법의 지위를 해석적 방법으로 부여하고자 하는 견해가 있지만 남북교류협력법(1990. 8)을 국가보안법의 특별법으로 성격을 해석적 방법으로 부여하기보다는 향후 제정될 모든

---

33 헌법재판소의 판결(1993. 7. 29)에 따르면 남북교류협력법 제9조 제3항은 헌법 제75조의 포괄위임금지원칙에 어긋나거나 법치주의 혹은 거주·이전의 자유를 규정한 헌법 제14조, 통신의 자유를 규정한 헌법 제18조에 위배된다고 할 수 없고 동 규정이 헌법의 통일원칙에 위배된다고 할 수도 없다. 그러나 통일부 장관이 인도적 차원의 지원을 금지할 수는 없고 다만 그 시기와 방법에서 정부의 대북정책의 방향과 어긋나지 않도록 조정하기 위한 승인권을 가진다고 해석하는 한, 이는 과잉금지원칙을 규정한 제37조 제2항에 위배된다고 볼 수 없다.

34 남북교류협력법 제3조.

남북교류협력과 관련된 법령에 대하여 기본법의 지위를 갖는 법을 새로이 제정하는 방법으로 남북관계를 규율하는 법률의 지위가 국민적 합의에 의하여 확보되어야 할 것이다.

또한 남북교류협력법은 경제적 인적·물적 교류와 사회문화 분야에서의 협력에 관한 사항을 포괄적으로 규정할 뿐만 아니라 근본적으로 그 성격이 다른 대(對)북한 인도적 지원도 상기의 법률을 준용하여 적용하여 왔는데 이는 법체계상의 일관성을 위해 현실을 외면하고 하나의 법으로 다양하고 광범위하게 이루어지는 남북 간의 모든 교류협력을 무리하게 규율하는 것으로 이미 현재의 법 체제를 통한 남북관계의 규율은 한계에 직면해 있다고 할 수 있다.

따라서 이러한 문제점들을 해소하고 남북 기본합의서의 실질적 이행과 남북교류협력의 원만하고 활발한 진행을 위해서 남북 간의 경제적 및 사회문화 분야의 교류협력만을 규율하는 남북교류협력법 및 남북교류협력법 시행령과 남북 기본합의서의 내용을 합쳐서 새로운 남북한 기본조약에 반영하여야 할 것이다.

(4) 남북한 주민의 개념과 범주

① 남한 주민

남북교류협력법 제1조는 "이 법은 군사분계선 이남지역(이하 '남한')과 그 이북지역(이하 '북한') 간의 상호교류와 협력을 촉진하기 위하여 필요한 사항을 규정함을 목적으로 한다"라고 규정할 뿐, 상호교류와 협력의 주체인 남한 및 북한의 주민에 대해서는 직접적인 정의를 내리고 있지 않다. 이와 관련하여 남북교류협력법이 남한이라는 개념을 지리적 개념으로 이해한다는 전제하에 남한은 현재 대한민국이 실질적으로 관할권을 행사하는 지역만을 말하는 것으로 남한 주민은 군사분계선 이남지역에 거주하는 자연인, 법인과 단체를 말하는 것으로 볼 수 있다.

그러나 남북교류협력법 시행상의 문제점으로서 국외에 상주하는 재외국민이나 한국 기업의 해외현지법인이 대북투자를 할 경우, 대한민국에 설립된 외국인투자기업의 지원에 대한 법적 문제, 북한의 노선에 따라 활동하는 국외단체 구성원에 대한 북한 주민 의제 조항의 문제 등이 제기될 수 있다. 예컨대, 외국인투자기업의 북한진출 문제 또는 남한의 법인이 실질적인 이해관계 내지는 지배관계를 가진 해외현지법인의 대북교류협력의 경우 남북교류협력법 체계 내에서 이를 규율할 필요가 있는지에 대한 문제가 제기된다. 이러한 경우 남북교류협력법에서는 아무런 규정을 두지 않으므로 민족 내부거래의 성격을 고려하여 법인과 단체에 대한 보다 명확한 정의를 새로운 입법을 통하여 제시하는 것이 바람직하다.

② 북한 주민

남한이 남북교류협력의 당사자로 인정할 수 있는 북한 주민은 북한의 국적을 가진 개인 또는 법인으로 보아야 할 것이다. 그러나 남북교류협력법의 제30조의 "이 법(제9조 제1항 및 제11조 제외)의 적용에서 북한의 노선에 따라 활동하는 국외단체의 구성원을 북한 주민으로 본다"는 규정과 관련하여 '북한의 노선', '활동', '국외단체'에 대한 자의적 해석의 가능성이 있다. 즉, 북한의 노선에 따라 활동하는 국외단체는 조총련과 같은 북한의 사실상 통제하에 있는 단체만을 의미하는지 아니면 해외에 있는 친북성향의 민간단체 일반을 포함하는 것인지 불분명하다. 이 문제는 남북 기본합의서의 정신과 합의내용을 반영하는 새로운 '기본법'을 제정한다면 자연스럽게 해결될 수 있을 것이다.

5. 남북한 '5단계 통합' 모형

민족국가를 건설하기 위해서는 통일만 필요한 것이 아니라 통합도 중요하다. 다시 말하면, '물리적' 통일을 이룬 후 '화학적' 통합이 필요한 것이다. 통합은 남북한 사회 갈등구조(지역 간, 계층 간, 노사 간, 이념 간 갈등)를 화해와 협력구도로 전환시키는 대내적 용해과정이다. 그리고 통일의 주체는 민족이지 계층은 결코 아니다. 통일민족국가의 건설은 민족의 주체성을 드높이고자 하는 것이지 계급의 주체성을 드러내자는 것은 아니다.

저자는 남북한 관계의 정상화→경제통합 단계→사회통합 단계→군사통합 단계→정치통합 단계라는 가설적 과정에 대한 단계별 추진전략을 제시하였다. '5단계 통합방안'은 남북한 관계 정상화 및 한반도 평화정착→경제통합→사회통합→군사통합→정치통합으로 점진적으로 추진하는 것이다.[35]

상기와 같은 단계적 접근방법의 이론적 기초로서 데이비드 미트라니의 '기능주의 통합이론'을 들 수 있다.[36] 기능주의 통합이론은 자연발생의 과정을 기초

[그림 Ⅶ-2] 저자의 남북한 '5단계 통합' 기본개념

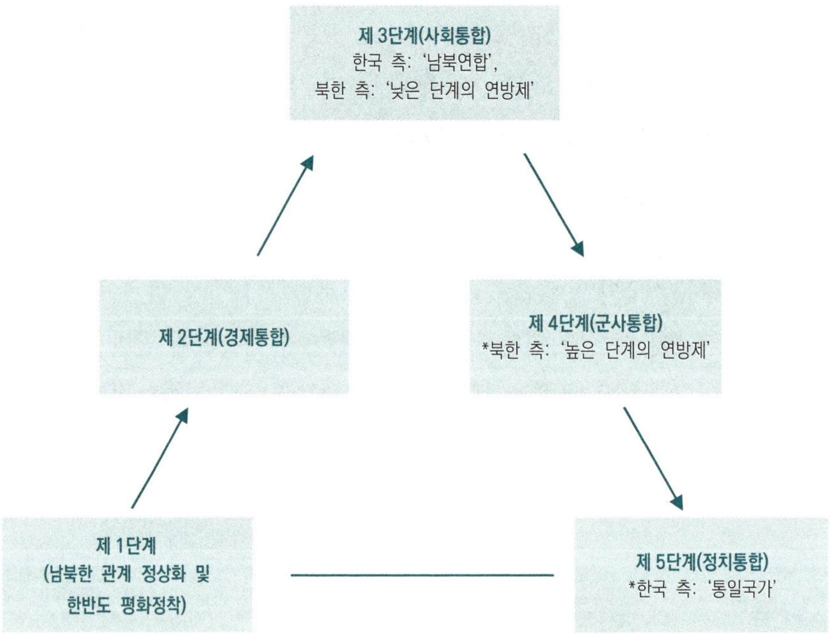

35 2000년 '6·15 남북공동선언'은 '낮은 단계'의 연방국가→'높은 단계'의 연방국가→통일국가의 방향을 제시하였다. 또한, 서독 헬무트 콜 총리의 '10개항 통일 프로그램'(1989. 11. 28)의 제5항과 동독의 모드로프 총리의 '4단계 통일방안'(1990. 2. 1)은 모두 과도기적 형태인 '국가연합적 구조'(*confederative structure*)를 거쳐 최종적으로 '연방제'(*federal system*)의 형태로 통일을 구현하자는 단계적 통일방안이다.

36 David, Mitrany(1943).

[그림 Ⅶ-3] 저자의 남북한 '5단계 통합' 모형

제 1단계: 남북한 관계 정상화 및 한반도 평화정착

- 미국은 UN 총회 및 안보리에서 북한의 주권 존중과 평화 공존을 천명하고 북한 체제의 유지를 보장, 북한 상품의 북 · 미 간 '정상무역관계' 형태로서 대(對)미국 수출 가능 보장, 국제금융기구의 대(對)북한 금융지원의 보장
- 북한은 핵무기를 비롯한 대량살상무기(WMD)를 불능화 및 완전 폐기, '한반도 비(非)핵화의 남북 공동선언'(1991. 10. 31)을 '한반도 비(非)핵화 협정'의 형태로서 체결
- '군사적 신뢰구축조치(CBMs)와 무력배치에 관한 남 · 북 · 미 3자협정'을 체결,
- 남북한 및 미 · 중 정전협정(1953. 7. 27)을 남북한 및 6者(미 · 일 · 중 · 러)의 '동북아 평화조약' 체결
- 동북아의 '평화와 안보 메커니즘'으로서 '동북아 안보협력회의'(CSCNEA)를 창설 · 가동
- 비무장지대(DMZ) 부근의 장단면에 '남북한 경제특구'를 건설, 동 특구로 '동북아 평화시' 발전
- '동북아 평화시'에 다자간 지역안보협력체로서 '동북아 안보협력회의'(CSCNEA)를 상주시켜 정례회의를 개최

1민족 · 2제도 · 2국가 · 2정부

↓

제 2단계: 경제통합

- 남북경제공동체, 단일 혼합경제체제, 단일화폐 · 금융제도, 단일 중앙은행, 남북한 경제특구의 건설에 의한 상호호혜적 산업 · 기술협력을 효과적으로 추진하기 위해 국제경쟁력 제고를 겨냥한 민족산업 구조를 재편성
- 관세동맹(상품교역의 자유화 및 공동 관세정책) → 남북한 공동시장(모든 시장의 완전개방 및 생산요소의 자유이동) → 경제동맹(인력, 자본, 재화, 서비스의 완전 자유이동) → 통화동맹(단일 화폐 및 단일 중앙은행의 설립) → 경제통합(단일 혼합경제체제)으로 단계적으로 지향
- 남북 간 통상 · 통신 · 통행의 자유화 보장

1민족 · 1경제제도 · 2개 사회제도 · 2개 정치제도 · 2국가 · 2중앙정부

↓

제 3단계: 정치통합

- 남북정상회의, 남북각료회의, 상주 연락대표부, 공동사무처 등의 설치 · 운영
- 재산권 확립, 사법 · 행정 · 교육 제도의 통합, 의료 · 연금 · 실업보험 등의 사회보장제도의 통합 및 확충

1민족, 1경제체제 · 사회복지제도, 2개 정치제도, 1국가연합, 1중앙정부, 2개 지역 '독립' 정부
(국호: '대한민주연합국')

↓

제 4단계: 군사통합

- '동북아 안보협력회의'(CSCNEA)에 의한 남북한 군축, 단일 군대명령체계 확립

1민족 · 1경제체제 · 사회복지제도 · 2개 정치제도 · 1연방국가, 1중앙정부, 2개 지역 '자치' 정부
(국호: '대한민주연방공화국')

↓

제 5단계: 정치통합

- '남북평의회'에서 '통일헌법'을 제정, 통일헌법에 의한 자유 총선거 → 통일국가의 연방 대통령 및 연방 상 · 하원 선출 → 연방 대통령의 국무총리 및 각료 추천 및 연방 상 · 하원 인준

1민족, 1경제 · 사회 · 정치 · 군사체제, 1연방국가, 1중앙정부,
8개 지방 '자치' 정부(국호: '대한민주연방공화국')

로 한 상향식 운동에 의한 통합방법인 것이다. 즉, 비(非)정치적 국가통합방법으로서 인간에게는 의식주와 개인의 안전과 같은 인간욕구의 충족을 위한 과정을 통해 인간사회를 순리적으로 통합할 수 있다는 것이다. 마이론 웨이너[37]는 '국가통합'을 "문화적으로 또한 사회적으로 분리된 집단들을 하나의 영토단위로 결합시키고 국민적 정체성을 확립시키는 과정"이라고 정의하고 있다.

1972년의 동·서독 기본조약 체결 이후, 당시 베너 내독성(한국의 '통일부') 장관은 다음과 같이 말했다.

> 통일호를 타려는 승객들이 정거장에 몰려오지만 통일호의 열차 발착표가 변경돼 열차는 오지 않습니다. 설령 늦게 오더라도 두세 정거장만 가면 선로(線路)가 뜯겨져서 열차가 못 갑니다. 그러나 통일호의 종착역에 가려는 손님들께 방법은 하나 있습니다. 걸어서 가면 틀림없이 통일호의 종착역에 닿을 수 있습니다. 모두 걸어갑시다.[38]

전술한 남북한 '5단계 통합' 모형을 단계별로 구체적으로 설명하기 전, 저자는 다음과 같은 유의점을 밝혀둔다.

첫째 남북한 통일이 반드시 5단계 통합 과정을 거쳐야 한다는 것은 아니라는 점이다. 즉, 준비단계→경제통합→사회통합→군사통합→정치통합으로 이행하는 과정에서, 미·일·중·러의 '한반도 게임'에 따른 주변 정세의 변화가 천재일우(千載一遇)의 민족통일을 유발할 수도 있다는 것이다. 심지어, 제1단계인 '준비단계'에서도 통일의 기회는 갑작스럽게 찾아올 수 있다.

둘째 통일은 우리가 완벽한 준비가 되어 있든지 혹은 그렇지 않든 간에, 만약 휴전선이 무너지면, 한민족이 원하든 혹은 원하지 않든 간에 통일의 역사는 전개된다.

---

37 Myron, Weiner(1966).

38 중앙일보(2009. 10. 12).

셋째 남북한 통일의 특수성을 감안하여, 중요한 것은 그러한 역사적 순간의 도래 가능성을 염두에 두고 대혼란을 효과적으로 수습할 수 있도록, 나아가 7천 3백만 민족의 염원을 이룰 수 있도록, 항상 철저한 준비를 가능한 많이 해두어야 한다는 것이다.

1) 제 1단계: 평화정착

모름지기 첫 단추를 잘 꿰어야 하듯이, 제 1단계의 '남북한 관계 정상화 및 한반도 평화정착'은 통일의 필수적인 전제조건으로서 5단계 통합방안에서 가장 중요하다. 이를 위해서, 1991년 "남북 기본합의서: 남북한 화해와 불가침 및 교류・협력에 관한 합의", 2000년 "6・15 남북정상회담의 공동선언", 2005년 "9・19 베이징 공동성명", 동 공동성명의 이행조치인 2007년 "2・13 공동합의"와 2007년 "10・4 선언"이 성실하게 이행될 수 있도록 6자회담의 참가국인 북・미는 물론 한・중・일・러가 모두 협력해야 한다.

제 VI장에서 전술한 바와 같이, 북한의 핵무기 문제를 평화적으로 해결하는 방법으로서 다음과 같이 두 가지를 생각해 볼 수 있다. 하나는 정권교체를 통해 핵무기 문제를 해결한 '남아공 해법'이고, 다른 하나는 협상을 통해 핵무기 문제를 해결한 '리비아 해법'이다. 남아공의 해법은 드 클레르크 정권에서 넬슨 만델라 정권으로의 교체를 통해 핵무기 문제를 평화적으로 해결한 대표적인 사례이다.[39]

남북한 통합의 제 1단계에서 핵심적 문제는 평화정착과 경제협력의 관계이다. 교역, 즉 경제협력이 해당국 간에 평화를 산출할 것인가 혹은 갈등을 촉

---

39 남아공은 핵무기를 보유했다가 오히려 이를 자발적으로 폐기하고 NPT에 가입한 최초의 국가이다. 남아공은 1968년 NPT 서명을 거부하고 1974년부터 핵 개발을 시작함으로써 1982년에 핵무기 제조에 성공하였다. 그 뒤 1989년까지 총 6개의 핵무기 제조를 완료했다. 그러나 1989년 9월에 출범한 남아공의 드 클레르크 정권은 1990년 2월에 흑인인권운동가 만델라가 석방된 직후, 핵무기 프로그램의 중단을 검토하였으며 1991년 7월에 NPT에 가입하였다. 그리고 흑인정권의 등장(1994. 4)이 예견되자 1993년 1월 핵무기 폐기 사실을 공식발표하고 IAEA의 사찰로 폐기를 확인받았다.

발시킬 것인가에 대한 많은 논란이 있을 수 있다. 그러나 국제적인 사례를 보면 평화정착과 경제협력은 상호보완적으로 작용했으며, 두 가지가 병행해서 추진될 때 가장 바람직한 결과를 산출했다. 따라서 한반도의 미래를 위해서는 두 가지 작업, 즉 ① 평화정착을 촉진하는 작업과 ② 경제협력을 추진하는 작업을 병행함이 바람직하다.

여기서 제기될 수 있는 문제는 과연 남북 경제공동체를 형성하려는 노력이 한반도의 평화를 가져올 것인가, 아니면 북한이 군비를 증강할 수 있는 여력을 제공하는 셈이 되어 한반도 평화를 해칠 뿐인가다. 저자는 남북경협이 남북한 신뢰구축과 북한 경제 회복에 상당한 기여를 하였다고 믿는다. 그러나 남북경협은 북한의 개혁·개방 유도, 남북한 경제통합 촉진 등에는 큰 효과를 거두지 못하고 있다. 그 이유는 군사적 긴장을 해소하는 데 한계가 있기 때문이다.

따라서 군사적 긴장을 해소함으로써 한반도 평화를 정착시키기 위해서는 경제협력과 함께 정치군사적 협력을 병행추진할 필요가 있음을 알 수 있다. 즉, '접근, 접촉' 자체를 배제하는 봉쇄정책이 아니라, '접근'을 통한 변화를 추구하는 관여정책으로 지향할 필요가 있다는 것이다.

실제로 남북한 간의 경제교류는 한반도의 정치적 변화에 따라 많은 영향을 받아왔다. 남북한 간에 정치적 분쟁이 발생하면 진행되던 경제교류가 금지되기도 하고 또는 감소하기도 한다. 남북한 경제교류는 크게 두 가지 교역, 즉 ① 거래성 교역(예로서 단순교역과 위탁가공교역)과, ② 비(非)거래성 교역(예로서 경수로 건설사업, 금강산 개발사업, 기타 대북투자사업 및 대북지원 등)으로 나눌 수 있다. 주성환·임현곤(2004)은 남북한 경제교류와 정치적 분쟁의 인과분석을 통하여 다음과 같은 결론을 내렸다.

첫째 남북한 간에 거래성 교역이 증가(감소)하면 남북한 정치적 갈등관계가 완화(악화)되는 것으로 분석되었다. 그러나 남북한 분쟁의 증가 또는 감소는 거래성 교역의 증가나 감소를 초래하지 않는 것으로 각각 나타났다. 따라서 단순교역과 위탁가공교역 등 거래성 교역을 중심으로 한 민간 부문의 남북한 경제교류는 남북한 정치적 관계도 개선될 수 있음을 알 수 있다.

둘째 남북한 비(非)거래성 교역과 분쟁 간에는 어떠한 인과관계도 나타나지 않았다. 따라서 정부가 중심이 되어 북한으로의 일방적인 반출이 주류를 이루는 비거래성 교역에 의해서는 남북한의 정치적 관계가 개선되는 데 한계가 있음을 알 수 있다.[40] 북한의 경제특구를 남한 시장이나 중국을 비롯한 동남아 시장, 더 나아가 미국 등 제3국 시장 수출용 생산기지로 개발한다. 이를 효과적으로 추진하기 위해서는, 남한의 투자와 남북한 간의 교역이 민족 내부거래로 공인받을 수 있도록 한다. 또한, 북한산 제품의 해외 수출을 가능하도록 하기 위하여, GATT의 비(非)회원국 및 사회주의 국가에 대한 바세나르(Wassenaar) 협약의 수출통제 체제를 극복할 수 있도록 북한은 미국과의 타협에 전향적 자세를 취하여야 하며 남한은 이러한 양측 타협을 위한 분위기 조성에 최선을 다해야 한다.

---

40 주지하다시피, 비거래성 교역(경수로 건설사업, 금강산 개발사업, 기타 대북투자사업 및 대북지원 등)은 김대중 행정부의 햇볕정책에 따라 크게 증가하였다. 햇볕정책은 정경분리를 원칙으로 하여 남북한의 정치상황과 관계없이 남북한 관계 개선을 통해 한반도의 평화와 화해·협력을 목적으로 추진되었다. 그러나 당시 정부주도에 의하여 추진되었던 원조적 성격의 비거래성 교역을 통해 남북한에 화해·협력과 평화를 이끌어 내고자 했던 김대중 행정부의 노력은 서해교전(2002. 6. 29) 등이 입증하듯이, 소기의 효과를 거두지 못하였던 것으로 분석되었다. 따라서 남북한 관계에서 경제교류를 통하여 정치적 관계의 개선을 도모하기 위한 노무현 행정부의 "평화와 번영 정책"이 실효성을 거두기 위해서는 민간부문의 단순교역과 위탁가공교역을 포함하는 거래성 교역이 더욱 활성화되었어야 했음을 의미한다.

2) 제 2단계: 경제통합

민족통일의 정당성은 7천만 민족의 최대다수 최대행복을 추구하는 복지사회의 구현에 있다. 통일을 추구하는 이유는 같은 민족끼리 동일한 국토와 동일한 체제하에서 함께 살아야 된다는 '낭만적' 민족주의적 발상으로 연유하는 것이 아니라 분단보다는 통일과 분열보다는 통합이 민족 구성원의 최대다수 최대행복을 실현하는 데 매우 유용하기 때문인 것이다.

(1) 경제통합의 정의

경제통합은 가장 중요한 단계이다. 왜냐하면 상호보완적 경제교류를 통하여 남북한 모두가 상호이익을 향유할 수 있으며, 이것은 두 경제체제(자본주의 경제체제와 사회주의 경제체제)의 '융합'을 일구어 냄으로써 통일의 유효성을 증대 및 확산시켜 줄 것이다.

칸트와 몽테스키외는 국가 간 교역은 본질적으로 평화를 촉진시킨다고 주장하였다. 즉, 교역 참여국 모두에게 경제적 이익을 제공하므로 교역 참여국은 분쟁으로 인한 경제적 이익의 상실 가능성을 두려워하여 자연히 분쟁을 회피하게 된다는 것이다. 또한 교역 상대국들의 대화를 개선시키는 부수적 효과를 유발하는데, 이러한 대화의 증가는 상대국 간 오해의 발생 가능성을 감소시키며 국가 간 분쟁을 평화적으로 해결하기 위한 기구나 제도의 설립을 용이하게 한다는 것이다.

경제통합을 정치경제학적인 시각에서 관찰한 대표적인 학자로는 군나르 뮈르달(Gunnar Myrdal)[41]을 들 수 있다. 그는 경제통합을 "기회균등이라는 서구적 가치를 실현화하기 위한 과정"으로 인식했다. 기회균등의 이상이 실현된다는 것은 현실적으로 우선적으로 직업 및 일상생활과 관련하여 개인의 자유로운 선택을 제약하는 장애물이 제거된다는 것을 의미한다. 따라서 경제가 통합되었다는 것은 그 경제의 모든 이익이 인종적, 사회적, 그리고 관습상의 차이

---

41 대표 저서로는 《경제이론과 저개발지역》(*Economic Theory and Under-Develped Regions*, 1957)이 있다.

에 상관없이 모든 사람에게 열려 있고 생산적 서비스에 대한 보수가 동일하게 지급되는 것이라고 주장하고 있다.

근대경제학적 시각에서 경제통합을 접근하는 대표적인 학자로는 얀 틴베르헨과 벨라 발라사를 들 수 있다. 얀 틴베르헨은 통합에 대한 정의를 학계에 처음으로 소개한 학자로 알려졌는데, 통합의 소극적 측면과 적극적 측면을 동시에 거론하면서 통합의 복합성을 강조하였다. 소극적 측면에서 '경제통합'은 "차별적이고 제약을 두는 제도를 제거하고 경제교류의 자유를 제공하는 것"으로 정의하였다. 적극적 측면에서는 통합은 "기존 정책과 제도를 조정하거나 강력한 정책과 제도를 수립하는 것"이라고 규정했다. '경제통합'은 경제거래의 자유를 제약하는 인위적 장벽을 제거하고 조정을 통해서 통합을 촉진하는 정책과 제도를 도입하는 것이다.

벨라 발라사는 동태적 개념인 과정으로서의 '경제통합'을 "다른 나라들 간의 차별을 제거하는 것"으로, 정태적 개념인 상태로서의 경제통합을 "차별을 야기하는 다양한 형태가 없다는 것"으로 각각 정의했다.[42] 그는 경제단위 간의 차별제거의 정도와 진행과정에 따라 경제통합을 5가지 형태, 즉 ①자유무역지역, ②관세동맹, ③공동시장, ④경제동맹, ⑤완전한 경제통합으로 구분했다. 이 구분 방식은 경제통합이론과 관련하여 가장 일반적으로 통용된다.

야콥 바이너(Jacob Viner)는 경제통합이론의 핵심이라고 할 수 있는 '관세동맹이론'의 기초를 처음으로 소개하면서 지역차원의 무역을 촉진시키기 위한 협정이 관련 국가들의 경제적 후생을 증대시키기 위한 조건을 규명했다. 제임스 에드워드 미드는 경제통합협정을 체결할 경우 국제거래에서 균형에 도달하거나 유지시키기 위해서 가격과 교역조건이 어떤 역할을 해야 하는지를 집중적으로 분석한 결과, 관세동맹을 통한 무역창출 효과는 후생을 증대시키는 반면에 무역전환 효과는 총무역량이 증가할 경우에만 후생을 증대시킨다는 점을 밝혔다.

42 Balassa, B. (1961).

(2) 동 · 서독의 경제통합

경제통합의 중요성은 동·서독 통일 과정에서 극명하게 나타났다. 즉, 경제통합의 추진은 '독일 민족자결권의 영역'을 넓힘으로써 조기통일 협상의 기반을 확보할 수 있었던 것이다. 또한 1990년 모스크바 '2+4 회담'[43] 전에 동·서독 경제통합을 실현함으로써 4대 강국들(미국·소련·프랑스·영국)로 하여금 동·서독 정치통합에 반대할 수 없도록 기지를 발휘했다.

동·서독의 통일 과정을 회고해 보면, 독일의 통일은 급진적이라기보다 점진적으로 이루어졌다. 왜냐하면 독일은 40년 가까운 분단기간에 인적 및 물적 교류가 동독의 경제 활성화를 위한 동·서독의 신뢰구축 기반을 조성하였기 때문이다. 종전의 동·서독 경제협력은 처음에는 교역 중심이었고 직접투자는 에너지 부문 등에 그친 제한적인 것이었다. 그러나 동·서독 기본조약(1972)으로 인하여 경제협력은 교역 외의 산업협력, 차관지원 등으로 확대되었다.

특히, 동·서독의 교류협력에 큰 역할을 한 것은 접경지역의 협력사업이었다. 이것은 접경지역에서의 재난에 대비한 상호협력체계의 구축과 자원의 공동관리에 관한 것이다. 동·서독은 기본조약(1972)에 의해 국경위원회를 설치하여 1973년 9월 국경지역에서 홍수, 화재, 산사태, 전염병, 병충해 발생, 환경오염 등에 대하여 밀접한 정보교환체계를 구축하여 공동으로 대응하고 지하자원도 공동으로 관리하기로 합의하였다.

상기한 접경지역의 교류협력이 도로, 철도 등 교통기반에 대한 투자를 유도하였으며, 이것은 다시 상호 간의 경제적 이익을 창출하였고 또한 낙후지역을 개발시켰다. 서독 정부는 고속도로 통행료나 정치범 석방 대가 등의 명목으로 약 60조 원을 동독에 지불하고, 통행·우편협정, TV 시청 등의 양보를 얻어냈다.

43 1990년 9월 12일 모스크바에서 동·서독 양국과 미국, 소련, 프랑스, 영국의 대독(對獨) 전승 4개국 외상들이 '2+4 조약'(독일의 '통일조약')을 체결하였다.

(3) 중국과 홍콩의 경제긴밀화협정

남북한 경제통합을 촉진하기 위해서는 다음에 논의할 대(對)미국과의 관계개선이 가장 본질적인 문제이지만, 남북한 경제교류의 입장에서 북한은 중국의 대(對)홍콩 정책을 크게 참고할 필요가 있다. 상술하면, 중국은 개방초기 홍콩에 인접한 선전(深圳) 특구를 먼저 개방하여 화교 및 홍콩자본의 유입을 도모하였다.

특히 타이완 자본 유입을 위하여 '타이완 동포우대법'(1983)을 채택하였다. 그리고 개방 초기에 대(對)중국 직접투자 중에서 홍콩 투자가 차지하는 비중은 57.4%(1979~1989)로서 중국 경제개발에 중추적 역할을 담당하였다. 중국과 홍콩은 2003년 6월 29일 경제긴밀화협정(CEPA: *Closer Economic Partnership Arrangement*)을 통해 상호체제는 인정하면서 경제교류의 기대효과를 극대화하였다.[44]

한국처럼 전쟁을 치렀던 중국과 타이완은 1949년부터 30년 이상 서로를 적대시했다. 첫 이산가족 상봉도 한국보다 4년 늦은 1989년 시작됐다. 그러나

[표 Ⅶ-4] 중국-홍콩 '경제긴밀화협정'(CEPA) 주요내용

- 중국의 대(對)홍콩 수입관세 폐지
  - 2004년 1월까지 273개 홍콩산 상품에 대한 관세 폐지(홍콩의 對중국 수출의 약 60%에 해당)
  - 나머지 제품에 대해서도 2006년 1월까지 제로 관세율 적용
  - 반덤핑, 상계관세, 기타 다른 세이프가드 조치를 취하지 않기로 합의
- 중국 서비스시장 개방
  - 중국은 의료, 유통, 금융, 물류, 법률, 경영컨설팅 등 17개 서비스 분야를 홍콩에 개방
  - 중국에 진출하는 홍콩 은행 및 금융기관의 자산 조건을 2백억 달러에서 60억 달러로 인하
  - 중국 대도시 주민의 홍콩 개별 방문 허용

44 CEPA(경제긴밀화협정)는 실제로 FTA에 해당한다. 홍콩은 중국에 편입되면서 외국자본의 급격한 유출로 어려움을 겪어 왔으나, 2004년 1월 CEPA가 발효된 이후, 홍콩경제의 성장률은 8% 이상을 기록했다.

중국과 타이완은 '정부보다는 민간', '정치보다는 경제', '전체보다는 부분부터' 라는 교류원칙을 정하고 이른바 '소3통', 즉 통상(通商: 직교역)·통항(通航: 인적교류)·통우(通郵: 우편교류)를 추진하였다.

그 이후 20여 년이 지난 현재 상하이(上海), 선전(深圳), 광저우(廣州) 등지에는 타이완 기업인과 유학생 1백만여 명이 살고 있다. 매일 5천 명 이상의 중국인이 타이완을 방문한다. 총 1천 5백억 달러의 타이완 돈이 중국에 들어가 중국 경제를 일으키자 요즘은 거꾸로 중국 기업들이 타이완 투자를 모색 중이다. 나아가 중국과 타이완은 민간·경제 교류를 바탕으로 3~4년 전부터 정치·군사 교류를 추진하고 있다.

2008년 보아오 포럼에서 후진타오 당시 중국 국가주석과 샤오완창(蕭萬長) 당시 타이완 부총통이 만났다. 2009년 8월 양쪽 군인들은 하와이에서 만난다. 중국인들은 '통일'이란 말을 입에 잘 올리지 않지만 '실질적 통일'을 만들어 가고 있다. 여기서 주목할 것은 타이완을 자신의(미국의) '우산' 아래 두었다고 믿었던 미국이 중국과 타이완의 접근에 거의 발언권을 행사하지 못했다는 점이다.

(4) 남북한 경제통합 모형

저자는 경제통합(*economic integration*)을 두 경제체제(자본주의 경제체제와 사회주의 경제체제)의 융합을 일구어 냄으로써 단일 혼합경제체제, 단일화폐·금융제도 및 단일 중앙은행 체제를 형성하는 것을 의미한다고 정의한다.[45]

남북한 경제통합은 통일의 유효성을 증대 및 확산시켜 줄 것이며, 나아가 외부적 작용에 의한 물리적 통일이 아니라 내부적 융화에 의한 화학적 통합으로 유도할 수 있을 것이다.

저자의 남북한 경제통합 모형은 〔그림 Ⅶ-4〕와 같다. 통일민족국가의 경제체제는 시장경제체제를 근간으로 하되, 시장기능의 실패를 보정할 수 있는 통일정부의 새로운 역할(국방 및 치안 외에 정보통신 인프라, 기술혁신기반, 도로,

45 임양택(1993).

항만, 공항, 주택, 상하수도 등 사회간접자본의 확대, 인력양성을 위한 교육 및 훈련에의 투자, 보건 의료 등의 사회복지제도의 확충, 과학기술기반의 확충, 에너지 자원의 확보, 환경보존 등)을 뒷받침하는 것이어야 할 것이다.

단일 혼합경제체제로의 수렴과정은 투자 보장, 청산 결제, 이중과세 방지, 상사분쟁 해결 등에 관한 "남북한 경제협력 4대 합의서"(비준 및 발표, 2003. 8. 6) 하에서 연불제도·중개수출 시스템·스윙제도를 도입하여 직접교역을 추진하고 남북한 산업·기술협력(제조업 부문의 합작투자사업, 남북 IT산업의 연계, 에너지자원의 공동개발, 농·수산물 자원·광물자원·관광자원의 공동개발 등)을 추진→관세동맹(상품교역의 자유화 및 공동관세 정책)→남북한 공동시장(남북한 시장의 완전개방 및 생산요소의 자유 이동)→경제동맹(인력, 자본, 재화, 서비스의 완전 자유 이동)→통화동맹(단일화폐 및 민족 공동체 중앙은행의 설립) 방향이다. 최종적으로는 남북 간 통상·통신·통행의 자유화가 보장되어야 한다.[46]

남북한 경제통합의 추진전략을 위한 저자의 최초 연구는 1989년도 "남북한 산업 및 기술협력"이었으며, 이를 위한 1990년도 및 1991년도의 "남북한 경제특구의 개발전략과 적정지역의 선정에 관한 연구"는 실로 효시적인 것이었다. 그 이후, 23년이 경과한 오늘날 남북한 경제협력 혹은 경제통합에 관한 연구가 많이 쏟아져 나왔다.

---

46 남북정상회담(2007. 10. 2~4, 평양)에서 남북한의 최고지도자는 3통(通行, 通信, 通關) 문제에 대한 개선방안을 합의하였고, 이 후속조치로서 제1차 남북총리회담(2007년 11. 14~16, 서울)에서 3통(通)을 위한 구체적 방안에 합의하였다. 그 합의내용은 2008년부터 발효하도록 합의되었는데, 통행(通行)의 경우 출입시간을 현행 일일 9시간에서 15시간으로 확대하고 통신(通信)의 경우 인터넷 무선전화 서비스를 개시한다는 것이었다.

[그림 Ⅶ-4] 저자의 '남북한 경제통합 모형'

남북한 5단계 통합방안의 제 1단계 (평화정착)

제 1단계: 남북한 관계정상화 및 한반도 평화정착

- 남한의 '남북교류협력에 관한 법률' 제정 및 공포(1990. 8)
- UN 동시가입(1991. 9. 17)
- 남북 기본합의서: 남북한 화해와 불가침 및 교류 · 협력에 관한 합의(1991. 12. 13) 및 발효(1992. 2. 19)
- 6 · 15 남북정상회담의 공동선언(평양, 2000. 6. 15)
- 경의선 (서울-신의주) 철도 연결과 문산 · 개성 간 도로 개설 합의(2000. 9. 1)
- 남북한 경제협력 4대 합의서(투자보장, 청산결제, 이중과세방지, 상사분쟁 해결 등) 조약의 비준 및 발효(2003. 8. 6)
- 제 4차 6자회담의 9 · 19 공동성명(베이징, 2005. 9. 19)
- 제 5차 6자회담의 2 · 13 공동합의(베이징, 2007. 2. 13)
- 10 · 4 남북 공동선언(평양, 2007. 10. 4)

↓

제 2단계

- 나진 · 선봉 자유경제무역지대(1991. 12) 및 신의주 특별행정구(2002. 9) 공동개발
- 금강산관광사업(2002. 10)의 활성화
- 개성공업지구(2002. 11)의 활성화
- 사회간접자본(항로, 도로, 철도, 항만 등)의 공동건설 및 공동이용과 각종 운송수단과 제반 편의시설의 상호 제공
- 인적 교류(고향방문단, 경제인, 기술자, 학자 등)의 추진
- 통상 · 통신 · 통행의 자유화
- 남북한 경제협력 4대 합의서 하에서 산업 · 기술협력의 추진:
  - 직접교역의 추진(연불제도, 중개수출 시스템, 스윙제도의 도입)
  - 제조업 부문의 합작투자사업
  - 남북 IT 산업의 연계
  - 에너지자원의 공동개발
  - 농 · 수산물 자원, 광물자원, 관광자원의 공동개발
- 장단면 '남북한 경제특구'의 건설 및 자유무역지대화(관세 및 무역장벽 철폐)
- 국제경제협력기구(IMF, IBRD, IDA, IFC, ADB 등)를 통한 재원조달

↓

남북한 5단계 통합방안의 제 2단계 (경제통합)

제 3단계

- 관세동맹(상품교역의 자유화 및 공동관세 정책)
  - 남북한 공동시장(남북한 시장의 완전개방 및 생산요소의 자유이동)
  - 경제동맹(인력, 자본, 재화, 서비스의 완전자유이동)
  - 통화동맹(단일 화폐 및 단일 중앙은행의 설립)
- 경제통합(단일 혼합경제체제)

자료: 임양택(2011a).

[표 Ⅶ-5] 남북한 경제통합의 추진전략

부문/단계	구분	제 1단계 (북핵 문제 해결 합의도출)	제 2단계 (북핵 문제 해결)	제 3단계 (북한 경제체제 개혁 · 개방)
법 · 제도	목표	• 남북경협제도의 공고화	• 동북아 다자간 법 · 제도 협력과정에서 북한의 참여 유도	• 남북한/동북아 역내 경제 통합을 위한 종합적 제도의 확충
	사업	• 4대 경협합의서 후속조치 • 방북신청 처리기간 및 방북 허가기간 연장 • 북한산 원산지 판정기준 마련 • 위탁가공 활성화를 위한 법제 마련 • 남북협력기금법 및 남북교류협력법 개선	• 남북경협 신고제의 실험적 시행 • 인터넷 활용 남북경협 효율성 제고 • 동북아경제협력체 설립 및 북한의 참여 유도 • 동북아 물류망 구축을 위한 법 · 제도 확충을 위한 북한과의 협의 • '동북아개발은행' 관련 법규 제정	• 지적재산권 및 다자간 자유무역협정 체결 • 역내 주민의 이동에 관한 절차 간소화 • 역내 생산요소 결합을 위한 법 · 제도장치 확충 • 역내 환경, 사회복지 협력을 위한 제도적 장치 마련
관광	목표	• 관광교류 확대, 관광 인프라 구축	• 북한 관광자원 공동개발	• 남북한 및 동북아 연계 관광 실현
	사업	• 금강산 관광특구 건설 • 개성, 평양 정기관광 • 비무장지대 평화광상 설치 • 남북한 연계관광의 계획 마련	• 북한 관광자원 조사, 개발 • 북한 관광인력 교육 • 설악산/금강산 연계 국제 관광 자유지역 조성 • 접경지역에 생태관광지역 개발	• 남북연계관광 시행 • 동북아관광 교통체계 구축 • 한 · 중 · 일 · 러 연계관광 개발
개성공단	목표	• 개성공단 단지조성, 시범사업	• 개성공단 2 · 3단계 사업 • 한국의 상주대표부 설치	• 북한 전역을 대상으로 하는 경협거점 구축
	사업	• 1단계 단지 조성 (100만 평) • 노동집약 중소기업 유치 • 개성공단 성공을 위한 수송, 전력공급 문제 해결 • 개성공단 제조상품의 판로 확보를 위한 외교노력 • 제도적 장치 및 지원체계 마련	• 개성공단 2 · 3단계 단지 조성 • 개성공단에 기술이전형 사업 유치 • 외국인투자의 촉진 • 개성공단과 수도권 북부 남북 물류기지 및 인천 경제자유지역과의 연계	• 나진-선봉, 신의주 특구의 활용 • 남북한 연계비교우위 실현 - 첨단산업업종 유치 • 북한 내 경협거점 확산 • 주변국과 남북한 경제의 연계(생산요소 활용)

[표 Ⅶ-5] 계 속

부문/단계	구분	제 1단계 (북핵 문제 해결 합의도출)	제 2단계 (북핵 문제 해결)	제 3단계 (북한 경제체제 개혁 · 개방)
정보통신 (IT)	목표	• 남북 IT교류협력 기반구축	• 북한 내 교류거점 및 IT인력 직접교류 확대	• 남북 IT산업 연계: 규모경제 및 비교우위 실현
	사업	• 바세나르 협약의 전향적 검토 • IT회의 북한참여 지원 • 남북한 통신망 연계 및 산업표준 통일 논의 • 북한 IT인력교육센터 건립 • 지적재산권 협의 • 국제기구와 북한 IT기술 지원	• 평양 남북 IT단지 건설 • 한국에서 북한인력 교육 • 남북 위성방송 인터넷의 교류 • 한 · 중 · 일 공통의 문화콘텐츠 공동개발 • 동북아 역내 지적재산권 보호체계 구축 • 남북협력 중국시장 진출	• 남북 단일통화권 실현 • 남북한 IT산업 통합을 통한 규모의 경제, 비교우위 실현 • 동북아 IT공동체 형성
교통망 · 물류기지	목표	• 남북 철도 · 도로망 연계	• 남북 물류망 구축	• TSR · TCR · 역내 물류망 구축 • 남북 항운망 구축
	사업	• 철도/도로 연계 로드맵 작성(경제적 타당성 검토) • 남북 기술표준 통일 • 북한 지역 수송망 개보수 국제 컨소시엄 구성	• 물류단지 건설 (화물터미널/컨테이너 시설/보관 · 집배송 시설) • 수도권 북부지역 물류기지 건설	• 경제적 타당성 및 활용가능성 검토(사전작업) • 연도 국가에 대해 우리측 선결조건 제시, 재원조달을 위한 국제협력 • 남북 항운망 구축
에너지	목표	• 동북아 가스사업 남북협력 및 개성공단 에너지 공급	• 남북한 전력 협력	• 남북한 에너지 산업 공동발전 및 비교우위 개발
	사업	• 북한과의 공조 포함 로드맵 작성(북한 통과 또는 기타 협력방안 타당성의 평가) • 동북아 가스프로젝트 남북 공동대응 창구설치 • 남북합작 가스기업 설립 • 개성공단 1단계 사업을 위한 시범적 전력공급 (단지 내 전용 발전설비 제공)	• 동북아 전력망 연계계획 공동작성(사전조사) • 남북한 전력기술 표준 통일 • 북한 전력인프라 공동 개 · 보수 추진 • 남북한 전력계통 연계(개성공단 등 경협거점 전력 공급) • KEDO 원전 남북연계망 구축 추진	• 동북아 에너지시장 공동 진출을 위한 남북합작 정유소 건설 • 남북한의 동북아 에너지 허브화를 위한 연계사업 추진 • 남북한 에너지산업의 종합발전 추진

[표 Ⅶ-5] 계 속

부문/단계	구분	제 1단계 (북핵 문제 해결 합의도출)	제 2단계 (북핵 문제 해결)	제 3단계 (북한 경제체제 개혁 · 개방)
재원조달	목표	• 북한 경제특구 및 경협 거점 건설을 위한 재원조달	• 북한 경제 활성화, 남북경협 본격화, 재정 · 금융 재원조달	• 북한 경제의 순조로운 시장경제화를 위한 투자유치 및 재원조달
	사업	• 남북협력기금과 국제사회의 ODA를 활용하여 초기 인프라 건설 • 개성공단 건설을 위한 프로젝트 파이낸싱 추진 • 민간기업 참여유도를 위한 인센티브 제공	• 국제금융기구 공적/양허성 자금 활용 • 북한의 국제금융기구 가입 지원 • 북한 경제 재건 및 기술 지원을 위한 신탁기금의 확충 • 남북한 간 금융협력: 구매력 지원, 신용지원, 금융제도 구축 협력 • '동북아개발은행' 설립	• 북한개발지원기구 설립 • 일본의 배상금 활용 • 북한 지역 산업개발을 위한 대규모 민간 프로젝트 파이낸싱 추진 • 북한 국유기업의 매각 등 소유제도 전환에 따른 재원흐름 활용 • 북한 거시경제의 안정적 운영을 위한 남북협력

자료: 임양택(2011a).

① 개성공단

경제통합 단계에서 가장 중요한 것은 휴전선 근방 장단면에 '남북한 경제특구'를 건설하는 것이다.[47] UN공업개발기구(UNIDO)의 정의에 따르면 경제특구란 "어떤 한 국가가 투자기업에 대해서 일정한 우대조치를 부여함으로써 많은 국내외 기업들이 해당지역에 진출하도록 유인하기 위한 목적으로 특별히 선정한 공업단지지역"이다. '경제특구'(SEZ: *Special Economic Zone*)의 목적은 국가마다 나름대로의 구체적 우선순위에는 상호차이가 있을 수 있지만, 일반적으로 수출확대 및 수출다각화, 재정수입 증가, 고용증대 효과, 선진과학기술 및 경영관리 방법 도입, 국제수지개선 및 외자도입, 지역발전 등이다.[48] 최근에

47 접경지역의 협력사업은 동 · 서독의 교류협력에 크게 기여하였으며, 이것은 다시 도로, 철도 등 교통기반에 대한 투자를 유도하였으며 상호 간 경제적 이익을 창출하였고 낙후지역을 개발시켰다.

48 아시아생산성기구의 연구조사 결과에 따르면 아시아지역 국가들의 경제특구 설치 목적은 단기적으로는 재정수입의 증대와 고용기회 확대에 상대적으로 중요성을 두었으며, 장기적

는 사회주의 국가들(러시아, 동유럽, 베트남, 북한 등)이 체제전환을 위한 개혁·개방정책 수단으로 경제특구 전략이 적극적으로 도입되고 있다.

전형적인 예로서 중국의 경제특구 전략을 들 수 있다. 덩샤오핑은 경제특구의 목적을 '4개 창구', 즉 ①선진기술 도입창구, ②선진관리경험 도입창구, ③현대지식 도입창구, ④대외개방정책창구 역할 수행을 통하여 경제특구 자체의 공업화를 가속화시키고 그것을 중국 경제 전체에 확산시켜 나간다는 것으로 규정하였다. 따라서 중국의 경제특구 전략은 동 지역에 시장경제체제를 도입시킴으로써 그것을 사회주의 계획경제체제와 융합하게 하여 이른바 중국식 사회주의 시장경제체제를 구축하는 '경제체제개혁 실험장'으로서의 역할을 수행하는 것이다.[49] 또한, 중국은 경제특구를 홍콩·마카오의 주권을 회복하는 수단으로 활용하였으며, 나아가 타이완 통일전략을 위한 장기적인 포석으로 삼고 있다.[50]

그러나 북한의 경제특구 개발 목표는 전술한 중국의 경제특구 전략과 유사하면서도 다소 상이하다. 북한의 경우 경제특구는 경제적 차원에서 보면 외화획득, 부족한 국내 자본의 보완, 선진 기술 및 설비도입 등을 위한 수단으로서, 한편 정치적 차원에서 보면, 시장경제 기능을 북한 경제 전체에 급진적으로 적용할 경우 발생할 수 있는 거시경제적 불안정성과 체제붕괴 가능성을 제어하면서 북한이 시장경제로의 전환을 무리 없이 추진할 수 있는 적응기간을 제공하기 위한 제도적 장치이다.[51]

현재까지 북한이 추진한 경제특구는 신의주, 남포, 나진·선봉, 원산·함흥, 평양, 금강산, 개성 등의 경제특구를 들 수 있다. 그러나 나진·선봉 경

으로는 선진과학기술과 경영관리경험을 도입하여, 수출을 확대하고, 국내물자를 효과적으로 이용함으로써 경제를 발전시키는 것이다.

49 중국의 경제특구는 "레닌이 말한 바대로 자본주의의 자금, 기술 및 경영관리 경험을 이용한 사회주의 건설 이론에 관해 연구하고, 세계 각국에 설치된 자유무역구와 가공수출구의 경험을 빌려 중국 경제의 구체적 상황과 결합시킴으로써 '四個現代化'를 촉진시키기 위한 중국 사회주의 경제의 일종의 보충형식"으로 정의된다(〈中國經濟新聞〉, 1981. 6. 29).

50 산업연구원(1995).

51 임양택(1990; 1991).

제특구는 북한 당국의 시장경제에 대한 인식 및 경험 부족 등의 이유로 실패하고 말았다. 주요 실패요인으로서 ① 중앙정부의 과도한 행정적 관여, ② 지대 당국의 자율권 제한, ③ 매우 외진 곳에 위치함에 따라 지리적 불편으로 인한 출입의 제약, ④ 부족한 인프라, ⑤ 내부 경제와의 차단, ⑥ 국제사회의 불신, ⑦ 경직된 사회주의 체제적 운영 등을 들 수 있다.[52]

전술한 바와 같은 나진·선봉 경제특구의 실패 경험을 바탕으로 북한은 경제특구의 성공을 위해서는 우선적으로 남한을 지렛대로 활용할 수밖에 없음을 인식하고 개성공업지구 경제특구의 경우 협력대상이 남한임을 명시하고 있다.

북한은 최고인민회의 상임위원회 정령으로 2002년 11월 13일 개성공업지구를 지정하였고,[53] 동년 11월 20일 "개성공업지구법"을 채택하였다.[54] 위치는 개성시 및 판문군 평화리 일대이며, 면적은 총 2천만 평(공단 8백만 평, 배후도시 1천 2백만 평)이고, 3단계에 걸쳐 단계적으로 개발하기로 하였다.

남북경제협력추진위원회 제5차 회의(2003. 5. 23)에서 남과 북은 사업자 간에 합의되는 대로 동년 6월 하순에 개성공단 건설을 착공하였으며,[55] 개성공

52 북한은 1997년 여름 나진·선봉의 개발을 위하여 몇 가지 경제개혁조치를 취하는 등 적극성을 보였다. 예를 들면, 북한은 1997년 6월 '외화와 바꾼 돈표'의 폐지, 시장환율제도의 도입, 원정리에 조-중 공동시장 개설, 개인자영업 허용, 국영기업의 독립채산제 실시, 시장경제 교육을 위한 학교개설 등의 조치들이다. 그러나 곧이어 1997년 하반기부터 시작된 동아시아 외환위기로 투자유치에 어려움을 겪자 나진·선봉지역의 개발은 난관에 봉착하였다. 김정일 체제 출범 이후, 북한은 나진·선봉지대에 대하여 외형상 기존의 전향적 정책과는 상충되는 조치들을 취하였다. 북한은 이 지역을 나진·선봉자유경제무역지대에서 '자유'라는 글귀를 빼고 '경제무역지대'로 공식화했으며, 동 지대 내의 대형 서방기업 광고판을 철거했으며, 원정리 조-중 공동시장도 거의 폐쇄 상태에 있었다.

53 개성은 판문점에서 8㎞ 떨어진 국경도시이며 면적은 1,308.6㎢, 인구는 38만 명, 연평균 기온은 10.3℃(1월 평균: -5.9℃, 8월 평균: 24.7℃) 연평균 강수량은 1,300~1,400㎜이다.

54 개성공업지구법은 개성공업지구의 개발 및 관리, 기업 창설 및 운영, 분쟁해결 등을 5장 46조와 부칙 3개항으로 규정하고 있다.

55 2002년 8월 제7차 남북장관급회담 및 제2차 남북경제협력추진위원회의에서 '개성공단건설의 금년 내 착공'에 합의하였고, 2002년 12월 8일 열린 개성공단건설 실무접촉에서 2002년 12월 26~30일 중 착공키로 하였으나, 비무장지대 통행의 군사적 보장문제가 해결되지 못해 착공식이 연기되었다.

단이 국제적 경쟁력을 갖는 방향으로 개발되도록 적극 협력하기로 하였다. 개성공단에서는, 2009년 2월 말 현재, 101개 기업이 가동 중이며 약 4만 명의 북한 근로자와 1천 2백 명의 남한 근로자들이 함께 근무하고 있다. 2009년 1월 말까지 개성공단의 총생산액은 5억 4천 3백억 달러이며, 이 중에서 9천 8백만 달러어치가 수출되었다. 북한이 수령한 금액(토지 보상비, 근로자 노동 보수, 부속 식당의 수입금 포함)은 7천만 달러(약 1,050억 원) 정도이다.[56]

개성공업지구는 다음과 같은 장단점을 가진다. 우선 장점은 다음과 같다.

첫째 남한과의 지리적 인접성을 들 수 있다. 도로 교통은 판문점에서 8㎞ 떨어져 있어 남한에서 가장 접근이 용이한 지역이다. 따라서 남한 측 전력을 이용할 수 있으며, 남한 측의 수도권을 배후도시로 활용할 수 있다.

둘째 개성은 철도교통의 요충지이다. 개성은 경의선을 통해 사리원-평양-신의주와 연결되어 있고, 나아가 중국(TCR) 및 러시아(TSR)를 통해 유럽대륙까지 연결되어 있다. 또한 평산-세포청년 간의 청년이천선을 통해 동해안으로도 연결되어 있다. 물론 대부분이 단선으로 운행의 효율성을 위해서는 복선화 공사가 필요하며 이에 따른 비용과 시간을 고려해야 한다.

한편, 개성공업지구의 단점은 다음과 같다. 산업 기반기설과 사회간접자본 시설이 열악하다. 개성의 인구는 38만 명이며, 해주와 사리원의 인구를 합해도 1백만 명이다. 이는 평양·남포권(450만 명), 함흥·원산권(256만)과 비교해 상당히 적은 규모이다. 특히 평양 중심의 수도권이 아니기 때문에 노동인력의 교육 및 기술수준에서 단점을 가지고 있다. 설혹 수도권으로부터 해당인력들을 이주시킨다고 하더라고 노동력 관리 등에서 추가비용이 소요될 것으로 예상된다.

56 중앙일보(2009. 3. 16).

여기서 유의할 것은 다음과 같은 근본적 요인 때문에 개성공단이 발전의 한계를 가진다는 점이다. 즉, 미국의 1953년 "적성국 교역법", 1974년 "통상법", 1979년 "수출관리령"(EAR: *Export Administration Regulation*), WTO의 "원산지 규정"(제9조), 바세나르 협약과 같은 다자간 전략물자 수출통제 체제 등과 같은 제어장치로써 해외수출(특히 미국에)이 불가능하다. 미국 측이 개성공단의 발전을 환영하지 않는 이유는 남한 측의 북한 측 현금 지불이 핵무기 제조 비용으로 충당될 가능성을 염려하기 때문이다.[57]

[표 Ⅶ-6] 북한 경제특구의 비교

구 분	신의주 특별행정구	나진·선봉 경제무역지대	개성공업지구
위치	평북 북동부 중국 접경	함북 북동부 러시아 접경	개성시 및 판문점 평화리 일대
인구	34만 명	30만 명	40만 명
면적	132㎢	746㎢	66.1㎢(2천만 평)
지정일	2002년 9월	1991년 12월	2002년 11월
법적 근거	최고인민회의 상임위원회 정령 (신의주 특별행정구 기본법)	정무원 결정 84호	최고인민회의 상임위원회 정령 개성지구법
정치 제도	• 입법·사법·행정권 보장 • 토지임대기간 50년 보장, 자체적인 여권 발급 • 중앙정부가 임명하는 장관이 자율적으로 통치	• 무역성과 나선시 인민위원회가 통치하는 중앙정부 소속 행정기관 • 중앙정부 직접 통제하에 외국 자본 유치 노력	• 투자자의 권리 보호, 신변안전 보장 • 토지임대기간 임대증 발급 후 50년 연장가능 • 중앙정부 지정 관리기관
경제적 위치	• 서해 인접, 중국 교역에 유리 • 금융·유통·첨단과학기술·서비스업 예상	• 동해 인접, 러시아 교역에 유리 • 화학·철강 등 중공업 중심	• 서해 인접, 남북한 수도의 가운데에 위치, 남북접경지역에 위치 • 한국 시장에의 접근이 용이 • 위탁가공 중심에서 벗어나 직접투자로 이어질 가능성 높음

자료: 임양택(2005).

57 예를 들어 2004년의 경우, 북한은 개성공단 프로젝트로부터 약 1백억 달러의 이득을 보았을 것으로, 이 중에서 46억 달러는 현금으로 수령하였을 것으로, 이 중에서 7억 달러는 개성공단의 운용으로부터 취득한 것으로 각각 추정된다.

[표 Ⅶ-7] 미국 상무부의 수출관리령

• 미국산 제품이나 부품, 기술이 10% 이상 포함된 제품을 북한, 쿠바 등 특정 지역으로 재수출하고자 하는 경우 미국 정부의 허가 필요 • 수출금지령 위반 기업에 대해서는 미국 국내법에 따라 일정기간 미국 수출을 금지하는 등 제재 조치를 가함 • 북한 내 생산거점 운영을 위한 설비나 기술 이전 시에도 적용되므로 현지 진출 한국기업들에게는 상당한 부담으로 작용

자료: 임양택(2011a).

바세나르 협약은 과거 대공산권수출조정위원회(COCOM)의 해체(1994. 3. 31)에 이어 재래식 무기와 전략 물자 및 기술의 수출을 통제하기 위해 결성된 다국적 협의체이다.[58] 바세나르 협약의 설립 목적은 재래식 무기와 전략물자 및 기술의 국가 간 거래에 대한 정보를 상호교환하여 거래의 투명성을 높이고, 수출에 대한 책임을 부과하여 궁극적으로 세계평화와 안전을 위협하는 위험요소를 방지하며, 기존의 대량파괴무기 확산금지체제를 보강하기 위함이다. 다시 말하면, 바세나르 협약은 미사일기술통제체제(MTCR)와 같은 기존의 대량파괴무기 확산금지체제를 보완하여 재래식 무기와 전략물자 및 기술[59]의 수출을 통제하기 위한 다국적 합의체인 것이다. 수출통제대상 품목은 기술의 발전 추세와 각 회원국들의 정책수행 경험을 반영시켜 재조정하기 위하여 정기적으로 검토된다.[60]

58 1990년대 초 동서 간 냉전체제가 해체되면서 COCOM 회원국들은 동 수출통제 체제가 더 이상 변화된 국제정치 환경하에서 적합한 기준이 되지 못하게 되었다는 데 인식을 같이 하고, 새로운 체제의 필요성을 인식했다. 이에 따라 1993년 11월 16일 헤이그에서 개최된 17개 COCOM 회원국 고위급 대표회의에서 COCOM 해체와 새로운 다자간 체제 창설에 합의하였다.

59 수출통제대상 재래식 무기의 범위는 전투용 탱크, 중무장 차량, 대포, 군용항공기/무인비행체, 군사용 공격용 헬기, 전함, 미사일 또는 미사일 발사시스템이다.

60 세부 수출통제대상 품목은 '전략물자 및 기술 리스트와 군수품 리스트'에 명시되어 있다(www.wassenaar.org 참조). 전략물자 및 기술 리스트는 기본 리스트와 별도의 민감품목(*sensitive items*) 리스트 및 여기에 부속된 고민감품목(*very sensitive items*) 리스트로 구성되어 있다.

[표 Ⅶ-8] 관세의 측면에서 본 북한산 제품의 주요 시장 수출 여건

	對북한 수입규제	관세적용	GSP 혜택	단기수출여건
미국	수출입 시 미국 정부의 승인 필요	超 고세율 (Column 2 세율)	없음	사실상 불가능함 가격경쟁 절대 불리
일본	특별한 규제 없음	국정세율 적용, 협정 · 특혜세율보다 높음	없음	수출 가능하나 가격경쟁 불리
EU	특별한 규제 없음	협정세율 적용, 타 개도국은 GSP수혜	없음	수출 가능하나 가격경쟁 불리

주: 일반특혜관세제도(GSP: *Generalized System of Preferences*)는 선진국이 개도국으로부터 수입하는 제품에 대한 관세를 철폐하거나 세율을 인하해 주는 제도이다.

주지하다시피, 북한 경제의 회생을 가로막는 가장 큰 장애요인은 핵무기를 비롯한 북한의 대량살상무기로 야기된 북·미 간 갈등이다.[61] 미국은 북한의 대량살상무기를 동북아 평화, 나아가 세계평화를 위협하는 요소로 간주하는 반면에 북한은 이것을 체제유지 수단으로 삼고 있다.[62] 이러한 갈등 혹은 한반도 전쟁(비록 국지적이고 한시적이더라도) 발발 가능성이 상존하는 상황에서는, 북한이 아무리 매력적인 경제특구를 제시 혹은 개발하더라도, 북한의 경제난을 본질적으로 해결할 수 있을 만큼 충분한 외국 자본을 끌어들일 수 없다.

또한, 전략물자 수출통제체제[63]와 미국의 "수출관리령"은 북한 내 다양한 생산거점을 확보하는 데 크게 제약을 주고 있다. 전략물자 수출통제체제는 한국 정부의 책임하에 운영되는 사항인 반면 미국 상무부의 "수출관리령"엔 직접적인 제약 요인이 따른다. 개성공단 시범공단에 진출하는 15개 기업에 대한 사업승인 과정에서 "수출관리령" 저촉 여부를 판단하는 데만 3개월이 소요된다.

게다가 북한산 제품은 '원산지 규정'[64]에 의해 고율의 관세를 적용받기 때문

61 CSIS(국제전략문제연구소, 2002. 1. 30)는 북한이 수 개의 핵무기 생산을 위한 충분한 플루토늄을 영변 원자로 폐 핵연료봉에서 추출하였으며 수백 개의 탄도 미사일을 보유하고 있다고 분석하였다.

62 이와 같은 북·미 간 갈등을 해결하기 위하여, 제1차(2003. 8. 27), 제2차(2004. 2. 25), 제3차(2004. 6. 23) 북핵 6자회담이 개최되어 왔다.

63 전략물자 수출통제 체제는 다자간 전략물자 수출통제 체제로서 핵무기, 생화학무기 및 이들의 운반수단 및 이중용도 품목에 대한 국제적인 비확산 수출통제 체제를 의미한다.

에 해외시장 확대에 제약이 따른다. 개성공단 입주 기업의 제품은 남측이나 제3국의 원재료를 들어와 가공하는 형태이다. 북한의 내수 시장이 형성되지 않아 개성공단의 물품은 수출에 의존할 가능성이 높다. 이 경우, 개성공업지구에서 생산된 물품의 원산지가 북한으로 표기되면, 즉 한국산으로 인정받지 못한다면, 높은 관세로 인하여 미국 시장에의 수출은 거의 불가능하다. 상술하면 다음과 같다.

미국은 일반특혜관세제도(GSP: *Generalized System of Preference*) 대우를 받는 국가들에게는 'Column 1' 관세율을 적용하고, 적성국이나 WTO 미가입국에 대해서는 'Column 2'의 관세율을 적용하는데, 'Column 2'는 'Column 1'에 비해 최소 두 배에서 10배 이상의 높은 수준으로 이는 해당국의 수출을 거의 불가능하게 하는 금지관세적 성격을 띠고 있다. 예를 들어, 북한산 섬유류의 경우 약 80%의 관세율을 적용받는다.

따라서 북한산 제품 수출은 한국을 비롯하여 중국, 러시아 등 '원산지 규정'에 따른 불이익을 받지 않는 시장에 국한될 수밖에 없다. 한국산으로 인정을 받기 위해서는 한국에서 최종 가공하거나 한국 내 부가가치 생산이 전자제품 및 전자기계, 기계의 경우 각각 25%, 30%, 40% 이상이어야 가능하다. 다른 방법으로 남북거래를 동·서독과 같이 내국 간 거래로 인정받아야 하는데, 이는 현실적으로 한계가 있다.[65]

이번 한·미 FTA가 타결(2007. 4. 2)되었음에도 불구하고, 미국이 개성공단 제품을 한국산으로 인정함으로써 관세인하 혜택을 주는 문제는 일단 유보되었다.[66] 그 대신, 역외 가공지대(OPZ: *Offshore Production Zone*)의 위원회

64 '원산지 규정'은 WTO 규정 제9조에 규정되어 있는데, 제품의 생산공정 단계에 따라 각국별로 원산지를 다르게 판정하고 있어서 일률적인 기준을 제시하기는 힘들다. 북한산 제품이 수출될 경우 품목별로 생산공정에 따라 원산지가 달라지기 때문에 북한산 제품이 불이익을 받지 않으려면 품목별, 수출대상지역별 '원산지 규정'을 면밀히 검토해야 한다.

65 동·서독의 경우 GATT 1조의 적용을 배제하기 위해 회원국의 3/4 동의를 획득했으나, WTO 체제하에서는 그 사례가 없을 뿐만 아니라, 여러 나라와 협상을 개별적으로 해야 하는 어려움이 있다.

66 한국 정부는 "한국 기업이 북한의 역외가공지역에서 생산하면 무관세로 미국에 수출하는

를 만들어 논의하는 것으로 일단락되었다.[67]

OPZ는 지난 1987년 미국이 이스라엘과의 FTA를 확대하기 위하여 도입된 제도다. 요르단과 이집트의 특화산업단지(QIZ: *Qualifying Industrial Zone*)에서 이스라엘 기업이 생산한 제품은 '메이드 인 이스라엘'로 인정되었다. 그 이유는 요르단과 이집트가 모두 미국의 수교국이었기 때문이다. 한편, '한반도 OPZ 위원회'는 한반도 비핵화, 남북관계, 노동 환경기준 등 3가지를 OPZ 지정요건으로 제시하였다.

전술한 배경하에서, 우리는 대미관계 개선으로 국제금융기구 및 서방국들의 차관을 이용하여 시장환경 개선을 도모하고, 안정적인 수출시장을 확보하는 것이 개성공단 프로젝트의 활성화에 긴요함을 알 수 있다. 중국 및 베트남이 미국과의 관계 개선을 통하여 개혁·개방을 성공적으로 추진하고 있다는 점에 북한은 크게 유의할 필요가 있다.

북한의 핵무기를 비롯한 대량살상무기로 인한 북·미 간 갈등관계가 더욱 악화되고 남북한 관계가 정체상태로 빠져들고 국제사회로부터의 지원이 중단된다면 "합영법"(1984. 9)이나 나진·선봉 경제특구(1991. 12) 등의 실패와 같이 개성공단도 결국 실패하게 될 것이다.

이명박 정부는 출범 이후 '비핵·개방·3000'(나들섬 구상)을 내세우며 개성공단은 남북한 경제협력에서 후순위로 밀렸다. 이러한 대북정책에 대하여 북한은 노골적인 불만을 표출했다. 그리고 이명박 정부 출범 이후 남북관계는 지속적으로 경색되어 2007년 "10·4 남북공동선언"에서 양국 정상 간에 합의한 남북경제협력사업[68]은 대부분 중단된 상태이다. 2008년 7월 북한군의 발포로

시스템을 인정받은 것"이라는 확대 유권해석을 내렸다. 이에 대해 카란 바티아 미 무역대표부 부대표는 즉시 "개성공단 제품의 한국산 인정이라는 일부 언론보도는 잘못됐으며 이번 FTA 합의에 따라 북한에서 만들어진 상품을 미국에 수출하도록 허용한다는 조항은 없다. 단, 역외가공지대 문제를 논의하는 위원회를 만든다는 내용이 들어 있다"고 강한 반론을 제기하였다.

67 한국 정부는 개성공단의 특혜관세 부여를 통해 남북경협을 활성화하는 한편, 북·미 간 화해의 돌파구를 마련한다는 것이 복안이었기 때문에 빌트-인 방식보다는 OPZ 제도를 도입한 것을 FTA 협상에서 성공으로 평가하였다.

[표 Ⅶ-9] 중국 및 베트남의 대미 관계 개선

1. 중국의 대미 관계 개선

- 중국은 개혁개방 추진 이전인 1972년 미국과의 수료를 추진함으로써 외자유입의 길을 열어 놓았다.
  - 미국과의 수교를 계기로 서방국가들과의 관계 개선을 적극 추진했으며, 서방국들은 중국의 막대한 내수시장을 겨냥해 대(對)중국 관계를 적극적으로 개선하였다.
  - 개혁개방 초기인 1980년대에 중국에 유입된 외자 가운데 60% 이상이 미국 및 서방 선진국으로부터의 차관이었다.

2. 베트남의 대미 관계 개선

- 베트남은 1986년 '도이모이'(쇄신)를 추진했지만, 미국과의 관계 개선이 시작된 1990년 이후에 외자유입이 본격화되었다.
  - 1989년 베트남군의 캄보디아 철수를 계기로 미국과의 대화가 재개된 이후 1998년까지 약 60억 달러 규모의 외자가 유입되었다.
- 미국이 IMF의 對베트남 자금융자 재개를 허용하면서 외자유입이 증가하였다.
  - 2005년 6월 베트남 최고위직으로는 처음으로 판 반 카이 총리가 워싱턴을 방문하여 베트남의 WTO 가입을 위하여 미국의 지지를 호소하였다.

자료: 임양택(2011a)

금강산 관광객 피살사건이 발생하면서 금강산 관광이 무기한 중단되면서 남북한 간 경색 분위기는 가중되었다. 또한 2008년 3월 19일, 당시 김하중 통일부 장관의 북핵 문제와 개성공단 2단계 연계개발 등에 관한 발언에 대해 북한은 동년 3월 27일 개성공단 경협사무소의 한국 정부 관계자 11명의 철수를 지시하는 등 최근의 대북정책에 크게 반발하였다.

여기서 유의할 것은, 북한 경제특구의 개발을 위한 기본 방향은 북한의 경제발전 및 남한의 경쟁력 제고를 위한 연결고리 내지 산업집적지(클러스터)로서 기능할 수 있도록 해야 한다는 점이다. 이를 위한 구체적 추진전략은 다음과 같다.

---

68 서해평화협력특별지대(해주경제특구 건설, 해주항 개발) 설치, 조선협력단지(남포, 안변) 건설, SOC 연결(개성-신의주 철도, 개성-평양 고속도로), 백두산 관광 실시, 개성공단 2단계 개발 착수를 말한다.

① 개성공단과 금강산 관광특구를 남북한 경제협력 거점으로 우선적으로 집중 개발한다. 그 다음, 신의주 경제특구와 나진·선봉 경제특구로 진출하며, 다시 평양·남포지역을 첨단기술산업을 중심으로 특성화하고 북한의 개혁·개방작업이 본격적으로 추진될 경우 북한 지역경제의 중추권역으로 육성한 후, 원산·청진지역을 개발하여 평양과 연결하는 북부내륙을 개발한다.

현재 평양지역의 주요 기업은 만경대공작기계, 평양정밀기계공장, 평양자동차공장, 김종태전기기관차공장, 평양탄광기계공장, 평양종합방직, 모란봉합영회사 등이며, 이들의 업종은 공작기계, 정밀기계, 버스, 지프, 기관차, 탄광기계, 방직, 의류 등이다.

남포지역의 주요기업은 대안중기계, 금성트랙터공장 등이며, 이들의 업종은 일반기계(북한 제1의 농업기계공장)와 농업기계이다. 한편, 원산·청진지역의 주요 기업은 원산철도공장(화차, 객차), 김책제출연합기업소(북한 제1의 종합제철소), 청진철도공장(화차, 객차), 청진화학섬유(섬유) 등이 있다.

- 신의주 지역은 물류단지와 경공업 수출단지로 중점 개발하고 중국 단둥 지구와 연계함으로써 동북 3성을 비롯하여 중국 경제와의 협력창구로서 대외개방의 거점으로 육성한다. 신의주 지역의 주요 기업으로서는 낙원기계(일반기계), 신의주화학섬유공장(섬유), 신의주모방직(섬유) 등을 들 수 있다.

  중국 동북 3성의 역사·문화·관광자원과 한반도의 자연자원을 연계한 종합관광 개발여건은 양호하다. 그리고 압록강과 두만강의 수자원을 공동 활용할 수 있다. 중국은 압록강 주변의 단동 시, 집안 시, 두만강 주변의 훈춘을 비롯하여 도문, 장백 등 11개 국경도시를 무역도시로 개방하고, 훈춘시를 경제특구로 지정하였다.

- 나진·선봉지역은 경공업 및 관광 중심으로 개발하고 러시아 진출을 위한 국제무역기지로 육성한다. 동 지역은 기존의 제철, 제강, 기계화학 등 중공업과 함께 러시아의 원료를 들여와 가공하여 대외 수출할

수 있는 경공업 및 첨단산업 육성의 적지로 평가된다.

② 장단면 남북한 경제특구의 건설 · 운용

저자는 휴전선 근방 '장단면 남북한 경제특구' 건설을 역사상 최초로 1990년 2월 한국경제학회에서 발표하였고, 이어서 발표한 논문 "남북한 경제특구의 개발전략에 관한 연구"를 한국경제학회의 〈경제학연구〉에 게재했으며,[69] 그 이후 18편의 국내 논문 및 저서와 8편의 해외 논문 및 저서를 일관성 있게 발표했다. 이러한 배경하에서, 저자는 이 저서를 통해 '남북한 경제특구'의 적정 지역으로서 휴전선 근방 남한 지역 내의 장단면을 다시 한 번 더 제안한다.[70]

[그림 Ⅶ-5] '남북한 경제특구'와 '동북아 평화시'

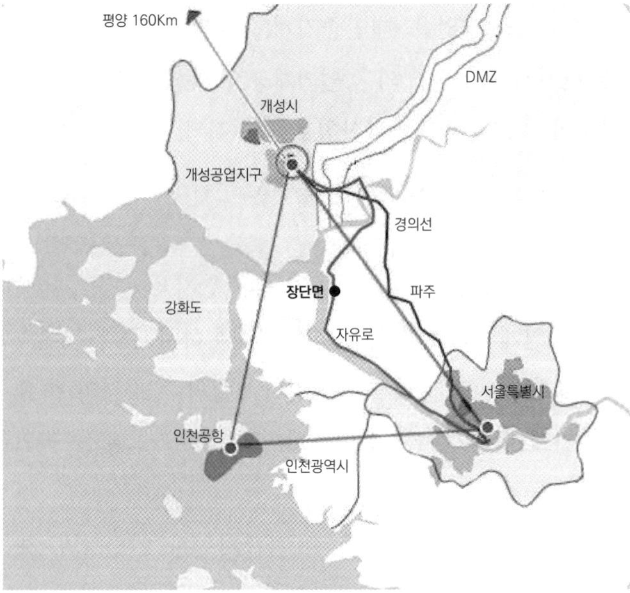

자료: 임양택(2007e).

69 임양택(1991b).

70 동 · 서독의 교류 협력에 큰 역할을 한 것은 바로 접경지역의 협력사업이었다. 동 · 서독은 기본조약(1972)에 의해 국경위원회를 설치하여 1973년 9월 국경지역에서 홍수, 화재, 산사태, 전염병, 병충해 발생, 환경오염 등에 대하여 밀접한 정보교환 체계를 구축하여 공동으로 대응하고 지하자원도 공동으로 관리하기로 합의하였다. 이러한 접경지역의 교류협력이 도로, 철도 등 교통기반에 대한 투자를 유도하였으며, 이것은 다시 상호 간의 경제적 이익을 창출하였고 또한 낙후지역을 개발시켰다.

경제특구의 유형은 추구하는 기능적 목표에 따라 무역형, 공업과 무역을 결합시킨 공업·무역형, 과학기술개발을 위한 과학기술형, 다목적성의 종합형 등으로 나누어 볼 수 있지만,[71] 저자가 주창하는 '장단면' 남북한 경제특구는 공업·무역형 경제특구이다. 경제특구 내 경제발전의 성과를 극대화하기 위해 비교적 단기간 내 효과를 발휘할 수 있는 산업 분야를 선정하여, 이를 최우선적으로 육성함이 바람직할 것이다.

① 남북한 산업협력의 유망대상 분야는 남한이 1960~1970년대 추진했던 것처럼 노동집약적 분야(섬유, 의류, 신발, 가죽, 가방, 완구, 목재, 제지, 출판, 인쇄 등)와 경공업 분야(전기·전자 제품조립 등)이다. 중·장기적으로 유망한 품목은 북한 내수 시장이 발전할 가능성을 고려해 음식료품을 비롯하여 TV 등 가전제품, 자전거, 시계, 카메라, 재봉틀, 화장품, 카세트, 주방기기와 같은 내구재 등이다.

② 북한의 광물자원(철, 금, 은, 동, 연, 아연, 니켈, 티타늄, 석탄, 중석, 석회석, 흑연, 고령토, 마그네사이트 등) 중에서 석탄을 비롯한, 경제성이 높은 에너지 자원을 공동개발함으로써 북한의 대형 발전소(수풍댐, 북창화력발전소, 동평양 화력발전소 등)를 정상적으로 가동시키고, 남한 기업이 진출하는 북한 경제특구의 공단용 발전소를 건설한다.

③ 산업구조조정 차원에서 자동차, 철강·금속, 전기·전자기기, 정보통신(IT), 조선 등 선도산업 분야에서의 협력이 북한 경제발전에 지대한 역할을 할 수 있을 것이다.

- 자동차 분야에서는 북한의 초기 기술수준을 감안하여 자동차 부품 중에서 위탁생산이 가능한 저(低)기술 분야의 협력을 추진한다. 또한, 자동차용 배터리, 시트 제작, 범퍼 도장 등 중(中)기술 수준의 부품

71 오용석(1995).

생산협력과 중소형 승용차의 조립 생산을 추진한다.

- 철강·금속 분야에서는 남한에서 가격경쟁력이 약화된 조강류 설비를 북한으로 이전하여 남한 내 제품 구조를 고부가가치화한다. 장기적으로는 북한 내 제철소 설비를 현대화함으로써 남한이 수입에 의존하는 기초원료, 강판제품, 핫코일 등을 생산한다.
- 전기·전자기기 분야의 경우, 임가공 협력을 통한 컴퓨터, 반도체 및 TV와 같은 노동 집약적 가전제품을 생산한다.
- 조선 분야에서는 북한의 유휴 노동력을 활용할 수 있는 선박 해체에서 선박용 엔진과 같은 고급 산업용 기계 생산 분야에서 협력을 각각 추진한다.

④ 정보통신(IT) 분야는 북한이 향후 자체적인 연구개발이나 대외협력을 통한 개발에 가장 주력할 것으로 예상되는 분야이다. 북한은 정보기술산업을 경제회복의 '단번도약'을 위한 성장전략산업으로 설정[72]하고 남한·일본·중국 등의 세계 10여 개 업체와 소프트웨어 합작개발 사업을 추진하고 있다.

초기 협력단계에서는 북한 소프트웨어 산업을 육성을 위한 협력을 강화한다. 남한의 자본 및 기술 및 북한의 노동력을 동원하여 게임 및 애니메이션 등 부담이 상대적으로 적고 부가가치가 큰 분야의 남북한 공동개발사업을 추진한다. 하드웨어 분야에서는 컴퓨터, 컴퓨터 주변기기 등을 중심으로 인쇄회로기판, 반도체 부품, 교환기, 광케이블 등 다양한 사업을 임가공 사업을 추진한다.

중기적으로는 무선통신 서비스 사업이나 정보통신 분야의 단순 설계용역 분야의 협력을, 중·장기적으로는 첨단 통신장비 생산을 위한 협력을, 장기적으로는 초기 남북한 정보 인프라 구축 차원에서 북한의 유선 통신

72 북한의 과학기술 분야에 대한 강조는 "21세기 정보산업의 시대"(중방정론, 2001. 5. 19), "우리는 과학기술을 국력의 기초로 삼고 있으며, 사회주의의 운명을 좌우하는 중대사로 간주하고 있다"(〈노동신문〉, 2002. 5. 21) 등에서 알 수 있다.

망과 무선 통신시스템 구축 등 북한의 통신망 현대화 사업에 참여하고, 초고속 정보통신망의 구축 및 서비스를 제공할 수 있는 분야의 협력을 각각 추진한다. 이러한 결정단계를 경유하면, 인터넷 분야에서 교류협력사업이 확대될 수 있을 것이다.

나아가 신규 통신서비스의 도입·확산을 추진하고 이동전화 국제로밍 지역을 확대하는 등 통신서비스 이용 환경을 조성한다. 즉, 이동통신, 초고속 인터넷 분야에서 IT 표준화 협력을 추진하여 동북아 통신망의 허브로 발전시킨다. 이를 위해서는, 무엇보다도 글로벌 경쟁력을 갖춘 고급의 인재를 양성해야 할 것이다.

한국산업은행은 독일 재건은행(KfW: Kreditanstalt fűr Wideraufbau)처럼 남북경협 차원에서 이미 개성공단 진출 기업에 자금지원을 하였지만, 그 대상은 개성공단이었지, 남한 지역 내의 남북한 경제특구는 아니었다.

참고로, 독일 재건은행을 들 수 있다. 동 은행은 1980년대까지 서독의 산업발전을 지원하였고, 1990년대에는 독일 통일 이후 독일 연방정부를 대신해 옛 동독 부채승계와 청산을 담당하였으며, 동독 지역경제 개발 프로젝트를 주도하였고, 2002년에는 한국의 기업은행과 유사한 중소기업대출은행(DfA)을 흡수·통합해 중소기업 자금지원 기능을 수행하였다.

여기서 유의할 것은 만약 한국 정부가 저자의 제안을 받아들여 '장단면 남북한 경제특구'를 설치·운용했더라면 바세나르 협정과 같은 다자간 전략물자 수출통제 체제, 미국의 1979년 "수출관리령", WTO의 '원산지 규정'[73] 등에 대한 미국의 승인 문제는 원초적으로 제기될 수가 없었을 것이라는 점이다.

또한 북한도 지난 유훈통치기간(1994. 7~1997. 10) 동안 "뼈를 에는 듯한 상실의 아픔 속에서 피눈물의 언덕을 넘은 시기"(1995~1997년 '고난의 행군' 시기)를 경험하지 않을 수도 있었을 것이다. 북한에서 대량 아사자는 주로 1994

73 국가 간에 교역되는 상품의 국적을 판정하고 확인하는 법령이나 규칙을 '원산지 규정'이라고 부른다. FTA를 체결하는 당사국은 상대방 국가에서 수출된 상품 중에 그 나라가 원산지로 인정되는 경우에만 무(無)관세 또는 저(低)관세 혜택을 주게 된다.

~2000년에 발생했으며 특히 '고난의 행군' 시기에 극심했던 것으로 알려지고 있다.

한국농촌경제연구원은 북한의 연간 최저 곡물수요량(순수 식용식량 및 사료, 가공, 종자, 기타 용도 등)을 520만 톤 내외로 평가하고 있다. 이 기준에 따르더라도 2008년도 식량부족량은 약 49~150만 톤에 달하고 있다고 한다.

따라서 장단면 '남북한 경제특구'를 통하여, 남한 측은 국내 중소기업의 '산업 재배지'로써 경쟁력을 회복할 수 있으며, 북한 측은 개성공단뿐만 아니라 휴전선 근방 장단면 '남북한 경제특구'에도 통근버스로써 노동력을 공급할 수 있다. 여기서 제조되는 모든 상품은 메이드-인-코리아(Made-in-Korea)로서 대외 수출하는 데 아무런 문제가 없다. 왜냐하면 개성공단이 발전의 한계를 갖는 근본적 요인으로 전술한 제도적 장치에 의해 개성공단에서의 제조 상품들은 해외수출(특히 미국에게)이 불가능하기 때문이다.

③ 파주 통일경제특구의 구상

'파주 통일경제특구' 구상은 2005년 2월 임태희 한나라당 정책위의장(당시)과 류화선 파주시장이 '남북경제특구'라는 이름으로 처음 공동제안한 개념이다. 그리고 2006년 2월 3일 임태희 의원(경기 성남 분당을)의 주도 아래 여야 의원 100명이 서명한 한반도 경제공동체 건설을 위한 "통일경제특별구역의 지정 및 운영에 관한 법률"(약칭 '통일경제특구법')을 발의했다. 그러나 그 후 별다른 진전을 보이지 못했다.

파주 통일경제특구 구상이 처음 공개됐을 때 제2, 제3의 개성공단을 조성해 개성공단 쪽을 키운다는 당시 정부의 정책방향과 상당히 달라 주목을 받았다.[74] 상기의 법안에 따르면, 정부는 대통령 직속으로 '통일경제특별구역위원회'를 두고 개성공단에 상응하는 '통일경제특구'를 경기도 파주시 일대에 설치

---

74 임태희 의원은 "통일경제특구를 만들어 개성공단에서 일하는 북한 주민들이 이곳에서도 살고, 이곳에서 일하는 기업인·근로자들이 개성에 가서도 일할 수 있게 하자는 취지"라면서 "통일경제특구는 북한이 세계로 진출하는 발판이 되고 통일에 대비하는 것은 물론 평화를 정착시킨다는 의미도 있다"고 강조했다(〈파이낸셜뉴스〉, 2008. 9. 10).

하되 각종 규제를 일괄 배제하는 독립적인 자유경제 지대로 운영하도록 했다. 이는 중국이 지난 1980년대에 선전, 주하이 등 경제특구를 통해 개혁·개방을 성공적으로 완수한 모델을 벤치마킹한 것이다.

[그림 Ⅶ-6] 파주 LCD 산업단지의 위치

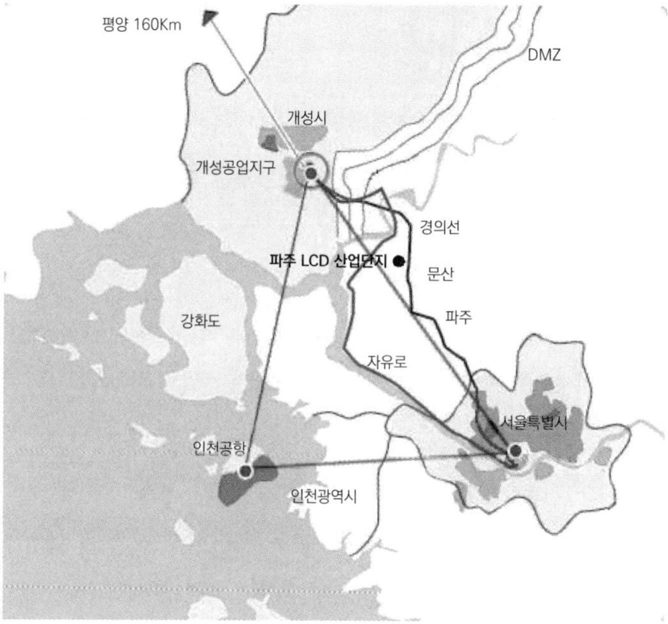

[표 Ⅶ-10] 파주 LCD 산업단지 개요

	파주 LCD 산업단지	월롱지구	문산지구		합계
			당동지구	선유지구	
사업기간	2003. 7~ 2007. 12	2008. 3~ 2010. 12	2004. 11~ 2008. 12	2008. 3~ 2010. 12	
개발면적	1,120천 ㎡	840천 ㎡	641천 ㎡	1,313천 ㎡	3,914천 ㎡
사업비	3,313억 원	2,534억 원	2,593억 원	3,107억 원	11,547억 원
입주기업	LG디스플레이, 희성전자, 한국SMI, 대성산업가스	LG전자, LG화학 LG이노텍, LG마이크론	외국 첨단 제조업체 유치	국내 협력업체 유치	

개성공단의 확대 개발은 군사분계선에서 10㎞, 개성공단과는 불과 19㎞ 떨어진 곳에 위치한 파주 LCD 산업단지와의 연계개발이 필요하다.

파주시 월롱·탄현면에 조성된 파주 LCD 산업단지는 LG디스플레이[75]의 월롱지구, 협력업체의 문산지구로 구성되어 있으며, 문산지구는 다시 외국인투자기업 협력단지인 당동지구, 국내기업의 협력단지인 선유지구로 구분되어 있다.

④ 남북한 경제협력사업

남북한이 경제적 측면에서 공동으로 추진할 수 있는 협력사업으로 3가지, 즉 ① 북한 농업의 공동개발, ② 수산업 분야의 남북한 협력, ③ 북한 광물자원의 공동개발을 들 수 있다.

첫째 북한 농업의 공동개발사업이다. 우선적으로 제1차 남북농업협력위원회(2005)와 2007년 남북정상회담의 '남북농업협력 선언'은 북한의 협동농장 선정, 육묘시설, 비료, 농약, 농기계 등 농기자재, 배합사료, 종자 생산과 가공시설, 우량 유전자원 교환, 육종 및 재배기술 협력, 생물농약 개발·생산, 종합적 병해충 관리체계 확립, 산림녹화를 위한 양묘장 조성, 산림병해충 방제 협력, 축산, 채소 등 농업 분야의 다양한 협력사업을 발굴 및 추진하기로 하였다.

따라서 2007년 '남북농업협력 선언'에 의거하여 적정한 농지, 예를 들면 러시아 제3의 도시 니즈니노보고르드 인근 농업지역(모스크바에서 동쪽으로 450 ㎞ 떨어진)에서 남북한 및 러시아가 농업의 공동개발사업을 추진함이 현실적으로 가장 바람직할 것이다. 이곳은 외국인이 농지를 소유하는 것은 금지되어 있지만 농지를 임대하거나 러시아 기업과 공동 생산하는 것은 환영받고 있다. 다행히, 농업 분야 진출을 선언한 현대중공업이 러시아의 세계적 천연가스기업인 가스프롬의 농

75 LG-필립스 LCD는 LG와 필립스의 전략적 제휴관계 종료에 따라 주주총회(2008. 2. 29)에서 LG디스플레이(주)로 사명을 변경하였다.

[그림 Ⅶ-7] 러시아 식량기지 후보지

자료: 중앙일보(2009. 9. 11).

업 부문 자회사와 합작회사를 설립해[76] 러시아 현지에서 대규모 농장을 운영할 계획인 것으로 알려졌다.[77]

현대중공업은 니즈니노보고로드 지역에선 밀과 보리 등의 곡물을, 아스트라한 지역에선 사과, 토마토, 수박, 멜론 등의 과일을, 크라스노다르 지역에선 밀과 보리, 해바라기 등을 생산해 우선적으로 러시아 시장에 공급한다는 구상이다.

그러나 북한 노동력을 러시아 현지농장 운영에 끌어들이고, 여기서 생산된 곡물을 빈 컨테이너로 모스크바에서 극동으로 돌아오는 시베

76 가스프롬이 주력 분야인 석유·가스 생산 및 운송을 제외한 다른 사업 부문을 정리하는 계획을 추진하면서 농업 부문 자회사들이 위기 상황에 처함에 따라 이 분야에 대한 외국의 투자를 절실히 필요로 한다.

77 상기의 계획은 현대중공업 고위 경영진이 국회 식량·에너지 조사단(단장 정병국 한나라당 의원)과 함께 2008년 7월 30일부터 1주일 동안 러시아 중·남부 해외 식량 기지 후보 지역을 답사하면서 밝힌 내용이다. 현대중공업은 합작회사를 통해 '가스아그로토르그'가 소유하거나 장기 임대하는 러시아 중부 니즈니노보고로드와 남부 아스트라한, 크라스노다르 등 3개 지역의 157,000ha(약 1,570㎢) 농지를 공동 경작할 계획이다. 제주도 면적과 비슷하고 서해안 새만금 간척지의 4배나 되는 크기다. 현대중공업은 러시아 측과 49:51의 비율로 지분투자를 해 합작회사를 설립할 계획이다.

리아 횡단열차를 이용해 북한으로 운송하는 방안도 검토할 수 있을 것이다.

둘째 수산업 분야의 남북한 협력이다. 남북수산협력실무협의회(2005. 7. 25~27) 후속 작업으로서 ①서해수역에서의 공동어로사업 추진, ②서해상의 제3국 불법어선 조업방지, ③수산물 생산·가공·유통 분야의 협력, ④ 수산 분야 기술교류협력, ⑤우량품종 개발의 공동추진, ⑥ 제3국 어장진출을 위한 협력을 들 수 있다. 그리고 '서해평화협력지대'(해주경제특구 건설, 해주항 개발)를 설치하기 위하여 직항로 개설, 해주항 이용, 해주경제특구건설, 한강하구 이용을 합의하였으며, 한강하구 개발 추진 여건을 조성하기 위하여 담수호 조성, 산업용수 생산, 간석지 매립산업용지 확보 등을 합의하였다.

셋째 북한 광물자원의 공동개발사업이다. 북한은 국토에 약 80%에 광물자원이 분포돼 있고 당장 상업화가 가능한 광물만 20여 종에 이르며, 그 대부분이 남한이 100% 수입에 의존하는 광물이다. 예로서 북한은 마그네사이트(40억 톤)의 경우 세계 2위, 흑연(2백만 톤)의 경우 세계 3위의 매장량을 각각 보유하고 있다. 특히, 북한의 마그네사이트, 무연탄, 유연탄, 아연, 동, 철, 고령토 등의 가치는 한국광물자원공사에 의하면 3,719조 원(2006년 기준)으로 남한(206조 원)의 18배에 달하며 최근 원자재값 폭등을 감안하면 이러한 북한의 광물자원의 현재 가치는 4천조 원을 능가할 것으로 추정된다. 2007년 기준으로, 남한이 북한산 광산물의 수입액은 1억 2,079만 달러이다.

남북교류협력지원협회는 고무·비누·설탕 등 경공업 제품 8천만 달러어치를 제공하고, 북한 한국에게 광산개발 협상우선권을 받아 현재 함경남도 단천에 마그네사이트와 아연광산 세 곳에 대한 조사를 진행 중이다.

[표 Ⅶ-11] 남북한 광물 매장량 및 잠재가치

	북 한	남 한
마그네사이트	40억 톤(917조 원)	0
무연탄	45억 톤(340조 원)	13.7억 톤(103조 원)
유연탄	160억 톤(1,007조 원)	0
아연	2,110만 톤(86조 원)	56만 톤(2조 원)
동	290만 톤(17조 원)	5만 톤(0.3조 원)
철	50억 톤(176조 원)	2천만 톤(7,058억 원)
고령토	2백만 톤(317억 원)	8,827만 톤(1.4조 원)

자료: 남북교류협력지원협회, 조선일보(2008. 5. 24).

3) 제 3단계: 사회통합

사회통합(*social integration*)은 지난 50여 년 동안 이질적인 체제 속에서 형성된 자본주의 문화와 사회주의 문화를 복지사회의 틀 속에 융합시킴과 동시에 각종 사회제도(예로서, 재산권, 사법제도, 행정제도, 교육제도 등)를 통합하고 사회보장제도(의료, 연금, 산업재해보험 등)를 확충하는 것이다.

'사회통합' 단계(1경제체제·사회복지제도, 2개 정치제도, 1국가연합·1중앙정부·2개 지역 '독립'정부)는 국가 연합(*confederation*)을 의미하는데, 이는 2개 또는 그 이상의 독립된 국가가 어떤 목적에 합의해 조약을 맺고 행동통일을 취하는 형태를 말한다. 이 경우, 남북한의 2개 '지역'정부는 독립정부이다. 국가연합의 대표적인 예로서, 소련 해체 이후 오늘날의 독립국가연합(CIS: 11개국)과 유럽연합(EU: 28개국)을 들 수 있다.[78]

남북한 사회통합에서 가장 중요한 것은 양측의 사회보장제도를 통합하는 것이다. 남북한 주민의 삶의 질을 제도적 차원에서 결정하는 사회보장제도의 통

78 보다 넓은 의미에서 보면, 제 1차 세계대전 당시 영국, 프랑스, 이탈리아, 미국, 일본 등 연합국(12개국), 제 2차 세계대전 당시 미국, 영국, 프랑스, 소련, 중국 등 연합국(49개국) 등도 '국가연합'으로 볼 수 있지만 이것은 국가연합이라기보다는 한시적인 상황에서 전쟁수행이라는 특정한 목적을 위하여 결성된 국가동맹체제인 것이다.

합은 실질적인 의미에서 경제통합보다 더 중요하다고 말할 수 있다.

급작스런 통일이 이루어졌을 경우, 북한 지역에서의 대량실업 사태와 북한으로부터 남한으로의 급격한 인구이동에 따른 혼란, 그리고 이에 따른 북한 지역 노동력의 고갈, 북한 주민의 최저생활보장, 의료 수요 등과 같은 사회적 욕구가 분출할 것이다. 이러한 사회적 혼란상태는 통일 자체의 정당성을 무너뜨릴 수 있을 것이다.

설혹, 북한의 체제전환이 순조롭게 이루어진다고 가정하더라도, 대규모의 실업사태가 발생할 경우, 영양상태가 매우 좋지 않고 유아 및 산모의 사망률이 매우 높기 때문에 북한 주민의 의료수요가 분출할 것이며, 이에 따른 사회보장지출이 폭증할 것이다.

또한, 북한 지역에 대한 투자가 활성화되어 감에 따라 새로운 산업기술에 익숙하지 않기 때문에 북한 지역 노동자들의 산업재해가 빈번할 것이다. 현재 북한 지역 노동자는 매우 낮은 임금을 받고 일한다. 노동자의 임금수준에 비례하여 부과하는 보험금으로써는 북한 주민의 복지요구를 도저히 감당할 수 없을 것이다. 따라서 사회보장 재정의 파탄 가능성은 명약관화하다.

만약 남한 주민이 남한 자체의 복지재정 위기로 인하여 북한 주민의 사회보장에 대한 재정보조를 할 수 없다면, 북한 주민들은 사회보장의 수준이 월등히 높은 남한 지역으로 이주하려는 엑소더스가 벌어질 것이다. 따라서 남한은 남한 지역 자체의 안전을 위해서라도 남북한 간의 사회보험 지급수준 차이만큼 보조금을 지급함으로써 북한 주민의 남한 지역에로의 이주를 억제해야 할 것이다.

그러므로 가장 합리적인 해결방안은 북한 지역에 남한의 중견 혹은 중소기업들이 대거 북한 지역에서 사업장을 열어 북한 노동자들에게 많은 직장을 제공하는 것이다. 이로써, 북한 주민의 최저 생활수준을 보장할 수 있을 뿐만 아니라 국민연금 보험료와 건강보험료를 부과할 수 있을 것이다. 그만큼 북한 주민 사회보장에 대한 남한 주민의 보조금이 줄어들 수 있을 것이다.

상기의 기대효과를 더욱 높이기 위해서는, 북한 지역에 이주 혹은 투자하는 남한 기업의 법인세율을 인하하는 것이 필요하다. 이를 통하여 남한 기업의 대북투자를 촉진하여 북한 내 고용을 창출함으로써 북한 주민이 남한 지역으로 이주하고 싶은 욕구가 크게 감소할 것으로 기대된다.

4) 제 4단계: 군사통합

군사통합(*military integration*)이 필요한 이유는 남북 예멘의 통일(1990. 5) 과정에서 야기되었던 군사적 충돌이 남북한 통일 과정에서 발발하지 않도록 제어하고 남북한 군사력을 가칭 '동북아안보협력회의'(CECNEA)에 의거하여 축소 조정함으로써 막대한 군사비 지출의 상당한 부분을 통일민족국가의 사회경제 발전에 충당함과 동시에 동북아 평화에 기여하기 위함이다.[79] 군사통합을 성공적으로 추진하기 위해서는 다음과 같은 협정들이 반드시 수행되어야 한다.

① 남북한과 미국이 '군사적 신뢰구축 조치(CBMs: *Confidence Building Measures*)와 무력배치에 관한 3자 협정'을 체결한다.
② 1953년 정전협정하에서 군사정전위원회와 중립국감독위원회가 감시・감독의 기능을 수행했듯이, 1992년 2월 19일 발효된 "화해와 불가침 및 교류・협력에 관한 합의서"에서 명시된 '군사위원회'를 실제로 설치・상주시켜, 한반도 비핵화, 상기한 군사적 신뢰구축 조치, 무력 재배치 및 군비감축의 성실한 수행을 독려 및 사후 감시하도록 한다.
③ 1992년 2월 19일 발효된 "화해와 불가침 및 교류・협력에 관한 합의서"와 2000년 6・15 남북정상회담의 내용과 관련된 각종 군사적 신뢰구축 조치

---

79 저자는 '자유지성 300인회'에서 발표할 기회(2008. 2. 1)를 가졌는데, '자유지성 300인회'의 회원들 중에서 과거 고위 외교관(大使 등)으로서 봉직하였던 인사들로부터 군사통합은 정치통합에 선행되어야 한다는 논평과 충고를 받았다. 저자의 본래 의도는 남・북 예멘의 통일(1990. 5) 과정에서 정치통합은 이루어졌지만 군사통합을 마무리하지 않았던 실수로 인하여 결국 군사적 충돌이 야기되었던 비극을 남북한 통일의 경우에서는 반복되지 않도록 하기 위하여, 군사통합을 최종적인 통일작업으로서 추가하였던 것이다. 그 이후 저자는 그분들의 논평과 충고: '선(先) 군사통합・후(後) 정치통합'을 겸허히 수용했다. 이 기회를 빌려, 그분들에게 감사와 존경을 표한다.

(대규모 부대이동과 군사훈련의 통제, DMZ의 평화적 이용, 군사정보와 인사교류, 대량살상무기와 공력능력 제거를 비롯한 단계적 군축, 검증 등)를 확인·실시한다.

④ 남북한 양측의 무력(탱크, 대포, 전투 장갑차, 전투 비행기, 공격형 헬리콥터, 단거리 미사일, 방공장비)을 후방으로 재배치함과 동시에 군비감축을 과감히 실시한다.

⑤ 1953년 정전협정하에서 군사정전위원회와 중립국감독위원회가 감시·감독의 기능을 수행했듯이, 1992년 2월 19일 남북 기본합의서에 명시된 '군사위원회'를 실제로 설치·상주시켜, 한반도 비핵화, 상기한 군사적 신뢰구축 조치, 무력재배치 및 군비감축의 성실한 수행을 독려 및 사후 감시하도록 한다.

⑥ 저자가 제안한 비무장지대(DMZ) 부근의 '장단면 남북한 경제특구' 및 '동북아 평화시'에서 6자 간(남북한·중국·미국·일본·러시아) 다자간 안보협력, 또는 지역안보협력체인 유럽안보협력회의(CSCE) 및 아시아지역안보포럼(ARF)과 같은 '동북아안보협력회의'(CSCNEA)를 상주시킬 수 있을 것이다. 특히 주한미군은 통일 독일지역에서 미군이 현재도 주둔하듯이 한반도뿐만 아니라 동북아 평화 및 안정을 위한 지렛대 역할을 담당함으로써 UN의 이상을 실천할 수 있을 것이다.

5) 제 5단계: 정치통합

정치통합은 자유총선거에 의한 통일국가의 연방 대통령 및 연방 상·하원 선출을 요체로 한다. 정치통합 단계는 1경제·사회·정치·군사체제하에서 1연방국가·1중앙정부·8개의 지방 '자치'정부로 구성되는 하나의 국가, 즉 연방국가(*federation*)를 말한다. '남북평의회'는 통일헌법을 제정하고, 통일헌법에 의거한 자유총선거를 통하여 연방제하의 상·하원을 선출하고, 연방 상·하원은 연방 대통령을 선출하고, 연방 대통령은 국무총리와 각료 등을 임명한다. 연방국가의 전형적인 예로서 미국(50개 주), 소련(15개 공화국), 독일(16개

주), 스위스(23개 주), 캐나다, 멕시코, 브라질, 아르헨티나, 오스트리아, 말레이시아, 나이지리아 등을 들 수 있다.

남북한 간에는 수십 년 동안 통일방법에 대한 논의가 있었다. 특히 2000년 6월 15일 남북정상은 평양에서 "6·15 남북 공동선언"을 하였다. 동 선언의 제2항에서 "남과 북은 나라의 통일을 위한 남측의 '연합제'(*confederation*) 안과 북측의 '낮은 단계의 연방제'(*soft federation*) 안이 서로 공통성이 있다고 인정하고 앞으로 이 방향에서 통일을 지향시켜 나가기로 하였다"라고 명시하여, 국가연합의 방향으로 통일을 지향시켜 나가기로 합의한 바 있다. 김대중 대통령(당

[표 Ⅶ-12] 국가연합과 연방국가의 차이

	국가연합	연방국가
국제법상 주체	구성국이 각각 주체가 됨	연방국가만이 주체가 됨
국가성	진정한 하나의 국가가 아님	진정한 하나의 국가
결합의 근거	조약	연방헌법
대내적 통치권	연방정부가 없음. 구성국 정부가 입법권, 집행권, 사법권을 나눠 가짐	연방정부와 지방정부가 입법권, 집행권, 사법권을 나눠 가짐
외교권	구성국 정부가 각각 보유	연방정부가 보유
국제적 책임	구성국 정부가 각각 책임짐	연방정부가 책임짐
병력의 보유	구성국 정부가 각각 보유함	연방정부가 보유함
결합의 안정성	잠정적 결합	영구적 결합
대표적 사례	11개국의 독립국가연합(CIS), 18개국의 유럽연합(EU), 동남아시아국가연합(ASEAN)*	50개 주(州)의 미국(1787), 15개 공화국의 구(舊) 소련, 23개 주(州)의 스위스(1848), 10개 주(州)의 캐나다(1867), 독일[16개 주(州)의 1871년 연방, 2개 국가의 1990년 연방]**

* 동남아국가연합(ASEAN) 외에, 과거 국가연합의 예를 들면 다음과 같다. ① United States of America under the Articles of Confederation(1781~1789), ② The Swiss Confederation(1291~1848), ③ Canada(초기 및 1867~1870), ④ German Confederation(1815~1866), ⑤ North German Confederation (1866~1871). 또한, 제1차 세계대전 당시 영국, 프랑스, 이탈리아, 미국, 일본 등 연합국(12개국), 제2차 세계대전 당시 미국, 영국, 프랑스, 소련, 중국 등 연합국(49개국) 등도 '국가연합'으로 볼 수 있지만, 이것은 국가연합이라기보다는 한시적인 상황에서 전쟁수행이라는 특정 목적을 위해 결성된 국가동맹체제이다.

** 여기서 기재된 대표적 사례 외에 캐나다, 멕시코, 브라질, 아르헨티나, 오스트리아, 말레이시아, 나이지리아 등을 들 수 있다.

시) 은 2007년 9월 6일 "북핵 문제가 풀리면 차기 정부 내에 국가연합이 이뤄질 수 있을 것"이라고 말했다.[80]

국가연합과 연방국가의 기본개념과 차이를 규명해 둘 필요가 있다. 국가연합은 복수의 국가가 조약에 의하여 결합하고, 일정 범위의 국가기능(외교능력 등) 을 공통기관을 통하여 행사하는 국가결합이다. 국가연합 자체는 국제법상 국가로서 인정되지 않는다. 각 구성국은 국제법상으로 평등한 국가이며, 연합에 위임한 권한을 제외하고는 대외적으로나 대내적으로나 원칙적으로 독립성을 가진다.

그러므로 각 구성국은 저마다 조약을 체결하거나 외교사절을 교환할 자격이 인정되지만, 제 3국에 대한 선전(宣戰) 과 강화(講和) 는 국가연합에 맡겨진다. 다만, 연합과 각 구성국과의 관계는 개별적으로 조약에 의하여 결정된다. 따라서 국가연합은 연방국가보다 상당히 약한 결속력을 가지고 있다.

참고로 EU[81]는 각각의 국가가 국제법 주체로 활동하며 각각의 군대를 보유한 점에서 국가연합의 성격이 강하지만 국가연합보다는 더 강한 결속력을 가지되 미국과 같은 연방국가보다는 약한 형태의 공동체이다. 즉, 국가연합과 연방국가와의 중간 형태다. 현재 화폐를 통일하였으며, 유럽 헌법을 체결하려고 하고 있다.

기존 EU 15개국에 2004년 폴란드 · 헝가리 · 체코 · 슬로바키아 · 슬로베니아 · 리투아니아 · 라트비아 · 에스토니아 · 키프로스 · 몰타 등 10개국이 가입하였고, 2007년 불가리아 · 루마니아가 새로 가입함으로써 가맹국 수가 총 27개국으로 늘어났으며 2013년 7월 1일 크로아티아가 가입함으로써 총 28개국으로 증가했다.[82] EU의 역사는 1950년대부터 시작한다. 1950년 프랑스의 로베르 슈망과

---

80 그러나 일부 보수단체 쪽에서는 조선민주주의인민공화국과 국가연합은 위헌이라는 주장도 하고 있다. 국가연합을 구성하는 데는 전체 국민투표가 필요 없으며, 조약의 체결로 충분하다. 그러나 연방국가나 단일국가가 되기 위해서는 국민투표가 필요하다.

81 유럽의 정치 · 경제 통합을 실현할 목적으로 1957년 EEC가 출범한 이후 단일 유럽법과 마스트리히트 조약에 의한 유럽공동체(EC: European Community) 의 새로운 명칭이다. 주요활동은 관세동맹, 유럽정상회담 개최다.

82 북한의 《경제사전》은 유럽공동시장(경제공동체) 이 나타나게 된 이유를 다음과 같이 설명

독일의 콘래드 아데나워는 유럽석탄철강공동체(ECSC)에 대한 구상을 발표하였다. 독일의 재무장을 억제하려는 프랑스와 전후 상실된 국제적 영향력을 제고하려는 독일의 이해, 유럽공동시장의 창출을 통한 경제적 효과를 기대한 이탈리아와 베네룩스 3국의 이해가 맞아 1951년 파리조약에 따라 ECSC가 설립되었다. 1957년 로마조약에 따라 EEC와 유럽원자력공동체(Euratom)가 출범하였으며, 1965년 합병조약(*Merger Treaty*)으로 각 공동체가 집행위원회, 유럽의회 등의 기관을 공유했다. 그 이후 EU의 발전과정은 대략 다음과 같은 3단계로 나누어 볼 수 있다.

① 제 1단계는 ECSC의 탄생부터 룩셈부르크 타협으로 회원국가의 거부권을 인정한 1966년까지가 탄생과 성장의 시기이다.

② 제 2 단계는 정체와 부활의 시기로 1966~1985년이다. 이 시기에 대부분의 유럽 국가들은 국민국가 단위의 발전전략, 즉 케인스주의적 모델에 입각한 복지국가 건설을 추진하였다. 따라서 각국이 일국적 발전전략을 추진하였기 때문에 일반적으로 이 시기를 EU의 정체기라고 평가하지만 그 성과는 결코 무시할 수 없다. 1968년 회원국 간의 관세장벽을 철폐하고 대외공동관세정책을 마련함으로써 관세동맹(Customs Union)을 창설하였으며, 1969년 대외정책에 대한 정기적인 자문을 수행하는 유럽정치협력체(EPC: European Political Cooperation)를 설치하였다. 또 1970년 회원국가의 부가가치세 일부를 공동체의 수입으로 할당하기로 결정하고, 1975년 공동체 예산결정 과정에서 유럽 의회의 권한을 강화하는 조정절차를 도입하였다. 1975년부터 정책결정 과정에서 중요한 영향력을 행사하는 유럽정상회담(*European Council*)을 정기적으로 개최하기 시작하였다. 또한, 이 단계에서는 1971년 베르너 보고서에 기초하여 통화동맹을 모색하고, 1978년 유럽통화제도(EMS)와 환율조정장치(ERM: *Exchange Rate Mechanism*)를 발

한다. "미국이 세계 경제의 최강자로 부상하는 상황에서 유럽 국가들이 유럽시장과 경제에 대한 서유럽 독점자본의 지배를 유지하고 련합된 힘으로 착취와 략탈, 해외팽창을 강화하기 위한 것이다."

족하여 통화정책에 대한 협의가 이루어졌다.

③ 제3단계는 새로운 도약의 시기로 1985년부터 현재까지이다. 이 시기의 특징은 1991년의 마스트리히트 조약인데, 유럽 단일통화의 창출을 추진하고 EC를 EU로 변경하여 공동체 통합에 일보 진전을 이룩하였다. 하지만 EU는 EC와 달리 법률적 실체는 아니며 유럽 통합을 추진하는 추상적 주체 개념이다.

6. 기존 남북한 통일방안과의 비교

저자의 '5단계 점진적 통합론'과 남북한 정부차원의 '공식적 통일방안'을 비교하면 〔표 Ⅶ-13〕과 같다. 기존의 공식적 통일방안, 즉 남한의 한민족 공동체 통일방안(1989. 9. 11) 북한의 고려민주연방제 통일방안(1960. 8. 15; 1973. 6. 23; 1980. 10. 10)들은 모두 과거 상호대립의 냉전체제에서 고안 및 제시된 것으로서 최근의 화해 및 평화공존 체제에서 급격한 변화를 보이는 한반도 주변정세에 적용시키기에는 많은 문제점과 한계를 가진다.

그리고 김영삼 정부의 3단계 통일방안(1993. 7. 6)과 김대중 당시 아태재단 이사장의 3원칙 3단계 통일방안(1993. 8. 13)는 3단계 통일방안으로서 중간단계에 '남북연합'을 설정할 뿐, 경제·사회·군사·정치통합에 대한 언급이나 대안이 없다.

[표 Ⅶ-13] 남북한 공식적 통일방안과 저자의 '5단계 통합모형'의 비교

구분	북한의 고려민주연방제 통일방안 (1960. 8. 15; 1973. 6. 23; 1980. 10. 10)	한국의 민족공동체 통일방안 (1989. 9. 11; 1994. 7. 6)	임양택의 '5단계 통합방안' (1990, 1991, 1993, 1995, 1997, 1998, 1999, 2000, 2002, 2005, 2007)
	2000년 6·15 남북공동선언 이후 민족공동체 통일방안: '낮은 단계'의 연방국가 → '높은 단계'의 연방국가 → 통일국가		
대화의 전제조건	• 한국 사회의 '민주화' • 긴장상태의 완화, 전쟁위협의 제거 • 미국의 2개 조선정책과 내정간섭의 포기	• 무조건 대화	• 주제, 시기, 장소에 관계없이 항시 대화 • 경제적 통일역량 확충과 동북아 평화를 위한 공동프로젝트 논의
통일이념	• 자주 · 평화 · 민족 대단결 (1972 7 · 4 남북공동성명)	• 자주 · 평화 · 민주	• 평화, 민주복지사회, '개방적' 및 '창조적' 민족공동체
통일에의 접근방법	• 통일전선의 형성을 통한 적화통일	• 북한사회의 전면적 개방에 의한 내부적 붕괴를 선호하는 기능적 통일	• 남북한 통일의 점진적 접근을 통해 통일 이후의 경제체제 · 사회체제 · 정치체제와 생활방식을 창출
	• 계급주체사상 (민족보다는 계급을 우선시)	• 민족공동체 개념에 입각한 통일국가로 지향	• 좌동
	• 중간단계로서 '연방국가'를 설정한 3단계 통일방식	• 중간단계로서 '연합국가'를 설정한 3단계 통일방식	• 중간단계로서 '연합국가' → '연방국가'를 각각 설정한 점신주의적 5단계 통합방안
	(2000년 6. 15 남북공동성명 이후) '낮은 단계의 연방국가' → '높은 단계의 연방국가'		
	• 정치 및 군사회담을 우선시	• 경제 · 사회 · 문화에서의 다각적 접촉을 우선시	• 경제적 및 사회문화적 통합에 의한 '하나의 국민' 동질성의 회복을 중요시 • 호혜적 실리를 위한 남북한 경제협력, 특히 '남북한 경제특구' 건설에 의한 산업 · 기술협력을 통해 민족산업구조의 재편성
	• 주변 국가들의 역학관계를 초극한 자주통일을 추구	• 주변 국제환경 변화에 대한 대응과 통일방안의 상호관련성 미흡 • 미 · 일 의존적 통일여건을 기대	• 동북아질서 변화에 능동적으로 대응해 국제적 통일여건 조성을 항시 도모하고, 주변 정세변화를 통일의 기회로서 활용

[표 Ⅶ-13] 계속

구분	북한의 고려민주연방제 통일방안 (1960. 8. 15; 1973. 6. 23; 1980. 10. 10)	한국의 민족공동체 통일방안 (1989. 9. 11; 1994. 7. 6)	임양택의 '5단계 통합방안' (1990, 1991, 1993, 1995, 1997, 1998, 1999, 2000, 2002, 2005, 2007)
경제적 통합에의 절차	• 구체적 방법의 결여	• 군사통합의 중요성 인식의 결여	• 남북한의 협력경험 축적을 통해 단계적으로 경제통합 → 사회통합 → 군사통합 → 정치통합 및 동북아 다자간 안보협력 체제 → 남북평의회에서 통일헌법의 제정, 자유총선거를 통한 통일국회 및 통일정부의 구성
군사통합	• 언급 없음	• 언급 없음	• 남북 예멘의 통일과정에서 야기되었던 무력충돌을 감안하여, 남북한의 군비축소 및 핵무기 포기 등에 관하여 명시적으로 언급
통일국가의 최종형태	• 연방제 중립국가	• 단방제와 양원제의 연방제 국가	• 단방제와 양원제의 연방제 민주복지국가

7. 콜 총리의 '독일 통일 프로그램'과의 비교

저자의 '한반도 통일 프로그램(안)'을 과거 김대중·노무현 정부의 통일정책, 콜 총리의 '10개항 통일 프로그램'과 비교하면 다음과 같은 특징을 갖는다.

① 저자의 '한반도 통일 프로그램(안)'은 과거 김대중·노무현 정부의 '햇볕정책', 즉 '포용정책'을 '포괄정책'으로 흡수함과 동시에, 김대중·노무현 정부의 남북한 사이의 양자 간 관계에서 남북한 및 미·일·중·러의 다자간 관계로 각각 전환시켰다. 이것은 남북한 통일의 실현 방안을 '민족문제'의 차원뿐만 아니라 '국제문제'의 차원으로까지 제고 및 확대시킨 것이다.

② 콜 총리의 '10개항 통일 프로그램'과 저자의 '한반도 통일프로그램' 방안

을 비교하면 다음과 같이 크게 두 가지를 들 수 있다.

첫째 콜 총리의 프로그램은 통일 독일이 NATO에 잔류할 것이며 유럽안보협력회의(CSCE)와의 유대를 약속하고 유럽공동체(EC)에 크게 기여할 것이라는 점을 각각 강조함으로써 통일 독일의 막강한 군사력을 위험시하는 주변 유럽 국가들의 '우려'를 불식 및 안심시켰다.

둘째 저자의 프로그램은 가칭 '동북아안보협력회의'(CSCNEA)를 한반도 주변 4강(미·중·일·러)과 결성하여 한반도의 평화와 번영을 도모할 것이며 통일 한국이 '동북아 공동체' 혹은 APEC과 유대를 강화하고 나아가 동 지역경제의 공동번영에 기여할 것을 강조한다.

③ 콜 총리의 프로그램은 동·서독 주둔 외국인에 대하여 전혀 언급하지 않았던 반면에, 저자의 프로그램은 남한 주둔의 미군 군사력 및 병력에 관하여 언급할 뿐만 아니라 그 역할로서 종전의 남한 지역 방위가 아닌 한반도 및 동북아 전역의 안보를 담당하는 역할을 맡도록 규정하였다.

양 안의 공통점은 통일을 국가연합을 거쳐 연방제로 지향하며 지역공동체〔콜 총리의 경우 유럽공동체(EC); 저자의 경우 '동북아경제공동체'(NEAEC)〕의 평화와 번영을 추구한다는 점이다. 이를 위하여, 상기한 두 제안은 공통적으로 원자·생물·화학 무기(ABC)의 생산·보유·사용을 포기하였다.

콜 총리의 경우, 1990년 7월 6일의 '런던 선언', 모스크바 회담(1990. 2. 8) 및 코카서스(Caucasus) 회담(1990. 7. 17)의 '10개 조항' 발표에 적시되어 있듯이, 1968년 7월 1일의 핵무기확산금지조약(NPT), 1990년 8월 30일 유럽의 재래식 전력(CFE: *Conventional Forces in Europe*)과 전방 주둔의 감축협상 결과를 준수한다는 것이다.

저자의 경우, 북한이 NPT에 가입(1985)하여 동 조약에 서명(1992. 5)하였으며 1992년 "남북 사이의 한반도 비핵화 공동선언", "10·4 남북공동선언"(2007)을 엄격히 준수하고 6자회담에서 발표되었던 "9·19 공동성명"(2005), "2·13 공동합의"(2007)를 성실히 실천함을 명시 및 강조하는 것이다.

한반도 통일 프로그램(안)

서문

우선, 민족통일에 대한 인식 및 접근방법과 관련하여, 한민족은 겸허한 마음으로 다음과 같은 반성을 하지 않을 수 없다.

첫째, 동·서독은 민족상잔의 비극이 없었던 반면에 남북한은 한국전쟁으로 약 2백만 명 이상의 사상자와 1천만이 넘는 이산가족을 만들었고 45%에 이르는 공업시설이 파괴되어 경제적 및 사회적 기반의 붕괴를 초래했으며, 이 결과 한민족은 세계적으로 웅비(雄飛)할 수 있는 잠재력을 상실하였고 그 기회를 유실하였다.

둘째, 과거 독일인들은 통일 문제를 거론도 하지 않으면서 '기능주의적 접근'을 통해 실리를 추구하며 '민족 동질성'을 회복하려고 노력했었다. 반면에 한민족은 통일의 어려운 현실은 외면한 채 통일의 당위성만 강조하며 '통일지상주의'에 사로잡혀 있었다. 환언하면, 북한은 '통일 우선정책'을 남한은 '평화 우선정책'을 각각 선택·추진했다. 북한은 교류·공존을 바탕으로 하는 남한의 '민족공동체 통일방안'을 기능주의적 접근으로서 '분단고착화 책동'이라고 비난하였으며, 남한은 북한의 '고려민주연방제 통일방안'을 '적화통일을 위한 전략'이라고 비판하였다. 이 결과, 한반도에서는 통일 논의만 무성하였을 뿐, 그 실효를 제대로 거두지 못하였다.

셋째, 이제, 우리 한민족은 상기와 같은 과거의 근시안적 자세를 버리고 세계 속에서 한민족이 웅비할 수 있는 발판으로서 다음과 같은 '통일 프로그램'에 따라 한민족의 통일기반을 진지하게 접근 및 조성하고자 한다.

넷째, 상기와 같은 민족통일의 재(再)인식 및 반성과, 후술(後述)할 남북한 통일에의 새로운 접근방법에 의거하여, 그동안 남북한이 체결하였던 모든 합의 내용들과 6자회담의 공동성명 내용들을 존중 · 수용하며 관련 당사국들은 그 내용들을 성실히 수행한다.

- 남북 기본합의서: 남북한 화해와 불가침 및 교류 · 협력에 관한 합의 (1991. 12. 13) 및 발효(1992. 2. 19)
- '6 · 15 남북정상회담 공동선언'(평양, 2000. 6. 15)
- '9 · 19 공동성명'(베이징, 제4차 6자회담, 2005. 9. 19)
- '2 · 13 공동합의'(베이징, 제5차 6자회담, 2007. 2. 13)
- '10 · 4 남북공동선언'(평양, 2007. 10. 4)

본 문

1. 통일철학 및 통일이념과 접근방법

① 남북한 통일철학은 다음과 같다[1] 남북한 통일은 일시적 과업이 아니라 새로운 역사창조를 위한 지속적 대장정(大長征)이다. 통일은 막대한 비용과 함께 인내와 노력을 필요로 한다.[2] 통일의 비용과 고통이 아무리 큰 것이

1 임양택(2007e).

2 독일의 경우, 동독 지역의 연금생활자와 실업자 등에게 지원된 사회복지비용이 절반(6천 3백억 유로)을 차지했고, 철도 · 도로 · 통신망 등 인프라 구축(1천 6백억 유로)과 농업지원(9백억 유로)에도 많은 돈이 지원됐다.

라고 할지라도 그것은 결코 분단의 비용과 고통보다 더 클 수는 없다. 분단이 더욱 장기화됨으로써 야기될 민족 동질성의 파괴, 민족의 역사와 문화전통의 단절, 이산가족의 고통 등은 산술적으로 헤아릴 수 없는 민족의 손실임과 동시에 고통이다. 게다가 분단과 대결로 인한 막대한 군사비[3]와 엄청난 기회비용 등을 고려하면 남북한 통일은 결코 포기할 수 없는 민족의 과제인 것이다.

그러나 '통일의 당위성'은 민족이 분단되었기 때문에 다시 통합되어야 한다는 현실적 상황에 있는 것이 아니라 '통일의 효용성'에서 찾아야 한다. 그러므로 통일의 가치는 규범(規範)에 있는 것이 아니라 실리(實利)에 있는 것이며, 통일에의 접근은 감상적이 아니라 이성적이어야 하며, 통일을 위한 노력은 소극적이 아니라 적극적이어야 한다.

분단이 외세에 의해 저질러졌듯이, 통일도 외세에 의해서 이루어질 것이라고 하는 천재일우(千載一遇)의 '역사적 사건'을 무작정 기다리는 소극적 자세가 아니라, 민족 동질성의 회복을 위한 적극적 노력에 대해 외세도 수긍 혹은 찬성하고 협조할 수 있어야 한다.

그러기 위해서는 우리 스스로가 인내력을 갖고 주도면밀한 계획을 일관성 있게 착실히 추진할 때, 비로소 역사는 우리의 편에 서줄 것이라고 믿는다.

---

3 현재 한국의 국방비는 GDP 대비 2.7%(세계 평균 국방비 GDP의 3.5%)이다. 국방 중기계획기간(2007~2012) 동안 소요될 국방비는 150조 7천억 원이다. 게다가 주한미군의 한국주둔과 관련된 직접비용의 일부(한국인 고용원에 대한 인건비, 군사건설비, 군수지원비 등)인, 즉 방위비 분담금은 2008년의 경우 7,415억 원이며 2009년의 방위비 분담금은 2007년도 소비자 물가지수 2.5%를 반영한 7천 6백억 원이다.

② 한민족의 통일이념은 "평화, 민주복지사회, 개방적 및 창조적 민족공동체"이다.[4]

- '평화'는 평화적 수단을 통하여 분쟁문제를 해결하고 무력 사용을 금지한다는 것을 의미한다.[5] 구체적으로, 기존 "남북 기본합의서: 남북한 화해와 불가침 및 교류 · 협력에 관한 합의"(1991. 12. 13)의 '불가침 조약'을 "UN헌장" 제2조 4항의 '무력사용 및 무력포기'로 대체하고 가칭 '동북아 평화조약'을 체결하여 가칭 '동북아안보협력회의'(CSCNEA)를 창설 · 운용함으로써 쌍방의 무력행사를 근원적으로 봉쇄한다. 환언하면, 남북한은 "UN헌장"의 목적과 원리를 따르며 각 '지역자치정부'의 대내외적 문제에 대한 각자의 독립성 · 자율성 · 영토 주권을 존중할 의무가 있다.[6] 그리고 남북한 간의 관계는 동북아의 평화구조 속에서 발전될 것이다.[7]
- '민주복지사회'는 신실용주의[8]에 바탕을 두고 '최대다수의 최대행복을 추구하는 민주사회'와 '자유 · 정의 · 연대'를 구현하는 인본주의(人本主義) 사회를 의미한다. 남북한 간에 동등하게 주어진 권한하에서 '좋은 이웃' 간의 관계발전을 도모한다.[9] 이를 위하여, 상호이익을 위한 경제, 학문과 기술, 교통, 우편, 의료, 문화, 체육, 환경 등 다방면의 교류협력을 추진한다.[10] 특히 남한은 인도적인 분야와 식량 · 에너지 · 의료 제

---

4 저자의 통일이념과 대조적으로, 북한의 고려민주연방제 통일방안(1960. 8. 15; 1973. 6. 23; 1980. 10. 10)의 통일이념은 "자주 · 평화 · 민족 대단결"인 반면에 남한의 민족 공동체 통일방안(1989. 9. 11; 1994. 7. 6)의 통일이념은 " 자주 · 평화 · 민주"이다.

5 '평화적 통일'은 서독 콜 총리의 '10개항 통일 프로그램'(1989. 11. 28)의 제10항에도 명시되어 있다.

6 이 내용은 동 · 서독 기본조약(1972)의 제2항과 제4항에도 명시되어 있다.

7 이 내용과 대칭적으로, 서독 콜 총리의 10개항 통일 프로그램(1989. 11. 28)의 제6항에서 '동 · 서독 간의 관계는 전체적인 유럽 통합 및 동서관계의 구조 속에서 발전될 것이다'라고 명시되어 있다.

8 임양택(2007e; 2008).

9 동 · 서독 기본조약(1972)의 제1항에도 명시되어 있다.

공과 같은 부문에서 북한이 남한의 도움이 필요한 경우 북한에 대해 즉각적이고 구체적인 원조를 제공할 준비가 되어 있다. 그리고 남한 정부는 한민족 모두에게 이익이 되는 모든 부문에서 북한과 협력을 계속할 것이다. 만약 북한의 정치·경제체제에 '근본적'이고 '되돌릴 수 없는' 변화가 발생한다면 남한은 모든 지원과 협력을 확대할 것이다.[11]

- '개방적 및 창조적 민족공동체'는 배타주의와 감성주의를 지양하고 합리적 이성주의로써 세계화에 적극적으로 참여하는 것이다. 구체적으로, 동아시아 경제공동체(EAEC) 및 아시아-태평양 경제공동체(APEC)은 한반도의 경제발전에 결정적인 역할을 할 것이기 때문에, 남북한은 관련 회원국들과의 유대관계를 공고히 할 것이다.[12]

③ 통일에의 접근방법은 '계급주체사상'이 아니라 '민족공동체 개념'에 입각하여 점진적으로 통일국가로 지향하는 것이다. 구체적으로, 남북한 주민이 모두 '하나의 국민'이라는 '민족 동질성'을 회복하고 남북의 갈등구조를 효율적으로 해결하기 위하여, 우선 통신(通信)을 위한 인터넷 및 무선전화 서비스를 개시하며, 조속한 기간 내에 3통[통상(通商)·통신(通信)·통행(通行)]의 자유화를 보장하며, 나아가 인적교류(고향방문단, 경제인, 기술자, 학자 등)를 추진한다.

---

10 동·서독 기본조약(1972)의 제 5항에도 명시되어 있다.

11 10개항 통일 프로그램(1989. 11. 28)의 제 1, 2, 3항에도 명시되어 있다.

12 이 내용과 대칭적으로, 서독 콜 총리의 10개항 통일 프로그램의 제 7항에서는 '유럽공동체(EC)는 전체 유럽발전에 결정적인 역할을 할 것이기 때문에 더욱 강화되어야 한다'고 명시되어 있다.

2. 통일 프로그램

남북한 통일방안은 점진적 접근을 통해 통일국가의 경제 · 사회 · 정치 체제와 생활방식을 창출하기 위하여 통일의 중간단계로서 '연합국가' → '연방국가'를 가설적으로 설정한 점진주의적 '5단계 통합방안'이다.

'국가통합'은 문화적으로나 사회적으로 분리된 집단들을 하나의 영토단위로 결합시키고 국민적 정체성을 확립시키는 과정이다.[13] 그러나 대내외적 상황의 변화에 따라 상기한 단계는 우선순위에서 바뀔 수도 있으며, 심지어 어떤 2개 혹은 3개 단계들이 동시적으로 실현될 수 있다.[14]

① 제 1단계(1민족 · 2제도 · 2국가 · 2정부)의 남북한 관계 정상화 및 한반도 평화정착에서는 주(主)교전국(*principal belligerents*)이었던 남북한 및 미 · 중 정전협정(1953. 7. 27)을 6자, 즉 남북한 및 미 · 중 · 일 · 러의 '동북아 평화조약'으로 대체하고 동 조약을 체결한다.[15] 그리고 남북한 대표부를 각 수도(서울, 평양)에 각각 설치한다.

② 제 2단계(1민족 · 1경제제도 · 2사회제도 · 2정치제도 · 2국가 · 2개 '중앙'정부)의 경제통합에서는 단일 혼합경제체제하에서 단일 화폐 · 금융제도, 단일 중앙은행을 정착시킨다. 특히, 휴전선 근방(예를 들어 장단면)에 '남북한 경제특구'를 건설하여 상호호혜적 산업 · 기술협력을 효과적으로 추진하고, 나아가 통일국가의 국가경쟁력을 제고하기 위하여 민족산업구조를 재편성한다.

---

13 Myron, Weiner(1966).

14 동 · 서독의 통일은 '화폐 · 경제 · 사회 통합'(1990. 7. 1)을 동시적으로 이루었고, 그 다음 정치통합(1990. 10. 2)을 일궈냈다.

15 동 · 서독 양국과 대(對)독 승전국인 미국 · 영국 · 프랑스 · 소련의 외상이, 1990년 9월 12일, 모스크바에서 '베를린과 전체 독일과 관련한 합의서'(즉, '2+4 조약')에 체결하였다.

- 남북한 경제특구' 내에서는 관세 및 무역장벽을 철폐하며, "남북한 경제협력 4대 합의서"(투자보장, 청산결제, 이중과세 방지, 상사분쟁 해결 등)[16]하에서 남북한 직접 교역을 추진하고 산업 · 기술협력(제조업 부문의 합작투자사업, 남북 IT 산업)을 연계하며, 나아가 에너지자원 · 농 · 수산물 자원 · 광물자원 · 관광자원 등을 공동개발한다. 또한, 남북한 무역협정하에서 직접교역을 추진하기 위하여 연불제도, 중개수출 시스템, 스윙제도를 도입한다.
- 상기한 일련의 과정을 통한 상호신뢰와 경험을 바탕으로, 경제통합을 위하여 관세동맹(상품교역의 자유화 및 공동관세정책) → 남북한 공동시장(모든 시장의 완전개방 및 생산요소의 자유이동) → 경제동맹(인력, 자본, 재화, 서비스의 완전 자유이동) → 통화동맹(단일 화폐 및 단일 중앙은행의 설립) → 경제통합(단일 혼합경제체제)로 단계적으로 지향한다. 이러한 경제통합 단계에서, 남북 간 통상 · 통신 · 통행의 자유화가 보장된다.
- 통일민족국가의 경제체제는 시장경제체제를 근간으로 하되, 시장기능의 실패를 보정할 수 있는 통일정부의 새로운 역할을 뒷받침하는 것이어야 할 것이다. 예로서 국방 및 치안 외에 정보통신 인프라 · 기술혁신기반 · 도로 · 항만 · 공항 · 주택 · 상하수도 등 사회간접자본의 확대, 인력양성을 위한 교육 및 훈련에의 투자, 보건 의료 등의 사회복지제도의 확충, 과학기술기반의 확충, 에너지 자원의 확보, 환경보존 등을 들 수 있다.

③ 제 3단계(1민족, 1경제체제 · 사회복지제도, 2개 정치제도, 1국가연합, 1중앙정부, 2개 지역 '독립'정부)의 사회통합에서는 남북 정상회의, 남북 각료회의, 항주 연락대표부, 공동사무처 등을 설치 · 운영하고 재산권 확립, 사법 ·

16 남북한 경제협력 4대 합의서는 2003년 8월 6일자로 발효되었다.

행정 · 교육제도의 통합, 사회보장제도(의료 · 연금 · 실업보험 등)를 통합 및 확충한다. 이러한 사회통합 단계에서는 1개의 국가연합하에 2개의 지역 '독립'정부가 존재하며, 국호(國號)는 '대한민주연합국'이다.

④ 제 4단계(1민족, 1경제체제 · 사회복지제도, 2개 정치제도, 1연방국가, 1중앙정부 · 2개 지역 '자치'정부)의 군사통합에서는 '동북아안보협력회의'(CSC-NEA)에 의하여 단일 군대명령체계, 남북한 군축, 군사통합을 추구한다. 이 단계에서의 국호는 '대한민주연방공화국'이다.

⑤ 제 5단계(1민족, 1경제 · 사회 · 정치 · 군사 체제, 1연방국가, 1중앙정부, 8개의 지방 '자치'정부)의 정치통합에서는 '남북평의회'에서 '통일헌법'을 제정하고, 남북한의 자유총선거를 통하여 통일연방국가의 상 · 하원을 선출하며, 상 · 하원 의원 수는 인구비례로 한다. 상 · 하원은 대통령을 선출한다. 상 · 하원의 임기는 4년 연임으로 하되 대통령의 임기는 4년 중임으로 한다. 대통령은 국무총리를 지명하여 상 · 하원의 과반수 찬성의 동의를 받아 임명한다. 이 최종단계에서의 국호는 '대한민주연방공화국'이다.

통일국가의 최종형태는 상 · 하원의 양원제인 '연방제'이며, 대통령과 남북한 8개 지방'자치'정부로 구성된다. 연방정부와 8개 지방'자치'정부의 관계는 '통일헌법'으로 규율된다. 대통령은 외교권, 군사권, 화폐 등을 관할하며 국무총리는 내정(內政)의 대부분을 관장한다.[17]

---

17 참고로, 독일의 "기본법" 제 65조는 "총리에 의한 정책의 지침 내에서 연방 각료들은 자기 부서의 업무를 수행하고 책임진다"라고 명시하고 있다. 또한, 각료원리에 따라 연방총리는 국정운영 일반지침 설정을 넘어 장관에게 특정 정책을 강요하거나 장관을 건너뛰어 고위공무원을 직접 지휘할 수 없고 소관업무에 관하여 장관들의 의사를 무시하거나 번복할 수도 없다.

8. 남북한 통일비용과 조달방안

1) 남북한 통일비용의 추계

1990년 독일의 통일로 인하여 이제 한반도가 세계 유일의 분단지역으로 남았다. 독일의 통일은 남북한 통일이 급진적으로 이루어질 수도 있다는 예상과 함께 한국인에게는 중요한 교훈과 과제를 던졌다.

남북한은 같은 민족이지만 체제와 이념을 달리한 지 68년이 경과했고 양자 간의 경제력 차이가 상당한 수준에 이르고 있어 통일에는 상당한 어려움이 노정될 것으로 예상된다. 특히 독일 통일로 인해 독일이 부담하는 통일비용이 엄청나게 크고 상당한 기간 동안 실업문제와 물가고에 시달리는 점을 고려할 때 동·서독보다 훨씬 큰 소득격차를 보이는 남북한의 통일이 급격하게 이루어질 경우 남한 국민이 부담해야 할 비용은 서독의 경우보다 상대적으로 훨씬 더 클 것으로 예상된다.

독일 정부가 1989년 베를린 장벽 붕괴 이후 2008년까지 20년간 이른바 '통일비용'으로 지출한 돈은 최소 1조 2천억 유로(3천조 원)에 이르는 것으로 추정된다. 동독 지역의 연금생활자와 실업자 등에게 지원된 사회복지비용이 절반(6천 3백억 유로)을 차지했다. 철도·도로·통신망 등 인프라 구축(1천 6백억 유로)과 농업지원(9백억 유로)에도 많은 돈이 지원됐다.

최근에 칼 하인츠 파케(Karl-Heinz Paque) 독일 마그데부르크대 경제학장의 특별강연(2013. 6. 27)은 독일의 '통일비용'(실업자에게 지급된 보조금과 사회보장 시스템 등에 소요된 비용)은 약 2조 유로로 증언했다.

통일비용 1조 2천억 유로는 장벽붕괴 당시 예상됐던 1조 마르크(약 475조 원)의 약 4.5배에 해당하는 거액이다. 이와 같이 천문학적 독일 통일비용이 소요된 이유는 동독 주민의 대량실업 사태에 따른 사회복지비용 지출이 예상보다 훨씬 많았기 때문이다. 지금도 매년 1천억 유로 정도의 돈이 옛 동독 지역에 지원되고 있다. 1천억 유로는 독일의 연간 GDP(국내총생산) 2조 5천억 유로(2008년 기준)의 4% 수준이다. 그나마 독일은 세계 3위 경제대국인데다 무역수지 흑자액이 연간 1천 5백억 달러 이상 되는 나라이기 때문에 재정적자 없이 막대한 통일비용을 감당할 수 있었던 것이다.

우선, 통일비용을 추계한 연구결과들이 〔표 Ⅶ-14〕에 나타나 있다. 이를 살펴보면 통일비용은 통일비용의 개념과 통일 시나리오의 구성 그리고 추정방법에 따라 학자별로 320조 원에서부터 1천 6백조 원까지 커다란 편차를 보이고 있다. 특히 동일한 통일비용 개념과 추정방법을 이용한 추정결과도 상당한 차이를 보이고 있다. 예로서 1990년을 기준으로 일반균형모형(CGE 모형)을 이용하여 북한의 1인당 GDP가 남한의 60%에 달하게 하는 데 필요한 총투자액을 추정한 신동천·윤덕룡(1999)의 경우 887억 달러인데 반해 동일한 추정방법과 기준년도 및 통일비용의 개념을 사용한 놀랜드의 경우는 약 4천억 달러

[표 Ⅶ-14] 통일비용 추계결과 비교

추계기관/학자	통일비용의 개념	경제통합 기간	금 액
마커스 놀랜드 (1996)	북한이 남한 가계소득의 60% 수준에 이르기 위해서 소요되는 자본량	-	1990년 기준: 4천억 달러(320조 원) 1995년 기준: 1조 달러(8백조 원) 2000년 기준: 2조 달러(1천 6백조 원)
신동천·윤덕룡 (1999)	북한 1인당 GDP를 남한의 60% 내지 100%에 달하게 하는 총투자액	-	1990년 기준 60% 달성 시: 887억 달러 100% 달성 시: 2,808억 달러
맨프레드 바그너 (1996)	남북한 경제통합이 독일의 경우와 유사하게 이루어질 경우 통일 후 5년간에 걸쳐 남북한 경제가 북한에 지원해야 할 금액	-	6천 1백억 달러(488조 원)
황의각(1996)	동일생활수준 달성비용	2000~2005	1조 2,040달러(986조 원)
신창민(1992)	소득격차 조정비용	2000~2012	8,418억 달러(1,440조 원)
이영선(1992)	GNP격차 해소 투자비용	1992~2034	8,418억 달러(673조 원)
배진영(1992)	소득격차 해소 투자비용	2000~2010	1993년 기준: 2,119억 달러(160조 원) 2000년 기준: 4,480억 달러(358조 원)

로 커다란 차이를 보이고 있다.[18]

그러나 정확한 통일비용이 얼마이든 간에 기존의 연구결과들로부터 알 수 있는 것은 통일이 이루어질 경우 소요되는 비용이 엄청나게 클 것이라는 점이다. 결국 이러한 대규모의 통일비용이 남한 국민들에게 엄청난 부담을 줄 것이라는 점에서 통일을 부정적으로 보는 시각도 없지 않다는 점을 감안한다면 결국 통일비용을 줄이기 위한 정책적 노력이 선행되어야 할 것으로 판단된다.

대통령 자문기구 정책기획위원회(옛 21세기위원회)와 황의각 교수의 연구 등에 따르면, 남북한 통일비용은 최소 1조 2천억 달러로, 통일 직후부터 일정기간 매년 남한 GDP의 10% 정도가 북한에 지원되어야 할 것으로 예상된다. 독일 경제가 감당했던 수준(남한 GDP의 4% 수준)에 비하면 2.5배의 부담이다. 이것은 독일의 경우 서독 주민 4명이 당시 사회주의 국가 중에서 가장 잘살던 동독 주민 1명을 먹여 살리면 됐지만, 한국의 경우 남한 주민 2명이 세계 최빈국인 북한 주민 1명을 먹여 살려야 한다는 것이다.

피터 벡(Beck) 스탠퍼드대 아시아·태평양센터 연구원은 2010년 1월 4일 〈월스트리트저널〉 기고에서 "북한의 소득을 남한의 80% 수준까지 끌어올리려면 향후 30년 동안 2~5조 달러(약 2천 3백~5천 8백조 원)의 비용이 들 것"이라고 분석했다. 이것은 남한 국민 1인당 4~10만 달러(약 4천 6백만~1억 1천 5백만 원)의 통일비용을 향후 30년 동안 분담해야 한다는 것을 의미한다.

2011년 12월 20일 기획재정부와 통일부 등에 따르면, 한국 정부는 연 1조 원 규모의 남북협력기금에 적립성 통일계정을 신설하는 것을 통일재원 마련의 중심축으로 잡았다. 그러나 전문가들은 비용의 규모와 적립 속도를 감안할 때 부가가치세율 인상 등 '통일세' 도입이 불가피하다고 지적했다.

남북협력기금은 매년 1조 1천억 원 안팎의 예산이 책정되지만 남북협력 사업의 집행률이 저조해 상당수의 기금이 국고로 반납되고 있다. 1991년부터 2011년까지 남북협력기금으로 책정된 예산 약 10조 원의 예산 중 약 5조 5천 5백억 원만 지출된 것을 고려하면 현재 약 4조 4천 5백억 원의 적립이 가능한

18 Noland, M. (1996).

[표 Ⅶ-15] 남북협력기금 집행 현황

(단위: 억 원)

	2007년	2008년	2009년	2010년	2011년
기금액	9,154	1조 1,045	1조 1,182	1조 1,189	1조 153
사용액	7,157	2,312	1,000	863	306
집행률	78.18%	20.93%	8.94%	7.71%	3.01%

주: 2011년은 11월 말 현재.

셈이다. 2011년의 경우 11월 말 기준으로 1조 153억 원의 예산 중 306억 원만이 사용되어 집행률이 3% 수준에 불과하다. 한국 정부는 남북협력기금의 불용액을 이른바 '통일 항아리'라고 명명한 특별계정에 꼬박꼬박 적립하는 한편 민간 출연금, 정부 출연금, 다른 법률에서 정한 전입금 또는 출연금 등도 함께 항아리에 담아 20년 후 총 55조 원대의 통일재원을 조성할 수 있을 것으로 내다보고 있다.

그러나 최근 통일부 용역결과를 보면, 통일 후 초기 1년간 비용은 2020년 통일을 가정한 단기형 시나리오의 경우 27~120조 원으로, 2030년 통일을 가정한 중기형 시나리오의 경우 무려 56~278조 원으로 각각 추정됐다.

2) 통일 및 남북화해를 위한 지불의사 금액

배득종(1993)은 전국 성인남녀 6백 명을 표본으로 추출하여 두 가지 형태의 설문을 통해 통일비용 지불의사를 측정하였다.

첫째 "귀하께서 통일비용의 일부를 부담한 결과 남북한 통일이 확실히 달성된다면 귀하께서는 얼마만한 액수를 즐거운 마음으로 부담하시겠습니까?"라는 개방형 질문을 통해 통일비용 지불의사 금액(WTP1)을 측정했다.

둘째 정부가 일정 금액을 세금으로 부과할 때 "그런 대로 수용할 수 있는 금액"(WTP2)과 "그 이상의 금액은 도저히 용납하지 못하겠다는 금액"(WTP3) 등을 차례로 조사하여 통일비용 지불의사 금액을 측정했다.

이러한 방법으로 측정된 통일비용 지불의사 금액은 WTP1이 월 평균 3만 원, WTP2가 34,540원, WTP3가 44,470원으로 측정되었다. 이를 1991년 전국 인구주택센서스의 20세 이상 성인인구 2,689만 명으로 곱하여 연간 통일비용 지불의사 금액을 최소 9조 6천 8백억 원에서 최대 14조 3천억 원으로 추정된다.

배득종(1993)은 조사 대상자의 개인적 특성에 따른 지불의사 금액의 차이를 알아보기 위해 표본집단을 인구 및 사회경제적 하위집단으로 세분한 후 이 하위집단 간의 평균 지불의사 금액의 유사성을 t-검증 또는 AVOVA를 이용하여 검증하였다.[19] 이를 간단히 정리하면 통일비용 지불의사는 남성일수록, 연령이 높을수록, 소득수준이 높을수록 각각 큰 것으로 나타났다. 교육수준, 북한출신 여부, 북한에 친지가 있는지 여부 그리고 통일로부터 얻는 편익의 인식 등은 지불의사 금액과 체계적인 관련이 없다는 다소 의외의 결과를 보고했다. 그러나 이러한 분석은 비교집단 간 단순 평균의 차이만을 분석한 것으로 회귀분석을 통해 모든 변수들을 통제한 상태라면 그 결과는 달라질 수도 있을 것이다.

이어서 배득종(1995)은 수도권 지역 대학생들을 대상으로 여러 가지 가상상황들을 설정하고 제시된 상황에 따라 현재의 세금보다 몇 %의 세금을 더 지불할 용의가 있는가를 물음으로서 지불의사 금액을 조사하였다.[20] 추정결과는 현재보다 55.54%의 세금을 10년 동안 매년 더 납부하겠다는 것으로 나타났다. 이를 당시의 1인당 조세부담금 126만 원과 인구 4천만 명을 기준으로 할 경우 10년간 국민들이 지불하고자 하는 통일비용 지불의사 금액은 126만 원 × (1 + 0.5554) × 4천만 × 10년 = 772조 원으로 계산되었으며 설문 응답자들이 인지하는 세금부담액 52만 원을 기준으로 할 경우 319조 원으로 나타났다. 그러나 이 연구결과 역시 설문대상이 대학생들로 구성되어 있어 이들이 직접 세금

19 하위집단으로 분류한 기준은 성별, 연령계층별, 가족 수, 혼인상태, 소득수준별, 거주지역별, 교육수준별, 직업별 그리고 실향민과의 관계별로 분류하였다.

20 질문항목은 현재와 같은 정도, 현재보다 20%, 40%, 60%, 80%, 100%의 더 많은 세금을 낸다로 6개 항목으로 구분되어 있으며 제시한 가상상황의 구성요소로서는 통일단계(남북한 합작투자추진, 완전통일 등), 경제상황(경제성장 둔화, 고성장 등), 안보상황(평화상태, 대치상태 등)의 조합을 제시하여 해당상황에서의 통일비용 지불의사를 측정하였다.

을 납부한 경험이 없기 때문에 조세부담을 현저히 과소평가할 가능성이 높다는 점을 감안한다면 지불의사 금액 역시 신뢰성의 문제가 제기될 수 있다.

상기한 배득종의 연구는 제시한 가상상황들을 설명변수로 하여 지불의사 금액에 대해 회귀분석함으로써 이들 가상상황들의 조합에 따라 통일비용 지불의사가 어떻게 달라지는지를 요인조합분석기법을 사용하여 분석했다. 이 분석결과에서 나타난 중요한 결과들을 정리하면 다음과 같다.

① 통일단계에 대한 지불의사의 결정에서 남북한의 교류나 확대 단계에서는 통일비용 지불의사는 높아지지 않으나 남북한의 화폐통합이 이루어지는 단계 이상이 되면 통일비용 지불의사는 급격히 증가한다.
② 남북한 통일이 달성되었다고 해도 경제성장이 둔화된다면 통일비용 지불의사는 크게 감소한다.
③ 국가안보가 보장된다면 통일비용 지불의사는 증가한다.

한편 통일에 관련되어 국민들의 지불의사를 측정한 연구는 배득종(1993, 1995), 장원태・곽승준(1997)의 연구를 들 수 있다. 장원태・곽승준(1997)의 연구는 전국의 성인 남녀 1천 명을 대상으로 전화 설문조사를 통해 국민들의 통일비용 지불의사를 측정하였다. 이 연구는 통일에 대한 구체적인 편익을 제시하고 조건부 가치측정법(CVM: *Contingent Valuation Method*)을 이용하여 국민들의 통일비용 지불의사 금액을 추정하였다. 이 연구에서 사용한 질문은 각각 2백 명씩에게 "귀하께서는 통일의 혜택을 얻기 위해 소득세나 소비하는 상품가격 또는 통일세를 향후 10년 동안 매달(1만 원, 2만 원, 3만 원, 4만 원, 5만 원)을 내실 용의가 있습니까"라는 양자택일형 질문으로 '예, 아니오'라는 2분식 응답을 변형된 프로빗 모형(*transformed probit model*)에 적용하여 국민들의 통일비용 지불의사를 추정하였다.[21] 이러한 방식으로 추정된 국민들의 통일

21 '변형된 프로빗 모형'이란 모든 표본에 동일한 기준치를 제시하는 일반 프로빗 모형과는 달리 사전적으로 결정된 기준치에 대해 수락 또는 기각하는 자료에 적용되도록 고안된 모형이다. 따라서 제시된 금액(1만 원, 2만 원, 3만 원, 4만 원, 5만 원)을 설명변수로 포함

비용 지불의사 금액은 연간 287,196원으로 국민 전체(4천 5백만 명)로는 총 129조 2,382억 원으로 추정되었다.

특히 조윤기(2003)는 한국인의 통일 및 남북화해를 위한 지불의사 금액을 추정하고 그 결정요인을 분석함으로서 계층별 개인특성별 지불의사 금액의 차이를 분석했다. 상기한 연구의 주요 결과를 요약하면 다음과 같다.

① 표본 한국인 개인당 남북화해나 통일을 위한 지불의사 금액은 1996년과 1998년 각각 연간 16,472원과 12,447원, 국민 전체의 남북화해나 통일을 위한 총 지불의사 금액은 1996년 7,412억 원, 1998년에 5,601억 원으로 추계되었다. 이는 기존의 연구결과들보다는 상당히 낮은 금액일 뿐만 아니라 통일비용 추계치 증 가장 적은 금액인 놀랜드의 320조 원에 비해서도 크게 적은 금액이다.[22] 통일비용에 비해 국민들의 지불의사 금액이 크게 적다는 사실은 통일 이후 정부가 통일비용을 조달하는 데 상당한 어려움을 겪어야 한다는 것을 의미한다. 따라서 장기적으로 통일비용을 줄이고 통일여건을 지속적으로 향상시키기 위해서는 북한에 대한 경제적 지원 및 남북경협의 확대 등을 통해 북한의 경제력을 향상시키고 통일비용의 일부를 북한 측이 분담할 수 있는 여건을 마련하는 것도 중요한 과제일 것이다.

② 계층·개인특성별로 남북화해나 통일을 위한 지불의사 금액의 차이는 고학력자일수록, 연령이 높을수록 지불의사 금액이 각각 크다는 점이다. 우선, 고학력자일수록 지불의사가 높다는 것은 일반적으로 학력이 높을수록 노동시장에서의 소득이 높기 때문이기도 하지만 한편으로는 통일에 대한 편익을 그만큼 정확히 인식한다고 판단할 수도 있다. 따라서 통일에 대한 당위성과 편익을 국민들에게 제대로 인식시키는 노력이 중요한 요소가 됨을 알 수 있다. 다음으로, 연령이 높을수록 지불의사 금액이 크다는 것은 고연령층일수록 민족 동질감에 대해 공감을 하고 있다는 것

하여 추정하는 방식을 의미한다.

22 Noland, M. (1996).

을 나타낸다고 말할 수 있다. 따라서 젊은 세대들의 통일비용지불의사가 적다는 사실은 향후 통일비용 재원조달이 그만큼 어려울 것임을 시사한다. 특히 응답자 자신이 이북 출신인 경우 지불의사 금액은 현저히 증가하지만 부모가 이북 출신인 경우 해당 응답자의 지불의사 금액에 유의미한 차이가 없다는 것은 결국 젊은 세대일수록 부모들 세대와는 단절된 통일관을 가진다는 것을 의미한다. 따라서 젊은 계층에 대한 통일교육은 단순한 민족의식의 고취나 민족동질감 제고라는 전통적인 입장에서 벗어나 통일이 경제나 안보에 실질적인 편익을 가져올 수 있다는 것을 강조하는 방향으로 전환할 필요가 있음을 시사해준다.

③ 직종별로는 봉급생활자의 통일비용 지불의사 금액이 다른 직종 생활자에 비해 월등히 적게 나타나고 있다. 따라서 봉급생활자의 조세저항을 최소화할 수 있는 형태의 비용분담 방식도 모색해야 할 것이다.

④ 서울지역 거주자들의 통일비용 지불의사 금액이 유의하게 작게 나타나고 있다. 이것은 생활비의 차이 때문으로 추측된다.

⑤ 소득수준이 높을수록, 생활만족도가 높을수록 통일비용 지불의사 금액이 큰 것으로 나타나고 있다.

결국, 국민 자신들의 소득이 안정되고 생활만족도가 높을수록 통일비용 지불의사가 커진다는 사실은 원만한 통일을 위해 지속적인 경제성장을 통한 남한 주민들의 소득 및 생활안정이 우선되어야 함을 알 수 있다.

3) 통일비용의 조달방안

전문가들(예로서 안종석 조세연구원 조세연구본부장)은 통일재원 조달 방안으로 이른바 ‘통일세’로 불리는 세금을 신설하는 것을 실현가능한 대안으로 꼽고 있다. 특히 부가세율을 단계적으로 인상해 추가 확보되는 세수를 ‘통일 항아리’에 담는 방안을 유력하게 꼽았다. 그 근거로서 부가세는 간접세로서 조세저항이 상대적으로 적어 세수 확보가 용이하며 적은 세율 인상으로 많은 세수를 확보할 수 있다. 현재 부가세율을 2% 올린다고 가정했을 때 추가 확보되는 세수는 연간 10조 원에 달할 것으로 추정된다.

부가세가 중·저소득층에 더 큰 부담이 되는 근원적 문제가 있다는 점에서, 별도의 세목을 신설하거나 소득·법인세에 '통일세'를 직접 부과할 필요가 있다는 주장도 있다. 예로서, 독일이 도입한 '연대특별세'(*solidarity surcharge*)를 들 수 있다. 독일은 통일 직후인 1991년 최초 1년 기한으로 소득세와 법인세에 각각 7.5%씩 부과했으며, 그 이후 1995년 부활해 소득세와 법인세의 5.5%가 부과됐다. 이 경우, 관건은 납세자의 저항을 어떻게 극복하느냐이다.

다른 한편으로, 통일국채를 발행해 통일재원으로 활용하는 방안도 가능하다. 실제 독일도 통일재원 중 세금(27%)보다는 국채 발행(53%) 비중이 컸다. 그러나 국채 발행의 경우 단기간에 대규모 자금마련이 가능하다는 장점이 있지만 국가 재정의 건전성에 부정적 영향을 줄 수 있다. 국채 발행은 재정 건전성에 부정적 영향을 주는 동시에 현재의 비용을 미래세대에 비용을 떠넘기는 성격이 강하다. 따라서 그 규모는 매우 제한적일 수밖에 없다.

여기서 유의할 것은 독일은 1990년 통일 이후 동독 주민의 소득을 서독의 70%까지 올리기 위해 20년간 2조 달러를 투입했다는 점이다. 통일 당시 동독의 1인당 국민소득은 서독의 40% 수준이었다. 인구는 서독의 4분의 1에 불과했다. 게다가 서독과 동독은 통일 이전부터 긴밀한 경제 교류를 했다. 반면 북한의 1인당 국민소득은 남한의 5%에 불과하고, 북한의 인구는 남한의 절반에 달한다. 북한의 소득수준을 남한 수준으로 끌어올리려면 동독에 투입한 것보다 더 많은 물적 자원이 필요하다.

〈중앙일보〉가 2008년 '매년 예산 1%를 북한 기금으로 모으자'는 어젠다를 제안한 데 이어 최근 구체적 대안으로 '적립식 통일기금을 만들자'는 기획기사를 게재하였다. 2010년 여론조사에 따르면 "비용부담이 있더라도 반드시 통일해야 한다"는 답변은 21.8%에 불과했다.[23] 즉, 통일을 포함한 남북관계 격변에 대한 한국 국민의 관심은 점차 낮아지고 있다. 이런 상태에서 격변상황이

23 중앙일보(2010. 9. 9).

닥치면 엄청난 혼란에 직면할 것임은 자명한 일이다.

통일은 분단비용을 없애고 국가발전의 새로운 동력을 마련하기 위해 필요한 것이다. 통일부는 통일 대비 최소비용으로 55조 원을 적립하는 방안을 추진하고 있다.[24] 남북협력기금에 특별계정을 설치해 남북협력기금의 불용액을 기반으로 삼고 여기에 민간출연금, 정부출연금, 다른 법률에서 정한 전입금 또는 출연금을 합해 통일재원을 마련한다는 것이다.

통일부가 적립하려는 액수는 통일연구원 등 여러 연구기관이 공동으로 추진한 연구결과에 따라 정한 것이다.[25] 이 연구에 따르면 향후 20년이 경과한 후 통일되는 것으로 가정할 때 통일 첫해 드는 통일비용이 55조 원에서 277조 원으로 추계됐다. 이번의 통일비용의 추계는 통일 이후 정치·군사·경제·사회·문화 등 분야별로 필요한 사업을 선정한 후 항목별 통일비용을 합계한 항목별 누계방법으로 산출한 것이다. 이런 방법은 통일 당시의 경제상황을 구체적으로 반영할 수 있으며 항목별로 다양한 재원조달 방안을 강구할 수 있다는 장점을 지니고 있다.

통일비용의 조달방안이 무엇이든 간에, 통일은 갑작스럽게 올 수도 있고 점진적으로 다가올 수도 있다. 그러나 어떤 형태의 통일이 다가오더라도 통일국가 건설을 위해서는 철저한 준비가 필요하다. 통일의 유형이나 통일하는 방법론을 두고 정치적인 공방에 매달리기보다 차분하게 통일 준비를 위해 시간과 에너지를 집중하는 것이 바람직하다. 예컨대 통일국가의 청사진을 구체화해야 한다. 통일 뒤 정치적 안정, 북한 지역의 경제발전, 사회심리적 통합 등을 위한 세심한 대책이 마련되어야 한다.

그러한 시각에서, 저자는 제 V장에서 '한국형 복지사회'(남북한 주민을 모두 포함한)를 위한 재원조달 방안으로서 토지 불로소득에 대한 '사회보장세'를 부과하는 방안을 제시하고 재원조달 방안에 대한 장단점 및 유효성을 서술했다.

---

24 중앙일보(2011. 11. 29).

25 기존의 통일비용 추정은 독일의 통일비용을 근거로 삼거나 통일 뒤 북한 지역의 경제수준을 남한의 일정 수준으로 향상시키는 것을 목표로 한 거시적 계량모형을 활용한 것이다. 따라서 연구에 따라 100배 이상의 편차가 있었다.

VIII
요약 및 결론

이 저서의 목적은, 제목이 시사하는 바와 같이 최근 글로벌 경제위기와 한반도 패러다임의 변화에 대응하여 대한민국의 생존과 번영을 위한 비전과 전략을 제시하는 것이다.

저자는 지난 35년 동안(1979~2013) 연구하고 국내외에 발표한 논문 및 저서를 '민주복지사회 및 통일민족국가 건설'이라는 주제로 집대성했다. 실로 방대한 원고 분량인 만큼 뜻 있는 독자들의 편의를 도모하기 위해 요약 및 결론을 다음과 같이 서술한다.

1. 이 저서의 역사적 배경과 철학적 가치

1) 역사적 배경

저자는 지난 100년의 세계경제 근·현대사(1914. 6 제1차 세계대전~현재)와 70년의 한국경제사(1945. 8 해방~현재)를 역사적 배경으로 삼고 지난 100년의 세계경제 근·현대사를 다음과 같이 6개 시대로 구분하였다.

① 유럽 열강의 경쟁시대(제1차 세계대전~제2차 세계대전 직전)

② 미국의 강대국 부상시대(제2차 세계대전~1978년 4월 킹스턴 체제)

③ 미국·유럽·일본의 공존시대(1978년 4월 킹스턴 체제 후~1992년 일본의 자산 버블 붕괴)

④ 미국의 호황시대(1992년 일본의 '잃어버린 10년' 시작~2001년 9·11 테러 사건)

⑤ 미국의 1극 체제하에서 유럽·동북아와의 공존시대(2001년 9·11 테러 사건~2008년 하반기 글로벌 금융위기)

⑥ 미국·중국의 2극 체제하에서 아시아·태평양 시대(2009년 11월 G20 출범 이후~2050년경)

상기와 같은 6개 시대의 역사적 개관을 통하여 저자는 세계대공황(1929~1939), 1998년 아시아 금융위기, 2008년 하반기 글로벌 금융위기, 2011년 8월 글로벌 경제위기를 각각 대비하여 분석함으로써 한국경제의 탈(脫) 글로벌 경제위기 방안을 모색했다. 에드워드 카(Edward H. Carr) 교수는 그의 1961년 저서《역사란 무엇인가?》에서 역사를 '과거와 현재의 대화'라고 정의했다.

한국은 '소규모 개방경제'(*small open economy*)로서 1962년부터 대외지향적 수출전략을 추진했고 1998년 이후 자본 자유화를 실시하고 있다. 따라서 한국경제는 외부경제의 변화(예로서 해외수요 환율변동, 유가 및 원자재 가격 변동 등)에 매우 민감한 경제체질을 가졌다. 그러므로 한국 사회의 지속적 발전과 한반도의 평화를 위한 방책을 강구하기 위해서는 미국·중국·일본·러시아·유럽의 정치, 경제, 사회동향을 면밀히 분석해 볼 필요가 있다.

(1) 미 국

미국은 제2차 세계대전(1939. 8~1945. 8) 이후 2008년 하반기 '글로벌 금융위기'까지 약 70년 동안 세계를 제패했다. 그러나 2001년 9월 11일 테러사건을 기점으로 '팍스 아메리카나'를 유지하기 위하여, 대량살상무기 확산방지 구상(PSI: *Weapons of Mass Destruction Proliferation Security Initiative*)의 강화와

FTA의 광역화를 추진했다.

그럼에도 불구하고 가브리엘 콜코, 제프리 삭스, 누리엘 루비니, 앤디셰, 후안강 등은 '팍스 아메리카나'의 종언(終焉)을 예언한다.

오바마 대통령은 '쌍둥이 적자'의 누증과 아프가니스탄·이라크 전쟁에서의 군사적 딜레마로부터 탈피하기 위하여 지난 22년 동안 유지한 '2개의 전쟁'(1+1) 개념(중동과 한반도에서 2개의 전쟁을 동시에 수행하는)을 포기하고 해외 주둔 미군 전략의 우선순위를 유럽 및 중동에서 아시아·태평양 지역으로 옮기는 아시아 중시의 신(新) 국방전략으로써 '글로벌 리더십의 지속: 21세기 국방의 우선순위'를 발표(2012. 1. 5)했다.

한편, 경제적 측면에서 보면 미국은 2011년에 국가신용등급이 강등당했고 3회의 양적 완화를 통해 무려 3조 달러(약 3,450조원, 한국의 연간 GDP의 약 3배 수준)를 쏟아부었지만 2011년 8월부터 시작된 '글로벌 경제위기'의 늪에서 아직 벗어나지 못하고 있다. 이러한 경제난국을 타개하기 위한 전략으로서 오바마 대통령은 "미국은 태평양 국가"라고 선언(2011년 말)하고 '신(新)아시아 정책'(2009. 11. 14), '환태평양 경제동반자 협정'(2011. 11. 12)을 통하여 미국 경제력의 회복을 위해 안간힘을 쓰고 있다.

(2) 중국

1840년 아편전쟁 패배 후 중국의 국가목표는 크게 3가지 ① 민족독립, ② 국가강성, ③ 현대화였다. 이러한 국가목표를 달성하기 위해, 마오쩌둥의 1949년 '중화인민공화국'의 건설, 대약진운동(1958~1960), 문화대혁명(1966~1976), 덩샤오핑의 1978년 개혁·개방, 장쩌민의 지속적 고도성장, 후진타오의 '전면적 소강(小康) 사회' 및 '사회주의(社會主義) 조화사회(和諧社會)'의 건설과 국가 강성(중국을 세계 2위로 위상 제고)에 이어서 시진핑의 현대화(중국을 세계 1위로 위상 제고)가 추진되고 있다.

중국은 2001년 11월 WTO에 가입하여 세계 경제에 편입한 후 불과 7년 만인 2008년 8월 베이징올림픽을 계기로 '세계 속의 중국'을 과시했다. 중국은 경제대국(2012년 기준으로 GDP 규모 세계 4위, 교역규모 세계 3위, 외환보유고 세계 1위 등)이 되었고, 나아가 정치·군사대국으로 발돋움하여 남(南)중국해의 영유권을 탈환하겠다고 포효(咆哮)하고 있다. 또한, 중국은 위안화의 국제화를 추진하면서 기축통화 국가로 발돋움하고 있다. 나아가, 중국은 동북아 경제권을 결속시키기 위해, 한·중·일 FTA를 제안(2011. 11. 22)하고 한국과 일본에게 동 협정을 위한 협상 및 체결을 종용하고 있다.

한편, 중국공산당 기관지 〈인민일보〉는 향후 중국 경제의 지속적인 성장을 낙관하기 어렵다고 지적했는데 그 근거는 다음과 같다. 중국 경제는 3대 딜레마(투자, 재정, 인플레이션) 속에 빠져 있으며, 내수와 수출 간, 투자와 소비 간, 도시와 농촌 간의 불균형이 각각 심화되고 있다. 또한, '농민공'이 2억 2천 6백만 명〔도시 농민공 1억 2천 6백만 명과 향진(鄕鎭)기업 농민공 1억 명〕이 중국 대륙에 떠돌고 있다.

그럼에도 불구하고, 중국 지도부(특히 리커창 총리와 저우샤오촨 인민은행장)은 '경제 살리기'보다 '반(反)부패 운동'과 '신용거품 제거'를 통하여 중국 경제의 선진화를 위한 경제구조 개혁에 더 힘을 쏟고 있다. 2012년 말 기준으로, 중국의 지방정부 부채(12조 8천 5백억 위안)와 그림자 금융 규모(31조 5천억 원 위안)을 합하면 41조 3천 5백억 위안에 달한다. 이는 2012년 중국 GDP 51조 9,322억 위안에 육박하는 규모다. 2013년 3월 말 현재, 중국 광의통화(M2) 잔액이 103조 6천 1백억 위안인 점을 감안하면 지방정부 부채와 그림자 금융을 포함한 중국 내 전체 신용의 GDP 대비 비율은 200%에 달한다. 이 비율은 미국 73.2%와 유로 102.5%에 비해 훨씬 높다. 피치(Fitch)에 따르면 그림자 금융을 포함한 중국의 총 신용대출은 2012년 말 GDP 대비 198%에 달한다.[1]

최근에 중국 외환당국이 가장 우려하는 리스크는 자금의 유출에 따라 위안화가 평가절하되고, 환차손 및 추가적 평가절하 기대가 확대되면서 다시 국내자금의 해외유출이 가속화되는 악순환이다. 이 경우, 부동산 및 주식 등 자산시장의 붕괴가 현실화되면서 중국 경제의 경(硬)착륙이 도래할 수 있다.

1 한국경제(2013. 4. 11).

(3) 일 본

일본은 1997년 '아시아 금융위기'와 2008년 하반기 '글로벌 금융위기'를 기술강국 및 저축강국으로서 버텨냈고 세계에 대한 독점적 자본재 수출로써 경상수지 흑자국·경제대국·채권대국이 되었다. 나아가 일본은 2011년 8월 이후의 글로벌 경제위기를 최근 미국·유럽과 더불어 양적완화 정책으로써 엔고를 엔저로 전환하여 자국의 제조업 경쟁력을 드높이고 있다.

한편, 일본은 미국의 '환태평양 경제동반자 협정'(TPP: *Trans-Pacific Partnership*)에의 참여를 선언(노다 요시히코 총리, 2011. 11. 12)하고 미·일 방위조약(1978. 11; 1979. 4)을 지렛대로 삼아 아시아에서 미국과 함께 패권을 노리고 있으며, 최근 미국의 아시아 중시 신(新)국방전략에 의거하여 '군사대국'으로까지 발돋움하고 있다.

이미 일본 참의원이 헌법 개정을 위한 국민투표법을 통과(2007. 5. 14) 시켰듯이, 향후 일본은 현행 "평화헌법"의 제9조 2항〔전력 불(不)보유와 교전권 부인〕을 개정함으로써 '싸울 수 있는 군대'를 가진 '보통국가'가 되기를 소망하고 있다.

(4) 러시아

소련이 붕괴(1991. 12. 25)한 후, 러시아는 군사력이 현저히 약화되고 지정학적 위상이 축소되었다. 따라서 러시아는 군사력만으로는 더 이상 자국의 국력을 세계로 투사할 수 없기 때문에 이젠 러시아의 경제력을 가지고 인근 CIS 국가들뿐만 아니라 지역국가들에 대하여 영향력을 행사해야 한다는 전략을 세우고 있다.

러시아의 대(對)한반도 대외정책은 ① 한반도의 평화 유지, 동북아의 안전보장 및 중장기적 관점에서 동북아 다자간 안보체제의 형성, ② 남북한에 대해 '잘 균형 잡힌' 관계를 유지하는 것이다.

러시아 경제의 '젓줄'은 에너지자원이다. 특히 시베리아 지역은 지구상 모든 광물자원을 포함한 에너지자원(석유, 천연가스, 석탄, 수력, 풍력, 지열, 조력, 원자력 등)의 보고이다. 또한 북극양에는 미개발된 화석연료(특히, 세계 석유와 가스 매장량의 4분의 1)와 다이아몬드와 금을 포함한 희귀금속은 인류의 마지막 보물이다. 러시아의 우라늄 매장량도 세계 제7위로서 세계 전체의 7% 정도를 생산하고 있으며, 핵 농축 능력은 세계 전체의 약 절반이다. 그리고 러시아에는 철광석(250억 톤, 세계 2위) 외에도 니켈, 금, 구리, 코발트 등 광물자원, 임산 및 수산자원도 풍부하다.

에너지 산업이 러시아 경제에서 수행하는 역할을 보면, 러시아는 총 수출의 60%, 재정 수입의 40%, GDP의 20%를 에너지(석유, 가스) 산업에 의존한다. 따라서 러시아는 동시베리아와 사할린에 매장된 원유와 천연가스를 개발하여 이를 동북아 국가들에 공급하고, 장기적으로는 발전소와 송전선을 건설하여 러시아 극동지역을 포함하는 동북아 지역 전체에 '에너지 통합 시스템'을 건설하려는 구상을 갖고 있다. 이 지역을 위한 개발 대상지는 동시베리아 앙가르스크(Angarsk) 유전과 이르쿠츠크(Irkutck) 근방의 코빅친스코예(Kovyktinskoe) 가스전, 사할린(Ostrow Sakhalin) 유전 및 가스전 등이다. 러시아는 동시베리아·극동지역의 에너지·자원 개발을 하여 서유럽에는 석유·가스 공급을 감축하는 대신에 동북아로는 증폭한다는 이른바 '에너지 서감동증(西減東增)' 전략을 펼치고 있다.

또한, 러시아는 동북아 국가들로의 공급망 창설, 시베리아 횡단철도(TSR)와 한반도 종단철도(TKR)의 연결을 통한 유럽과 동북아 간의 국제 운송망 구축을 동북아 국가들과의 경제협력 및 통합의 가장 중요한 수단으로 간주한다. 이로써, 러시아는 유럽과 아시아 대륙을 잇는 유라시아 철도(TAR: *Trans-Asian Railway*)의 연결을 통해 아시아의 물류허브로 부상할 준비를 하고 있다.

TSR과 TKR의 연결사업은 2001년 및 2006년 11월 개최된 '유엔 아·태 경제사회이사회'(UN ESCAP) 교통장관회의에서 아시아횡단 철도망 연결 프로젝트의 일환으로 합의되었다. 이어서, 2008년 9월 한·러 정상회담에서도 양국은 TSR과 TKR의 연결사업을 위해 협력하기로 합의했다. 나아가 러시아는 TSR 및 TKR뿐만 아니라 중국 횡단철도(TCR), 만주 횡단철도(TMR), 몽골 횡단철도(TMGR)와 연결할 계획을 세우고 있다.

(5) 유 럽

유럽은 트릴레마(*trilemma*), 즉 ①국가채무 위기, ②은행 위기, ③실물경제 위기의 악순환 고리에서 좌충우돌하면서 '재정통합 없는 통화동맹'의 수렁에 빠져들었다. '국가채무 위기'란 재정적자 확대와 정부부채 증가로 인하여 국가 신용등급이 하향조정되고 국가부도 위험이 증가하는 상황을 말한다. '은행 위기'란 은행부실 확대로 거래상대방 위험(*counter-party risk*)이 증가하여 은행 간 자금거래가 위축되고 예금인출이 급증하는 상황을 말한다. '실물경제 위기'란 긴축 및 신용경색으로 경제침체가 심화되고 고용이 악화됨으로써 세수(稅收)가 감소하여 채무상환능력이 약화되는 상황을 말한다.

따라서 EU는 재정·금융위기를 극복하기 위해 유동성 자금의 확충, 재정건전성의 강화, 국가경쟁력의 강화 등을 위한 조치로서 2011년 12월 9일 신(新)재정협약(2013년부터 연간 재정적자를 GDP의 0.5% 이내로 한정)을 체결하였고 2012년 10월 유럽안정화기구(ESM)을 설립하여 2013년 말까지 6천여 개 은행의 감독전환을 유럽중앙은행(ECB)으로 통합했다. 그리고 ECB는 새로운 국채매입프로그램(OMTs: *Outright Monetary Transactions*)에 따라 무제한 국채매입에 나설 계획이다. 2012년 10월 8일 출범한 유럽안정화기구(ESM)도 은행 직접지원, 국채매입 등을 수행하고 있다.

사실, 유로존(유로화 사용 17개국)은 금융이나 재정의 실질적인 통합 없이 단지 단일통화(유로)만을 매개로 한 불완전한 통합으로 출발하였기 때문에 태생부터 이미 파국을 잉태하고 있었다.

현재 유럽에서 진행되는 경제위기 상황은 남유럽 국가의 방만한 재정지출에서 비롯된 '재정위기'라고 불리지만 근본적인 측면에서 보면 통화통합으로 인하여 환율의 자동조절 메커니즘이 작동할 수 없는 유로 체제의 구조적 위기라고 말할 수 있다.

정치경제학적 시각에서 보면, 국가 간에 완전한 경제통합을 이루기 위해서는 대외적으로 국가주권을 포기하거나 대내적으로 정치적 민주주의를 희생해야 한다. 이것은 이른바 '트릴레마', 즉 경제통합, 국가주권, 민주정치가 동시에 존재할 수 없고 셋 중에서 둘만 선택할 수 있다는 것으로 설명할 수 있다.

일반적으로 통화통합은 경상수지의 관점에서 보면 통합 이전에 자국 화폐가치가 상대적으로 높은 국가에게 유리하다. 왜냐하면 단일 통화를 통해 가격경쟁력을 강화할 수 있기 때문이다. 이와 반면에, 재정통합은 재정적자 국가에게 더 유리하다. 왜냐하면 재정통합은 재정수지가 상대적으로 건전하거나 흑자인 국가로부터 그렇지 못한 국가로의 재정의 재분배를 가져오기 때문이다. 이와 같은 통합에 따른 편익의 비대칭성으로 인하여, 독일 등 경상수지 흑자국은 재정통합을 서두르고 싶지 않은 반면 그리스 및 이탈리아 등 재정 위기를 겪는 국가들은 신속하고 충분한 재정통합을 원하고 있다. 그러나 재정통합은 유럽 중심국 국민들의 반대가 많고 정부 간 이견도 크기 때문에 제대로 진척을 보이지 못하고 있다.

재정통합은 위기 해소를 위한 가장 확실한 해법이지만, 리스본 조약과 EU 회원국의 헌법을 개정해야 하므로 단기간 내에 실현되기는 어렵다. 따라서 신(新) 재정협약(2011. 12. 9)은 각국의 재정건전화를 주요 목표로 삼는다. 한편, 실질적 의미의 재정통합은 제한적이나마 세입과 세출 기능을 갖는 단일 재무기구가 설립되고 유로존 차원의 정책 공조 및 정부부채 연대보증, 재정이전 등이 시행되는 것을 의미한다. 그러나 공동채무 부담, 국가 간 재정 이전 등에 재정 우량국 국민들이 얼마나 동의할 수 있을지는 의문이다. 또한 국가 간 세입·세출 정책 공조 강화 및 재정주권의 부분적 이양 등도 달성하기 어렵다.

2) 철학적 가치

한국 사회에서 가장 시급하게 필요한 것은 추상적 개념의 '행복'보다 실체적 개념의 '정의'(正義)이며, 정의 중에서는 '분배적 정의'보다 '사법적 정의', 또한 '복지국가 건설'보다는 자유와 평등이 통합된 '질서정연한 민주주의 사회'의 건설이다.

(1) 신실용주의 철학의 제창

저자는 시장기능과 정부 역할을, 자원배분의 효율성과 소득분배의 공정성을, 성장과 분배를 동시적으로 만족시킬 수 있는 새로운 경제사상으로서 '신실용주의'를 수년 동안 국내외에 발표했다.

저자의 경제철학은 신자유주의에 대응하여 신실용주의를, 금융자본주의에 대응하여 인본자본주의를 각각 선택하고, 자유와 평등의 통합된 '질서정연한 민주주의 사회'를 건설하기 위한 정책목표로서 지속적 경제성장 · 완전고용 · 형평한 소득분배 · 잔여복지를 추구하는 것이다.

저자는 신실용주의를 국가통치의 도덕성과 절차적 민주주의를 바탕으로 '최대다수의 최대행복'을 위한 인간의 기본 욕구(직장, 주택, 교통, 교육, 의료, 연금 등)가 충족됨으로써 인간의 존엄성 · 자율성 · 창의성을 존중하는 인본주의적 사회공동체를 지향하는 사유 패러다임(인식론적 원리와 존재론적 원리)으로 저자는 정의한다. 즉, 신실용주의는 '인간 중심 사상', 즉 인본주의〔즉, 인내천(人乃天)〕이며 그것의 궁극적 목적은 '최대다수의 최대행복을 위한 민주사회'를 건설하는 것이다.

신실용주의의 실천방법은 테크노-경제발전 전략에 의한 국가경쟁력의 제고이다. 환언하면 신실용주의는 다른 철학과는 달리 주어진 철학적 가치를, 즉 '최대다수 최대행복을 위한 자유민주주의 사회'와 '정의로운 경제체제'를 박애주의적(*philanthropic*) 규범이나 도덕에 맡기지 않고 이 철학적 가치를 성장 · 안정 · 분배(복지)로 전환시켜 그것의 실천방법론으로서 과학과 경제를 접목시킨 테크노-경제발전 전략을 제시한다. 이로써, 미시경제적 일반균형(가계의 소비와 기업의 생산의 최적자원 배분)과 소득분배의 형평성, 즉 사회정의를 통합시킴으로써 '최대다수 최대행복'이 주관적 심리상태에 존재하는 것이 아니라 사회경제적 메커니즘의 실체로서 정착시킬 수 있다는 것이다.

신실용주의 철학은 조선 후기의 실학사상, 임마누엘 칸트의 '규범론적 자유주의론', 존 롤즈의 《정의론》에 기초를 둔다. 신실용주의는 특히 존 롤즈의 '질서정연한 민주주의 사회'를 추구한다. 이러한 사회에서는 자유와 평등이 정의(正義, *justice*)로서 통합된다.

신실용주의는 찰스 다윈의 진화론과 적자생존에 근거를 두었던 찰스 퍼스의 실용주의 및 존 듀이의 도구주의와 다르며, 또한, 덩샤오핑의 '흑묘백묘' 및 '남파북파'의 실리주의와 다르다.

신실용주의는 미국의 실용주의와는 달리, 진리(眞理)와 실리(實利)를 등가적(等價的)으로 간주하지 않는다. 신실용주의는 찰스 다윈의 진화론에 근거를 둔 적자생존의 신자유주의와 다르다. 왜냐하면 '최대다수의 최대행복을 위한 민주주의 사회'를 건설하기 위해서는 소득 양극화를 나타내는 '아령형' 사회구조를 '다이아몬드형' 사회구조로 변환함으로써 칼 마르크스의 '인간의 비(非)인간화'를 방지해야 하기 때문이다.

신실용주의는 존 스튜어트 밀의 '최대다수의 최대행복'이라는 목표를 지향하되 그 성과 혹은 결과(성과 중심주의적인 미국 실용주의와 목표 중심주의적인 덩샤오핑의 실리주의)보다는 '최대다수 최대행복'의 추구과정 및 절차상의 민주주의를 더욱 중요시한다.

한편, 조안 로빈슨 교수는 1971년 12월 미국경제학회 연례총회 강연에서 "경제이론의 제 2위기"(*The Second Crisis of Economic Theory*)를 발표하였다. 과거 경제이론의 '제 1위기'에서는 고용증대가 요구되었던 반면, '제 2위기'에서는 자원분배의 효율성보다는 소득분배의 공정성과 대중빈곤의 해소가 더 긴급한 사회적 문제라고 로빈슨 교수는 호소하였다. 그리고 신고전파의 경제학자들이 자유방임주의를 옹호하고 케인스의 《고용, 이자, 화폐에 관한 일반이론》의 본질을 간과한 채, 시장의 기능이 자원배분의 효율성뿐만 아니라 소득분배의 공정성도 보증한다고 주장하고 있으며, 따라서 경제이론의 '제 2위기'는 무엇보다도 '경제사상의 위기'임과 동시에 '경제학자의 위기'라고 통렬히 비판했다.

이와 관련하여, 저자는 성장과 분배는 선·후로 나눌 수 있는 성격의 문제가 아니라고 주장한다. 선(先)성장·후(後)분배 혹은 선(先)분배·후(後)성장의 논란은 근본적으로 잘못된 것이다. 니콜라스 칼도[2]의 소득분배이론에서 보는 바와 같이, 성장과 분배는 자원배분 과정에서 한계생산물, 저축성향, 인구

2 Nicholas Kaldor(1955; 1957; 1961; 1962).

(노동) 성장률, 기술변화에 의해 매 시각 동시적으로 결정되는 동태적 현상이다. 그리고 상기의 변수들이 외생적으로 주어졌을 때 평균소비성향(APC)이 높은 저소득층보다 평균저축성향(APS)이 높은 고소득층에게 더 많은 소득이 배분되면 사회 전체적으로 더 많은 저축과 투자가 발생하고 더 높은 경제성장률을 창출한다는 것이다. 따라서 성장과 분배의 선순환은 투자에 의하여 결정되는 것이다.

성장과 분배(혹은 자유와 평등)의 갈등은, 복지국가로써 미봉책으로 해결하고자 하는 것이 아니라, 완전고용으로써 근원적으로 해결해야 한다. 어떤 소득재분배 정책이 아무리 합리적인 것이라도 빈곤의 근본적 퇴치방안은 될 수 없다. 그것은 단지 빈곤의 고통을 잠시 경감시켜주는 효과를 산출할 뿐이다.

진정코, 소득재분배 정책이 소기의 성과를 거두기 위해서는 교육이나 훈련 등을 통해 자신의 인적자본을 높임으로써 자력으로 빈곤에서 탈피할 수 있도록 도와주어야 한다. 그것은 개인에게는 일자리를 갖도록 하는 것이며 사회 전체로 보면 고용증대인 것이다. 즉, 지속적 성장과 형평한 소득분배의 연결고리는 바로 '양호한 고용'의 증대이다.

(2) 신자유주의의 대안으로서 신실용주의

1980년대 초 이후, 경제에 대한 정부 개입을 최소화해야 한다는 신자유주의가 풍미했다. 즉, 시장은 자율적 조정능력이 있기 때문에 경제현상을 시장에 맡겨두라는 것이었다.

그러나 2008년 하반기 세계 자본주의의 중심인 미국에서 일어난 '글로벌 금융위기'의 발생요인은 경제주체 간의 담합과 도덕적 해이였다. 신자유주의를 겉으로 내세우면서 시장무대의 장막 뒤에서 반(反)시장적인 도덕적 해이와 사악한 금융범죄 행위들이 벌어졌다. 요컨대, 2008년 하반기 '글로벌 금융위기'는 정부가 경제 시스템의 작동과 관련해서 제대로 역할을 하지 못했기 때문에 발생한 것이다.

모름지기, 정부의 역할이란 경제주체 간에 벌어지는 경제게임이 시장에서 공정하게 진행될 수 있도록 제도적 장치를 만들어 작동시키면서 '게임의 규칙'(*rule of game*)을 집행하는 엄정한 심판자 역할인 것이다. 이것이 바로 존 롤즈가 갈파한 '질서 정연한 민주사회'와 '정의로운 경제체제'가 필요한 이유이다. 신자유주의의 '보이지 않는 손' (*invisible hand*), 즉 시장의 원리가 제대로 작동하려면 뮐러-아르마크의 '질서자유주의'가 필요한 것이다.

따라서 한국 사회를 최근 풍미하는 '친(親)기업' 혹은 '반(反)기업'의 논쟁들은 경제철학의 빈곤과 경제이론의 무지(無知)를 드러낸다. 문제의 핵심은 '친'(親)시장이냐 혹은 '반'(反)시장이냐가 아니라, 기업과 가계의 경제행위에 대해 얼마나 '공정한가' 혹은 '불공정한'이다.

결과적으로, 미국은 금융자본주의를 통해 지난 30년 동안 자본주의의 활로를 찾았으나 규제 없는 자유시장의 자기조절 메커니즘은 미국식 금융자본주의의 구조적 모순이 노출됨에 따라 붕괴되었다. 또한, 유럽은 유럽지역 경제동맹과 화폐통합(유로 통화체제 창설)에 의해 미국과 경쟁할 수 있는 활로를 찾았으나 상품·자본·노동의 자유로운 이동과 유로(*Euro*)라는 통화동맹의 '유럽식 자유시장'은 재정통합 없는 통화동맹의 구조적 모순으로 실패하였다.

특히 프랑스에서는 대중운동연합의 사르코지(Nicolas Sarkozy)가 강행했던 신자유주의의 정책이 폐기됐다. 그 대신에, 사회당 후보로서 프랑수아 올랑드 대통령은 평등에 기반을 둔 정의를 추구하는 60개의 대통령 선거 공약을 제시했다. 특히 현재의 유럽 재정위기를 부자(富者) 증세와 적극적 재정·금융정책을 통한 '국가의 보다 적극적인 역할'을 통해 극복할 수 있다는 비전을 보여주었다. 또한, 그는 재정적자를 없애기 위해 긴축재정만을 강조한 유로존(유로화 사용 17개국)의 '신(新)재정협약'으로는 경제성장을 이룰 수 없다고 판단하고 신(新)재정협약의 큰 틀은 유지하면서도 경제성장을 가능하게 하는 정책을 포함시켜야 한다고 주장하였다.

또한, 미국의 재정과 부채의 장기 추이에서도 신자유주의의 모순은 여실히 드러난다. 즉, 적극적인 재정정책('큰 정부')을 사용했던 1950년대와 1960년대에 재정수지가 오히려 균형에 접근하였고 국가채무도 감소했던 반면에 1980년대 이후 신자유주의의 노선에 따라 소득적인 재정정책('작은 정부')을 사용했던 지난 30년 동안 오히려 재정수지 적자가 빈발하였고 국가채무도 증가했다.

자본주의 황금기라 불리는 1950년대와 1960년대에 재정수지 균형을 도모할 수 있었던 요인은 적절한 재정정책을 통해 안정적인 성장과 고용을 도모했고 임금 및 소득의 상승이 조세 수입을 증가시켰으며, 또한 높은 법인세율과 소득세율은 조세 수입을 증가시켰기 때문이다. 이로써, 재정지출 여력은 크게 확충되었다. 그러나 1980년대 이후 신자유주의가 도입되면서 적극적인 감세정책(특히 법인세율과 소득세율의 인하)이 도입되었고 감세가 하나의 추세로 자리잡게 되어 재정수지 적자가 만성화되었으며 국가채무가 누증되었던 것이다.

(3) 신고전학파 이론의 한계

지속적 경제성장과 완전고용을 추구하는 데 있어서, 왜 신고전학파 경제이론이 한국 경제(최소한)에서는 부적합한 것인가? 한국 경제는 수입 자유화와 자본·외환 자유화를 통하여 완전히 개방된 상황에서 통화정책의 유효성이 극히 제한되어 있다. 즉, 자본시장 개방(국내 주식 및 채권 시장의 해외 개방)으로 인하여, 외국자본의 국내유입→원/달러 환율의 급격한 상승, 원화의 평가절상(원화 강세) →한국 제품의 가격 경쟁력 하락→수출 감소→성장, 고용 및 하락의 악순환 구조가 고착화되어 있다.

상기의 악순환으로부터 탈피하기 위하여, 한국 정부가 불태회(不胎化) 정책(*sterilization policy*), 즉 통화 환수용 채권 발행으로 추가 통화공급을 환수하려고 하지만 채권시장의 미(未)발달로 인하여 채권수요가 제한되어 있다. 이 결과, 정부는 통화 환수용 채권(통화 안정 증권, 외국환 평행기금 채권, 환매체 매도 등)을 다시 은행이나 제 2금융권의 단자회사 혹은 증권회사에 할당한다. 그러나 이것은 채권가격을 하락시키고 국내 금리를 인상시킴으로써 국내 기업의 투자를 감소시키고 또 다른 외국자본의 유입을 촉발시키는 악순환이 더욱 증폭 및 심화되고 있다.

상기한 악순환 구조하에서, 경기부양 및 고용창출은 정부의 케인지언 재정정책 및 통화정책이 아니라 슘페테리안의 '테크노-경제발전 전략'으로써 가능하다. 즉, 지속적 성장 잠재력의 확충은 정부의 단기적 재정·금융정책이 아니라, '기업하기 좋은 환경'을 만들어 기업의 장기투자를 유도할 수 있는 장기적 산업·기술정책에 의해 가능한 것이다.

다시 말하면, 성장·고용·분배의 선순환 구조를 정착시키기 위하여, 저조한 경제성장을 총요소생산성의 향상에 의한 고용창출형 경제성장으로써, 실업증대는 인적자본 확충에 의한 고용창출로써, 소득분배의 불균등은 고용증대에 의한 사전적 소득분배구조 개선으로써, 소득양극화는 중산층의 확대로써 각각 실현될 수 있다.

물론, 저자의 '테크노-경제발전 전략'은 케인지언 재정·금융정책과 보완되어야 한다. 상기 정책은 기업의 투자를 유인할 수 있는 공공투자와 금융지원과 관련된다. 공공투자는 사회구성원의 기본 욕구(사회간접자본, 대중주택, 대중교통, 공교육, 의료, 노후생활보장 등)을 최소한 보장할 수 있어야 할 것이다. 그리고 금융지원은 신기술이 신상품에 구현되어 신산업으로 발전하는 데 있어서 필요한 '창조금융'이 되어야 할 것이다.

2. 국가목표와 당면과제

1) 국가목표

한국의 대내적 국가목표는 '더불어 사는' 인본주의 사회와 '질서 정연한 민주주의 사회', 민족적 차원에서는 통일민족국가를 각각 건설하는 것이다. 한편, 대외적인 국가목표는 동시베리아 및 극동 러시아 지역의 자원 공동개발과 '동아시아 경제공동체'(EAEC: East Asian Economic Community)의 주도적 역할을 담당하는 것이다.

상기한 대내적 국가목표는 2가지의 축인 ① 경제발전, ② 사회발전으로 뒷받침된다. 경제발전의 핵심적 목표는 국가경쟁력의 제고인 반면에 사회발전의 그것은 사회보장제도의 확충 및 건실한 복지재정의 운영이다. 경제발전과 사회발전은 한국의 고질적인 4가지 갈등구조, 즉 ① 이념 간 갈등, ② 계층 간 갈등 ③ 노사 간 갈등, ④ 지역 간(특히 수도권과 비수도권) 갈등을 해결하기 위함이다.

저자는 청년실업자 84만 4천 명을 포함한 약 350만 명의 '체감실업자'들의 생계유지를 위한 고용을 창출할 수 있는 성장 메커니즘으로서 테크노-경제발전 전략을 제시했다. 모름지기, 완전고용은 복지사회에로의 진입을 위한 기본조건이다. 양호한 고용은 소득을 창출하며, 이것은 다시 소비의 원천이 되어 내수기반을 형성한다.

다음으로, '대외적 국가과제'와 관련하여, 저자는 미·일·중·러의 정치·군사적 동향을 동북아 차원에서 논술하고, 2008년 하반기 글로벌 금융위기에 대응한 각 국가의 경제동향을 분석했다. 특히, '아시아 고부가가치 부품·소재의 공급기지를 제안하고, 이를 위한 한·미 간, 한·일 간, 한·중 간, 한·러 간 산업기술협력의 추진전략을 제시하였다.

마지막으로, '민족적 국가과제'와 관련하여, 저자는 한반도의 근·현대사와 최근 정세를 미국·일본·중국·러시아·북한을 중심으로 개관하고, 북한 대량살상무기의 해결방향을 논하였으며, 한반도 평화정착을 위한 '동북아안보협력회의'(CSCNEA)와 '동북아 평화조약'을 제시하였다.

또한, 저자는 '남북한 통일 프로그램'과 '남북한 5단계 통합모형'을 각각 제시했다. 특히, 실사구시의 측면에서 저자가 1990년 이후 20여 년 동안 주창한 장단면의 '남북한 경제특구', 동시베리아·극동지역 에너지·자원의 공동개발, 러시아 및 남북한의 원유/가스 파이프라인 건설, TSR과 TKR 연계 등을 제시했다.

(1) 한국 경제의 당면과제

현재 한국은 다음과 같은 10가지의 사회경제적 당면과제에 직면해 있다.

① 재정수지 적자 및 국가채무의 누증

② 복지제도(국민연금제도 및 건강보험제도)의 재정 위기

③ 저조한 기업의 설비투자와 과도한 가계부채로 인한 내수 시장의 침체

④ 대량실업과 청년실업의 폭증 및 불안정

⑤ 만성적인 대(對)일본 무역수지 적자의 급증, 대(對)중국 무역 수지 흑자의 급감에 따른 경상수지의 불안정
⑥ 대기업과 중소기업의 기능적 연계 약화
⑦ 금융자산·토지·주택소유의 극심한 편중으로 인한 소득분배의 불균등 심화와 소득양극화의 악화로 인한 계층간 갈등의 심화
⑧ 환율 및 외환시장의 불안정
⑨ 국내 금융시장의 불안정 및 금융산업의 낙후
⑩ 인플레이션

'모두 함께 잘사는 사회공동체'를 건설하기 위한 최소한의 기본요건은 3가지, 즉 ①지속적 경제성장, ②완전고용, ③형평한 소득분배인데, 상기의 3가지 정책목표를 달성하기 위해서는 무엇보다도 우선 성장·고용·분배의 선순환적 관계를 복원시켜야 한다. 현재, '투자·고용 없는 수출증대 및 경제성장'으로 인해 수출과 내수, 생산과 고용, 제조업과 서비스업의 선순환 관계가 약화되어 있다. 따라서 투자·고용 증대→생산증가→수출증대→소득증대→내수(소비)증가→지속적 성장 및 형평한 분배의 연결고리가 거의 작동하지 못하고 있다.

이 결과, 대량실업이 발생하였고 이것은 다시 소득분배구조를 악화시켰다. 즉, '고용 없는 성장'으로 인해 성장과 분배가 갈등관계에 놓였다. 수출호조에 의한 경제성장이 국내 부가가치 및 고용창출로 연결되지 못하는 구조적 요인은 수출이 부품·소재의 수입의존도가 높은 IT산업 위주로 추진됨에 따라 수출의 적하효과가 제대로 나타나지 못했기 때문이다.

(2) 지속적 경제성장을 위한 창조경제

전술한 '고용 없는 성장'의 구조적 문제는 신실용주의 철학의 실천방법인 슘페테리안 '테크노-경제발전전략'에 의하여 해결될 수 있다. 즉, '신기술→신상품→신시장'의 동태적 발전('창조적 파괴' 과정)은 다음과 같은 동태적 경로로 구현된다. 즉, 기초과학연구능력 확충→소화·흡수·개량·토착화→자체기술

개발, 선진기술 도입, 산업 간 및 산업 내 기술확산, 국제기술협력→기술혁신의 촉진→기업경쟁력(자원 및 역량, 프로세스경쟁력, 품질경쟁력, 시장경쟁력, 고객성과, 시장성과, 재무성과)의 제고→가격경쟁력(임금, 금리, 환율, 유가, 물류비용 등)의 제고 및 비(非)가격경쟁력(품질, 운송, 디자인, 애프터서비스 등)의 제고→국제경쟁력의 강화→국제수지 흑자→성장·고용·분배→'최대다수의 최대행복'이다.

슘페테리안 테크노-경제발전 전략에 의거한 신성장동력 산업을 창출함으로써 성장 잠재력을 지속적으로 확충하기 위해서, 정부는 국가혁신 시스템을 구축하여 산학연 네트워크의 경제성을 높여 '과학기술입국'을 정착시켜야 한다. 그리고 기술하부구조(산업현장 지향적 인력, 산업정보 유통체제, 산업재산권 보호·관리, 표준화 및 관련 기술지도 및 산업기술지원 기관의 연구 및 실험설비 등)를 바탕으로 연구개발 및 과학기술 투자와 연구개발 인력(기술자 및 기능공)을 확충해야 한다.

박근혜 대통령은 2013년 2월 25일 취임사를 통하여 '창조경제'를 "과학기술과 산업이 융합하고, 문화와 산업이 융합하고, 산업 간의 벽을 허문 경계선에 창조의 꽃을 피우는 것"으로 정의하였다.

UNCTAD(2010)는 '창조산업'을 ① 창조성과 지적 자본을 핵심투입물로 사용한 상품과 서비스의 창조·생산·배포의 순환으로서, ② 지식기반 활동으로 구성되며, 잠재적으로 무역과 지식재산권을 통해 수입을 발생시키는 데 초점을 맞추는 산업이며, ③ 창조적 콘텐츠, 경제적 가치, 시장 지향성을 갖춘 유형의 상품 또는 무형의 지식 또는 예술 서비스로 구성되며, ④ 세계 무역의 새로운 역동적 분야로 규정했다.

한국의 '창조경제'는 '국민의 상상력과 창의성을 과학기술과 정보통신기술(ICT)에 접목하여 새로운 산업과 시장을 창출하고, 기존 산업을 강화함으로써 좋은 일자리를 만드는 새로운 경제전략'으로 정의될 수 있다. 한국의 창조경제 정책은 사실상 전(全) 산업을 포괄하며 관계부처 합동의 주요 창조산업 분야로서 농업과 전통산업(예: 재래시장), 제조업, 국토산업 인프라, 콘텐츠산업, 소프트웨어, 인터넷 신산업(클라우드 컴퓨팅, 빅데이터 등), 보안산업 등을 들 수 있다.

미래창조과학부는 병원 시스템 개혁 외에 농촌-도시 간 농산물·자원 선순환시스템 구축, ICT 등에 기반한 사회취약계층 지원을 우선 추진 과제로 선정했다. 도시·농촌 자원 선순환 시스템은 농산물 IT망을 구축해 유통단계를 줄이고 음식물쓰레기·분뇨 등을 자원화하는 것을 목표로 한다. 그러나 현대경제연구원에 따르면 한국의 창조경제 역량은 OECD 가운데 20위권에 불과하다. 분야별로 사회적 자본은 21위, 인적 자본은 22위, 문화자본은 29위다. 정 ICT 역량은 1위이지만 소프트웨어 프로그래밍 능력은 매우 취약하다.

창조경제의 주요 정책수단은 창조적 개인의 아이디어를 창업과 연계시키는 프로그램과 중소기업 지원이다. 즉, 중소기업이 중심인 창조산업의 특성에 따라, 각국은 창업지원과 창업문화조성, 중소기업 지원에 심혈을 기울이고 있다. 이와 동시에, 지식재산권에 대한 인식 제고와 적절한 지적재산권 정책 수립은 창조경제 추진정책의 핵심 요소이다.

한편 '창조금융'은 금융 분야에서 창조경제를 구현할 수 있는 실천방법론으로서 창업→성장→회수(성숙) 등 기업성장 단계별로 자금의 선순환구조를 정착시킨다. 이러한 목적에 맞게 창조금융의 구체적인 방안은 3가지, 즉 ① 창업 활성화, ② 벤처·중소기업의 성장을 지원하고 보호, ③ 투자자금을 성공적으로 회수하도록 하는 방안으로 구분할 수 있다.

첫째 창업 활성화 방안은 자금은 부족하지만 성장 잠재력이 있는 창업 초기 기업이 투자자금을 원활하게 유치할 수 있도록 지원하는 것이다. 예로서 예비 창업자 특례 보증, 엔젤투자(창업 초기 투자자)에 대한 세제 지원, 클라우드 펀딩(소액 투자자 대상 자금 모집) 신설 등이다.

둘째 벤처·중소기업의 성장을 지원하기 위한 방안으로는 M&A에 대한 세제 지원이나 규제완화, 지식재산권 펀드 등이 있다. 이 중 지식재산권 펀드는 기업이 보유한 특허권이나 상표권과 같은 지식재산권을 사들인 후 이를 기업에 기술료를 받고 다시 빌려주는 펀드이다. 지식재산권에 대한 소유가 지식재산권 펀드로 이전되기 때문에 이를 이용하는 기업은 다른 기업의 특허 도용이나 '특허괴물'〔특허만 보유한 채 엄청난 로열티(*royalty*)를 챙기는 특허관리 전문기업〕의 무분별한 특허 소송에 적극적으로 대처할 수 있고 자금을 조달하는 데도 활용할 수 있다.

셋째 투자자금을 성공적으로 회수할 수 있도록 도와주는 방안으로 코스닥 시장의 독립성과 전문성을 강화하고 벤처·중소기업 전문 주식시장인 코넥스 시장을 신설하는 것이 있다.

전술한 바와 같이, 창조경제의 핵심은 창조산업이다. 선진국의 창조산업을 개관하면 다음과 같다. 우선, 영국의 경우 1998년 창조경제 정책을 수립한 이후 창조산업 범위에 대한 다양한 논의가 전개되어 왔으며, 현재 창조산업으로 다음의 13개 분야를 지정했다. 즉, 광고, 건축, 미술 및 골동품, 공예품, 디자인, 디자이너 패션, 영화와 비디오 및 사진, 음악, 공연예술, 출판, 소프트웨어 및 전자출판, 디지털 및 엔터테인먼트 미디어, 텔레비전 및 라디오이다.

독일은 창조산업 대신에 '문화창조산업'(*cultural and creative industry*)을 공식용어로 사용하며, 그 내용은 일반적인 창조산업의 범위와 크게 다르지 않지만, 창조적 행위의 개념을 '모든 문화 및 창조활동을 연결하는 요소로서, 예술적, 문학적, 문화적, 음악적, 건축적 또는 창조적 콘텐츠, 작품, 생산품, 제작 또는 서비스를 포괄하며, 문화창조산업의 핵심을 형성한다'라고 규정했다.

핀란드 정부는 창조경제를 창조산업이 영향을 미치는 관련 산업의 경제활동을 의미하는 것으로 사용하며 핀란드의 창조산업 범위는 영국과 유사하나 스포츠 분야를 포함한다. 그리고 기술에 의존한 경제성장 전략에 한계를 느끼고 당시 생소했던 개념인 창조성과 문화적 노하우에 집중적으로 투자한다는 전략을 도입하여 통상산업부, 교육부, 외교부가 공동으로 '문화 수출촉진 프로그램 2007~2011'을 추진하고 있다.

일본은 창조산업(*creative industry*)이 '가격이 아닌 창조성이라는 부가가치에 의해 시장에서 선택되는 제품(*mono*), 서비스(*koto*), 인적자원(*hito*)으로 구성된다고 규정하고, 창조성은 '제품과 서비스의 제조·유통 과정에서 독창적이고 고유한 전통적·문화적·지적·혁신적인 것이 투영되거나 인적자원이 보유한 기술재능이 포함된 것'으로 정의했다.[3] 일본 정부는 2010년 6월 발표한 '신성장 전략'(7개 전략분야, 21개 국가 프로젝트)은 신성장 주도 전략 분야로서 환경·에너지, 인프라 산업 및 시스템, 의료·간병산업, 창조산업 등을 전략 분야로 선정했다.

싱가포르는 창조산업이 고용과 가치를 창출한다는 측면에 주목하고 아시아의 새로운 '창조허브'가 되겠다는 목표를 설정하고 일반적인 창조산업에 더해 해당산업에서 생산된 서비스 및 상품을 유통하는 산업까지 합하여 '창조 클러스터'라는 개념을 도입했다. 또한, 싱가포르는 창조산업 대신 '창조클러스터'(*creative cluster*)라는 개념을 도입하여 싱가포르를 '글로벌 창조허브'로 육성하는 계획을 추진 중이다.

2) '한국형 복지사회'의 건설

(1) 기본모형

저자는 한국이 건설해야 할 합리적 복지유형은 보편적 복지 혹은 선택적 복지이든 간에 '복지국가'가 아니라 '복지사회'라고 강조한다. 왜냐하면 '복지국가'는 가난의 문제를 사회적 책임의식을 갖고 국가가 재정으로써 가난한 사람들을 지원하겠다는 것이지만 가난의 원인에 관한 본질적 문제는 도외시하고 환자의 증상만 치료하겠다는 것이기 때문이다. 이와 대조적으로 '복지사회'는 가난의 근본적 원인인 대량실업 문제의 해결을 국가정책의 최우선 순위에 두고 기업이 완전고용을 할 수 있도록 정부가 각종 인센티브를 제공함으로써 청·장년층이나 노년층이 적절히 창출된 직장을 갖고 자신의 가난을 스스로 해결할 수 있는 사회공동체를 의미한다.

저자가 주장하는 '한국형 복지사회'란 기업이 '완전고용'을 할 수 있도록 국가가 제도적으로 뒷받침하고, 양호한 직장을 가진 자식(청·장년층)이 부모(노인층)를 부양하고 조부모는 손자·손녀들을 양육 혹은 보육하는 '한국형 가족

3 野村總合硏究所(2012. 3).

중심적 전통'을 유지하자는 것이다. 만약 청·장년층(부모)의 봉급 수준이 노부모와 자녀들까지 돌볼만한 여력이 되지 않는 경우 그 차액은 정부가 노인복지 혹은 아동복지의 형태로 지급하면 되는 것이다.

대량실업이 만연한 사회에서 조부모는 방기되고 젊은 부부는 일터에 나가고 영·유아를 맡길 곳이 없는 상황에서, 국가가 나서서 과중한 세금을 걷어 각종 복지혜택(국민기초생활보장제도, 기초노령연금, 영·유아를 위한 보육·양육 지원 등)을 '시혜'하는 복지국가는 동서양 어느 곳에서나 복지재정 위기를 자초하는 것이다.

상기한 사회구조적 문제를 해결하지 않은 상태에서는 어떠한 형태의 '복지국가'는 과거·현재뿐만 아니라 미래에서도 '복지 딜레마'를 해결할 수 없다. 더욱이, 고령화 및 저출산으로 인하여 경제활동인구가 2020년에는 전체 생산가능인구(15~59세 인구)의 51% 이하로 추락한다. 따라서 복지재정수지 적자는 명약관화(明若觀火)하다.

(2) 복지재정의 파탄과 복지제도의 개혁

2012년 9월 보건복지부가 발표한 국민연금 실태조사에 따르면 2011년 기준 국민연금 가입자의 월평균 예상 연금액은 61만 6천 원이다. 이와 반면에 가구주가 생각하는 월평균 적정 노후생활비는 179만 6천 원(1인 기준), 최소 생활비는 116만 6천 원(1인 기준)으로 추정된다. 국민연금만 받아서는 노후에 적당히 잘 살기 위해선 매달 118만 원이 부족하고, 최소한 아끼면서 살자 해도 55만 원이 부족하다. 그러나 이들 연금 가입자 가운데 10명 중 3명(31.8%)이 개인연금에 가입했으며 퇴직연금에는 단지 1명(9%)이 가입했다.

2043년 국민연금 적립금은 GDP의 44.2%인 2,561조 원으로 정점에 이른다. 그러나 2044년부터 국민연금 지급액이 보험료 수입보다 많아지면서 적립금이 2044년부터 급격히 줄어든다. 65세 이상 노인의 78.6%가 연금을 받는 2060년에는 완전히 고갈된다. 2060년 이후에는 한 해에 걷은 보험료를 연금으로 바로 지출하는 방식으로 운용될 가능성이 높다.

상기한 비관적 전망은 대부분의 선진국들이 기존의 '확정급여제'(DBP)를 유지한 채, '계수조정식' 개혁(연금보험료율 인상 혹은 연금급여수준 삭감)을 선택했으나 재정건전성 회복에는 실패했다는 사실로써 입증될 수 있다.

저자는 고령화 및 저출산의 추세에 대비한 국민연금제도의 재정안정화를 위하여 국민연금제도의 재정운용방식을 구조적으로(단순히 계수조정이 아니라) 현행 '확정급여제'를 '확정기여제'로 전환할 것을 제안한다. 그 정당성은 연금재정의 고갈 원인이 바로 현행 국민연금제도인 '확정급여제'이기 때문이다. 즉, 향후 인구구조의 급격한 변화(즉, 고령화의 가속화 및 저출산으로 인한 생산가능인구의 대폭 감소 등)에 대응하기 위해서는 연금급여의 소득대체율, 연금보험율, 수익비(즉, 수급기간의 연금급여총액/가입기간의 연금보험료총액의 비율)와 같은 계수조정식의 '내과적' 개혁으로써는 도저히 불가능하므로 국민연금제도의 구조적 개혁, 즉 '외과수술'이 필요하기 때문이다. 이미, 소득대체율(퇴직 전에 수령한 평균 임금대비 연금의 비율)을 이미 40%로 낮춰놓았기 때문에 한계선에 이른 국민연금 급여수준을 더 떨어뜨리기가 어렵다.

예로서, 연금개혁이 성공한 영국의 경우 연금개혁에 대한 공감대 형성과 적절한 '확정급여제'와 '확정기여제'의 혼합형태로 연금 개혁에 성공하였다.[4] 또한, 국제노동기구(ILO)는 '명목확정기여제'(*Nominal Defined-Contribution Plan*)를 도입할 것을 권고하였다.

한편, 국민건강보험 재정 역시 위기상황이다. 국민건강보험공단은 2010년 한 해에만 국민건강보험 재정이 1조 3천억 원의 적자가 발생했다고 발표했다. 그 요인은 수명연장 및 고령화로 인하여 의료비는 늘어나는데, 국민들이 내는 건강보험료가 그만큼 증가하지 않았기 때문이다.

건강보험정책연구원의 〈국민의료비 중장기 전망〉 보고서는 "지금처럼 국민의료비가 증가할 경우, 2012년 국민의료비는 101조 2천억 원으로 GDP 대비 7.7%에 이를 것"이라고 밝혔다. 이는 2012년 1인당 의료비가 2백만 원을 넘어서는 것을 의미한다. 또한, 건강보험정책연구원은 고령화 여파로 7년 후인 2019년 국민의료비는 2012년보다 2배가 넘는 217조 5천억 원으로, 이어 6년

4 The Economist(2006).

후인 2025년에는 2012년의 4배가 넘는 419조 2천억 원으로 불어날 것으로 전망했다. 그리고 GDP에서 국민의료비가 차지하는 비중은 2012년 7.7% 수준에서 2015년 8.8%로 증가해 OECD 평균수준에 도달하고, 2018년은 GDP 대비 10.4%, 2025년에는 15.3%에 이를 것으로 각각 전망했다.

물론, 국민건강보험 재정적자의 해소방안으로서 건강보험료율의 인상, 환자의 의료비 부담 제고, 진료비 심사 강화, 국고 지원의 증대를 들 수 있다. 그러나 현재의 초고령화 추세를 감안하면 상기한 대응방법에는 한계가 있다. 왜냐하면 현재 납부하는 건강보험료(실제 의료비의 60% 정도)가 높다는 불만이 많으며 인구의 고령화는 하루아침에 극복되거나 해결될 사안이 아니기 때문이다.

다른 한편으로, 국회예산정책처의 〈출산·보육지원 재정추계 보고서〉(2012)에 의하면, 임신 준비단계부터 아이가 태어나 취학 연령이 되기까지 부모와 아동에게 직접 지원되는 아동복지 종류는 2012년 현재 19개이며, 이러한 아동복지 지출액은 2012년의 경우 총 7조 7,055억 원이다.

상기한 한국의 보육·교육료 지원규모를 국제 비교해 보면, 2012년의 경우 GDP 대비 0.48%이지만 2013년에는 3~4세 완전 무상보육 등에 따라 OECD 평균인 0.6%를 넘어설 것으로 전망된다. 만약 보육·교육료에 정부가 지원하는 보육시설 교사 인건비 등을 포함하면 2012년 보육·교육료 지원규모는 이미 GDP의 0.6% 수준을 넘어섰다. 게다가 2013년에 양육수당 등이 확대되면 OECD 권고수준인 1%에 육박할 것으로 예상된다.

(3) 사회보장세의 도입 및 부과 방법

저자는 한국의 '최적 복지 모형'으로써 '포괄적 복지'(*comprehensive welfare*)를 주장한다. 이것은 소득보장(국민연금) 제도, 국민기초생활보장제도(경로연금제도)와 의료보장(국민건강보험제도) 뿐만 아니라 영·유아를 위한 보육료·양육수당 제도를 모두 포함하는 개념이다.

'포괄적 복지'를 위한 사회보장기금을 확충하기 위하여, 저자는 헨리 조지[5]

5 Henry George(1879).

의 ‘지대조세’(*land value taxation*)를 ‘사회보장세’(*social security tax*)로써 도입할 것을 주장한다.

상기의 목적을 위한 ‘사회보장세’의 도입은 다른 어떤 ‘사회적 비용’보다 절실하고 시급한 과제다. 단도직입적으로 말하면 아무리 ‘사회적 비용’이 크더라도 망국(亡國)의 ‘죗값’보다는 적을 것이다. 토지 불로소득에 대한 ‘사회보장세’의 부과를 위한 추진전략은 다음과 같다.

① 헌법재판소가 세대별 합산에 대한 위헌 판결(2008)을 존중하여, 이미 유명무실한 현행 주택분 ‘종합부동산세제’(국세)를 폐지한다.

② 부동산(현재 토지와 건물을 합한 고정자산)의 보유를 건물보유와 토지보유로 분리한다. 이에 따라 ‘부동산보유세’를 ‘토지보유세’와 ‘건물보유세’로 구분한다. ‘토지보유세’는 시장을 왜곡시키지 않는 가장 이상적인 세금인 동시에 토지에서 발생하는 불로소득을 환수하는 가장 좋은 정책수단이다. 상기의 세제개혁안에서 유의할 것은 세금의 부과대상은 건물이 아니라 토지이며, 또한 거래가 아니라 보유라는 점이다. 그 이유는 토지와 건물을 합친 ‘부동산보유세’에 비해 ‘토지보유세’는 정의로울 뿐만 아니라 효율적이기 때문이다.

③ 비(非)업무용 기업의 토지와 비생계용 가계의 토지의 순(純)현재가치 증가분, 즉 토지보유기간 동안 발생한 연간 지대(地貸)의 현재가치 총액에서 토지매입 지가(地價)의 원금(元金) 및 이자(利子) 지급액을 공제한 금액에 대하여 최적 세율의 ‘사회보장세’를 부과하고 그 세수를 ‘사회보장기금’로 전환하고 이를 다시 신(新)성장 동력산업에 투자하여 그 기금을 증식한다.

④ 헨리 조지의 ‘조세 이동’(*tax shift*) 이론에 의거하여, 상기의 ‘사회보장세’를 납부한 기업에 대하여서는 법인세를, 또한 상기의 ‘사회보장세’를 납부한 가계에 대해서는 각각 건물보유에 대한 건물분 재산세 및 거래세(취득세와 등록세)를 감면해 준다.

⑤ 상기와 같이 징수된 ‘사회보장세’의 세수를 ‘사회보장기금’으로 확충하여 사

회보장제도(국민연금제도와 국민건강보험제도 등)의 재정 확충에 충당한다.

전술한 바와 같이, 토지 불로소득에 대한 '토지가치세', 즉 '사회보장세'의 부과로써 창출될 수 있는 기대효과는 다음과 같다.

첫째 토지보유세(국세의 국토보유세+지방세의 재산세)의 실효세율을 1.5%로 높이는 경우, 무려 연간 74조 원의 세수를 확보할 수 있다. 구체적으로, 2009년 말 공시지가로 계산하면 '토지보유세'는 약 74조 원〔(3,464조 원/0.7)×0.015〕을 징수할 수 있는데, 이는 지대의 약 40% 정도로 추정된다. 토지의 연간 임대가치(지대) 총액은 2009년 현재 재산을 소득으로 환산하는 비율에 따라 연간 약 104조 원 내지 173조 원이 된다. 전자는 보수적 기준인 3%를, 후자는 보건복지부의 현행 기준인 5%를 각각 적용한 것이다.

둘째 소득분배구조의 악화요인을 제거할 수 있다. 행정자치부가 발표(2007.10)한 2006년 토지소유 현황 통계에 의하면, 2006년 말 기준 한국의 토지소유자 중에서 상위 1%(50만 명)가 민유지의 57%, 상위 10%(약 5백만 명)가 민유지의 98.4%를 소유하는 것으로 나타났다. 이와 같이, 토지 소유의 극심한 집중도에 따른 토지 불로소득을 추계해보면 다음과 같다. 1998년 이후 남한 지역에서 최근 10년간(1998~2007) 발생한 토지 불로소득의 전체 규모는 약 2,002조 원이었던 반면, 조세 및 부담금을 통하여 환수된 토지 불로소득의 징수액(취득과세+보유과세+이전과세+개별부담금)은 약 116조 원(환수비율이 5.8%에 불과)으로 추산된다. 따라서 나머지(총 1,886조 원)의 천문학적 불로소득이 한국 사회의 빈부격차의 주된 원인임을 알 수 있다.

셋째 '사회보장세'로 조성된 '사회보장기금'은 남한 주민의 복지 문제뿐만 아니라 통일 후 북한 주민의 최저 생계비 지급을 통하여 민족의 사회통합을 추구할 수 있는 소중한 재원이 될 수 있다.

이와 관련하여, 통일연구원 및 대외경제정책연구원은 2013년 통일을 가정할 때 초기 1년간 최소 553조 원의 체제 통합비용이 소요될 것이며, 만약 북한 주민의 사회보장 수준을 남한 주민의 최저생계비 수준으로 맞춘다면 249조 원이 필요할 것이라고 발표했다.[6] 그 재원조달 방법은 2015년부터 남북한 신뢰 구축에 따른 점진적 국방비 절감을 통하여 2015~2040년의 25년간 총 5,853억 달러(약 633조 원)의 국방비 절감액, 통일 후 국가 신용도 상승에 따른 해외자본 조달로 한다는 것이다.

저자의 '남북한 5단계 통합모형'에서 제3단계인 '사회통합'은 지난 50여 년 동안 이질적인 체제 속에서 형성된 자본주의 문화와 사회주의 문화를 통일한국의 복지사회라는 틀 속에 융합시킴과 동시에 각종 사회제도(예로서, 재산권, 사법제도, 행정제도, 교육제도 등)를 통합하고 '최대다수 최대행복'을 위한 사회보장제도(의료, 연금, 산업재해보험 등)를 확충하는 것이다. 특히, 양측의 사회보장제도를 통합하는 것이 매우 중요하다. 남북한 주민의 삶의 질을 제도적 차원에서 결정하는 사회보장제도의 통합은 실질적인 의미에서 경제통합보다 더 중요하다고 말할 수 있다.

3) 한반도 평화와 남북한 통일

독일이 통일(1990. 10. 3)되기 훨씬 전인 1964년, 칼 야스퍼스(Karl Theodor Jaspers, 1883~1969)는 "나뉜 상태지만 동독의 우리 동포들이 얼마만큼 자유롭게 잘 살 수 있느냐가 더 중요하다"고 역설했다. 그 요지는 어려운 독일 통일보다 게르만 민족의 평화와 복지가 더 중요하다는 것이다.

저자는 북한의 핵무기로 인한 한반도의 안보 패러다임의 변화에 대응하여 한반도 평화와 남북한 통일을 실현할 수 있는 '대한민국 책략'을 도출 및 제시했다. 이것은 한반도 평화를 정착시키기 위한 목적으로 북한의 핵무기를 합의 포기하도록 하기 위한 '동북아 평화조약(안)'과, 남북한 통일을 실현하기 위한

6 조선일보(2011. 7. 12).

목적으로 '한반도 통일 프로그램(안)'으로 구성된다.

한반도 평화와 남북한 통일을 위한 전략을 모색하기 위하여, 우선 세계 강국(미·일·중·러)의 이해관계가 첨예하게 대립하는 한반도의 최근 정세를 개관해보면, 구한말(舊韓末)의 국제정치적 역학관계가 재현되는 것을 알 수 있다. 즉, 역사의 무대에 선 게임주체(*game player*)들은 과거나 현재·미래에서도 미·일·중·러로 동일하되, 단지 이들의 세력판도가 다를 뿐이다. 즉, 한반도의 게임주체는 과거 구한말 시대에서는 중국과 일본이었으나 최근(2008. 9) 글로벌 금융위기 이후에는 미국과 중국이다.

그 동안 한반도의 평화는 한국 외교·안보의 주춧돌인 한·미 상호방위조약(1953. 10. 1), 일본의 안보를 위한 미·일 방위조약(1978. 11) 및 신(新)방위조약(1997. 9), 중국의 '아킬레스 건'인 미국의 타이완관계법(1979. 4)이 북·중 우호조약(1961. 7) 및 북·러 우호조약(2000. 2)와 '절묘한' 세력균형에 의하여 유지되고 있다.

(1) 북한 사회주의 경제체제의 구조적 모순

북한의 주체사상은 '강성대국론'[7]인데, 이것은 3가지, 즉 사상강국, 군사강국, 경제강국으로 구성된다. 앞의 2개, 즉 '사상강국'과 '군사강국'은 이미 달성한 까닭에 이제 '경제강국'만 건설하면 '강성대국'이 된다는 논리를 전개한다. 결국 '강성대국'의 성공 여부는 경제정상화, 경제재건으로 압축된다. 경제강국을 건설하기 위해서는 전당·전군·전민이 혼연일체가 되어 수령 결사옹호 정신과 총폭탄 정신으로 무장할 것을 요구하며, 수령-당-대중의 일심단결은 불변의 원칙이 된다.

김일성 주석의 사망(1994. 7. 8) 이후, 북한은 유훈 통치기(1994. 7~1997. 10)에 "뼈를 에는 듯한 상실의 아픔 속에서 … 피눈물의 언덕을 넘은 시기"를 보냈다.[8] 이어서, 아들 김정일 국방위원장(당시)은 아버지 김일성의 '경제적

7 노동신문(1998. 8. 22).
8 임양택(1994. 7. 13).

유산'을 물려받고 유훈 통치기(1994. 7~1997. 9), 개혁 준비기(1997. 9~2002. 7), 개혁 시도기(2002. 7~2011. 12)를 거치면서 북한을 통치하다가 2011년 12월 17일 사망했다. 이제, 그 아들인 김정은 국방위원회 제1위원장이 대를 이어 통치하고 있다.

북한 체제의 위기는 핵무기 보유로 인한 외부의 압력에 있는 것이 아니라 '강성대국'의 건설로 인한 북한 체제의 내부적 모순의 심화에 있다고 믿는다. 북한체제의 내부적 모순이란, 한마디로 말하면 사회주의 중앙집권적 계획경제에 따른 자원배분의 비효율성이다. 또한, 북한 체제의 위기는 상기의 계획경제체제를 '완화되고 합리화된 관리계획경제'(*relaxed rationalized administratively planned economy*)로 전환하는 과정에서 생기는 최근 북한 주민의 기존 가치관의 붕괴 현상이다.

저자는 북한이 폐쇄적 사회주의 중앙집권적 계획경제체제를 유지하는 한, 설혹 중국과 러시아가 북한에게 아무리 많은 식량 및 에너지 등의 경제지원을 해준다고 하더라도 '밑 빠진 독에 물 붓는 듯한' 북한의 경제체제는 결국 붕괴할 수밖에 없다고 믿는다. 그 이유는 북한의 특수한 여건을 배제하더라도 사회주의 경제체제의 구조적 모순, 즉 '판매 보장'에 의한 만성적 '부족의 경제'(*shortage economy*)의 문제, 즉 만성적 공급부족(초과수요)과 화폐과잉으로 인한 초(超)인플레이션 및 만성적 재정적자 문제는 중국과 러시아의 경제지원 및 에너지 지원으로써도 해결할 수 없기 때문이다.

사회주의 중앙집권적 경제체제의 사적 시장에서 인플레이션이 문제가 되는 이유는 상품의 국정가격과 시장가격이 크게 괴리된 상태에서 상품이 국영상점으로 공급되지 않고 사적 시장으로 몰리게 되어 국가의 공식적인 유통망이 무력화되기 때문이다.

제노스 코르나이[9]는 사회주의경제를 소비재뿐만 아니라 생산수단, 수출입 상품, 외환 등 모든 부문에서 부족의 현상이 '빈번하게 만성적으로' 일어나 경제주체들의 경제행위에 큰 영향을 미친다는 의미에서 '부족의 경제'라고 정의

9 Janos Kornai(1992).

했다.

사회주의 경제체제에서 부족 현상의 만연은 모든 거래에서 초과수요가 존재하게 한다. 계획당국이 가격을 통제하는 상황에서는 인플레이션이 억압되지만 그 압력은 사라지지 않는다. 또한 자원이 국방 등 중공업 분야로 우선적으로 배분되기 때문에 소비재의 공급이 절대적으로 부족하여 가계에는 사용하지 못한 화폐가 쌓인다. 이 잉여화폐는 강제된 저축(*forced savings*)이 되거나, 농민시장이나 암시장에서 인플레이션을 야기한다.

사회주의체제에는 국가가 재정적자를 보전하기 위해 발행한 화폐가 가계로 지속적으로 누출되는 '화폐과잉'의 메커니즘이 존재한다. 이 메커니즘을 통해 과잉 공급된 화폐는 소비재 시장의 인플레이션을 더욱 가속화시킨다. 또한, 사회주의체제에서 국가는 중앙계획에 따라 국유기업에 생산지표를 하달하며, 생산지표에 따라 생산된 제품을 모두 구매한다. 즉, '판매 보장'이다. 전술한 '부족현상'과 '화폐과잉'은 '판매 보장', 즉 국가가 '기업 생산물의 판매를 보장'하는 사회주의 경제체제의 본질적 특성에서 기인한다.

사회주의에서 국가는 기업 생산물의 판매자인 동시에 구매자이다. 그러나 국가가 구매한 생산품들의 구성과 질과 양은 '실질적인 수요'와 차이가 발생할 수밖에 없어, '국가가 이미 기업에 대금을 지불하고 구매한 제품 중에서 다른 기업이나 국영상점이 구매를 하지 않는 상품'이 존재하게 된다. 국가가 구매한 생산물 중 경제적 가치를 갖지 못하는 생산물은 그것에 지불된 금액에 해당하는 만큼 재정 적자를 발생시킨다. 이것이 바로 사회주의가 만성적인 재정적자에 시달리게 하는 원인이다.

북한은 다른 사회주의 경제체제와 마찬가지로 '화폐과잉'과 인플레이션을 제어하기 위한 제도적 및 정책적 수단으로서 2002년 '7·1 경제관리 개선조치'와 2009년 화폐개혁을 동원하였다. 이 조치는 '완화되고 합리화된 관리계획경제'로의 전환 시도였다. 동 조치는 ① 계획작성·가격제정·자재공급 체계의 분권화, ② 가격·임금·전기료·연료비·교통비 등의 현실화, ③ 화폐임금제의 실시와 인센티브제도(독립채산제)의 강화, ④ 주민에 의한 주택임대료의 직접지불을 추진했다. 그러나 '화폐과잉'과 인플레이션의 근본적 원인이 '국가에 의한 기업 생산물의 판매 보장'에 있는 만큼, 상기 조치의 정책적 효과는 제한적이며 일시적일 수밖에 없었다.

상기의 조치는 북한 중앙정부가 화폐를 매개로 하여 인위적이고 자의적인 가격구조를 결정해 경제관리 및 통제기능을 강화하기 위한 것이었다. 또한, 기업자율권 및 개인경작지의 확대는 일부 사유재의 생산증대를 통해 암시장의 팽창을 막기 위한 것이었다. 그러나 이 조치에 따라 가격 현실화가 단행된 후 오히려 농민시장에서 물가폭등이 발생했고, 전력난으로 인해 산업가동률이 현격히 저하되었으며, 식량 및 에너지의 절대적 부족현상은 더욱 심화되었다. 이것은 북한사회에 필요한 것은 상기의 조치와 같은 인위적 행정가격정책(가격 현실화)이 아니라 신축적 시장가격정책임을 의미한다.

참고로, 베트남은 1979년부터 1981년까지 북한의 '7·1 경제관리 개선조치'와 비슷한 임금·가격 현실화를 한 뒤 인플레이션이 심해지자 1985년 '10:1'로 화폐개혁을 단행했다. 북한 경제도 이 난관을 순리대로 풀려면 베트남처럼 가격 자유화를 통한 개혁·개방 기조로 나갈 수밖에 없다는 것이다.

또한, 2009년 화폐개혁은 1992년 4차 화폐개혁 이후 17년 만에 단행된 5차 개혁인데, 4차 개혁 역시 몰수형 화폐개혁이었다. 이것은 소련(1947, 1961), 베트남(1985) 등 '전형적인 사회주의체제'(*classical socialist system*)에서 화폐과잉과 이에 따른 인플레이션을 해소하기 위해 실시한 강경정책의 한 유형이다.

(2) 북한의 핵무기 보유

북한은 공식적으로 '핵무기 보유'를 선언(2005. 2)하였고 2012년 4월 수정된 헌법 전문에 '핵무기 보유국'임을 명시하였으며 2013년 3월 말 당중앙위원회 전원회의에서 '경제·핵무력 병진노선'을 발표하였다. 그동안(1993~2013), 5회의 북핵위기가 야기됐다.

특히 2012년 12월 12일 장거리 미사일('광명성 3호')의 발사와 2013년 2월 12일 제3차 핵실험을 통하여 북한은 풍부한 우라늄을 확보하고 있을 뿐만 아니라 이제 미국까지 사정권에 둔 핵무기 개발능력을 전 세계에 보여주었다. 그리고 북한은 제3차 핵실험(2013. 2. 13)을 끝내고선 '핵무기 다종화'에 성공했다고 밝혔다. 북한 〈노동신문〉은 “제3차 핵실험이 폭발력이 크면서도 소형화 및 경량화된 원자탄을 사용해 높은 수준에서 안전하고 완벽하게 진행됐다”고 주장했다. 핵무기 종류가 플루토늄과 우라늄밖에 없기 때문에 ‘다종화’라고 하면 플루토늄과 우라늄을 모두 가진 셈이다. 또한, 북한은 핵탄두의 운반수단인 미사일도 어느 정도 갖췄다. 핵탄두를 미사일에 실을 정도의 경량화에도 성공했다고 하면 이제 실질적으로 북한을 핵무기 보유국으로 간주할 수 있다.

이제 북한은 자력으로 인공위성(장거리 미사일)을 지구 궤도에 올려놓은 10번째 국가가 됐다. 현재까지 ‘스페이스 클럽’에 이름을 올린 국가는 9개국, 즉 러시아·미국·프랑스·일본·중국·영국·인도·이스라엘·이란이다. 이 중에서 세계에서 핵무기를 가진 것으로 공인받은 국가는 상기 9개국 중에서 8개국(이란을 제외한 나머지 국가)이다.

북한의 전략적 목표는 과거 미국의 대(對)인도 핵협상 타결(2006. 3. 2)을 북한의 경우에도 적용하도록 유도하여 국제사회로부터 핵무기 보유국 지위 혹은 민간 목적의 핵에너지 보유를 공식적으로 인정받음과 동시에 북한 체제(특히 김정일 체제)에 대한 미국의 ‘안보보장’을 확약받고 미국과의 관계도 개선한다는 것이다. 즉, 현금보상, 인공위성 대리발사, 북·미 관계개선 등을 요구한다. 특히 현금보상과 관련하여 북한은 1998년 10월 1일 뉴욕 3차 미사일 회담부터 미사일 수출을 포기하는 대가로 3년간 매년 10억 달러, 총 30억 달러를 요구했다. 이와 아울러 북한은 1,500㎞ 이상 장거리 미사일 개발중단 문제와 관련해서는 인공위성 대리발사를 요구하기도 했다.

상기한 전략적 목표를 달성하기 위한 전술로써, 북한은 미국과의 핵협상에서 북한의 일방적 ‘비핵화’가 아니라 북·미 상호 간 동시적 ‘핵무기 감축’으로 전환하여 미국의 대(對)인도 핵 협력협정을 북한의 핵문제에도 적용시킨다는 것이다. 이와 동시에 북한은 민간 목적의 핵에너지 보유를 공인받음과 동시에 핵무기를 북한 체제(특히 김정일 혹은 포스트 김정일 체제)의 ‘안보보장’을 지렛대로 활용하고, 이를 미국이 명시적으로 보장하도록 현존 핵확산방지조약(NPT)의 내용을 수정해 주기를 바라고 있다.

북한은 ‘인도 모형’을 소망한다. 즉, 인도가 핵 보유를 기정사실화한 후, 시간이 걸리더라도 미국과의 관계를 개선했던 인도의 대(對)미국 핵 협력협정을 체결하고 미국의 경제지원을 얻었던 것처럼, 북한은 핵무기 보유를 전제로 미국과 협상을 통해 경제적 지원이나 관계개선을 추구하려 한다. 이와 반면에 오바마 행정부는 핵무기 포기에 대한 북한의 단호한 결단이 선행되지 않으면 대(對)북한 경제제재와 압박을 계속하겠다는 입장을 견지하고 있다.

'인도 모형'은 핵보유국인 인도와 핵 감시국인 미국의 이해관계가 서로 합치된 경우이다. 미국·인도는 핵 협력협정을 체결함으로써, 인도는 미국으로부터 세계 6대 핵 보유국의 지위를 공인받고 원전(原電)도 건설함으로써 급속한 경제성장에 따른 에너지(전력) 부족을 해결하고, 미국은 인도와 협력을 강화하고 중국을 견제하는 효과를 얻었다.

그러나 북한은 핵무기 보유를 전제로 미국과 협상을 통해 경제적 지원이나 관계 개선을 추구하려 한다. 즉, 핵무기 보유를 기정사실화한 후, 시간이 걸리더라도 미국과의 관계를 개선했던 '인도 모형'으로 해보겠다는 속셈이다. 이와 반면에 미국은 핵무기 포기에 대한 북한의 전략적 결단이 전제되지 않는 한 대(對)북한 경제제재와 압박을 계속할 심산이다.

따라서 북한 핵무기 문제 해결방안으로서 '인도 모형'의 적합성 여부는 미국이 인도에 대한 '파격적'인 대우를 해주었듯이 북한에게도 NPT 체제의 '예외'를 적용할 수 있는가의 여부에 달렸다. 그러나 미국의 인도에 대한 핵 보유 허용은 미국의 대(對)중국 견제용이듯이, 북한의 핵보유가 중국을 견제함으로써 미국의 대(對)동북아 세력 확장에 기여할 수 있다고는 심지어 김정은 국방위원장도 믿지 않을 것이다. 오바마 행정부는 대외정책의 우선순위로 지구상의 핵무기 제거를 내세웠고 북한의 핵 보유가 특히 이란에 대해 잘못된 메시지를 보낼까봐 몹시 우려하고 있다.

(3) 동북아안보협력회의(CSCNEA)와 동북아 평화조약(안)

저자는 북한 정권의 안전보장이 보장되지 않는 한, 북한이 핵무기 개발을 포기할 가능성에 대해 회의적이다. 왜냐하면 북한이 핵무기를 개발한 목적은 생존(북한 정권의 안전보장)을 위한 전략이었기 때문이다. 심지어, 중국과 러시아의 중재와 권고가 있더라도, 북한은 '정권의 안전보장'이 선행되지 않으면 핵무기 포기를 단행하지 않을 것이다.

북한 핵무기 문제를 해결하기 위한 최선의 방책은 '한반도 비핵화 선언'(1991. 12. 31)에 의거하여 북한으로 하여금 핵무기를 포함한 대량살상무기를 포기하도록 유도하는 것이다. 그러나 한반도의 평화를 위한 최적의 해법을 제대로 찾기 위해서는 무엇보다도 한반도의 안보 패러다임 변화를 객관적인 시각에서, 다음과 같이 실증적으로(규범적으로가 아니라) 파악하는 것이 중요하다.

첫째 한국은 동북아 전체의 안보 패러다임이 바뀌었다는 것을 인식하고, 과거 '포용정책'(*engagement policy*)이 아니라 '포괄정책'(*comprehensive policy*)으로 대(對)북한 정책기조를 전환하고 미국의 조만간 '포괄적 타협안'에 대한 한국의 대응방안을 마련해야 한다. 즉, 한국은 북한의 핵무기 문제와 함께 동북아의 안보 문제, 동맹 문제, 경제협력 문제, '동북아 경제공동체'(NEAEC) 문제를 한꺼번에 해결하는 전략을 추진해야 할 것이다. 이것은 독일의 통일은 미국·소련·프랑스·영국이 통일독일이 지향하는 NATO와 유럽공동체(EC)를 기대했기 때문에 가능했다는 점과 일맥상통한다.

오바마 대통령의 '포괄적 패키지'(2009. 7. 19)를 받들어, 힐러리 클린턴 미 국무장관(당시)은 '북한의 핵문제 해결'과 '한반도 평화협정'(즉, 북·미 관계 정상화)을 동시적으로 협상·타결하고 싶다는 희망을 표명했으며, 이 카드를 들고 스티븐 보즈워스 대북정책 특별대표는 북한을 방문(2009. 12. 8)하였다. 미국의 대(對)북한 협상카드는 '북한의 핵무기 포기'에 대한 반대급부로서 '북·미 관계 정상화'를 골자로 한 '동북아 평화협정'을 6자회담의 틀 속에서 체결하는 것이다.

둘째 북한을 핵보유국으로 인정해야 한다는 것이다. 이와 관련하여, 도널드 럼스펠드 국방장관(당시)은 일찍이 '북한 핵무기 보유'를 주장(2002. 9. 26)하였다. 또한, 북한이 4년 전에 '핵무기 보유'를 공식적으로 선언(2005. 2. 10)하였다. 따라서 국제사회는 북한의 사실상 '핵무기 보유국'으로 인정하고 한반도, 나아가 동북아의 안보 패러다임이 바뀌었다는 점을 인식해야 한다. 이러한 인식을 전제로, 남북한과 한반도 주변국인 미국·중국·일본·러시아 간에 안보전략적 이해가 충족될 수 있는 신(新)안보질서를 창출해야 비로소 북한의 핵무기 문제가 해결될 수 있다. 그리고 북핵 문제가 해결되어야 한반도를 포함한 동북아의 평화 및 경제협력 문제가 포괄적으로 해결될 수 있다. 즉, 한반도와 동북아의 안보·협력 구조가 동북아에서 남북한과 미국·중국·일본 간에 안보전략적 이해가 맞아떨어지는 신(新)질서를 동북아 지역에 만들어야 북한의 핵무기 문제는 종료될 수 있다.

셋째 한반도 위기상황의 해결 관건은 새로운 안보 패러다임의 전개에 대응한 미·일·중·러의 '동북아집단안보기구'(NEATO)의 구축 여부에 달려 있다. '동북아 집단안보기구'는 미국-파키스탄 안보동맹에 근간을 둔 '동남아집단안보기구'(SEATO)와 미국·소련·프랑스·영국의 NATO와 유사하다. 이제, 미·일·중·러는 이젠 한반도의 안보위기가 자신의 안보위기가 될 수 있다는 점을 인식하고, '동북아집단안보기구'(NEATO)로서 가칭 '동북아안보협력회의'(CSCNEA)를 발족 및 가동해야 할 것이다. 상기의 다자간 안보는 전통적 및 군사적 안보뿐만 아니라 경제, 환경, 인권 등을 포함하는 '포괄적 안보'를 대상으로 하며, 관련 국가들이 공동 안보이익을 위해 협력하고 분쟁을 사전방지하기 위해서 예방조치를 취하며, 또한 갈등해결 방안을 공동으로 강구하는 '협력적 안보'를 지향해야 할 것이다.

또한 CSCNEA는 유럽안보협력회의(CSCE)와 유사하다. 상술하면, 1975년 미국·소련과 유럽의 35개국은 헬싱키에서 정상회담을 개최해 CSCE의 출범을 위한 최종의정서에 인권과 기본적 자유를 포함하는 안보개념에 합의했다. 즉, 인권을 안보의 한 축으로 개념화한 것이다. 이를 근거로 서구 국가들은 소련과 동유럽 공산권의 인권 문제에 개입할 수 있었다. 그 후 14년이 경과한 1989년 베를린 장벽이 무너졌으며 소련과 구(舊) 동유럽권 공산국가들이 붕괴됨에 따라 동서 양 진영 간의 냉전은 종식됐다. 이 일련의 과정을 '헬싱키 프로세스'라고 부른다.

그 이후, 1995년 CSCE는 냉전 이후의 새로운 안보환경에 대응하기 위해 유럽안보협력기구(OSCE: *Organization for Security and Co-operation in Europe*)로 확대 개편됐다. OSCE는 현재 미국·유럽·러시아 등 56개 회원국과 아시아, 지중해 연안국에서 12개 협력 동반자국이 참여하는 세계 최대의 안보협력기구가 됐다. 한국은 1994년 이래 CSCE에 협력동반자국 자격으로 참여하고 있다. 유럽의 다자간 안보협력 경험을 배우고 한반도를 비롯한 아시아 지역의 안보 문제에 대한 지구촌의 이해를 제고하기 위함이다.

넷째 가칭 '동북아안보협력회의'(CSCNEA)를 창설 및 가동하기 위해서는 미·일·중·러·남북한이 '동북아평화조약'(*Northeast Asian Peace Treaty*)을 동시적으로 체결해야 할 것이다. 상호신뢰를 보증하기 위하여, UN총회에서 미국은 북한의 주권존중과 평화공존 및 북한체제의 안보보장을, 북한은 2005년 '9·19 베이징 공동성명', 2007년 '2·13 공동합의', 2007년 '10·4 남북공동선언'에 입각해 핵무기를 비롯한 대량살상무기를 과감히, 즉각적으로 불능화 및 완전 폐기할 것을 각각 공식적으로 선언하는 것이다.

구체적으로, 대한민국의 대통령은 '경제 대통령'뿐만 아니라 '통일 대통령'으로서 저자가 지난 20여 년 동안 제창해 온 '10개항 동북아평화조약', 휴전선 근방 장단면 '남북한 경제특구'의 건설, '한반도 통일 프로그램'(2009. 5. 1)을 선제적으로 제시하는 것이 바람직한 것이다. 그 핵심적 내용은 UN총회(단순히 6자 회담이 아니라)에서 미국은 북한의 주권존중과 평화공존(단순히 불가침이 아니라) 및 북한체제의 안보보장을, 북한은 2005년 '9·19 베이징 공동성명', 2007년 '2·13 공동합의', 2007년 '10·4 남북공동선언'에 입각하여 핵무기를 비롯한 대량살상무기를 과감히, 즉각적으로 불능화 및 완전폐기할 것을 각각 공식적으로, 동시적으로 선언한다는 것이다. 이와 동시에 중국·러시아·일본 및 다른 세계 모든 국가들은 미국과 북한의 상기 선언을 동시적으로 승인한다는 것이다. 그리고 한반도의 '평화정착'과 대(對) 북한 '경제협력'(특히 식량 및 에너지 문제 해결)의 동시적 추진을 담보하는 것이다.

그리고, 미국과 협의하여, 저자가 20여 년 동안 한결같이 주창한 장단면 '남북한 경제특구'를 '동북아 평화시'로 활용할 수 있다. 이것은 1919년 베르사유 '평화조약'에 의해 건설되었던 단치히 자유시(Danzig Free City)와 같은 개념으로, 또한 CSCE와 같이 CSCNEA로 각각 발전시킬 수 있을 것이다.

4) 남북한 통일

저자는 남북한 통일에 관한 기본입장을 다음과 같이 밝히고자 한다. 즉, 북한이 체제 내 개혁의 실패로 붕괴되는 경우도 남북한 통일에 결코 도움이 되지 못한다는 점이다. 그 이유로서 2가지(최소한)를 들 수 있다.

첫째 중국의 대(對) 한반도 정책으로 인하여 북한의 붕괴가 곧 바로 남한의 흡수통일로 연결된다는 보장은 없기 때문이다.

둘째 남한은 그것을 감당할 경제적 능력을 현재 보유하지 않기 때문이다. 설혹, 북한의 붕괴로 인한 남한의 흡수통일이 실현된다고 하더라도, 이것은 또 하나의 재앙이 될 수 있기 때문이다. 즉, 붕괴된 북한 체제의 짐을 떠맡은 남한은 비틀거리다가 결국 '뇌진탕'으로 반신불구의 중병환자의 신세로 전락될 가능성도 많기 때문이다.

남북한 통일비용은 최소 1조 2천억 달러로, 통일 직후부터 일정기간 매년 남한 GDP의 10% 정도가 북한에 지원돼야 할 것으로 예상된다. 독일 경제가 감당했던 수준(남한 GDP의 4% 수준)에 비하면 2.5배의 부담이다. 이것은 독일의 경우 서독 주민 4명이 당시 사회주의 국가 중에서 가장 잘살던 동독 주민 1명을 먹여 살리면 됐지만, 한국의 경우 남한 주민 2명이 세계 최빈국인 북한 주민 1명을 먹여 살려야 한다는 것이다.

피터 벡(Beck) 미(美) 스탠퍼드대 아시아·태평양센터 연구원은 2010년 1월 4일 〈월스트리트저널〉 기고에서 "북한의 소득을 남한의 80% 수준까지 끌어올리려면 향후 30년 동안 2~5조 달러(약 2천 3백~5천 8백조 원)의 비용이 들 것"이라고 분석했다. 이것은 남한 국민 1인당 4~10만 달러(약 4천 6백만~1억 1천 5백만 원)의 통일비용을 향후 30년 동안 분담해야 한다는 것을 의미한다.

2011년 12월 20일 기획재정부와 통일부 등에 따르면 한국 정부는 연 1조원 규모의 남북협력기금에 적립성 통일계정을 신설하는 것을 통일재원 마련의 중심축으로 잡았다. 그러나 전문가들은 비용의 규모와 적립 속도를 감안할 때 부가가치세율 인상 등 '통일세' 도입이 불가피하다고 지적했다. 남북협력기금은 매년 1조 1천억 원 안팎의 예산이 책정되지만 남북협력 사업의 집행률이 저조해 상당수의 기금이 국고로 반납되고 있다.

2010년에 실시된 여론조사에 따르면 "비용부담이 있더라도 반드시 통일해야 한다"는 답변은 21.8%에 불과했다.[10] 즉, 통일을 포함한 남북관계 격변에 대한 한국 국민의 관심은 점차 낮아지고 있다. 이런 상태에서 격변이 닥치면 엄청난 혼란에 직면할 것임은 자명하다. 게다가 장원태·곽승준(1997)은 국민들의 통일비용 지불의사 금액은 연간 287,196원으로 국민전체(4천 5백만 명)로는 총 129조 2,382억 원으로 추정했다.

상기한 기본시각에서, 저자는 남북한 통일의 단계적 접근방법과 이를 위한 경제통합의 추진전략을 제시했다. 여기서 유의할 것은 남북한 분단이 한민족의 의지가 반영된 것이 아니라 과거 '냉전' 체제의 역사적 유물이듯이, 남북한 통일은 민족적 차원만의 문제가 아니라 국제적 차원의 문제로서 최소한 미·일·중·러의 이해관계에 따른 '한반도 게임'으로 해결해야 한다는 점이다. 그 게임에서 대한민국이 취할 수 있는 선택의 폭은 크지 않지만 과거 서독의 헬무

10 중앙일보(2010. 9. 9).

트 콜 총리가 보여주었듯이 민족적 정체성을 높임과 동시에 동북아 평화와 번영이라는 '큰 그림'을 제시하면서 한반도 주변의 4강(미·일·중·러)를 집요하게 설득할 수 있는 지혜와 순발력이 필요할 것이다.

(1) 동 · 서독 통일의 교훈

제2차 세계대전 이후 동·서독은 각기 미·소 냉전체제에 편입돼 대립했다. 특히 서독은 우세한 경제력을 바탕으로 동독을 외교적으로 봉쇄한 채, 소련과 독일 통일 문제를 직접 협상했다. 서독은 '동독과 교류하는 국가와 교류를 않겠다'는 이른바 '할슈타인 원칙'을 실천했다. 동독도 바르샤바조약기구 국가들에게 '서독이 동독과 정상적인 관계를 형성하기 전에는 어떤 국가도 서독을 승인하지 말도록' 요청했다. 서독도 동독의 '2국가' 정책에 따라 동유럽 국가와 더 이상의 관계증진이 벽에 부딪힌 사실을 깨달았다.

이런 상황에서, 서독에는 1969년 10월 빌리 브란트 총리를 필두로 한 사민·자민당 연립정부가 들어선 것이 과거 기민당이 벽에 부딪혀 적극 추진하지 못했던 '동방정책'을 꽃 피우는 계기가 됐다. 실제로, 1969년 10월 28일, 서독의 수도 본(Bonn)의 '분데스탁'(의회)에서 사민·자민당 연립정부의 빌리 브란트 총리는 취임 연설에서 다음과 같이 동독을 사실상 국가로 인정할 것임을 천명했다

> 독일 안에 두 개의 국가가 존재한다고 해도 그 두 국가는 서로에게 외국이 아니다. 다만 특수관계일 뿐이다.

이 연설은 5개월 후 동·서독간의 첫 정상회담(1970. 3. 19)의 토대가 됐다. 결국, 베를린 장벽이 붕괴(1989. 2. 25)됐다. 1990년 2월 24일 및 25일, 헬무트 콜 총리는 미국 백악관을 방문하여 조지 허버트 부시(George Herbert Walker Bush) 대통령과 독일 통일방안, 동서관계 및 군축전망 등에 관하여 회담하였다.

조지 허버트 부시 대통령은 "미국은 유럽에서 현 국경의 불가침성을 상기하

면서 헬싱키 최종 의정서의 규정을 존중하고, 공식적으로 현재의 독일-폴란드 국경을 인정한다"고 대답했다. 그리고 독일 통일과 관련한 4개 항목의 미국 입장을 몰타(Malta) 정상회담(1989. 12. 2~4)에서 소련 측에 분명히 밝혔음을 1989년 12월 4일 NATO에 통보하였다. 그 주요 내용은 다음과 같다.

상기의 주요 내용은 다음과 같다. 통일 독일은 NATO의 회원으로 잔류하고 유럽공동체(EC)에서 계속해서 핵심 역할을 한다는 원칙이다. 또한, 전승 연합국의 권리와 책임이 인정되어져야 하며, 동시에 유럽의 안정이 저해되지 않도록 독일의 통일은 평화적인 방법에 따라 단계적으로 이루어져야 한다는 것이었다. 그리고 제2차 세계대전 후 확정된 유럽의 국경선이 그대로 유지되어져야 한다는 기본 방침도 포함되었다.

이어서, 서독의 헬무트 콜 총리는 소련의 미하일 고르바초프 서기장과의 회담(1990. 7. 15~16)을 열고 고르바초프 서기장으로부터 통일 독일의 NATO 가입 동의를 받아냄으로써 동·서독 통일의 길이 열렸다. 이것은 1990년 5월 30일~6월 3일 미·소 데이비드 캠프 정상회담의 결과에 기초를 둔 것이었다. 그 대가로, 독일은 동베를린 부근에 소련군 3만 5천명과 동독 전(全)지역에 35만 명 바르샤바조약 주둔군 철군을 비롯한 각종 경제지원 명목으로 무려 150억 마르크(당시 93억 달러)를 지불했다.

나아가, 헬무트 콜 총리는 독일 통일은 유럽의 통합 틀 속에서 이루어져야 한다는 것에 대한 확실한 담보를 제공함으로써 프랑스의 지지를 이끌어내는데 성공하였다. 즉, 독일은 프랑스와 협조하여 유럽 통합을 추진하겠다고 독일 마르크화를 유럽 통화제도에 포함시킨다는 약속을 통해 프랑수아 미테랑 프랑스 대통령(당시)이 독일 통일에 반대하지 않게 마음을 돌리는 결정적 요인이 되었다. 상기한 헬무트 콜 총리의 약속대로, 독일은 EU의 경제·통화·정치의 통합에서 프랑스와 함께 중심국가로서 1992년 10월 유럽연합조약(마스트리히트 조약)의 비준을 가결하였다. 또한 소련과 동구권 국가들을 적극적으로 지원했다.

이어서, 영국의 마거릿 대처(Margaret Hilda Thatcher) 총리는 처음에 독일 통일을 간접적으로 반대하였으나(1989. 12, 브뤼셀 NATO 정상회담에서) 미국

·소련·프랑스에 이어서 조건부(예로서 통일 독일에서 미군과 영국군의 계속적인 주둔 등)로 독일 통일을 마지못해 승인하였다.

(2) 저자의 5단계 남북한 통일방안

저자가 20여 년 동안 주장한 '남북한 5단계 통합방안'은 남북한 관계 정상화 및 한반도 평화정착→경제통합→사회통합→군사통합→정치통합을 점진적으로 추진하는 것이다.

민족국가를 건설하기 위해서는 통일(*unification*)만 필요한 것이 아니라 통합(*integration*)도 중요하다. 다시 말하면, '물리적' 통일을 이룬 후 '화학적' 통합이 필요한 것이다. 웨이너는 '국가통합'을 "문화적으로 또한 사회적으로 분리된 집단들을 하나의 영토단위로 결합시키고 국민적 정체성을 확립시키는 과정"이라고 정의했다.[11]

따라서 통합은 남북한 사회 갈등구조(지역 간, 계층 간, 노사 간, 이념 간 갈등)를 화해와 협력구도로 전환시키는 대내적 용해과정이다. 그리고 통일의 주체는 민족이지 계층은 결코 아니다. 통일민족국가의 건설은 민족의 주체성을 드높이고자 하는 것이지 계급의 주체성을 드러내자는 것은 아니다.

① 경제통합

경제통합은 가장 중요한 단계이다. 왜냐하면 상호보완적 경제교류를 통하여 남북한 모두가 상호 이익을 향유할 수 있으며, 이것은 두 경제체제(자본주의 경제체제와 사회주의 경제체제)의 '융합'을 일구어 냄으로써 통일의 유효성을 증대 및 확산시켜 줄 것이며, 나아가 외부적 작용에 의한 물리적 통일이 아니라 내부적 융화에 의한 화학적 통합을 유도할 수 있기 때문이다.

한국처럼 전쟁을 치렀던 중국과 타이완은 1949년부터 30년 이상 서로를 적대시했다. 첫 이산가족 상봉도 한국보다 4년 늦은 1989년 시작됐다. 그러나 중국과 대만은 '정부보다는 민간', '정치보다는 경제', '전체보다는 부분부터'라

---

11 Myron Weiner(1966).

는 교류원칙을 정하고 이른바 '소3통', 즉 통상(通商·직교역)·통항(通航·인적교류)·통우(通郵·우편교류)를 추진하였다.

여기서 유의할 것은 다음과 같은 근본적 요인 때문에 개성공단이 발전의 한계를 가진다는 점이다. 즉, 미국의 1953년 "적성국 교역법", 1974년 "통상법", 1979년 "수출관리령", WTO의 '원산지 규정', 바세나르 협정과 같은 다자간 전략물자 수출통제 체제 등과 같은 제어장치로써 해외수출(특히 미국)이 불가능하다. 미국 측이 개성공단의 발전을 환영하지 않는 이유는 남한 측의 대(對)북한 측 현금 지불이 핵무기 제조비용으로 충당될 가능성을 염려하기 때문이다. 예를 들어 2004년의 경우 북한은 개성공단 프로젝트로부터 약 1백억 달러의 이득을 보았으며 이 중에서 46억 달러는 현금으로 수령하였을 것이므로 이 중 7억 달러는 개성공단의 운용으로부터 취득한 것으로 각각 추정된다.

개성공단 입주 기업의 제품은 남측이나 제 3국의 원재료를 들어와 가공하는 형태이다. 북한의 내수시장이 형성되지 않아 개성공단의 물품은 수출에 의존할 가능성이 높다. 이 경우, 개성공업지구에서 생산된 물품의 원산지가 북한으로 표기되면(즉, 한국산으로 인정받지 못한다면), 높은 관세로 인하여 미국시장에의 수출은 거의 불가능하다. 즉, 북한산 제품은 '원산지 규정'에 의해 고율의 관세를 적용받기 때문에 해외시장 확대에 제약이 따른다.

따라서 북한산 제품 수출은 한국을 비롯하여 중국·러시아 등 '원산지 규정'에 따른 불이익을 받지 않는 시장에 국한될 수밖에 없다. 한국산으로 인정을 받기 위해서는 한국에서 최종 가공하거나, 한국 내 부가가치 생산이 전자제품 및 전자기계, 기계의 경우 각각 25%, 30%, 40% 이상이어야 가능하다.

물론, 남북거래를 동서독과 같이 내국 간 거래로 인정받는 것이 가장 바람직하지만, 이것은 현실적으로 한계가 있다. 즉, 동·서독의 경우 GATT 1조의 적용을 배제하기 위해 회원국의 4분의 3 동의를 획득했으나 WTO 체제하에서는 그 사례가 없을 뿐만 아니라 여러 나라와 협상을 개별적으로 해야 하는 어려움이 있다.

더욱이 북한의 핵무기를 비롯한 대량살상무기로 인한 북·미 간 갈등관계가 더욱 악화되고 남북한 관계가 정체상태로 빠져들고 국제사회로부터의 지원이 중단된다면, "합영법"(1984. 9)이나 나진·선봉 경제특구(1991. 12) 등의 실패와 같이 개성공단도 결국 실패할 것이라고 저자는 전망한다. 이 저서를 교정하는 중이었던 2013년 11월 21일, 북한은 대대적인 외자유치와 경제개발을 위해 '3개 경제개발주의' 세부계획을 공식발표했다(신의주 특구 포함). 그러나 북한의 핵무기 문제가 해결되지 않는 한, 상기 계획은 김정은 국방위원장의 대내적 통치수단만으로 끝날 것이다.

사실, 개성공단이 논의되기 전에, 저자는 휴전선 근방 '장단면 남북한 경제특구' 건설을 역사상 최초로 1990년 2월 한국경제학회에서 발표하였고, 이어서 그 논문인 "남북한 경제특구의 개발전략에 관한 연구"는 한국경제학회의 〈경제학연구〉에 게재되었으며, 그 이후 18편의 국내논문 및 저서와 8편의 해외논문 및 저서를 일관성 있게 발표했다.

만약 한국 정부가 상기한 저자의 제안을 받아들여 장단면 '남북한 경제특구'를 설치·운용했더라면, 바세나르 협정과 같은 다자간 전략물자 수출통제체제, 미국의 1979년 "수출관리령", WTO의 '원산지 규정' 등에 대한 미국의 승인문제는 원초적으로 제기될 수가 없었을 것이다. 여기서 제조되는 모든 상품은 '메이드 인 코리아'(*Made in Korea*)로써 수출하는 데 아무런 문제가 없다.

한걸음 더 나아가, 만약 '장단면 남북한 경제특구'에 미·일·중·러의 투자를 유치할 수 있었다면, '남북한 경제공동체'의 기반은 이미 조성되었을 것이며, 전술한 바와 같은 교역과 평화, 즉 경제협력과 정치군사적 평화의 갈등문제는 근원적으로 해결될 수 있었을 것이다. 또한, 남한 측은 국내 중소기업의 산업 재배치로써 경쟁력을 회복할 수 있었을 것이다.

장단면 '남북한 경제특구'의 경제활동을 활성화하기 위해서는 한국의 산업은행은 북한 지역 개성공단에 대칭적인 남북한 경제특구를 설치 및 투자를 지원함이 바람직하다. 산업은행은 독일 재건은행(KfW)처럼 남북경협 차원에서 이미 개성공단 진출기업에 자금지원을 하였지만, 그 대상은 개성공단이었지 남한지역내의 남북한 경제특구는 아니었다.

참고로, 동·서독의 교류 협력에 큰 역할을 한 것은 바로 접경지역의 협력사업이었다. 동·서독은 기본조약(1972)에 의해 국경위원회를 설치하여 1973

년 9월 국경지역에서 홍수, 화재, 산사태, 전염병, 병충해발생, 환경오염 등에 대하여 밀접한 정보교환 체계를 구축하여 공동으로 대응하고 지하자원도 공동으로 관리하기로 합의하였다. 이러한 접경지역의 교류협력이 도로, 철도 등 교통기반에 대한 투자를 유도하였으며, 이것은 다시 상호 간의 경제적 이익을 창출하였고 또한 낙후지역을 개발시켰다. 또한, 독일 재건은행은 1980년대까지 서독의 산업발전을 지원하였고, 1990년대에는 독일 통일 이후 독일연방정부를 대신해 옛 동독 부채승계와 청산을 담당하였으며, 동독지역 경제개발 프로젝트를 주도하였고, 2002년에는 한국의 기업은행과 유사한 중소기업대출은행(DFA)을 흡수·통합해 중소기업 자금지원 기능을 수행하였다.

나아가, 저자가 제안한 '남북한 경제특구' 및 '동북아 평화시'에서 6자간(남북한·중국·미국·일본·러시아) 안보협력, 또는 지역안보협력체인 아시아지역안보포럼(ARF)과 같은 안보협력기구를 상주시킬 수 있을 것이다. 특히 주한미군은 통일 독일지역에서 현재에도 주둔하듯이 한반도뿐만 아니라 동북아 평화 및 안정을 위한 지렛대 역할을 담당함으로써 UN의 이상을 실천할 수 있을 것이다.

② 사회통합

사회통합은 지난 50여 년 동안 이질적인 체제 속에서 형성된 자본주의 문화와 사회주의 문화를 복지사회의 틀 속에 융합시킴과 동시에 각종 사회제도(예로서, 재산권, 사법제도, 행정제도, 교육제도 등)를 통합하고 '최대다수 최대행복'을 위한 사회보장제도(의료, 연금, 산업재해보험 등)를 확충하는 것이다.

남북한 사회통합에서 가장 중요한 것은 양측의 사회보장제도를 통합하는 것이다. 남북한 주민의 삶의 질을 제도적 차원에서 결정하는 사회보장제도의 통합은 실질적인 의미에서 경제통합보다 더 중요하다고 말할 수 있다.

급작스런 통일이 이루어졌을 경우, 북한 지역에서의 대량실업 사태와 북한으로부터 남한으로의 급격한 인구이동에 따른 혼란, 그리고 이에 따른 북한지역 노동력의 고갈, 북한주민의 최저생활 보장, 의료수요 등과 같은 사회적 욕구가 분출할 것이다. 이러한 사회적 혼란상태는 통일 자체의 정당성을 무너뜨릴 수 있을 것이다.

③ 정치통합

정치통합의 단계는 1경제 · 사회 · 정치 · 군사체제 하에서 1연방국가 · 1중앙정부 · 8개의 지방'자치'정부로 구성되는 하나의 국가, 즉 연방국가를 말한다. '남북평의회'는 '통일헌법'을 제정하고, 통일헌법에 의거한 자유총선거를 통하여 연방제하의 상 · 하원을 선출하고, 연방 상 · 하원은 '연방 대통령'을 선출하고, '연방 대통령'은 국무총리와 각료 등을 임명한다.

여기서 유의할 것은 2000년 '6 · 15 남북공동선언'은 '낮은 단계'의 연방국가→'높은 단계'의 연방국가→통일국가의 방향을 제시하였다는 점이다. 또한, 서독 콜 총리의 '10개항 통일 프로그램'(1989. 11. 28)의 제5항과 동독의 모드로프 총리의 '4단계 통일방안'(1990. 2. 1)은 모두 과도기적 형태인 '국가연합적 구조'를 거쳐 최종적으로 '연방제' 형태로 통일을 구현하자는 단계적 통일방안이다.

(3) 독일 10개항 통일 프로그램과의 비교

콜 총리의 '10개항 통일 프로그램'과 저자의 '한반도 통일 프로그램'의 공통점은 통일을 '국가연합'을 거쳐 '연방제'를 지향하며 지역 공동체〔콜 총리의 경우 유럽공동체(EC) ; 저자의 경우 '동북아공동체'(NEAEC)〕의 평화와 번영을 추구한다는 점이다. 이를 위하여, 두 제안은 공통적으로 원자 · 생물 · 화학 무기(ABC)의 생산 · 보유 · 사용을 포기하였다.

콜 총리의 경우 1990년 7월 6일의 '런던 선언'(*London Declaration*: '변화하는 NATO'), 모스크바 회담(1990. 2. 8) 및 코카서스(Caucasus) 회담(1990. 7. 17)의 '10개 조항' 발표에 적시했듯이, 1968년 7월 1일의 '핵무기확산금지조약'(NPT), 1990년 8월 30일 유럽의 재래식 전력(CFE: *Conventional Forces in Europe*)과 전방 주둔의 감축협상 결과를 준수한다는 것이다.

저자의 경우, 북한이 핵무기확산금지조약에 가입(1985)하여 동 조약에 서명(1992. 5)하였으며 1992년 '남북 사이의 한반도 비핵화 공동선언', '10 · 4 남북공동선언'(2007)을 준수하고 6자회담에서 발표했던 '9 · 19 공동성명'(2005), '2

·13 공동합의'(2007)를 성실히 실천함을 명시 및 강조하는 것이다.

3. 맺는말

이 저서를 탈고하기 위해, 저자는 실로 장정(長程)의 길을 걸어왔다. 잠시 회고해보면, 우리나라는 1940~1950년대의 초근목피와 1960년대의 '보릿고개'를 넘어 1970년대에 사회적으로 경제건설을, 개인적으로는 고소득과 입신양명(立身揚名)을, 1980년대에는 "숨죽여 흐느끼며 … 타는 목마름으로"(김지하, 1982) 민주주의를, 1990년대에는 대외개방과 세계화를 각각 추구했다. 그리고 1997~1998년 '아시아의 금융위기'와 '한국의 IMF 위기'를 겪었고, 그 이후 21세기 문턱을 넘어서자마자 2003년 경기불황과 '카드대란'을, 이어서 2008년 하반기 '글로벌 금융위기'를, 2011년 8월부터 '글로벌 경제위기'를 각각 당하였다.

이제, 우리 모두가 어차피 '춥고 긴 겨울'을 보내야 한다. 따라서 우리는 세계경기의 호전(好轉)을 무작정 기다릴 것이 아니라 우리 스스로 인내하고 합심하여 대한민국의 생존을 위한 혈로(血路)를 찾아야 한다. 이와 동시에, 한국인은 '삶'에 대한 철학을 겸허하게 되새겨 보는 자기성찰의 시간을 가져야 할 시기에 이르렀다. 다시 말하면, 바람직한 인간상(像)을 추구하고 그러한 사람을 칭송하고 존경하는 사회적 가치를 만들어야 할 것이다.

한창 꿈꾸고 진취적이어야 할 20~30대 젊은 남녀 약 1천 5백만 명 중에서 약 4백만 명(실업자 혹은 잠재실업자)이 일자리를 못 구해 고통받고 있다. 이들의 사망원인 중에서 자살이 1위라는 사실은, 마치 "사냥꾼의 총부리 앞에 죽어가는 사슴의 눈초리"를 보는 듯, '우리를 슬프게 하는 것들'이다. 청년이 희망을 상실하면 그 사회의 미래는 어두울 수밖에 없다. 더욱 심각한 것은 이들이 사회의 불만세력으로 결집될 경우 잠재적인 사회불안의 진원이 될 수 있다.

독서율이 OECD 국가들 중에서 꼴찌인 한국 사회는 알코올, 도박, 마약, 인터넷 게임 등에 빠진 '중독 사회'가 되고 있다. 그리고 2003년의 경우 가난을 비관한 자살이 731명, 사업실패를 비관한 자살이 426명(1998년에는 595명)

이었다. 2006년에도 하루 35.5명이 자살하였다.[12] 2006년에는 자살 사망자 수가 1만 2,968명에 이르렀는데, 이는 같은 해 교통사고 사망자 수(6,327명)보다 2배나 많다. 2008년 하반기 글로벌 경제위기 이후, 한국의 자살자 수가 2009년에는 무려 약 1만 5,413명으로 전년 대비 19.9% 증가했다. 1997년 외환위기 직후인 1998년 자살자 897명에 비하여 2008년 하반기 '글로벌 금융위기' 직후인 2009년 자살자 수가 그보다 17배인 1만 5,413명이라는 것은 최근의 경제위기가 얼마나 혹독한가를 말해준다. 실로, 한국은 하루 평균 약 40명이 자살로 삶을 마감하는 '자살공화국'인 셈이다.[13]

여기서 유의할 것은 2006년 자살 사망자 중 61세 이상의 '황혼자살' 비율이 33%이며, 여성의 자살 비율이 31.9%로 매우 높고 또한 해마다 증가한다는 점이다. 이것은 빈곤과 외로움, 질병에 시달리는 노인과 소외감을 느끼는 여성이 급증하고 있다는 것을 의미한다. 소득 없이 병들고 소외된 노인들이 자식에게 부담이 되기 싫다는 눈물겨운 마음으로 자살을 선택한 것이다. 경제적 빈곤 때문에 65세 이상 노인 자살률은 10만 명당 82명이다. 이 비율은 다른 나라 평균보다 2.4배에 이르고 미국과 일본의 노인 자살률보다 4~5배가 더 높다. 실로 부끄러운 동방예의지국(東方禮儀之國)의 현실이다.

또한, 한국의 청·장년층의 '고독사'(孤獨死) 가능성이 높아지고 있다. 통계청이 발표(2011. 12. 28)한 '2010 인구주택총조사' 잠정 집계결과에 의하면, 전체 가구 중에서 1인 가구가 차지하는 비율은 23.7%이다. 즉, 4가구 중에서 1가구가 홀로 사는 셈이다. 이것은 2009년 말 통계청의 예측(2030년이 되면 1인 가구의 비율이 23.7%까지 증가)보다 20년이나 빨리 1인 가구가 늘어난 것을 의미한다.

이와 같이 한국 사회가 피폐되어가고 있음에도 불구하고, 한국의 사회안전망은 세계적으로 최하위 수준이다. 전술한 바와 같이, 내일의 희망을 잃어버리고 배고프고 헐벗은 사람들을 1997년 외환위기, 2003년의 경기불황과 '카드

---

12 중앙일보(2007. 9. 10).

13 중앙일보(2011. 2. 1).

사태', 2008년 하반기 이후 '글로벌 금융위기' 및 2011년 8월 이후 '글로벌 경제위기'의 파고(波高)에 아무런 방비 없이 휩쓸려버리게 한 사회적 무관심을 한국인 모두가 뼈저리게 반성해야 한다. 한국인들은 경제위기의 발생을 방지하지 못한 죄악 못지않게, 경제위기의 발생이 사회적 위기로 직결되는 것을 차단 및 예방하는 사회 시스템과 '나눔의 문화'가 부재(不在)했다는 점을 더 크게 반성해야 한다.

남한에서 '더불어 사는 사회'를 건설하지 못하는 처지에, 남북한 통일이 쉽게 되더라도 과연 북한 동포 2천 8백만 명과 함께 민족 공동체를 이룰 수 있을까? 또한, 같은 민족인 북한 지도부와의 대화를 이끌어내지 못하는 실력으로써, 어떻게 한반도 주변 강대국인 미·중·일·러에게 각각 통일민족국가의 청사진을 제시 및 설득할 수 있을까?

UN이 2013년 9월 발표한 〈세계행복보고서〉에서도 한국은 149개 조사대상 중 41위에 머물렀다. 미국 여론조사기관 갤럽이 최근 148개국에서 각각 1천 명을 대상으로 '행복 체감정도'를 조사한 결과에서도 한국인들의 행복순위는 97위에 불과했다.

한국은 2012년에 들어 1인당 소득 2만 달러-인구 5천만 명 이상 나라들을 일컫는 '20-50 클럽'에 세계 7번째로 가입한 데 이어 한국의 국가신용등급이 일본의 그것을 추월하였고 세계 무역 8강 진입이라는 기념비적인 이정표를 세웠다. 한국은 세계사에 기록될 정도로 빠른 경제성장을 이뤘다. 1960년 1인당 GDP는 1백 달러에도 미치지 못했지만 1995년 1만 1,470달러를 기록하며 30여 년 만에 1만 달러를, 2007년에는 2만 달러를 각각 돌파했다.

그럼에도 불구하고, 행복 관련 조사 때마다 하위권을 맴도는 이유는 무엇일까? 그 이유는 삶이 갈수록 더 고단해지고 팍팍해진다고 느끼는 국민이 많기 때문이다. 앞만 보고 내달리는 사이에 양극화 현상과 물질 만능주의가 사회 전반에 퍼지고, 과도한 근로시간으로 가족과 보내는 시간이 줄면서 삶의 질이 하락하고 있다.

에리히 프롬(Erich Fromm)이 말한 '건전한 사회'(*a sane society*)란 인간의 욕구와 일치하는 사회, 즉 인간이 자기 욕구라고 느끼는 것과 모두 일치하는 사회가 아니라(병적 욕구까지도 주관적으로는 가장 원하는 것이라고 느껴질 수 있기 때문에) 객관적인 욕구와 일치하는 사회이다. 또한, 인간이 자신의 생활의 주인임과 동시에 사회생활에 능동적이며 책임감을 가진 참여자가 되도록 허용하는 사회이다. 그리고 인간의 단결을 증진하고 사회구성원이 서로 사랑하도록 허용할 뿐 아니라 사랑하도록 조장하는 사회다. 마지막으로 모든 사람이 자기 일에 생산적으로 활동할 수 있도록 조장하며 이성의 개발을 촉진시켜 집단적인 예술이나 의식을 통해 인간의 내면적인 욕구를 표현할 수 있게 하는 사회다.

상기한 에리히 프롬의 '건전한 사회' 이론에 의거하여, 한국 사회는 과연 건전하다고 말할 수 있을까? 통계청이 발표(2013. 6. 20)한 〈2012 한국의 사회지표〉에 의하면, 2011년 범죄 발생건수는 190만 3천 건으로 인구 10만 명당 3,750건의 범죄가 발생하였으며 주요 범죄 중에서 절도가 28만 1,501건으로 가장 많으며, 절도와 강간 등의 범죄는 매년 증가 추세라고 한다.

한편, 안전행정부가 여론조사 전문기관인 글로벌리서치에 의뢰해 전국 2천 1백 명을 대상으로 안전 체감도를 조사한 결과,[14] 10명 중 2명만이 우리 사회 전반에 대해 안전하다고 생각하는 것으로 나타났다. 응답자 중 대다수가 성폭력과 학교폭력에 대한 불안감을 토로하며 이를 정부가 최우선적으로 해결해야 할 과제로 꼽았다.[15]

한국의 사회갈등 수준은 OECD 27개국 중 2번째(터키 다음으로)로 심각(2010년 데이터 기준)하며, 이로 인한 경제적 손실은 연간 82조원에서 246조원에 이른다는 연구결과가 발표되었다.[16] 이는 OECD 27개국 중 4번째(터키, 폴란드, 슬로바키아 다음으로) 심각했던 2009년 연구결과(2005년 데이터 기준)보

14 2013년 7월 18일부터 25일까지 8일간 전국의 19세 이상 일반성인 1천 명(지역별·성별·연령별 표본추출), 학계, 법조인 등 전문가 1백 명, 중고생 1천 명을 대상으로 실시했다. 95% 신뢰 수준에 표준오차는 ±3.1%이다.

15 문화일보(2013. 8. 2).

16 전경련은 2013년 8월 21일 "한국사회 갈등의 현주소와 관리방안"을 주제로 제 2차 국민대통합심포지엄을 개최하였다.

다도 악화된 것이다.

차제에, 우리 모두 잠시라도 성찰의 시간을 갖자. 과연 한국 사회가 시급히 필요하고 가장 중요한 것이 무엇일까? 그것은 시대의 철학이 부재하다는 것이 아닐까? 국민합의가 담긴 국가경영 철학과 실천의지가 없는 상태에서 소리만 무성한 정부 정책들이란 '사상누각'일 뿐이다. 그러한 뜻에서 저자는 신실용주의 철학을 제시했다. 1919년 3·1 독립만세 운동 당시 한반도 곳곳에서 들불처럼 일어난 민초의 함성은 배가 불러 '노래자랑'한 것이 아니었다. 당시, 초근목피의 상황에서 우리의 선조들은 밥을 달라고 외친 것이 아니라 자유와 독립을 달라고 절규했다.

이 저서의 집필을 평소에 잘 아는 어느 저명인사는 저자에게 "이 저서에서는 '마지막이라는 말'을 하지 말고 여백을 남겨두라"고 충고하셨다. 그 뜻을 받들어 저자는 아쉽지만 여기서 글을 놓아야 되겠다.

필을 놓으려니, 노산 이은상 선생의 "고지가 바로 저긴데 예서 말 수는 없다"는 시(詩) 구절과, "무릎 꿇어 비노니 겨레에 복이 있으라!"라는 모 기관의 강연장 입구에 있는 큰 바위에 새겨진 그분의 기원이 들려온다.

> 고난의 운명을 지고, 역사의 능선을 타고,
> 이 밤도 허우적거리며 가야만 하는 겨레가 있다.
> 고지가 바로 저긴데 예서 말 수는 없다.
> 넘어지고 깨어지고라도 한 조각 심장만 남거들랑
> 부둥켜안고 가야만 하는 겨레가 있다.
> 새는 날 핏속에 웃는 모습 다시 한 번 보고 싶다.

이상으로써, 지난 30여 년 동안 '가슴앓이'를 해온 한 선비의 에세이를 마친다. 끝까지 이 저서를 인내 있게 읽어주신 독자들께 진심으로 감사드린다.

참고문헌

국문

강대석 (1991), 《현대철학의 이해》, 서울: 한길사.

강동조 (2006), 《남북한 사회보장제도의 비교 및 통합방안》, 한양대 석사학위논문.

고유환 (2003), "신정부의 대북정책 과제와 전망", 국제문제조사연구소·한국국제정치학회 공동학술회의 "신정부의 대북 및 대미 정책 과제와 방향", 7.

국무조정실 (2007), 〈사회보험 적용·징수통합을 위한 업무재설계 착수〉.

길명원 (2009), "동아시아 공동체와 한중일 FTA", 자유기업원 오피니언.

김관수 (1994), "아담 스미스와 정부의 역할: 재조명", 〈한국경제연구〉, 21권 1호, 381~400.

김기범 (2006), "동아시아 정상회의(EAS)에 대한 일본의 대응과 입장", 〈월간 아태지역동향〉, 1월호, 서울: 한양대 아태지역연구센터.

김득갑 (2012), "유로존 위기 진단과 기업의 대응", 〈CEO Information〉, 868호, 서울: 삼성경제연구소.

김병권 (2011), 〈99%운동이 제기한 세계 경제위기의 뿌리 불평등: 99%운동의 사회경제적 배경 진단〉, 새로운 사회를 여는 연구원.

김상호 (2007), "국민연금의 재정위기와 개선방안", 제2회 평가연구원 국제세미나: 미래국가 재정의 과제와 성과평가.

김영문 (1991), "덩샤오핑 政治思想에 관한 研究", 〈국제정치논총〉 30권 2호, 한국국제정치학회.

김영문·서보근 (1994), 《덩샤오핑 정치사상》, 서울: 법문사.

김윤상 (2009a), "자유주의 사회보장 설계: 지대를 재원으로 하는 생존권 보험", 〈한국행정논집〉, 2권 3호, 775~794.

______ (2009b), 《지공주의: 새로운 도시 패러다임》, 경북대 출판원.

김인준 (1997), "금융국제화와 한국경제", 《1997년 한국금융학회 금융정책경영 Workshop 발표논문집》, 한국금융학회.

김재철 (2010), "세계금융위기와 중국의 대미정책", 〈中蘇硏究〉, 34권 2호, 서울: 한양대 아태지역연구센터/중국문제연구소.

김정곤·김은지·김윤옥 (2013), "주요국의 창조경제 추진사례와 시사점", 〈KIEP 오늘의 세계경제〉, 13권 15호, 대외경제정책연구원.

김창남·김광희 (2009), "한국 부품 및 소재산업의 대일 경쟁력 추이와 발전전략", 〈동북아 경제연구〉, 21권 2호.

______ (2010), "한국 전자전기제품의 대일 경쟁력 동향과 발전전략", 〈동북아 경제연구〉, 22권 2호.

김철희 (2001), "선진국의 국가 인적자원개발체제 혁신", 국가 인적자원개발의 비전과 전략 정책토론회, 한국직업능력개발원.

김태형 (1997), "조선 후기 실학에서의 현실과 이상", 《한국사상사방법론》, 서울: 소화.

김하룡 (1987), "덩샤오핑 체제와 중국적 사회주의", 〈아세아연구〉, 30권 2호, 서울: 고려대 아세아문제연구소.

김학성 (1995), 《서독의 분단질서관리 외교정책: 한국 통일외교에 대한 시사점》, 서울: 민족통일연구원.

남기업 (2007), "'토지가치공유'의 관점에서 본 자유지상주의의 새로운 가능성", 〈대한정치학회보〉, 14권 5호, 545~566.

______ (2010), 《공정국가: 대한민국의 새로운 국가모델》, 서울: 개마고원.

______ (2011), "일석이조(一石二鳥)형 세제개혁: 복지수요를 줄이고 복지재정을 확충하기 위한 세제개혁 전략", 〈토지+자유연구〉, 5호.

럭키금성경제연구소 (1991), 《일본과 독일 2차 대전 이후 어떻게 강대국이 되었는가》, 서울: 럭키금성경제연구소.

매일경제 경제부 (2006), 《율곡 한국경제를 꾸짖다》, 서울: 매일경제신문사.

박번순 (2004), "아세안+3과 동아시아 협력", 〈Global Issues〉, 9호, 서울: 삼성경제연구소.

박상일 (2011), "한국의 대일본 무역역조와 양국 간 교역품목별 경쟁력 비교분석", 〈동북아 경제연구〉, 23권 1호, 서울: 한국동북아경제학회.

박수종 (2006), "한미FTA의 정치경제학", 〈CEO 인포메이션〉, 555호.

박승덕 (1998), 《과학기술로 승부를》, 서울: 도서출판 명현.
박영식 (2000), 《서양철학사의 이해》, 서울: 철학과 현실사.
박종철 (1996), "세계화 전략과 다차원적 · 다층적 안보정책", 〈전략논총〉, 4권 1호.
______ (2001), 《북 · 미 미사일 협상과 한국의 대책》, 서울: 통일연구원.
배긍찬 (2006), "동아시아 공동체 논쟁과 향후 전망: ASEAN + 3와 EAS와의 관계설정 문제를 중심으로", 《주요국제문제분석》, 서울: 외교안보연구원.
보건복지부 (2008), "민간상설 기금운용위원회 설치 등 국민연금 기금운용체계 개편안 국무회의 통과".
사회과학원 경제연구소 (1985), 《경제사전 I》, 평양: 사회과학출판사.
산업연구원 (1985), "특구를 대만과의 무역창구로 하여 조국 통일의 전초 기지로 삼아야 한다," 中華經濟硏究院 編, 白權鎬 譯, 《中國 經濟特區에 관한 硏究》, 서울: 산업연구원.
삼성경제연구소 (2008), "대한민국경제 60년 대장정", 〈CEO Information〉, 서울: 삼성경제연구소.
슈워츠(Thomas Schwartz) 주한미군 사령관 미 상원 연례보고 (2002. 3. 5), 〈북한〉, 364호.
신장섭 · 장성원 (2006), 《삼성반도체 세계 일등 비결의 해부》, 서울: 삼성경제연구소.
안성호 (2002), "미국의 부시 신행정부의 대북정책의 변화와 한 · 북 · 미 관계에 대한 연구", 〈한국북방학회논집〉, 9호.
연태훈 (2012), "자본시장 세제의 정상화 필요성과 바람직한 개편 방향", 〈주간금융브리프〉, 21권 37호, 서울: 자본시장연구원.
오병국 (1993), "덩샤오핑의 '중국적 특색을 지닌 사회주의 건설'에 관한 논술", 〈중소연구〉, 17권 1호, 서울: 한양대 아태지역연구센터.
옥정무 외 (1986), 《서양철학사》, 서울: 일월서.
유정석 (2008. 12. 5), "디레버리지 시대의 도래와 글로벌 금융위기", 서울: 삼성경제연구소.
윤우진 (2012), "세계 경제의 위기 재연 가능성과 시사점", 〈e-KIET 산업경제정보〉, 541호, 산업연구원.
이기동 (2009), "수직적 제품 차별화 시장에서 중간재의 수입의존과 무역 자유화", 〈경제연구〉, 27권 1호.
이명종 (2010), 《글로벌 자본통제 현황과 시사점》, 서울: 국제금융센터.
이상균 (1995), "유럽통합의 안보적 고찰", 〈국제정치논총〉, 35집 2호.
이인호 (2002. 3), "부시 대통령의 '악의 축' 발언과 북미관계", 〈극동문제〉, 277호, 28.
이재영 · 이순철 · 황지영 · 이종문 (2008. 12), 〈한국기업의 대러시아 현지경영 현황과 과제〉, 대외경제정책연구원 연구보고서 08-15.
이준규 (2006), 〈미국이 맺은 FTA 분석〉, 서울: 대외경제정책연구원.

이철승 (2001), "중국 마르크스주의 철학에 나타난 진리관 문제: 마오쩌둥과 덩샤오핑의 '실사구시'론 비교를 중심으로", 〈시대와 철학〉, 12권 1호, 서울: 한국철학사상연구회.
이헌경 (2001), 《북한의 대량살상무기 실태와 미국의 대응: 전략과 시뮬레이션》, 서울: 통일연구원.
이홍배 (2008), "한중일 3국 간 생산기술구조 변화와 의존관계 분석", 〈동북아경제연구〉, 20권 2호, 서울: 한국동북아경제학회.
______ (2009), "한중일 간 무역연관효과 분석: 경제통합에의 시사점", 〈동북아경제연구〉, 21권 3호, 서울: 한국동북아경제학회.
______ (2011), "한일 부품소재 산업의 협력 확대를 위한 새로운 패러다임 고찰", 〈동북아경제연구〉, 23권 1호, 서울: 한국동북아경제학회.
이홍배·오동윤 (2009), "동아시아 역내 국가 간 생산기술격차에 따른 산업 및 무역 의존관계 변화", 〈비교경제연구〉, 16권 1호.
임양택 (1985), 《우리나라 의료보험제도의 개선방향과 최적의료보험 정책》, 서울: 한양대 경제연구소.
______ (1986), "한일 간 기술이전 모형에 관한 연구," 한국국제경제학회.
______ (1988), 《개방경제하의 재정운용 및 재정정책》, 한국재정학회.
______ (1989), 《남북한 산업 및 기술협력의 추진방안에 관한 연구》, 한국경제연구원.
______ (1990), "남북한 경제특구의 개발전략과 적정지역의 선정에 관한 연구", 한국경제학회.
______ (1991a), "기술발전에 대한 자체기술개발과 선진기술도입의 효과분석: 한일 간 기술이전모형을 중심으로", 한국국제경제학회.
______ (1991b), "남북한 경제특구의 개발전략에 관한 연구", 〈경제학연구〉, 한국경제학회.
______ (1991c), "남북한 경제협력의 단계별 추진전략과 제도적 장치", 한국중소경제학회 제 6회 정기학술발표회.
______ (1992a), "남북한 경제교류의 단계별 추진전략", 한국북방학회.
______ (1992b), "제 3의 남북한 통일방안과 경제협력에 관한 연구", 한국경제학회.
______ (1992c), "한일 간 산업 및 기술협력 촉진방안", 기술경제연구회.
______ (1993), 《제 3의 통일방안: 경제통합을 중심으로》, 서울: 매일경제신문사 출판부.
______ (1994), "기초과학연구능력의 국제비교"(송충한 공저), 기술경영경제학회 제 6회 학술발표회.
______ (1995a), "21세기를 대비한 자본재산업 육성방향", 〈자본재와 경쟁력〉, 겨울(창간호), 서울: 대한상공회의소 자본재산업육성추진위원회.
______ (1995b), "비무장지대 내 경제특구 개발방안", 《경제교류·협력분야 '95년도 전문가 위촉과제 종합》, 서울: 통일원.

______ (1995c), 《비전 없는 국민은 망한다: 21세기 통일한국을 위한 청사진》, 서울: 매일경제신문사 출판부.
______ (1995d), "비무장지대의 평화적 이용 방안", 통일원 통일정책실 주최 토론회.
______ (1995e), "민족통일을 위한 비무장지대 남북한 경제특구의 개발에 관한 연구", 서울: 통일원 남북회담사무국.
______ (1995. 8. 14), "경제적 측면에서 본 통일 후의 과제", 〈내외경제신문〉, 21.
______ (1997a), 《비전 없는 국민은 망한다: 21세기 통일한국을 위한 청사진》(개정판), 서울: 매일경제신문사 출판부.
______ (1997b), 《UR(WTO) 시대의 자본재산업 육성방안》, 서울: 대한상공회의소.
______ (1998a), "동북아 신안보시대의 집단안보체제와 '동북아 평화시'의 제안 및 개발전략", 〈한국북방학회논집〉, 4호.
______ (1998b), 《기술개발지원제도의 현황 및 개선방안》, KDI 주관 1997년도 국가정책개발사업, 서울: 한국개발연구원.
______ (1999a), "남북한 5단계 통합모형과 민간 통일운동의 방향: '흥민통'을 중심으로", 《도산학술논총》, 7집, 서울: 흥사단출판부.
______ (1999b), "남북한 경제통합의 모형과 과제", 통일아카데미 강좌, 사단법인 흥사단 민족통일운동본부.
______ (1999c), "부패라운드의 발효와 한국 사회의 대응", 개원 10주년 세미나, 서울: 도산아카데미연구원.
______ (1999d), "한반도 평화체제 구축방안 모색", 사단법인 흥사단민족통일운동본부·SBS, 제1회 흥민통 통일심포지엄.
______ (1999. 4. 21), "남북 경제특구 설치 서둘러야", 〈매일경제〉.
______ (2000), "남북한 경제통합의 모형과 과제", 《남북통일과 민족통합》, 서울: 흥사단 민족통일운동본부 출판부.
______ (2003a), "논평: 일본으로부터 보는 한국기술과 일한 기술협력", 고테라마야 와타루 센터장(규슈대학 응용역학연구소), 부산대·일본연구소 주최 한일공동학술심포지엄.
______ (2003b), "제3의 남북한 통일방안과 동북아 평화체제의 구축", 《한반도 평화정착의 과제》, 서울: 흥사단민족통일운동본부 출판부.
______ (2003c), 《우리나라 산업경쟁력과 유망산업의 기술 로드 맵에 관한 연구》, 서울: 한양대 신뢰성분석연구센터.
______ (2005), "남북한 통일방안에의 규범적 접근: 경제통합을 중심으로", 2005 경제학공동학술대회.
______ (2007a), "남북한 통일과 동북아 평화를 위한 국가경영전략", 흥사단민족통일운동본부 창립 10주년 기념 심포지움.

______ (2007b), "동북아 평화와 남북한 통일: '포용정책'에서 '포괄정책'으로", 〈경제연구〉, 28권 1호, 서울: 한양대 경제연구소.

______ (2007c), "동북아 평화와 남북한 통일: 5단계 통합론", 《2007 흥사단 통일포럼: 통일지향의 한반도 평화체제 정착과제》, 서울: 흥사단민족통일운동본부.

______ (2007d), "한국의 국가위기 상황과 도산 안창호 선생의 리더십", 〈기러기〉, 43권 10호, 서울: 흥사단출판부.

______ (2007e), 《한국의 비전과 국가경영전략》, 파주: 나남.

______ (2008), "'新실용주의' 철학의 논리 구조에 관한 연구: 동·서양 철학을 중심으로", 〈경제연구〉, 29권 2호, 서울: 한양대 경제연구소.

______ (2008. 10. 8), "청의 조선책략과 한국의 4강 외교", 〈조선일보〉.

______ (2009a), "'녹색혁명'의 과제와 Green Corea Forum의 역할", 사단법인 그린코리아포럼 특별강연자료.

______ (2009b), "'한반도 통일 프로그램'에 관한 연구: '5단계 통합론'과 '동북아 평화조약'을 중심으로", 한국동북아경제학회 춘계국제학술세미나.

______ (2009c), "역사갈등해소와 동아시아 평화협력 방안", 2009 제3회 역사NGO 세계대회 세미나, 근대 변경(邊境) 역사와 동아시아 평화협력 방안.

______ (2009d), "한국의 동시베리아·극동지역의 에너지·자원 개발 전략", 〈경제연구〉, 30권 1호, 서울: 한양대 경제연구소.

______ (2009. 5. 28), "동북아안보체제 서둘러라", 〈한국경제〉.

______ (2010a), "'동아시아 공동체'의 구상과 추진전략: 전남 무안군 '한·중 국제산업단지'의 사례연구", 2010년 경제학공동국제학술대회, 한국동북아경제학회.

______ (2010b), "'한반도 책략': 한·미 '군사동맹'과 한·중 '전략적 협력 동반자'를 중심으로", 2010년 한국동북아경제학회 국제학술심포지엄.

______ (2011a), 《쿼바디스 도미네: 성장·복지·통일을 위한 청사진》, 파주: 나남.

______ (2011b), 《한국형 복지사회를 위한 청사진》, 서울: 한양대 출판부.

______ (2011. 10. 7), "최상의 복지는 '고용'이다", 〈한국경제〉.

______ (2012. 9), "재벌개혁보다 기술부족 해결이 급선무다", 〈월간조선〉.

임양택 외 (1996), 《북한사회의 이해》, 서울: 한양대 출판원.

임양택 외 (2007), 《신실용주의로 세계 일류국가 만들기》, 파주: 말과 창조사.

임양택·임채숙 (2004), "품질경쟁력 평가모형에서 제품 디자인의 인과관계와 디자인 경영에 관한 실증적 분석: 한국 제조업부문을 중심으로", 제25회 하계학술발표회, 기술경영경제학회.

임용순 (1994), "단계적 통일방안의 논리", 장을병 외, 《남북한 정치의 구조와 전망》, 한울아카데미.

장의관 (2001), “미국의 새 대북정책 평가”, 〈아태평화포럼〉, 50호.

전영재 (2005), “한미관계의 발전적 전환”, 오승구(편), 《한미동맹의 미래와 한국의 선택》, 서울: 삼성경제연구소.

전자부품연구원 (2008), “디스플레이 부품 개황 및 TFT-LCD”, 대전: 전자부품연구원 출판부.

정인재 (1984), “淸代 實學派의 本體論”, 한국동양철학회 편, 《동양철학의 본체론과 인성론》, 서울: 연세대 출판부.

정진영 (2003), “동아시아 지역주의와 한국의 대응전략: 안보외교와 경제외교의 통합”, 세종연구소 주최 평화와 번영의 동북아 시대: 과제와 전략에 대한 세미나.

조성원 (2009), “금융위기 이후 부각되는 재정건전성의 중요성”, 〈자본시장 Weekly〉, 2009- 36호, 서울: 자본시장연구원.

조윤기 (2003), “통일 및 남북화해를 위한 지불의사 금액 결정요인분석”, 〈동북아경제연구〉, 15권 3호, 서울: 한국동북아경제학회.

최기춘 (2008), 북한의 보건의료 현황과 의료보장제도, 〈건강보험포럼〉, 7권 1호, 국민건강보험공단.

통일부 (2003), 《통일백서 2003》, 서울: 통일부.

______ (2005), 《통일배서 2005》, 서울: 통일부.

한국과학기술정보연구원 (2009), 《글로벌동향브리핑》(GTB), 서울: 한국과학기술자본연구원 출판부.

한국전략문제연구소 (2001), 《동북아 전략균형 2001》, 서울: 한국전략문제연구소.

한승주 (2005), “동아시아공동체로 가는 길”(*Road map for an East Asian Community*), 〈IRI Review〉, 10(2).

한진덕 (2004), “동북아 경제통합과 제도화 과정에 있어서의 일본의 정책”, 강성학 편, 《동북아의 평화사상과 평화체제》, 서울: 리북.

현대경제연구원 (2009), “한국을 이끌 9대 부품·소재 산업”, 〈VIP Report〉, 387.

______(2011), “청년 체감실업률 20% 시대의 특징과 시사점”, 〈경제주평〉, 11-42.

홍규덕 (1993), 《동북아지역에서의 다자간 안보협력체 형성전망과 대응책》, 서울: 민족통일연구원), 73~81.

홍용표 (2003), “동북아 안보경제협력의 이론적 틀”, 박종철 외, 《동북아 안보경제협력체제 형성 방안》, 서울: 통일연구원.

홍유수 (1993), 《일본의 對아시아 기술이전전략과 한국의 대응》, 대외경제정책연구원.

황인성 (2008), “2009년 세계 경제 및 국내경제 전망”, 〈SERI Economic Outlook〉, 삼성경제연구소.

영 문

Acharya, A. (1999), "Culture, Security, Multilateralism: The 'ASEAN Way' and Regional Order", In Keith R. Krause (eds.), *Culture and Security: Multilateralism, Arms Control and Security Building*, London: Frank Cass Publishers.

Aghon & Banerjee (2005), *Volatility and Growth*, London: Oxford University Press.

Arad, Ruth W., Seev Hirsch & Alfred Tovias (1983). *The Economics of Peacemaking: A Focus on the Egyptian-Israeli Situation*, New York: St Martin's.

Arrow, K. J. (1962), "The Economic Implications of Learning by Doing", *Review of Economic Studies*, 29(3).

Ashley, R. (1980), *The Political Economy of War and Peace: The Sino-Soviet-American Triangle and the Modern Security Problematique*, London: Frances Pinter.

Balassa, B. (1961), *The Theory of Economic Integration*, London: George Allen & Unwin.

Barbieri, K., & G. Schneider (1999), "Globalization and peace: Assessing New Directions of the Study in Trade and Conflict", *Journal of Peace Research*, 36(4).

Barro, Robert J. (1997a), *Determinants of Economic Growth: A Cross-Country, Empirical Study*, Cambridge, M.A: The MIT Press.

______ (1997b), *Macroeconomics*, Cambridge, M.A: The MIT Press.

Bergsten, C. Fred (2002), "East Asian Regionalism: Toward a Tripartite World", *The Economist*, July 15, 20~22.

BP (2008), "BP Statistical Review of World Energy 2008".

______ (2008. 1), "US Geological Survey. Mineral Commodity Summaries".

Brooks, Stephen G., & William Wohlfoith (2009), "Reshaping the World Order", *Foreign Affairs*, 88(2).

Bundesministterium fur Wirtschaft und Technologie (2009), *Culture and Creative Industries in Germany.*

______ (2012), *Monitoring of Selected Economic Key Data on Culture and Creative Industries 2010.*

Carter, Ashton B., William J. Perry & John D. Steinbrunner (1992), *A New Concept of Cooperative Security*, Washington, D.C.: The Brookings Institute.

Choucri, Nazli & Robert North (1975), *Nations in Conflict: National Growth and International Violence*, San Francisco, CA: Freeman.

D' Amico, Stefania & Thomas B. King (2010), "Flow and Stock Effects of Large-Scale Treasury Purchases", *Finance and Economics Discussion Series*, 2010-52.

Daity, China (2010), "Time for US to treat China equally".

David, Mitrany (1943), *A Working Peace System*, London: Royal Institute of International Affairs.

DCMS & BIS (2008), *Creative Britain: New Talents for the New Economy.*

Denning, Steve (2012), "Is The US In A Phase Change to The Creative Economy?", *Forbes.*

Deutsche Bank (2011), "Cultural and creative industries", Deutche Bank Research.

Deutsche Bank, *The Economist* (2013. 8. 24), "Weekly Indicator 2013-34".

Dornbusch, R. (1976), "Expectations and Exchange Rate Dynamics", *Journal of Political Economy*, 84.

Drennan, William M. (2006), "Military Implications of a Peace Regime for the Korean Peninsula", Working Paper, Atlantic Council Working Group on North Korea.

Duffield, John S. (2003), "Asia-Pacific Security Institutions in Comparative Perspective", In G. John Ikenberry and Michael Mastanduno (eds.), *International Relations Theory and the Asia-Pacific*, New York: Columbia University Press.

Economic Review Committee (2003), *Economic Contributions of Singapore's Creative Industries.*

Edwards, S. (1984), "The Order of Liberalization of the External Sector in Developing Countries", *Essays in International Finance*, No. 156.

Eichengreen, Barry & Irwin, Douglas A. (2010), "The Slide to Protectionism in the Great Depression: Who Succumbed and Why?", *Journal of Economic History*, 70.

Evenett, R. C., & W. Keller (2002), "On Theories Explaining the success of Gravity Equation", *Journal of Political Economy*, 110.

Feld, Warner (1979), "Global Allies or Competitors: US Policy Toward an Ascendant European Community and Japan", In Charles E. Kegley Jr & Pat McGowan (eds.), *Challenges to America: US Foreign Policy in the 1980s*, Beverly Hill, CA: Sage.

Fukuyama, F. (1995), *Trust: The Social Virtues and the Creation of Prosperity*, New

York: Free Press.

Gagnon, Joseph, Matthew Raskin, Julie Remache & Brian Sack (2010), "Large-Scale Asset Purchases by the Federal Reserve: Did They Work?", *Federal Reserve Bank of New York Staff Report*, 441.

Gasiorowski, Mark J., & Solomon W. Polachek (1982), "Conflict and Interdependence: East West Trade and Linkages in the Era of Detent", *Journal of Conflict Resolution*, 26(4).

Gay, P. (1996), *The Enlightenment an Interpretation: The Rise of Modern Paganism*, 주명철 역 (1998), 《계몽주의의 기원》, 서울: 민음사.

Haass, Richard N. (2008), "The Age of Nonpolarity: What Will Follow U.S. Dominance", *Foreign Affairs*, 87(4).

Hamilton, James D., & Jing Wu (2012), "The Effectiveness of Alternative Monetary Policy Tools in a Zero Lower Bound Environment", *Journal of Money, Credit, and Banking*, 44.

Hancock, Diane & Wayne Passmore (2011). "Did the Federal Reserve's MBS Purchase Program Lower Mortgage Rates?", *Finance and Economics Discussion Series*, 2011-01.

Howkins, John (2001), *The Creative Economy: How people make money from idea*, London: Penguin.

IMF (2005), "Putting the cart before the horse? Capital account liberalization and exchange rate flexibility in China", Washington D.C.: IMF.

Kaldor, Nicholas (1955), "Alternative Theories of Income Distribution", *Review of Economic Studies*, 23.

______ (1957), "A model of Economic Growth", *Economic Journal*, 68.

______ (1961), "Capital Accumulation and Economic Growth", In Lutz & Hague (eds.), *The Theory of Capital*, International Economic Association.

______ (1962), "Comment", *Review of Economic Studies*, 29.

Keynes, John Maynard (1936), *The General Theory of Employment, Interest and Money*, New York: Garcount Brace and Co.

Kornai, J. (1992), *The Socialist System: The Political Economy of Communism*, Princeton: Princeton University Press.

Krueger, A. O. (1995), "Plicy Lessons from Development Experience since the Second World War", In Berman, J., & Srinivasan, T. N. (eds.), *Handbook of Development Economics*, 4.

Krugman, P. (1991), *Geography and Trade*, Massachusetts: The MIT Press.

Kuznets, S. (1955), "Economic Growth and Income Inequality", *American Economic Review*, 45, (1).

Lal, D. (1986), "Comment on sevastian Edwards, The Order of Liveralization of the Current and Capital Accounts of the Balace of Payments", in Choksi, A. M., & D. Papageogiou (eds.), *Economic Liberalization in Developing Countries*, Basil Blackwell.

Layne, Christopher (2009), "The Waning of U.S. Hegemony: Myth or Reality?", *International Security*, 34(1).

Lee, Seo-Hang (1997) "Multilateral Security Region Northeast Asia: Policies and attitudes of Four Regional Powers," In Yong-soon Yim, et al. (eds.), *Security Environment in the 21st Century and Korea's Strategic Options*, The Research Institute for International Affairs and The Korean Association of International studies.

Leifer, Michael (1986), *The Balance of Power in East Asia*, New York: St. Martin's Press.

Lim, Yang-Taek (1978), Optimal Economic Growth and Social Security, Ph. D. Dissertation, Atlanta: Georgia State University.

______ (1986a), "A Model of Technology Transfer from Japan to Korea", paper presented at the Korean International Economic Association, Seoul, Korea.

______ (1986b), "A Study on Korea's Technological Dependence: Technology Transfer from Japan and Technology Diffusion in the Korean Machinery Industry", paper presented at Korea Ministry of Technology and Science, Seoul, Korea.

______ (1990), "Some Directions and Strategies of Economic & Technological Cooperation between USSR and ROK", paper prepared for delivery at the International Symposium hosted by Institute for Far Eastern Studies, Moscow.

______ (1991), "Cooperation between South Korea and the USSR", Moscow: *Journal of Far Eastern Affairs*.

______ (1992), "A Study on the Strategies and Anticipated Effects of Economic & Technological Cooperations between South Korea and the Soviet Union", *Journal of Behavioral and Social Sciences*, 42, Kanagawa-ken: The Research Institute of Social Sciences, Tokai University.

______ (1993), "An Econometric Study on the Technology Gap between Korea and Japan in case of the General Machinery Industry", paper presented at the Korean Society for Technology Management & Economics.

______ (1994), "An Econometric Study on the Technology Gap between Japan and Korea: the General Machinery and Electric & Electronic Industry", Economic Development and Technological Progress of Japan and Korea: Their Role in East Asia, Proceedings of the Workshop and Seminar, Kobe, Japan.

______ (1996a), "An International Comparative Study of Basic Science Research Capacity: OECD Countries, Taiwan and Korea", *Technological Forecasting and Social Change*, 52(1).

______ (1996b), "TRADP and Cooperation among South and North Korea and Russia", paper presented at the International Conference on Socioeconomic Changes and Investment Climate in Russian Far East held by The Institute for Sino-Soviet.

______ (1997a), "A New Proposal for the Reunification of the Two Koreas: Economic Issues", *Journal of Asian Economics*, 8(4).

______ (1997b), "An Econometric Study on the Technology Gap between Korea and Japan: the general machinery and electric & electronic industries", *Technological Forecasting and Social Change*, 55(3).

______ (2000a), "A Historical Perspective on the Korean Economic Development", *Current Politics and Economics of Asia*, 9(3).

______ (2000b), *Korea in the 21st Century*, New York: NOVA Science Publishers, Inc.

______ (2001a), "A New Proposal for a Northeast Asian Peace City for Securing Peace and Cooperation on the Korean Peninsula", *The Bi-Monthly Journal of Global Issues and Solutions*, November~December Issue, The BWW Society & The Institute for the Advancement of Positive Global Solutions, 1(2).

______ (2001b), "Evaluation of Korea-Russia S&T Cooperation and Some Directions for Its Further Development", *Economic Studies*, 22(1).

______ (2002a), "Evaluation of Korea-China Industrial and Technological Cooperation and Some Directions for Its Further Development," paper presented at the 24th ACAES Conference.

______ (2002b), "Peace and Security on the Korean Peninsula: New Ideas and a

Blueprint for Progress", *The Bi-Monthly Journal of Global Issues and Solutions*, May~June Issue, The BWW Society & The Institute for the Advancement of Positive Global Solutions.

______ (2002c), "A New Proposal for Korea's Reunification", *The Journal of Global Issues and Solutions*, BWW Society & the Institute for the Advancement of Positive Global Solutions.

______ (2003a) "A Development Strategy for Industrial/Technological Cooperation between Korea, China and Japan", paper presented at the 4th International Conference of Inha-Leharve, Inha University.

______ (2003b), "Korea-China Industrial and Technological Cooperation and Further Development Strategy", *Journal of Asian Economics*, 14(2).

______ (2003c), "A Development Strategy for Industrial/Technological Cooperation between Korea, China and Japan," paper presented at the 4th International Conference of Inha-Leharve, Inha University.

______ (2003d), "Industrial and Technological Cooperation between Korea and Japan", paper presented at the International Conference on Korea-Japan Relationship organized by Pusan National University.

______ (2003e), "The Comparison of Basic Science Research Capacity of OECD Countries", *Journal of Technology Innovation*, The Korean Society for Innovation Management & Economics, 11(1). (co-authored with Choong-Han Song).

______ (2004a), "Economic Relationship of China-Korea-Japan and Their Technological Cooperation in the IT Industry", *The Journal of the Korean Economy*, 5(2).

______ (2004b), "Korea-China Technological Cooperation", In Calla Wiemer & Heping Cao (eds.), *Asian Economic Cooperation in the New Millennium: China's Economic Presence*, Advanced Research in Asian Economic Studies 1, Singapore: World Scientific Publishing Co. Pte. Ltd.

______ (2004c), "Liberalization and Process of Korean Capital Markets", *Investment Management and Financial Innovations.*

______ (2004d), "Toward a Dynamic Wave: IT Cooperation of China-Korea-Japan", *East Asian Review*, 16(3), Autumn, 41~74.

______ (2004e), "Trade Structure of China-Korea-Japan and Their Strategic Alliance on IT in the Era of Technological Globalization", Keynote Speech delivered at the 2004 BWW Conference, Xi'an, China.

______ (2006), "A New Techno-Economic Development Model: The Case of South

Korea", In George E. Lasker & Kensei Hiwaki (eds.), *Sustainable Development and Global Community*, VII, Niagara Falls: Coutts Library Services, Ltd..

_____ (2010), "Neopragmatic Solutions to the Structural Problems of South Korean Economy, the Korean Peninsula and the East Asian Community", The International Institute for Advanced Studies in Systems Research and Cybernetics, Symposium, Baden-Baden, Germany.

_____ (2011a), "Educational Crisis and Its Development Directions", *The Bi-Monthly Journal of Global Issues & Solutions*, July-August Issue, The BWW Society & The Institute for the Advancement of Positive Global Solutions.

_____ (2011b), "Neopragmatism as an Alternative for New Liberalism", Inha-LeHavre International Symposium.

_____ (2012), "A Philosophical Foundation for 'Neopragmatism'", *The Journal of Global Issues and Solutions.*

Machlup, F. A. (1979), *History of Thought on Economic Integration*, London: Macmillan.

Macintosh, James (1996), *Confidence Building in the Arms Control Process: A Transformation View*, Canada: Department of Foreign Affairs and International Trade.

Mack, Andrew & Kerr, Pauline (1995), "The Evolving Security Discourse in the Asia- Pacific", *The Washington Quarterly*, 18(1).

Markusen, J. A., Feenstra, R. C., & Rose, A. K. (1999), "Understanding the Home Market Effect and the Gravity Equation: The Role of Differentiating Goods", National Bureau of Economic Research Working Paper: No. 6804.

McKinnon, R. I. (1982), "The Order of Economic Liberalization: Lessons from Chile and Argentina", Carnegie-Rochester Conference Series on Public Policy.

Meade, J. E. (1955), *The Theory of Customs Unions*, Amsterdam: North-Holland.

Menand, Louis (1997), *Pragmatism: A Reader*, 김동식 역 (2001), 《프래그머티즘의 길잡이》, 서울: 철학과 현실사.

Moens, Alexander (1991), "American Diplomacy and German Unification", *Survival*, 33.

Møller, Bjørn (1992), *Common Security and Non-offensive Defense: A Non-Realist Perspective*, *Boulder*, Colorado: Lynne Rienner Publishers, Inc.,

Moretti, Enrico (2012), *The New Geography of Jobs*, Houghton Miffilin Harcourt.

Mundell, R. (1961), "A Theory of Optimum Currency Area", *American Economic Review*.

Myrdal, G. (1956) "'Economic integration' is the realization of the old western ideal of equality of opportunity", *An International Economy: Problems and prospects*, New York: Harper & Brothers Publishers.

Myron, Weiner (1966), "Problems of Integration and Modernization Breakdowns," in Jason N. Finkle & Richard W. Gable (eds.), *Political Development and Social Change*, New York: John Wiley & Sons, Inc.

National Intelligence Council (2008), *Global Trends 2025: A Transformed World*, Washington, D.C.: U.S. Government Printing Office.

Nolan, Janne E. (1994), *Global Engagement: Cooperation and Security in the 21st century*, Washington, D.C.: The Brookings Institute.

Noland, Marcus (2006), *The Legal Framework of US-DPRK Trade Relations*, Washington D.C.,: Institute for International Economics.

Novak, Michael (1994a), "Wealth & Virtue: The moral case for capitalism", *National Review*.

______ (1994b), *Belief and Unbelief: A Philosophy of Self-Knowledge*, New York: Macmillan Co.

Nye, David E. (1991), *Contemporary American Society*, 임찬빈 역 (1995), 《현대의 미국사회》, 서울: 탐구당.

O' Neill, Aloysius M. (2006), "Inter-Korean CBMs and Their Role in a Peace Regime", Working Paper, Atlantic Council Working Group on North Korea.

Peterson Institute for International Economics (2011), "Capital account liberalization and the role of the Renminbi".

Polachek, Solomon W. (1978), "Dyadic Dispute: An Economic Perspective", *Peace Science Society*, (International) Paper, 28(1).

______ (1980), "Conflict and Trade", *Journal of Conflict of Resolution*, 24(1).

______ (1992), "Conflict and Trade: An Economics Approach to Political International Interactions", In Walter Isard & Charles Anderton (eds.), *Economics of Arms Reduction and the Peace Process*, Amsterdam: Elsevier Science.

Polachek, Solomon W., & Judith A. McDonald (1992), "Strategic Trade and the Incentive for Cooperation," In Manas Chatterji & Linda Rennie Forcey (eds.), *Disarmament, Economic Conversion, and Management of Peace*,

Westport, CT: Praeger.

Pond, Elizabeth (1990), *After the Wall: American Policy Toward Germany*, Masaschusette: Priority Press.

Rawls, John (1971), *A Theory of Social Justice*, Cambridge: The Belknap Press of Harvard University Press.

______ (1985), "Justice as Fairness: Political not Metaphysical", *Philosophy and Public Affairs*, 14.

______ (1993), *Political Liberalism*, New York: Columbia University Press.

Riding, A. (1990), "On Germany. Not Al Is Joy: European Reactions to German Unification", *New York Times*, 15. February.

Robinson, Joan (1971), "The Second Crisis of Economic Theory", *American Economic Review*.

Rodrik, Dani (2000), "How Far Will International Economic Integration Go?", *Journal of Economic Perspectives*, 14(1).

Rorty, Richard (1982), *Consequences of pragmatism*, 김동식 역 (1996), 《실용주의의 결과》, 서울: 민음사.

Roubini, Nouriel (2011a), "Mission impossible: stop another recession", *Financial Times*, August 12.

______ (2011b), "The Instability of Inequality".

______ (2012), "A Global Perfect Storm", *Project Syndicate*, July 15.

Rowstow, W. W. (1960), *The Stages of Economic Growth: A Non-Communist Manifesto*, Cambridge: Cambridge University Press.

Schumpeter, Joseph A. (1933), *Business Cycles: A Theoretical Historical and Statistical Analysis of the Capitalist Process*, 2, New York: McGrew Hill.

______ (1942), *Capitalism, Socialism and Democracy*, New York: Harper & Row, Harper Colophon.

Shirono, Kazuko (2009), "Yen Bloc or Yuan Bolc: An Analysis of Currency Arrangements in East Asia"(IMF Working Paper WP/09/3), IMF.

SITRA (2004), *Towards a Creative Economy: Cultural Know-How as a Resource for the Future.*

Smaghi, Lorenzo Bini (2013), "Why the currency-war deniers are wrong", *Financial Times*, February 18.

Smith, C. (1998), *Creative Britain*, London: Faber and Faber.

Solberg, Winton U. (1983), *A History of American Thought and Culture*, 조지형 역

(1999), 《미국인의 사상과 문화》, 서울: 이화여대 출판부.

Staines, Judith & Mercer, Colin (2012), "Mapping of Cultural and Creative Industry Export and Internationalization Strategies in EU Member States", *EENC Report*.

Stiglitz, Joseph (2011), "To Cure the Economy", October.

______ (2012), *The Book of Jobs*, Vanity Fair.

Swanson, Eric T. (2011), "Let's Twist Again, A High-Frequency Event-Study Analysis of Operation Twist and Its Implications for QE2", *Brookings Papers on Economic Activity*, 1.

Szabo, Stephen F. (1992), *The Diplomacy of German Unification*, New York: St. Martin's Press.

The Week in Germany (1995), "Kohl, Bush: Full NATO Membership for a United Germany", New York: German Information Center.

Tinbergen, J. (1954), *International Economic Integration*, Amsterdam: Elsevier.

UNCTAD (2010), *Creative Economy Report 2010*.

Viner, J. (1950), *The customs Union Issues London*, Stevens & Limited for the Carnegie Endowment for International Peace.

Wessel, D. (2009), *In Fed We Trust: How the Federal Reserve Became the Fourth Branch and Bernanke Battled to Keep the Big Panic from Becoming the Great De: Ben Bernanke's War on the Great Panic*, 이경식 역 (2010), 《살아 있는 역사, 버냉키와 금융전쟁》, 서울: 랜덤하우스코리아.

World Bank (1993), *The East Asian Miracle: Economic Growth and Public Policy*, London: Oxford University Press.

Wright, Jonathan H. (2012), "What does Monetary Policy do to Long-Term Interest Rates at the Zero Lower Bound?", NBER Working Paper 17154.

Zhong, Wu (2008), "Beijing plays it cool over US anns deals", Atimes.com.

기 타

鎌田純一中野かおり (2013), 《クールジャパンの海外展開支援一株式會社海外需要開拓支援機構法案一》.

經濟産業省 (2013), 《クリエイティブ産業の現狀と課題》.

勞思光 (1968), 《中國哲學史》, 정인재 역 (1986), 《중국철학사》, 서울: 탐구당.

찾아보기

(용어)

ㄱ

ㄴ

ㄷ · ㄹ

ㅁ

ㅇ

ㅈ

ㅊ·ㅋ·ㅌ

ㅍ · ㅎ

기 타

찾아보기

(안명)

임양택 연보

1948. 11. 5	인천 출생
1956~1962	부산성남초등학교 졸업
1962~1964	부산중 졸업
1964~1967	부산고 졸업
1967~1971	고려대 정치외교학과 졸업
1974~1978	미국 조지아주립대 대학원 경제학 박사
1977~1978	미국 애틀랜타대 경제학 강사
1978~1979	미국 유니온대 경제학 조교수
1979~현재	한양대 상경대학(현 경제금융대학) 경제학과 조교수, 부교수, 교수
1984~1986	보건사회부 국민복지연금실시준비위원
1985~1986	한국인구보건연구원 기술자문위원
1985~1988	경제기획원 제6, 7차 경제사회발전 5개년 계획 총량부문 계획위원
1988~2005	국방부 국방정책자문위원

1989~1990	월간 〈민족지성〉 편집인 겸 발행인
1989~1991	경제기획원 통계위원회 전문위원
1989~1991	상공부 섬유산업구조 조정위원
1990~1992	경제기획원 제7차 경제사회발전 5개년 계획 통계부문 계획위원
1990~1992	미국 조지아주립대 한국총동창회 회장
1990~1993	*The Korean Economic Review* 발간위원
1992~1994	내무부 정책자문위원회 지역경제 분과위원회 위원
1992~1994	한국조세연구원 연구자문위원
1992~1995	재정경제원 금융산업발전심의회 위원
1993~1995	한국생산성학회 상임이사
1999~2001	흥사단 민족통일운동본부 정책연구위원 위원장
2000~2001	제7대 북방학회 회장
2001. 1~12	도산아카데미연구원 상임운영위원 및 경제사회분과위원 위원장
2001~2002	한양대 경제금융대학 학장
2003~2006	한국조폐공사 사외이사
2006~현재	흥사단 민족통일운동본부 공동대표
2006~2008	한양대 경제금융대학 학장
2009~2011	우리투자증권(주) 사외이사
2009~현재	외교통상부산하 (사)아시아경제협력재단 이사장
2010. 3~현재	*International Journal of Asian Economics* 편집인
2011~현재	민주평화통일자문회의 상임위원/자문위원
2012. 8~현재	한국예탁결제원 상임감사

상훈

- 한양대 연구업적평가 우수교수상(1997~2003)
- 한양대 백남학술상(인문사회계열) (2002. 5. 15)
- The 2002 BWW Society Global Solutions Award(France, 2002. 8. 8)
- 제 14회 신인문학상(백두산문인협회, 2006. 11. 7)
- 우수학술상(IIAS, Germany, 2008. 7. 30)
- 우수저술상(IIAS, Germany, 2009. 8. 10)
- 글로벌리더십상(IIAS, Germany, 2010. 8. 6)

세계 인명록(Bibliotheque: World Wide, USA) 선정

- Encyclopedia Intelligentsia: A Compendium of Great Thinkers and Bright Minds of The 21st Century(2014)
- The Preeminent 500(2011)
- 500 Distinguished Professors & Scholars(2004)
- 500 Great Minds of the Early 21st Century(2002)
- The Asia 500 Leaders for the New Century(2000)
- The Barons 500 Leaders for the New Century(1999)

국내저서

- 《거시경제학》(법문사, 1981)
- 《통계학》(민영사, 1981)
- 《미시경제학》(민영사, 1984)
- 《경제학원론》(박영사, 1991)
- 《제 3의 통일방안》(매일경제신문사 출판부, 1993)
- 《비전 없는 국민은 망한다: 21세기 통일한국을 위한 청사진》(매일경제신문사 출판부, 1995)
- 《동북아 경제협력과 한국의 북방진출 전략》(도서출판 다물, 1998)
- 《아시아의 대예측》(매일경제신문사 출판부, 1999)

- 《기술경제학개론》(공저, 서울대 출판부, 2001)
- 《한국의 비전과 국가경영전략》(나남, 2007) (문화체육관광부 '우수학술도서')
- 《신실용주의로 세계일류국가 만들기》(공저, 말과 창조사, 2007)
- 《퀀바디스 도미네: 성장·복지·통일을 위한 청사진》(나남, 2011)
  (대한민국학술원 '우수학술도서')
- 《한국형 복지사회를 위한 청사진》(한양대 출판부, 2011)
- 《성장과 분배의 통합: 신실용주의 철학의 제창》(한양대 출판부, 2012)

해외저서

- 《21世紀 亞洲經濟的 展望与 挑戰》(中國社會科學院, 1999)
- *Korea in the 21st Century* (Nova Science Publishers, Inc., 2000)
- *Asian Economic Cooperation in the New Millennium*
  (공저, World Scientific Publishing Co. Pte. Ltd., 2004)
- *Sustainable Development and Global Community* (Vol. Ⅷ)
  (공저, The IIAS, 2007)